서남동양학술총서

한국 가족법 읽기

전통, 식민지성, 젠더의 교차로에서

양현아 지음

창비

21세기에 다시 쓴 간행사

　서남동양학술총서 30호 돌파를 계기로 우리는 2005년, 기왕의 편집위원
회를 서남포럼으로 개편했다. 학술사업 10년의 성과를 바탕으로 이제 새
로운 토론, 새로운 실천이 요구되는 시점이라고 판단했기 때문이다.

　알다시피 우리의 동아시아론은 동아시아의 발칸, 한반도에 평화체제를
구축하고자 하는 비원(悲願)에 기초한다. 4강의 이해가 한반도의 분단선
을 따라 날카롭게 교착하는 이 아슬한 상황을 근본적으로 해결하는 방책
은 그 분쟁의 근원, 분단을 평화적으로 해소하는 데 있다. 민족 내부의 문
제이면서 동시에 국제적 문제이기도 한 한반도 분단체제의 극복이라는 이
난제를 제대로 해결하기 위해서는 우선 서구주의와 민족주의, 이 두 경사
속에서 침묵하는 동아시아를 호출하는 일, 즉 동아시아를 하나의 사유단
위로 설정하는 사고의 변혁이 종요롭다. 동양학술총서는 바로 이 염원에
기초하여 기획되었다.

　10년의 축적 속에 동아시아론은 이제 담론의 차원을 넘어 하나의 학(學)
으로 이동할 거점을 확보했다. 우리의 충정적 발신에 호응한 나라 안팎의
지식인들에게 깊은 감사를 표하는 한편, 이 돈독한 토의의 발전이 또한 동
아시아 각 나라 또는 민족들 사이의 상호연관성의 심화가 생활세계의 차

원으로까지 진전된 덕에 크게 힘입고 있음에 괄목한다. 그리고 이러한 변화가 6·15남북합의(2000)로 상징되듯이 남북관계의 결정적 이정표 건설을 추동했음을 겸허히 수용한다. 바야흐로 우리는 분쟁과 갈등으로 얼룩진 20세기의 동아시아로부터 탈각하여 21세기, 평화와 공치(共治)의 동아시아를 꿈꿀 그 입구에 도착한 것이다. 아직도 길은 멀다. 하강하는 제국들의 초조와 부활하는 제국들의 미망이 교착하는 동아시아, 그곳에는 발칸적 요소들이 곳곳에 숨어 있다. 남과 북이 통일시대의 진전과정에서 함께 새로워질 수 있다면, 그리고 그 바탕에서 주변 4강을 성심으로 달랠 수 있다면 무서운 희망이 비관을 무찌를 것이다.

동양학술총서사업은 새로운 토론공동체 서남포럼의 든든한 학적 기반이다. 총서사업의 새 돛을 올리면서 대륙과 바다 사이에 지중해의 사상과 꿈이 문명의 새벽처럼 동트기를 희망한다. 우리의 오랜 꿈이 실현될 길을 찾는 이 공동의 작업에 뜻있는 분들의 동참과 편달을 바라 마지않는 바이다.

서남포럼 운영위원회
www.seonamforum.net

한국 가족법을 읽으며 어머니들과 만나다

아주 오랫동안 이 책을 잡고 있었다. 『한국 가족법 읽기』는 지난 20년 정도의 내 삶의 역사이자 에콜로지라 할 수 있다. 이 책은 나의 박사학위논문에서 출발하기에, 거기에는 1990년대 뉴욕의 거리, 물과 나무의 정기(精氣)가 서려 있고 친구들과 선생님의 호흡이 배어 있다. 내가 왜 공부를 하는지 깨닫게 해주었던 뉴스쿨(The New School for Social Research)의 살아 있는 학풍, 한 사람 한 사람의 관심사를 지지해주고 어디서나 토론이 이루어지던 가난했던 그 학교가 떠오른다. 인종과 계층, 성별의 각축 속에서 도시의 마력을 내뿜던 그곳에서 나는 페미니즘과 법학의 매력에 눈을 떴고, 지구 건너편에서 한국학을 가슴에 품을 수 있었다. 거기서 나는 나의 어머니와 조상을 거스르지 않는, 아니 그들에게 말을 거는 그런 공부를 하고 싶어졌다. 박사논문을 쓰는 과정에서 지적인 작업이 시간, 돈, 자유로움과 사물을 보는 시각 같은 자원들을 필요로 하는 것임을 선연히 알게 되었고, 마이너리티 담론(minority discourse)이 왜 그렇게 희소한지를 깨달았고, 그런만큼 마이너티리 담론을 구축하리라 마음먹었다.

4

한국학과 사회학, 법과 페미니즘, 역사쓰기와 사회이론이라는 복잡한 얼개를 만들고 내용을 채우는 데 무한한 신뢰를 보내주신 스승들께 먼저 감사드린다. 논문의 내용이 자신들을 바라보기보다는 한국을 향해 있다는 것을 알아차렸으면서도 끝까지 애정을 가지고 논문을 심의해주었다. 지도교수였던 틸리 교수(Louise Tilly, 역사학·사회학)는 마지막까지 자상한 독해와 조언을 아끼지 않았다. 당시 컬럼비아 로스쿨에 재직하던 파인먼 교수(Martha Fineman, 법학)는 페미니즘 법학이론과 미국 가족법의 측면에서 실질적인 지도교수 역할을 해주셨다. 뉴스쿨은 상당한 장학금을 제공하였고 학교의 틀을 넘어 컬럼비아대에서도 교육과 지원을 받을 수 있도록 해주었다. 논문의 이론적 구성에 대해선 루딕 교수(Sara Ruddick, 철학), 카사노바 교수(Jose Casanova, 사회학이론), 비스베스바란 교수(Kamala Visweswaran, 인류학)들께 많은 가르침을 받았다. 스승들을 다 열거하기는 어렵지만, 당시 카르도조 로스쿨에 재직하던 코넬 교수(Drucilla Cornell, 법철학)는 법학과 사회학 이론의 관련성을 탁월하게 보여줌으로써 내 인식의 경계를 허물어주셨다. 또한 한국에서 학문의 세계로 이끌어 주신 한상진 교수님(서울대 사회학과 명예교수)과 옥선화 교수님(서울대 생활과학대, 가족학)께도 이 자리를 빌려 감사를 드린다.

박사논문이 통과되고 한 열흘간을 울면서 지냈다. 앉아도 눈물 서도 눈물, 따스한 눈물이 시냇물처럼 흘러내렸다. 도저히 이루어질 수 없는 일이 이루어진 듯하였다. 찬란하고 험난했던 유학시절은 오로지 함께해준 구루(guru)들이 있어서 지나올 수 있었다. 논문의 처음부터 끝까지 도움을 준 살로니(Saloni Mathur, UCLA, USA, 박물관학), 그녀는 내게 "왜 서양이론을 읽느냐"고 물어본 최초의 사람이었고, 제3세계 페미니즘과 포스트콜로니얼리즘이라는 세계를 알려주었을 뿐 아니라 뉴욕에서 기거할 방을 내주기도 했다. 우리는 같은 날 졸업을 했고 같이 많이 울었다. 집이 없던 유학

시절 초기, 거처를 마련해준 사람으로 밸(Val Johnson, Saint Mary's University, Canada, 사회학·범죄학)을 빼놓을 수 없다. 밸은 강의를 듣기 위해 하룻밤을 묵어야 했던 동양인 나그네에게 기꺼이 소파와 부엌을 내주었다. 게다가 논문심사를 하던 날, 홀연 심사장에 들어와 왜 내 논문이 통과되어야 하는지를 심사위원들을 향해 역설하는 것이었다! 나는 아직도 왜 그날 밸이 그런 퍼포먼스를 했는지 알 수 없다. 밸은 심사가 너무 길어져서 이러다간 축하 와인 한잔도 하기 어렵겠다 싶어 그랬다고 했다. 논문 집필과정에서 한국문제 그리고 일상문제에 있어 버팀목이 되어준 박혜정(Unidad Académica Campesina-Carmen Pampa, Bolivia, 언어학)과 김현숙(Wheaton College, USA, 사회학)에게도 무한한 애정을 보낸다. 혜정의 착한 정의로움과 현숙의 따스한 명철함이 이 땅에 다시 연결되고 퍼질 수 있기만을 기원한다. 또한 그 시절 뉴욕에서 한국 여성주의 독서모임을 함께했던 서진영(신학), 이건정(컬럼비아대 연구교수, 사회학), 주은숙(또는 주황, 사진작가), 한정우(인류학), 권인숙(명지대 방목기초교육대학, 여성학) 등 우리 수다스러운 자매들께도 고마움을 전한다. 그리고 오랫동안 기꺼이 동생의 자리를 지켜준 남인영(동서대, 영화학)에게도 사랑의 마음을 보낸다. 이 책은 이들—그리고 다 미처 언급하지 못한 많은 친구들—과 함께한 웃음과 비판, 담론의 결과물일 뿐이다. 또한 메마른 나의 몸과 마음을 어김없이 적셔준 그 많은 커피와 기네스에게도 인사를 빼놓을 수 없으리.

학위를 마치고 한국에 돌아오니 호주제 폐지의 물결이 일어나고 있었다. 1990년대 초까지만 해도 재산분할 같은 경제적 이익이 중요하고 호주제도 같은 신분관계는 부차적이라고 했던 한국의 여성운동과 시민운동이 달라지고 있었다. 나는 한국 여성에게 가족지위란 그녀들의 정체성, 아니 그녀들의 꿈마저 채색하고 있다고 생각하고 있(었)다. 이곳저곳에서 호주제 폐지의 담론이 형성되었고 고은광순 선생님이 주도한 '호주제 폐지를 위한 시민의 모임'의 활동은 대단히 중요했다.

2000년 호주제 위헌법률심판제청이 이루어지고 약 5년의 세월 후에 호주제 헌법불합치 결정이 내려졌는데, 이 책의 8장 '호주제도 폐지, 그 산을 옮기다'는 이 과정에 대해 쓰고 있다. 이 시기 나는 법여성학 전공의 사회학박사로 서울대 법대 100년 역사상 최초의 여성교수로 임용되었다. 다른 이들뿐 아니라 내게도 예상치 못한 일이었다. 나는 그후 서울대 법대라는 '호랑이굴'에서 '가지 않은 길'을 걸어갔다. 법대에 임용되기 전, 호랑이에 대해 좀더 알았더라면 더 많이 춤추며 이 길을 걸어갈 수 있었을 텐데. 좌충우돌하는 나를 붙잡고 함께 걸어준 서울대 법대의 많은 동료들, 선후배 교수님들께 이 자리를 빌려 감사인사를 드린다. 특히 마무리 과정에서 받은 이웃 연구실 정긍식 교수님의 한결같은 도움은 잊을 수 없다. 또한 동국대, 한양대, 이화여대, 서울대, 연세대, 중앙대, 숙명여대 등에서의 시간강사 시절부터 지금까지 멋진 제자들과의 만남은 무엇보다도 보람있는 일이었다. 사회지도층이 아니라 공복(公僕)이라는 자세로 더 낮은 곳에 임하면서도 두 날개를 활짝 펼쳐 훨훨 날아다니는 제자들을 맘껏 보고 싶어라.

이 길에서 많은 공익법률가들도 만났다. 그들은 마치 칼을 든 예술가와 같았다. 결론을 보고야 마는 힘과 논리를 가졌지만 가슴에는 사랑과 겸허함을 간직하고 있기에 그들은 여신 아테나(Athena)와 헤스티아(Hestia)의 혼성적 모습이라고나 할까. 호주제 사건에서 만났던 진선미, 이정희, 이유정, 이상희, 이석태 변호사 등과 '2000년 일본군 성노예전범 국제법정'에서 만난 조시현, 김창록, 하종문, 정진성 교수들, 장완익, 박원순 변호사 들에게서 밤하늘 별과 같은 감동과 가르침을 받았다. 또한 일일이 거명하지 못하지만, 한국젠더법학회와 한국법사회학회에서 지난 수년간 고락을 함께한 동료들에게 깊은 존경과 동지애를 보낸다. 나의 사유를 조형해준 한국여성학회와 한국사회학회의 오랜 동료들과 선후배님들께도 감사드린다.

법대 임용 후 많은 시간이 흘러서야 이 책이 나온 것은 오로지 나의 게으름의 소치이다. 그럼에도 아쉬움이 많이 남는다. 박사논문 이후 한국 가족과 가족법에 대한 법학적, 사회학적, 여성주의적 연구를 그리 심화시키지도 못하였고, 자료 수집이나 인식의 깊이에서 제자리걸음을 한 것 같아 그러하다. 무엇보다도, 가족법 연구에 심혈을 기울여오신 연구자들의 논의를 제대로 포섭하지 못한 것 같아 우려된다. 하지만 이 책은 가족법에 대한 법해석학 연구라 할 수는 없다. 오히려 가족법을 통해 한국 사회와 가족, 한국의 전통 문제를 읽는 여성주의 사회학 연구라 할 수 있을 것이다.

이 책은 크게 역사적 분석과 텍스트 분석이라는 두 연구방법을 가지고 한국 가족법에 접근한다. 제1부에서는 이 책의 이론적 기초와 구성을 밝히고 있는데, 공/사(公/私) 이분법에 대한 페미니즘의 비판과 한국 가족을 보는 사회학 연구, 그리고 가족의 주체성 구성 등에 관한 포스트구조주의 페미니즘에 대해 논의한다. 또한 '평등과 차이'의 변증법 속에서 전개된 서구의 페미니즘 법학을 고찰한 후, 한국의 역사적 현실에 기초한 포스트식민 법학, 나아가 포스트식민 페미니즘 법학의 필요성을 제안한다.

제2부는 한국 가족법에서 '관습'과 '전통' 문제를 중심으로 식민지시기 관습이라는 역사적 미로를 되짚어간다. 여기서는 주로 일본 구민법의 가 제도 이식, 가장제도의 착종(錯綜), '관습'에서 시간성의 실종 같은 주제를 다룬다. 제2부에서 조선시대를 식민지시기 이후의 장에 배치한 것은 과거로서의 조선시대가 아니라 구성된 역사로서의 조선시대라는 인식을 나타내기 위해서이다. 조선시대 이후 곧장 1945년 탈식민 상황으로 이어지는 것은 입법과정에서 식민지시대의 인식론적 삭제를 나타낸다.

제3부는 1945년 이후 민법 제정 이전의 가족법 상황에 대한 논의에서 시작하여, 1950년대 민법 제정과정을 살펴본다. 특히 '동성동본 불혼' 규정의

심의과정에 관한 국회속기록을 분석하면서 이 시기 '전통'에 대한 믿음이 오히려 역사로서의 '전통'을 보지 않으려는 아이러니와 만나고 있고, 민족주의적 태도와 가부장제가 연결되어 있음을 보여주고 있다. 이후 1960년대, 70년대, 80년대 가족법 개정운동의 끈질긴 역사를 살펴본다. 다른 법분야도 그러하지만 한국의 가족법은 가족법 개정운동의 살아 있는 역사이고, 그런만큼 많은 시민들과 여성들과 교류하고 소통한 법사회학적 텍스트라고 할 수 있다. 특히 고(故) 이태영 변호사가 불을 놓아 수많은 전문가와 시민들이 참여한 가족법 개정운동은 2005년 호주제 폐지에 의해 역사의 한 장을 마감하게 된다. 이에 따라 제3부는 헌법재판소의 호주제 헌법불합치 결정에 대한 분석으로 마무리된다.

제4부에서는 가족법에 대한 텍스트 분석을 꾀하고 있다. '남성으로서' 읽기로 예정되어 있는 법문을 '여성으로서' 읽으면 어떤 의미가 생성되는지 찾아가는 페미니스트 법읽기를 시도하였다. 민법 제4편 친족과 제5편 상속의 편제에 상응하도록 가족법을 신분관계와 재산관계로 나눈 후 친/가족제도에서 여성의 위치와 재산관계에서 여성의 위치를 각각 분석한다. 한국 여성들은 어머니로서, 아내로서, 딸로서, 며느리로서, 할머니로서, 또 이외의 수많은 위치에서 혈족·친족·가족 같은 여러 층위의 '가족'에 속하지만 어디에서도 그녀들은 가족제도의 중심에 있지 못하는 주변인임을 밝히고, 이 주변성은 특히 어머니의 '비어 있는 피' 즉 모계구성의 곤란함에서 유래하는 것으로 진단한다. 모계의 부재는 부계의 독점의 이면이어서 한국 가족에서 부계 독점원리를 해체하지 않고서, 즉 모계 구성원리를 구축하지 않고서 이 땅에 양성평등 원리를 구성하기 어렵다고 진단한다. 이는 한국의 페미니즘(법학)이 개인의 자유와 평등에 기초한 서구의 그것에 대해 가지는 차이이기도 하다.

재산관계에서 여성의 위치는 가족관계의 '사사로움'이라는 인식에 따라 부부 사이 재산문제를 대체로 법 바깥에 놓음으로써 취약해진다고 진단하고, 법정부부재산제도인 부부별산제가 가지는 다양한 함의를 분석한다. 부부별산제는 부부를 동등한 경제주체로 인정한다는 점에서 양성평등한 제도의 외양을 가지고 있지만, 실은 가족 내 보살핌역할을 기대받는 대다수 여성의 경제생활을 화폐경제 바깥에 놓는 장치이다. 이러한 모순은 주로 이혼시에 노출되지만 혼인관계 안에서 이미 축적된 구조적 차별일 따름이다. 앞으로 부부재산제도가 개혁되고 부부재산계약제도 등이 활성화되어야 하겠으나, 근본적으로 가족을 단지 정의(情誼)적 공동체가 아니라 정의(正義) 원리가 관철되어야 하는 공동체로 바라보는 가족법의 가치 변화 내지 문화혁명이 필요하다. 마지막 장에서는 2005년 이후 가족법 개정을 살펴보고 향후의 가족정책과 가족법의 방향을 제안한다. 이상과 같은 분석을 통해 한국 가족법에서 여성의 위치와 주체성은 때로는 조선시대에, 때로는 식민지시기에, 때로는 현대한국에 속한 것처럼 이곳저곳에 흩뿌려져 있고, 통합되기 어려운 여러 원리들이 그녀들을 지배하고 있다고 해석한다. 하지만 이런 시대착오적 정체성이 조화를 이룰 수 있는 원리를 찾을 때, 한국사회의 구조변동과 역사치유를 이끌어 낼 수 있기에 이 땅에서 페미니즘은 커다란 '지혜'로 다가온다.

이 책은 개별 논문들로 구성되어 각 장에는 별도의 논의가 담겨 있다. 이 점에서 각 장은 분리된 에세이로 읽힐 수 있을 것이다. 독자는 관심이 가는 장만을, 혹은 그 장부터 읽어도 좋을 듯하다. 책 전체는 일직선적 논리 전개가 아니라 순환적인 관계로 구성되어 있어, 각 주제는 고유의 방식으로 전개되지만 서로 맞물리면서 이어진다. 한 장의 마무리는 다른 논의의 시작을 의미하고 이 책의 마무리는 곧 시작을 뜻한다. 모두 12장 4부로 구성되어 여기서 열두달 사계절을 맛볼 수 있다면 좋으리.

이 책은 특히 한국의 '관습'과 '전통'에 대한 페미니스트로서의 비판적 독해를 통해 한국의 식민주의 유산과 씨름하고 있다. 한국에서 페미니즘은 여성에 대한 학문, 즉 여성 소수자 권익을 위한 학문 내지 이념으로만 인식되는 것이 늘 안타깝다. 페미니즘은 세상을 보는 하나의 패러다임, 그것도 열린 패러다임이기에 페미니스트 그녀는 법학자일 수도, 물리학자일 수도, 혹은 코끼리 조련사나 야채장수일 수도 있을진대, 이 땅에서 페미니즘은 이미 그 내용이 뻔한 동질적인 분야로 대상화되어 그 사상적·방법적·실천적 함의를 제대로 수확해내지 못하는 것 같아 아쉽다. 이 책에서 전통은 한국인의 정체성 내지 문화적 풍경을 보는 하나의 창구인데, 한국의 전통을 마치 조선시대 화석(化石)처럼 인용하는 어법에 대해 문제제기를 하고 있다. 한국의 순수한 관습 대 왜곡된 관습이라는 이분법으로는 식민주의 유산이라는 얽힌 실타래를, 그리고 탈식민 이후 한국사회가 걸어온 길을 제대로 포착할 수 없다고 보기 때문이다. 한국 가족법 개정운동에서 나타났던 전통 대 양성평등의 이분법 역시 문제거리이다. 어째서 한국에서 전통과 양성평등은 대척점에 서 있게 되었는가. 이들을 아우를 법철학·법원리·사회사상을 가지지 못한 우리의 문화적 풍경은 어떤 것인가. 2005년 헌법재판소가 내린 호주제 헌법불합치 결정은 대단히 의미심장한 것이지만, 그 결정에서 이해된 페미니즘이란 성차별을 문제시하는 입장일 뿐 한국의 역사와 전통문제 그리고 이 사회를 새롭게 보는 사상으로 여겨지지는 않았다. 이 책에서 페미니즘이란 여성차별의 차원을 포함하면서 그것을 넘어선다. 그것은 사회를 분석하는 하나의 방법론이자 '모계'를 끌어들여 사회를 재구성하고자 하는 대안적 원리이다. 마찬가지로, 이 책에서 가족법의 법문은 분쟁해결의 도구를 넘어서서 한국의 가족질서를 문자화한 텍스트이자 한국 근대성의 궤적을 보여주는 역사적 기록이자 우리 할머니와 어머니들이 살아온 상징적 공간이다.

자료도 부족하고 공간적으로도 멀리 떨어진 뉴욕에서 풀어야 했던 문제들을 벽에 붙여놓고 참선하듯 매일 바라보곤 하였다. 이때 가르침을 주신 분은 누구보다도 고 정광현 교수님(서울대 법대 명예교수)인데, 한번도 뵌 적 없는 정교수님의 저술은 식민지 가족법과 관습 연구의 등불이 되어주었다. 또한 조선시대 연구에 평생을 바친 도힐러(Martina Deuchler, Univerity of London, 한국사) 교수님에게도 감사드린다. 그녀의 조선시대 연구는 전통 문제를 숙고하는 데 있어 무게중심을 잡아주는 역할을 했다. 이 자리를 빌려 두 분의 지적 엄정함과 우아함에 존경과 감사를 표한다.

이 책을 만들어주신 분들께도 고마움을 표한다. '서남동양학술총서'로 본 연구를 지원하신, 그래서 이 과제를 이제 놓을 수 있도록 해주신 서남재단 관계자들께 심심한 감사를 드린다. 편집과 제작과정에서 많은 고생을 하신 창비 관계자들께도 감사인사를 보낸다. 여러모로 조교 역할을 해준 제자 김선화에게도 고마움을 전한다. 그리고 표지에 작품을 싣는 것을 10여년 전부터 흔쾌히 허락하신 윤석남 작가님께도 감사드린다. 덕분에 이 책이 아름답게 나올 수 있었다. 아름다움으로 말하자면, 누구보다 이 책의 마무리 단계에서 귀인으로 나타나 큰 힘과 위안이 되어준 제미란 작가에게 고마움을 전한다.

마지막으로 가족과 친밀한 분들께 감사드린다. 뉴욕에서 돌이 갓 지난 아이를 키우면서 박사논문을 쓴다는 "기적을 이루려고" 온몸으로 싸우던 찬연한 추억을 함께해준 분들께 감사드린다. 아이를 돌보아준 어린이집 가든즈(Gardens Nursery School)의 젊은 원장님께 감사드린다. 당시 연로하신 부모님을 돌보아준 둘째오빠 부부 양현근, 최비숙 님께도 깊이 감사드린다. 공부하는 며느리를 수용하느라, 아이를 돌보느라 애쓰신 시부모님께도 깊이 감사드린다. 또한 지난 10여년을 눈이 오나 비가 오나, 이름도 없이 우리집 살림을 도와준 '헌실 어머니'께도 감사드린다. 이 모든 이들

12

의 '보이지 않는' 보살핌이 이 책을 '보이도록' 만들어주었다. 그리고 나의 파트너 한동헌으로부터 많은 지지와 보살핌을 받았다. 그 많은 궂은 날들을 함께해주어 감사하면서, 그의 노래와 예술을 이 땅의 보통 사람들도 누릴 수 있는 날이 어서 오기를 기원한다. 그리고 어려서는 공부하는 엄마를 기다려주고 이제는 놀아주는, 총각이 다 된 보리에게 고마움을 표한다. 너의 춤추는 스피릿은 매우 소중한 것이니 평생 잃지 않기를 바라노라.

이제 돌아보니, 이 책은 나의 어머니와의 오랜 대화라고 할 수 있다. 어머니는 1992년 11월 19일에 돌아가셨고 나는 운명을 보지 못했다. 어머니가 이 땅에 묻히실 때에야 함께할 수 있었는데, 검은 흙덩이가 어머니의 주검에 흩뿌려질 때 내 얼굴과 몸에도 그 차가운 흙이 마구 뿌려졌다. 그 순간은 내가 누구인지를 똑똑히 알게 해주고, 나의 한국학이 무엇을 향해 어디로 가야 할지를 깨닫게 해준 순간이었다. 식민지시기와 조선시대를 상상할 때, 이 어머니를 통해서 겹겹의 가부장제 아래서 외롭고 서러웠던 수많은 이름 없는 어머니들과 접촉할 수 있었다. 일본군 위안부들처럼 이 땅의 수많은 시린 어머니들도 제 명에 돌아가시지 못했으리. 이 책이 감히 그녀들을 대변하지도 형상화하지도 못하겠지만, 그녀들에게 말을 걸고 그녀들에게 귀기울이려 했던 작업이었음을 고백한다. 이 과정에서 나는 우리 어머니들과 할머니들을 뉴욕으로, 포스트모던이라는 희한하고도 새로운, 하지만 별로 낯설지 않을 세계로 불러 모시기도 했다. 이런 시공간으로 이끌어주신 어머니, 고 신옥순 님에게 부족한 이 책을 바치고자 한다. "인생은 짧지 않다" 하셨던 어머니, 그러므로 원(願)을 세우면 실현할 수 있다고 하셨던 어머니와 어머니들, 그녀들의 회한과 사랑, 끝없는 창조력에 삼가 이 책을 바칩니다.

이천십일년 세모(歲暮)에
산진이 양현아

일러두기

1. 이 책에서는 1990년 1월 13일 공포된 개정 가족법의 국회 의결일인 1989년 12월 19일을 중심으로 하여 본 개정을 '1989년 개정'으로 표기한다.
2. 이 책의 외래어는 원어 발음에 가깝게 표기하되 일부 인명·지명은 학계의 관용을 따랐다.
3. 별도 표시가 없는 번역문과 강조구문은 모두 필자의 것이다.
4. 이 책의 다음 장들은 이하의 원논문을 수정·보충하여 재집필하였음을 밝혀둔다.

   제2장: 「서구의 여성주의 법학: 평등과 차이의 논쟁사」, 『法史學硏究』 제26호(2002), 229~67면.

   제3장: 「식민지 시기 한국가족법의 관습 문제 I: 시간성의 실종을 중심으로」, 『사회와 역사』 제58집(2000), 35~70면.

   제4장: 「한국의 호주제도: 식민지 유산 속에 숨쉬는 가족제도」, 『여성과사회』 제10집(1999), 214~37면.

   제6장: 「한국적 정체성의 어두운 기반, 식민성과 가부장제」, 『창작과비평』 106호(1999), 48~65면.

   제7장: 「한국 친족상속법의 변화에 관한 사회학적 해석: 1958년~2007년」, 『가족법연구』 제23권 제1호(2009), 27~60면.

   제8장: 「호주제도 헌법불합치 결정에 나타난 성차별 판단의 논증: '전통'과 식민지성의 관련성 속에서」, 『경제와사회』 제88호(2010), 215~56면.

   제9장: 「호주제도의 젠더 정치: 여성 생산을 중심으로」, 『한국여성학』 제16집 1호(2000), 65~93면; 「한국가족법에서 어머니는 어디에 있(었)나」, 심영희·정진성·윤정로 공편 『모성의 담론과 현실』(나남출판 1999).

제1부

한국 가족법이라는 역사적 텍스트

아리랑 전장포 앞바다에
웬 눈물방울 이리 많은지
각이도 송이도 지나 안마도 가면서
반짝이는 반짝이는 우리나라 눈물 보았네
보았네 보았네 우리나라 사랑 보았네

─곽재구 「전장포 아리랑」 중에서

무엇보다도, 누구도 사회 안에서 자신의 위치, 자신의 사회적 지위 또는 사회적 위치를 알지 못한다. 뿐만 아니라 자연자원과 능력의 분배에 있어 자신의 몫도, 자신의 지적 또는 육체적 능력 같은 것도 알지 못한다.

─존 롤즈(John Rawls), 『정의론』(*A Theory of Justice*, 1971) 중에서

당신은 내가 아주 불쾌하게 하루를 시작하고 있음을 아는 것이 좋을 것이다. 주체성(subjectivity)은 나의 법 분석의 모든 것이기 때문이다.

─Patricia Williams, *The Alchemy of Race and Rights* (1991) 중에서

제1장
한국 가족법에 대한 복합적 접근

　한국 가족법 연구를 시작할 때 나는 스스로 얼마나 복잡한 세계에 발을 들여놓는지 알지 못하였다. 이 책의 분석대상인 한국 가족법은 통상 '가족법'으로 칭해지는 대한민국 민법 제4편과 제5편을 중심으로 하되 1945년 한반도 분단 이전의 식민지시기 가족법규도 포함한다.[1] 따라서 한국 가족법에는 근대적 성문법전뿐만 아니라 이념적으로 조선시대 법전, 식민지시대의 관습과 성문법, 1945년 이후의 법규정과 판례가 포함된다.

　한국 가족법의 이러한 정의는 이 책의 연구범위를 나타낸다. 한국 가족법은 그 법이 놓여 있는 복잡한 역사적·문화적·이론적 지형으로 나를 이끌었다. 이 지형에서, 한국 가족법을 이해하기 위해 다양한 이론들을 불

---

1) 대한민국에 가족법이라는 단일법률은 존재하지 않지만, 통상적 호칭에 준하여 이 책에서는 가족법이라는 명칭을 사용한다. 이 책의 분석대상은 주로 민법 제4편과 제5편으로, 좁은 의미의 가족법이다. 광의의 가족관계법에는 헌법뿐 아니라 많은 법규들이 포함된다. 헌법, 민법상 제4편과 5편(가족법), 국적법, 국제사법, 형법 중 일부, 가정폭력방지특례법, 여성발전기본법, 건강가정기본법, 모성보호정책 관련법, 사회보장법, 세법 등 실로 그 영역이 방대하다.

러오는 복합적 접근(multiple mediation)이 불가피했다(Mani 1989a). 이 책은 한국 가족법에 관한 것이자 가족법을 통해 읽는 문화사·사회사적 연구이며, 가부장제를 넘어서고자 하는 정의론(正義論)이자 페미니즘 법학(feminist jurisprudence)[2] 연구이다. 이 책의 서론인 제1부에서는 왜, 그리고 어떻게 한국 가족법을 분석하고자 하는지 논의할 것이다. 한국 가족법의 의미를 가부장제, 그리고 여성의 위치라는 시각에서 다룬 후, 한국 페미니즘 법학의 의미를 한국의 사회·역사적 맥락에 위치짓고자 한다. 이 책 전체가 한국역사 속에서 페미니즘 법학이 어떠한 것일 수 있는지를 논의하는 공간이며, 가족법을 통해 다시 보는 한국의 근대 역사와 사회에 대한 하나의 독해라 할 수 있다. 이것이 '한국 가족법을 읽는다'는 것의 의미이다.

1. 왜 한국 가족법을 연구하는가?

(1) 가족법에 제도화된 가부장제

한국 민법은 전체 5편으로, 제1편 총칙, 제2편 물권, 제3편 채권, 제4편 친족, 그리고 제5편 상속으로 구성돼 있다. 이 법제는 로마법을 계수한 판덱텐(Pandekten) 편제로 독일, 중국, 일본도 같은 법제를 따른다(한복룡 1989, 30~31면; 김주수 1994, 76면). 제4편 친족과 제5편 상속에 규정된 성문법규는 1958년 2월 22일 발효되었으며 1962년, 1977년, 1989년 등에 걸쳐 개정되고 2005년에 대폭 개정되었다. 친족편인 제4편은 제1장 총칙, 제2장

---

2) '페미니즘 법학'은 페미니즘 법이론, 페미니즘 법리학, 페미니즘 정의론, 여성주의 법학, 여성주의 법이론, 법여성학 등 다양하게 번역될 수 있다. 이 책에서는 '페미니즘 법학'을 중심으로 쓰되 맥락에 따라 다른 번역어들도 사용할 것이다. 페미니즘 법학을 중심 역어로 하는 것은 실정법상 여성의 지위 분석에 머물지 않고 페미니즘이라는 지식체계가 수반하는 철학적·이론적 성격을 드러내려는 의도에서이다.

가족의 범위와 자(子)의 성(姓)과 본(本, 구 제2장 호주와 가족), 제3장 혼인, 제4장 부모와 자, 제5장 후견, 제6장 친족회, 제7장 부양, 제8장 호주승계(삭제)로 나뉘며, 상속편인 제5편은 제1장 상속, 제2장 유언, 제3장 유류분으로 이루어져 있다.

민법의 다른 영역들이 재산에 관한 규정이라면, 가족법은 혼인, 부모와 자녀, 친족관계를 규율하는 까닭에 일반적으로 '신분법(身分法)'이라고 일컬어진다(김주수 1994; 양수산 1994; 박병호 1992). 그러나 이러한 명명은 가족법의 정의에 답을 주기보다는 의문을 더 제기하게 만든다. 우선 가족 안에서 '신분'이 혼인관계, 친자관계, 가족관계 및 친족관계 등으로 형성되는 지위를 뜻한다면, 이를 마치 고정된 지위를 연상시키는 '신분'이라 부르는 것이 적절한가. 이 '신분'이 오늘날의 사회·역사적 상황에서는 이전 사회와 어떻게 다를까. 현재 한국사회의 정치적·경제적·문화적 맥락에서 가족관계 '내부의' 신분이 가족 '외부' 즉, 국가나 사회와 가지는 접점은 무엇일까. 이러한 질문에 답하기 위해 먼저 가족 안에 제도화된 '가족'이 무엇인지를 살펴볼 필요가 있다.

한국 가족법 안에는 여러 범위의 가족이 공존한다. 혈족(血族), 친족(親族), 호주(戶主)가족, 재산상속 단위로서의 가족들이 그것이다. 이 가족들은 좁은 규모에서 넓은 규모까지 언제나 그 원점이 일치하는 것은 아니지만 대체로 동심원적 관계를 이루는 것으로 보인다. 1989년 가족법 개정 전에는 호주가족, 즉 가(家)의 범위가 재산상속 범위를 결정하는 데 큰 영향을 미쳤다. 그러나 1989년 이후 유산상속인의 법정상속은 가의 범위와 무관해졌다. 또한 2005년 통과된 민법에 의해 2008년부터 호주제도가 우리 법에서 삭제되었다.[3] 이렇게 세 수준 혹은 네 수준의 가족이 공존한다는 사실을 염두에 두고 가족법에서의 '가족'에 접근할 필요가 있다. 예컨대

---

3) 2011년 현재 호주제도는 더이상 민법에 존재하지 않지만 과거의 영향력은 여전히 발휘

호주제도가 존속하던 시기에는 대체로 맏아들에 의해 호주계승이 이루어졌는데, 그것은 더 큰 규모의 가족에 대한 이념적 구조가 존재하기 때문에 정당화되고 지속될 수 있었다. 호주제도 바깥에는 친족제도와 혈족제도, 성본제도(姓本制度)가 존재하고 가족을 이루는 규칙들은 그 상호작용 속에서 효력을 발휘한다. 이렇게 현재 한국 가족법에 법제화된 '가족'은 한국인이 체험하는 가족의 제도적 기초가 된다. 그것은 부부를 중심으로 한 소가족도 아니고 그렇다고 문중이나 친족만도 아니어서, 여러 수준의 '가족들'이 혼재하는 가족공간으로 파악된다. 이 책에서는 한국인이 다층적 가족구조의 중첩효과 속에 살고 있다고 진단하고, 이런 가족효과(family effects)[4]를 포착하기 위해 '친/가족' 개념을 사용하고자 한다.

이렇게 가족 또는 친척의 범위가 여러가지로 달리 존재하는 현상은 일견 특수하게 보인다. 이렇게 다양한 가족간 혹은 친족간의 상호관계는 무엇인가? 왜, 그리고 어떻게 이런 다른 수준의 가족들이 하나의 법체계 안에 공존하는가? 여기서 서로 다른 범위의 친/가족이 공존함에 있어 뚜렷한 공통성이 있으니, 그것은 혈족·친족·인척제도 모두 남성에 의한 부계(父系)혈통 계승을 그 범위 설정의 중심원리로 삼고 있다는 점이다. 호주제도가 존재하던 시기 한국 가족법 안에는 세 가지 제도, 즉 남계혈통에 의한 가계계승인 부계계승(patrilineage), 여성이 혼인과 더불어 남편 가족에 속하는 부처제 결혼(patrilocal marriage), 남성이 가족대표자가 되는 남성 가장제도인 좁은 의미의 가부장제(patriarchy)가 법제화되어 있었다. 현재

된다고 보아, 이 책은 호주제도를 과거의 제도이자 현재의 제도로 분석할 것이다.

4) '가족효과' 개념은 주체성 이론의 '주체효과'에서 착안하였다. 데리다(Jacques Derrida)와 스피박(Gayatri Spivak) 같은 포스트구조주의자에게 주체성의 구성은 주요 관심사인데, 주체란 언제나 '주체효과'로만 알려진다. 여기서 '가족효과'란 개별 가족원에게 무엇이 가족이라고 체험되는가를 의미하는데, 그것은 법률과 제도의 틀 안에서 특정 개인과 가족에 따라 끊임없이 (재)구성되는 효과이다.

에도 부계 성본주의에 의해 부계계승제도는 법제화되어 있고, 호주제도가 폐지되었다고 해도 호주제도가 체계화한 사회·문화적 규범이 사라졌다고는 하기 어렵다. 이 점에서 한국 가족법을 가부장제가 살아숨쉬고 계승되는 텍스트로 접근하지 않기는 어려운 일이다. 또 이런 이유로 한국 가족법은 한국의 페미니즘 법학에 있어서 빼놓을 수 없는 역사적 연구대상이다. 어떻게 현대법에 버젓이 양성을 차별하는 법조문들이 존재해왔으며, 그 논거는 무엇인가. 이를 극복하는 논거는 또한 어떤 것이어야 하는가. 가족효과라는 개념이 나타내듯, 가부장제는 일정한 공간성을 의미하면서 동시에 세대·계승·배제 같은 시간성을 함축한다. 이 책에서 가부장제에 관한 시공간적 접근을 꾀하는 것은 이러한 이유에서이다.

(2) 가족의 자연스러움과 정의의 망각

가족생활을 규제하는 강력하고도 장구한 역사를 지닌 문화적 기제들에도 불구하고, 가족은 흔히 "자연스러운" 무엇으로 이해되어왔고 이 점에서 법학자들도 예외가 아니다. 경제생활을 영위하기 위해 맺는 사회적 관계는 수단적인 데 반해 가족관계는 개인의 이해관계를 넘어서는 초이성적이며 숙명적이고 따라서 자연스러운 것이라고 한다(박병호 1992, 2~4면; 김주수 1994, 42~44면; 양수산 1994, 7면). 정광현도 가족은 자기 종족을 보존하기 위한 제도이며 그것은 자연스러운 인간의 본능이라고 말한다(정광현 1955, 19면). 그런데 가족의 자연스러움을 가족연구 및 가족법학의 전제로 삼는다면, 가족을 사회적 제도로 보기 어려워질 뿐만 아니라 남성 주체의 위치도 성찰하지 못하게 된다. 남성은 혼인에도 불구하고 '자연스럽게' 혈육에 둘러싸여 지내며 자신의 혈족을 이어나갈 수 있는 위치에 있기에 남성에게는 가족이 '자연스러움'에 기초한 제도이다. 가족의 자연스러움이라는 가정은 여하한 설명이나 정당화 없이도 가부장제를 강력하게 유지할 수 있는 근거가 된다. 그 연장선상에서, 가족법에 관한 지배적인 전제들을 살펴보더라도 가족법은 사람들이 살아가는 관습에 따르기 마련이며 따라서 그 변화가 더디다는 것(Palmer 1994), 가족법은 전통적인 인간의 의무를 규율한다는 의미에서 일종의 관습법이라는 것(Renteln and Dundes 1995) 등을 찾아볼 수 있다. 하지만 가족을 생물학적 단위의 '자연스러움'으로 정의한다면, 가족 안에서 구조화된 부정의(不正義)는 어떻게 문제화할 것인가. 가족이 본질적으로 사랑과 정다움, 자연의 공간이라면 가족 내 불평등과 폭력 등의 주제는 발붙일 곳이 없을 것이다. 그럼에도 이런 시각은 동서양 공히 중세에서 현재에 이르기까지 편만하다. 이런 견지에서 가족은 페미니스트 정의론, 그간의 정의론의 맹점을 메울 새로운 정의론을 기다리고 있다. 가족법은 가족이 '자연물'이 아님을 스스로 입증하면서 페미니즘 정의론을 기다리는 탁월한 텍스트이다.

서구 페미니즘에서는 가족의 자연화 명제를 주로 공사 영역(the public vs. the private sphere) 이분법에 대한 비판에서 적극적으로 다루어왔다. 수많은 페미니스트 저술은 공사 이분법이 정의와 권리, 민주주의 같은 서구사회의 근본원리와 어떠한 관계를 갖는가에 초점을 맞추고 있다(특히 Benhabib 1986; 1987; Okin 1989; Held 1990; Fraser 1989; Cohen 1992; Young 1990; Fineman 1994 등 참조). 페이트만(Carole Pateman)이 지적하듯이 "공사 이분법 비판은 두 세기에 걸친 페미니스트들의 저술과 정치운동의 주요 쟁점이었다. 페미니즘 운동은 궁극적으로 공사 이분법에 관한 것이다"(Pateman 1983, 281면).

널리 알려진 롤즈(John Rawls)의 『정의론』(A Theory of Justice, 1971)에 대한 페미니즘 분석이 있다. 이를 통해 오킨(Susan Moller Okin)은 롤즈에 있어 사회정의가 통용되는 공간은 공적 영역에 한정된다고 비판한다 (Okin 1989). 롤즈 자신은 성별과 관련해 중립적인 언어를 구사하지만, 주체이자 행위자로서 그 이론의 바탕을 이루는 '개인'이란 전통적인 가족의 가장인 남성과 다르지 않다(Okin 1989, 9면). 롤즈 이론에서 원초적 입장

(original position)이란 특정 입장의 부재를 뜻한다. '무지의 베일'(veil of ignorance)이라는 그의 개념에 따르면 공정성을 위해서 각 주체에 대한 특정한 정보는 모두 가려져야 한다(Rawls 1984, 136~41면). 롤즈와 다른 많은 정의 이론가들에 의하면 정의란 기본적으로 공적인 정의를 뜻한다(Rawls 1984, Ch.1 and Ch. 2; Ackerman 1980; Dworkin 1977; Galston 1980; MacIntyre 1988; Nozick 1974; Unger 1984; 1986). 그렇다면, 사적 영역으로 알려진 가족 내 부정의 문제는 누가 어떻게 다룰 수 있는가. 젠더, 세대, 또는 나이 등의 차이자체가 구성요소가 되는 가족관계의 정의 판단에도 무지의 베일이 적용될 수 있을까. '사적 영역'을 다루지 않은 정의론의 보편성에 의문이 제기된다.

이렇게 가족 내지 가부장제가 정의론에서 하나의 맹점이 되어온 것은 정의론의 자유주의적 전통과도 관련이 있다. 자유주의에서 가족은 다른 사회제도와 달리 정의보다는 사랑과 친밀감이 중요시되는 공동체로, 그리하여 가족은 정의의 잣대를 적용받지 않는, 혹은 정의를 '넘어서는' 영역으로 이해된다.[5] 벤야비브(Seyla Benhabib)는 '자연상태'라는 개념이 현대 윤리학과 정치철학의 기반이 되는 중요한 메타포로 기능해왔음을 지적한다(Benhabib 1987, 84면). 홉스(Thomas Hobbes)의 저술에 표현된 것처럼 "인간이 땅에서, 마치 버섯처럼, 솟아나와서, 다른 이들과 관계 맺음도 없이 갑자기 성인으로 자라났다"고 가정한다면(Hobbes 1966, 109면), 버섯처럼 독립하여 자라난 인간이야말로 자율성의 상(像)이다. 이때 인간이 태어나기 위해 존재해야 할 어머니들은 '이름 없는 땅'으로 대체되고 만다. 가족이 재생산, 즉 생식·임신·출생의 공간을 의미한다면, 그것은 역사를 초월해 존재하는 것으로 표상되어야 한다. 틸리(Louise A. Tilly)는 서구 근대화과

---

5) 전통적인 자유주의 입장에서 가족의 '자연스러움'에 대해서는 Locke(1965); Rousseau (1954; 1956) 참조. 이에 대한 페미니즘의 비판은 대표적으로 Elshtain(1981); Benhabib (1987); 이재경(1995)을 참고할 것.

정에 대한 분석을 통해 공적 영역과 사적 영역의 관계는 역사적으로 정적이지도, 일정하지도 않았으며, 여성을 가정성(domesticity) 영역에 배정한 것은 서구 근대 부르주아 사회의 전개와 함께 이루어진 것임을 밝히고 있다(Tilly 1978).

하지만 롤즈의『정의론』에 대한 페미니즘의 비판조차 어떤 자유주의적 관점을 공유하고 있다고 생각한다. 예를 들어 오킨이 문제삼는 가족 안에서의 부정의는 주로 부양자 남편과 전업주부 아내라는 성별 노동분업에 관한 것이다(Okin 1989, 4~18, 132~49면). 가족 내 여성노동은 일반적으로 노동으로 인식되지 못한다. 여성은 시장에 나가 일을 하더라도 여전히 '아이들을 키우고 사회화시키고, 친밀감의 보금자리를 제공하는 것'에 대한 책임을 진다(Okin 1989, 3~9면). 따라서 오킨은 "여성과 아이들의 취약성에 관한 절박한 문제에 대한 해법은, 임금노동과 무보수노동에서 그리고 생산과 재생산 노동에서 남성과 여성의 분담을 평등하게 배분하도록 만드는 것이다"(Okin 1989, 171면)라고 주장한다. 오킨에게 가족 안에서의 가사노동과 자녀양육은, 여성은 거기서 탈출해야 하고 남성은 그에 좀더 많은 부담을 져야 하는, 여전히 보다 덜 가치 있는 영역으로 파악된다. 이는 오킨 자신이 비판하는『정의론』의 사적 영역의 관점과 그리 다르지 않은 것이 아닌가. 이런 식으로 가족을 이해하는 한, 정의란 오로지 공공영역의 관점에서만 판단할 수밖에 없다. 이런 전개 속에서 오킨은 성별(gender)의 소멸이야말로 성(sex)과 무관한, 온전한 인간에 대한 완벽한 정의론을 구현하기 위한 전제조건이라고 결론짓는다(Okin 1989, 105면). 그녀의 휴머니스트 정의론에 따르면 "정의로운 미래에는 성차가 없을 것"이라고 한다(Okin 1989, 171면).

또다른 페미니즘 관점인 보살핌이론에서는 가족과 정의의 문제를 다른 각도에서 접근한다. 이 입장은 보살핌의 윤리·기능·가치에 주목한다. 여기서 '보살핌'(care)이란 아이, 병자, 노인 등 다른 사람을 보살피는 노동과 활동, 태도를 포괄하는 개념이다. 보살핌은 인간의 생명을 유지하고 연장하는 본질적 활동이며, 그간 주로 여성들이 무급으로 수행해왔다. 보살핌 노동에 주목하는 페미니스트들은 이 활동이 성별분업에 의해 여성에게 무급으로 전가되어왔다는 것을 비판하는 데 그치지 않고 이 활동에 독특한 경제적·윤리적 의미를 부여하고자 한다. 이 점에서 그들은 앞서 자유주의를 공유하는 여성주의와 인식을 달리한다. 길리건(Carol Gilligan)의 『다른 목소리로』(*In a Different Voice*, 1982, 한국어판 허란주 옮김, 동녘 1997)를 필두로 한 이른바 '보살핌학파'(The School of Care)는 보살핌에 내재한 논리가 공적 정의와는 다른 정의이자 윤리이며 인간관계라는 것을 밝혀내는 다양한 작업을 수행했다(Noddings 1984; Held 1990; Fineman 1983; 1991a; 1991b; 1995; Ruddick 1989; 1995; Bubeck 1995). 이들은 공정성(fairness) 논리가 아닌, 상호관련성과 배려라는 다른 종류의 정의론에 관심을 가졌다. 특히 루딕(Sara Ruddick)의 가족 내 부정의에 대한 분석이 주목된다(Ruddick 1995). 그것은 공적 정의론으로는 잘 조명되지 않던 가족 내 부정의의 성격을 좀더 구체적이고 실질적으로 드러낸다. 보살핌론자들의 사적 영역과 가족, 인간관계 재고찰은 기존의 공사 이분법 비판을 넘어 친밀한 관계의 맥락 속에서 새로운 정의론과 윤리론을 구성해낸다는 점에서 주목되어야 한다.

이렇듯 폭력, 차별, 모욕, 강요된 침묵과 지배 같은 부정의가 가족의 '자연스러운' 구조 속에 내재한다는 것을 페미니스트 연구자들은 힘주어 말해왔다. 공적 영역과 분리된 사적 영역으로서 가족에 대한 믿음은, 법과 정의가 가족 내 부정의와 불평등에 한쪽 눈을 감는 것을 정당화하는 근거가 되곤 하였다. 가족 내 문제에 치외법권을 인정하는 태도는 주류 법리학에 이어졌고, 이는 가족관계에 내재한 부정의에 상당히 무력한 태도를 낳았다. 이 점에서 페미니스트 연구자들의 공적 영역 재해석도 주목된다. 이들은 사적 영역의 쟁점들을 배제하거나 그 바깥에 있는 사회적 공간만을 다루는 공적 영역 개념을 비판한다(Young 1990; Benhabib 1992; Fraser 1992). 이들에 따르면 공적 영역은 하나의 통일되거나 동일성(sameness)을 지닌 공간이 아니라, 복수성과 차이들(differences)을 보호하고 함유하고 인정하는 공간으로 새롭게 개념화되어야 한다. 기존에 비정치적 영역으로 배제되어 온 사적 영역의 수용이 민주화 기획의 핵심사안이 된다는 것이다. 여기서 흥미로운 것은 공사 구분에 대한 페미니즘의 비판적 문제 설정이 기존의 공적 영역 내지 '정치적인 것'의 의미를 넓히고 다원화하는 현대사회의 어젠다와 상당히 중첩된다는 점이다. 요컨대, 사적 영역을 포섭하는 민주주의 정치를 지향하는 페미니스트의 논거는 역으로 정치적인 것에 삶의 실질적 내용을 포함시키는 견인차가 되었다는 것이다. 그럼에도 이 '친밀성' (intimacy) 영역이 다 정치화되는 것이 좋은가라는 질문은 여전히 남아 있다(황정미 1999).[6]

사적 영역의 문제는 현대사회학에서도 새롭게 부상하고 있다. 영국 사회학자 기든스(Anthony Giddens)는 20세기의 사회변동을 공적 영역의 구조변동으로 특징짓고, 21세기 사회변화의 동력은 사적 영역의 구조변동이 될 것이라고 예측한다(기든스 1996). 즉, 성과 사랑 같은 친밀성의 영역이 사람들의 핵심 관심사가 되고, 결혼·이혼·성·사랑 같은 영역은 개인 정체성의 정박지가 된다는 것이다.[7] 정치학자 코헨(Jean Cohen)은 페미니즘의 관점에서 공적 영역을 재구축하기 위해 이른바 프라이버시 사안의 재개념화가 관건이라고 주장한다. 그녀는 미연방 대법원에서 다루어진 로우 대 웨이드(Roe v. Wade, 410 U.S. 1973), 그리스워드 대 코네티컷(Grisword v.

---

6) 황정미는 헬드(David Held)를 인용하면서 다음과 같이 사적 영역과 민주주의 간의 역설을 표현한다. "더 많은 민주주의를 위해 사적 영역은 정치화되어야 하는 한편, 역으로 민주주의가 '민주적이기 위해서는' 사적 영역이 정치의 외부에 남아 있어야 한다."

7) 한국사회에서 공적 영역의 구조적(정치적) 변동이 제대로 이루어진 것인지 불분명하고 한국 가족이 '그리 친밀한 단위'라고 보이지 않기에 기든스의 설명을 그대로 적용할 수 있다고 생각하지는 않지만, 성과 사랑이 사람들의 주체성과 욕망에서 핵심사안이 되어간다는 관찰은 주목할 만하다.

Connecticut, 381 U.S. 479, 1965) 사건 등을 통해서 프라이버시 권리의 공적 중요성에 대해 강조한다. 여기서 프라이버시 권리란 결정의 자율성, 개체성의 불가침성, 신체통합성(body integrity), 자신의 정체성에 대한 통제를 보호하는 권리이며, 이러한 사안들에 관하여 국가의 부당한 개입을 받지 않을 권리를 뜻한다(Cohen 1992, 43~117면; 1993). 그런데 이러한 코헨의 생각은 한국의 상황을 역설적으로 상기시킨다. 한국의 법개정론자들과 페미니스트들은 가족법 개정, 그리고 가정폭력·부부재산·자녀양육 등에 대한 국가의 강력한 개입을 오랜 시간 동안 촉구해왔다. 한국 여성들은 코헨 식으로 보자면 프라이버시 권리의 중요성을 모른 채 국가의 개입만을 적극적으로 받아들이려고 했던 것인가. 그간 한국에서 사생활에 대한 국가의 태도는 서구적 의미의 '사생활 보호'라고 할 수 있는 것인가. 과연 한국 가족은 서구 정치학의 공사 이분법에서 사적 영역에 해당하는가. 나는 한국 가족은 서구의 사적 영역과 중첩되지만 그에 국한되지 않는 공간과 성격을 가지고 있다고 판단한다. 이에 따라, 한국 가족의 정의 구현을 위해서는 국가와 법의 개입에 의한 공적 정의의 확장으로는 부족하고, 코헨 식의 프라이버시 보호와도 거리가 있는,[8] 다른 법리학이 요청된다고 본다. 무엇보다 이 영역은 전통과 관습으로 지배되어온 역사성을 띠고 있다는 점이 주목된다. 따라서 그간 철학·정치학·법학 등에서 논해온 정의의 맹점으로서의 가족을 본 연구의 출발점으로 삼으면서도, 한국 가족의 고유한 성격에 눈을 돌리게 된다. 그럼 본 연구에서 '한국 가족법'이 무엇을 의미하는지 좀 더 다각도로 살펴보자.

---

8) 코헨이 옹호하는 프라이버시 권리는 여성의 개인성과 주체성에 대한 법률적 보호장치로 이해할 수 있을 것이다.

2. 한국 가족법의 의미

(1) 근대성과 전통, 식민주의의 자리

고전사회학에 따르면, 근대화(modernization)는 유럽정신의 세속화로 이해할 수 있다(Comaroff 1994, 302면). 뒤르켐(Emile Durkheim)에 의하면 사회학적 사고는 성스러움으로부터 세속적인 것이, 미신으로부터 종교가, 그리고 종교로부터 과학이 점차 분리되는 곳에서 형성된 것이다(Durkheim 1965). 뒤르켐은 성스러운 것 혹은 종교적인 것이 세상에 편만함을 보여주었다(Comaroff 1994, 302~303면). 근대사회의 이미지는 무엇보다도 베버(Max Weber)의 합리성이라는 테제로 표출되었다. 흔히 베버의 합리성 개념은 사회과학적 의미에서 '발전'(development)이라는 좁은 의미로 다루어지곤 했지만(Gerth & Mills 1946, 267~301면), 베버는 유대-기독교의 맥락 안에서 전개된 종교의 정신을 통해 사회 합리화의 힘이 어떤 것인지를 이론화하고자 하였다.

한편 '보편적' 근대화이론은 비서구사회의 차이 문제를 제기하게 만든다. 지구 전체에 대해 통일된 시간과 공간의 척도를 제공한 근대성은 동시에 바로 그것을 통해서 각 사회마다 보편적으로 해소되지 않는 편차와 예측 불가능성을 심어놓았던 것이다. 이 점에서 근대화는 하나의 패러독스라 할 수 있다(Giddens 1990, 17~19면; Berman 1982; Lash and Friedman 1992). 홉스봄(Eric Hobsbawm)은 '전통의 고안'(invention of tradition)이라는 테제를 통해 유럽의 근대국가 건설과정에서도 이른바 전통이 새롭게 만들어졌고, 그것은 사후적으로 오래된 전통이라 일컬어졌다고 한다(Hobsbawm and Ranger 1983). 싸이드(E. Saïd)의 오리엔탈리즘에 따르면 서구 바깥에 위치한 사회에서 '전통'이란 많은 경우 서구의 근대와 반대항에 있는, '과거의 것'으로 고정되었다는 것이다(Said 1979). 이렇게 특정 지역에 따라 다른 근대성의 형성을 논하는 데 있어 전통 문제는 하나의 단초를 제공한다.

한국 가족 역시 전통과 근대의 관계 설정이라는 문제를 비껴갈 수 없다. 아니, 한국 가족에 있어 이는 매우 중요한 의제가 되어왔다. 이 문제를 다루기 위해서 먼저, 동아시아 지역의 경제발전과 유교윤리간의 상관관계를 다루는 연구가설을 살펴본다. "아시아의 네 마리 용"으로 비유되는 한국·타이완·홍콩 그리고 싱가포르는 일본과 함께 성공적인 후발산업국가인데, 이 사회들은 모두 유교적 '전통'을 가진 사회로 불린다(Bellah 1968; Berger 1988; Amsden 1989). 1960~70년대에 걸쳐 한국은 경제발전에서 눈부신 성과를 이루어, 1962~71년에 GNP 실질성장률은 평균 연 9%를 기록하였다. 1972~79년에 이르는 기간 동안 성장률은 더욱 높아져서 매년 평균 10% 성장을 기록하였다. '보편적' 합리성에 기반을 둔 근대화라는 베버식 모델과는 '다른' 동아시아적 근대화 모델을 찾고자 하는 이런 연구에서 볼 때도 경제발전과 종교적 영향이라는 근대성의 틀은 여전히 베버의 전통을 따르고 있으며 서구는 여전히 아시아 근대성을 설명하는 모델이 되고 있다. 이런 담론에서, 근대성은 경제발전과 동일시되었고 전통은 유교윤리와 같은 것으로 다루어졌다(Tu 1996; 1994; 김일곤 1994). 이 연구들에 있어 가장 중요한 문제는 근대성에 관한 베버의 패러다임에 비추어 동아시아의 성공적인 근대화의 의미와 이유 등을 따져보는 것에 있지, 그 역은 아니다. 즉 동아시아의 근대성의 경험이 베버의 이론틀을 다시 바라보는 것으로 나아가게 하지는 않는다. 정신적 문화, 특히 종교적 윤리와 경제개발 간의 상호관계를 다룬 베버의 사고틀을 채용한 이 연구들에서, 대체로 유교윤리는 동아시아 지역에서 경제발전을 성공케 한 주요인으로 평가되었다(김경동 1994). 여기서 유교윤리의 일반적인 특성은 강력한 권위주의적 리더십, 높은 교육열, 그리고 가족으로 꼽힌다. 분명히 동아시아의 가족은 전통이 효율적인 경제발전에 어떤 방식으로 기여했는지를 설명하는 데 있어 가장 많이 거론되는 요소이다(Gusfield, 1967; 김경동 1994; 김일곤 1994). 특히 일본의 경제성장의 성공요인으로 가족이라는 요소가 높이 평가되어왔다. 이는 가족이 복종의 미덕을 제공할 뿐만 아니라 일본사회 자체의 구성원리를 제시하고 있기 때문이다(Morishima 1982). 하지만 상이한 역사적 맥락에서 배태된 일본의 '전통'이 한국의 그것과 같을 수는 없다고 본다. 나아가, 흔히 말해지는 동아시아 사회의 조화와 효율성이란 누구의 관점에 선 것인가. 민주주의와 인권이 희생된 채 수행된 한국의 '경제개발계획'은 마치 전쟁처럼 기획되었고 실행에 옮겨졌다(Moon 1994, 125면). 또한 1960~80년대 산업화기간 동안 국민에 대한 복지책임을 개별 가족에게, 특히 성별분업 속에서 여성에게 전가하면서 한국 국가는 복지비용을 최소화할 수 있었다면, 가부장제는 한국의 군사주의적·성장중심적 근대화정책의 기초가 된다 할 수 있다(Moon 2005; 박경숙 2005).

이런 맥락에서 본 연구는 한국 가족법을 통해 한국사회의 전통과 근대성을 다시 보는 사회학적 작업이다. 기존의 동아시아 근대화 연구에서 가족이 경제성장의 공신으로 평가되었다면, 본 연구에서는 가족을 가부장적 씨스템이 지배하며 여성을 억압하고 침묵을 강요하는 기제로 보고 접근할 것이다. 그리하여 눈부신 경제성장이란 가족 내에서 행해지는 여성차별, 선택 없는 성별 노동분업을 발판 삼아 이루어졌음을 비판적으로 보게 될 것이다. 나아가, 한국의 '전통적' 가족제도와 규범이 '근대'한국의 경제와 안보에 유익한 것이었다면, 가족의 '전통'이란 근대적 필요에 의한 것이었음을 규명할 수 있을 것이다. 이 책에서 볼 것처럼 '전통'이야말로 1957년 가족법 제정 당시 가장 중심을 차지하는 입법이념이었고, 그후 가족법 개정에도 불구하고 가족법의 법철학이라고 할 만큼 강조되어왔다. 물론 이 과정에서 '전통'은 개인성과 남녀평등, 민주주의 같은 '근대'이념에 의해 많은 도전을 받아온 것도 사실이다.

이 책은 1960~80년대 가족법 개정운동이 그랬듯이 전통이나 근대성의 이념 중 어느 하나를 택해 다른 입장을 비판하는 것이 아니라, 전통과 근대성의 이분법적 대립구도 자체에 대한 사회학적 문제제기이다. 어째서 한국에서 근대성과 전통은 융합되지 못한 채 이분법적으로만 존재해왔는가. 한국인은 근대화를 하기 위해 전통을 버려야 하는 것인가. 한국 여성에게 전통이란 그저 가부장적 질곡이기만 하며, 그녀들에게 기억해야 할 '전통' 이란 없는 것인가.

이런 문제제기는 한국의 페미니즘 법학을 전망함에 있어서 매우 중요하다고 본다. 한국에서 전통과 유교의 동일시야말로 가부장제를 불변의 문화로 정의하는 데 결정적 기여를 해왔기 때문이다. 본 연구에서 전통은 사서오경 같은 유교 경전을 분석함으로써가 아니라 조선시대, 일제강점기, 그리고 현대 한국사회의 맥락에서 형성되어온 원리이자 사회적 담론으로서 분석될 것이다. 전통 문제와 관련하여, 동성동본, 친족조직, 그리고 자의 성과 본 규정 같은 한국 가족법의 신분 영역은 국가의 성문법 이전에 '관습' 영역과 관련되어왔다는 점에 주목할 필요가 있다. 실제로 성과 본의 공동체는 근대법체계 이전에 신분질서의 핵심이 되어왔으므로, 근대법이 그러한 관습을 계수했다고 할 수 있고 호주제도의 경우에도 일본식 법률제도와 일본식 유교, 그리고 이것을 수용한 조선의 가족제도가 서로 결합되어 있다(양현아 1999).

법인류학의 주관심사인 관습(법)의 영역은 특히 한국 가족법에서 의미심장하다. 가족법에서 관습은 근대법의 계수, 식민지 영향, '전통'의 재구성이라는 다양한 변화가 일어난 지대이다.[9] 이 점에서 가족의 관습 영역은 사적 영역일 뿐 아니라, 근대한국의 정치적 변동의 산물이라고 본다. 관습 영역은 단순히 조선시대의 전통이 온존하는 지역이 아니라, 식민지시기의 변화를 거쳐 한국 국가의 '근대적' 요청에 따라 온존하면서 변형된 지형이다(양현아 2000; 김혜경 2006). 무엇보다 가족법 영역에 있어 관습원리는 일제

---

9) 법인류학에서 관습과 관습법 연구는 다음을 참조할 것. Sally Falk Moore(1986); June Starr & Jane Collier (eds.) (1989).

강점기 '조선민사령' 제11조에 의해 제도화되었다(제3장 및 제4장 참고). 식민지시기 당시 조선의 친족상속 관습에 대한 거듭된 조사와 판단과 결정이 있었고, 이것이 1945년 탈식민 이후에도 '구관습'의 기본자료가 되었음에도, 한국 가족이나 가족법 연구에서 일제강점기에 대한 관심이 그리 높지 않은 것은 이상한 일이다. 식민주의가 가족법에 미친 영향은 가부장제 분석과 교차되면서 이 책의 중심의제가 된다(식민주의 문제는 특히 제2장, 제3장, 제4장 참고). 이상과 같이 볼 때, 한국 가족은 경제발전이라는 근대성과 만나고 그 근대성은 전통을 현재 속에 되살려왔다. 또한, 가족법에 대한 역사적 분석은 가족전통이 식민지적 관습문제와 연관성이 있는지 보여줄 수 있을 것이다. 이렇게 한국 가족법은 전통과 근대성, 그리고 식민주의가 어떻게 맞물려 있는지를 보여줄 수 있는 사회학적 텍스트이다.

(2) 젠더 생산의 정교한 기제, 가족제도

최근 아시아의 가족과 친족제도를 여성주체 구성의 관점에서 바라보는 분석이 부상하고 있다. 이런 분석은 친족의 입체적 관계망 속에서 여성의 위치가 문자 그대로 '중층결정되는'(overdetermined) 현상에 주목한다. 중국사학자이자 젠더 연구가인 바로우(Tani Barlow)는 마오 쩌둥 당시 중국의 여성·가족·국가 간 관계설정에 대한 연구의 일환으로 18세기 중국 청조 천 홍머우(陳宏謀)의 『여성 교육의 전래 지침(敎女遺規)』을 분석한다. "푸(婦, 지위 있는 집안의 여자)가 자(家, 동족 계통의 단위) 안에 있을 때 그는 뉘(女, 계집애·여자·딸)이다. 그가 결혼하면 푸(婦, 부인)가 되고 아이를 낳으면 무(母, 어머니)가 된다"(Barlow 1996, 51면). 여기서 바로우는 자신의 관심사는 여성이라는 카테고리(들)에 관한 것이라고 밝히고 있다. 바로우는 천 홍머우의 담론에 나타나는 여성 범주에 대해, 서구에서 여성(Woman)이 하나의 보편적 기표라면 중국의 푸뉘는 분화된 가족관계의 틀로만 존재한다고 언명한다. 앞의 언술에서 자(家) 혹은 푸뉘(婦女)로 지시되는 관계성을 넘어서는 범주에서 '여성'(woman)이 존재하는 순간은 없다(Barlow 1996, 50면). 다시 말해, 청조의 담론에서 중국 여성은 '여성'이라는 보편적 기호가 아니라 구체화된 가족관계 안의 기호로만 존재했다(Barlow 1996, 51면)는 것이다.

이러한 분석은 영국의 맑시스트 여성주의 인류학자인 코위(Elizabeth Cowie)의 친족연구와도 연결된다. 코위는 레비-스트로스(C. Levi-Strauss) 연구를 기반으로 친족체계는 여성의 교환체계이자 커뮤니케이션 체계이며, 여기서 여성은 기호로 소통된다는 점을 설명한다. 예컨대 근친상간은 사회관계를 위험에 빠뜨리는 여성의 잘못된 교환이기 때문에 여성 기호의 오용이다. 코위는 친족은 여성을 기표(signifier)이자 대상(object)으로 생산하는 체계라고 정의한다. 따라서 이 교환체계 안에서 여성에 대해 이야기할 때, (재)정립되는 의미는 여성에 관한 것이 아니라 친족체계나 문화에 관한 것이다(Cowie 1978, 59~60면).

이와 같은 시각은 친/가족을 단지 여성을 불평등하게 대우하는 외재하는 제도로 보는 데서 몇걸음 나아간 것이다. 그것은 우리가 알고 있는 '여성'을 만들어내고 규정하는, 여성주체가 구성되는 제도라는 내재적 관점을 제시한다. 이를 앞서 본 젠더 논의와 연결하면, 바로우가 그리는 여성이란 버틀러(Judith Butler)가 주목하듯이 안정되고 일관된 젠더 범주가 아니라는 점에서 연결된다. 그것은 친/가족이라는 권력이 내재된 인간관계 속에 자리함으로써 '만들어지는' 수행적 범주이다. 이는 일반적인 사회관계보다 훨씬 구체적인 인간관계 네트워크인 친/가족의 다중적 관계성 안에서 규정되고, 경합하며, 번복되는 여성(의 주체성)을 그려낸다. 한편으로 바로우의 작업은 서양 페미니즘과 일정한 거리를 만들고 있다고도 평가된다. 바로우는 청조 중국의 여성이 서양의 큰 기표로서의 여성(Woman)에 대응하지 않는다는 것을 보여준다. 그것은 서구 페미니즘에서 일종의 거대담론인 젠더를 중국 같은 사회에서는 당연한 것으로 가정할 수 없다는 메씨지를 던지고 있다. 중국에서 '여성' 젠더라는 기표는 가족 내 위치에 의해 누구의 딸로, 어머니로, 며느리로 주체화되면서 동시에 탈주체화된다. 다시 말해 이러한 여성-가족 범주들의 중복효과 속에서 여성젠더 범주에 대한 의미작용이 일어나는 것이지, 가족 범주의 기초로 제공될 만한 여성젠더 같은 것은 청대 중국에 존재하지 않았다는 것이다.

그 연장선상에서 문학평론가 브라운(Carolyn Brown)은 중국에서 젠더가 갖는 의미와 서구의 그것의 차이를 논한다. 중국인들은 젠더에 대해 별도 범주라기보다는 위계질서 내에 속한 위치(position)로서 관심을 갖는데, 이는 서구인의 눈으로 보면 신분에 해당한다(Brown 1993, 86면). 그리고 중국 사회에서 젠더란 여타의 역할과 신분으로 규정되는 범주 중의 하나라는 견해를 제시한다. 즉 중국에서 젠더는 중국 여성을 설명하는 하나의 통합된 또는 가장 우세한 범주라기보다, 그와 연동된 신분과 역할체계 속에서만 작동하는 범주라는 것이다.

조은의 조선시대 모성 연구도 이러한 맥락에서 해석될 수 있다(조은 1999). 조은은 조선 초기 여성의 지위가 모성으로 본질화되는 과정에 주목하고, 이 과정을 조선 신분질서의 정교화라는 맥락에서 해석한다. 양반가족에 존재하던 실제적 일부다처제는 다양한 종류의 부인과 어머니 들을 만들어냈는데, 조선의 가족제도는 이들 어머니 범주를 일관된 질서 속에 배치해야 했다. 여기서 조은은 '아들의 어머니', 좀더 정확하게는 제사계승자, 승중자(承重子)의 어머니를 정점으로 하는 모성의 등급화를 통해 젠더와 신분질서가 동시에 정비되는 과정을 조명한다. 다양한 종류의 모성 범주는 한편으로는 가족 안의 여성을 '어머니'로 본질화할 수 있고, 그들을 가계계승의 질서 속으로 통합시키며, 다른 한편으로는 가부장적 질서의 잣대로 어머니들을 비교하고 식별하게 만든다는 점에서 가부장제에 유익하다. 여기에 코위의 시각을 대입하면, 이러한 모성의 배열을 통해 정착되는 의미는 '어머니에 관한 것이라기보다는 당시의 가족 및 그것과 연동

된 신분질서에 관한 것이다.'

모성의 등급화라는 용어가 시사하듯, 한국의 친족관계는 매우 발달된 관계의 네트워크라고 할 수 있다. 조선시대 상복제도인 유복친(有服親)에서 고려되는 친척의 종류는 무려 136종이며 이러한 집단 속에서 친척간에 만들어내는 관계의 가짓수는 거의 무궁무진하다(정광현 1967, 464~66면). 작은 규모의 가족에서 생각해보아도 한 여성은 남편에게 부인이요 자식에게 어머니이며 부모에게는 딸이고 시부모에게는 며느리이며, 동시에 형제의 자매면서 숙모·고모·이모가 되고 형수와 제수, 조카와 손녀딸이 될 것이다. 이러한 공간적 위치는 어떤 방향에서 보느냐에 따라 매우 가변적이어서 '그녀'라는 사람이 의미하는 바는 그때마다 (재)결정된다. 이 범주들이 가족관계 안쪽에서 만들어지는 것들이라면 가족과 그 외부의 경계에서 생성되는 범주 역시 여성젠더의 의미작용에 중요하다. 결혼을 경계로 분류되는 기혼녀·미혼녀·이혼녀·과부에 더해 (결혼관계가 불분명한)실제적 처·둘째 부인·첩 같은 범주들이 있다.[10] 어머니라는 범주로 보아도 여러 종류가 존재한다. 정범석이 말하듯이, 정상 아버지·생부·계부·양부라는 아버지의 종류에 비해 어머니의 종류는 정상 어머니·생모·적모·계모·서모·양모처럼 한층 분화되어 있다(정범석 1972). '정상' 어머니는 자녀의 생부와 결혼한 생물학적 어머니를 말한다. 생모는 자녀의 생물학적 어머니이지만 아버지와 혼인관계가 없는 경우이다. 적모는 남편의 혼외 자식의 법률상 어머니를 칭한다. 계모는 남편의 전혼에서 낳은 자녀의 법률상 어머니를 뜻한다. 서모는 남편의 둘째 부인으로 자녀의 법률상 어머니인 여

---

10) 이 카테고리 중 '기혼녀'는 여타 여성 범주의 표준이 되어 한국 여성들이 따라야 할 '정상화'(normalization) 기능을 담당한다. 기혼여성 중에서도 남편이 있고 자녀를 둔 기혼여성이 가장 바람직한 여성이다(강현태 1992). 이 구분은 여성이 남편과의 관계를 통해 정체성을 획득함을 분명히 보여준다. 여성의 가족정체성이 그녀의 사회적 정체성과 등식이 될 때 가족관계의 여성 통제효과는 확실히 달성될 것이다.

자를 뜻한다. 양모는 아이를 입양한 법적 어머니를 뜻한다. '정상' 아버지란 자녀 어머니와 혼인한 생물학적 아버지를 말한다. 생부는 자녀의 어머니와 혼인관계를 맺지 않은 남자로 자녀의 생물학적 아버지를 말한다. 양부는 아이를 입양한 법률상 아버지를 말한다. 계부란 어머니와 재혼한 남자를 의미하는데, 자녀의 호적을 계부의 호적으로 옮기지 않는 한 자녀의 법률상 아버지는 아니다. 이러한 여성 범주 세분화는 가부장제가 선호하는 방식으로 '정상적' 여성을 규정하고 여성간에 등급을 매기는 통제의 기술을 나타낸다. 가부장제는 남편(남성)과의 관계를 중심으로 여성들을 분류하고 통제하며, 이를 통해 바람직한 여성으로 훈육할 수 있다. 이러한 기제는 여성이 주로 남편 또는 자녀들과 맺고 있는 관계에 의해, 친/가족제도 안에서 여성들의 경제적·사회적·성적·심리적 존재가 형성되고 훈육되어왔음을 의미한다.

그런데, 사회 안에서 가족이 차지하는 위치를 통해 여성을 규정하는 권력이 없다면 여성에 대한 가족 내 통제는 그렇게까지 효율적일 수 없다. 바로우의 생각처럼 가족 바깥에서 여성을 생각할 수 없다기보다는, 가족 바깥에 있는 여성도 가족 내부의 존재라는 유비(analogy)를 통해서만 생각되어왔다는 것이다. 가족 안에서 '정상적' 여성의 규범을 벗어났을 때 한국에서 여성이 사회적으로 '정상'이 되기는 어려웠다. 이런 의미에서 가부장적 가족은 여성이 속해야 하는 사회적 공간인 것이다. 가족 내 세분화된 여성 범주는 여성과 남성에게 가족 공간이 가지는 상이한 젠더적 의미를 일깨워준다. 여성에게 가족은 한 세상이 된다. 이 공간은 남성과 철저히 분리된 채, 여성간의 비교와 경쟁이 일어나는 정교한 젠더정치의 장이다. 가족(따라서 이미 사회)질서 속에서 여성은 남성과는 이미 다른 서열, 다른 신분에 속하므로, 한국에서 젠더간 다름(difference)을 문제화하는 논리는 이상한 것이었다. 이 체제에서는 또한 비교를 핵심으로 하는 남녀 '차별' 같은 것은 생각하기 어려운 것이다.

이상과 같이 한국의 친/가족체계는 정교한 주체생산 메커니즘이라 아니할 수 없다. 그것은 사회 속에서 일반적으로 작동하는 젠더 주체의 구성을 한층 분명하게 하면서 젠더에 내장된 권력관계를 더 첨예하게 드러내고 젠더를 탈/주체화한다. 친/가족 안에서 부여되는 복합적 위치와 범주 속에서 '여성' 이전에 이미 여성들이 생산되고 '여성'에 대한 의미작용이 성취된다.[11] 이렇게 친/가족은 여성을 여성이 되게끔 하는, 즉 길들이고 생산하고 욕망하게 하는 사회적 메커니즘이다. 한국의 친/가족은 역사적 궤적이 담긴 하나의 사회공간으로 접근할 수 있고, 여성과 남성 주체를 주조하는 탁월한 사회관계이자 주체생산기제로 분석할 수 있다.

(3) 가족정책의 기초, 한국 가족법

가족정책 관련법이 민법의 친족·상속편에 국한되지는 않지만, 가족법은 가족정책의 견지에서도 중요하다. 가족정책이란 국가가 가족에게, 가족을 위해서 하는 모든 것이라고 할 수 있고, 거기에는 명시적 가족정책과 명시적이지 않지만 가족에 영향을 미치는 잠재적 가족정책이 포함된다(Kamerman and Kahn 1978). 가족정책에는 가족법, 여성정책과 인구정책, 모성 관련 복지제도, 가족상담, 소득 유지정책 및 교육, 고용, 주택과 건강정책까지 포함된다(Harding 1996, 202~204면; 박민자 1995). 그랜돈(Mary Ann Glendon)에 의하면 실제로 서구 가족법의 관심은 가족에서 개인으로 옮겨왔고, 그 이념은 점점 더 실용주의적이 되었다(Glendon 1989, 291~98면). 지

---

11) 알뛰쎄르(Louis Althusser) 등이 진전시킨 중층결정(overdetermination) 개념에 따르면, 맑시즘의 하부구조의 상부구조 결정론 같은 단순결정론을 넘어서서 하나의 현상에 여러 원인들이 있다는 것을 보게 된다. 즉 프로이트 정신분석학에서 말하듯 한 인간의 정신적 고통은 어린시절부터 평생에 걸쳐 지속적이고 다양한 요소들에 상응하여 형성된다. 하나의 결과에 영향을 미치는 원인들의 계기와 수준은 다양하기에 어떤 결정이란 일회적이 아니라 반복적이고 재기입되는 지속적인 것이다. 이런 설명은 구조의 결정성과 동시에 유동성을 보이는 포스트구조주의적 특성을 가지고 있다.

난 수세기 동안 서구 가족법에는 기존의 가정 내 관계를 다루어온 사법(私法)의 성격이 약화되거나 혹은 공법(公法)의 영역들과 합치되는 경향이 나타났다고 한다.[12] 이에 따라 가족법의 점진적 쇠락과 사회복지법과의 결합이 주목받는다. 가족법의 깃발은 내려가고 가족정책의 깃발이 올라갔다는 것이다. 이제 한국에서도 가족정책의 주무부처가 여성가족부가 되었다는 점은 시사적이다. 한국 가족법은 한국 가족정책의 기초가 되어왔다. 가족관계를 통하여 모든 한국인 신분을, 부부재산제도와 가족부양·재산상속 등을 통해 가족의 경제관계를 보편적으로 규율해왔기 때문이다. 대한민국 건립 이후 2007년 말까지 존속한 호주제도는 가족신분을 통해 사회신분, 나아가 한국인의 국민됨 내지 시민권에 큰 의미를 가졌다. 호주제도는 '가'와 가부장을 중심으로 국민들을 조직하고 가족 내 인권·보살핌 같은 사안을 가족 내부의 것으로 하여 공적 사안으로 보이지 않게끔 하는 데 기여한다는 의미에서 '부정적 의미의 가족정책'(양현아 2005: 2006)이라 할 수 있다. 호주제도의 폐지와 함께 그동안 박약했던 '적극적 의미의 가족정책'의 빈자리가 속속 드러나는 중이다. 가족정책의 빈자리에 민법상의 가족법이 모두 대응하지는 못한다고 해도 가족법은 가족정책의 최소치 내지

---

12) 서구의 주류 가족생활은 개인주의적·평등적·세속적 경향을 보인다. 과거에는 결혼과 친족이 개인의 사회적 지위와 신분을 결정하는 기초적 사회관계였지만, 현재에는 개인이 가족에 속하는 대신에 가족이 개인에게 복무하는 것으로 변화했다는 것이다. 즉, 가족이 사회발전에 기여하기보다 개인의 온전한 발달에 가족이 봉사하게 되었다(Glendon 1989, 292면). 가족관계법 역시 이러한 변화에 상응하여 높아진 가족관계의 친밀성과 불안정성을 반영하게끔 변화되어왔다. 그리고 가족관계는 경제적 유대보다는 감정적 유대에 의해 지속된다고 한다. 앞서 언급한 현대 서구가족에서 '친밀성' 기능을 부각하는 것은 제도로서의 가족의 의미가 후퇴하고 관계와 사랑, 그리고 섹슈얼리티 위주의 가족이 전면에 등장했음을 의미한다. 따라서 법률혼에 비해 동거 같은 공동체가 가족 기능을 충족하는 데 전혀 열등하지 않게 되었다. 하지만 나는 한국 가족의 변화를 말할 때 앞에서 본 개인화, 탈가족화 같은 방향만으로 가족정책의 방향을 재단하기는 어렵다고 생각한다.

기초가 될 것이다. 특히 다음과 같은 점에서 가족법의 가족정책적 대응이 요청된다.

먼저, 그동안 실질적인 가족의 요청과 갈등을 봉합해온 부정적 가족정책을 적극적 가족정책으로 전환하기 위해서는 가부장적 가족관계 폐지가 관건이다. 가부장적 가족제도 폐지는 국민과 정책 입안자의 가족규범과 가족인식에 지대한 영향을 미친다는 점에서 그 함의가 막대하다. 1990년대를 통해 크게 증가한 이혼과 재혼은 더이상 '정상가족' 모형만 가지고 가족을 다스리기 어려워졌음을 의미한다. 기실 호주제 폐지의 주요 동력은 이혼·재혼·입양·비혈연 가족 등 다양한 가족형태의 증가에서 찾을 수 있다. 한국 가족법의 남성중심 가족모형이 점점 더 지탱되기 어려워진 것이다.

둘째, 1970년대 이후 정부의 가족계획과 함께 소자녀 출산 추세는 2000년대에 이르러 기록적인 저출산 현상으로 이어졌고 인구고령화 현상도 가속화했다. 이혼의 증가와 인구증가율의 감소는 자녀양육에 대한 지원, 여성과 남성의 일과 가족의 양립 등 다각도의 정책적 함의를 가진다. 민법과의 관련성은 특히 이혼정책의 변화 및 가족 내 보살핌노동에 대한 재평가와 관련된다.

서구 복지국가 규범에서 보살핌노동의 재분배와 평가는 아킬레스 건이라고 할 정도로 핵심적이다. 보살핌노동 문제는 젠더간의 공정한 역할분담, 경제적 지위의 평등, 삶의 질과 관련되어 있다(Orloff 1993; 장지연 2004; 김수정 2004). 역으로, 복지국가의 보살핌노동 의제는 복지국가 건설에서 젠더 관계의 규명과 재구성이 얼마나 결정적인지를 보여준다. 하지만 그동안 한국은 복지책임을 효, 정, 인륜의 강조를 통해 가족노동에 전가하면서 값싼 비용만 지불해왔음을 상기할 필요가 있다. 그간 우리 사회에서는 가족에 대한 국가의 복지책임이 가족 내 보살핌노동과 그 보상 같은 경제적 문제와 관련되어 있다는 인식이 없었다. 보살핌노동의 분배와 보상은 가족법에 국한되지 않고 세법과 사회보장법, 복지관련법과 광범한 관련성을 갖는다. 가족법 규정은 보살핌노동을 인정하는 데 있어 최소한의 제도가 될 것이다. 예컨대, 법정부부재산제도의 내용, 부부공유제도의 추정방법과 범위, 부부간 재산분할청구제도 등은 가족 내 무보수노동인 가사노동과 보살핌노동의 평가 태도 및 방법과 관련된다. 재산상속에서 처의 상속상 지위 및 상속분도 그러하다. 또한, 이혼시 친권과 양육자의 지위, 지정과 변경, 양육비 지급제도 마련 역시 그동안 감춰졌던 보살핌노동에 대한 재평가와 관련되어 있다. 가족법상의 제도 마련은 보살핌노동 평가에 대한 구체적 근거뿐 아니라 보살핌노동을 바라보는 다른 시각을 제공할 것이다. 이 책에서는 주로 2005년 개정 이후 이 부분에 대한 관심이 일어났음을 볼 것이다.

셋째, 증가하는 다양한 가족형태를 수용할 필요성이 있다. 앞서 이혼의 증가를 지적했는데, 한국의 인구통계는 혼인율·출산율의 꾸준한 저하와 일인가구 및 비혼가구의 증가 현상을 보여준다. 동거관계 내지 동성 파트너십은 세금·복지·상속 등에서 법률적 문제들을 낳기에, 사실관계인 파트너십 보호와 관련한 정책이 필요하다. 법률혼과 비혼인 출생자들을 포괄하는 가족다양성 인정이라는 과제도 있다. 2008년부터 실시된 새로운 성본제도와 개인별 신분등록제도는 가족다양화 문제와 긴밀히 관련된다. 예컨대 자의 성본제도 변화는 부성인지(父姓認知) 이후 모성 사용 가능, 친양자제도 등을 통해 혼외자(婚外子) 지위에 얼마간 숨통을 열어주고 있다. 앞으로 '혼인한 부부와 그들의 자녀'를 기본으로 하던 정상가족 모형을 벗어나 다원화된 가족들의 모습을 어떻게 수용할지가 한국 가족법의 주요 의제가 될 것이다.

가족다양화 현상에서 다문화가족의 증가도 빼놓을 수 없다. 가족관계에 스며든 세계화 추세는 국제결혼 가정뿐 아니라 한국인 이산가족, 이른바 '기러기 가족'에서도 감지된다. 이러한 다문화가족 내지 세계화가족의 증가는 국적법과 국제사법뿐 아니라 민법의 이혼과 친권, 부모의 성과 본, 부부재산제도 등과 다각도로 관련을 가진다. 이 문제에 있어 가족법이 지난 50여년간 대표적인 '국법'으로 기능했다고 할 때, 앞으로 민족주의와 가족주의를 넘어선 새로운 가족의 공공성 이념이 가족법에 요청된다. 이외에도 가족정책에는 독신모, 낙태와 재생산, 보살핌노동에 대한 복지급부와 세제감면, 주택정책, 가정폭력, 노인정책 등 다양한 의제가 포함될 것이다. 가족정책으로서의 가족법은 어쩌면 우리 미래 가족법의 가장 중요한 모습일 것이다. 이는 이 책 후반부, 특히 2005년 개정 이후 부분 및 결론과 깊은 연관성을 가진다. 한국 가족법에 대한 페미니즘 법학적 분석은 현시대에 부합하는 새로운 가족정책을 수립하는 원리 모색에서도 중요한 의미를 갖고 있다.

(4) 서양 가족법과의 차이

앞에서 공사영역 이분법에 대한 페미니스트 비판을 살펴보면서 한국의 친/가족이 과연 '사적 영역'인가를 물었다. 한국 가족법과 서양의 법과 가족 간의 차이는 단지 형태의 문제를 넘어서 전방위적인 것이라 여겨진다. 본 연구는 이러한 차이의 인식을 분명히 하면서 한국 가족법을 역사적이고 지역적인 텍스트로서 접근할 것이다.

서구 가족법이 혼인을 중심으로 가족에 대한 통일된 개념(unitary conception of family)에 의해 조직되었다는 데에는 큰 이의가 없을 것이다. 가족법은 '이상적인 가족에 대한 상징적인 재현'(Glendon 1989, 87면)이며, 법과 사회관습뿐 아니라 가족에 대한 사람들의 마음가짐까지 구성하는 기능을 한다(Glendon 1989, 16면). 1960년 이전에 국가는 가족의 문턱을 넘는 것을 억제해야 한다는 것이 가족법의 교의(tenet)라고 할 수 있었으나(Eekelaar 1984), 1960~80년간 서구 가족법의 변화를 볼 때 이러한 전제는 더 이상 지탱되기 어렵다. 그랜돈은 그 변화를 크게 세 흐름으로 진단한다. 첫째, 혼인의 성립과 해소 및 가족생활상의 행위에 대한 공적 규제 퇴조, 둘째, 동거의 경제적 효과 및 자녀들에 미치는 효과에 대한 규제 강화, 셋째, 가족과 구성원에 대한 관료적 통제의 증가가 그것이다(Glendon 1989, 2면). 그랜돈을 포함한 서구 가족법학자들은 혼인·이혼·동거혼이라는 관계를 중심으로 국가가 가족에 대한 규제와 탈규제의 방향키를 조정해왔음을 설명한다.

가족에 대한 서구 페미니즘의 비판 역시 남편과 아내 그리고 부모와 자녀를 중심으로 하는 소가족을 전제로 한다. 그러나 이러한 모델로 앞서 논의한 한국 가족법 내에 제도화된 친/가족 씨스템을 포괄할 수 있을지는 의문이다. 한국사회에도 분명 핵가족이 존재하지만, 이들 소가족의 성격은 친/가족의 맥락에서 파악해야 한다. 한국 가족법에는 명시적으로 친족이라 불리는 혼인관계를 넘어선 집단에 관한 규정이 있고, 그 법률적 효과는 부양·금혼범위·후견·친족회·상속 등에 다양하게 미치고 있다. 법적 효력보다 중요한 것은 한국 가족이 놓인 이념적 구조가 아닌가 생각한다. 현대가족의 소규모화 속에서 이 확대가족의 영향력이 감소하고 가계계승의 중요성이 점점 약화되는 추세이지만, 그렇다고 서구의 가족연구처럼 한국혼인관계의 동력을 단지 부부관계에 국한하여 다루기는 어렵다. 한국의혼인생활과 부부관계는 '시댁' '제사' 같은 이름으로 존재하는 핵가족 단위를 넘어선 더 큰 가족의 영향력 속에 존재한다.[13] 이런 상황에서 가족 내불평등 해소의 해법으로, 예를 들어 오킨처럼 양성간 가사노동의 공평한분담을 제안하는 것만으로는 부족하다. 물론 한국 가족에서도 남편과 아내의 가사분담을 평등하게 하는 것이 중요하지만, 그 분담에 참여하는 두사람을 넘어선 가족구조를 바꿀 수는 없다. 친/가족구조는 부부간 관계를

---

13) 핵가족과 확대가족 사이에 놓인 한국 가족의 성격 규명은 한국 가족사회학의 주요 연구과제였다.

넘어 수평적(예를 들면 본인과 배우자의 형제자매, 또는 그들의 가족과의 관계)일 뿐 아니라, 좀더 중요하게는 수직적인 관계(예를 들면 본인과 배우자 부모와의 관계)들로 구성되어 있다.

앞서 살펴본 공사 영역 이분법에 대한 서구 페미니즘의 비판도 한국의 친/가족과는 차이를 드러낸다. 한국사회에서 친/가족은 친밀하고 사적이기만 한 공간이 아니며, 자유로운 개인이 만나는 공적 공간은 더더욱 아니다. 예를 들어 가족법상 가장 넓은 규모의 가족범위로 존재해온 동성동본인 남계혈족의 경우, 족내혼인이 금지되어왔다. 참고로 동성동본 금혼제도는 1997년 헌법재판소에서 헌법불합치 결정을 받은 제도이다.[14] 동본집단의 크기는 다양하지만, 몇몇 큰 본을 합치면 하나의 성을 쓰는 사람들 거의 전부가 포함될 정도로 그 규모가 크다.[15] 동성동본집단의 규모를 생각할 때, 그 구성원 개개인간의 친밀성은 고사하고 서로가 누군지도 모르며 평생 한번도 만나볼 가능성이 없음에도 불구하고, 혼인을 해선 안되는 혈족관계로 이해되었다. 이런 규모는 동성동본집단이 가진 강한 영향력을 의미하기도 한다. 또한 동성동본이란 특정한 지역적 기반을 가지고 전국에 널리 퍼져 있는 다양한 집단이다. '본' 자체가 특정한 지역성을 뜻한다. 이는 한국의 지역발달과 사회조직이 동성동본이라는 특정 집단의 발달과 역사적으로 서로 엇물려 있음을 의미한다. 이 사적이지도 공적이지도 않은 '제3의 공간'이 존재한다는 사실은 한국 가족과 사회를 이해하는 데에

---

14) 헌법재판소 결정 1997. 7. 16. 95헌가 6내지13(병합).

15) 동성동본 관련하여 다음과 같은 통계를 살펴볼 필요가 있다. 첫째, 한국에서 가장 흔한 성(姓)인 김(金, 2000년 현재 21.6%)과 이(李, 14.8%)가 전체 인구의 3분의 1 이상을 차지하며(2000년 현재 약 4,598만명), 가장 수가 많은 다섯개 성인 김, 이, 박(朴, 8.5%), 최(崔, 4.7%), 정(鄭, 4.4%)을 합치면 전체 인구의 50%가 넘는다. 한국에서 같은 성을 쓰는 사람이 그만큼 흔하다. 둘째로, 성은 다시 본(本)에 따라 나뉜다고 하더라도 동본집단 역시 여전히 그 규모가 크다. 가장 큰 김해(金海) 김씨의 경우 2000년 현재 412만 5천명, 다음으로 큰 밀양(密陽) 박씨의 경우 303만명 이상이다(2000년 통계청 조사).

매우 중요하다. 한국 가족제도상 가부장제 문제는 서구에서처럼 가족을 사적인 공간으로 치부하거나 공적 정의의 기준에서 제외하는 것과는 다른 관점이 필요할 것이다. 그 다른 관점을 찾는 것이 이 책의 취지이기도 하다.

이상과 같은 한국 가족법의 성격으로 볼 때 한국 가족과 가족법에 드리운 관습과 전통에 대한 역사적 고찰, 그리고 그러한 담론 자체가 갖는 효과의 분석이 절실히 요청된다고 본다. 서구 페미니즘 이론과 가족법을 한국 가족법을 분석하는 준거로 삼는다면 한국의 현상은 '특수성'으로 표상되고 핵가족관계를 넘어서는 친족효과는 분석대상에서 제외되거나 사소해져버릴 것이다. 그렇다면 친족효과를 만들어내는 한국 가족의 역사성, 관습과 전통 문제는 이론과 분석의 대상이 아닌 '날것의 사실'로만 남게 된다. 이 책에서는 서구와 다른 한국의 친족효과와 그 역사적 형성과정을 한국의 예외성 혹은 특수성으로 여기거나 전근대적인 지엽적 문제로 치부하지 않는다.

한국 가족법 분석은 가족법의 법원(法源)과 원리가 형성되던 시공간으로 들어가는 역사적 분석과 이에 대한 젠더적 관점을 요청한다. 현재의 사회상황과 역사적 상황 간의 교류를 통한 비전이 필요하다. 본 연구에서 젠더 분석과 역사적 분석은 서로 괴리되지 않는다. 가족 안에 체계화된 가부장제, 그리고 가족 정의론의 부족은 법에 대한 '여성주의적' 접근을 요청하고, 한국 가족법과 서구 가족법의 차이 문제는 '한국'의 여성주의 법학이라는 과제를 제기한다. 이 책의 구성과 연구방법은 제2장에서 제시하기로 한다.

제2장
포스트식민 페미니즘 법학의 추구

1. 여는 말

페미니즘 법학은 여성의 시각에서 법을 재해석하고 입법하고자 하는 법학으로, 법과 여성 간의 역동적 관계를 다룬다. 법이 가진 강제성과 규범성이라는 면에서, 페미니즘 법학이 사회 속에 녹아 있는 가부장제를 비판하고 극복하는 데 있어 가지는 영향력은 아무리 강조해도 지나치지 않다. 그런데 현실적으로 페미니즘 법학을 추구함에 있어서는 많은 질문들과 대면하게 된다. '여성의 시각'으로 법을 재해석한다고 할 때, 이는 무엇을 의미하는가? '여성의 시각'에서 계급·세대·인종 등 여성들 내부의 다양성과 차이는 어떻게 수렴할 것인가? 더 큰 문제는 이미 가부장제 안에서 자신의 생각과 주체성(subjectivity)을 구성해온 여성들의 시각이 여성주의자들의 시각과 같지 않을 수 있다는 점이다. 여성 자신이 내면화한 가부장적 이데올로기와 감수성은 여성의 시각인가, 아닌가? '진정한' 여성의 시각이 존재한다고 할지라도 그것을 누가, 어떻게 알 수 있는가? 페미니즘 법학은 법을 바라보는 시각이기 때문에, 그 구체적 쟁점들은 언제나 법이론, 법철학, 혹은 인식방법론의 문제를 제기한다. 한편으로 이렇게 이론적 문제들이 동시에 구체적 현장성을 가진다는 점에 페미니즘 법학의 묘미가 있지 않나 생각한다.

이 장에서는 미국 법원에서 젠더간 평등기준을 정립하는 데 기여한 주요 판례들과 '평등과 차이' 논쟁을 통해 젠더간 정의의 논리를 살펴볼 것이다. 하지만 한국 가족법을 다루는 데 이러한 평등과 차이 논리를 그대로 적용하기에는 난점이 있다. 제1장에서 본 대로 한국 가족법의 역사적 궤적과 한국의 친/가족이 보여주는 서구와의 차이 때문이다. 이어지는 논의에서는 이러한 차이 인식에 입각하여 포스트구조주의와 포스트식민주의적 페미니즘의 사유를 다루고자 한다. 한국의 가족법과 서구의 그것에 역사적·사회적 차이가 있다면, 그리고 한국 가족법의 성격에 대한 깊이 있는 천착이 이 책이 추구하는 것이라면, 그 차이는 페미니즘 법학적 사유에서도 드러나야 할 것이다. 이렇게 본다면 이 책에서 추구하는, 그러나 아직 오지 않은 시각은 '포스트식민 페미니즘 법학'이라 부를 수 있다. 이 책은 이러한 시각을 찾아가는 하나의 여정이라 할 수 있다. 제1장과 제2장의 논의에 입각해 이 책의 연구대상과 구성, 방법론을 밝히면서 서론에 해당하는 제1부를 마무리하겠다.

2. 미국 페미니즘 법학의 논증

(1) 역사적 전개

미국에서 페미니즘 법학이라고 불리는 사고가 형성되기 시작한 것은 1970년대 초반이었다. 법체계의 여성차별에 대한 비판은 그보다 한 세기 전인 페미니즘 제1세대까지 거슬러올라갈 수 있지만,[1] 여성의 법적 권리가 활발한 논의의 장에 등장한 것은 제2세대 페미니즘에서다.[2] 서구 페미니즘 역사에 있어 1960,70년대를 풍미한 제2세대는 '개인적인 것은 정치적인 것이다'(The personal is political)라는 슬로건과 함께, 이전에는 정치적 쟁점으로 보이지 않던 영역을 여성주의 영역으로 불러들였다. 파이어스톤(S. Firestone)이 주도한 급진적 페미니즘, 자본주의하의 생산과 재생산 관계에 주목하는 맑시스트 페미니즘, 페미니스트 정신분석학, 섹슈얼리티, 동성애 등에 관한 탐구가 새롭게 일어났다(Nicholson 1997).

특히 민권운동(civil rights movement)의 흐름에서 성장한 비판법학이 페미니즘 법학을 형성하는 데 기여했다(Menkel-Meadow 1988, 61~85면; Kay and Littleton 1988; Ginsberg and Fragg 1989, 9~22면). 1970년대 말과 1980년대 초 미국과 영국에서, 법이 가부장제의 울타리 속에 있음을 질타하는 일군의 페미니즘 법학자들이 등장하였다.[3] 학자들은 페미니즘 법학을 다양하게 정의하고 특징지었다. 남성지배에 관한 포괄적 이론을 바탕으로 여성의 관점에서 법을 분석하는 것이라거나(Mackinnon 1983), 남성중심의 주류 법학이 실패한 지점에서 여성이 경험하는 현실을 고려하는 새로운 법학(Smith 1993), 정의(正義)를 젠더화하는 연구(Minow 1987)라고 정의하는가 하면, 여

---

1) 미국에서 제1세대 페미니즘이란 대략 1848년 쎄네카 폴즈 대회(Seneca Falls Convention)부터 여성의 투표권을 승인한 미합중국헌법 수정19조가 공포된 1920년 8월 26일까지를 지칭한다. 이 시기는 교육·계약·정치 등의 영역에서 여성의 평등한 참여 기회 보장이라는 이념에 주력한 시기이며, 여성의 재산권과 투표권 획득이 이 시기의 가장 큰 성과라고 할 수 있다.

2) 미국에 국한할 때 '제2의 물결'(the second wave feminism)이라 불리는 서구 페미니즘 제2세대가 출현하는 계기는 1963년 평등급여법(Equal Pay Act)과 1964년의 민권법 제7편(Civil Rights Act, Title VII)이라는 두 법률의 제정이다. 고용에서의 차별을 금지하는 민권법 제7편은 원래 인종차별을 금지하기 위한 목적으로 제정되었다. 애초 이 법안에는 성차별 관련조항이 없었는데 심의과정에서 추가되었다. 서구 페미니즘 제2세대와 페미니즘 법학의 관계에 관해서는 Rhode(1989)를 참조할 것.

3) '페미니즘 법학'이라는 용어가 분명한 정체성을 가지고 등장한 초기 논문으로는 Scales(1980; 1981); Mackinnon(1983)을 들 수 있다.

성문제를 묻기, 여성주의의 실용적 추론, 그리고 의식화(consciousness-raising)의 방법론으로(Bartlett 1991, 371면) 그 특징을 말하기도 한다. 바틀릿(Katharine T. Bartlett)은 페미니즘 법학은 경험주의와 전망 인식론을 거쳐 포스트모더니즘 사회철학을 배경으로 법주체의 위치성(positionality) 문제를 탐구하기에 이르렀다고 그 발전사를 요약한다(Bartlett 1991).

다른 한편, 1970년대 후반 이후 등장한 문화적 페미니스트들은 여성을 둘러싼 쟁점들이 단순히 평등과 불평등 문제로 환원되는 데 의문을 제기하면서 여성의 '차이'를 바라보는 새로운 관점을 제시하였다. 1980년대를 통해 포스트모더니즘과 포스트구조주의 사회이론이 활발하게 논의되면서, 페미니즘 법학도 이러한 이론적 조류의 영향을 받는다(Ashe 1987). 특히 포스트모더니즘의 문제의식은 법 연구가 '아무 위치 없이'(nowhere) 이루어지는 것이 아니라 '특정 위치에서'(somewhere) 행해진다는 생각을 촉발했다(Bordo 1990).[4] 즉 누구의 위치에서 법이 제정되고 해석되고 집행되는지의 문제가 심각하게 제기되었던 것이다.[5] 이로부터, 법학의 문제의식은 현실에 존재하는 여성에 대한 법적 대우라는 문제에 그치지 않고, 법에 의해 규정되고 통제되고 조종되는 여성이 누구인가의 문제로 나아가게 된다. 이를 통해 법여성학은 현존하는 여성에 대한 법적용 문제에서 법이 '구성하는' 바로 그 여성에 대한 분석으로 선회하게 된다(Cornell 1990; Smart

---

4) 포스트모더니즘의 다중적 주체성에 관한 연구는 매우 많지만, 인종과 젠더 관점에서 법의 주체성을 분석한 탁월한 연구사례로는 Williams(1991)를 참고할 것.
5) 법 안의 주체 분석은 법문을 하나의 담론·텍스트·언어로 접근하는 방법론과 결합되는 경우가 많다. 담론을 통한 주체성 분석방법은 기호를 통한 현실 구성에 관한 쏘쒸르(Ferdinand de Saussure)의 언어 패러다임, 담론과 권력에 관한 포스트구조주의의 영향 등을 통해 형성되었다. 포스트구조주의는 진리 추구를 포기하지 않은 채 다원적이고 역사화된 진리 개념을 추구했기 때문에, 소수자 연구, 비서구역사 연구에 큰 영향을 주었다. 법과 담론의 관련성에 대해서는 Williams(1991); Hunt(1990); Douzinas, Warrington and McVeigh(1991); Jerry(1995) 참조.

1992; Frug 1992, 125~54면). 이렇게 볼 때, 서구 페미니즘 법학에는 크게 두 가지 이론적 조류가 나타난다. 하나는 불평등한 지위를 가진 여성을 평등한 법의 성원이 되도록 법을 개혁하는 방향이며, 다른 하나는 기존 법체계 속에서 타자화된 여성을 법의 주체로 자리잡게 하기 위해 여성의 입장과 경험을 법의 언어로 형성하는 흐름이다. 전자의 논의가 불평등과 평등을 축으로 하는 것이라면, 후자는 보편성과 차이성을 축으로 한다. 이 절에서 다루는 평등과 차이 논쟁은 이러한 서구 페미니즘 법학의 커다란 흐름을 나타낸다.

페미니즘 법학은 기존 실정법 영역인 헌법·형법·민법 같은 규율대상에 따른 구분이나 법철학·법사회학·법해석학·입법학 등 접근방법에 따른 구분을 뛰어넘는 통합법학의 성격을 가진다. 그것은 권리의 재해석, 차이, 법 앞의 주체, 타자성(otherness), 공사 이분법, 보살핌의 윤리 등 법철학적 사유의 측면에서도 많은 성과를 냈다(이은영 1993; 1999; 오정진 1999). 현재 미국 법여성학의 영역은 크게 섹슈얼러티와 가족 분야로 분류할 수 있고, 하위 영역으로는 여성의 몸·성폭력과 성희롱·낙태·포르노그래피·성매매·재생산권·고용·빈곤·복지·세금제도·혼인관계·파트너십·동성애·이혼 시 재산분할과 자녀양육권·가정폭력 등 그 스펙트럼이 넓다. 뿐만 아니라 페미니즘 법학자들은 국제적 이주, 전시 성폭력 같은 쟁점에 대한 논의에도 활발히 참여함으로써, 국제적 수준에서 여성인권 향상을 위한 법적 기준 마련에도 기여했다.

(2) 성별 평등기준을 정립한 주요 판례

이제 페미니즘 법학의 이론과 담론을 이해하기 위하여 미국 법원을 중심으로 성별 평등기준을 정립한 주요 판례를 살펴볼 것이다. 평등기준이 어떻게 정립되어왔는지, 그 쟁점들은 어떤 것인지를 논의하겠다. 앞서 지적한 대로 미국 페미니즘 법학이론의 대부분은 구체적인 법적 사건과 관련되어 싹텄다고 할 정도로 사법적 실천과 밀접한 관계를 가지고 발전했다(Schneider 1986). 소송이 가진 본질적인 역동성 때문에 페미니즘 법학은 추상적이거나 안정된 형태로 머물러 있을 수 없었다. 페미니즘 법학자들 중에는 그 자신이 소송의 변론을 맡는 등 법적 사건에 주도적으로 참여한 경우도 적지 않은데, 그 예로 웬디 윌리엄스(Wendy Williams), 타웁(N. Taub), 슈나이더(E. Schneider) 등을 들 수 있다(Weisberg 1993).

이제 미국 대법원에서 최종판결이 내려진 다섯 사건을 살펴볼 것이다.[6] 사망한 양자녀의 유산관리자 선정을 놓고 제기된 리드 대 리드(Reed v. Reed) 사건, 남녀 미성년자의 연령 차이에 관한 스탠턴 대 스탠턴(Stanton v. Stanton) 사건, 임신과 분만의 보험혜택 여부를 놓고 다툼이 일어난 게둘딕 대 애일로(Geduldig v. Aiello) 사건, 군필자에게 주는 공무원 채용 우선권에 관한 매사추세츠 인사담당자 대 피니(Personnel Administrator of Massachusetts v. Feeney) 사건, 출산휴가를 규정한 캘리포니아 주법의 헌법상 평등조항 위배 여부를 놓고 제기된 칼 페드 대 게라(California Federal Savings and Loan Association v. Guerra) 사건이 그것이다.

1) 리드 대 리드 사건(404 U.S. 71, 1971)

이 사건은 형식적 평등(formal equality) 원리가 성별에 관해 등장한 최초의 사건으로 평가된다. 여기서 형식적 평등이란 여성 혹은 남성이라는 차이를 고려함이 없이 개인의 특성에 따라 대우해야 한다는 원칙이다. 리드 사건은 양자(養子)의 유산관리 권한을 놓고 별거중인 양부와 양모

---

6) 이 판례들을 선정한 것이 여성 당사자가 승소했기 때문은 아니다. 어떤 판결은 여성 당사자가 패소했을지라도 그것이 이후 남녀평등기준을 정립하는 선례로서 중요성을 인정받고 있다는 의미에서 소개하였다. 미국 페미니즘 법학에서 주목하는 판례들에 대해서는 Becker, Bowman and Torrey(1994); Kay and West(2002); Bartlett, Harries and Rhode(2002)를 참고할 수 있다.

가 제기한 것으로, 이에 대한 판결은 형식적 평등기준에 따라 젠더특정적(gender-specific) 규범을 문제삼았다. 양자의 양육권을 양모가 가지고 있었는데, 자녀가 성장하자 양육권이 양부에게 이전되었다. 그후 양자가 자살하자 양부모는 모두 자녀의 유산을 관리하고 싶어했다. 아이다호 주법원은 아버지를 유산 관리인으로 지목하였는데, 이는 피상속인과 동일한 법률상 관계를 맺고 있는 남성과 여성이 있을 경우 남성이 그 유언집행을 맡도록 하는 아이다호 주법률에 근거한 것이었다.[7] 미연방 대법원은 해당 아이다호 주법률은 남성을 무조건적으로 우위에 두는 것으로, 미합중국 수정헌법 14조가 규정하는 평등보호(equal protection before the law)원칙에 합치하지 않는다고 판결하였다. 사건을 환송받은 원심은 양부와 양모가 죽은 아들의 재산을 공동으로 관리하도록 했다.

본 판결은 사람을 성별에 따라 분류하여 취급해온 법률들을 무력화하고자 했던 자유주의 법여성학자들의 소송운동을 여는 서막이었다. 1970년대 초 성별간 평등이란 다른 개인과 비교하여 차별적인 취급을 받지 않을 개인의 법적 권리로 인식되었다. 여성주의 법률가들은 피부색과 성차와 '무관하게' 각 개인간에 동일한 기준이 적용되어야 하고,[8] 법은 '비슷한 상황에 처한' 개별 남성과 개별 여성을 달리 취급해서는 안된다는 논거를 들었다. 형식적 평등에서 주요 논쟁점의 하나는 여기서의 동등한 대우가 비슷한 상황에 처한 개인이나 집단에 한정된 것으로, 이를 넘어서서 실질적 평

---

7) 아이다호 주법(Idaho code) §§15-312, §§15-314.

8) 미국에서 동등급여법(Equal Pay Act), 임신차별금지법(Pregnancy Discrimination Act, PDA)같이 평등기준을 정립한 법률의 제정역사에서 볼 때, 양성차별금지는 자주 인종차별금지 원칙들에서 그 모델을 제공받았다. 비록 두 종류(젠더와 인종)의 분류방식과 차별에 비슷한 점이 있지만, 이들 둘을 유사한 것으로만 규정하는 것은 위험하다. 여성과 남성은 대개 각기 인구의 절반을 차지하고 노동·정치뿐 아니라 섹슈얼리티와 가족관계 측면에서 서로 연결되어 있지만, 인종은 인구수나 종류에서 다양하며, 차별과 차이의 양상이 다르다. 이 문제에 대한 자세한 논의는 Becker(1992) 참조.

등을 보장하지는 못한다는 점에 있다(Bartlett, Harries and Rhode 2002, 101면). 하지만 형식적 평등기준은 개인간의 차별뿐 아니라 집단간의 차별 여부를 판단해야 하는 사건에도 적용되었다. 아래와 같은 사건에서이다.

2) 스탠턴 대 스탠턴 사건(421 U.S. 7, 1975)

이 사건의 쟁점은 미성년 자녀에 대한 부모의 부양금 지급의무라는 맥락에서, 남성의 성년 연령이 여성보다 더 높게 설정되어 있는 주법률이 평등보호원칙에 위배되는지 여부를 가리는 것이었다. 원고인 셀머 스탠턴(Thelma B. Stanton)은 피고인 제임스 스탠턴(James Lawrence Stanton)과 1951년 2월 네바다 주에서 결혼하였고 1960년 11월 유타 주에서 이혼하였다. 이들 사이에는 1953년 출생한 셰리(Sherri)와 1955년 출생한 릭(Rick) 두 자녀가 있었다. 이혼과정에서 셀머와 제임스는 재산·자녀부양·위자료에 관한 합의를 마쳤다.

딸인 셰리가 성년인 18세에 달하자 피고인 그녀의 아버지는 셰리에 대한 부양금 지급을 중단하였다. 셰리의 어머니인 원고는 유타 주 법률상 남성의 미성년 연령을 21세, 여성의 미성년 연령을 18세로 규정한 것은 명백히 차별적이며, 수정헌법 제14조와 유타 주 헌법에 위배된다고 유타 주 고등법원에서 주장하였다. 유타 주 고등법원에서는 일반적으로 가족을 정착시키고 필수품을 공급하는 책임이 남자에게 주어진다는 점, 남성들이 그러한 책임을 맡기 전에 좋은 교육과 훈련을 받는 것은 권장할 만한 일이라는 점, 소녀들은 일반적으로 소년들보다 육체적·감정적·정신적으로 일찍 성숙하고 일찍 결혼하는 경향이 있다는 점을 들어서 해당 주법을 지지하였다.[9] 대법원은 이러한 "오랜 관념"(old notions)을 근거로는 유타 주법을 지속하기에 불충분하다고 원심을 파기했다. 다음은 대법원의 다수의견 중

---

9) Stanton v. Stanton, 30 Utah 2d 315, 318-19, 1974.

일부이다.

이 사건의 관건은 자녀의 성별 차이가 유타 주법으로 도출된 피고의 의무 차이를
정당화하는가 하는 점이다. 우리는 그렇지 않다고 결론짓는다. (…) 유타 주법상 모
든 미성년은 결혼에 의해 성년이 되기 때문에 누가 더 빨리 결혼하는가는 문제가
되지 않는다. 성별과 관계없이 몇살에 결혼하더라도 결혼에 의해 미성년기가 끝나
게 된다. (…) 또한 여성의 활동과 책임은 증가하고 또 확장되고 있다. 만약 여성이
남성과 같은 기간 동안 미성년으로 지원을 받지 못한다면, 여성이 남성과 마찬가지
의 장기 교육을 받기를 기대하기 어렵고, 여성들이 교육을 일찍 끝마친다는 것은
사회가 오랫동안 강요해온 역할 유형화를 지속시키는 결과를 가져올 것이다. (…)
따라서 우리는 어떠한 검증(test)―해당 주의 이해관계, 합리적 근거 또는 그 사이
의 무엇―하에서도 자녀 부양의 맥락에서 해당 유타 주법은 평등보호의 공격에서
살아남기 어렵다고 결론내린다. 이 맥락에서 남성과 여성 간 구분은 정당하지 않다.

앞의 리드 사건과 이 사건의 판결에서 몇가지 쟁점이 제기된다. 먼저, 개
인간 평등이 집단간 불평등을 해소하는 데 갖는 효력에 관한 것이다. 리드
사건에 나타난 젠더간 평등이란 모든 개인이 (성과 관계없이)개인으로서
동일한 선택지를 제공받을 수 있고, 그 선택지로 각 개인이 자신의 이익을
극대화할 수 있을 때 달성되는 개인간 평등의 관점에서 생각되었다. 리드
사건처럼 성별 범주에서 남성과 여성 개인이 동등한 개인으로 다루어지지
않는 경우는 흔히 발견할 수 있다. 이 점에서 개인간의 동등 대우로서의 평
등기준의 유용성은 큰 것이다. 또한 성별 범주로 개인의 특성을 판단하는
것이 종종 부정확한 결과를 가져온다는 점에서도 동등대우로서 개인간 평
등기준의 합리성을 알 수 있다(Bartlett, Harries and Rhode 2002, 133면). 하지만
개인간 평등의 구현으로 양성불평등 문제가 다 해소될 수 있는지에는 의
문의 여지가 있다.

둘째, 스탠턴 사건처럼 개인이 아니라 남성과 여성 '집단 간' 불평등을 평등기준에 의해 결정해야 하는 경우에 성별 고정관념(stereotype)의 적용 문제이다. 성별 집단간 불평등에 관해 판단해야 하는 경우는 투표권, 결혼, 운전, 군복무, 공립학교에 다닐 권리, 부모에게 부양받을 권리 등 다양하다. 이 경우 법원은 성별 고정관념의 문제에 직면하는데, 때로 이 고정관념이 맞거나 심지어 정확한 의사결정을 도울 수도 있다. 하지만 고정관념은 스스로를 강화하는 성격이 있어서, 그것의 적용 자체가 그것이 맞을 수 있는 상황을 연출해낸다. 따라서 집단간 평등을 사고하는 데 있어 고정관념이 부분적으로 정확하거나 심지어 필요할 경우조차도 거기에서 빠져나올 필요가 있다. 형식적 평등기준은 집단으로서의 여성에 관한 고정관념에 도전함으로써 그에 빠지지 않도록 하는 데 매우 유용하다. 하지만 범주로서의 여성에 대한 불평등을 고정관념의 문제로만 환원하는 것은 너무 단순하다.

셋째, 젠더중립성의 역할에 관해서이다. 형식적 평등은 여성이 남성보다 더 차별받지도 더 우대받지도 않아야 한다는 젠더중립성(gender neutrality) 기준을 정립했다. 여성 개인이 집단으로서의 젠더에 대한 사회적 편견으로 차별받을 때, 젠더중립성은 집단으로서의 젠더에 대한 판단을 배제하고 개인의 특성과 자질에 입각하여 사안을 판단하도록 한다. 하지만 이때 여성 '개인'의 특성과 자질을 규정하는 데에도 이미 여성 일반에 대한 사회적 기대가 침투되고 일정한 규범이 작용한다. 그렇다면 여성 차별을 복합적으로 분석하기 위해서는 젠더에 따른 판단을 그저 무력화할 것이 아니라, 젠더 규범 자체를 파헤쳐서 그것이 개인을 규정하는 데 미치는 영향을 밝히는 노력도 필요하다. 이렇게 개인간·집단간 차별을 극복하는 데 젠더중립성만으로는 불충분한 것으로 보인다.

넷째, 형식적 평등에서 '비슷한 상황에 처해 있다는' 기준 자체에 논의의 여지가 있다. 앞의 사건들에서는 마찬가지 부모라는 위치, 마찬가지 자녀라는 위치에서 판단을 내렸지만, 대다수 여성과 남성은 많은 경우에 이미 비슷하게 위치지어져 있지 않다. 가족 안에서, 작업장에서, 성적 규범에서, 여성과 남성의 영역은 이미 구조적으로 분리되어 있어 불평등으로 사건화되기조차 어려운 경우가 허다하다. 바로 이러한 분리와 불평등을 극복하기 위하여 성별간 평등기준이 채택되었다면, 과연 평등기준은 그것을 극복하게 하는 효과적인 기준인가. 이상과 같은 딜레마는 여성의 임신 사안을 통해서 분명하게 드러났다.

3) 게둘딕 대 애일로 사건(417 U.S. 484, 1974)

이 사건에서는 임신과 분만에서 보험혜택을 받지 못한 네 여성이 원고가 되었고, 이들의 변론은 페미니즘 법학자인 웬디 윌리엄스가 맡았다. 캘리포니아 장애보험 프로그램은 보험금 혜택에서 젠더에 기반을 둔 어떠한 차별도 두지 않았지만, 임신 및 분만에 관해서는 일체의 보험혜택을 받지 못하도록 되어 있다. 이 소송의 주요 쟁점은 임신 관련 보험법령이 미국 헌법상 평등보호에 위배되는지 여부를 가리는 것이었다. 대법원의 다수의견을 대표하여 스튜어트(P. Stewart) 판사가 작성한 판결문은 다음과 같은 내용을 포함한다. "캘리포니아 주가 고용장애라는 위험 대부분에 대해 보험금을 지급한다고 해서 모든 장애를 지원하는 것은 아니다. 그리고 이 결정은 참여 고용원들이 지불하는 보험료의 수준을 반영한다."[10] 아래는 본 사건에 관한 다수의견의 일부이다.

캘리포니아 보험 프로그램은 어느 누구에게도 젠더를 이유로 혜택 가능성을 배제하지 않는데 단 한가지 육체적 조건, 즉 임신을 보험 수혜대상에서 제외했다. 여성만 임신한다는 것은 사실이지만, 임신에 관한 모든 법률적 분류가 젠더에 기반

10) 417 U.S. 484, 494-495, 1974.

을 둔 분류인 것은 아니다. (…) **보험 프로그램은 수혜자 그룹을 크게 두 집단으로 나누는데, 그것은 임신한 여성과 임신하지 않은 사람(pregnant woman and nonpregnant persons)이다. 전자는 모두 여성이지만, 후자에는 양성이 포함된다.** 보험 프로그램의 재정적·실제적 혜택은 양성 모두에게 돌아간다. 남성이 보호받고 여성이 보호받지 못하는 위험은 존재하지 않는다. 마찬가지로, 여성이 보호받고 남성이 보호받지 못하는 위험이라는 것도 존재하지 않는다.[11]

브레넌(J. Brennan) 판사가 제시한 소수의견은 다음과 같다.

캘리포니아 장애보험 프로그램은 주의 실업보험과 노동자 보상 프로그램의 보완으로 실행되어왔다. (…) 이러한 인본주의적 목적을 성취하기 위해, 개인적 상해와 무관하게 모든 고용자가 동일한 비율로 보험료를 지급하도록 하는 광범위한 장애 프로그램을 고안한 것이다. (…) 보상은 그 비용, 자발성, 독특성, 예상 가능성, 정상성 여부와 무관하게 사실상 모든 종류의 장애상황에 대해 지급된다. 심장질환 같은 고비용의 장애, 성형수술이나 불임수술 같은 자발적 장애, 전립선 절제술(prostatectomies), 겸상적혈구 빈혈증(sickle-sell anemia, 흑인의 유전병증) 같이 특정 젠더나 인종에만 해당하는 장애에 대해서도 보험금이 지급되었다. (…) 보험법령의 이러한 폭넓은 목적과 혜택범위에도 불구하고 임신 관련 장애에 대한 보상은 부정되었다. 임신장애는 다른 장애와 마찬가지로 의료치료, 입원, 마취와 수술 과정 그리고 생명의 위협을 수반하는 것이다. 게다가 임신 관련 장애에 의한 경제적 효과는 다른 장애와 기능적으로 구분되지 않는다. 출산과 산후휴가로 일할 수 없기 때문에 임금은 줄고, 의료비용은 늘어난다. **나의 관점에서 볼 때, 여성에게만 있을 수 있는 성별과 연관된 장애를 골라내어 소홀히 취급함으로써 캘리포니아 주는 장애보상에서 이중기준을 만들고 있다.** 여성 노동자들에게는 그들이 회복할 수 있는

---

11) 417 U.S. 484, 496-497, 1974.

장애를 보상범위 바깥에 두고 있지만, 남성에 대해서는 전립선 절제, 포경수술, 혈우병 그리고 통풍 등 남성에게만 혹은 주로 남성에게 나타나는 장애에 대해서는 보험혜택을 부여하고 있다.[12]

이렇듯 브레넌 판사는 해당 보험의 장애규정이 성별에 입각한 이중적 기준이므로 캘리포니아 보험 프로그램의 광범위한 보상과 평등 원칙에 위배된다고 주장한다. 이제 다수의견과 소수의견을 비교, 분석해보자.

먼저, 다수의견은 해당 보험 프로그램은 스스로를 유지할 수 있도록 운영되어야 한다는 경제적 제약을 중심근거로 보험 수혜에서 장애 선별을 정당화했다.[13] 이에 대해 브레넌 판사는 캘리포니아 주의 계산에 입각해 임신 관련 장애를 보험 프로그램에 포함시킨다 해도 보험 프로그램이 파탄나는 것은 아니라고 주장하였다. 실제로는 경제적 제약이 결정적인 요소가 아니라는 지적이다. 해당 프로그램이 가진 성별에 따른 이중 잣대를 명시적으로 인정하지 않고, 대신 경제적 제약이라는 객관적 근거에 따라 현재 질서를 정당화하는 논리에 주목해야 한다는 것이다.

둘째, 법원이 임신을 어떻게 이해하고 있는지는 법여성학적으로 중요한 관심사이다. 이 판결에서 다수의견은 평등기준의 엄격한 적용을 선호하는 것으로 보인다. 즉, 남성 노동자만 혜택을 누리는 장애리스트가 없듯이, 여성 노동자만 혜택을 받는 장애도 있을 수 없다고 했다. 하지만, 브레

---

12) 417 U.S. 484, 498-501, 1974.

13) 실제로 캘리포니아 지방법원은 여성이 장애보험 재정의 28%를 부담하면서 장애보험 수혜금의 38%를 받아간다는 사실을 인정하였다. 하지만, 캘리포니아 주는 보험료 지급 통계에 따라 노동자 구분을 의도적으로 하지 않기로 했다. 따라서 특정집단의 보험료 기여와 특정집단의 보험료 청구 예상정도는 연관성이 없다(Becker, Bowman and Torrey 1994, 32면). 한편, 앞의 수치에 대해 그 원인이 여성 노동자가 남성보다 더 자주 노동장애를 겪어서인지, 아니면 남성 노동자에 비해 낮은 고용지위와 임금에 기인하는지를 조사할 필요가 있다.

넌 판사의 의견에 의하면 그렇지 않다. 남성들만 혹은 남성들이 주로 겪는 장애는 '노동자의' 장애로 정의되는 반면, 여성 노동자들이 겪는 장애는 '젠더특정적' 장애로 정의된다. 젠더특정적 장애를 지원하는 것은 특별혜택으로서 평등원칙에 위배된다. 이렇게 이 판결에서 여성의 임신이란 노동자의 장애에 있어 '여분의'(extra) 것이며, 여성에만 특유한 '부가적 위험'(additional risk)이라고 보는 법원의 시각이 명확하게 드러났다(Williams 1984/1985, 139면).

임신에 대한 이같은 시선은 임신의 성격 자체보다 여성과 보편적 인간상의 관계 설정에서 파생하는 문제이다.[14] 이는 앞서 지적한, 법 안에서 여성이 누구인가라는 질문을 떠올리게 한다. 남성중심적 인간모형에서 여성은 보편성을 획득하기 어려운 여자일 따름이어서, 법적인 평등대우를 받으려면 '탈여성적' 존재로 제시되어야 한다. 즉, 여자'이다'가 아니라 남자와 '다르지 않다'로 개념화되어야 한다. 브레넌 판사의 의견에서도 여성의 임신 장애가 다른 장애와 다르지 않음을 강조함으로써, 보험금 지급의 정당성을 호소한다. 이는 평등기준에 의한 동등대우(equal treatment)의 관점에서 임신을 포섭하려는 논리로 이해할 수 있다. 하지만 임신을 오로지 일터의 관점에서, 일할 수 없는(disable to work) '장애'조건으로 규정하는 것은 문제가 있다. 이런 관점에서는, 동등대우가 달성된다 해도 여성은 언제나 잠재적 장애를 안고 있는 노동자가 될 것이기 때문이다.

셋째, 다수의견에서 말하듯이 '임신한 여성'과 '임신하지 않은 사람'이라는 분류가 과연 젠더에 입각한 범주인가 아닌가를 논해야 한다. 임신하

---

14) 젠더 연구들은, '젠더(성별)'라는 표식은 유독 여성에만 의미가 있고 남성은 대부분의 맥락에서 탈(脫)젠더적 존재로 인식된다고 보고한다. 즉 양성을 포괄한다는 젠더는 실제로는 여성을 식별하는 기호로 기능한다는 것이다. 이 결과 남성들은 무성적 내지 보편적 존재가 된다. 인종의 경우에도, 인종이 주로 백인종 이외의 인종에게 의미있는 기호처럼 사용되곤 한다. 젠더 연구의 예로는 이후 다룰 Scott(1988a)을 참조.

지 않은 양성의 사람이라고 해서, 임신하는 사람이 한 성에 국한된다는 것을 부정하는 것은 아니다. 임신은 한 성만이 할 수 있는 체험이다. 임신능력이야말로 생물학적 여성과 남성을 가르는 가장 두드러진 특성이다.[15] 또한 임신은 여성 일부만이 아니라 여성의 절대다수가 겪는 보편적 체험이다. 이 점에서 임신은 여성과 여성 노동자의 보편적 사안이다. 나아가 여성의 임신은 인구 재생산을 위하여 필수불가결한 사회적 활동이다. 여성의 임신과 출산 없이 한 사회의 미래는 없는 것이다. 이 점에서 임신은 사회성원인 여성과 남성 노동자 모두의 보편적 사안이 되어 마땅하다.

이러한 임신 이해에 입각할 때[16] 이 판결이 채택한 임신에 대한 개인주의적 이해는 문제가 있다. 이 사건에서 임신은 여성집단의 일반적 체험도 사회적 재생산의 의미도 갖지 않은 채, 임신을 선택한 개인의 체험으로 규정되었다. 가임기 여성이라면 누구라도 임신여성이 될 수 있는 가능성이 잠재하며, 임신과 출산으로 자녀 양육 및 교육 책임이 주로 여성들에게 주어진다는 점에서 여성의 존재성격과 임신효과는 결코 분리되지 않는다. 이 점에서 임신한 여성과 임신하지 않은 사람이라는 분류는 지탱되기 어렵다.

임신을 포함해 출산·양육·성폭력 등 섹슈얼리티와 재생산의 쟁점들은 평등기준의 난점을 드러내면서 젠더특정적 고려가 필요한 경우가 있음을

---

15) 항소이유서에서 윌리엄스(Wendy Williams)는 한 성에만 독특하게 존재하는 물리적 특징에 기반을 둔 범주화는 '성에 기반한 범주화'라고 주장하였다. 특히 임신할 수 있는 능력이야말로 한 사람을 여자와 남자로 규정하는 특질이며, 그러한 젠더 정체성으로 인한 특징·혜택·부담에 기반하여 남녀에 대한 법적 혜택과 부담이 규정되어왔다고 주장했다(Appellee's Brief in Geduldig v. Aiello, No. 73-640, 24-25 Oct. Term 1973; Becker, Bowman and Torrey 1994, 32면에서 재인용).

16) 작업장에서의 임신 문제는 미국 페미니즘 법학에서 젠더 차이와 실질적 평등 문제를 다루는 시금석이 되었다 할 수 있다. 미국에서 임신 관련 판결에 관한 자세한 논의는 Williams(1984/1985)를 참고할 것.

깨닫게 한다. 즉 성별간 '차이' 문제가 부상하기 시작한 것이다. 브레넌 판사는 임신이 노동자들의 보편적 사안임을 강조하는 과정에서, 그것을 장애 리스트에 포함시켰다. 동등한 혜택을 받기 위해 여성의 임신체험이 장애로 개념화되어야 하는가. 젠더특정적 고려와 젠더와 무관한 평등기준은 어떻게 조화될 수 있을까. 다음 사건에서도 이러한 물음이 유효했다.

4) 매사추세츠 인사담당자 대 피니 사건(442 U.S. 256, 1979)

이 사건에서는 매사추세츠 주의 군복무자 우대규정이 수정헌법 제14조의 평등보호조항에 반하는지 여부가 문제가 되었다.[17] 해당 주의 법률은 일정 조건을 만족하는 한 특정 공무원직종에서 모든 군필자는 미필자에 우선하여 채용대상이 되는데, 이 원칙은 적어도 90일 이상 군복무를 했거나 실제 전쟁에 하루 이상 참전한 "간호사를 포함한 남성과 여성 누구나"에게 적용된다고 규정하고 있다.[18] 해당 주는 "절대적인 전생애"(absolute lifetime) 선호라는 가장 폭넓은 선호원칙을 가진 주로서 이 규정은 매사추세츠 공무원직의 약 60%에 해당하는 직종에 적용되었다. 즉, 군필자 우대는 평생 지속된다는 것이다. 원고인 헬렌 피니(Helen Feeney)는 이 조항이 매사추세츠 주의 주요 공무원 채용에서 여성을 배제하는 본질적인 문제를 안고 있기 때문에 법 앞의 평등이라는 헌법정신에 어긋난다고 주장하였다.[19] 지방법원에서는 원고의 의견이 받아들여졌지만 대법원은 원심을 파

---

17) 미 연방정부와 약 41개 주정부는 공무원 임용에서 군필자에게 가산점을 부여한다. 대개 장애가 있는 군필자의 경우는 10점, 장애가 없는 경우 5점을 가산한다.

18) Mass. Gen. Laws Ann., ch.31, § 23.

19) 피니는 1963년부터 12년간 공무원 생활을 하였다. 그동안 피니는 여러 차례 승진시험을 보았고 대단히 좋은 성적을 냈다. 1971년 시험에서는 가장 높은 성적을, 1973년에는 세번째로 우수한 성적을 받았다. 하지만 이렇게 높은 성적으로도 그녀가 지원한 직종에 취직할 수 없었다. 1973년 시험에서 그녀는 12번째로 순위가 매겨졌고, 그들 중 11명은 피니보다 낮은 성적을 거둔 군필자들이었다. 다음 시험에서도 마찬가지로 그녀는 군

기했다. 문제되는 법률은 여성에 대하여 남성을 우대하는 것이 아니라 젠더와 관련 없이 양성의 군필자를 양성의 미필자에 비해 우대하는 것이므로 합헌이라는 것이었다.

원고가 지적했듯이, 이 사건에서는 두 쟁점을 고려해야 한다. 먼저, 미국의 다양한 법률·규칙·정책으로 인해 여성은 입대에 제약이 있기 때문에, 실제로 여성이 징병대상이 된 적은 없다는 점이다. 이 소송이 제기되었을 당시 매사추세츠 주 군필자 중 98% 이상이 남성이고 여성은 겨우 1.8%였다. 또한 매사추세츠 주민의 25% 이상이 군필자였다.[20] 직장을 구할 수 있는 기회에 있어서 평생 지속되는 군필자들의 절대우위가 여성들에게 미치는 영향은, 설사 의도하지 않았다 하더라도 절대적인 것이다.[21] 둘째, 그 입법의도가 여성을 해하려는 목적을 가진 것은 아니었다 할지라도 성별간 차별의 효과를 따져야 한다. 동전의 뒷면이 위로 오면 앞면은 필연적으로 바닥으로 가는 것처럼 이러한 조치는 자명하고 피할 수 없는 차별의 양상을 띠게 된다.[22] 그럼에도 대법원이 이 사건 판단에 있어 차별의 의도를 중

필자들 뒤에 서게 되었다. 이후 피니는 군필자들과의 경쟁에서 실패를 거듭했고 1975년 그녀가 속해 있던 매사추세츠 민방위국(Massachusetts Civil Defense Agency)이 해체되자 이 소송을 제기했다.

20) 원고가 해당 주의 능력채용 씨스템에 적극적으로 지원하던 1963~73년의 10년 동안 해당 주에서 47,005명의 새로운 정규 공무원 채용이 있었다. 이들 중 43%가 여성이었고, 57%가 남성이었는데, 여성 군필자는 1.8%였고, 남성 군필자는 54%였다. 이렇게 군필자 우대제도가 성별에 따라 미치는 상이한 효과가 뚜렷하게 나타난다.

21) 지방법원은 매사추세츠 주법에 따른 공무원 채용의 군필자 절대우위가 여성의 취업 기회에 심각하게 부정적인 영향을 미치는 것을 인정하였다.

22) 당시 대법원 의견에 의하면, 차별의 목적이란 주법의 제정자가 특정집단에 대한 부작용에도 '불구하고'(in spite of) 강행했음을 의미하는 것이 아니라, 적어도 '그렇기 때문에'(because of)라는 특정한 목적을 가지고 선별되고 강조된 것을 의미한다(442 U.S. 256, 258, 1979 참조). 차별행위를 의도나 목적이 아니라 결과 혹은 효과의 측면에서 규정할 때 외견상 젠더중립적인 기준이라도 그것이 여성에게 불리한 효과(adverse impact)를 가져온다면 그것은 간접차별에 해당한다. 간접차별 혹은 '불평등효과'(disparate

시하여 외면적이고 기계적인 차별만을 문제시했다는 점은 비판받을 만하다. 그런데 피니 사건과 앞에서 본 게둘딕 사건의 다수의견을 비교해보면 몇가지 흥미로운 점을 발견할 수 있다.

먼저, 두 사건의 다수의견 모두 누구라도(anyone)라는 젠더중립적인 논리를 채용했지만 그 결과는 서로 달랐다는 것이다. 앞서 살핀 사건은 이미 존재하는 여성에게 불리한 상황에 대하여, 이 사건은 이미 행해지고 있는 남성이 대부분인 군필자 우대의 맥락에서 제기되었다. 전자에서는 임신을 여성 노동자의 특수한 문제로 보는 논리를 통해 보험 수혜에서 배제하는 효과를 냈다면, 후자에서는 군복무가 개인의 선택이라는 논리를 통해 기존에 존재하던 대다수 남성의 이익을 보지 못하게 하는 효과를 낳았다.

이 사건을 통해 우리는 개인의 선택이나 특성을 통해 소수자집단에 속하는 사람의 차별을 판단하는 것에는 함정이 있을 수 있음을 알 수 있다. 어떠한 사회적 집단 안에도 개인의 특성이 존재하므로, 집단의 성원을 '개인으로서' 대우하는 논리는 언제나 유효할 것이다. 개인의 특성과 선택이라는 견지에서 사실 발견에 집중할 때, 집단으로서의 차별이 고려에서 배제되거나 약화되는 결과를 유도할 수 있다. 임신처럼 특정 젠더에 고유하거나 군복무같이 주로 한 젠더만이 겪는 경험의 경우 그러한 접근의 한계는 명백하다. 법적 판단에 있어 개인적 특질에만 주목하고 젠더 범주를 고려하지 않는 것은 양성평등을 위한 실질적 평등(substantive equality)에 장애가 될 수 있다.[23]

젠더가 개인을 분류하는 카테고리가 되어서 노동과 사회적 권력이 배분

---

impact)에 대해서는 Bartlett, Harries and Rhode(2002, 265~71면); 조순경(2000) 참조.
23) 실질적 평등이란 기회의 평등뿐 아니라 결과의 평등까지를 포함하는 평등을 의미한다. 여기서 기회의 평등이란 남성과 동등한 기회를 요구할 때 제시되는 평등기준이다. 결과의 평등은 성별간 차이와 오랜 시간 누적된 차별을 극복하기 위하여 적극적 조치, 모성보호, 진정직업자격 등에 의해 실현되는 실질적 평등상태를 의미한다.

되는 양상은 임신이나 군복무보다 훨씬 더 복합적이고 애매한 경우가 허다하다. 집단과 개인 체험으로서의 젠더를 법적으로 고려한다는 것은 형식적 평등기준에서 문제삼는 젠더에 관한 고정관념을 넘어서는 것보다 복잡한 여성주의 법논리를 요구한다. 법적 판단에서 고정관념을 넘어서는 것은 중요하지만, 그것만을 강조할 때 여성젠더는 '극복해야 할' 범주 이상이 아니다. 나아가 고정관념을 벗어난다 할지라도 이후 어떤 관점으로 여성과 여성의 체험을 바라볼 것인가라는 문제에 직면한다.

고정관념은 그저 잘못된 인식에서 비롯한 문제이기보다 그것을 만드는 사회구조의 산물이다. 법에서 구조적 불평등 문제를 어떻게 다루는가는 비슷한 상황에 처해 있지 않은 사람들에 대한 정의를 어떻게 제도화할 것인가의 문제로 표현할 수 있다. 특정 사건이 법정에서 문제되기 전에 불평등은 이미 존재하고, 그 피해자들이 동등한 상황에 놓인 일은 거의 없었음에도, 법정에 들어서면 그들이 마치 같은 선택지를 가지고 있었던 개인인 것처럼 다루어진다는 것은 문제이다.[24] 아래 사건에서도 형식적 평등의 한

---

24) 차별받아온 집단이 실질적 평등을 이루기 위해서 잠정적으로 채용되는 제도로 적극적 조치(affirmative action)를 들 수 있다. 여성고용에서 적극적 조치와 관련한 미연방 대법원 판결인 존슨 대 교통국(Johnson v. Transportation Agency) 사건(480 U.S. 616, 1987)을 잠시 살펴본다. 1979년 12월, 미국 쎈터 클라라 카운티 교통국(Santa Clara County Transportation Agency, 이하 교통국)은 발차 담당직원을 모집하였다. 당시 여기에 교통국 공무원이던 여성 다이앤 조이스(Diane Joyce)와 남성 폴 존슨(Paul Johnson)이 포함된 12명의 직원이 지원했는데, 존슨은 75점인 자신의 면접시험성적보다 낮은 조이스(73점)에게 밀려 탈락하자 이 소송을 제기하였다. 2차면접을 실시한 후 3명의 감독관은 존슨을 추천하였으나, 해당 카운티의 적극적 조치 담당관은 조이스를 추천한 결과, 교통국의 국장은 조이스를 선발하였다. 여기에는 교통국이 성별간 직종분리에 의한 차별을 시정하기 위하여 1978년부터 채택한 '적극적 조치계획'을 실행하려는 이유가 주요하게 작용하였다. 당시 교통국이 고용하고 있던 238명의 숙련기술직 중 여성은 1명도 없었다. 적극적 조치는 특정집단(성별이나 인종)의 과소대표성(under-representation) 해소, 과거 차별의 구제, 조직성원의 다양화라는 목적에 기여한다. 존슨은 적극적 조치가 민권법 제7편의 성별차별 금지에 위배된다고 주장했고 지방법원은 이를 받아들였지

계가 도전을 받았으니, 그것은 다시금 여성의 임신과 차이를 둘러싼 것이었다.

5) 칼 페드 대 게라 사건(479 U.S. 272, 1987)

논쟁이 된 사건은 릴리언 갈런드(Lilian Garland)라는 여성이 딸을 출산해 두달간 휴가를 쓴 뒤 접수담당자로 복직하려다 발생하였다. 그녀가 고용된 회사 캘리포니아 연방 저축대부조합(California Federal Savings and Loan Association)은 출산휴가 중 그녀의 자리를 다른 사람으로 채웠으며, 그와 비슷한 일자리가 이제 없다고 통보했다. 갈런드는 이후 7개월 동안 다른 직장을 찾지 못하였고, 그로 인해 자신의 집을 잃고 자녀양육권을 박탈당하고 말았다. 갈런드는 캘리포니아 주법(Fair Employment and Housing Act, FEHA)에 보장되어 있는 출산휴가조항[25]에 의거하여 이 회사에 대한 불만사항을 해당 노동위원회에 제출했고, 노동위원회는 이를 받아들여 회사가 해당 조항을 위반했다고 고발하였다.[26] 그러자 회사는 상공인조합(Merchants and Manufacturers Association), 캘리포니아 상업회의(California Chambers of Commerce)와 합세하여 해당 캘리포니아 법률 조항이 임신차별금지법(Pregnancy Discrimination Act, PDA)에 저촉된다고 소송을 제기하였다. 이들은 캘리포니아 주법이 아니라 성별을 기준으

만, 항소법원은 원심을 파기하였고 대법원은 이를 받아들였다. 이 사건은 적극적 조치와 평등기준을 둘러싼 뜨거운 찬반 논쟁을 불러일으켰다.

25) Cal. Govt. Code. Ann. 12945(b)(2).

26) 1978년 9월 개정된 해당 조항에 따르면, 고용주는 여성 피고용인에게 무급의 임신장애 휴가를 4개월까지 주어야 하고, 사업상 필요로 그 자리가 더이상 가능치 않게 될 경우를 제외하고는 휴가 후 피고용인을 이전에 그녀가 가졌던 일자리로 복귀시켜야 하며, 동일직종이 더이상 존재하지 않는 경우라 해도 고용인은 비슷한 직종을 제공하도록 힘써야 할 것으로 규정하고 있다. 한편, 갈런드는 일자리가 없어졌다고 통보받은 지 7개월 후 접수담당자로 복직되었지만 7개월간의 실직으로 인해 상당한 피해를 입었다.

로 하는 차별을 엄격히 금지하는 임신차별금지법이 이 사건에 적용되어야한다고 주장하였다.

여기서 임신차별금지법과 관련법률을 잠시 살펴보자. 게둘딕 사건과 길버트(Gilbert) 사건[27]이 많은 논란을 불러일으킴에 따라, 1978년 미국 의회는 임신차별금지법을 제정하기에 이른다. 이 법률은 민권법 제7편의 수정안으로 통과되었다. 그 내용은 임신, 출산 및 이와 관련된 의학적 조건에 의해 영향받는 여성 피고용인이 노동할 능력과 장애(disability)에 있어 다른 피고용인과 다르지 않은 한, 그들은 모든 고용 관련 목적에서 다른 피고용인과 동일하게 대우받아야 한다는 것을 골자로 한다.[28] 이러한 법언어는 임신과 임신 가능성에 기반한 차별에 대한 대책을 명확히 설정하고 있다. 즉, 임신한 여성은 임신을 하지는 않았지만 그 능력에 있어 유사한 사람들과 똑같이 취급받아야 한다는 것이다. 임신차별금지법은 임신이 평등기준에 따라 다루어져야 하며, 임신·출산과 그와 관련된 조건을 이유로 차별하는 것을 젠더에 기반한 차별로 의제(擬制)한다고 규정하고 있다. 이러한 규정은 동등대우의 전형이라고 할 수 있다. 따라서 이 사건의 경우에는 해당 캘리포니아 주법이 임신에 대한 특별대우인지 여부를 가리는 것이 핵심사안이 되었다.

흔히 칼 페드(Cal. Fed.)라고 알려진 이 사건을 둘러싸고 다양한 입장이 개진되었다(Becker, Bowman and Torrey 1994, 65~67면). 이 사건은 관련 노동조합, 페미니즘 운동가들, 법학자와 변호사 사이에 커다란 논쟁을 불러왔다. 미국시민자유연맹(American Civil Liberties Union)과 여러 단체들은 캘리포니아 주법이 잘못되었다고 주장하였는데, 골자는 출산휴가를 법으로 인정하게 되면 여성이 그만큼 비능률적이고 신뢰감을 덜 주는 노동자로 낙

---

27) General Electronic Co. v. Gilbert, 429 U.S. 125, 1976.
28) 42 U.S.C. 2000e(k).

인찍히는 결과를 낳는다는 것이다. 그들은 출산휴가란 남성과 여성 노동자의 구분을 강화해서 결과적으로는 여성에게 피해를 초래하는 보호법안의 전형이라고 생각하였다.

반면, 여성 법적 지원과 교육기금을 위한 전국기구(National Organization for Women Legal Defense and Education Funds), 전미 여성법센터(National Women's Law Center) 등 캘리포니아 주법을 옹호하는 입장에서는 오히려 당해 법률이 성차별을 치유하는 하나의 방안이라고 응수하였다. 그들의 주장에 따르면 부적절한 산전후 휴가가 여성 노동자들에게 주어진다면 여성은 출산의 권리와 직장을 유지할 수 있는 권리 중 양자택일의 상황에 몰릴 수밖에 없는데, 이러한 상황은 남성 노동자들은 거의 직면하지 않는 문제라는 것이다. 지방법원에서는 원고의 견해가 받아들여졌으나 항소법원에서 원심이 뒤집혔고, 대법원은 이를 받아들였다. 캘리포니아 주의 해당 법률이 임신차별금지법에 저촉되지 않는다고 판단한 것이다.

대법원이 그렇게 판단한 것은 임신차별금지법 제정의 역사에서 볼 때 그 법의 제정의도가 임신에 대한 차별을 금지하기 위한 것이지 임신한 노동자에게 혜택을 베푸는 것까지 막기 위한 것은 아니기 때문이라는 이유에서였다. 또한 원고의 의견과 달리 법원은 캘리포니아 주법이 임신에 대한 특별보호가 아니라 임신차별금지법과 공통의 목적을 가진다고 해석하였다. 캘리포니아의 해당 법률조항은 노동보호법령과는 달리 실제로 육체적 장애에 대해 혜택을 주는 기간을 4개월로 매우 협소하게 설정하고 있다. 이러한 정책은 임신한 노동자에 대한 고정관념에 입각한 것이 아니며, 고용주가 임신한 여성을 노동능력 면에서 비슷하게 영향받는 다른 사람에 비해 더 우대하는 것이 아니라고 대법원은 해석하였다. 즉, 임신차별금지법 원리에 비추어 볼 때 캘리포니아 주 해당 법률이 젠더에 따른 특별대우가 아니라는 선언이다.

이 판결로 임신은 여성 '노동자'의 사안으로 자리매김되었고, 나아가 임신한 노동자를 위한 혜택에 대한 관용적 기준이 평등기준의 실행으로 받아들여졌다. 이 판결에서 임신은 앞의 게둘딕 사건과는 상당히 다르게 해석되었다. 게둘딕 사건에서는 임신에 대한 보험혜택이 주어진다면 그것은 젠더특정적 혜택이라는 논거가 지배적이었지만, 이 사건에서는 임신휴가가 여성 노동자의 필수사안으로 변호되었다. 이러한 판단은 물론 임신차별금지법에 입각한 것이지만, 해당 법률의 형식적 평등기준 적용과는 다소 다른 기준이 내재한다고 평가한다. 원고측은 캘리포니아 법령이 임신에 대해 특별대우의 성격을 가진다고 주장한 반면, 대법원은 오히려 평등기준에 입각하여 법의 유효성을 선언하였다. 여기서, 여성이 임신이라는 생물학적 특질로 인해 차별당하지 않도록 하는 법적 조치를 평등의 관점에서 볼 것인지 여성의 차이에 대한 인정으로 볼 것인지는 논의의 여지가 있다. 생물학적 특질로 인해 생기는 차별효과를 방지하고자 하는 법적 가치를 실질적 평등이라고 한다면, 이 판결은 실질적 평등기준의 실행으로 이해할 수 있다(Bartlett, Harries and Rhode 2002, 320~42면). 다른 한편, 이 판결에서 임신을 불이익의 사유, 즉 제거해야 할 장애로 국한하지 않는 이해방식이 채용되었다면 여성의 차이를 인정하고 옹호하는 차이론의 관점에서 해석할 수 있다고 본다.[29] 차이론에 관해서는 다음 절에서 살펴보겠다.

여기까지 양성간 평등기준 정립에 중요했던 미국 대법원 판결들을 살펴보았다. 리드 사건(1971)에서는 젠더 범주에 따라 유산 관리인 선정을 하지 않도록 함으로써 원고인 리드 부인이 승소하였고, 스탠턴 사건(1975)에서

---

29) 참고로, 항소법원에서는 임신차별금지법 제정의도가 "임신장애 혜택에 대한 최소치(floor)이지 최대치(ceiling)를 규정하고자 함이 아니라고" 설시하였고, 대법원의 다수의견이 이를 인정했다. 이와 같은 해석에 따르면, 임신차별금지법 같은 엄격한 평등기준으로는 임신에 관한 차별금지를 규정할 수 있을 뿐, 그 이상의 법적 혜택 범위와 기준을 확정짓지 못한다는 것을 의미한다. 479 U.S. 272, 280, 1987 참조.

도 젠더에 따른 상이한 미성년자 기준을 철폐함으로써 원고인 스탠턴 부인이 승소하였다. 게둘딕 사건(1974)에서는 여성 노동자의 임신에 대한 보험혜택은 젠더특정적인 대우라고 하여 네 명의 여성원고가 패소하였고, 피니 사건(1979)에서도 대법원은 군필자의 공무원채용 우대는 젠더특정적이지 않다고 판단함으로써 역시 여성원고가 패소하였다. 캘리포니아 연방 사건(1987)에서는 출산휴가에 대한 캘리포니아 주법이 평등기준에 위배되지 않는다는 결정이 내려졌다.

3. 평등기준과 여성의 차이론

(1) 평등과 차이 기준의 역동성

앞서 본 것처럼 1970년대 초부터 미국 법원과 페미니즘 법학은 어떠한 논증에 의해 양성평등을 실현할 것인가에 많은 노력을 기울였다. 미합중국 수정헌법 14조, 민권법 제7편, 임신차별금지법 등의 입법과 판례를 통해 성평등한 법의 시행을 정착시켜온 것이다. 하지만 기존의 평등 논증에 대한 비판도 적지 않게 제기되어왔다. 먼저, 평등 논거의 개인주의적 지평과 사회구조적 불평등 간의 괴리라는 문제가 있다. 여성과 남성이 가족·노동·교육·사회적 네트워크·정치적 대표성 등 모든 영역에서 다른 위치에 배치돼 있다고 할 때, 남녀간의 상이한 위치에서 배태되는 불평등현상을 유사한 상황에 처한 개인간의 불평등현상을 측정하는 잣대로 해소할 수 있는가의 문제가 제기되었다. 남녀의 상이한 위치가 개인간 차이가 아니라 젠더 범주의 사회구조적 재생산이라는 체계적 문제라고 할 때 이런 체계적 불평등 문제를 마찬가지 상황에 놓인 개인간 평등기준으로 다룰 수 있는가. 평등기준의 개인주의적 지평은 양성 불평등을 극복하는 데 강점과 함께 한계점을 지니고 있다.

둘째, 동일성으로서의 평등 개념, 즉 '같은 것은 같게' 다루라는 기준에서는 비교의 기준 자체가 남성이 되기 쉽다는 지적이 있다(Becker 1992, 115면). 게둘딕 사건에서처럼 임신한 여성 노동자가 성기 관련 질병을 앓고 있는 남성 노동자와 비교되거나 임신과 성기 질병이 노동장애에 있어 '다르지 않음'이 강조되었다. 여성의 특성을 '보편적인 것'으로 자리매김하는 논리에서 인간의 전형이 암묵적으로 남성으로 가정되고, 여성의 특성은 부가적이거나 독특한 것으로 여겨지게 되는 것은 하나의 아이러니이다(Finley 1986).

이러한 비판에도 불구하고, 성차별 사안에서 평등기준의 정립이라는 큰 성과도 부정하기 어렵다. 웬디 윌리엄스는 평등기준이 기존 성별 역할의 전통을 강화하려는 사회구조를 바꾸어내는 더 큰 전략을 추구하는 데 있어 하나의 수단으로서 의미가 있다고 한다(Williams 1984/1985). 비슷한 생각이 여성의 복지, 특히 개별적인 불평등을 시정하는 수단으로 평등의 원칙을 전략화할 수 있다고 하는 마주리(Diana Majury)의 제안에서도 나타난다(Majury 1987). 로(Sylvia Law) 역시 형식적 평등은 헌법이 보장하는 심사가능성(testability)에 그 강점이 있다는 점을 중시한다(Law 1984). 그러나 로에게 평등기준이란 깔끔한 범주화 혹은 목표에 도달하기 위한 합리적 수단이 아니라 궁극적 목적이다. 평등의 이상이란 비슷한 상황에 처한 개인을 같게 취급하는 것으로 다 구현되지 않는다는 것이다.

다른 한편 앞서 살펴본 칼 페드 사건에서는 다른 사건의 평등 논증과는 다소 다른 논증이 제시된 것이 아닌가 한다. 미연방 대법원은 출산휴가가 여성에게 유리한 대우임에도 불구하고 임신한 여성을 유사한 노동장애를 가진 노동자와 비슷하게 취급하도록 규제하는 임신차별금지법에 "저촉되지 않는다고" 판결하였다. 하지만, 캘리포니아 주법의 해당 조문으로는 임신으로 일시적으로 일할 수 없게 된 사람만 휴가를 사용할 수 있고, 임신과 관련 없이 일을 할 수 없게 된 사람은 해고될 수도 있다.[30] 이 점에서 이 결정은 기존의 형식적 평등기준에 딱 맞아떨어진다고 하기는 어렵다. 대법원의 다수의견에 이의를 제기한 화이트(J. White) 판사는 다음과 같은 반대의견을 냈다. "법원은 이상한 근거를 제시한다. 임신차별금지법은 임신한 여성에 대한 특별대우를 금지하는데, 고용주는 임신차별금지법과 캘리포니아 해당 법률을 동시에 따라야 한다는 것이다. 이것은 불가능한 일이다."[31] 즉 법원이 임신차별금지법이 금지하는 여성에 대한 특별대우를 허용했다는 것이다. 주지하다시피, 형식적 평등론의 핵심은 비교집단이나 개인을 더 차별하지도 더 우대하지도 않는다는 것이다.

만일 성차별의 판단기준이 더이상 남성과 비슷한 상황에 처한 여성이라는 잣대에 국한되지 않는다면 법관은 어떤 기준을 따라야 하는가. 과연 여성 노동자의 임신과 출산, 수유 같은 모성 사안을 남성의 '무엇'과 비교할 것인가. 그리고 이런 사안은 여성의 모성에 국한된 문제인가. 이렇게 볼 때 칼 페드 사건은, 명시하지는 않았지만 임신의 '다름'을 인정하기 시작한 사례라 할 수 있다. 이 사건은 여성의 임신을 임신과 유사한 '무엇과' 비교하지 않고 임신 자체에 주목하여, 그것을 지원하지 않을 시 여성 노동자가 처할 불평등상황을 구성해냈다. 즉 여성의 임신을 다른 무엇으로 유추하여 이해하지 않고, 그것 자체의 성격을 검토하면서도 특별대우의 위험에 빠지지 않는 새로운 평등론을 모색한 것이다. 이것은 바로 차이의 문제를 평등론에 수용하는 노력이라 보인다.

(2) 여성의 차이론: 맥키넌과 코넬의 논쟁

1970년대 이후 성적 욕망·육체·노동·언어 등 여러 분야에서 여성적인 것에 대한 재평가가 일어났다. 여성의 차이라는 것이 단지 남녀평등을 위

---

30) 479 U.S. 279, 298, 1987.
31) 479 U.S. 279, 302, 1987.

해 해소되어야 할 부가적 문제인지, 이 차이의 문제들이야말로 페미니즘이 몰두하고 재해석해야 할 것인지 등 다양한 의제들이 출현하였다. 이른바 '차이 페미니즘'이라고 불리는 이 경향은 문학, 예술, 도덕성, 법학 등 여러 측면에서 여성들의 차이가 무엇인지, 어떻게 그 차이를 감상할 것인지 같은 물음에 답하고자 하였다.[32] 이 가운데 길리건은 인터뷰 조사를 근거로 여성이 남성과 다른 인간관계와 사유방식을 갖고 있음을 규명하고 이론화하였다.[33] 차이론의 영향과 함께 페미니즘 법학자들 역시 여성 주체성에 부합하도록 법의 정의론을 재구성하고자 노력했다(예컨대 West 1987; 1988; Minow 1987).

다소 이론에 치우쳐 있다 할지라도, 여성의 차이에 관한 맥키넌 (Catharine MacKinnon)과 코넬(Drucilla Cornell) 간의 논쟁이 사안을 이해하는 데 도움이 된다. 맥키넌은 지배이론(dominance theory)으로, 코넬은 여성적 차이이론(theory of feminine difference)으로 평등과 차이에 대한 기존의 이해를 훌쩍 뛰어넘는 페미니즘 법학이론을 수립하려 하였다.

---

32) 차이에 주목하는 여성주의는 매우 광범위하고 다양한 성격을 가지고 있다. 하지만, 여성주의 차이론에 정신분석적 여성주의(psychoanalytic feminism)가 큰 영향을 미쳤으며, 초도로우(N. Chodorow)와 길리건 등이 그 선도적 연구자로 꼽힌다는 점을 부정하기는 어렵다. 이 분야에 관한 전반적 고찰을 위해서는 Chodorow(1978); Gilligan(1982); Noddings(1984); Benjamain(1988)을 참조할 것.

33) 길리건은 콜버그(L. Kohlberg) 이론에서처럼 남성과 여성의 논리구조 차이를 남녀간 격차(gap)로 보지 않고, 남녀의 인간발달과정의 '다름'으로 설명한다. 그녀에 따르면 여성성은 결합(attachment)으로 정의되는 반면 남성성은 분리를 통해 정의되기 때문에, 여성의 젠더 정체성은 분리(separation)에 의해 위협받고 남성의 젠더 정체성은 친밀성(intimacy)에 의해 위협받는다. 이러한 다름에도 불구하고 기존의 도덕발달 이론에서 여성의 윤리와 추론방식은 남성의 발달기준으로 판단되었고, 이에 따라 여성의 도덕성은 남성보다 성숙하지 못하다는 결론이 도출되었다. 길리건은 또한 여성의 도덕적 문제들은 대부분 경합하는 권리가 아니라 경합하는 책임간의 문제에서 발생하는데, 이를 해결하는 데는 공식(公式)과 추상적 사고가 아니라 여성들에게 흔히 나타나는 맥락에 의존하는 구체적 사고가 필요하다고 한다. Gilligan(1982); Dinnerstein(1976) 참고.

두 페미니즘 법학자 모두 이론 구성에 천착해왔고 주된 관심사가 여성의 섹슈얼러티에 있었음에도, 서로의 입장이 상반된다는 점에서 이 논쟁은 미국 법여성학계에서 상당한 반향을 불러일으켰다.[34]

널리 알려진 대로, 맥키넌은 지속적으로 여성의 섹슈얼러티 통제와 규율을 테마로 글을 써왔으며 이를 통해 섹슈얼러티 영역을 남성지배의 주요 근거지로 재정의하였다. 맥키넌은 맑스주의 계급론과의 대비를 통해 성별 분리가 계급관계처럼 구조적이고 보편적인 것이라고 보며, 섹슈얼러티는 욕망을 생성하고 조직하는 사회적 구성물로 여긴다. 그리하여 맥키넌은 성폭력에 관한 풍부하고 급진적인, 그리고 법정투쟁에 필요한 현실적 논리를 발전시켰다. 대표적으로 성폭력과 시민권에 관한 논의가 그것인데, 맥키넌은 가부장적 사회에서 여성에 대한 지배와 종속, 불평등과 폭력이 성애화되어(eroticized)왔다고 본다. 남녀의 권력이 심하게 불균등한 사회에서 남녀의 성적 관계는 쉽게 폭력화될 수 있는데, 이러한 폭력이 구조적인 동시에 임의적으로 자행된다는 점에서 여성을 약자화함에 있어 테러리즘만한 효율성을 지닌다는 것이다(Mackinnon 1987).

맥키넌은 여성을 식민화함으로써 시민권을 위협하는 대표적인 예로 포르노그래피와 성희롱(sexual harassment)을 든다.[35] 포르노그래피에서 여성은 남성지배적 성관계를 은근히 즐겼을지도 모르며, 또 그렇기 때문에 그런 식으로 취급받을 수밖에 없는 존재로 표상된다. 남성지배 사회의 섹슈얼러티 관념은 강간처럼 폭력일지라도 그것이 폭력보다는 성관계로 개

---

34) 양자간 논쟁은 맥키넌보다 조금 후에 주요 저술을 내놓기 시작한 코넬이 맥키넌의 글을 비판적으로 읽으면서 시작되었다. 이 점에서 이 논쟁은 양자간의 동시적 논쟁이라기보다 법철학과 사회이론으로 단련된 '코넬의 맥키넌 읽기'라는 성격이 강하다.

35) 보복형과 환경형으로 성희롱을 개념화하고 그 행위요소 등을 포착한 맥키넌의 성희롱 연구는 미국 평등고용기회위원회(EEOC)의 가이드라인으로 채택되고, 오늘날 성희롱의 법제와 판단에 널리 수용되고 있다.

넘화된다는 것을 의미한다. 이러한 개념에는 여성의 몸에 대한 남성의 소유관념과 여성 섹슈얼리티에 대한 남성의 통제관념이 내재한다. 유독 성폭력 사건에서는 피해자에게 어떤 일이 일어났는가가 아니라 피해자가 어떤 사람인가가 중요하게 고려되는 식이다. 이런 맥락에서, 맥키넌이 보기에 젠더란 도덕적이거나 심리적인 영역이라기보다 무엇보다도 정치적인 영역이다. 이런 섹슈얼리티의 지배와 종속 상황은 맥키넌이 볼 때 남녀 '차이'의 문제와 별 관련이 없다(Mackinnon 1987, 51면). 그것은 여성의 남성에 대한 종속이라고 부르면 족하다.

그녀에 따르면 남녀간 평등과 차이 기준은 외면적 대립에도 불구하고 중요한 특성을 공유한다. 양자 모두 남성(다움)이 규범이고 중심이고 틀이다. "여성들은 보살핌(care)을 중요하게 여긴다. 왜냐하면 남성은 여성이 그들에게 제공하는 보살핌에 따라 여성을 중요하게 여기기 때문이다. 여성은 관계적인 관점에서 사고한다. 왜냐하면 우리의 존재가 남자와의 관계에서 규정되기 때문이다"(Mackinnon 1987, 39면). 이렇게 냉정한 그녀의 현실인식으로 볼 때, 그녀에게 여성의 차이를 긍정한다는 것은 여성들의 현재의 현실적 고통과 손해를 간과한다는 것을 의미한다. "차이란 지배의 무쇠주먹에 끼워진 벨벳 장갑이다"(Mackinnon 1989, 124면).

하지만 이와 같은 생각은 코넬처럼 이론의 주요 어젠다를 여성적 차이에 두는 법학자에게는 논쟁의 여지가 있는 것이다. 코넬은 맥키넌의『변치 않는 페미니즘』(*Feminism Unmodified*, 1987)에 대한 반격으로「언제나 변화하는 페미니즘」(Feminism Always Modified)이라는 글에서 맥키넌을 거침없이 비판한다(Cornell 1991, 119~64면). 코넬이 보기에 맥키넌의 차이에 대한 이해는 '남자들이' 규정하는 여자란 누구이다 식의 정의와 조금도 다를 바가 없다. 맥키넌에 따르면 "우리〔여성〕는 단지 우리의 존재를 부정할 수 있을 뿐이며, 단지 성적인 대상(sexualized object)으로서 현실을 긍정할 수 있을 뿐"이다(Cornell 1991, 125면). 코넬에게 맥키넌의 주요 관심사인 지배

관계로서의 현실이란 맥키넌이 구상하는 프로젝트인 남성적 패권으로부터의 해방을 위해서조차 너무 협소한 것이다. 맥키넌은 사회적으로 부과된 여성이라는 의미에서 여성임(femaleness)과 남성적 잣대에 의해 다 소진되지 않은 여성성(the feminine)을 구분하지 못한다.[36] 맥키넌은 여성 억압의 근원을 성관계와 섹슈얼리티에서 찾는데, 이를 뒤집어 말하면 '여성임'이라는 사실 자체가 여성에 대한 불평등과 폭력을 낳을 수밖에 없는 불가피한 원인이라는 보수적 결론에 이른다. 코넬이 보기에 맥키넌에게 섹스는 섹시즘(sexism, 성차별주의)과 분리될 수 없고, 여성의 피해는 모든 곳에 편재하며 여성은 피해자로만 위치지어진다. 즉 폭력적 삽입섹스에 대한 맥키넌의 비판은 뜻하지 않게 여성 성기와 신체의 수동성을 고착시키게 된다.

결국 두 법학자간의 중심 문제는 여성성이 무엇인가에 있다고 생각된다. 맥키넌이 그려내는 여성이란 남성의 힘 아래 놓여 '강간당하는 여성'(the fucked)으로 정체성이 굳어진다고 코넬은 비판한다. 코넬은 묻는다. 여성이 남성들이 보라고 하는 대로만 보는 존재라면, 어떻게 혹은 어디에서 맥키넌과 같은 시각이 나올 수 있었겠는가. 여성에 대한 남성의 폭력과 지배가 구조적이라는 주장은 전적으로 타당하지만, 이러한 구조에 붙잡혀 있는 여성들이 어떻게 자신의 현실을 변화시킬 수 있는지가 맥키넌의 이론에서는 불투명하다. 코넬이 보기에 맥키넌의 법이론에는 이상주의로서의 여성성에 대한 전망이 부재하기 때문이다. 이때 여성성이란 남근이성중심주의(phallogocentrism) 속에서 규정되는 여성성과 다르다. 남근이성

---

36) 여기서는 'femaleness'를 '여성임'으로, 'the feminine'을 '여성성'으로 번역한다. 코넬에 따르면 femaleness란 남성의 관점에서 규정된 여성, 그래서 남성중심 사회에서 객관적 현실로서의 여성이다. 그에 비해 the feminine은 여성에게 내재하지만 아직 말해지지 않은 여성성으로, 전자에 의해 표상될 수 없는 성격이다. 코넬의 여성주의 법학에서는 이 '차이'의 여성성을 드러내고, 인식하고, 제도화하는 일이 무엇보다 중요하다.

중심주의에서 표상되는 여성은 남성을 잣대로 한 동일성(sameness)의 순환, 남성성에서 파생된 차이이다. 그때의 여성은 남성성에 의거한 차이이므로 아직 차이가 아니라는 것이다. 코넬이 옹호하는 여성성이란, 남근이성중심주의가 구사하는 '하나의' 차이가 아니라 '둘의' 차이, 그리고 무수한 차이의 산물이다. 그와 같은 여성의 차이를 인정하는 언어·개념·제도가 현재 사회에 달성되지 않았으므로 코넬 같은 법철학자는 그러한 차이를 제도화하고자 한다.[37]

이렇게 프랑스 여성주의와 코넬이 바라보는 여성성이란 기존 사회 안에서 여성의 차이라 말해지는 의미의 차이가 아니다. 오히려, 기존 사회에서의 여성성은 남성의 눈으로 구성된 차이이기 때문에, 그것을 해체하고 새로운 여성성을 제도화하고자 하는 의도에서 여성성을 말하는 것이다. 코넬은 새로운 여성성을 추구하지 않는 한 아무리 여성의 차이를 법적으로 인정한다 해도 다시 가부장제의 산물로서 여성의 차이에 고착될 것이라고 경고한다. 그런 의미에서 코넬에게 여성에 대한 편견, 고정관념, 억압을 약화시키는 법의 의의는 남성과 마찬가지로 대우받는 평등이 아니라 여성의 진정한 차이를 찾는 데 있다.

코넬이 보기에 맥키넌은 길리건·이리가라이 등 다양한 차이론자의 차이를 한데 묶어버리고, 무의식에 전혀 주의를 기울이지 못하고 현실을 지나치게 단순하게 본다. 이는 맥키넌이 이해하는 이데올로기 개념에서도

---

37) 여기서 코넬에게 많은 영향을 준 프랑스 여성주의 철학자 이리가라이(Luce Irigaray)의 모계(maternal genealogy) 개념을 잠시 살펴보기로 하자. 이리가라이는 현재 세계에 알려져 있는 여성적 차이란 라깡(Jacque Lacan)의 정신분석학 용어를 빌리면 남성적 질서인 상상계와 상징계에서만 의미화되고 딸과 어머니의 리비도적 관계는 표현될 길 없이 단절된 상태에 있다고 본다. 그것은 여성적인 것에 대한 상징의 부재에 기인하므로, 찾아야 할 것은 모녀관계를 복원해낼 언어·글쓰기·제도이다. 코넬은 잃어버린 모계 복원에서 법제도가 가지는 의미가 중요하다고 보는 것이다(Irigaray 1985, 23~33면; Whitford 1991).

드러난다. 그녀는 가부장제에서 여성의 욕망이란 오직 지배계급(여기서는 남성)에 의해 유포된 허위의식이라고 지적한다.[38] 맥키넌은 자유주의 국가에 대하여 맑스주의적 비판을 거듭하면서, 어떤 근거에서 국가가 여성 문제에 적극적으로 개입할 것을 요청하는지도 불분명하다고 비판한다. 맥키넌에게 여성적 차이를 옹호한다는 것은 폭력적인 현실을 외면하는 터무니없는 일일 것이다. 오히려 여성에게 필요한 것은 현실에 대한 직면이다.

이렇게 두 법학자의 차이에 대한 관점은 매우 대조적이지만, 나는 두 이론과 목적이 모두 유용하다고 평가한다. 맥키넌은 자신의 이론이 법여성주의에 어떻게 기여하는가보다는 현실의 여성들에게 어떻게 기여하는가에 관심이 있다. 무엇보다 맥키넌 이론의 강점은 동일성과 차이 접근이 가진 개인주의적 성격을 훌쩍 뛰어넘는다는 것이다. 특히 섹슈얼리티를 남성 연대의 산물로 파악하고 여성의 불완전한 시민권과 결부시키는 점에서 해당 주제에 있어 독보적인 위치를 점한다. 그녀는 평등과 차이라는 이분법을 넘어서서 남녀간 불평등이 성적 차이를 재생산하는 사회구조의 산물이라는 인식의 지평을 활짝 열었다. 그녀는 남녀관계가 불평등하게 구성되어 있는 사회일수록 남성과 여성은 반대항처럼 이분법적으로 위치지어지기 때문에, 남성과 '비슷한 상황에 놓인' 여성을 찾는 것 자체가 어려운 일이라고 지적한다(Mackinnon 1983, 637면). 이런 의미에서 맥키넌은 여성의 차이를 양성 불평등구조에 의해 만들어진 사회적 산물로 본다.

한편, 코넬의 이론은 경험적으로 관찰되는 여성의 차이와 새로 도입되어야 할 차이를 구분함으로써 여성의 차이에 대한 법적 인정이 가부장제의 재확인에 머물지 않도록 끊임없는 비판과 성찰의 태도를 촉발한다. 그 이념은 훌륭하지만, 법학의 논리가 현실의 여성들에게 다가서기 위해서는

---

38) 예컨대, 많은 여성들이 왜 결혼을 하고자 하는가. 왜 자녀를 갖고자 하는가. 맥키넌과 같은 시각에 의하면, 이러한 여성의 욕망의 문제는 가부장제 이데올로기의 주입 때문이라고 단순하게 폄하될 것이다.

그러한 시각을 실정법의 언어로 제도화해야 하는 과제를 남기고 있다.

두 사람의 상반된 입장에도 불구하고 코넬과 맥키넌은 모두 우리에게 알려진 여성의 차이란 가부장적 제도와 담론 속에서 만들어진다는 구성주의적 입장을 가지고 있다. 그리고 이와 같이 만들어진 여성의 차이를 비판하고 이를 넘어서고자 한다는 공통점이 있다. 맥키넌은 남성과 여성의 힘의 불균등관계를 가시화하고 비판함으로써, 코넬은 긍정적 형태로 여성성을 도입하고 지지함으로써 그러한 목적을 이루고자 하는 것이다.

4. 포스트구조주의의 젠더 인식

여성주의 역사학자 스콧(Joan Scott)은 젠더란 한 사회가 가지고 있는 성적 차이(sexual difference)에 대한 지식이자 조직방식이라고 규정한 바 있다.[39] 역사와 젠더의 관계를 규명하고 관련 지식과 권력을 밝히고자 했다는 점에서 그녀의 접근은 다학제적이다. 먼저, 스콧은 역사기술은 젠더라는 사회조직의 변동에 대한 기록일 뿐 아니라 성차에 대한 지식생산의 참여자이기도 하다고 말한다. 젠더나 섹스를 다 알려져 있는 '투명한 실

---

39) 조앤 스콧의 역사쓰기 방법론을 젠더사로 볼 것인지 여성사로 볼 것인지에 관한 논의가 있다. 여성과 남성을 모두 포괄하는 젠더는 여성에 비해 보편화되고 중립적인 여성학의 연구대상으로 여겨지곤 한다. 젠더는 성적 차이 및 남녀간 역학관계에 대한 체계적 사고를 가능하게 한다는 점에서 유용성이 있다(Rubin 1975; Scott 1988a). 하지만 과연 여성이 남성과 '마찬가지로' 젠더체계에 의해 규정되는지는 의문이다. 이는 달리 표현하면, 남성이 과연 여성과 마찬가지 정도로 하나의 젠더인가에 관한 물음이다. 남녀 차이란 젠더의 내용뿐 아니라 그 체계에서의 상이한 위치를 의미한다. 여기서 젠더 개념은 여성과 남성을 그저 중립적·대칭적으로 표상하게 된다는 문제와 부딪친다(Scott 1999). 이 글에서는 젠더를 양성을 포괄하는 개념이면서 여성에 대한 규정력이 한층 강력한 성적 차이의 체계로서 이해한다. 따라서 이 글에서 젠더를 말할 경우, 그것은 성적 차이의 체계 내에 있는 여성을 부각하는 의미를 갖는다.

체'인 것처럼 충실히 자료화하는 역사학은 그러한 실체가 만들어지는 데 관여한 가정·실천·레토릭에는 별반 관심을 두지 않는다(Scott 1988, 2면). 따라서 우리가 노동자에 대해 혹은 여성에 대해 아무리 풍부한 정보를 가지고 있다 해도, 그 범주 자체가 가진 정의—그 가정·이미지·역할 등—에는 큰 변화를 가져오지 않는다. 그러한 서술은 왜 그동안, 예컨대 노동역사에서 여성에 대한 그 많은 사실과 증거 들이 역사서술의 중심이 되지 못했는가에 대해서는 설명하지 못한다. 이렇게 하여 스콧의 관심은 역사학(history)에서, 역사학에 대한 역사학(historiography)으로 선회하였다. 젠더 역사쓰기에서 요청되는 것은 그동안 간과되어온 래디컬한 인식론이다. 스콧은 기존 인식을 확인해주는 실증주의적 방법을 통한 역사쓰기를 비판하고 지식과 의미화과정 자체를 문제삼는 포스트구조주의적 역사학을 추구했다. 이러한 포스트구조주의 지향에서 이제 역사쓰기의 질문은 그 근원이 아니라 과정 즉 '왜'가 아니라 '어떻게'를, 하나의 원인이 아니라 다발적인 사건을 향하게 되며, 의식이나 이데올로기가 아니라 담론이나 레토릭으로 전환된다.

젠더를 기본적으로 권력과 착종된 지식으로 이해하는 스콧은, 문제는 어떤 시대 어떤 사회가 성적 차이에 대하여 구성해놓은 의미(meaning) 및 의미작용(signification)이라고 한다. 의미생산의 장이 되었던 정치·경제·사회·문화적 맥락을 읽음으로써 그 사회에서 젠더가, 여성됨과 남성됨이 무엇을 의미하였는가를 역사화할 수 있고, 역으로 젠더의 의미 분석을 통해 당대의 사회조직과 정치·문화를 '읽을 수' 있다. 이렇게 젠더 역사(gender history)는 더이상 우리에게 알려진 젠더를 기술하는 것이 아니라 젠더를 통해 당대 역사를 읽는 하나의 역사이론이자 방법론으로 전환된다(Scott 1988a, 1~14, 28~50면).

육체·담론·정신분석학을 통해 섹스/젠더 이분법을 문제시하는 버틀러에게서 젠더 정체성 문제는 한층 전면적으로 전복된다. 버틀러에 의하면,

젠더는 사회적 성이고 섹스는 생물학적 성이라는 기존의 이분법은 전자를 문화적 구성물로, 후자는 문화 및 담론 이전의 영역에 배치함으로써 섹스를 암암리에 고정되고 자연적인 것으로 만들어왔다. 이로써 남녀의 이성애적 성적 결합은 문화와 상관없는 '자연'으로 여겨지게 되며 남녀는 이분법적 대립의 질서 속에서만 의미를 갖는다(Butler 1990, "preface", 1~34면). 버틀러와 스콧의 공통점을 생각해본다면 다음과 같다.

첫째, 두 이론가가 모두 기존의 젠더 개념에 대한 해체주의자라고 할 수 있다. 버틀러가 섹슈얼러티 개념을 중심으로 섹스/젠더의 수행성과 가변성을 밝힘으로써 젠더라는 신화를 벗기고 있다면, 스콧은 지식과 사회조직의 역사적 구성물로서의 젠더에 주목한다. 둘째, 포스트구조주의자로서 두 이론가는 여성과 젠더를 기본적으로 지식구성물로 접근한다. 이 이론은 여성과 젠더 범주의 역사적·사회적 구성에 대한 이론적 전범을 제시한다. 이들에게 젠더는 근본적으로 인식론적인 문제로 이해된다. 이렇게 인식론적으로 접근할 때, '문명의 발흥' 같은 역사적 사건에서 여성의 놀라운 부재 혹은 종속, 그리고 보편적 남성에 부착된 여성의 특수성 같은 현상이 드러난다. 셋째, 이러한 접근의 결과로 정체성과 주체성에 대한 역동적인 상을 제시한다. 섹스를 문화적·담론적 구성으로 파악하는 버틀러는 젠더 정체성을 한층 복합적인 문젯거리로 제시하며, 스콧에게 젠더는 자명한 정체성의 범주가 아니라 바로 그것을 통해 역사와 사회현실을 말해주는 유용한 분석범주로 재정립된다. 경험과 정체성은 주어진 환경의 자명한 귀결로서, 분석의 전제가 아니라 분석하고 해석해야 할 대상이라는 것이다. 사물을 구성하는 객관적 조건과 주관적 효과의 이분법을 넘어서 '담론적으로 구성되는' 경험과 주체성에 대한 포스트구조주의적 접근이 엿보인다. 이러한 문제의식은 다시 이리가라이 같은 정신분석적 접근을 참고할 때 몇가지 교훈을 얻을 수 있다.

이리가라이는 라깡의 정신분석학을 채용하면서 동시에 비판한다. 이리가라이는 라깡의 상징계(the symbolic)에 여성이 부재하다고 지적하는데, 그것은 여성의 문제가 아니라 동일자(남성들)간의 교환체계인 남근이성 중심주의의 문제이며, 나아가 서구 형이상학의 결함을 드러낸다. 현재 알려진 여성 혹은 여성성이란 상징계에서 그녀들이 차지하는 '징후'이기 때문에, 문제시해야 하는 것은 여성이 아니라 여성이 놓인 '상징적 질서'라는 것이다(Whitford 1989, 106~26면). 흥미롭게도 이들 포스트구조주의자들에게 여성이란 페미니즘 분석에 주어진 경험적 기반이기보다 '아직 누구인지 알려지지 않은 그녀들'로서, 페미니즘이 설명해야 할 범주라는 사고가 나타난다. 페미니즘은 여성에 대한 것이라고 믿어지던 바에 대한 해체가 지적 실천이 되고, 이들은 여성 혹은 여성성을 구성해오던 각종 장치들에 타격을 가하고 재구성을 꾀한다.

앞서 코넬이 논한 '성적 차이' 역시 실정법 질서에 매몰되지 않는, 아직 오지 않은 여성에 관한 것이라 할 수 있다. 이 관점에서 보면 맥키넌은 여성을 너무 실체화하고 피해자로 동결하였기 때문에 이상적이고 윤리적인 주체성을 상상할 수 없게 만든다. 코넬에게 페미니즘 법학은 현실의 여성을 상대로 유익을 주는 논리라기보다 가부장적 질서를 전복할 수 있는 질서를 구축함으로써 새롭게 추구해야 할 범주이다. 미국 씨어즈(Sears) 사를 상대로 한 성차별 사건에서 차별을 부정하는 판결을 분석한 스콧은 여성과 차이 같은 개념을 중심의제화한다고 해도 그것을 역사·사회적 지식 구성물이 아닌 고정되고 실체적인 것으로 다룬다면 오히려 반여성주의적인 효과를 낼 수 있다는 점을 조명하였다(Scott 1988b). 스콧은 미국 평등고용기회위원회 대 씨어즈 사건(EEOC v. Sears, Roebuck and Co., 839 F.2d 302, 7th Cir. 1988) 분석을 통해, 페미니즘 법학에 있어 평등과 차이론이 대립항처럼 배치되는 것을 지양해야 한다고 강조한다. 스콧은 페미니즘 법학에서 이념 및 분석수단으로서 평등과 차이 양자를 모두 포기할 수 없으며, 경계해야 할 점은 동일성과 차이의 이름으로 젠더라는 사회적 범주가 굳어지는 것이라고 말한다. 평등의 반대항은 차이가 아니라, 불평등이자 비동등성(inequivalence)이다. 이 사건에서 받아들여진 것처럼 여성들은 관계지향적이고 비경쟁적이며 높은 보수의 직종에는 관심이 덜하다는 식으로, 여성의 차이가 '움직일 수 없는' 사실처럼 여겨지는 것을 경계해야 한다는 것이다. 이 점에서 스콧은 코넬이 말하는 현실적인 차이, 즉 '여성임'으로의 회귀는 가부장제를 고착시킨다는 입장과 일치한다. 평등고용기회위원회의 초점은 남녀 동일성에 있는 것이 아니라, 남녀간 범주 차이의 비상관성(irrelevance), 즉 고정된 남녀 범주에 대한 도전에 있었다. 마찬가지로 이항대립적 남녀 차이의 반대항은 동일성이 아니라, 여성들간의 다양성과 여성의 체험이라는 것이다.

역사적으로 볼 때 여성들이 요구해온 것은 남성과 여성의 범주적 동일성도, 이항대립적 차이도 아니다. 여성들의 요구는 이러한 고정된 범주보다 훨씬 복잡한 다양성의 인정이고, 그 다양성은 구체적 맥락과 목적 속에서 표현되고 변화하는 것이다. 스콧과 코넬은 많은 점에서 이론적 지향을 공유한다. 하지만 역사학자인 스콧은 특정한 맥락과 사건 속에서 여성들의 요구와 여성성을 구체화할 수 있다고 보는 반면, 법철학자인 코넬은 새로운 표상의 개발을 통해서 새로운 여성성의 개념공간을 만들어가고자 한다. 한국의 법여성학적 견지로 보면 구체적 맥락 속에서 평등과 차이의 기준을 동시에 내실화할 수 있다는 스콧의 입장은 매우 시사적이다(Scott 1988b). 이러한 포스트구조주의적 문제의식에 따르면 페미니즘은 여성 개인이나 집단의 이익을 위한 것이라기보다는 법학의 논리를 문제삼아 새로운 여성의 상징질서를 찾고자 한다. 하지만, 맥키넌 역시 서구 페미니즘 법학의 기본논리였던 평등과 차이론을 부정하고 가부장적 지배라는 사회구조와 힘의 문제에 천착했다는 점에서 미국 주류 페미니즘 법학과 일정한 거리를 두고 있다. 맥키넌은 사회구조 변혁의 차원에서 페미니즘 법학의 비전을 보고 있다. 포스트구조주의 페미니즘은 사회구조의 변혁과 개인

주체의 구성에 동시에 천착하고 지식구성물로서의 사회현상에 접근한다. 이러한 접근은 특히 법학, 가족법학과 접목할 때 매우 유익한 성과를 낼 수 있을 것이라고 본다.

제1장에서 살펴본 친족체계의 젠더 생산에 대한 논의 역시 포스트구조 주의의 이론에 기초하고 있다. 가족제도는 포스트구조주의 페미니즘이 문 제시하는 가부장적 상징질서의 핵심에 있는 것처럼 보인다. 가족법은 남 녀관계의 조직이자 남녀를 규정하는 지식생산에서 두드러진 지점으로 보 인다. 젠더가 성적 차이에 관한 담론적 실행의 결과물이라면, 한국 가족법 은 말로 잘 공표되지 않은 가족제도의 젠더 생산성을 가시화하는 작업에 해당할 것이다. 그것은 여성이 놓인 상징적 질서를 밝힘으로써 그에서 벗 어나고자 하는 이리가라이의 제안과 같은 선상에 있다. 라깡식 페미니즘 의 입장과 같이 젠더가 사회질서의 핵심이라면, 가족제도에 대한 젠더 분 석은 한국 사회질서의 핵심지대를 문제시한다는 것을 뜻한다. 요컨대, 포 스트구조주의의 시각에서 여성주의는 여성과 남성의 정의론일 뿐 아니라, 한 사회를 조직하고 역사를 구성해온 숨겨진 원리를 해독할 수 있게 한다. 그런 의미에서 포스트구조주의적 페미니즘 법학은 '법을 통해서 본' 질서 의 재구성이나 역사읽기 방법론이라 할 수 있다. 이 점에서 가족법을 사회 안에 존재하는 가부장적 질서로 읽는 이 책에서 페미니즘 법학은 특정 사 건이나 법령에 드러난 여성에 대한 법의 대우에 관한 논의를 넘어선다. 페 미니즘 법학이 가진 방법론의 의미는 탈식민 페미니즘을 고려할 때 좀더 명확해진다.

5. 포스트/식민주의와[40] 한국 가족법

식민주의 연구의 중요성은 무엇보다도 식민주의가 전세계 인구의 4분의 3이 체험했던 여전히 극복되지 않은 역사라는 점에서 찾을 수 있다. 그럼에도, 사회과학의 지배적 패러다임인 근대화론에 따르면 식민주의 역사는 특수하거나 지엽적인 문제로 처리된다. 식민지시기 이후 사회에서 진행된 식민주의 연구조차 서구의 인본주의적 계몽주의 패러다임을 크게 벗어나지 못하고 있다(Chaterjee 1989; Dipesh 1994). 누구의 눈으로 식민지 비서구사회의 근대성을 바라볼 것인가. 이러한 질문을 가지고 탈식민주의 연구집단은 식민지시대 연구를 넘어서는 새로운 사회·역사·인문학 패러다임으로 자리매김해왔다.

식민주의 연구의 선구자인 프란츠 파농(Frantz Fanon)이나 알베르 메미(Albert Memmi)에 따르면, 식민주의란 단지 식민지 지배주체가 피지배객체를 경제적으로 착취하고 정치적으로 억압한 과정에 그치지 않는다. 그것은 피지배사회의 지식생산·상징·신화에까지 개입하는 문화적이고 정신적인 과정이다(파농 1995; Memmi 1967). 파농은 다음과 같이 갈파하였다. "식민주의는 타자에 대한 체계적인 부정이고, 타자에 대해 어떤 인간적인 속성도 허용하지 않으려 하기 때문에 그것은 피지배민족으로 하여금 항시 '실제로 나는 누구인가'라는 질문을 되씹도록 만든다"(파농 1995, 201~202면). 포스트/식민주의 이론에 비추어 볼 때, 식민주의의 극복을 위해서는 무엇보다도 식민지성(coloniality)과 포스트식민지성(postcoloniality)을 인식 가능하게 만드는 것이 중요하다. 그것이 어떠한 성격이며 어떻게 작동하는지 알지 못하면 거기서 벗어날 수 없을 것이다.

(1) 포스트식민 페미니즘
포스트식민 페미니즘은 포스트식민주의 이론의 한 비판적 구성원이다.

---

40) 이 장과 이 책 전체에서 식민주의와 포스트식민주의를 동시에 표현하고자 할 경우에는 포스트/식민주의(Post/colonialism) 혹은 포스트/식민 페미니즘으로 표기한다. 구분 표시 없는 포스트식민주의는 Postcolonialism을 의미한다.

포스트식민 페미니즘은 한편으로는 포스트식민주의의 남성중심성을 비판하고, 다른 한편으로는 서구 중심의 페미니즘을 다시 쓰고자 하였다. 이로써 포스트식민 페미니즘은 포스트식민주의의 더 현실적인 버전, 혹은 페미니즘의 역사화된 이론을 지향해왔다. 하지만, 포스트식민 페미니즘이라 불리는 연구경향이 반드시 같지 않고 어디까지를 그렇게 호명해야 하는지도 불분명하기에 정확한 경계를 긋기는 어렵다. 기초적 이해를 위해 그 갈래를 짚어보기로 한다.

첫째로 포스트식민 페미니즘은 기성 페미니즘을 탈식민화한다는 방향성을 가진다. 이 방향은 프랑스 페미니즘을 비판적으로 독해한 스피박의 연구, 또 넓은 의미의 제3세계 페미니즘 계열에서 나타난다. 이들은 그간의 페미니즘이 제1세계 여성, 중산층의 경험을 바탕으로 구성되고 그 잣대로 제3세계 자매들을 재단해왔다고 비판한다. 이들은 제1세계 자매들이 구사한 권리·평등·개인성 담론으로 다른 인종과 제3세계 여성들의 지위를 상승시키고자 할 때 나타나는 문제점들을 비판한다.

스피박이 줄리아 크리스떼바(Julia Kristeva)의 『중국 여성에 관하여』(*About Chinese Women*, 1977)에 대한 비판으로 쓴 「국제적 틀에서 본 프랑스 페미니즘」(Spivak 1988)은 그 대표적 글쓰기에 속한다. 크리스떼바는 중국 방문 후 쓴 『중국 여성에 관하여』에서 사물의 질서와 상징질서 간의 명확한 구분 없이 무의식적 충동이 지배하는 중국문자는 기본적으로 전 오이디프스 단계인 모성의 단계를 보인다고 주장한다. 스피박은 제1세계 여성의 제3세계 현실 재현을 문제삼으며 기존 페미니즘의 해체와 새로운 글쓰기를 추구했다. 이런 입장은 더 나아가, 서구 중산층 입장에 기초한 주류 페미니즘은 제1세계와 제3세계 여성 간의 분업과 착취 문제를 간과한다는 비판으로 확대된다(Mies 1982). 마리아 미즈(Maria Mies)는 인도의 값싼 레이스 수공업 여성 노동자들이 '일하지 않는 주부'라는 이데올로기 속에 묶임으로써 어떻게 전지구적 레이스 시장의 형성을 가능케 하는지 분석한다. 이외에도 성매매, 현지처 등의 방식으로 제1세계 남성을 매개로 하여 제1세계와 제3세계 여성들은 서로 '만난다'(Mohanty, Russon and Torres 1991). 이렇게 탈식민 페미니즘은 서구 중산층 중심의 페미니즘 담론을 비판하고 지역화하였다.

둘째, 민족주의의 식민주의 역사서술을 비판하는 여성주의 방향이 있다. 이 페미니즘은 기존의 민족주의 역사서술을 여성주의를 통하여 비판한다. 앞서 본 대로 포스트식민주의가 민족주의를 넘어 반식민담론을 추구한다고 할 때, 포스트식민 페미니즘은 탈식민주의 연구에 성별 차원을 도입하면서 써브알턴(subaltern)을 보다 구체화한다. 피식민지의 토착적 가부장제가 식민지시기 동안 어떻게 공고해지고 탈식민 이후 순수한 '전통'으로 표상되었나. 여성이라는 기호는 어떻게 민족의 '숭고한 전통'으로 자리잡게 되었는가 등의 질문을 다룬다(Chaterjee 1989).

셋째, 식민피지배와 포스트식민 사회분석의 방법론으로서의 방향이 있다. 실제로 앞의 분석과 많은 경우 중복되지만 이 조류는 특별히 기존의 역사서술과 겨루는 것이 아니라, 식민사회 상황에서 가부장제 작동을 분석하여 식민주의 분석 자체를 성별화(engendering)한다는 데에서 차별성이 있다. 식민주의의 지배체계는 가부장제와 어떻게 서로 선택적으로 관련되었는가. 예컨대 싸티(sati, 과부 순장제도) 폐지를 둘러싼 영국 식민지정부하의 논쟁에서 인도의 가부장적 '전통'담론은 어떻게 논란화되고 재확립되었는가(Mani 1989). 법제도에 반영된 여성과 도덕 통제는 국가 혹은 그것을 넘어선 국제적 지배체계와 어떻게 유기적으로 결합되어 있는가와 같은 연구경향으로 나타난다(Alexander 1991; Suleri 1992). 이 연구경향은 여성주의를 통해서 여성(그 지위와 표상 등) 자체만을 문제삼는 것이 아니라, 이를 통해서 젠더 씨스템이 식민과 식민후기 사회·국가·지배체계와 어떻게 관련되는지 분석하는 방법을 찾고 있다.

이렇게 포스트식민 페미니즘은 기존의 민족주의적 반식민담론과 급진

맑시스트 역사학 내지 써브알턴 연구마저 '여성'과 '젠더'에 무감각함을 비판하고 써브알턴에 성별성을 기입함으로써 포스트식민주의를 구체화, 성별화하였다. 그리고 한편으로는, 서구 백인 중심의 페미니즘을 비판하고 자기 땅의 페미니즘을 구성함으로써 페미니즘을 역사화하였다. 이렇게 탈식민 여성주의 연구들은 민족주의 역사학으로 포착되지 않던 '전통'과 민족'의 식민지적 계보를 밝혀내고 기존 역사학이 가진 남성중심, 민족중심의 역사쓰기를 극복하며 포스트식민주의 연구에 젠더 분석을 기입하였다.

(2) 포스트/식민 페미니즘 법학의 필요성

포스트/식민 페미니즘과 법학을 결합하는 포스트/식민 페미니즘 법학은 아직 성립되지 않은 것인지 모른다. 페미니즘 법학이란 주로 서구에서 연구된 법학분야일진대, 그것으로 식민지 경험을 가진 사회의 법을 분석하는 것은 '가지 않은 길'을 걷는 일이라 하겠다. 포스트식민 여성주의에서는 법분석의 사례가 많지 않고, 다른 한편 기존 페미니즘 법학에서는 포스트식민사회의 법에 대한 연구관심이 크지 않은 것이다.

앞서 본 대로 서구 페미니즘 법학은 '법 앞의 평등'을 논하면서 젠더간의 형식적 평등과 실질적 평등을 추구했고, 평등뿐 아니라 성별 차이에 대하여 치열하게 논리를 추구했다. 이에 비해 역사쓰기 방법론으로서의 포스트구조주의 페미니즘이나 포스트식민 페미니즘은 이전의 페미니즘 법학과는 상당히 다른, '여성'에 대한 의미 변화와 새로운 상징질서를 이용해 법을 통한 사회구조적 변혁을 꾀한다. 여기서 '여성'이란 여성에 대한 지식이자 수행이 되어, 법조문은 단지 여성을 차별하거나 우대하는 것이 아니라 여성을 만들어낸다.

앞장에서 논했듯이 효과적 여성 생산체계인 친족체계가 법조문과 만나면 여성을 규제하고 구성해내는 효과는 배가될 것이다. 이에 따라 가족법에 대한 페미니즘 분석은 평등과 차별, 즉 젠더간 정의 문제를 견지하면서 동시에 여성에 대한 지식을 문제삼고 그 지식이 형성되어온 역사적 궤적을 추적할 수 있을 것이다.

이 책은 서구 페미니즘 법학과의 대화를 추구하면서 그 차이를 견지하는 비서구의 페미니즘 법학을 지향한다. 본 연구에서 페미니즘 법학은 '법 안에서 여성은 어떤 존재인가'라는 물음을 기초로 법을 분석하는 여성주의 추론이며, 가족제도에 녹아 있는 불공정한 권력관계를 폭로하고 대안을 모색하는 작업이다. 앞절에서 살펴본 서구 페미니즘 법학의 차이와 평등은 한국의 여성주의 법학에도 매우 유용한 논증을 제공해주는 것이 사실이지만, 이미 구성되어 있는 남성과 여성에 대한 지식을 해체하는 이론으로는 부족하다. 더욱이 한국같이 식민지적 근대를 통해 가족법을 계수하고 제정한, 서구와는 상이한 사회적 맥락을 다루기에는 부족하다.

특히 본 연구는 그간 많은 가족사회학과 가족법학 연구에서 혹은 여성주의 가족연구에서 크게 주목하지 않은 식민주의에 깊은 관심을 가지고 있다. 포스트식민주의 시각이 이 책의 가족법 분석에서 가지는 의미는 크다. 포스트식민주의의 견지에서 가족법을 바라볼 때, 전통과 관습 문제와 그것의 가부장제와의 상호작용 등 법에 녹아 있는 식민지성과 문화적 착종을 조명할 수 있을 것이다. 또한 식민지시기뿐 아니라 탈식민 이후에도 지속, 변혁, 재생되는 식민주의의 유산을 현재 시점에서 조명할 수 있을 것이다. 중요한 문제는 식민성과 결합한 가부장제가 기존의 민족주의적 역사쓰기의 렌즈로 잘 포착되지 않는다면, 식민지기 이후에도 그것은 자율적 층위로서 온존하고 자기 리듬을 가지고 변형, 전개될 소지가 크다는 점이다. 구하(R. Guha)가 말하듯이 바로 여기에, 식민지시기 '정치적인 것'의 영역에서 배제된 사회공간, 그리고 서구 정치학이 말하는 공사 영역으로 분류되기 어려운 식민지사회의 공간은 역사쓰기의 새로운 인식방법론이 필요하다는 메시지가 있다(Guha 1997). 특히 이 책이 다루는 가부장적 친/가족 공간이 식민지사회의 공사 영역을 가로지르는 사회공간으로 지속되어왔다면, 가부장제의 식민지성 독해는 가족뿐 아니라 한국사회에 편만한 포스트/식민성에 대한 독해가 될 것이다.

예컨대 지난 50여년간 한국에서는 호주제 폐지를 위한 여성주의 법개정운동이 있었다. 2005년 호주제도가 폐지될 때까지 전개돼온 이 운동은 세계적으로도 유례가 드문 여성인권운동이자 법개정운동이자 여성시민운동이다. 1950년대 초 사법고시에 합격한 이태영(李兌榮)이라는 여성 변호사에서 시발한 이 운동은 2005년 성공할 때까지 수많은 남녀 운동가·학자·법조인·정치인 등이 참여한, 세계적 견지에서의 여성사적 사건이라고 평가된다. 그런 의미에서 한국 가족법 개정운동은 호주제 폐지운동으로 요약할 수도 있을 것이다. 한편, 이 운동이 그리도 길고 험난했던 것은 가장 주요하게는 호주제도라는 '전통'에 대한 집착 때문이었다. 이 전통과 식민지성의 관계는 무엇일까. 이 운동의 주체들과 한국의 입법부·사법부는 호주제 폐지과정에서 이 식민지성을 제대로 밝히고 포착하였나. 호주제도의 성차별성과 식민지성은 어떻게 만나고, 어떻게 다른가. 이른바 '전통'에 대하여 한국의 페미니즘은 어떤 비전을 갖고 있는가. 이렇게 한국 가족법을 둘러싼 페미니즘 법학은 여성과 남성 간의 정의 문제를 다루며, 이를 통해 한국의 역사와 사회를 읽는 방법론이 된다. 이 책에서는 한국사회의 식민지적 근대성과 포스트식민 가족법의 역사적 전개과정 속에서 법여성주의 이론을 찾아보고자 한다.

6. 이 책의 구성과 방법론

앞에 서술한 바에 따라 이 책의 연구의제를 요약하면 아래와 같다.
첫째, 가족 가부장제를 제도화해온 가족법에 대한 역사적 분석
둘째, 여성 정체성 생산기제로서 근대 가족법에 대한 텍스트 분석

셋째, 전통과 식민주의, 가부장제의 교차성을 드러내는 포스트식민 페미니즘 연구

넷째, 새로운 역사쓰기 방법으로서 포스트구조주의 젠더사 연구

다섯째, 가족법의 비판적 독해를 통해 정의론을 찾고자 하는 페미니즘 법학 연구

각각의 문제는 이 책의 연구주제이자 대상에 접근하는 이론적 시각을 뜻한다. 제1장과 2장은 본 연구에서 한국 가족법의 의미를 다각도로 살펴보고 이에 따라 '가족법을 읽는다는 것'의 이론적 논거와 의의를 논했다. 이제까지 살펴본 대로 본 연구는 포스트구조주의, 포스트식민주의와 포스트식민 페미니즘, 전통과 근대성, 페미니즘 법학 같은 다양한 이론을 활용하고자 한다.

이 책에서 (가족)법이란 국가가 합법적 절차에 따라 제정한 실정법일 뿐 아니라 사람들이 자기 심성을 다스리는 규범체계이자 여성들이 그 안에서 살던 은유적 공간이다. 가족법은 법원의 분쟁수단을 넘어서 텍스트이자 상징체계이다. 법과 사회의 관점에서 볼 때 가족법 텍스트는 법정분쟁 이전에 사회적 효과를 발휘한다. 따라서 본 연구의 중심적 연구방법은 역사적 분석과 텍스트 분석이다.

한국 가족법의 역사적 분석은 제2부와 제3부에서 주로 이뤄진다. 여기서는 한국 가족법의 성립과 변화 양상을 네 국면으로 파악하는데, 제3장과 제4장에서는 조선민사령의 '관습' 문제를 중심으로 식민지시대를, 제5장에서는 가족제도가 가진 정치적 의미와 동학을 중심으로 조선시대를 다룬다. 제6장에서는 '전통존중론'을 중심으로 탈식민 한국 가족법의 제정과정을 살펴보고, 제7장과 제8장에서는 전통과 근대성의 담론지형을 중심으로 가족법의 개정과정을 분석한다.

식민지시대를 조선시대보다 먼저 다루는 것은 식민지시대부터 '거슬러서' 조선시대를 다시 바라보고자 하는 취지이다. 조선시대에 존재했다는

'전통'에 대한 지식을 생산하는 데 있어 식민지시대가 갖는 의미가 매우 크다고 이해하기 때문이다. 또한 탈식민 이후 가족법 제정과정에서 식민지시대를 삭제한 채 조선시대의 전통을 복원하고자 했다는 점에서도, 조선시대 바로 다음에 현대한국의 가족법 제정과정을 놓는 것이 적절하다고 보았다. 역사적 분석에서는 조선시대·식민지조선·현대한국에서 가족법의 제정과정과 주요 원칙들을 살펴본다. 그렇다면, 어떻게 이런 과정을 통해 여성이 드러날 수 있는가. 법 안에 녹아든 가부장제가 젠더와 젠더 불평등을 드러나지 않게 만들어왔다면, 여성의 존재는 그 안에서 모호하게 가려졌을 것이다. 역사적 분석을 통해서 법이 제정되고 활용되던 당시의 사고틀을 파악할 수 있다면, 거기 작용한 가부장제의 논리를 추적할 수 있을 것이다.

현대 가족법 조문에 대해서는 텍스트 분석방법을 사용한다. 이 분석에서 법률은 두 부분으로 나뉜다. 먼저, 제9장에서는 친/가족 안에서의 혈족·친족·호주와 가족·자의 성과 본 등 신분관계를 규정하는 법에서 여성의 위치를 분석한다. 다음 장에서는 부부재산제도·이혼시 재산분할·유산상속 등 가족 내 재산관계에 관한 법에서 여성의 위치를 분석한다. 최근의 변화를 반영하기 위하여 제11장에서 2005년 친족상속편의 개정내용과 2006년 제출된 민법 개정안 등을 살펴볼 것이다.

법조문 분석에서는 과거와 현재의 법률조항이 중심 텍스트이다. 법조문뿐 아니라 관련 연구와 정부문서, 판례들도 자료에 포함될 것이다. 특히 국회에서의 논쟁을 기록한 국회정기회의 속기록 및 법제사법위원회 속기록도 입법과 법개정과정 분석에서 중요하게 다루어진다. 국회논쟁 및 개정논쟁에서 담론분석은 더욱 중요한데, 이때는 제시된 의견과 논쟁 패턴 및 스타일, 발화주체와 내용의 관계 등을 통해 특정 담론을 분석할 것이다(Van Dijk 1985). 법개정에서는 여성단체와 유림이 제출한 문서들, 변호사 등 전문가집단의 의견 등도 분석할 것이다.

이상과 같은 법조문 분석과 역사적 분석은 서로 연결된다. 앞서 설명한 바와 같이 역사적 맥락에서의 법 읽기는 여성을 가족제도라는 역사적 공간 안에 자리잡게 하고 창조해내는 작업이다. 여성주의적 분석 역시 가부장제와 가족법 안에서 남성에 수반되는 존재가 아닌 여성을 주체로 하여 가족법문을 다시 해석하는 작업이다. 법 안에 존재하는 여성의 위치를 명료하게 표현하고, 자연스럽게 배치된 남성과 여성의 불균등한 권력을 드러내는 법조문 읽기인 것이다. 그러므로, 이러한 법 분석에서 '읽기'란 수동적인 의미가 아니라 창조의 과정이다. 만약 법이 남성중심적 입장에 기초하고, 따라서 남자로서 법문을 읽을 때야 비로소 그 법문이 의도한 바가 드러난다면, '여성처럼' 읽는다는 것은 그러한 의미의 전복을 뜻하며 법문에 녹아 있는 남성중심성을 폭로할 수 있을 것이다. 이렇게 페미니즘 법학의 가족법 읽기는 남성적 텍스트를 여성주체의 관점으로 다시 읽는 방법이 된다.

제2부

식민주의 유산과 한국의 '관습'

영국 관리들은 그들의 식민지 피지(Fiji)에서 영국이 좋은 정부로 불리기 위해서 "원주민들의 제도를 틀지었던 바로 그 정신(Spirit)을 포착하고자" 하였다.

—Peter Fitzpatrick, "Traditionalism and Traditional Law" (1984) 중에서

그는 역사란 어두운 밤에 서 있는 오래된 집과 같다고 설명했다. "등불을 전부 켜면 그 안에서 조상들이 웅얼거리기 시작할 거야…… 하지만 우리는 이제 그 언어를 이해할 수가 없단다. 왜냐하면 우리 마음이 전쟁으로 침범당했기 때문이지. 우리가 이기기도 하고 지기도 한 가장 나쁜 종류의 전쟁, 그 전쟁으로 우리의 꿈마저 포획당하여 다른 꿈을 꾸게 되었다."

—아룬다티 로이,『작은 것들의 신』(*The God of Small Things*, 1997) 중에서

제3장
식민지시기 가족법의 '관습' 문제 I: 시간성의 실종을 중심으로

1. 문제제기: 왜 식민지시기 '관습'이 중요한가

한국 가족법을 분석하고자 할 때 직면하는 첫번째 질문은 그 법원(法源)에 관한 것이다. 가족에 관한 관습적이고 역사적인 법문들(laws)이 어떤 과정과 경로를 통해 국가 법(Law)이 되었는가. 다양한 실천과 신념과 도덕의 어떤 부분이 국가 실정법으로 제정되었는가. 가족법의 법원에 대해서는 시대와 학자에 따라 여러 설명이 있다. 현대 한국 가족법을 연구한 초기 세대 학자들인 정광현과 이희봉은 가족법의 법원으로 식민지시기 가족법규 및 탈식민 후의 성문법과 판례를 들고 있다(정광현 1955, 32면; 이희봉 1957, 11~12면).[1] 즉 식민지시기와 한국 가족법 제정 이전인 1945~57년 기간에 관심을 두고 있는 것이다. 바로 다음 세대 학자들은 한국 가족법의 법원은 서양, 일본, 그리고 한국의 전통적인 가족 등 세 가족제도의 조합이라

---

1) 정광현은 법적 판례들을 두번째 범주인 불문법에 포함시키는 반면, 이희봉은 판례들을 두번째 범주와 분리하여 세번째 범주로 설정하였다.

고 본다(한복룡 1989, 1~2면; 박병호 1992a, 1~17면; 정동호 1978).

실제로 현대 한국 가족법에는 서양법·일본법·'전통' 한국법이라는 세 종류 법제도의 영향이 모두 나타난다. 그렇다고 해서 이것이 곧 세 종류의 법제도들이 현행법에서 동일한 관계를 맺고 있음을 의미하는 것은 아니다. 제2부에서는 현대 한국 가족법에 직간접적으로 영향을 미친 일본의 가족법제와 조선시대 가족제도를 다루면서, 식민지 가족법제의 성격과 그것이 현대 가족법과 가족관습에 미친 영향력에 대하여 논할 것이다. 이어 제3부에서는 현대 한국 가족법의 제정 및 개정 과정에서 서구법의 영향이 점점 더 명백해짐을 살펴볼 것이다.

먼저, 1912년 식민지시기 발효된 조선민사령(朝鮮民事令)을 보면 식민지한국에서 가족관계 법규는 기본적으로 '관습'에 따른다는 원칙을 수립하였다. 조선민사령 제11조는 다음과 같다.

> 제11조: 제1조의 법률 중, 능력, 친족 급(及) 상속에 관한 규정은 조선에는 이것을 적용하지 않는다. 조선인에 대한 전항(前項)의 사항에 관하여는 관습에 의한다.

여기서 보듯 친족 및 상속 분야에서 일본 구민법(舊民法)이 아니라 조선의 관습을 법원으로 삼은 식민지정부는 식민지시기 동안 조선의 관습을 계속해서 조사, 해석, 확정하였다. 식민지시기 친족상속법에서 '관습'은 이후에도 매우 중요한 지위를 가진다. 한편, 현대 민법 제1조에 규정되어 있듯이 "민사에 관하여 법률에 규정이 없으면 관습법에 의하고 관습법이 없으면 조리에 의한다." 즉 '관습'은, 민사법률에 적절한 규정이 없을 때 판결의 기준이 될 수 있다. 뿐만 아니라 관습은 성문법을 구체적인 사건에 적용하는 데 있어서도 판단의 준거로 작용할 수 있다. 예를 들어 1985년 법원행정처에서 간행한 『친족상속에 관한 구관습』에 실린 법원행정처장의 서문을 살펴보자.

일정시대의 조선민사령 제11조는 친족, 상속에 관하여는 원칙적으로 일본 민법을 적용하지 아니하고 **우리의 관습**에 의하도록 하였기 때문에 오늘날에 있어서도 (⋯) 판례의 선결문제로 되는 때에는 당연히 **당시의 관습**을 따를 수밖에 없을 뿐만 아니라 민법의 친족, 상속편은 **과거의 우리 관습**을 바탕으로 하여 제정된 부분이 적지 않기 때문에 현행 민법의 친족, 상속편의 올바른 해석과 적용을 위하여도 **우리의 구관습**을 찾아내어 이해하는 일은 매우 필요하고 중요한 일이 아닐 수 없(다).

이와 같이 현대한국에서 '관습'은 가족관계 판례법과 현행 가족법의 해석과 적용의 근거가 된다. 하지만 이 서문에서 해당 자료집이 기초한 18종류의 출전 중 16종의 출전이 1910~30년대에 걸쳐 작성된 문서라는 사실은 언급하지 않고 있다. 사실상 일제강점기 관습의 조사와 확정이 오늘날 남한사회가 가진 민사상 구관습 내용의 거의 전부를 의미한다고 해도 지나치지 않다. 해방 이후 한국 관습에 대한 재조사 혹은 재검토가 거의 없었기 때문이다.[2] '우리' 관습에 대한 현재의 지식수준은 식민지시기의 그것과 별반 다르지 않다(정광현 1967, 64~68면). 그럼에도 불구하고 앞의 서문을 보면 일제강점기에 조사되고 확립된 관습을 "우리의 관습"으로 표현하고 있고, 이때의 "구(舊)"란 정확하게 어느 시기의 과거를 지칭하는지도 불투명

---

2) 해방 이후 대한민국 정부가 작성한 관습 보고서에는 두 종류가 있다. 하지만 어떤 것도 실제로 관습에 관한 재조사의 결과물로 보기는 어렵다. 하나는 1958년 유엔 사무총장의 한국 혼인 관계자료 요청에 답하기 위한 보고서이다. 다른 하나 역시 외국의 요청으로 작성된 것으로, 1958년 주일대표부(駐日代表府)에서 재일한국인의 상속사건을 처리하기 위해 우리나라 현행법의 상속법 관계자료를 요청한 것에 대한 보고서이다. 이를 위해서 새로운 관습조사는 없었으며, 오히려 식민지시기의 '관습'이 다시 한번 '한국의 관습'으로 확인되었다고 할 수 있다. 이 보고서들은 조선민사령, 일제시기에 확립된 관습, 일본의 구민법 그리고 1960년 1월 1일부터 시행될 한국 민법을 '관습'자료로 하여 작성되었다(정광현 1967, 258~71면 참조).

하다. 이와 같다면 현대 한국 가족법의 영역에서 '관습'에 대한 지식과 관점이 식민지시기에 확립된 것에서 크게 달라지지 않았음을 인식하는 점은 매우 중요한 일이 아닌가 한다.

나아가 식민지시기의 '관습'은 한국의 가족정체성 내지 문화정체성과 깊이 연관되어 있다. 현대 한국 가족법의 역사를 볼 때, 민법 제정과정에서 중심적인 제정원칙 중 하나는 전통존중론이었으며 1960~80년대의 개정과정에서 전통존중론이 무력해진 적은 없었다(제5장과 6장 참고). 전통존중론에 따르면 여타 법분야와는 달리 가족법은 언제나, 기본적으로 또 중심적으로, 한국 고유의 가족전통을 법의 원리로 삼아야 한다. 이런 의미에서 '전통'은 한국 가족법에서는 하나의 법철학(jurisprudence)이라고 할 수 있다. 하지만 이때의 '전통'이란 과연 어떠한 근거에 입각한 전통인지, 전통에 대한 믿음은 어떤 역사적 과정을 통해 어떤 성별적·계급적 관점에서 형성되었는지 묻지 않을 수 없다. 흔히 그것은 조선시대의 가족전통인 것처럼 생각되지만 1970,80년대 가족법의 전통 주장에서 역사적 고증에 입각한 주장은 오히려 예가 드물었다. 가족법의 전통은 역사적 공간으로서의 과거가 아니라 상상적 공간으로서의 과거에 자리하고 있다.

흥미로운 것은 한국인의 이러한 가족전통의 상상구도에서 일제강점기 부분은 대체로 지워져 있어서, 대한민국은 마치 조선시대 직후 건국된 국가처럼 인식되고 있다는 점이다. 한국의 '전통'을 상상함에 있어 식민지 유산의 부재는 오히려 그 존재에 대해 의혹을 가지게 만든다. 조선의 가족제도와 현재 가족법 간의 연결지점에는 엄연히 식민지시기가 놓여 있고, 앞서 보았듯이 한국 가족의 '구'관습은 식민지기 당시의 지식에 크게 의존하고 있기에 더욱 그러하다. 식민지시기 가족법은 현대 한국 가족법, 그리고 조선시대부터 전수되었다는 한국의 가족전통과는 무슨 관계를 가지고 있을까. 식민지시기 가족법[3]의 성격규명은 식민지 유산과 한국 '전통' 간의 관련성에 대한, 궁극적으로 현대 한국 가족의 '전통'에 대한 역사적 성찰점을 제공할 것이다.

　제2부에서 일반적 시간순서를 따르지 않고 식민지시기를 조선시대 앞에 둔 것은 이러한 견지에서이다. 이는 '식민지 법제'와 '전통적 법제'의 영향에 대한 지식이 시간적 순서를 따라 구성된 것이 아니라 상호의존적으로 형성되었음을 드러내고, 현재 한국인이 알고 있는 조선시대 가족관습 및 법제에 대한 지식이 식민지시기의 그것에 영향받았음을 나타낸다. 또한 조선시대를 식민지시기 뒤에 둔 구성은 대한민국 건국 직전에 존재한 정체(政體)가 마치 조선왕조인 듯 여기는 인식, 식민지시기의 영향을 보지 않으려는 현재 대한민국의 입법태도에 대한 문제제기를 담고 있다.

2. 식민지성을 바라보는 시각

　이 절에서는 제2부 전체의 이론적 시각과 방법론을 논의한다. 이는 무엇보다 '사실로서의 관습'에 갇힐 위험을 경계하는 뜻에서이다. '사실로서의 관습'에 얽매이면 그 관습이 진정한 관습인가 주입된 관습인가의 질문에서 헤어나올 길이 없다. 법으로서, 규칙으로서, 재현물로서의 관습, 따라서 지식으로서의 관습에 대한 이해에 도달할 때 관습의 역사적 구성이라는 시각이 형성되고 창의적 재생산의 여지가 생길 수 있을 것이다. 이때 여기서 요청되는 것은 관습이라는 지식구성물에 대한 포스트구조주의적 사

---

3) 식민지시기의 가족법은 어느 나라의 가족법인가? 그것은 식민지시기 '조선/일본' 가족법이라고 표기함이 적합하다고 생각한다. 제3장에서 다룰 것처럼 식민지시기 가족법은 식민지조선의 가족법이면서, 동시에 일본 민법이 계수되어 일본정부(와 법원)에 의해 해석된 법이라는 점에서 일본의 가족법이다. 또한 현대 한국에서 일제강점기를 호명하는 태도에 비추어 보면 식민지시기 한국 가족법이기도 하다.

고이다.[4]

(1) 전통왜곡론 대 전통생산론

일반적으로 일제강점기가 조선 가족법에 미친 영향은 일제에 의한 조선 고유 전통의 '왜곡'으로 정리할 수 있다(이병수 1977; 이상욱 1988; 박병호 1992a). 일제는 일본의 '가(家, 이에)'제도를 조선에 이식하고자 했고, 조선 동화정책에 따라 조선의 가족전통을 일본식으로 곡해했을 가능성은 매우 높다. 그런데 조선 전통왜곡론을 당연시하기 전에 이것이 정확히 무엇을 뜻하는지는 논구할 필요가 있다. 무엇보다 왜곡론은 일제에 의해 왜곡되지 않은 한국의 진정한(authentic) 전통을 전제로 하기에 식민지 유산의 극복이란 논리적으로 진정한 전통을 복구하는 작업으로 귀착된다. 예컨대 일제강점기 관습 연구가 "천황제 가족 이데올로기에 오염되지 않은 원상태의 우리 가족법"을 모색하고 "식민당국의 왜곡된 법관(法觀)을 바로잡고 숨겨진 관습을 밝혀 역사에 근거한 법생활의 전통을 수립하고자" 하는 목적을 가진 것이며, "일제시기의 모든 자료를 일제 식민당국의 정책과 관련하여 비판적으로 고찰하여야 한다"(정긍식 2000)고 하지만, 문제는 어떤 "비판적" 자세를 가질 것인가이다. 일제강점기에 일어난 변화가 무릇 관습의 왜곡이기만 하다면 해방 이후 어째서 그 '진정한' 전통을 찾지 못

---

4) 포스트모더니즘과 구조주의를 계승한 포스트구조주의는 데리다(J. Derrida), 푸꼬(M. Foucault), 료따르(J-F. Lyotard), 크리스떼바(J. Kristeva) 같은 사상가들이 주로 이야기했지만 실은 다양하고 이질적인 사상들에 의해 형성되었다. 포스트구조주의는 구조주의를 계승하여 언어·기호·담론을 중심으로 하지만 구조의 완결성이나 이분법적 논증방식에는 동의하지 않는다. 포스트구조주의는 포스트모더니즘과 친화력을 가져서 반인간주의(anti-humanism) 경향을 공유하며 사물을 이루는 하나의 원인이 아닌 다양한 사건들과 과정 분석을 중시한다. 이 책은 포스트구조주의의 특성 중에 지식과 권력의 유착, 구조의 유동성, 주체와 구조 간 이분법의 해체 등에서 영감을 받았다. 포스트구조주의와 젠더 관련성은 제1부 참고.

한 것일까. 또한 일제강점기의 '관습'을 왜곡이라는 잣대로 보았을 때, 별로 왜곡되지 않은 것 같은 관습에는 어떻게 개입할 것인가. 조선, 고려 혹은 신라시대부터 유래한 전통이라면 현대 한국 가족법의 원리로 채택되어도 무방한가.

다른 한편, 일제의 강요된 법적 주입이라는 기존 논의에 맞서 식민지사회 내부의 동학에 초점을 맞추는 연구도 주목된다. 이승일에 따르면 혼인 및 이혼, 입양 등에 있어서 식민지 조선사회 내부에 나타난 자생적 변화에 주목할 필요가 있다(이승일 1999). 식민지시기 조선은 구관습과 신관습의 '병존 상태'에 놓여 있었고 점차로 신관습이 광범위하게 확인되면서 일본식 민법의 이식도 확대되었다는 것이다. 이러한 논의는 식민지사회의 자생적 변화에 주목하여 새로운 관습형태가 출현하였다는 점,[5] 그리하여 일제에 의해 일방적으로 법적 이식만 당한 것이 아니라 식민지 조선사회에 근대적이라고 할 만한[6] 변화가 형성되고 있었다는 것을 조명한 점에서 의의를 지닌다. 하지만, 이러한 사회변화가 식민지시기에 도입된 일본법의 주입이나 일본제국으로의 통합을 위한 제도적 장치들과 무관한 것이었는지는 의문이다.[7] 즉, 신관습의 자생적 전개에 대한 식민지적 조건 규명이 공백으로 남아 있는 것이다. 유사한 견지에서 홍양희는 관습원칙을 내세운 1911년부터 민사령 제2차 개정이 일어난 1922년의 10년 동안 조선의 친

---

5) 아래에서 볼 것처럼 식민지시기에 형성된 새로운 가족제도에 따른 관행에 대해서도 일제당국은 '관습'이란 이름으로 판례에 수용하였다.

6) 이승일의 연구(1999)에서는 조혼(早婚) 관습의 퇴조, 이혼의 증가, 특히 여성의 재판이혼 청구 등에서 근대적 개인 형성의 면모를 엿볼 수 있다.

7) 조선에서 형성되었다는 '신관습'이란 일제의 행정적·법적 조치와 이를 통해 드러난 국가의 관습에 대한 지배적 태도 및 해석과 무관한 것이기 어렵다. 예컨대 행정당국에서 조혼의 혼인신고를 수리하지 않았다거나, 조혼으로 태어난 자녀는 서자(庶子)로 취급하라는 훈령 등(이승일 1999)은 일반인들에게 매우 강력한 국가 규제이다. 이 점에서 해당 연구자도 조선의 관습 형성이 일제의 조선 지배정책의 큰 틀 속에 놓여 있었다고 한다.

족상속에 나타난 이른바 신관습이 일본 민법의 경향과 유사하게 된 배경에 의문을 제기하면서(홍양희 2005a; 2005b), 일제가 채택한 '법제일원화(法制一元化)'와 동화정책에 따른 조선 관습에 대한 정책적 개입의 결과라고 해석한다.

관련하여 민사령 제11조 관습원칙의 큰 틀 아래 조선의 관습을 신관습과 구관습으로 이분화할 수 있는지도 문제이다. 이승일의 해석대로 조선민사령 개정(특히 1922년 제2차 개정)을 일제의 민법적 틀에 맞추어 구관습을 부정하고 '신관습'으로 정리한 것으로 볼 수 있는지 의문이다(이승일 1999; 2000).[8] 하지만 한편으로 이승일과 같은 연구시각은 관습의 왜곡 혹은 주입이라는 식의 관념적 예단을 넘어서 구관습과 새로운 실천 간의 역동적 관계로 식민지 가족법제 상황을 조명함으로써 새로운 시각을 제공하였다고 평가된다.

관습왜곡론 대 신관습 출현론은 마치 식민지 수탈론 대 내재적 발전론의 논의구조를 재현하는 듯하다. 이 책은 전통왜곡론이나 자생적 전개론과는 다른 각도에서 해당 주제에 접근한다. 일제 식민주의가 조선 관습에 미친 영향은 '왜곡'의 개념으로는 불충분하며, 왜곡 이상의 '생산'이라고 보기 때문이다. 왜곡 개념이 전제로 하는 관습에 대한 정형화되고 고정된 상을 넘어서면서도, 제도와 무관한 문화생산론과는 다른 접근이 필요하다. 아래에서는 법인류학과 문화연구, 사회이론 분야와의 접점에서 전개된 '전통'구성론의 흐름을 살펴본다.

---

8) 이승일(2000)은 조선총독부의 관습법 성문화와 일본정부의 일본 민법으로의 법제 통일화 사이의 입장 차이, 조선 관습법과 일본 민법의 의용(依用)이라는 두 법원 간 갈등과 절충 과정을 조명한다. 이러한 접근은 식민지 법정책에 대한 기존의 동화주의 혹은 이화주의(異化主義) 일변도의 단순한 해석을 넘어서지만, 과연 식민지시기 일제가 승인한 조선의 관습법이 조선 '고유의' 법인지는 의문이다.

(2) 법인류학과 '전통'구성론

법인류학 분야에서 식민지시기의 관습 및 관습법에 대한 흥미로운 연구들이 있다. 주로 아프리카 사회를 대상으로 하는(Moore 1989; Fitzpatrick 1980; Snyder 1982) 이 연구들이 제시한 '관습법'이란 흔히 생각하는 관습법의 이미지, 즉 어느정도 통합되고 안정된 문화를 가진 전통사회의 규범과는 상당히 다른 면모를 가지고 있다. 식민지사회의 관습법은 흔히 생각하는 것처럼 서구 근대법과 이분법적으로 대비되는 전근대적 법의 보존지대가 아니라 식민지의 현재 및 과거의 법·규범·실제 행동이 서로 만나고, 토착적인 것과 식민지시기에 시행된 백인들의 법규범이 뒤섞여서 만들어진 제3의 산물이다. 뿐만 아니라 식민지시기 관습법이란 전통과 법을 둘러싼 식민세력과 토착세력 내지 토착세력들 간의 권력관계의 결과물이다(Roberts 1984). 무엇보다도 관습법에서 가장 어려운 문제는 '과거'를 현재로 끌어들여서 현재를 판단하는 기준으로 삼는다는 데 있다(Moore 1989). 식민지 이전 시기 사회적 관계의 정체성은 없어졌는데 그 '과거'가 현재의 식민지사회에서 법적 효과를 발휘한다는 것은 무엇을 의미하는가.

레인저(T. Ranger)는 식민지 아프리카 전통에 대한 인류학적 탐구를 통해 유럽인들은 스스로 아프리카의 관습을 존중한다고 믿으면서 그것을 유럽인들 자신의 신분질서와 분리하고 대비시켰다고 지적한다(Ranger 1983). 문제는 이 과정에서 발생한 문화 경직이다. 백인들의 생각 속에서 구성된 아프리카는 근본적으로 보수적인 사회로, 변치 않는 오래된 규율과 이념과 위계질서 속에 살아가는 사회이다. 이 이미지는 식민지지배 이전의 아프리카 연구에서 나타나는 아프리카와는 매우 다른 것이다. 이전 연구들에 따르면, 아프리카의 관습은 느슨하게 규정된 유연한 체계로서 전혀 폐쇄적이지 않았다. 따라서 레인저는 식민지 현재의 '전통적' 아프리카란 대체로 백인들의 머릿속에서 구성된 '백인들의 아프리카'라고 말한다. "관습법, 관습적 토지권, 관습적 정치구조 등으로 흔히 불리는 것들이 사실은 모두 식민지 법제화(codification)에 의해 고안된 것이다"(Ranger 1983, 250면).

이 연구는 좀더 일반적인 '전통의 고안' 논의와 함께 제시되었다. 홉스봄은 유럽사회의 근대화과정이 전통적인 사회규약들을 공식화하고 의례화하는 전통의 고안을 수반하였음을 역설한다. 그는 우리가 아는 보이 스카웃, 나찌즘의 각종 상징들, 유럽의 국가(國歌)와 국기(國旗) 등 유럽 '고유의' 문화란 일러야 18세기의 산물이라는 것을 밝혔다(Hobsbawm 1983, 2~10면). 또한 국민국가 성립과 민족주의(nationalism)의 대두라는 '근대적' 사회변화가 실은 전통이라는 '비근대적' 문화자원을 동원한 것이었음을 보여주었다. 전통의 고안론에 따르면, 근대국민국가 성립이라는 변화는 보편적인 전통을 소급적으로 형성한 과정이었고, 이에 따라 새로움, 과거와의 단절 등을 특징으로 하는 서유럽의 근대성은 전근대성과 비합리성을 그 안에 품고 있는 것이다.

흥미롭게도 이런 연구는 쏘쉬르 등의 언어철학에 입각하여 사회현실(social reality)의 언어적 구성에 대한 논의가 풍성하게 이루어진 1960,70년대에 등장하였다. 담론이론(discourse theory)은 사회과학에 있어 일대 전기를 마련하였다. 푸꼬와 라깡 등이 구축한 담론 분석방법과 시각은 역사연구에서 사실의 집합으로서의 역사가 아니라 그 사실이 '알려진 방식'의 문제로 인식을 선회시켰고 담론의 질서 속에서 사회와 역사를 해독하는 길을 열어주었다. 홈스봄의 전통론은 전통을 사물처럼 취급하는 '있는 그대로'의 전통이 아니라 구성되는 지식으로 바라본다는 점에서 담론적 패러다임 안에 있고, 사회현실이 지식으로 구성된다고 보는 점에서 포스트구조주의적 사고를 취하고 있다. 뿐만 아니라 과거가 현재를 낳는다는 인과모델이 아니라 현재 안에서 오히려 과거의 의미가 재생산되는 점을 가시화했다는 점에서 계보학적 역사 연구의 스타일을 보여준다고 하겠다.[9]

---

9) 담론과 사실, 그리고 역사쓰기에 대한 연구는 방대하다. 포스트구조주의와 역사학의

하지만 레인저의 연구 같은 탈/식민사회의 관습론은 유럽 사회의 전통론보다 한층 복합적인 맥락을 다루어야 하는 과제를 안고 있다. 홉스봄 등이 주로 서구 근대성이 전통을 고안하는 방식, 즉 현재가 과거의 문화적 기표를 생산하고 그에 의존하는 방식에 관심을 가졌다면, 탈식민 관습 연구는 이러한 시간성(temporality)에 더하여 서구와 비서구라는 공간성(spatiality)의 차원을 함께 다루어야 하기 때문이다. 비서구사회의 근대는 진화론적 자기 전개의 귀결이 아니라 서구라는 이문명(異文明)과의 관계 맺음이라는 엄청난 변화를 의미하고(Dirlik 1987), 더구나 비서구와 서구의 조응은 제국주의 권력패러다임 속에서 이루어졌다. 백인의 개입을 통한 식민지사회 '토착'관습의 정착은 여러 층위를 가진 문제지형이다. 그것은 제국주의가 식민사회를 바라보는 시선 속에서 형성되었고, 이 시선은 다시 피식민지 집단간의 권력투쟁을 거치면서 식민지가 자신을 비추어 보는 문화적 거울로 굳어졌다. 그리하여 식민지지배에서 벗어난 사회에서 식민지시기에 정립된 관습은 다시 '전통'의 이름으로 정치지도자들의 지배수단으로 활용되곤 하였다(Chanock 1982; Moore 1989). 이러한 문제는 전통이라 굳건히 믿어져온 가부장제에서 더욱 완강한 모습으로 나타났다.

이런 관점에서 식민지시기 조선의 가족법을 보면, 그것은 식민지 조선 민중들이 일본제국에 편입되고, 여성·남성 같은 권력관계가 재조직되며, 식민지 근대법제가 조선시대의 전통과 다시 만나고, 공(公)과 사(私)가 조응하는 다차원적 문제영역이라 할 수 있다. 현재 시점에서 식민지시기로 거슬러올라가 '관습'지식을 탐구한다는 점에서 제2부는 법을 둘러싼 담론 분석과 계보학적 연구방법을 취한다.

관계에 대해서는 Attridge, Bennington and Young(1987); Scott(1988b) 참고.

3. 식민지 가족법의 '관습'의 원천

(1) 조선민사령 제11조

조선 통치와 함께 일제 식민지정부는 '조선에 시행할 법령에 관한 건'이라는 긴급칙령을 1910년 8월 29일 공포하였다. 이 칙령은 일제통치하 조선의 법률은 조선총독의 명령(制令)으로 규정할 수 있다는 것과 일본 법률 중 조선에 시행할 것은 칙령으로 정한다는 것을 선포하였다(정광현 1967, 21면; Chen 1984, 248면).[10] 이러한 조선총독의 제령 중 제7호로 1912년 3월 선포되고 4월부터 시행된 조선민사령은 식민지조선에서 민법에 해당하는 법령으로 식민지 통치기간 내내 유효하였다. 그 제1조는 "민사에 관한 사항은 본 조선민사령이나 기타 법령에 특별한 규정이 있는 경우를 제한 외(外), 다음의 법률에 의한다"고 규정하고,[11] 친족상속 분야에 관해서는 앞서 본 대로 제11조에 의하여 '관습'을 따르게 되어 있다. 이렇게 아무 특정화 없이 관습을 가족법의 중심적 근거로 삼은 민사령 제11조는 이후 가족법 영역에 두고두고 깊은 영향을 남긴다. 그렇다면 식민지조선의 관습은 누가, 어떻게 판단하였을까. 이 절에서는 식민지조선의 관습의 원천을 살펴봄으로써 식민지시기 가족법의 상황을 개관하기로 한다.

식민지기 조선 관습은 먼저 일제가 행한 조사에 근거를 둔다. 일제는 여러차례 조사주체를 변경해가면서 조선의 관습조사에 매진하였다. 한일합방 이전 통감부시대에 이미 일제는 조선에 시행할 민법의 편찬자료로 삼기 위해 부동산법조사회와 법전조사국을 설치하고 1908년 5월부터 1910년 9월까지 조선의 민사·상사 관습 전반에 걸쳐 전국적인 규모의 조사를

---

10) 이 칙령은 일본제국주의 의회를 통과한 위임입법으로 일제 의회와 식민지정부 모두를 만족시키는 것이었다. 다른 식민지와 비교해볼 때 조선의 경우는 일제 의회에 대하여 총독부에 상당한 자율권을 부여한 입법이라고 할 수 있다(Chen 1984, 242~48면).
11) 조선민사령 제1조에 제시된 의용 법률은 정광현(1955, 부록)을 참조.

실시하여 1910년 『한국관습조사보고서』를 간행하였다. 한일합방 후 조선 총독은 법전조사국을 폐지하고 1910년 10월 총독부 내에 취조국(取調局)을 설치하여 그 사무를 인계하였다. 취조국은 조선 전역의 관습을 조사하고 문헌을 번역하는 작업을 하였고, 1912년 3월 조사된 관습을 정정 보충하여 다시 『관습조사보고서』를 간행하였다. 1912년 취조국이 폐지된 뒤에는 참사관실(參事官室)로 대치되었고, 1913년에는 1912년의 『관습조사보고서』 재판을 간행하였다. 1915년부터 이 구관제도(舊慣制度) 조사사업을 중추원(中樞院)에서 담당하게 되었다. 이에 따라 중추원은 민사관습, 상사관습, 제도조사, 풍속조사를 수행하였다. 이후 중추원은 1909~33년까지 법원 등의 관청이 조선 관습에 관하여 조회한 사항 324건을 총정리한 『민사관습회답휘집(民事慣習回答彙輯)』을 간행하였는데, 이 회답집은 1933년 9월 당시까지 한국법전조사국, 조선총독부 취조국, 참사관실 및 중추원, 법원, 기타 관청의 문의에 대하여 당국이 회답한 관습을 분류, 편찬한 것으로 식민지시기 판례법 형성에 있어 가장 기본적 자료라고 할 수 있다(정광현 1967, 159면; 정긍식 2000).

이렇게 식민지정부는 지배의 기반으로서 민상사 관습조사에 투철한 의지를 가졌던 것으로 보인다. 그 결과 친족상속에 관한 한 조선에서 실행되어온 관습에 의거한다는 관습원칙은 실제로는 일본 관리와 학자들이 파악하고 기록한 문서에 의존하게 되었다. 일견 조선문화의 고유성을 인정하는 듯한 '관습원칙'이란 일본제국주의 국가권력에 의해 그 내용이 채워진 기이한 원칙이었다. 물론 이 과정에는 홉스봄이 말하는 바와 같이 전근대사회의 임의적 관습이 근대법체계 속에서 해석, 분류, 보편화되는 '근대적' 사회변화의 측면이 없지 않다. 하지만 한국에서 이러한 변화는 제국주의와 식민지 간의 지배-피지배 관계 속에서 이루어졌으므로, 관습의 법제화는 일본적(제국주의적) 시각으로 바라본 식민지조선의 관습이 정착되는 계기가 되었다. 이 점에서 일제시기 식민지조선의 관습이 어떠한 시각으로 조사, 결정되었는지는 중요한 문제가 아닐 수 없다.

(2) 관습조사의 태도[12]

앞서 언급한 대로 1908년 5월부터 1910년 9월까지 법전조사국은 최초의 전국적 관습조사를 실시하였다.[13] 당시 조사방법에 대해서는 구체적으로 남은 자료가 없어 자세히 알 수는 없으나 관습조사의 예비적 성격을 갖는 부동산법조사회의 조사자료를 통하여 그 방법을 짐작할 수 있다. 부동산법조사회는 문헌조사와 실지조사(實地調査)를 병행하였다. 문헌조사에서는『경국대전』『대명률』등 법전과『가례』등 예서를 조사하였으며, 실제 법률생활을 조사하기 위하여 거래문서 등을 조사, 수록하였다. 실지조사는 일반조사 지역과 특수조사 지역으로 구분하여 일반조사 48개 지역, 특수조사 38개 지역(이 가운데 일반·특수조사 16개 지역) 등 모두 70개 지역을 조사하였다.[14] 이러한 지역조사와 문헌조사를 토대로 작성된『관습조사보고서』의 체계와 내용을 살펴볼 때 다음과 같은 조사태도를 발견할 수 있다.

첫째, 관습조사는 가능한 한 주관성을 배제하고 객관성을 추구하였다.

---

12) 관습조사 방법과 태도에 관해서는 정긍식(2000), 법원행정처(1985)를 참조.

13) 이때의 관습조사는 조선에서도 별도의 민상사법안을 입안하기 위한 의도로 행해졌으나 이후 이러한 의도는 좌절되고 한일합방 후 조선민사령에 따라 일본 구민법을 차용하고 조선의 관습을 법규범으로 하게 되었다(정긍식 2000, 35~37면).

14) 조사는 대도시와 행정중심지를 중심으로 행하였고 특수조사 지역의 지역적 편중이 심하다. 현재 각 지방의 조사보고서는 완전히 전해지지 않고『한국관습조사보고서─평북편』만이 남아 있다. 조사지역은 다음과 같다.〈 〉안은 특수조사 지역이다. 서울; 개성; 인천, 수원, 안성,〈여주, 풍덕, 장안, 파주, 연천〉(경기도); 해주, 황주,〈재령, 단흥, 안악, 봉산〉(황해도); 평양, 진남포, 안주, 덕천,〈수천〉(평안남도); 의주, 용천, 강계, 영변,〈정주〉(평안북도); 공주, 예산, 온양, 은율,〈강경, 연산〉(충청남도); 충주, 청주, 영동(충청북도); 대구, 상주, 안동, 경주,〈성주, 포항〉(경상북도); 부산, 마산, 진주, 울산,〈밀양, 김해, 용남〉(경상남도); 광주, 목포, 제주,〈나주, 법성포, 순천〉(전라남도); 전주, 군산, 남원,〈금산〉(전라북도); 경성, 경흥, 회령, 성율(함경북도); 함흥, 원산, 감산, 북청(함경남도); 춘천, 금성, 원주, 강릉(강원도).

예컨대 조사자에게 "법률문제와 도의문제를 구별하도록" 하고 "한국에서 존재하는 것으로 인정되는 관습에 대해서는 모든 문제를 망라"해야 한다는 지침에서 그것을 엿볼 수 있다(정긍식 2000). 이것은 관습을 소위 근대 법체계 속에 배치하고자 하는 조사의도에 부합한다. 또한 이 관습조사는 1875~77년(메이지 8~10) 사이 일본에서 실시한 조사경험을 바탕으로 하고 있었다.

둘째, 관습조사를 위한 206문(問)이 일본 민상법(民商法)체계에 충실했다는 점에서 이 조사의 객관성이란 일본 법체계 안에서 작동하는 객관성이라고 할 수 있다. 하지만 일본에서 관습조사 결과가 일본 구민법 제정의 기초가 된 것과 달리(Smith 1996), 조선의 관습조사는 역으로 조사문항과 체계가 이미 제정된 일본의 민상사법을 그대로 따르고 있었다. 조선의 『관습조사보고서』 자체가 일본 구민법의 편별방식인 판덱텐(Pandekten, Digesta) 방식을 그대로 따랐다(윤대성 1991). 이러한 문항과 편제방식에 따라 조선 관습 중 일본의 구민법상에 포섭되지 않는 것은 아예 관습에서 제외되는 문제를 지니게 되었다.

셋째, 일본법의 영향은 단지 조사항목과 체계에 그치지 않고 조선 관습의 개념과 용어에 깊숙이 자리잡았다. 가독(家督), 타가상속(他家相續), 폐절가(廢絶家), 일가부흥(一家復興) 등 조선의 가족제도에는 존재하지 않던 개념과 용어를 써서 조선의 관습을 묻고 조사한 것이 그 예이다. 이에 따라 응답자들이 조사내용을 이해하지 못한 경우가 있었다는 사실이 지적되기도 한다(정긍식 2000; 윤대성 1991). 이 문제는 단지 조사의 부정확성이 아니라 '부적합성'을 나타낸다 하겠다. 일본의 관습과 법 개념에 입각해 조선 관습을 조사하는 것은 일본의 시선으로 조선의 관습을 해석하고 구성하는 과정이라는 것이다. 그 예를 일일이 다 열거하기 어렵지만 다음과 같은 씨(氏)에 대한 조사문항을 살펴보자(신이치 2000, 170면).

〔관습조사보고서〕문 제119. 호주와 가족은 동일한 성〔氏〕을 사용하는가? 예컨대 처는 생가의 성을 사용하지 않는가. 그외 타가에서 입적(入籍)한 자는 구가(舊家)의 성을 쓰는 관습은 없는가?[15]

이 설문에서 일본의 '씨(氏, 시)'제도를 기준으로 조선의 '성(姓)'을 바라본 시각을 확인할 수 있다. 이에 대한 회답은 다음과 같다.

조선에서는 사람은 모두 성이 있다. 그리고 개인의 성은 부(父)의 성에 따라 정해지고 신분이나 호적의 변동이 있어도 이를 변경하는 일은 없다. 그러므로 남계혈족(男系血族)[16]은 모두 동성(同姓)이다.

그렇지만 동성인 자가 모두 남계혈족이라고 말할 수는 없다. 혈족이 아니어도 동성인 자가 아주 많다. 예컨대 양주(楊州) 조씨와 평양(平壤) 조씨는 혈족이 아니어도 동일하게 조성(趙姓)을 쓰는 예이다. 이 때문에 성 외에 본관(本貫)을 사용하여 동성간에 남계혈족임과 아님을 구분한다.

본관의 기능이 앞에 지적한 것에 국한되지는 않지만 이러한 문답에서 일본식 '씨'를 규범으로 하여 한국의 '성'제도를 해석했음을 알 수 있다. 하지만 한국의 성과 일본의 씨의 차이는 단지 용어상의 차이에 그치지 않는다. 계속해서 문 제121 '가족의 특유재산을 인정하는가'라는 질문에는 다음과 같이 보고한다.

---

15) 정긍식 2000, 304면; 『관습조사보고서』 1910년 제1판(제2판은 1913년).
16) 여기서 남계혈족은 부계(父系)혈족과 완전히 일치하지는 않는다. 부계혈족에는 여계혈족(자매의 직계비속)이 포함되고 이들은 이성(異姓)인 혈족이 되므로, 부계혈족에서 남계혈족만이 동성동본이 된다. 혈족 개념에 대해서는 이 책 제9장 참고.

문 제121 가족의 특유재산을 인정하는가?

조선의 관습에서는 가산(家産)은 호주의 전유(專有)에 속하고, 호주와 가족의 공유가 아니다. 그리고 가족은 호주의 부양을 받기 때문에 달리 재산을 가질 필요가 없는 경우가 많고, 따라서 가족이 재산을 갖지 않는 것이 오히려 정상적이다(정긍식 2000, 305면).

이 보고와는 달리, 식민지시기를 통해 자주 제기된 가족분쟁의 쟁점은 차자(次子)의 재산상속에 관한 것이었다. 그것은 식민지시기 일본식 가제도와 함께 수입된 '가산'이라는 개념이 조선 전래의 선대(先代)의 재산 개념과 불일치했기 때문이다. 조선에는 호주의 가산독점을 허용하는 가독상속(家督相續) 개념 자체가 없었다(정광현 1967). 뒤에서 볼 것처럼 조선과 일본에서 재산상속은 재산뿐 아니라 가계계승의 의미와 관련되어 있다. 뿐만 아니라 조선시대의 상속제도는 자녀간 균분상속에서 장자우대 상속으로 변화했는데, 단순히 '조선의 관습'이라는 표현으로는 이런 시대적 역동성을 표상할 수 없다. 조선시대와 식민지조선을 통틀어 앞의 언급처럼 "가산은 호주의 전유에 속"한 적이 있었는지도 의문이다. 그럼에도 불구하고 이 관습조사는 호주가 전유하는 가산 개념이 이미 조선에 있었다는 전제에 기초하고 있다. 더욱 중요하게는, 이러한 담론의 결과 조선에 그런 '가제도'가 이미 존재하는 것처럼 되었다!

넷째, 『관습조사보고서』에는 조선의 가부장제를 무조건적으로 인정하는 듯한 태도가 일일이 열거하기 어려울 정도로 편만하다. 다음은 '문 제118: 부(夫)가 타가에 입적하거나 일가를 창립하면 처는 수반하여 가에 입적하는가'라는 문항에 대한 답이다.

조선의 관습에는 처는 항상 부를 추종하여 가를 함께 해야 한다. 그래서 부가 타가에 입적하거나 일가를 창립하면 처는 당연히 부에 수반하여 그 가에 입적하는 것이다. 그리고 부가 타가에 입적하거나 일가를 창립함에는 처의 동의를 얻어야 하는 관습은 없다(정긍식 2000. 303면).

제5장에서 볼 것처럼 조선시대 중기를 지나면서 혼례방식과 부부의 주거장소는 모처제 결혼제도(matrilocal marriage)에서 부처제 결혼제도(patrilocal marriage)로 변화되었다. 하지만 조선왕조의 거듭된 정책적 강조에도 불구하고『가례』에 기초한 혼례양식인 친영례(親迎禮)는 끝내 확립되지 않았고 일반에서는 '반친영(半親迎)'이라는 절충안이 실시된 것으로 알려진다(Deuchler 1992). 이에 따라 혼례 후 부부는 곧바로 남편의 집에서 살지 않고 몇년간 처가에서 기거하는 것을 관례로 하였다. '부를 추종하여 가를 함께 한다'는 의미가 단지 물리적 장소가 아니라 가족의 정체성에 대한 것이라면, 이는 타당한 진술일 수 있다. 하지만 이때의 가제도상의 가족 정체성에서 가족의 규모와 성격은 조선시대의 '가족'과 같지는 않다(제5장 참고). 요컨대 일본식 가제도에 따라 조선의 가족제도를 재편하는 '의도된 오류'가 이 조사에 깔려 있는 것이다. 그럼에도 불구하고『관습조사보고서』는 곳곳에서 일본과 달리 조선에서는 여성에 대한 남성의 지배가 완벽하게 이루어지고 있다고 일반화한다.

이렇게 조선 관습의 가부장성을 일반화함으로써 얻는 효과는 무엇일까. 일차적으로 조선의 가부장제를 승인하여 지속시키는 효과를 가질 것이다. 이에 따라 식민지배에서 조선의 젠더질서를 건드리지 않음으로써 조선 남성들과 결탁할 수 있고, 일본 남성들의 한국 여성들에 대한 지배가 한층 용이해지는 유익함을 얻게 될 것이다. 조선 가부장제의 승인은 서구적 근대화과정처럼 국가와 독립적인 시민층이 형성되고 시민간의 평등한 관계를 정착시키는 것과 거리가 먼, 비민주적이고 시대착오적인 시민사회의 형성과 궤를 같이한다.

다섯째,『관습조사보고서』에 조선시대 법전이 모두 관습의 개념으로 처리되었다는 사실도 주목된다. 조선시대는 사회 전분야의 법제화에 특이할 만큼 많은 노력을 기울인 것으로 알려져 있다. 조선왕조가 기획한 사회는 법에 의해 조직되고 운영되는 사회였다(Deuchler 1992, Introduction). 그러나 이 보고서는 조선왕실이 편찬한 법전과 1910년대 식민지시기 조선의 일상적인 가족관행을 모두 '관습'이라는 용어로 무차별적으로 표기하고 있다. 심지어 중국 법전이 조선왕조의 법전과 구분되지 않은 채 관습자료로 뭉뚱그려져 있다.[17]

이와 같이 볼 때 식민지당국이 조선의 관습원칙을 세운 것이 조선의 차이를 인정했기 때문이라는 생각은 적절치 않다. 일제의 조선 관습조사는 사법재판의 준칙이 될 근거를 마련하고 나아가 조선인에게 적합한 법제를 확립한다는 목적을 가지고 있었으나, 궁극적으로는 일본 법제를 조선 관습 판단의 기준으로 삼았다. 즉 조선의 차이를 인정하는 듯한 외양은 일본 법체계와의 통합이라는 심층문법의 표출이라는 것이다. 이미 일본 가족제도의 법체계와 개념에 의거하여 조선 관습을 분류하고 정리하고 해석하였다. 일제는 조선 관습을 의도적으로 곡해한 것과 달리, 조선의 관습지식을 당시 시점에 맞게 체계화하고 정립하여 조선 관습의 내용을 만들어냈다. 즉 관습의 '생산' 내지 '고안'이라는 개념이 보다 적절하다.[18]

---

17) 부동산조사회에서 실시한 문헌조사에서 고법전과 고문헌은 다음과 같다.『경국대전(經國大典)』『속대전(續大典)』『대전통편(大典通編)』『대전회통(大典會通)』『대명률(大明律)』『대명률부례(大明律付例)』『당률소의(唐律疏議)』『대청률(大淸律)』『증수무원록(增修無寃錄)』(이상 고법전),『사례편람(四禮便覽)』『예기대전(禮記大典)』『의례(儀禮)』『주자가례(朱子家禮)』(이상 고문헌).

18) 여기서 '고안'이란 홉스봄과 레인저의 인벤션(invention) 개념을 따른 것이다. 이는 기존의 사실적이고 불문적인, 때로 무정형적인 관습을 성문화하였다는 점에서 일방적 강요로 이루어지는 법의 '주입'(imposition)과 다르며, 기존 관습의 연속적 '수용'과도 다르다. 그러면서도 기존의 규범을 인정하는 측면이 있기에 '날조'와도 다르다.

(3) 관습 법원의 산재성

관습조사의 기본적 문제점과 함께 일제시기 관습 법원(法源)이 여기저기 산재했다는 점도 지적되어야 한다.『관습조사보고서』외에도 행정관청의 심의와 회답, 통첩 등이 법원으로서 효력을 가지고 있었다. 일제시기 관습 법원은 매우 다양하여 사법부장·법무국장·법원장·정무총감·중추원의장 같은 고위관료의 통첩(通牒), 회답(回答) 및 훈령(訓令), 사법협회, 판례조사회, 조선호적협회, 구관습제도조사위원회 등 관련 위원회의 결의 및 회답, 조선고등법원의 판결 등이 모두 법원으로 여겨졌다(정광현 1967, 23~24면; 정긍식 2000). 이때 법원간 상하관계가 명백하지 않았고 단지 관료들의 결정이 가장 상위의 관습 법원으로 여겨질 뿐이었다(정광현 1967, 24면). 이렇게 볼 때 관습 법원은 그때그때 새로운 법원이 만들어질 수 있는 가변적이고도 비체계화된 상태였다고 할 수 있다.[19]

한편, 조선의 관습에 따른다는 민사령 제11조에도 불구하고 일본 민법전 친족상속편의 조항들이 점차로 조선에 도입되었다. "해당 분야에 적절한 관습이 없다"(정광현 1967, 21면)거나 "시세의 진운(進運)과 함께 발생한 신사정"(정긍식 2000) 등이 그 이유로 거론되었다. 그런데 이때 일본 민법의 도입이 의용(依用)이었다는 점에 유의할 필요가 있다. 식민지조선에는 일본 구민법전 전체가 아니라 필요한 조문만 적용되었고, 또 그것이 조선에 효력이 있다고 할지라도 해당 법조문의 해석이 때로 일본과 동일하지 않았다(정광현 1955, 22~26면). 조선에서의 법운용은 그때그때 편의적으로 이루어진 것임을 알 수 있다.[20] 이렇게 볼 때 식민지조선의 가족법은 원칙적

---

19) 이러한 관습 법원의 산재성은 해방 후 일제가 확립한 관습을 명시화하고 폐지하는 데 큰 장애요소가 되었다. 흩어져 있는 관습 법원의 발굴, 정리, 분석 역시 주요 연구과제이다.

20) 첸은 식민지 법제화가 이렇게 "항목별"(item by item)로 이루어진 것은 일본의 법정책에 체계적인 원칙이 결여되었기 때문이라고 설명하였고(Chen 1984, 242~48면), 홍양

으로 크게 두 법원으로 구성되었다. 조선의 관습이라는 불문법과 일본 민법의 선택적 의용이 그것이다. 실제로 두 법원은 분리되지 않았고 오히려 '조선의 관습'이라는 이름 아래 서로 얽히게 된다. 이러한 현상이 바로 이 장의 주요 논점이기도 하다.

조선에서 일본 민법의 의용은 민사령 개정과 호적법 제(개)정을 통하여 이루어졌다. 조선민사령 11조의 1차 개정(1921. 11. 14)에 의해 친권·후견인·친족회에 관한 일부 조항의 차용이 가능해졌고, 이듬해 2차 개정(1922. 12. 7)으로 더 많은 일본 민법조항이 조선에서 효력을 발휘하게 되었다. 혼인연령, 재판이혼, 인지, 재산상속, 그리고 1차 개정에서 차용되지 않은 친족회의 나머지 조항이 그것들이다. 다시 1939년 11월 10일 3차 개정으로 일본법의 효력이 확장되었는데 이때는 씨에 관한 규정, 재판상 이연(離緣, 파양)에 관한 규정, 서양자(壻養子) 연조(緣組, 입양)의 무효 내지 취소에 관한 규정을 의용하기로 하였다. 동시에 조선민사령 제11조의 2로 "한국인의 양자 연조에 있어서 양자는 양친과 동성임을 요하지 아니한다. 단 사후양자(死後養子)인 경우에는 차한(此限)에 부재(不在)한다"는 규정을 새로이 추가하여, 기존 양자제도의 이성불양(異姓不養) 원칙을 파기하였다. 또한 같은 날 소위 창씨개명으로 알려진 '씨선정(氏選定) 제한 및 씨명(氏名) 변경에 관한 제령'을 발표하여 일본식 씨제도를 조선에 강행하였다(정광현 1967, 22, 25면). 일본의 서양자제도와 일본식 씨의 조선 이식은 조선 가족제도의 가장 근본적인 법규에 대한 도전이라고 할 수 있다. 이러한 법적 조치는 태평양전쟁(1941~45)과 함께 식민지조선 수탈 및 조선인의 일본인화에 박차를 가하던 시대적 맥락 속에 있었다.

한편 가족법의 부속법인 호적법이 식민지조선에서 갖는 의미도 매우 크

희는 이 현상을 조선총독부의 관습법 운용원리라는 측면에서 접근하였다(홍양희 2006, 305면).

다. 국적법 등 여타 신분법이 적용되지 않던 식민지 조선인에게 호적은 어떤 사람의 정체를 밝히는 유일한 제도였기 때문이다(정광현 1967, 437면; Chen 1984, 246면; 박병호 1992b). 1915년 민적법(民籍法) 개정에 따라 본래의 인구조사 방식이 폐지되고 추상적인 가 개념이 조선 호적에 이식되었다. 이때의 추상적인 '가'란 실제 거주상태와 상관없이 호주를 중심으로 조직되고 호적문서에 기록된 가족을 의미하는 것으로, 호주제도의 초석이 된다. 민적법은 1922년 발효된 조선호적령으로 대체되어 기존의 호적제도를 한층 효율화하였다. 조선호적령으로 호적의 내용·형태·수정방법·우선순위에 자세한 원칙이 정립되었고 분실 가능성에 대비해 모든 호적문서를 두 부씩 작성하여 따로 보관하기로 했다. 이와 함께 결혼·출생·사망·입양·파양·분가와 부흥가 등 모든 가족사항의 변동에 기존의 사실주의에서 등록주의 원칙을 채택하는 대변혁을 꾀했다(정광현 1967; 박병호 1992b). 사실상 1939년 강제된 일본식 씨제도는 1915년에 이미 민적법 개정을 통해 도입된 일본식 추상적 가제도와 통합된 것이어서 식민지조선에서 일본식 가족제도의 완결을 이루기 위해서는 필수적인 제도이다. 일본식 씨제도 도입은 조선 주민을 일본 내지의 주민과 행정적으로 균질하게 만드는 조치이며, 식민지사회를 혈통적으로 일본 천황 아래 통합시키는 가족국가의 완결을 의미한다.[21] 이러한 각도에서 볼 때 가제도란 단지 가족제도에 그치는 것이 아니라, 일본과 조선이 한몸이라는 소위 내선일체(內鮮一體) 정치학이 구현되는 지점이었다.

여기서, 호적법과 민사령 개정을 통해 이식된 일본식 가제도의 요소들이 조선의 관습과 어떤 관계를 가졌을지는 중요한 문제이다. 일본의 가족요소들이 조선에 강제됨에 따라 식민지조선에 새로운 가족관행이 생겨나

---

21) 메이지 가족국가에서 개별 '이에'는 국가와 유기적 관계를 가진 것으로, 가족은 국가의 살아 있는 세포이고 국가는 그 자체가 확대된 형태의 가족이라고 할 수 있다. 메이지 가족국가에 관해서는 Smith(1959), Watanabe(1963) 참조.

지 않을 수 없었고, 이러한 관행이 '(신)관습'으로 표현되었다는 점은 섬세한 이해를 요한다. 서론에서 논의하였듯이 일본의 법조항 자체가 관습의 원천이라고 하기는 어렵지만 그것은 새로운 관습이 형성되는 제도적 맥락을 이루었다. 식민지 관행에 대해 판례나 조례 등으로 관계 당국이 이를 승인하면 이는 이후 사례에서 관습으로 전거가 되었다. 이에 따라 관습의 법원에는 조선왕조의 법전 및 관행뿐 아니라 식민지 사회조건 속에서 형성된 관행이 포함되었다. 정광현은 관습의 이러한 시간적 혼재성을 인식한 듯 관습법 영역을 다룬 판례들을 다음과 같이 분류하였다. (i) 단순히 이미 인정된 관습법규범을 적용한 것 (ii) 종래 관습법의 변천을 고찰하여 사건 당시 현행의 관습법을 구명한 것 (iii) 관습법이 없는 사항에 관하여 이를 선명화(宣明化) 내지 정립한 판결이 그것이다(정광현 1955, 45면). 이와 같다면 조선왕조시대의 관습법, 식민지시기의 사실인 관습, 그리고 식민지시기 법원의 판례로 정립된 관습이 모두 관습의 법원이 되는 것이다(도

〔도면 1〕 식민지시기 '관습'의 법원

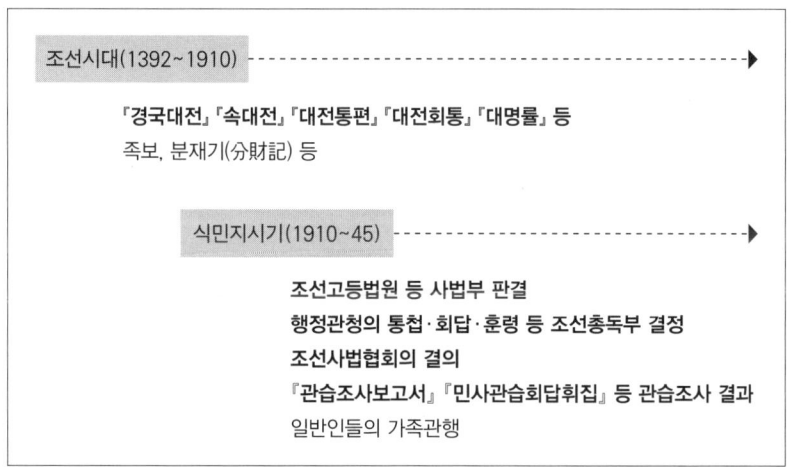

굵은 글씨: 공적 문서 / 가는 글씨: 사적 문서 또는 관행

면 1 참고). 이렇게 민사령 제11조에 따라 판결의 전거가 된 관습에는 시간적으로 매우 장기적이고 그 성격에서는 이질적인 사회의 관습이 포함되었으니, 이렇듯 역사적 맥락과 차이에 대한 고려도 없이 조선의 관습을 그저 '관습'으로 천명한 것은 문제가 아닐 수 없다. 특히 일본 구민법상 가제도가 도입되는 상황에서 상이한 실천들간에 어떤 것을 관습으로 인정할 것인가도 쉽지 않은 문제였을 것이다. 일제 당국은 관습 법원의 혼재 상황에서 어떤 기준과 시각으로 관습을 해석하였을까. 아래에서 재산상속 분야를 통해 이 문제를 살펴보기로 한다.

4. '관습'문법의 시간성

이하에서는 식민지조선의 상속제도에 관한 관습이 어떻게 언급되고 정당화되었는지, 그 시간의 성격은 어떤 것이었는지 살펴보기로 한다. 일제시기 발생한 가(家)의 계승과 결부된 재산상속의 관습어법을 통해 이때의 관습이 함의하는 바를 조명해본다.

(1) 조선의 재산상속 '관습'이라는 것

일본 구민법과 호적제도가 도입됨에 따라 식민지조선의 관습은 불가피하게 변경될 상황에 놓였다. 당시 변화하는 식민지사회에서 새로 정립되는 법규범 역시 '관습'으로 불리면서 신관습과 구관습이 구별 없이 모두 관습으로 혼용되었다는 것은 주목할 점이다. 관습이 식민지조선의 가족법과 동일시됨으로써 관습이 지칭하는 시간성은 점점 더 불분명해진 것으로 보인다. 다음은 중추원에 보관되어 있던 유산상속 관습에 관한 회답의 일부로, 1935년 광주지방법원민사부 재판부장이 중추원에 조회한 사안이다.

구시(舊時)에는 가장(家長) 여부를 불문하고 피상속인에게 자녀가 있고 또 생전에 각 자녀에게 그 소유재산을 분급하지 않고 사망한 때에는 그 유산은 남녀를 불문하고 동생(同生)간의 협의에 의하여 분할하고 누구도 이를 독점할 수 없다. (…) 또 한국에는 유산을 상속할 자가 수인(數人) 있는 경우에도 분할 전의 상속재산에 대하여 공유관계를 인정하지 않으므로 장자(長子) 중자(衆子)를 불문하고 유산의 분할에 의하여 비로소 그 소유권을 취득하며 분할 전에는 아직은 사자(死者)의 것으로 간주하는 것이 일반의 관념이었으나(타이쇼오大正 12년 6월 7일 고등법원장조회 동년 6월 19일 정무총감회답『민사관습회답휘집』141면) **근시(近時)에 이르러** 일반적으로 주체 없는 재산의 존재를 인정하지 않는 결과 호주가 사망한 때에는 호주권의 승계와 동시에 그 유산도 역시 새로 호주로 된 장자가 일응(一應) 그 전부를 승계하는 것이라고 해(解)하게 되었다 할지라도 실제관념은 구시와 거의 다른 바 없[다].[22]

먼저 이 담론에서 주목되는 것은 '구시'와 '근시'라는 불분명한 시간 분류이다. 아마도 식민지 이전을 의미할 시대를 그저 구시로 지칭함으로써 조선왕조에 대한 호명을 피해가고 있다.[23] 과거가 불분명함에 따라 현재

---

22) 이 자료는『민사상속회답휘집(民事相續回答彙集)』출간 후 1933년~45년 중추원『회답』의 일부로, 정광현 교수가 필사하여 소장하던 것을 출간한 것이다(정광현 1967, 202면).

23) 이 자료는 구시의 관습을 살펴보기 위하여『경국대전』형법 사천조(私賤條),『대전속록(大全續錄)』호전(戶典) 전택조(田宅條),『속대전』형전(刑典) 사천조의 몇구절을 참고하고 있다. 문제는 이 법전들이 근거하는 역사적 맥락에 대한 고려 없이 식민지시기 조선과 단순비교된다는 것이다. 여기서 조선왕조의 법과 제도는 '현시'의 제도를 설명하고 그것과 대비하기 위해 언급된다. 이 중추원 자료에서 한국의 재산상속 '관습'이 어떻게 서술되는지 살펴보자. "한국에서는 친자간의 채무승계에 관하여『경국대전』호전 징채조(徵債條)에 '負公私宿債者 雖身死 有妻子財産子 許徵'이라 하고 또『속대전』호전 징채조에 '公私負債者 親父子外 兄弟及一族止妾人 一切勿侵'이라고 규정하고 있다. 즉 호주가족을 불문하고 부채를 남기고 사망한 때에는 채권자는 사자의 유산에 대하여 변제를

시공간의 성격도 불명확할 수밖에 없다. 예컨대 재산상속에서 개인의 소유권 문제는 단지 자본주의라는 조건에 기인하는 것이 아니라 더 구체적으로는 가독상속(즉 호주상속)과 재산상속이 동시에 이루어져야 하는 가제도의 맥락에서 제기된 것이었다. 1930년대 당시 유산상속 관습 문제가 제기된 것도 바로 가독상속권 계승과 연동된 재산상속의 혼란을 조선사회가 경험하고 있었기 때문이다. 하지만 "실제 관념은 구시와 거의 다른 바 없다"는 답변에서 엿볼 수 있듯이, 당시 조선에서 재산상속에 관한 새로운 관습은 잘 정립되지 않았던 것으로 보인다.

중추원은 당시의 재산상속 관습에 관한 문의에 부응하여 각 참의(參議)에게 각지의 관습을 문의하고 원내에서도 촉탁회의를 열었다고 한다. 하지만 각지에서 보낸 회신을 보면 입장이 구구하여 지방과 가족마다 상이한 관행이 존재하는 것으로 보고되었다.[24] 이러한 상황에서는 식민지조선

받을 수 있으며 또 유산이 없을 때라도 처자가 있을 때에는 이들로부터 변제받을 수 있으며 장자와 중자에 따라 책임을 달리하지 않는다. (…) 그런데 현시에는 호주가 사망한 때에는 장자가 호주상속을 하고 이와 함께 전(前) 호주의 유산전부를 일시 승계할 뿐 아니라 부채도 승계하므로 호주상속을 한 장남은 그 승계재산으로 전 호주의 부채를 변제하고 잔여의 재산에 대하여서만 분재의무를 부담한다고 하지 않으면 안된다"(정광현 1967, 205~206면).

24) 각 참의가 답신한 유산상속 관습은 다양하였다. (1) 유산을 반분하여 호주상속인이 취득하며 잔여를 이남(二男) 이하에서 균분한다. (2) 호주상속인에게 제(弟)가 1인 있을 때는 유산의 약 5분의 1을 제에게 분급하고 제가 수인(數人)일 때에는 유산의 약 10분의 1씩 이남 이하의 제제(諸弟)에게 분급하고 잔여를 호주상속인이 취득한다. (3) 유산의 약 10분의 2를 제사료(祭祀料)로 공제하고 잔여인 약 10분의 8을 호주상속인 및 기외의 각자에게 균분하며 제사료는 호주상속인이 취득한다. (4) 호주상속인에게 제가 1인 있을 때는 호주상속인이 유산의 약 10분의 6을 취득하고 잔여 약 10분의 4를 제에게 분급하며 제가 2인 이상일 때에는 호주상속인이 유산의 약 5분의 2를 취득하고 잔여인 약 5분의 3을 이남 이하의 제제에게 균분한다. (5) 호주상속인에서 제가 2인 이상 있을 때는 이남 삼남 사남의 순서에 따라 분재액에 다소의 차등을 두어 연장자에게 많이 주고 순차로 그 액을 체감한다. (6) 호주상속인에게 제가 1인 있을 때에는 그에게 유산의 약 5분의 1을 분급하고 잔여를 호주상속인이 취득한다. 또 제가 2인 이상일 때에는 유산의

의 재산상속의 가장 근본적인 원리조차 합의되기 어려웠다. 그 근본원리란 조선에서 호주상속에 따르는 재산상속을 호주가 전(前) 호주의 전체 재산을 상속한 다음 차남 이하에게 분재하는 것으로 볼 것인지, 아니면 호주와 차남 이하의 공동상속으로 볼 것인지에 관한 것이었다. 이러한 혼란상은 유산상속에서 '현시'의 관습이라 할 만한 것이 정립되어 있지 않았음을 보여준다.

하지만 식민지정부는 이러한 상황에서도 가제도의 원리대로 호주의 권리를 강화하는 방향에서 유산상속 관습을 만들어갔다. 이미 1917년(타이쇼오 6) 9월에 평양지방서기회의에서 "한국인 호주가 사망하여 차남, 삼남이 승낙을 얻어서 상속분의 분배를 받고 상속에 의한 소유권이전등기를 신청한 경우일지라도 일단 장남이 상속등기를 한 후가 아니면 이를 수리할 수 없다"는 내용의 결의가 있었고, 이 결의는 예규(例規)로 계속 효력을 미치게 되었다(정광현 1967, 188~89면). 다시 말해 호주상속인인 장남의 유산상속이 법적으로 완결된 후에야 차남 이하의 유산상속에 대한 법적 절차가 진행될 수 있었다. 실제로 식민지시기 재산상속에 관하여 빈번하게 제기된 쟁점은 차남 이하의 호주 재산에 대한 분할청구권리 관련 사항들이었던 것으로 보인다. 예컨대 호주상속인에게 유산상속이 집행되었지만 제(弟)에 대한 유산분할 이전에 호주상속인이 상속재산의 일부 또는 전부를 타인에게 매각 또는 양도한 경우, 차남 이하의 적자(適子)와 서자는 매수인(買受人) 또는 양수인(讓受人)인 제3자에 대하여 호주상속인의 처분을 무

약 3분의 2를 호주상속인이 취득하고 잔여인 3분의 1을 이남 이하의 각자에게 적선(適宜) 분배한다. (7) 호주상속인에게 제가 1인 있을 때에는 호주상속인이 유산의 약 4분의 3을 취득하고 잔여인 4분의 1을 제에게 분급하며 또 제가 3, 4인 있을 경우는 호주상속인이 유산의 약 3분의 2를 취득하고 잔여인 3분의 1을 제에게 균분한다. 또 서제(庶弟)에 대한 분재비율에 대하여는 현시의 관습에도 일정한 것이 없으며 적제(適弟)에 비하여 다소 감하는 것이 통례이다(정광현 1967, 187~88면).

효로 하여 반환을 청구할 수 없게 되어 있었다. 단지 분배시 현존액(現存額)을 한도로 하여 분할함을 통례로 하였다(정광현 1967, 188~89면). 가제도의 이식과 함께 강화된 호주계승과 재산상속의 결합은 차남 이하 아들의 유산상속권리에는 상당한 제한을 가져오는 것이었다.[25]

식민지시기 실제 생활 속에서는 호주가 전 호주의 유산을 독점적으로 승계할 수 있다는 관념이 뿌리내리지 못했지만 제도적으로는 평양지방서기회의의 결의처럼 호주상속인의 재산상속권을 강화하는 방향으로 확립되고 있었다. 이러한 불일치는 앞서 지적한 대로 가산 개념에 따라 가독상속자가 전 호주의 재산을 독점상속하는 일본의 관습과, 조상 재산의 분재(分財) 개념에 입각한 조선 관습(제4장 참조) 간의 차이에서 파생하는 것이다. 이렇게 볼 때, '조선의 관습'이라는 기호에는 기존의 관행과 일본의 가제도에 의해 유도된 현재의 관행이 중첩되어 있다. 즉 식민지조선에서 오랜 시간 동안 형성된 사실로서의 관습과 일제 식민지당국이 조사하고 인정한 법규로서의 관습이 혼용되고, 여기에 가제도 도입의 정책적 변화에 따르는 법적 판단이 다시 관습의 이름으로 강제되었다. 이렇게 '조선의 관습'에는 과거와 현재의 조선, 그리고 조선과 일본이라는 이질적인 시공간이 교차되어 있다. 나아가 이는 단순한 교차나 중첩이 아니라 일본 가제도라는 '중심'으로 조선의 관습을 판단했다는 점에서 지식권력의 측면에서 불평등한 관계에 놓여 있었다. 이 측면은 다음의 판례들에서 살펴본다.

(2) 재산상속 판례에 나타나는 '관습'어법

호적법과 일본의 가제도 유입과 함께, 호적문서에 기초한 가족의 뚜렷한 경계가 조선사회에 도입되었다. 이것은 한국 가족사에서 아무리 강조

---

25) 일본의 가제도에서는 특히 부모의 재산상속 개시 이전에 '분가한' 차남 이하 아들들이 별도의 호적을 구성하여 가를 달리할 때, 재산상속권리가 상당히 제한된다. 가의 범위에서 성씨 문제는 제4장 참고.

해도 지나침이 없을 정도로 중요한 변화라고 하겠다. 다음은 1913년 조선 고등법원에서 내려진 재산상속 관련 재판의 판결요지 중 일부이다.

타이쇼오(大正) 2년(1913) 민상 제20호―유산상속권확인청구에 관한 건

판결요지: 기왕에 첩이었던 자가 이미 호주가 된 후 사망한 때에는 이와 그 가(家)에 같이 있지 않는 자는 가령 피상속인의 부(夫)였던 자의 자손일지라도 당연히 상속인이 될 수 없다. 그리고 그 여호주(女戶主)에게 당연히 상속인이 될 자가 없는 경우에 외손 기타의 자에게 제사를 위탁하고 또 그 유산을 승계시킬 수 있음은 **한국의 관습이다**(『조선고등법원판결록』 제2권 196~99면; 정광현 1967, 285~87면에서 재인용).[26]

이 재판은, 사망한 첩의 제사를 위탁받은 외손자가 재산을 상속받게 되자 그 첩의 남편의 손자(상고인)가 첩의 외손자(피상고인)에 대하여 제기한 소송의 상고심이다. 본 사건에서는 해당 상고가 기각되고 본래 제사를 위탁받았던 외손에게 재산상속권이 있다는 판결이 내려졌다. 그런데 이 재판 판결문에서 볼 때, '한국의 관습'을 둘러싸고 다툼이 벌어졌다는 것을 알 수 있다. 상고이유 제2점에서 주장하듯이 "한국 관습상 남의 첩인 자가 사망한 경우에 그 유산은 그 실자(實子, 친자)가 있으면 실자가 상속하여야 하며 실자가 없는 경우에는 당연히 부 또는 부의 적출자손(嫡出子孫)이 이를 승계함은 관습상 현저한 사실일 뿐 아니라 일점의 의심도 할 여지가 없는 것이다"라는 '관습론'이 제시된다. 즉 첩의 재산에 대한 상속의 권리는 첩의 남편의 후손에게 있는 것이 한국의 "현저한" 관습이라는 것이다. 계속해서 "주소사(朱召史, 첩)가 사망한 후에 동인(同人)의 유산은 당연히 승중(承重)상속인인 동인의 부의 적출손인 상고인이 승계할 자에 속하며

---

26) 이하 판결문은 해당 판결록을 정광현 교수가 국역하여 수록한 것인데, 판결문에서 '한국의 관습'이란 '조선의 관습'을 번역한 것으로 사료된다. 이하도 마찬가지임.

주소사가 상고인과 호적을 달리함은 위 상속에 대하여 추호도 영향을 끼치지 않는 것이다. 왜냐하면 첩의 생존중 보양의무(保養義務)가 부 또는 부의 적출자손에게 있기 때문이다"라고 하였다.

이와 같이 상고인은 보양의무 또는 첩의 남편 가족에 대한 소속과 같은 실제적 의존관계를 이유로 들어 그녀의 재산에 대한 상속권이 남편의 자손에게 있음을 주장하였다. 하지만 법원은 "첩이었던 자일지라도 이미 호주가 된 후 사망한 때에는 이와 그 가에 같이 있지 않는 자는 가령 피상속인의 부였던 자의 자손이라 할지라도 당연히 상속인이 될 수 없다"고 하고, "여호주는 당연상속인(當然相續人)이 될 자가 없는 경우에 외손 기타의 자에게 제사를 위탁하고 또 그 유산을 승계시킬 수 있음은 한국의 관습이다"라고 판단한다. 요컨대, 해당 판결에서는 이 여성이 생전에 호주였다는 사실, 즉 남편의 자손과 별개의 가에 속한다는 사실을 중요시하였다. 이 사실에 의해 주소사는 남편의 '첩'이라는 지위가 아니라, '여호주'라는 지위를 획득하였고, 상고인인 남편의 친손자는 재산상속 범위의 바깥에 놓이게 된다. 또한 이 여호주의 외손이 여호주와 동일한 호적에 속하지 않았다 해도, 여호주가 제사상속자로 지정하였다는 점에서 별호의 호적에 속하는 남편 가의 승중자보다 재산상속권이 우선한다는 논리이다. 그런데 이 판결에서 승인된 것은 막연한 '한국의 관습'이 아니라, '호(戶)'라는 단위의 법적 실체성이다. 비록 실질적인 보양관계 혹은 재산관계가 있었다 할지라도 유산계승의 법적 단위는 호적상의 '가'임을 선언하고 있는 것이다. 여기서 관심을 기울여야 할 것은 일본국가가 그들의 가제도를 이식하였다는 데에서 그치는 것이 아니라 그러한 이식이 '한국의 관습'이라는 이름하에 행해졌다는 점이다. 다음의 조선고등법원 판결에서도 이 점은 한층 분명해진다.

타이쇼오 13년(1924) 민상(民上) 제202호 ─ 유산상속권확인청구 사건

판결요지: 일(一). 호주가 사망한 경우이거나 가족이 사망한 경우를 불문하고 사망으로 인하여 그 재산을 상속하여야 할 자는 그 가에 있는 자에 한하며 타가(他家)에 있는 자는 상속인이 될 수 없음은 한국의 관습인 것이다. 이(二). 부부가 이혼할 때 부는 두 사람 사이에 출생한 여자(女子)를 그 모(母)인 처와 함께 거가(居家)케 한 후 모가 이를 양육하고 그후 모는 다른 남자와 결혼하여 동녀자(同女子)와 함께 동인(同人)의 민적(民籍)에 입적하고 동녀자가 미혼인 채 사망하였을 때에는 동녀자의 유산은 동일가족에 있는 모가 이를 상속할 것이며 부에게는 그 상속권이 없는 것이다(『조선고등법원판결록』 제11권 168~72면; 정광현 1967, 289~92면에서 재인용).

이는 1924년 고등법원에서 있었던, 사망한 딸의 재산상속권이 그 딸과 동일가적에 있지 않은 아버지가 아니라 동일가적에 있는 어머니에게 있다는 하급심에 대한 상고심 판결문의 일부이다. 상고인은 사망한 딸의 아버지로서 그 어머니와는 딸이 4세 때에 이혼하였다. 이후 어머니는 재혼하였는데 딸은 재혼한 어머니의 호적에 가봉자(加捧者)로 기입되었다. 이후 이 딸은 기생이 되어 상당한 재산을 모았다. 피상고인인 어머니와 어머니의 현 남편은 자신들이 양육한 딸이 기생이 되어 재산을 모았으므로, 딸의 유산은 동일가에 있는 어머니가 상속해야 한다고 주장하였다. 그 상고이유로 볼 때 역시 한국의 관습이 무엇인가가 다툼의 자리였다. 상고인은 주장하기를, "한국 관습상 가족인 미혼자가 사망한 때는 남자 여자의 구별 없이 그 유산에 대하여는 실부(實父)가 당연히 상속할 것이며 본건 상고인의 장녀인 정○옥(鄭○玉)은 (…) 사망한 후에는 그 유산에 대하여 당연히 실부인 상고인이 상속권 있음은 일정불변한 한국 관습이다." 이렇게 자녀의 양육과 재산에 대한 부권우선주의를 '한국의 관습'으로 제시하였다. 또한 "한국 관습상 여필종부라는 종래 관습이 있어 부녀(婦女)는 부(夫)에 대하여 경복(敬服)함은 물론 자녀에 대한 친권행사에 대하여도 부(父)가 사망하고 모(母)만 있을 때는 별도나 부모가 다 같이 생존한 이상 부가 모에 우선하여 친권을 행사하는 것이 도리다"라고 하였다. 부부관계에 있어서도 남자에 대하여 복종하는 것이 한국의 관습이므로 자식의 재산을 남편에 우선하여 부인이 상속할 수 없다는 것이다.

하지만, 해당 재판부는 "호주가 사망한 경우나 가족이 사망한 경우를 불문하고 사망으로 인하여 그 재산을 상속할 자는 그 가에 있는 자에 한하며 타가에 있는 자는 상속인이 될 수 없음은 한국의 관습인 것이다"라고 하여 호적상의 '가'의 중요성을 '한국의 관습'의 이름으로 거듭 확인하고 있다. 이에 대해 상고인은 다음과 같은 반론을 펴고 있다. "정○옥이 13세 때 모인 김윤○의 안부를 묻기 위하여 일시 윤○ 집에 가서 있을 때 호적관리의 조사의 잘못으로 인하여 ○옥을 피상고인인 이윤○(어머니의 현재 남편)의 호적상 가봉자로 하여 기입되었으나 (…) 호적정정수단을 하지 않는 것은 상고인의 과실에 불과"하다는 것이다. 즉 호적기재 착오의 결과로 딸이 어머니의 호적에 기록되었을 뿐 아니라, 정황으로 보아 딸이 "사망 전이나 사망 후에 피상고인과 동거하지 않았다는 것이 현저한 일"이라고 주장한다. 하지만 실제 동거 여부는 물론이고 호적상의 실수와 같은 정황은 사망한 딸이 어머니의 '가'에 속하였다는 엄연한 문서기록 사실을 뒤집지는 못하였다. 이렇게 본 판결은 가족 유산의 상속이란 동일가적 내에 있는 가족에 한정된다는 것을 선포함으로써, 가족관계의 실제를 앞서는 '호적'의 효력을 선언하는 효과를 지닌다. 여기서 보듯 호적을 중심으로 한 '가'가 재산상속의 경계임을 확립하는 판결에서 그 판단의 근거로 제시되는 것은 '한국의 관습'이다. 또한 흥미롭게도 이 두 판결에서 인정된 것은 부계중심주의에 대한 일반적 개념이 아니라 호적제도에 의해 문서화된 가족의 경계이다. 요컨대 '한국의 관습'이라는 이름하에 당시 조선에 이식되었던 일본의 가제도가 기존의 부계계승주의에 우선함을 선언하는 판결이 내려진 것이다. 하지만 이러한 승리에 애매함이 없었던 것은 아닌 것 같다. 아래의 판결은 그것을 드러낸다.

쇼오와(昭和) 8년(1933) 민항(民抗) 제33호—토지소유권이전등기신청 각하결정에 대한 재항고 사건

판결요지: 한국의 관습법에서 모의 유산은 남녀를 불문하고 그 자가 이를 상속하며 동일가적에 있거나 없거나를 구별하지 않는다(『조선고등법원판결록』 제20권 461~64면; 정광현 1967, 293~95면에서 재인용).

역시 조선고등법원에서 1933년에 내려진 판결문의 일부이다. 이 재판은 사망한 어머니의 재산을 상속하고자 하는 딸의 재산에 대한 상속등기신청이 각하된 데 대하여 제기된 소송의 항소심이다. 재산을 물려주게 될 어머니는 본래 아버지의 첩이었으나 딸이 2세 되던 때에 부첩(夫妾)관계를 해소하고 어머니는 실가(實家)로 복적한 후 사망하였다. 이에 하나밖에 없는 직계비속인 이 딸이 어머니의 토지를 상속하여 등기하고자 하였으나, 등기관리가 항고인(딸)의 신청을 각하하였고 원심에서도 모의 사망으로 인한 유산상속은 그 가에 있는 자에 한한다는 판결이 내려졌다. 하지만 이 항소심에서는 하급심의 판결을 뒤집고 '남녀를 불문하고 그의 자가 이를 상속하며 동일가적에 있거나 없거나를 구별하지 않는다. 이것이 한국 고래의 관습이며 현재에도 다를 바 없다'라고 판결을 내린다. 왜냐하면 "한국의 관습에서 호주 아닌 가족이 사망한 경우의 유산상속은 우선 사망자의 직계비속이 이를 하여야 함이 명백한 사실이며 이 상속인이 피상속인과 동일한 호적 내에 있음은 요건으로 하는 것이 아닌 것도 한국 관습상 명백하다"라고 하여 동일 '가'에 속하지 않은 자녀에게도 상속권을 인정하고 있다. 이러한 판단은 앞에서 살펴본 판결의 근거와 정확하게 모순되는 것이다. 그럼에도 불구하고 이 재판 역시 '한국의 관습'의 이름으로 판단을 내리고 있다.[27] 그런데, 앞에서 살펴본 판결에서 어째서 특정한 원리를 한국의 관습이라고 말할 수 있는지 또 누가 그것을 결정할 수 있는지에 대한 논의는

발견하기 어렵다. 특히 당시 있었음직한 조선의 토착 엘리트, 즉 양반들의 조선 관습에 대한 해석론을 찾을 수 없다.[28] 세번째 판례에서 보듯이 '한국의 관습'이라는 기호는 구체적 내용을 가지기보다는 맥락에 따라 편의적으로 사용되는 정치적 담론의 기능을 담당하고 있다고 할 수 있다. 다시 말해, '한국의 관습'이란 이미 주어진 모종의 형이상학적 체계를 정당화해주는 특권적 알레고리인 매스터 약호(master code, Jameson 1981)로서, 실제 판단은 판단자의 필요에 따라 내려짐을 알 수 있다.

다른 한편, 앞의 판결들의 실제 쟁점은 여성 피상속인의 재산상속 문제였다는 점이 주목된다. 흥미롭게도 세 사건은 모두 여성 소유의 재산상속에 관한 것이다. 이 사건들에서 피상속인은 첩, 딸, 이혼과 재혼을 한 어머니처럼 상대적으로 예외에 속하는 여성들이었다. 생각건대 여성 재산의 상속은 남성의 그것보다 예외적으로 발생했고, 정립된 상속 관습이 불분명했을 것이다. 또한 세번째 사건에서처럼 대다수 여성은 호주의 지위를 가지지 않기에, '가족의 재산'상속이라는 예외적 규칙을 적용받을 수 있었을 것이다. 이에 이런 판결들을 놓고 식민지시기 여성의 상속지위를 일반

---

27) 이어 1946년 한국의 대법원에서 출가여식(出嫁女息)은 모의 유산상속인이 되지 못하고 모와 동일가족 내에 있는 자녀에 한한다는 판결이 내려진다. 이 판결은 앞의 민항 제33호를 뒤집고 오히려 일본식 가제도를 한층 강하게 승인한 셈이다. 그런데 이 판결에서도 마찬가지로 '한국의 관습'이 중심적 판단근거로 제시되었다. 1946년 민상 제32, 제33호─토지소유권이전등기이행청구 사건 참조.

28) 이 점에서 라타 마니(Lata Mani)가 분석한 인도의 과부순장(sati) '전통'의 규정과 비교된다. 그에 따르면 인도에서는 이 '전통'을 둘러싸고 영국인 식민지 관료, 인도의 민족주의자, 인도의 토착학자 간에 격렬한 논쟁이 벌어졌다(Mani 1989). 이때에 이미 불타 죽거나 그럴 가능성을 지닌 인도 여성들의 참여는 없이, 그저 여성을 '담론의 장(場)으로' 하여 '전통'에 대한 다양한 입장이 개진되었고 그 속에서 '전통'이 재정립되었다고 한다. 식민지조선의 경우는 대체로 식민지당국에 의해, 조선왕조의 법전의 짤막한 인용과 함께 단시간 내에 조선 관습이 '결정'되었던 경향이 나타나며, 그에 대한 논란과 토착 엘리트의 참여는 잘 드러나지 않는다.

화하기는 어려울 것이다. 하지만 이 판례들은 호적상의 가족 경계에 대한 강조가 유산 상속자 및 피상속자 여성에게 유리할 수도 있다는 것을 보여준다. 여자일 경우라도 그녀에게 유산을 물려받을 가족이 같은 호적에 속해 있다면, 혹은 그녀가 재산을 물려준 가족이 호적 안에 있다면, 호적 바깥에 있는 남자 가족보다 그 권리가 우선할 수 있기 때문이다. 하지만 이러한 예외적인 사례와는 별도로 전반적 상황을 고려할 때, 식민지사회에서 여성의 재산상속상 지위가 상승했다고 평가하기는 어렵다.[29] 사실상, 앞에서 본 피상속인 내지 상속인으로서의 여성의 재산상속 문제는 자본주의적 사회변화에 따라 이루어진 개인의 상속권리가 가제도 도입의 맥락 속에서 다루어지는 상황을 보여준다. 이런 상황에서는 적절한 '한국의 관습'이 부재하며 그것을 새롭게 만들어야 한다고 선언하는 것이 더 정당한 일일 것이다. 그럼에도, 여성의 소유권과 관련된 당대 사회관계의 요청을 '한국의 관습'에 부착한 일본식 가제도로 재단하고 있는 것이다. 여성의 재산상속권은 기존의 가부장제와 일본 가제도상의 가부장제와의 경쟁 속에서 재규정되고 있었다.

이런 이유에서 이 판결들은 여성의 재산상속권리에 관한 것이라기보다 이를 통한 조선의 관습에 대한 해석과 재규정에 관한 것이라고 해야 한다. 그렇다면 이 재판들에 채용된 '한국의 관습'이 그저 자의적으로 사용된 것이었을까. 한국의 관습이라는 기호(signifier)는 무엇을 뜻하는 것으로 의미화(signification)되었을까. 이를 하나씩 생각해보자.

---

29) 그 이유는 첫째, 호적상의 가의 강조는 기혼여성의 친정재산에 대한 상속상 지위를 가족 바깥에 있는 사람과 동일한 것으로 만들었기 때문이며 둘째, 가족에 속해 있을 경우에도 여성은 호주가 아닌 가족원만의 재산을 상속받을 수 있고, 호주의 재산은 다음 호주에게 전액 상속되고 그것은 다시 남자형제들간의 분배를 원칙으로 하였기 때문이다. 따라서 실제로 여성이 재산상속자가 되는 경우는 희소했을 것이고, 상속자가 된다고 해도 상속재산은 대단히 미미했을 것이다.

먼저, 이러한 판결에서 '한국의 관습'은 정확히 누구의 관습일까. 앞에서 지적한 대로, '한국의 관습'이 언급되면서 정당화되는 주요 내용은 일본의 가제도이며, '현시(現時)'의 사회적 실행이다. 그럼에도 불구하고 '한국의 관습'이라는 기호에 의존함으로써, 그러한 제도가 한국 전래의 관행과 구별 없이 '한국의 것'으로 정착된다. 이러한 '관습'어법은 일본의 가제도를 분명하게 일본적인 것으로 보이지 않게 만들면서, 시대의 변화 혹은 현재의 상태에 따른 조선사회 내부의 것인 양 내재화하는 담론이라 하겠다. 요컨대, 이런 논리를 통해 가제도가 한국의 관습으로 자연스럽게 통합되는 담론정치가 이루어진다.

둘째, 이런 '관습'어법에서 조선왕조의 법제도에 대한 탈역사화가 일어난다. '관습'에 관한 각종 보고서를 보면, 조선왕조의 대표적 법전을 통하여 고래(古來)의 관습을 요약한 다음, 곧장 현재로 건너뛰는 서술방식을 취하고 있다. 여기서 500여년의 장구한 역사를 가진 조선왕조 법제도의 복합성은 단순화되고 그 역동성은 탈각된다. 주지하다시피 조선왕조의 가족제도에서는 시대간, 신분간의 커다란 편차가 존재하였으며 그러한 가족규칙들은 조선시대의 정치·경제·사회적 문맥 속에서만 충실한 의미를 가진다. 그것을 몇개의 경전으로 요약하는 관습어법은 조선시대의 가족제도를 관습의 고정된 원천인 것처럼 본질화하고 그 제도들이 '관습'과 동격인 것처럼 동결하여 사실화한다. 뿐만 아니라 양반의 세계관에 입각한 종법(宗法)질서가 자본주의의 도상에 있다는, 현재 사회의 '관습'으로 재수용되고 보편화되고 있다는 점에서, 식민지 관습어법의 시대착오성을 읽을 수 있다. 조선 관습의 이러한 탈역사화는 식민지시기 일본 민법의 주입보다 훨씬 심원한 식민지 영향이라고 생각한다. 이는 왜곡과 달리 조선에 충실한, 그러나 탈맥락화와 탈역사화를 동반하는 것이기 때문이다. 해방 후 전통주의자들 역시 식민지 시각의 '조선의 관습'의 이미지를 벗어나지 못한 것은 아닌지 살펴보아야 한다.

셋째, 이러한 어법의 결과, 식민지시기 조선의 관습이란 조선시대 가족제도와 연속선상에 있지만 그렇다고 조선시대의 것도, 일본제국의 것도 아닌, 하지만 그 모두와 결부된 어떤 것으로서 의미부여되었다. 문제는 이러한 시공간적 정체성에서 과거와 현재, 조선과 일본 간의 경계가 흐려지고 혼란스러워진다는 점에 있다. 바로, 이 시공간이 '식민지적 한국 가족의 상황'을 재현하고 있다. 따라서, "—이 한국의 관습이다"라고 식민지조선과 탈식민지 한국의 법원에서 반복적으로 선언되었음에도 불구하고, 그 의미는 공허해졌고 시간의식은 실종되어갔다.[30]

마지막으로, 가족 '관습'이 법적 원리로 정착됨으로써 파생한 신분관계의 지속에 대해 지적하고자 한다. 앞의 판례에서 설명했듯이, 새로운 시대 속에 등장한 여성의 재산상속이라는 쟁점이 동결된 관습 기준에 의해 재단될 때, 현재의 사회변화에 민감하게 반응하여 합리적인 기준을 찾아낸다는 것은 불가능하다. 오히려, 가문, 젠더, 장자와 차자 같은 신분적 귀속이 엄격한 신분질서가 자본주의 사회관계 속에서 재정립되는 역설을 낳게 될 것이다. 아니, 그러한 신분관계의 지속과 권리의식의 약화야말로 식민지지배에 유리했다고 지적된다(이병수 1977, 76면). 따라서 그와 같은 신분관계에서 전망되는 근대사회의 모습은 가부장적 가족관계에 기반을 둔 근대성이요, 성별과 신분적 차별에 입각한 민주국가일 것이다. 하지만 이런 가족질서는 탈식민 후 한국에서 오랫동안 그 유래를 알 수 없는 미풍양속으로 미화되었다.

---

30) 이와 같은 '관습'어법의 탈시간성은 탈식민 이후에 더 심각해졌다고 할 수 있다. 이러한 어법이 탈식민 한국의 법원에서 지속됨에 따라, '관습'어법의 정치적 의미는 약화되지만 그 시대착오성은 한층 가중되었기 때문이다.

5. 맺음말: 왜곡된 전통론과 탈식민주의 문제의식

파비앙(J. Fabian)은 인류학에서 일어난 타자화(othering)는 그들을 인류학적 시간 밖으로 내모는 것을 동반했다고 하면서, 타자화에 내재한 시간의 정치학에 비상한 관심을 불러일으켰다(Fabian 1983, viii-xv). 여기서 서양의 반대항에 해당하는 '오리엔트'라는 사회는 서양의 심상지리학(imaginative geography) 속에서 그려진 공간을 말한다. 에드워드 싸이드는 오리엔트라는 지정학적 장소는 서양의 담론 속에서 정체(停滯)되고 신비화된 문화 재현을 통해 구성되어왔다고 논쟁하였다. 하지만 이 오리엔트는 단순히 상상적인 것이 아니라 주로 18세기 말부터 20세기 초에 이루어진 서양의 체험에 기반을 두고 만들어진 학술적이고 담론적인 구성체이다(Said 1979, 1~28면). 이 심상지리학에서 바로 시간의 정치가 일어난다. 강상중에 의하면, 일본에서 자기동력을 갖게 된 오리엔탈리즘은 서구와 아시아에서 일본의 위치 정립의 기초가 되었다. 여기에서 식민주의의 지배·종속관계에 놓인 '이상계통(異常系統)' 사회(아시아)는 '질서있는 발전'을 이룬 쪽으로부터 역사적으로 설명되고 동시에 '비역사적' 본질로 환원되었다고 한다. 이러한 발전과 정체의 최상의 비교대상이 바로 한국이다(강상중 1997, 77~94면). 요약하면 서양, 혹은 서양과 입지점을 일치시키고자 하는 일본의 역사를 입증하기 위해 아시아는 비역사적인 것으로 역사화되었다는 것이다. 이러한 역설을 이 장에서 '관습'의 시간성의 실종을 통해 발견할 수 있다.

이 장에서 살펴본 바와 같이, 조선의 '관습'이 불러일으키는 과거는 조선왕조에 입각한 듯하지만 실은 특정한 역사적 시간이 아니다. 그 과거는 역사적으로 특정화된 시간이 아니라 일본의 식민지 오리엔탈리즘이라는 심상지리학에서 만들어진 시간으로 보인다. 그것은 공간적으로 일본의 지도 속에 포섭되고, 시간적으로는 조선왕조와 결부된 상상적 시공간이다.

하지만 당대 식민지조선의 문화는 그 관습과 연속선상에 있는(있어야 하는) 것으로 가정되었기 때문에, 이 과거란 바로 현재를 조건짓는 과거이다. 따라서 이 과거는 바로 식민지조선의 동결된 현재를 의미한다.

이를 통해 볼 때, 일제 식민주의가 조선의 관습에 미친 영향은 관습의 왜곡으로는 잘 파악되지 않는 여러 측면이 있다. 먼저, 일본은 식민지 본국으로서 자신들의 가족제도를 실제로 조선에 이식하였다. 따라서 가제도와 호적제도에 포함된 호주와 가족관계, 결혼, 이혼, 재혼, 부모자녀관계, 재산상속 등 여러 가족관계의 법규도 함께 조선에 이식되었다. 식민지 피지배국가에 이전과는 다른 '새로운' 가족제도가 이식되었다는 점을 분명히 해야 한다. 이것은 관습의 왜곡론뿐 아니라 자생적 관습형성론에 대해서도 비판의 근거를 제공한다.

둘째, 이식된 일본의 가족제도는 씨제도나 서양자제도 같이 명백한 강제가 아닌 많은 경우, 조선에 실행되어온 '관습'으로서, 또한 조선의 당대 사회의 필요로서 제시되었다. 다시 말해 그것들은 당시의 사회적 관행이 되어 조선의 관습으로 자리잡았다는 점에 주목해야 한다. 이렇게 일본의 가족제도가 '조선의 관습'이라는 기호에 의해 의미를 부여받을 경우, 일본의 제도라는 이질성이 드러나기가 어렵다. 예컨대, 탈식민 후 한국에서 호주제도는 유림 등에 의해 아주 오랫동안 한국의 '전통'으로 비호되었는데, 그것은 무엇보다도 호주제도를 통해 제사상속을 중심으로 하는 한국의 가부장적 가족의 계승이 확보되었기 때문이다. 이것은 일제강점기의 '관습'이 제사 같은 기존의 '관습'을 억압한 것이 아니라 그것의 의미에 부착되고 오히려 그것을 지속시키는 성격을 가졌음을 의미한다.

셋째, 관습왜곡론과 거리가 필요한 또다른 이유는, 일제가 조선의 관습에 대한 조사를 끊임없이 수행했다는 사실에도 있다. 일제가 나름의 객관성을 가지고 조선왕조의 법전을 연구하고 식민지 관습을 조사했다면, 이에 어떻게 개입할 것이냐의 문제가 있다. 사실로서의 관습론으로는 명백한 왜곡으로 보이지 않는 식민지성을 다루기 어렵다는 한계에 다다르는 것이다. 또 명백한 왜곡을 증명하기 위해서는 1910년대 전후 한국의 실제 관습을 사실적으로 밝혀야 할 것이다. 관습은 늘 변화하는 것으로, 고정되어 있지 않을 뿐 아니라 지역적·신분적 편차를 가진다. 그렇기 때문에 관습이 획일적이고 보편적인 법제도로 확립될 때 실제 관습과 간극이 발생한다. 게다가 식민지조선 관습의 법제화는 일본 본국의 정책적 관심 속에서 이루어졌다는 점에서 문제의 심각성이 더해진다.

이상의 논의에서 볼 때, 식민지시기 친족과 상속법 분야에서 조사된 것, 그리고 그후 일어난 변화는 왜곡이라기보다 훨씬 더 적극적인 의미의 '생산'이라고 할 수 있다. 그것은 조선시대부터 전승된 당시의 가족관행을 일본식 가족제도로 분류하고, 항목화하고, 개념화하고, 호명하는 모든 곳에서 발생하였다. 그래서 이후 조선의 관습을 사고하고, 이해하고, 느끼게 하는 지식의 회로를 만들어냈다. 일본의 가제도가 조선의 '관습'을 왜곡한 것이 아니라 '조선의 관습'이라는 기표 속으로 일본의 제도가 용해되었다. 탈식민적 문화론을 위해 필요한 것은 진정한 전통의 회복이 아니라 전통이 기반하고 있는 얼어붙은 문화주의를 녹이는 것이며, 그것을 위하여 이제까지 알려져온 '전통' 혹은 '관습'을 역사적 맥락에 위치시키는 것이다. 전통이나 관습이 불러일으키는 '과거'가 특정한 역사적 과거가 아니라 어디에도 존재하지 않는 탈역사화된 시간이라고 할 때, 미래로 나아가기 위해서는 그 실종된 시간의 구속에서 벗어나야 한다.

제4장

식민지시기 가족법의 '관습' 문제 II: 가장제도의 착종을 중심으로

1. 문제제기

앞장에서는 식민지조선의 관습조사에서 일본의 민법과 조선왕조시대의 법령과 사실인 관습이 모두 '조선의 관습'이라는 기호로 인식되고 해석되는 과정을 살펴보았다. 이 과정에서 관습의 시간성은 실종되고 그 내용은 동결되었다. 시간성의 실종은 역사적 맥락에 관습을 위치시킴에 따라, 탈식민 이후 시간이 흘러도 변화되거나 극복되지 못한 채 정체된 관습을 만들어냈다. 이 장에서는 식민지시기의 가족법제를 젠더관점에서 살펴보고자 한다. 앞장에서는 관습 조사과정에서 가부장적 '젠더질서'를 당연시하는 태도를 찾아볼 수 있었다.[1] 식민지시기 가족법의 관습원리에 의해

---

[1] '젠더질서'라는 표현은 조앤 스콧 같은 포스트구조주의 젠더역사학자가 말하는 역사 분석 도구로서의 '젠더' 개념에서 영향을 받았다. 앞장에서 논한 것처럼, 새로운 여성사 가들은 여성사를 여성을 역사에 부가적으로 기입하는 것이 아니라, 젠더의 축으로 역사를 재해석하는 방법론으로 자리매김한다. 이 점에서 여성사는 젠더사가 되는데, 이때에 그동안 보이지 않고 잡히지 않던 사회구성의 틀이자 방식인 '젠더질서'가 드러나면서

조선의 가부장제에는 어떠한 변화가 일어났을까. 특히 일본의 가제도가 유입되는 상황에서 조선 가족제도의 가부장적 측면은 어떻게 해석되고 법제화되었을까. 2005년까지 한국의 민법에 존재했던 호주제도는 식민지시기의 가제도 이식과 불가분의 관계에 놓여 있기 때문에 이 질문은 단지 과거에 관한 것이 아니라, 2000년대 현재의 한국사회에 관한 것이기도 하다.

이 장에서는 식민지적으로 해석되고 유입된 관습을 젠더질서라는 측면에서 고찰할 것이다. 특히 가제도의 핵심인 '호주' 지위에 조선시대부터 유래한 '가장(家長)', 좀더 정확하게는 제사계승자인 가계계승자를 대입함으로써 일어난 가부장제의 변화와 법제화에 초점을 맞출 것이다. 이를 통해 식민지시기 조선의 가족제도에 '관습'의 이름으로 일본의 제도가 도입되는 현상을 조명하고자 한다. 보다 일반적으로 식민지시기를 거친 한국 가족제도에서 부계계승제도의 성격, 그리고 식민지 지배관계에 젠더질서를 어떻게 재구성하였는지, 젠더와 식민지성의 상호작용에 대한 부분을 조명할 것이다. 이는 앞장에서 논의한 식민지시기 관습에 대한 지배적 시각인 관습왜곡론에 대해서도 이론적 함의를 가질 것이다. 관습에 대한 식민지 영향이 단지 사실의 '왜곡'이었다면, 식민지시기를 통해 도입된 호적 중심의 가제도, 호주 중심의 부계계승제도, 부권(父權) 중심의 친생자 법리(法理) 등이 탈식민 후 척결되기는커녕 한국의 전통으로 받아들여지고 계승된 것을 설명하기 어렵다(양현아 1999; 홍양희·양현아 2008). 예컨대 호주라는 지위가 일제강점기에 이식된 법제도로서가 아니라 가장(家長) 일반을 의미하는 것으로 현대한국의 가족연구 등에서 버젓이 사용되어온 이유는 무엇일까. 가부장적 젠더질서가 역사적인 구성물로 보이기보다 '자연물'

새로운 역사쓰기가 가능해진다. '젠더질서'는 개별 남성 혹은 여성의 특성에 귀속되지 않는 사회구조적 개념으로, 남성과 여성을 사회 내에 배치하여 위치를 만드는 일련의 방식이며, 그럼으로써 남성과 여성이 누구라고 하는 주체성 그리고 젠더관계가 구축된다. 이렇게 하여 젠더는 사회를 구성하는 핵심적 축이 된다(제1장 참고).

로 보이는 이유는 무엇일까. 이 장에서는 이러한 질문을 가지고 젠더질서를 조명한다. 서론에서 논의한 바와 같이 젠더란 여성에 관한 것이 아니라 사회에서 남녀관계의 조직이며, 그것과 관련된 정치·경제·문화·외교적 제반 현상이라면, 이 장에서 젠더질서는 식민지시기의 여성을 드러내는 것이 아니라 젠더를 통해 식민지성을 드러내는 것이 될 것이다.

2. 일본의 가제도와 조선의 가족제도

조선과 일본의 가족제도를 먼저 가제도의 속성 및 조선의 성과 일본의 씨의 비교를 통해 살펴본 후, 호주와 가계계승자 간 차이에 대해 고찰하고자 한다. 가족제도와 가계계승의 문제는 재산상속 문제와 연결되는 것으로서 앞장과 상호관련성을 갖는다.

(1) '가'의 고안

가부장적 가장제도가 봉건사회의 유산이라는(이희배 1990, 45~46면; 김주수 1991, 354~55면) 널리 받아들여지고 있는 믿음에도 불구하고, 일본의 가제도는 메이지정권(1868~1912)하에서 주로 정치적인 산물로 고안된 '근대적' 고안물이라는 주장이 설득력을 얻고 있다(Ueno 1995). 메이지시대 이전에 가제도는 대부분의 일본인들에게 실행되지도 알려지지도 않았다고 한다. 이 제도는 무사계층인 사무라이의 가족제도를 모델로 삼아 만들어진 것으로, 사무라이 계층은 인구의 아주 작은 비율만을 차지하고 있었다(Watanabe 1963, 369면; Ueno 1995). 1898년 일본 민법전의 초안을 만드는 책임을 맡은 유교 엘리트들은 전국적 규모의 조사를 통해 널리 실행되고 있는 관습들에 대해 알아보기 시작하였는데, 평민의 90%가 조사자들이 이해하는 유교적 규율을 따르지 않는 '변칙적인' 혼인, 친족 계산, 가계구성을 하고 있음을 발견했다(Smith 1996, 165면; Ueno 1995). 펠젤(John Pelzel)이 언급하듯이, 일본의 민법전 초안은 조사에서 드러난 변칙들보다는 유교 엘리트들의 이상(ideal)에 기초한 것이었다(Pelzel 1970, 240~41면).

19세기 동안 일본에서 신(新)유교의 융성은 천황과 국가를 재건하고자 하는 국가적 노력에 상응하는 것이었다.[2] 유교뿐 아니라 토착종교인 신또오(神道)와 불교의 요소가 모두 혼합되었다(Smith 1996, 162, 172면).[3] 또한 메이지 제국 자체가 하나의 가족과 같은 형태로 디자인되었기 때문에 가제도의 고안은 정치적으로 매우 중요한 의미를 갖는다(Watanabe 1963, 363면). 가라는 가족단위는 국가의 살아 있는 세포였고, 국가는 확대된 형태의 가라고 할 수 있기에 가족은 국가라는 유기체의 요소가 된다. 이러한 성좌(星座) 속에서 가장인 호주는 한 가족의 어른인 동시에 천황의 자녀로서 제국과 가족의 일원들을 연결해주는 연결점이다.

가족적 국가는 이렇게 전체 인구를 '가'라는 구체적인 관계틀 속에 배치하고 가와 국가를 위계적으로 구성함으로써, 전체 인구를 효과적으로 지배할 수 있다. 일본 메이지 천황의 교육칙어(教育勅語, 1890년 발표, 1948년 폐지)에 적시되어 있듯이, 국가와 가족, 국가와 국민의 상호작용은 보호와 순종, 천황에의 충성과 부모에 대한 자식의 효심에 그 핵심이 있다(Yamashita 1997, 152~53면). 각 가족의 대표자이자 남성인 호주들은 국가와 상호작용

---

2) 신유교주의는 유교를 국가학 연구인 코꾸가꾸(國學)와 미또 연구인 미또가꾸(水戶學)라는 운동과 융합한 것이다(Smith 1959, 28면; Minear 1970, 164면). 미또가꾸는 유교적 틀을 왜곡하면서 유교의 도덕률 중 하나인 충성을 최상의 것으로 만들어서 비유교적인 황제를 유교적인 틀에 결합시켰다. 코꾸가꾸는 다소 원시적인 토착문화를 부흥시키는 운동이었다. 이 두 가지 체제는 서로 다른 것이지만 그 효과는 같았다. 아마떼라스(天照)의 직계자손인 천황은 신성하며, 그 천황에게 충성을 다하라는 것은 신성한 명령이다.
3) 황병태가 지적하듯이, 시간이 흐름에 따라 일본의 유교는 정치적·문화적인 사상체계로 자리매김하게 되었고 유교적 기원으로부터는 점점 더 멀어졌다(황병태 1979, 18면). 그 것은 특정한 사회적 행동을 지지하는 사회규칙 혹은 윤리규칙이 되었다.

을 하는 유일한 시민들이었고, 가족 안에서 제기되는 문제들을 해결할 권리와 의무를 가진 가부장들이었다. 하지만 이러한 제도의 입안이 논란 없이 이루어진 것은 아니다. 메이지시기에 일본은 그 법률제도를 주로 프랑스와 독일의 법전에 기초한 유럽적 모델에 따라 근대화하기 위해 많은 노력을 기울였다. 유럽의 법학자들이 일본 법제도의 서구화를 돕기 위해 일본에 초청되었지만(Luney 1989, 147면), 새로운 법제도가 일본인들의 실제 생활과 윤리를 간섭하거나 바꾸고자 하는 의도로 만들어진 것은 아니었다 (Tanaka 1976, 194, 199~200면; Noda 1976).[4]

메이지시기 법제정에서 유럽화와 일본 문화의 보존이라는 두 가지 목표의 충돌이 민법전만큼 잘 드러나는 곳은 없었을 것이다. 1879년 민법전을 입안하고자 하는 노력이 프랑스 법률가에 의해 시작되었다. 이후 10년간의 노력 위에 작성된 초안은 프랑스의 개인주의적 민법전에 기초한 것이라고 주장하는 "연기파들"(postponists)의 강한 반대에 부딪쳐 거부되었으며, 이후 새로운 초안이 구상되었다. 이후 힘겨운 입안과정을 통해 가족법을 포함한 민법전의 초안이 통과된 것은 1898년이었다(김주수 1994; Smith 1996, 166~67면). 일본 민법전은 프랑스·독일·스위스·오스트리아·네덜란드를 포함한 유럽국가들의 법전을 모델로 만들어졌지만 그 외관에도 불구하고, 특히 친족상속법은 서양의 영향을 가장 적게 받은 법이다. 가제도가

---

4) 일본제국주의의 기초로서 신유교주의가 융성하면서, 한국에서도 유교가 장려되었다. 1911년 식민지정부는 성균관을 대체하는 기관으로서 경학원(經學院, 케이가꾸인)을 설립하였는데, 이것은 식민지조선에서 유교적 활동의 중심이 되었다. 1928년 한국 유림에는 227,547명의 유생이 있는 것으로 공식 기록되었는데, 1938년에 조선 전국에서 유교 춘계행사에 참가한 유림들은 100,000명을 넘은 것으로 집계되었다. 한국에서 유교는 서양과 비교되는 아시아 공통의 문화유산으로 강조되는데, 바로 이 점이 일본의 식민주의를 서양의 그것과 구별짓는 철학적 기반이기도 했다. 식민주의 지배가 한국의 유학 및 유학조직에 미친 영향에 대한 진지한 탐구가 필요하다(Lee 1993; Peattie 1983; Kang 1973; Smith 1959).

가족법의 근간을 이루고 있다는 것이 가장 좋은 예이다(Luney 1989, 148면; Noda 1976, 55~56면; Smith 1907, 46~47면).

가제도는 소규모의 가족단위를 일본사회의 기본조직으로 확립하는 데 있어 유럽의 핵가족을 모델로 하였다는 점에서 '일본판 근대가족'이라 할 수 있다.[5] 가제도에서 가족은 한 남성의 결혼으로 시작되며, 이렇게 형성된 가족은 그의 부모나 형제의 가족과는 분리될 수 있기에, 이 가족의 이념은 핵가족의 이념과 유사해 보인다. 하지만 핵가족처럼 보이는 이러한 가족의 우두머리 지위(호주)는 부계상속을 통해서 그 지위가 주어진다. 상속의 원리가 없었다면 전체 국민의 어버이로서의 천황이라는 모델이 성립하지 않았을 것이다. 이 점에서 "우리가 〔이에에서〕 발견하는 것은 핵가족에 살고 있는 확대가족이다"라고 한 우에노 치즈꼬(上野千鶴子)의 표현은 적확한 것이다(Ueno 1995). 이렇듯 가제도 자체가 일본의 전통과 근대성의 혼합의 산물이고, 일본 민법전 자체가 타협과 갈등의 산물이었지만, 그것이 조선에 제시될 때는 보편적인 '근대법'으로 변화했다. 이러한 일본법이 조선에 적용되면서, 조선의 가족 '관습'에는 무슨 변화가 일어났을까. 다음 절에서는 가제도의 호주를 조선의 '관습'이라는 식민지 가족법의 맥락에서 해석하기로 한다.

(2) 성과 씨, 양자제도

조선의 '관습'을 따른다는 친족상속법의 원칙에도 불구하고 1921년, 1922년, 1939년에 걸친 조선민사령 제11조의 개정으로 일본 구민법상의 가제도는 조선에 점점 더 깊이 뿌리를 내리게 되었다. 특히 1939년 조선민사령의 세번째 개정을 통해 도입된 일본의 씨제도 및 서양자제도는 한국

---

5) 우에노는 메이지 민법전의 가장 중요한 목적은 일본의 이에를 지역공동체의 통제로부터 벗어난, 그래서 국가와 직결된 가정으로 확립하기 위한 것이었다고 한다(Ueno 1995).

가족제도의 가장 근본적인 관습과 어긋나는 것이라 하겠다. 사실상 이 제도들은 1945년 조선이 식민지지배에서 벗어나면서 곧바로 폐지되었다. 그렇지만 씨제도나 서양자제도의 배경이 된 일본의 독특한 가제도의 영향력은 한국에서 오랫동안 사라지지 않았다. 무엇보다 조선 고유의 제도와 일본의 가제도 간의 차이가 명확히 사고되지 않았는데, 아래에서는 그 차이에 대해 짚어본다.

1) 창씨개명의 성격과 과정

조선에서 일본의 씨제도 강행은 1939년 제3차 조선민사령 제11조 개정으로 절정을 이루었다. 1939년 11월 10일 공포된 '조선민사령 중 개정의 건'(제령 제19호)은 서양자 및 이성양자(異姓養子)를 인정할 것, 가의 칭호로 씨를 붙일 것, 호주는 씨를 설정하여 개정민사령 시행으로부터 6개월 이내(1940년 2월 11일부터 6개월간)에 신고할 것, 신고가 없는 경우는 호주의 성을 씨로 할 것 등을 정하고 있다. 이로써 조선인들은 정해진 기간 안에 새로운 씨를 정하여 신고하거나 기존의 성을 씨로 대체해야 하는 대변화가 일어났다.[6] 이 민사령 개정과 함께 '조선인의 씨성명에 관한 건'(제령 제20호)이 공포되었다.[7]

흔히 '창씨개명(創氏改名)'으로 알려진 이 정책에[8] 따른 조선인의 성명

---

6) 새로운 씨를 설정하는 것은 '설정창씨(設定創氏)'라 하고, 기간 내 씨의 신고가 없는 경우 호주의 성을 그대로 씨로 삼는 형식을 '법정창씨(法定創氏)'라 한다.

7) 이때에 역대 천황의 휘(諱)나 이름을 씨 또는 이름에 사용하는 것, 자기 성 이외의 성을 사용하는 것(예컨대 성이 김인 사람이 이나 박을 씨로 하는 것)을 금하였다(나오키 2008, 69~70면).

8) 미즈노 나오키는 '창씨개명'이라는 용어가 정확하지 않기 때문에 '창씨'와 '개명'을 구분해서 살펴볼 필요가 있다고 한다. 창씨는 신고서를 관청에 제출하기만 하면 됐던 것에 비해, 개명의 경우는 본적지 또는 주소지를 관할하는 재판소의 허가를 받아야 했다. 창씨가 법적 의무였다면 개명은 자발성에 입각한 임의적인 것이었다.

변경은 1930년대 말에 제기된 의제가 아니다. 식민지 초기 민적법 도입 때부터 고려된 사안이었다. 이미 1909년부터 시행된 민적법은 일본의 호적법과 매우 유사하였는데, 일본의 씨와 조선의 성제도 간 이질성은 양 가족제도를 동질화하는 데 있어 핵심쟁점이었을 것이다. 민적법은 조선정부 내부(內部, 일본 내무성에 해당하는 관청)에서 경무국의 요직을 차지하던 일본 경찰관료에 의해 입안, 제정되었다. 1909~10년에 조선인의 민적이 편제되었는데, 민적 양식은 일본의 1898년 호적법상의 호적을 거의 그대로 받아들인 것이었고, 이를 위한 조사는 주로 일본인 순사와 헌병이 맡았다. 조선에 머무는 일본인과 외국인은 민적법의 적용을 받지 않았기에, 조선 민적에 등록되는 사람은 오로지 조선인, 일본 호적에 등록되는 사람은 일본인으로 구별이 가능하였다. 그후에도 일본인이 조선의 호적에 들어가는 것,[9] 거꾸로 조선인이 일본의 호적에 들어가는 것은 혼인과 양자 연조(緣組)를 제외하고는 불가능했다(나오키 2008, 42~43면). 이렇게 조선에서 호적은 일본인과 조선인(식민지인)을 통합하는 동시에 구별하는 두 가지 기능을 수행하였다.[10]

한편, 조선인에게는 병합 직후부터 이름을 짓는 데 각종 제한이 가해졌다. 조선인 경찰이나 관리 등이 일본풍으로 성명을 바꾸는 신고서가 정식으로 수리되기 시작했는데, 조선인이 일본인과 같은 이름을 가진다면 이들간의 차이(급료나 적용 법의 차이 등)를 구별할 수 없어지므로 이것이 중대한 문제임을 관계 당국은 알고 있었다. 이에 1911년 10월 26일 조선총독부령 제124호 '조선인의 성명 개칭에 관한 건'이 공포되어 개성개명(改

---

9) 1922년 발효된 조선호적령에 의해 조선의 '민적'은 '호적'으로 명칭이 바뀌어 일본의 명칭과 같아졌다.

10) 본적을 다른 장소로 옮기는 것은 자유였지만, 일본인이 조선 내로 본적을 옮기거나 조선인이 일본으로 본적을 옮기는 것은 허용되지 않았다. 이 점도 본적과 식민주의 인종정치 간의 관계를 드러낸다(정광현 1967, 45면).

姓改名)은 신고제에서 허가제로 바뀌었다.[11] 이때 이미 내지인과 혼동하기 쉬운 성명으로 바꾼 조선인에게는 원래의 성명으로 되돌아가라는 압력이 가해졌다(나오키 2008, 45~47면).

이 '이름의 차이화'는 1939년 정책에도 꾸준히 이어졌으니, 이는 일본인과 조선인이 마찬가지 구조의 신분표지를 가지게 하면서도 양자를 구별지음으로써 지배질서를 유지, 강화하고자 하는 의도를 가지고 있었다. 이런 맥락에서 1939년의 창씨개명 정책은 기존의 호적정책과 씨명정책의 연속선상에 있었다. 1939년 조선인의 씨명 변경정책은 이전에 존재하던 조선인의 자발적 성명 변경을 강제하는 강도 높은 정책으로 전환된 것이라 할 수 있다.

1939년 12월 26일에는 창씨개명에 관한 사무절차 등을 정한 일련의 법령이 공포되었는데, 그 가운데 조선호적령(朝鮮戶籍令)의 개정이 중요하다(조선총독부령 제220호). 조선호적령은 종래의 조문에서 '성명'이라 한 부분을 '씨명'으로 바꿀 것, 호적양식상의 '본관'란을 '성과 본관'란으로 바꿀 것 등을 정하고 있다.[12] 이렇게 하여 조선인들의 '성'이 호적에 남게 되었지만 본명의 자리는 아니었다. 창씨는 신고 여부와 관계없이 법적으로 강제되었다. 창씨를 별도로 신고하지 않은 경우에는 호주의 기존 성이 씨의 자리에 등록되었다. '내지풍의 씨'를 붙이는 것에 대해서는 여러 제한이 가해졌다. 하지만 부부의 성을 합하여 두 글자의 성을 만드는 것, 자신의 성에 일본풍의 씨를 덧붙이는 것, 자신의 기존 성명을 이름으로 삼는 것 등은 모두 허용되지 않았다. 결국 실질적으로 일본식 씨로 인정되는 것은 일본식의 두 문자로 된 성(苗字)이었다(나오키 2008, 79~80면). 한편 이러한 변화는 가족원의 입장에서는 더욱 큰 변동을 가져오는 것이라 할 수 있다. 후

---

11) '조선인의 씨명 변경에 관한 건'의 공포와 함께 1911년 총독부령인 '조선인의 성명 개칭에 관한 건'은 폐지되었다.

12) 이로써 조선인의 성은 기존의 본관란으로 내몰리게 되었다. 후술 참조.

술할 바와 같이 성과 씨의 차이로 인해 호주의 어머니와 부인은 호주의 성을 자신의 씨로 갖게 되었기 때문이다. 흔히 창씨개명은 일본제국이 자신들의 씨제도를 조선에 강요한 것으로만 표상되는데, 성본불변(姓本不變)의 제도에서 살아온 조선 여성의 입장에서 그것은 호주의 성이 자신의 씨로 기입되는 일대변혁을 의미한다. 이 점 역시 기존 역사연구에서 간과되어온 측면이다.

2) 창씨개명 도입의 이유

식민지조선에 일본식 씨를 도입한 이유는 무엇일까. 식민지정부는 창씨개명의 필요성을 다음과 같이 설명하였다. 한국의 성은 부계혈통만을 표현하지만, 일본의 씨는 가족을 나타내는 법적 용어라는 것이다.[13] 만약 개별 가족을 나타낼 수 있는 적절한 이름이 없다면, 이는 이름이 없는 국가만큼이나 이상한 일이라고 하였다(정광현 1967, 27면). 또 어떤 관료는 창씨개명의 필요성을 내선일체의 관점에서 직접적으로 표현하기도 했다. "일본인들과 한국인들은 혈통적으로 연관되어 있기 때문에, 이들은 혼합되어 한몸이 될 운명을 가지고 있다. 최근 일본과 한국이 하나로 되어가는 과정에서, 일본식 씨를 가지고자 하는 욕구가 한국인들 사이에서 일어나고 있다는 것이다."[14] 일본인 법학교수 야스다 미끼따(安田幹太)는 성과 씨에 대

---

13) 일본 구민법이 규정하듯이 일본의 씨는 가의 법적 이름이다. 구민법 제764조, "한 가족의 호주와 가족원들은 그 가족의 씨명을 가진다." 일본 구민법전에 관해서는 de Becker(1910) 참조.

14) 정광현(1967, 27면)에서 재인용. 일본과 조선이 한몸이라고 하는 내선일체(内鮮一體)는 조선인들을 일본인으로 동화시키기 위해 행해진 통치철학 내지 정치적 캠페인이었다. 내선일체는 1919년 3·1운동과 1930년대 후반 전시를 거치면서 더욱 강조되었다. 1936년 8월 조선총독으로 부임한 미나미 지로오(南次郎, 1874~1955)는 내선일체를 통치의 최고이념으로 내세우면서 다음과 같이 설명했다. "물로 무리하게 흔들어 섞으면 융합된 모습이 되지만 그것으로는 안된다. 형(形)도 심(心)도 혈(血)도 육(肉)도 모두 일체가 되지 않으면 안된다"(최유리 1999에서 재인용). 바로 심신(心身)이 일체가 되는 것

해 다음과 같은 진화론적 설명을 구성하였다.

일본도 예전에는 한국인들이 현재 가지고 있는 것과 같은 성을 사용했었다. 하지만, 헤이안시대(794~1185)나 카마꾸라시대(1192~1333), 무로마찌시대(1392~1573)와 같은 전환기 이후 씨족제도는 붕괴되고 가제도가 이를 대체하였다. 그리하여 조선에 있는 것과 같은 성제도는 폐지되고, 씨가 사용되기 시작했다. **이치에 맞지 않는 (한국의) 성을 사용할지, 아니면 (일본의) 가족명인 씨를 사용할지는 틀림없이 시대의 정치제도와 경제제도에 의해 결정되는 문제이다.** 예를 들어, 이(李)라는 성과 연안이라는 본관을 공유하는 씨족공동체가 정치적·경제적인 활동의 주체가 되었던 시기에는 그러한 성제도가 필요했을 것이다. 하지만 오늘날에는 연안이라는 씨족은 각각 다른 장소에 독자적으로 살고 있는 수백개의 가족들로 분할되어있다. 이러한 상황을 고려해볼 때, 그 모든 수백개의 가족들을 이(李)로 이름짓는 것은 적절하지도, 도움이 되지도 않으며, 혼란만을 일으킬 뿐이다(『경성일보』 1939년 11월 12일; 정광현 1967, 62~63면에서 재인용).

이 언술은 조선인에게 일본 씨를 강제하는 데 대한 정당화 논리의 일면을 보여준다. 일본의 씨제도는 합리적이고 시대에 부합하는 것으로 설명되는 반면, 한국의 성제도는 이치에 맞지 않고 시대착오적인 것으로 서술된다. 한국과 같은 성격의 성제도는 일본에서 이미 8세기, 늦어도 16세기 경에는 소멸된 제도라고 한다. 또한 일본 씨의 주입은 강요라기보다 소규모 가족으로의 분절이라는 정치·사회·경제체제의 변화에 따른 것이라는 나름의 과학적 근거를 제시하고 있다. 식민주의자가 식민지지배를 근대의 논리와 어떻게 접합했는지를 보여주는 예이다. 그렇다면 이러한 논리의

을 내선일체의 구현으로 인식한 것이다. 이러한 정책은 통혼과 양자정책으로도 표현되었다.

문제점은 무엇인가.

무엇보다 이 설명은 사실과 다르다. 식민지시기 일본의 씨제도는 명확히 일본인들의 가제도 창출에 따라 마련된 일본 역사의 산물이었다. 이 설명에서는 일본의 씨제도가 보편적인 진화의 산물인 것처럼 표현하며 그 연원을 8세기에서 16세기까지 거슬러올라가지만, 식민지시기 조선에 주입된 법제도로서의 씨는 주지하다시피 메이지시대에 고안된 일본적 근대의 산물이었다. 일본의 평민들이 가족명인 씨를 가지고, 이것이 가족의 법적 표지로 확립된 것은 메이지시대의 일이다.[15] 1898년 메이지 민법의 친족편이 제정되면서, 가의 칭호로서 씨가 법제화되었다. 그 이전에는 부부별성(夫婦別姓)이 일반적이었고 부부동씨의 원칙은 정해져 있지 않았다. 따라서 일본 백성이 이전부터 조선과 같이 성을 가진 것이 아니라, 성이 없다가 최근에 씨를 갖게 된 것이라고 말해야 사실에 가깝다.

둘째, 이 설명은 일본의 가제도가 마치 보편적인 역사 전개의 귀결인 것처럼 표상함으로써 일본 역사를 보편적 근대의 전개와 등치시킨다는 점에서도 무리가 있다. 이 식민정부 관료의 담론처럼 일본에도 한때 성제도가 있었다는 담론은 일본 역사를 표준으로 조선을 해석함으로써 조선의 성제도가 가진 역사성을 쉽사리 무시하는 경향이 있다. 조선시대를 통해 형성, 발전된 성과 본, 파(派)를 공유하는 혈족조직은 현대적 관점의 '가족'이라기보다는 정치적·경제적·사회적·문화적 의미를 지니는 사회조직에 해당한다(제5장 참조). 그것은 조선의 역사를 이해하는 핵심적 제도인 것이다. 이러한 역사 특정적 사회조직을 일본에 '한때 있었던' 제도와 동질화하는 것

---

15) 한편 이 식민관료의 설명과는 달리, 일본에서 1871년 봉건제에서 군현제로 전환하고자 했을 때 법기술상 가장 큰 어려움은 일본인의 90% 이상이 개인표지(이름) 외에 '씨'를 가지고 있지 않다는 점이었다. 당시 일본정부는 징병·징세 등을 목적으로 천민을 평민에 편입하고, 모든 국민이 '씨'를 가지게 하는 정책을 펼쳤다(신이찌 2000, 163~69면).

은 진화론적 관점에서 조선사회가 일본에 비해 역사발전상 후진적 단계에 있었다는 것을 은연중에 지적하고 있다. 일본을 근대화의 보편적 척도로 놓는 담론은 서구의 식민지담론의 아류라고 평가할 수 있다.

셋째, 좀더 구체적으로 나오키는 창씨개명의 진짜 목적이 조선적인 가족제도, 특히 부계혈통에 기초한 종족집단의 힘을 약화시키고, 일본의 가제도를 도입하여 천황에 대한 충성심을 심는 것이라고 설명하고 있다(나오키 2008, 78~79면). 조선총독이었던 미나미 지로오는 그 목적을 아래와 같이 표현한 바 있다.

> **(조선의) 조상중심주의는 우리의 황실중심주의와 어울리지 않기 때문에** 황실중심주의 사상에 의지하는 씨제도를 창설하여 참된 의미에서 내선일체의 결실을 거두는 것이 주지(主旨)이다(『경성일보』 1940년 6월 13일; 나오키 2008, 77면에서 재인용).

이렇게 볼 때, 일본식 씨의 창설이란 조선 가족제도의 지향점을 조상에서 국가(천황)로 향하게 하는 정치적 기획이었다. 종족집단의 약체화를 위해 같은 성을 가진 종족집단에 속하는 많은 '가'들을 가능한 한 여러 '씨'로 분화시킬 필요가 있었다. 씨로 표상되어야 할 가란 1922년 조선민사령 제11조의 2차 개정과 동년 제정된 조선호적령을 통해 식민지조선에 적용된 호적상의 '가'이다. 일본 씨제도 도입은 조선에서 호적제도를 중심으로 한 가족관리 내지 인구관리 체계를 일본국가와 똑같은 것으로 완성시키기 위해서는 반드시 필요한 것이었다. 그런데, 창씨개명이 조선의 부계혈통주의를 천황중심의 국가로 집결시키는 목적을 가졌다는 설명은 설득력을 갖지만, 조선에서 씨제도의 도입이 부계혈통주의의 약화 내지 와해를 가져왔는지는 의문이다. 일본식 씨제도 도입은 부계조상이 아닌 호주 내지 국가를 의미하는 가부장제로의 변화를 의미하기에, 여성의 입장에서 중요한 문제이다.

3) 성과 씨제도의 차이

한국에서 성이란 동일한 부계혈통에 속하는 자들이 공유하며, 자신의 이름에서 불변하는 부분이다. 또 같은 성을 가졌다 해도 본관이 다르면, 예컨대 김해(金海) 김과 경주(慶州) 김은 서로 다른 혈통을 가진 것으로 인식한다. 혹은 안동(安東) 김(金)과 안동(安東) 권(權)은 성이 달라도 동일혈통으로 인식되기도 한다. 이렇게 한국의 이름은 성과 명으로 되어 있고 그 성은 다시 본관으로 나뉘어, 본관·성·명이 주요 요소가 된다. 이 세 요소에 본적을 더하여 호적에 기재되었다. 여기서 본적이란 최초로 호적이 등록된 장소를 뜻하지만, 이 주소 역시 가의 실제 출발지와 무관한, 명목상의 최초 호적 신고지이다.[16]

조선의 성은 혼인이나 입양에 의해서도 결코 변치 않는 것을 철칙으로 한다. 따라서 이혼이나 파양으로도 성과 본이 변하지 않는다. 조선의 성과 본은 부계(아버지 계통)와 남계(남자형제)를 통해서만 계승되는 철처히 남성중심적인 체계이다. 이러한 성제도는 다시 본관이나 파, 소파제도로 분화, 통합되면서 발전해왔다(제5장 참고). 이에 비해 일본의 씨는 각 호(戶)의 표지이다. 한 개인이 혼인·이혼·입양·파양 등을 이유로 한 호적에서 다른 호적으로 이동하면 그 소속 호에 따라 씨도 바뀌게 된다(도면 2 참고). 일본 호적에서 각 개인란에는 이름밖에 기재되지 않고 그들의 씨는 필두자(筆頭者, 과거의 호주)란에만 기재되어 있는데, 이것은 동일 호적에 등록되어 있는 개인들의 씨가 동일하다는 전제에 서 있는 것이다.

앞서 보았듯이, 1940년 2월 11일 조선인의 씨 선정에 관한 법령이 발효되면서 호적에서 일본식 씨가 한국의 성을 대체하게 되었으며, 한국의 성

---

16) 한국에서는 종래의 호적제도가 폐지되고 2008년 1월 1일부터 가족관계등록부가 사용되는데, 여기에는 본관·성·명이 기재된다. 또한 이때까지 존재하던 본적 개념을 대체하는 '등록지' 개념이 도입되었다(제11장 참고).

〔도면 2〕 성과 씨의 차이

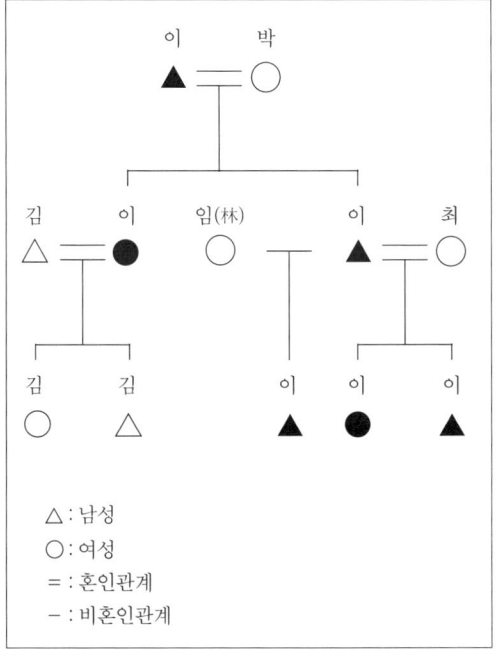

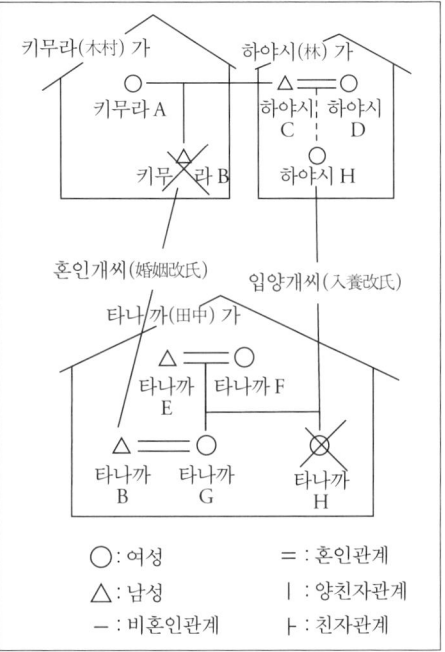

출처: 사까모또 신이찌 2000, 160, 161면

은 예전에는 본관을 기록하던 자리에 기록되었다. 개인의 신분증명을 위해 혈연관계를 밝혀야 하는 경우를 제외하고, 이력서나 학교생활기록부같은 일반적 사회활동을 위한 공문서에는 씨만을 적게 되었고, 성은 마치숨은 존재인 양 호적의 구석에 자리잡았다(정광현 1967, 28면). 이렇게 일본식 씨는 한국의 성에 부가적으로 도입된 것이었기 때문에, 법개정으로 인해 한국의 성이 일본식 씨로 대체된 것으로만 이해하는 것은 정확하지 못하다. 사회활동을 위해서는 일본식 씨만으로 충분하다고 하지만, 호적에성과 본관이 기재되어 있으므로 특정인이 '조선인임'은 명확히 알 수 있었다. 이때 '조선인임'은 물론 국적이 아니라 민족적·인종적 정체성을 의미한다. 따라서 씨제도 도입으로 조선인의 식별표지가 사라진 것이 아니라 민족적·인종적 정체성으로 재정립되었다. 이렇게 법제의 통일 속에서 민족간 구분의 정치학이 작동하고 있었다.

한편, 서양자제도 도입에서도 일본 가제도의 이식을 읽을 수 있다. 서양자란 혼인과 연조가 동시에 일어나는 독특한 입양방식이다. 서양자는 양부모의 양자일 뿐 아니라, 양부모의 딸과 결혼함으로써 사위가 된다. 이는 한국 가족제도의 이른바 철칙인 이성불양(異姓不養), 즉 성이 다른 자는 양자로 삼지 않는다는 '관습'에 어긋난다. 또한 이 양자제도에는 남매가 되는 동시에 부부관계를 형성하는 호내혼인(戶內婚姻 혹은 가녀양자家女養子) 제도가 포함된다(정광현 1967, 32~37면).[17] 조선시대의 가족규범에 따르면 양자란 대부분 부계혈통의 근친에서 선택되었고, 생물학적인 아들, 즉 친자 (親子)와 다름없는 지위를 가졌으므로(Peterson 1996) 조선의 관점에서 호내혼인 같은 결혼은 정확히 근친상간이다.[18]

일본식 씨제도가 도입되면서 혼인과 양자 연조를 통해 조선인과 일본

---

17) 당시 일본 가족법상 가족 내부에서 일어날 수 있는 혼인은 서양자와 가내양자제도에서 찾을 수 있는데, 법적인 의미에서는 차이가 있다. 서양자는 양자와 혼인관계가 동시에 성립하는 것인 반면, 가내양자의 경우는 시간상으로 입양이 결혼보다 먼저 일어난다. 서양자의 지위는 그의 아내의 지위보다 더 높을 수가 없었고 만일 입양 후에 아들이 태어나면 그 생물학적 아들보다 지위가 더 낮았다. 하지만 가내양자의 경우는 친자의 지위와 같았다(정광현 1967, 40~41, 55~58면). 이와 같은 양자와 딸의 혼인제도는 호주의 입장에서 입양된 아들과 좀더 강한 유대를 맺고, 이를 통해 가의 연속성을 확보하기 위한 도구로 활용되었다.

18) 이 차이는 두 사회의 문화적 특성뿐 아니라 양자의 역할 차이의 측면에서도 이해할 수 있다. 조선시대부터 입양의 목적은 주로 조상에 대한 제사 및 부계혈통의 지속을 위한 것이라면, 일본의 입양은 부계혈통의 지속 자체보다는 이와 관련된 경제적 단위로서의 가족계승이라는 실용적 목적에 더 다가가 있었다(Kondo 1982; Hamabata 1983; Hiramoto 1983). 콘도(Dorinne Kondo)는 일본의 가정을 서로 묶어주는 것은 '경제적 이해'이고 이것이 마치 일본 가족을 '기업집단'(corporate group)처럼 보이게끔 한다고 주장한다. 가산(家産)과 가업(家業)의 계승은 일본 가제도의 핵심이라는 것이다.

인이 하나의 가족을 형성하는 것을 크게 촉진할 수 있었다. 예컨대, 일본인 남자(물론 다른 씨를 가진)들은 보통의 입양을 통해서나 서양자제도를 통해 조선인 가족의 일원이 될 수 있고 입양 후 동일한 씨를 갖게 된다. 이는 이성불양이라는 조선의 '관습'에서는 생각할 수 없는 것들이다(정광현 1967, 44면).[19] 또한 씨제도의 도입으로 일본인과 조선인 간 통혼이 촉진되었는데, 특히 일본 남자와 결혼한 조선 여자들의 경우 조선 혈통의 흔적을 지우고 일본식 씨를 얻게 되었다(정광현 1967, 46면). 1921년 6월 7일 조선총독부령 제99호 '내선인통혼법안(內鮮人通婚法案)'이 발효되고 1922년 조선호적령이 도입됨으로써, 조선에 일본과 완전히 동일한 호적제도가 도입되고 혼인·이혼·양자 등의 수속절차가 일본과 동일해졌다.[20] 아울러 1939년 민사령 제3차 개정에 따라 양 제도의 차이 때문에 호적에 편입하거나 호적에서 삭제되지 못했던 법적 장애가 완전히 사라지게 되었다.[21] 예컨대, 조

---

19) 정광현은 서양자제도를 가계계승을 위한 한국의 양자제도에 비해 세속적인 양자 즉 자녀의 복리를 위한 양자제도로 이해한 듯하다(정광현 1967, 52~55면). 하지만 서양자제도 역시 조선과는 다른 의미이지만 일본 제도상 가의 계승을 위한 것임이 명백하기에, 그것을 자녀를 위한 양자와 구분하지 않은 것은 의아한 일이다.

20) 일본인과 조선인의 통혼과 양자 연조로 발생하는 호적문제 등을 풀기 위하여 내지와 식민지 간의 공통법(共通法)이 제정되었다(이승일 2004, 180~81면). 공통법이란 내지·조선·칸또오슈우(關東州)·타이완 상호간의 민·형사 교섭사항에 관한 법률로, 식민지간 법률의 통일성을 지향했던 것이 아니라 이법지역(異法地域)간 현행법령의 효과를 상호 연장하기 위해 설치된 규정이었다. 조선총독부와 일본정부 간의 공통법은 1918년 4월 17일 법률 제39호로 공포되어 공통법 제3조를 제외하고 5월 17일 칙령 제145호로 1918년 6월 1일부터 시행되었고, 민적법(일본의 호적법)과 관련된 제3조 규정은 1921년 6월 칙령 제283호로 1921년 7월 1일부터 시행되었다.

21) 일제하 통혼정책은 말할 것도 없이 자녀의 혼혈을 장려하는 데 있었는데, 최유리에 따르면 이 정책은 조선 여성에게 피해를 주었다. 1938년 이후 가장 바람직한 통혼 모형은 '조선인 남자와 일본인 여자'로 여겨졌고 실제로 이 유형이 통혼의 절대다수가 되었다. 정책입안자들은 일본인 여자들이 가정교육을 주도함으로써 조선인들이 내면으로부터 '황국신민화'할 수 있을 것으로 기대하였다. 최유리(1999) 참조.

선인 남자와 결혼한 일본인 여자의 경우 조선인 호적에 편제될 수 있었고, 일본인과 결혼한 조선인 여자의 경우 종래에는 일본인 호적에 편제되고도 조선의 호적에서 삭제되지 않는 문제가 존재했으나, 이 점도 사라졌다. 이러한 법적 장려정책과 함께 이전의 사실혼 관계의 신고 증가에 따라 1930년대 이후 조선인과 일본인 간 통혼의 증가현상이 나타났다. 이상과 같이 일본식 가제도, 씨제도, 양자제도, 혼인제도는 서로 유기적 관련성을 갖고 있었고 '가족정책'은 내선일체와 함께 양 민족을 구분하는 인종정치가 발현된 지점이었다.[22]

당연하게도 일본식 씨제도를 주입하는 과정에서 조선인들 사이에는 문제가 나타났다. 한 가족의 성씨를 선택해서 제출해야 할 책임은 각 호주에게 있다. 그러므로 씨 설정에 관하여 호주와 의견이 상이하여 도저히 타협할 수 없는 경우, 차남 이하 중자(衆子)는 호주의 동의를 얻어 분가하여 자기 마음대로 씨를 설정할 수도 있었다(정광현 1967, 30면). 그들의 한국 성은 여전히 같지만, 형제들이 서로 다른 가에 속하고, 다른 씨를 갖는 것이 이론적으로 가능해졌다. 일본식 씨에 의해 조직된 가와 한국의 성과 본관, 제례 등으로 인지된 부계혈족이 어떻게 서로 조화로울 수 있었을까. 성과 씨의 차이는 문명의 발달단계가 아니라 양 사회의 역사적 전개과정의 차이를 반영할 뿐이다. 그간 간과되어온 측면이 있지만, 이는 대단히 핵심적인 식민지정책이라고 보인다. 탈식민 후 일본식 씨제도는 '조선성명복구령'(1946년 10월 23일자 법령 제122호)에 의해 폐지되었다(정광현 1967, 64~65면). 하지만 식민지시기를 통해 조선에 이식된 일본의 가제도는 씨제도·양자제도 등과 결합된 가제도가 아니라 호적과 호주제도를 통해서 그 영향력이 지속되어왔다. 이제부터 양 사회의 가계계승제도 및 가장제도의 차이가

---

22) 식민지시기 조선과 일본 간 인종정치의 논리를 살펴보기 위해서는 Dong(1973); Lee(1993); Choi(1993)을 참조할 것.

어떻게 해석되었는지를 논의하려고 한다. 가장제도의 문제는 호주제를 중심으로 살펴본다.

3. '가'의 관점에서 본 조선의 가족

(1) 세 종류의 상속제도라는 틀

일반적으로 조선시대 상속제도는 제사상속과 재산상속의 두 종류로 구성된 것으로 이해되지만, 일제는 일본 구민법의 편별양식에 따라 조선의 관습을 정리함으로써 『관습조사보고서』와 이후 상속관습에 관한 문헌에서 조선의 상속제도를 '제사상속' '재산상속' '호주상속'과 같이 세 종류로 구성된 것으로 정리하였다. 이러한 제도적 틀의 배경에는 1914년 기존의 민적법을 개정하여 일본과 동일한 호적제도의 도입이 있다(박병호 1992b, 7~8면). 이에 따라 호주상속이 '조선의 관습'이라는 담론 속에 편입되었고, 점차 호주상속과 제사상속이 일본식 '가독상속'의 관점으로 통합되었다. 그 실제 효과는 아래에서 볼 것처럼 조선의 제사상속이 호주상속에 부속적인 것으로 자리잡게 된 점이다. 여기서 가독상속이란 호주상속의 추상화된 표현이라고 할 수 있는데, 호주에 수반되는 권리는 가장이라는 사회문화적 권위와는 차원이 다른 법률상의 것이었다. 분가(分家), 절가(絶家), 거가(去家) 같은 용어가 보여주듯 호주의 지위는 호적 운영체제와 연동되었고, 재산상속과도 불가분의 관계였다.[23] 게다가 가족원을 손아래 어린이

---

23) 일본 구민법상 호주의 권리는 '가독권(家督權)'으로 개념화되었던바 그것은 "가족에 대한 지배권·통제권"(박병호 1992a, 255면)을 의미하는데 구체적 내용은 다음과 같다. 호주는 가족에 대하여 부양의무가 있고, 이를 위해 가산(家産)은 호주의 전유(專有)이며, 가족의 특유재산을 인정한다 해도 가족이 그것을 처분할 경우에는 호주의 허가를 얻어야 하므로 실제로는 호주의 재산과 구별이 없다. 호주는 가족에 대하여 거소지정권이

(실제로 호주는 가족원에 대해 '비유(卑幼)'라는 표현을 씀)로 간주함으로써 호주와 가족 간의 위계적 신분관계를 제도화하였다. 하지만 가독권의 어디에도 제사에 관한 권리·의무 규정은 없었다.

제사상속, 재산상속, 호주상속이라는 세 종류의 조선 상속제도 분류체계는 가독권을 조선의 상속제도에 이식하여 상속제도의 중심으로 삼고자 하는 틀에 해당하였다. 이제 1912년 출간된 『관습조사보고서』의 질문과 답변에서 어떠한 가족의 틀이 존재했는지 살펴본다.

> 문 제117: 법정추정 가독상속인은 타가에 입적하거나 일가를 창립할 수 있는가.
> 관습상 당연히 그 가의 상속인이어야 할 자를 봉사자(奉仕者)라고 한다. 즉 봉사자가 될 지위에 있는 자로서 적장자(嫡長者)임을 원칙으로 한다(정긍식 2000, 303면).

여기서 '법정추정 가독상속인'이란 일본 구민법상의 지위로서 장자, 남자 등 법이 정하는 순서에 따라 호주상속을 하는 법정가독상속인을 일컫는다. 그럼에도 불구하고 이 보고에서는 봉사자, 즉 제사상속자를 마치 법정가독상속인과 같은 것처럼 전제하고 답변하고 있다. 이에 따라 질문과 답변이 서로 딴 이야기를 하고 있는 듯하다. 이는 앞장에서 살핀 대로 일본의 가족제도, 즉 가독상속제도의 문법을 통해 한국의 가계계승제도를 재단하는 논리를 보여준다. 다음 문답은 조선과 일본 상속제도의 차이를 어떻게 정리하고 있는지를 보여준다.

있다. 호주는 가족의 혼인과 입양에 대하여 동의권이 있으며 가족에 대하여 교육권·감호권·징계권이 있다. 또한 가족의 직업 및 기타 행위에 대하여 동의권이 있다. 또한 가족의 사생자(私生者) 혹은 서자가 가에 입적할 경우에 호주의 동의를 요한다. 또한 친족입적에 관한 동의권, 가족의 분가, 절가재흥(絶家再興)에 대한 동의권을 가지며, 귀속불분명 재산은 호주의 재산으로 추정한다. 가족의 타가상속(他家相續)을 위한 거가에 대한 동의권, 가족의 금치산 또는 준금치산 선고청구권 및 선고취소청구권이 있고, 가족의 후견인이 될 자격을 가지며 친족회 소집권 및 친족회에서의 의견개진권 등을 가진다.

문 제158: 가독상속의 개시(開始) 원인은 어떠한가.

(…) 이상 기술한 바와 같이 조선에서의 상속은 호주상속과 재산상속 외에 따로 제
사상속이라는 것이 있다. 게다가 제사상속은 상속 가운데서 가장 중요한 지위를 차
지하고, 제사상속을 하는 자는 동시에 호주이지만 호주가 되는 자는 반드시 제사승
계자가 아니다. 일가의 계통은 제사상속자에 의하여 연속되고, 호주인 자라도 여자
는 가계의 세대에 넣지 않는다. (…) **그러므로 일본 법제에서의 가독상속과 유산상
속의 구별은 조선에서의 상속을 설명함에 적절한 분류가 아니다. 그렇지만 우선 이
구별에 따라서 제사상속과 호주상속을 함께 가독상속의 범주로 설명하고 재산상속
은 제사상속, 호주상속과 동시에 이루어지는지를 묻지 않고 모두 유산상속의 범주
로 설명하고자 한다**(정긍식 2000, 346~47면).

이 보고서는 조선의 상속제도가 일본과 차이가 있음을 인정하고 제사상
속이 가장 중요한 지위를 가진다는 것을 언급한다. 그러면서 세 종류의 상
속을 열거하고 '우선' 이 분류에 따라 제사상속과 호주상속을 묶어서 가
독상속의 범주로 설명하겠다는 자의적 결정을 내리고 있다. 즉 양 사회의
상속제도를 구별하면서도 일본을 중심으로 조선의 제도를 재편성하고 있
다. 이러한 해석과 판단을 통해서 조선의 제사상속인이란 호주상속과 동
시에 재산을 상속하는 지위로써 일본의 가독상속인과 유사한 지위인 것처
럼 '관습화'되었다. 다음의 중추원 조사국 자료에서, 앞서 조선의 가계계
승제도에 대한 1910년대의 유동적인 설명이 1930년대 이후에는 가제도의
틀 속에서 굳어지지 않았나 추정할 수 있다.

이조(李朝)의 상속제는 조상의 봉사자인 지위의 승계를 주목적으로 하고 가장권 내
지 재산권의 승계를 종목적으로 하는 상속과 유산의 승계를 목적으로 하는 것의 **두
가지이다.** 그러나 이미 호적령도 시행되고 가족제도도 이제는 확립되어 그 기초가

견고하게 되어 호주의 지위를 점차 중요시하게 된 현시에서는 **승중(承重)은 일본 민법의 가독상속인과 같이 호주권의 승계를 주목적으로 하고 제사권 내지 재산권의 승계는 종목적으로 하여 그중에 포함시켜야 할 것이다**(정광현 1967, 235면).[24]

이렇게 조선에서 제사상속의 중심성을 인식하면서도 조선의 승중(제사상속인)을 호주권 승계를 주목적으로 하고 제사권을 종목적으로 하는 지위라고 선언하고 있다. 이는 다분히 호적과 가제도라는 정책적 견지에서 내린 판단인 것이다(박병호 1992b). 제사권이 가독권에 비해 부수적인 것으로 취급된 데에는 1933년 3월 3일 고등법원의 판결도 중요하다. 이 판결에서 "호주상속 및 재산상속제도가 확립된 오늘날 이것을 제외한 제사상속의 관념은 선대를 봉사하고 조상의 제사를 봉행할 도의상의 지위를 승계하는 데 다름아니다"라고 하여, 조선의 제사상속은 법적 실체가 아닌 도의적 책임으로 변질되었다(『조선고등법원판결록』 20권, 155면; 윤진수 2005a에서 재인용). 이러한 정책과 판결에 따라 제사상속이 가계계승의 부차적 지위로 물러난 것과 함께 중요한 것은, 호주상속이 제사상속과 일체화되어 제사상속이 호주상속으로 통합된 점이다. 제사상속을 통해 조선시대 가족의 구조적 계승이 이뤄져왔다고 할 때(이상욱 1988, 11면), 제사상속을 법률 외적인 문제로 규정하고 호주에 제사상속인의 지위를 종목적으로 합병한 것은 조선 가족제도에 실로 중대한 현상이 아닐 수 없다.[25] 조선에서 제사상속자

---

24) 이는 『민사관습회답휘집』이 발간된 이후인 1933년부터 1945년에 조선총독부 중추원 조사과 조사자료에 소장되었던 자료를 정광현 교수가 연구원(1944~46)으로 일하면서 원본을 필사해놓았다가 국역한 자료 중 일부이다. 정광현 교수는 해당 조사자료 대부분이 『사법협회잡지(司法協會雜誌)』에 수록되었으나 발표되지 않은 것도 있다고 한다.

25) 이렇게 호주권은 조선총독부의 사법관료들에 의해 조선의 관습으로 만들어지고 있었다. 이에 따라 "입법자가 조선의 가를 [일본] 민법상의 가와 동일한 성질의 것으로 간주하려 하고, 재판관이 민법상의 호주 관념을 조선의 관습으로 끌어들이려고 노력하고 있었다"는 지적이 있다(崔丙柱 1938, 35면; 홍양희·양현아 2008, 180면에서 재인용).

의 지위란 무엇을 의미하며 가독상속자와는 어떻게 다른 지위인가. 호주와 계승자의 차이와 변형에 대한 논의가 그간 활발하게 이루어졌는지 의문이다. 아래에서 두 지위의 차이에 대한 논리를 좀더 살펴보기로 한다.

(2) 제사계승자와 호주 지위의 착종
1) 두 지위의 차이

일제시기 관습법의 원천이었던 각종 문서에서 정책 관계자는 조선 가족제도상의 종자(宗子)·종손(宗孫)·승중을 호주 지위와 비교하고 해석하는 경향을 발견할 수 있다. 다음의 중추원 자료에서는 양 지위를 선명하게 동일시하는 담론마저 찾아볼 수 있다. 이는 앞에서 본 것처럼 일본 상속제도의 틀로 조선 상속제도가 포섭되면서 수용되는 '내삽(內揷)' 현상과 별로 다르지 않다.

> 일본 민법에 규정된 가독상속에서는 법정가독상속인, 추정가독상속인, 선정가독상속인의 3종이 있음은 이미 전술한 바이나 한국에서는 명칭은 다르지만 그 실질에서 관찰하면 다소 이와 유사한 것이 있다. 즉 후술하는 법정(法定)의 추정승중자 즉 적자는 일본 민법의 법정추정 가독상속인과 유사하며 또 종자의 유언으로 인한 사후양자는 지정가독상속인과 유사하고 종자의 사망 후의 유처(遺妻) 기타 친족이 선정하는 사후양자는 선정가독상속인과 유사하다(중추원 자료; 정광현 1976, 235면에서 재인용).

조선의 제사계승자가 지정되는 방식에 관심을 가진 이 담론은 제사계승자와 일본의 가독상속자가 "실질"에 있어서 유사하다고 본다.[26] 법정가독

---

26) 이상욱이 지적한 바와 같이, 조선의 종가·지가(支家) 개념을 일본 민법상의 본가·분가 개념과 혼용하는 것 역시 상이한 두 가족제도를 일본식 가족제도의 관점에서 재단하는 사고방식을 나타낸다(이상욱 1988, 58면).

상속인, 추정가독상속인, 선정가독상속인 같은 지위로 조선의 승증자 상속을 해석, 재단하는 것이다. 지위 결정방식에는 유사성이 있을지 모르나 그 지위의 기능과 대표하는 가족의 성격이 같지 않음에도 이 담론은 그 차이를 무시하고 양자를 같게 만드는 결과를 낳는다. 조선의 종자·종손·승중(承重)은 한 동족집단(宗中)에서 제사를 모시는 데 있어 가장 중심이 되는 인물이며 봉사를 함으로써 한 가문의 계통을 잇는 지위를 의미한다. 반면, 호주는 당시 시행되던 민적법 및 조선호적령에 의해 규정된 호적상의 '추상적인 가'의 대표자이다. 그렇다면, 현재까지 이어지는 호주와 조선시대 가족의 대표자를 동일시하는 논리는 과연 옳은가. 바로 이러한 동일시가 호주제도를 한국의 전통으로 주장하게 하는 근거라고 할 때, 양자의 차이를 밝히는 것은 매우 중요하다(양현아 1999).

먼저, 양 지위의 원천과 국가와의 관계가 다르다. 조선의 가족대표(종자·종손·승중)[27]가 갖는 권위는 조상 내지 조상의 혈통에 대한 부계계승에서 유래하지만, 호주는 국가가 승인하는 서류상의 지위이고 국가가 인정하는 가부장권이며 궁극적으로 국가로부터 부여받은 지위라는 점에서 차이가 있다. 종자·종손·승중이 가지는 권위는 조상으로부터 '하향하며' 이 가족

---

27) 여기서 '조선의 가족'이란 조선시대 후기(17세기 이후)에 정립되고 주로 양반계층에 의해 실행된 가부장적 가족제도를 의미하면서도, 식민지시기 현실로서 조선사람들의 가족도 의미할 수 있는 중의적(衆意的)인 표현이다. 500여년 역사를 가진 조선왕조의 가족제도이자 식민지시기 일본(내지)과의 구별의 기호로 사용된 현재형의 조선, 즉 '조센'을 뜻하는 것이다. 그런데, 이러한 '조선의 가족'을 일본의 근대적 가족과 비교하는 것은 무리가 있다. 왜냐하면, 조선의 가족은 19세기 이후 근대적 기획의 산물인 일본 가제도보다 시기적으로 과거이고, 500년이라는 장구한 시간 동안 지속된 조선왕조 내부에서 편차도 크며, 무엇보다 제국주의 침탈로 주체적 근대화를 이루지 못하여 식민지당국의 '시선' 속에서 해석되는 가족제도이기 때문이다. 또한 당대 식민지조선의 가족은 법적·정치적으로 일본 가제도와 동화일로에 있었기 때문에 일본의 가족과 대등한 지위를 가질 수 없다. 이렇게 볼 때, '조선의 가족'이라는 기표는 조선왕조와 식민지시기의 연속되면서도 불연속되는 관계를 복합적으로 담고 있다.

대표는 조상들의 '후손'으로서 친척집단을 대표하게 된다. 반면, 호주는 호적상의 지위를 기반으로 하는 '우두머리'로서 가족을 대표하게 된다. 조상을 바라보고 모시는 조선의 혈족집단은 기본적으로 '효 공동체'라 할 수 있는데, 앞서 창씨개명 정책에서 지적한 바와 같이 조선총독부로서는 이 조상지향이야말로 조선의 가족제도에서 용납하기 어려웠을 것이다. 국가 입장에서는 각 개인에게 미치는 문중(門中) 구심력을 약화시키고 국가의 식으로 대체할 필요가 있었다. 환언하면, 개인의 정체성을 혈족원으로부터 국민으로 만들고자 한 것이다. 이렇게 양자의 지위는 국가와의 관계라는 측면에서 극명하게 갈린다. 호주제도가 메이지시대의 가족국가와 천황제 그리고 '국민 만들기'의 기획과 중첩되어 있다면, 조선의 승중자는 가계와 조상이라는 혈족과 혈연을 중시하는 것으로, 근대국가의 틀과 부합하지 않는다.

둘째, 두 지위는 다른 가족과의 관계에서도 차이를 나타낸다. 조선의 종가라는 개념은 위계질서를 내포하여, 종가를 정점으로 지가들이 피라미드 구조를 이루면서 혈족집단을 구성하고, 이는 다른 가문에 대하여 배타적인 성격을 가지고 있었다. 이렇게 가문간 세력과 규모의 차이는 바로 그 가문에 속하는 개인들의 권력의 차이를 말한다. 이에 비해 호주로 대표되는 가족은 일가일적(一家一籍) 원칙에 의해 문중을 여러개로 분해하는 효과를 지녔고, 가족원들은 이 가를 통해서 국적을 보편적으로 인정받았으며 호적을 통해서 직업과 재산도 취득했다.[28] 가가 국가조직이 되기 위해서는 일정한 평준화와 동질화가 필요하였으므로 국가 앞에서 가족들간의 '평등'이 이루어졌다(홍양희 2005a, 191~92면). 이를 위해 신분적 서열을 일정하게 타파하고 가족 안에 호주를 정점으로 가족원간의 신분을 재정비하는

---

28) "직업도 재산도 가 그 자체에 속하고, 개인은 가를 통해 국가를 구성하고, 가에 속하는 고로 각종의 권리를 향유한다"(野村調太郎 1925; 홍양희 2005a, 185면에서 재인용).

과정이 수반되었다. 하지만 종자나 승중의 지위는 동족의 신분적 특권을 유지하고자 하는 관념이 강하였기에, 가족간의 평등이나 평준화와는 거리가 멀었다.

셋째, 양 지위의 핵심 역할에 차이가 있다. 종자·종손·승중의 역할이 무엇보다도 조상 봉사에 있었다면, 호주의 핵심적 역할은 제사가 아니라 경제적 측면, 즉 가족재산의 효율적 운용에 있다. 앞서 언급한 일가일적의 기준이 동일생계에 있다고 할 때, 동일한 호적에 등재되었다는 것은 생계를 같이한다는 의미이다. 가제도의 호(戶)란 하나의 경제단위이고 호주 역할의 중심에는 가족에 대한 부양의무가 있다. 그러므로 호주가 이전 호주의 재산을 모두 상속하는 권리를 갖는다는 것이 적절할 것이다. 이렇게 호주의 가족부양과 경제적 역할은 승중자의 조상 봉사라는 정신적이고 권위적인 역할과 현격한 차이를 나타낸다.

넷째, 그 선정 방식과 논리에도 차이가 있다. 승중자 선정에서는 조상의 피를 계승하는 혈통이 가장 핵심적인 요소인 데 비해 호주의 지위는 혈통으로부터 어느정도 자유로울 수 있었다. 이 점은 대단히 중요한 차이로 보인다.[29] 조선의 가족에서 한 가문의 대를 이을 종손의 자격은 개인적인 요건과 거의 관계가 없다고 할 수 있다. 종손은 종가에서 본처에게 태어난 남자일 것, 형제순위상 가장 먼저일 것, 적장자가 없을 경우에는 촌수 및 세대를 고려하여 양자를 선정할 것 등과 같이 일정한 객관적 기준에 의해 결정되는 지위였고, 그런만큼 제도상의 규칙이 계승자의 개인적 성향을 훨씬 우선하였다. 호주 역시 일정한 요건에 따라 계승순위가 정해지지만 양자제도와 후술할 폐제(廢除)제도처럼 운용될 경우, 그 선정에 있어서 현호주의 재량이 상당하였다.

---

29) 일본의 서양자제도가 이 측면을 이해하는 데 도움을 준다. 서양자제도에서 양자로 입적된 아들이자 호주의 사위는 아들(사위)로서 호주계승을 할 수 있다.

마지막으로, 그리고 무엇보다 중요한 차이는 양자가 대표하는 가족의 규모가 대단히 다르다는 점이다. 앞서 든 엄격한 기준으로 선정되는 종손, 종자 혹은 승중의 지위는 적어도 5대 위의 조상인 고조부모(高祖父母)부터 이어져온 문중이라는 혈족의 대표자이다. 따라서 형제간에도 분가가 허용되는 호주로 편제되는 가족보다 그 규모가 훨씬 크며, 5대를 포괄하는 혈족지도상 종가의 계승 문제라는 점에서 봉사자의 존재는 매우 중요하다. 또한 그 문중의 대파·소파에서의 위치, 종가·지가의 소속에 따라 승중이 받들어야 할 조상의 규모와 대상이 상이해질 것이다. 이 맥락에서 '가족'이란 호주 가족이나 현대 핵가족과는 전혀 다르며, 그 대표자는 마땅히 엄격한 가계계승 원칙에 의해 선정되는 것이다. 하지만 일본 민법에서 적장자의 법정호주승계제도에는 보완장치가 여럿 마련되어 있었다. 법정상속자에 대한 폐제제도 및 포기제도를 두었고 여호주제도, 서양자제도, 입부혼제도 같이 호주의 부계계승주의의 예외가 존재했다.

이렇게 상이한 두 지위가 일제강점기 동안 호주권의 관점에서 재단된 것은 전자의 지위가 기반하는 제사 또는 가계계통의 의미가 일본 가제도의 관점에서 재해석되었음을 뜻한다. 일본에서는 법적으로 인정되던 폐제제도가 조선에서는 금지된 것에서 당시의 문법을 살펴보기로 한다.

2) 폐제의 논리와 두 지위의 착종

폐제제도는 일본 구민법 제970조에 규정된 법정추정 가독상속인(호주계승자)에게 구민법 제975조에서 설정하는 사유, 즉 상속인의 무능력, 현재 호주에 대한 불손함 등이 나타날 때 현재 호주가 그 추정상속인의 호주계승을 금지하도록 청구할 수 있는 제도이다. 이 제도는 현재 호주에게 다음 호주에 대한 제한권을 줌으로써 현재 호주의 권위를 강하게 만든 제도라고 할 수 있지만, 동시에 호주 선정에 융통성을 더해주는 것이기도 했다. 일본에 거주하던 한 조선인 호주가 토오꾜오 지방재판소에 소송을 제기함으로써 조선인 사이의 폐제 문제가 가시화되었는데, 일본 대심원(大審院)까지 상소된 이 소송에서 "조선에서는 법정추정상속인을 폐제하는 관습이 없으므로 조선인인 위 상속인에 대하여 호주로부터 그 폐제를 청구할 수 없다"는 판결이 1941년 내려졌다. 재판은 이 판단의 중심근거를 조선민사령 제11조의 '관습'에 두고 있었다(정광현 1967, 311~16면).

　실제로 조선에서는 이미 1914년 11월 정무총감의 회답에서 "조선의 관습에는 장남이 암우(暗愚)하여 가를 승계함이 부적합할 때라 할지라도 피상속인의 의사에 의하여 이를 상속인에게 폐제하고 차남 또는 삼남에게 상속케 할 수 없다", 즉 한국의 관습상 장남이 어리석다 해도 이를 폐제할 수 없다고 답하고 있고, 1915년 민적 사무취급에 관한 관통첩(官通牒)에서 "실자인 상속인의 폐제 신고는 이를 수리할 수 없다"고 확정지었다. 이후 같은 견해가 고위관리들의 회답에서 거듭 확인되었다(정광현 1967, 251~53면; 이상욱 1988, 44~45면). 이로써 조선에서는 적장자 및 이외 법률이 정하는 추정호주승계인 순위의 사람이 아닌 다른 방식의 호주승계는 호적 사무에서 접수하지 않게 되었으며, 폐제라는 쟁점 자체가 등장하지 않은 것으로 되어 있다. 이러한 현상은 사소한 것 같지만 여러 의미를 지닌다. 여기서 '조선의 관습'이란 앞에서 살펴본 가문의 계통을 잇는 장자, 장손 혹은 승중에 관한 관습을 말하는 것으로, 이는 조선의 '관습'원리에 따라 가족사항이 결정되었다는 것을 나타낸다. 이러한 '조선의 관습'어법을 통해 호주계승자(혹은 가의 승계)는 언제나 있어왔던 보편적인 것으로 의미부여된다. 그러나 조선에는 법정호주계승자를 '폐제하는' 관습이 없는 것이 아니라, 아예 '법정호주계승자'와 같은 관습이 없었다. 따라서 호주계승자 지정 문제는 조선의 부계계승주의 관습을 좇을 것이 아니라, 하고자 한다면, 조선에서 새로 만들어져야 하는 관습이었다. 하지만 이러한 담론에서 조선과 일본의 차이는 희석되고, 그 결과 식민지조선에서는 조선 '관습'의 이름으로 '일본적이고도 조선적인' 엄격한 부계계승제도가 역사적으로 정당화되었다.

요컨대 여기서 우리는, 흔히 생각하듯이 조선의 부계계승 원리가 일본 제도에 의해 왜곡되거나 사라진 것이 아니라, 일본 정책자들이 자신들의 편의에 따라 두 제도를 모두 활용하였다는 점을 발견할 수 있다. 좀더 정확하게는, 그들은 가의 틀 속에 조선의 가족제도를 배치하고 사유했다. 이렇게 볼 때 일제강점기를 통해 정착한 한국의 호주제도는 조선 가계계승 원리의 왜곡이라기보다 조선의 가계계승제도와 일본 가의 호주제도가 서로 '착종된' 산물이라고 해석된다. 그리고 이 착종은 양자가 대등한 지위에서 이루어진 통합과 다른 것이다. 식민지지배의 맥락에서 조선과 일본 간의 공정한 비교란 불가능한 것이다. 일제강점기 조선 관습의 담론에서는 '조선의 가족'의 원형태로 조선왕조 후기 다분히 양반적 규범에 입각한 가족제도를 상정하고 있다. 여기서 조선의 가족이 기본적으로 조선왕조라는 '과거'에 근거를 둔 가족제도로 사유되는 데 비해, '일본의 가족'은 당대의, 메이지 유신 중에 정립된 일본식 가족제도를 일컫는다. 즉, 현재형의 일본과 과거형의 조선이라는 비교 아닌 비교가 '조선의 관습'의 사유 속에서 일어났다.

이미 식민화된 조선에서 조선왕조는 과거의 기표이자 타자의 기표이지만, 일본의 이에는 현재의 법이며 예컨대 호적 등과 유기적으로 결합된 실효성있는 제도였다. 이에 따라 조선 가계계승제도의 원리적 사유가 가제도의 논리 속으로 훼손되어 삽입되고, 합병되었다고 하는 것이 합당하다. 이 과정에서 조선의 가계계승 원리는 사라지고 그저 무시된 것이 아니라 일본의 눈을 통해 특정한 역사적 시공간의 맥락에서 빠져나와 화석처럼 굳어진 전통 관습이 되었다.

3) 식민지 내 젠더질서의 '전통화'

일제가 나름대로 조선의 관습을 확정한 결과 식민지조선에서 호주계승은 금지·포기·선택이 모두 불가능했으며, 이로써 일본보다 조선에서 호주제도가 한층 철저하게, 예외없이 운영된 것으로 보인다. 이는 식민지조선 여성의 입장에서, 그리고 한국의 젠더질서라는 견지에서 치명적인 일이었다.

알다시피 가계계승이란 남계혈통의 질서를 유지·확립·강화하기 위한 것이며, 제사봉사자인 가계계승자는 남자만이 할 수 있는 것이다. 앞서 『관습조사보고서』의 문항 제158의 답변에는 "일가의 계통은 제사상속자에 의하여 연속되고, 호주인 자라도 여자는 가계의 세대에 넣지 않는다"고 되어 있다. 즉, 조선에서는 여성의 호주상속으로 가의 계승이 확보되지 않았기에 일본에 비해 여성의 호주상속은 더욱 제한되었다. 이로써 조선에서는 가를 상속할 남자가 없으면 절가(絶家)가 되는 것을 관습으로 인식하게 되었다. 이성(異姓) 양자를 허용치 않는 조선 관습상 서양자제도 역시 활성화되지 않았기에, 조선에서는 호주계승을 위해 친자 남아의 생산이 필수불가결한 사안이 되었다. 한가지 주의할 점은 이때의 계승자란 승중자를 의미하는 것이 아니라 호의 계승을 위한 호주를 의미한다는 것이다. 일본의 법률가 아라까와 요시또(荒川義人)가 1941년 조선인은 호주의 폐제를 청구할 수 없다고 선고한 앞의 일본 대심원 판결에 대해 낸 논평은 이 측면에 대한 감수성을 보여주고 있다.

> 도대체 〔조선에서〕 법정〔호주〕상속주의가 하등의 예외 없이 실시되고 적어도 이것이 금일까지 거의 문제되지 않았다는 것은 실로 기묘한 현상이라고 평하지 않을 수 없다. **법정상속주의는 피상속인과 일정한 신분관계에 있는 자는 피상속인 사이에 법이 예상하는 일정한 협동관계에 있으며 따라서 상속인이 되는 데 적합함이 통상이라고 하는 원칙적인 경우를 예상함에 불과하므로 따라서 상속인 되는 데 적당하지 않는 자가 있는 것도 당연히 예상되는 바라고 하지 않을 수 없다.** (…) 따라서 본인은 **상속결격 및 상속인폐제 내지 이와 유사한 제도가 법정상속주의의 필연적**

결과이며, 이와 같은 제도의 존재를 부정할 특별한 사정이 입증되지 아니하는 한 일정한 요건하에서 상속인 폐제 내지 상속결격을 인정하여야 함은 조리가 당연히 요구하는 바라고 생각하지 않을 수 없다(정광현 1967, 320면에서 재인용, 강조는 정광현).

이 논평은 일본 민법이 예정하는 호주의 법정상속인은 그 적합함을 의미할 뿐 완벽한 것은 아니어서 상속결격이나 폐제제도와 함께 운용되어야 한다는 의견을 제시한다. 요컨대, 일본 구민법상 법정상속제도의 운용에는 상당한 유연성과 재량이 존재했다는 것이다. 하지만 앞서 논의한 것처럼 종자 혹은 승중이라는 가계계승자의 필요는 주로 조선시대 후기에 확립된 부계계승적 친족에서 종가의 계승 문제로서, 호주로 편제되는 가족보다 규모가 훨씬 크다. 더구나 이러한 가계계승은 대개 조상 봉사의 물질적·문화적 자원을 가진 양반계층의 관심사였다. 따라서 조선시대에도 승중 같은 가계계승자가 될 수 있는 남자는 양반의, 종가의 적장자, 혹은 그를 위한 입양자 등으로 국한할 수 있다. 하지만 식민지시기를 통해 이식된 호주제도는 국가에 의한 법적·행정적 제도이며, 호는 분가 등에 의해 작게 분절된 사회단위이고, 호주 지위는 거의 모든 평민 남성들도 될 수 있는 지위라는 점에서 이전의 가계계승과는 큰 차이가 있다.[30] 조선시대의 가부장적 가족제도 원리들은 당시의 사회적 맥락, 정치적 이해, 물적 토대, 신분구조, 통치이념과 세계관 속에서 구성된 것이며, 조선시대의 맥락 속에서만 온전하게 의미를 가질 수 있다(제5장 참조). 이런 시각을 갖지 못한다면 조선은 본질적으로 가부장적이고 정체된 사회가 되며, 이야말로 식민지시기를 통해 재구성된 조선의 모습이다. 따라서 이상의 차이들을 두고 일본과 달리 조선의 가부장제도가 철저했다고 해석하는 것은 적절치 않다고

---

30) 일본 민법상 가제도 역시 남성중심적인 국가관과 가족관에 입각해 있었음은 말할 나위도 없다.

본다.

이렇게 식민지 경험을 거치면서 한국에 뿌리를 내린 가족제도는 일본 가제도와도 일치하지 않으며 조선시대 가부장제도와도 상이한 '제3의 가부장제도'로 이해할 수 있다. 그것은 일본 가제도의 일부를 떼어와 그 안에서 규모가 훨씬 큰 조선의 가족, 특히 문중이라는 동족 단위를 사고하는 제도로서, 모순과 무리를 안고 있는 것이다. 규모의 문제와 함께 상이한 시공간에서 형성된 가족제도를 일본식의 제도 속에 배치했다는 것은 현대한국 가족제도의 시대착오성을 말해준다.

이러한 착종의 결과, 일제강점기를 거친 한국의 가족에서 아들의 필요성은 이제 전국민, 모든 소규모 가족의 법적 필요로 변모하였다. 현대한국에서 하나의 호적을 구성하고 있는 모든 소규모 가족이 마치 계승되어야 할 하나의 계통을 가진 것처럼 되어버리고, 아들은 모든 소규모 가족의 필요가 되었다. 즉 현대사회를 살아가는 모든 가정이 '대'를 이어야 한다는 당위를 짊어지게 된 것인데, 이것이 '근대법'과 동시에 한국 '전통'의 요구로 되어버렸다. 외형상 핵가족처럼 보이는 모든 소규모 가족에 적어도 하나의 아들이 필요하다는 이 충족불가능한 원칙이 그동안 한국사회에서 과연 어떻게 실현될 수 있었을까. 이러한 무리는 주로 여성들에게 부가되었다고 할 때, 그동안 한국 여성들이 겪어온 남아 출산의 의무에 수반하는 욕망과 수모에는 식민지성과 가부장제가 뒤얽힌 역사적 궤적이 고스란히 담겨 있다.

한국의 호주제도는 여성을 '가족 내의 존재'이면서도 가족을 구성할 능력은 갖지 못한 존재로, 남성에 의해 영원히 대변되어야 할 피보호자로 만들었기에, 근대한국 여성 시민의 정체성에 보편적인 의미를 가진다. 호주제도는 여성의 재산상속에도 영향을 미쳤다. 가제도에서 호주의 전재산은 다음 호주에게로 상속된다고 할 때, 조선에서 여성 호주의 가능성이 더욱 축소된 것은 먼저 호주 재산상속에서 배제됨을 의미하기 때문이다. 또한, "재산상속인은 재가자(在家者)에 한하고 타가에 있는 자는 재산상속인이 될 수 없다"(정긍식 2000, 355면)고 '가'의 경계를 재산상속의 경계로 확인한 점도 여성에게는 치명적이다. 여성은 혼인에 의해 친가의 호적에서 떠나기 때문이다. 조선시대 여성의 재산상속상 지위가 높았다고 할 수는 없지만, 이렇게 전 호주의 재산상속과 친가에서 완전히 배제된 예는 찾기 어렵다. 가부장제의 식민지적 재구성은 단지 여성 차별, 그에 따른 여성들의 고통의 문제에만 그치지 않는다. 근대국가 건설 이후에도 여성과 남성은 국가와 마주하는 자유로운 시민이 아니라, 호주와 가족이라는 신분관계 속에서 국민으로 존재하였고, 서로 만날 수 없는 이분법적 영역에서 살아왔다 하겠다. 한국의 국민들은 시간성을 알 수 없는 '전통'을 상상하고 자신의 정체성을 인식하면서 동시에 망각했고, 여기서 남근중심 가부장제는 국민들을 그 근원 모를 '전통'으로 이어주는 한줄기 동아줄이었다.

4. 맺음말: 식민지 '관습'문제와 젠더질서의 재구성

일본 가제도는 제2차 세계대전 패전 후 개정된 신민법에서 폐지되었다. 하지만 한국에서 호주제도는 부계계승제도를 유지하기 위한 제도적 장치로 2007년 12월 31일까지 존재하였고, 폐지에 대한 저항은 대단히 컸다.[32] 이는 호주제도에 한국의 전통적 요소가 녹아 있음을 의미하는 것인가. 한국인이라면 거부감을 가질 법한 일본 가제도의 주요소를 '한국의 전통'이라고 믿게끔 만든 것은 무엇이었을까.

한국의 가족법 담론에는 식민주의에 영향받지 않은 순수한 전통에 대한

---

31) 법정호주상속인의 포기를 인정하지 않는 '절대적 강제상속'은 한국에서 1989년 3차 가족법 개정까지 지속되었고, 현 호주를 차기 호주의 승계에서 배제할 수 있는 폐제 같은 제도는 존재하지 않았다(정광현 1967, 424~27면; 김주수 1994, 398~99면).

믿음이 있었고, 식민지 유산의 극복은 그 진정한 전통을 복구하는 작업으로 귀착되었다. 그런데 이런 담론에서는 일본의 가독상속과 조선의 제사상속 간의 차이가 크게 문제시되지 않았던 것 같다. 한국의 유교주의에서 양자가 가진 가부장적 공통성이 중요관심사이지 그 차이의 문제란 그리 중요치 않았다는 것이다. 일본 남성들에게 그것은 일본 제도의 이전을 의미하기에 유익했고, 조선 남성들에게 그것은 부계계승제도의 법적 정당화를 의미하기에 유익했을 것이다. 이 과정에서 조선의 가부장제는 일본적인 것과 착종되었지만, 탈식민 후 한국에서 가부장제에 남겨진 식민지 잔재에 대한 문제제기는 별로 없었다. 이상과 같이 식민지적 관습과 재구성된 젠더질서에 대한 분석을 마무리하면서, 기존의 관습왜곡론이 가진 문제점을 다시금 지적하고자 한다.

첫째, 관습의 왜곡 이전에 일본은 조선 관습을 조사하고 해석했으며, 나아가 만들어냈다는 점이다. 일제는 조선의 관습조사를 끊임없이 수행했다. 이때, 일제가 명백히 왜곡으로는 보이지 않는, 나름의 객관성을 갖고 조선왕조의 법전을 연구하고 식민지 관습을 조사한 데 대해서는 어떻게 볼 것이냐의 문제가 있다. 이 나름의 객관성을 갖춘 조사와 연구를 통해 조선의 '전통'이라고 생각되는 것이 식민지 법제 속에 살아남았다. 따라서 이러한 식민지적 관습의 '탈식민'을 위해서는 전통에 부착된 식민지시기 관습조사 및 각종 결정에 녹아 있는 식민지성―즉 일본 민법의 관점과 식민지배적 관심―을 인정하고 이를 역추적해야 한다.

둘째, 호주와 승중자 원리에서 보았듯이, 왜곡론은 양 제도의 착종 현상을 포착하기 어렵다. 여러 차이에도 불구하고 양자의 착종을 통해, 부계계승주의가 '전통'으로 살아남았다. 이는 왜곡된 관습이라도 당대(식민지시기 혹은 식민 이후) 지배 엘리트 남성의 기호에 부합한다면 전통으로 인정되었다는 것을 의미한다. 그렇다면, 일제의 관습 왜곡은 일제뿐 아니라 조선 엘리트에 의해서도 이용된 것이다. 이 점에서 식민지지배는 일제가 조선에 행한 것일 뿐 아니라 조선의 엘리트가 조선 민중에게 행한 것이고 조선의 남성 엘리트가 여성 민중에게 행한 것이기도 하다. 따라서 탈식민이란 일제의 흔적에서 벗어나는 데 그치지 않고 식민지시기에 만들어진 지배 엘리트의 관점에서 벗어나는 것을 의미한다.

셋째, 일본은 식민지 본국으로서 별 어려움 없이 그들의 가족제도를 조선에 이식할 수 있었다. 가제도에 포함된 호주와 가족관계, 결혼, 이혼, 재혼, 부모자녀관계, 재산상속 등 여러 가족관계 법규도 함께 이식되었다. 이식된 일본의 가족제도는 씨제도나 서양자제도 같이 '명백한' 강제가 아닌 많은 경우, 조선에 실행되어온 '관습'으로, 또한 '현시' 조선의 사회적 필요로 제시되었다. 이리하여 일본 가족제도는 식민지 당대의 '관습'이 되어 이후 한국사회에 연속되었을 가능성이 농후하다. 과거회귀적인 관습왜곡론은 이런 민법상의 영향에 대해 무력하다.

이상과 같이 볼 때, 일제가 미친 영향은 이미 존재하던 조선의 관습에 대한 왜곡보다 훨씬 더 '생산적인' 것이었다. 그 영향은 조선의 가족제도를 일본 가제도로 분류하고, 항목화하고, 개념화하고, 호명한 모든 곳에서 발생하였다. 조선 관습의 왜곡은 조선의 '관습'이라는 지식 형성 자체에서 발생하였다. 그것은 왜곡보다도 더 심원한, 한국 문화에 대한 개입이다. 따라서 이론적으로는 그것이 사실인가 아닌가를 다루는 '사실로서의 관습론'이 아니라, '생산으로서의 관습론'이 요청된다. 가제도가 주입되었을 뿐 아니라 고유 관습과 착종된 것이어서, 고유 관습을 생각하려면 식민지적 '관습'의 지식회로 내부로 들어가야 한다. 그리하여 일제의 식민지배 관심이 녹아 있는, 우리가 알고 있는 관습에 대한 지식을 비판적으로 고찰해야 한다. 그런데 여기서 비판의 준거란 무엇인가. 이제까지 두 장에 걸쳐 조선의 가족 관습과 식민주의 정치(학)의 만남을 조명하고, 가부장제의 재구성이 식민지적 관습의 장이었음을 분석하였다. 이런 관점에서 볼 때 과거회귀적으로 조선의 순수한 전통을 찾는 것으로는 탈식민이 불가능하다.

또한 그간 한국의 유림과 사학계에서 크게 문제삼지 않은 가부장제도의 식민지성에 대한 역사적 고찰이 필요하다. 가부장제는 역사를 벗어난 영역에서 상존하는 것이 아니라 그때그때의 정치·경제적 상황에 따라 구성되는, 살아 있는 역사적 산물이다. 바로 이 점에서 가부장제는 단층처럼 역사적 시간대를 내장하고 있다. 탈식민의 인식론은 '관습'논리에 담긴 동결된 시간성과 가부장제를 벗어나는 것을 포함해야 한다.

제5장

조선시대 '가족'의 정치학[1]

일제하에서 조선의 관습은 가족법의 판단기준이 되었고, 탈식민 후 한국에서는 '전통'이 가족법적 사안의 입법기준이 되었다. 이런 기준에서는 조선왕조시대야말로 '전통'의 보고(寶庫) 내지 원형으로 여겨지기에, '전통'지식에 개입하기 위해서는 현재에서 과거로 거슬러올라가는 방법이 필요하다. 이 장에서는 조선시대의 가족에 대해 고찰하는데, 제한된 능력과 지면으로 500년이 넘는 조선의 가족법제와 관습을 모두 다룬다는 것은 가능하지 않은 일이다.[2] 뿐만 아니라 이 장의 의도가 조선시대 가족제도의 역사적 고증에 있지도 않다. 이 책에서 조선시대 가족을 다루는 동기는 조선시대 가족을 바라보는 시각에 있다. 주지하다시피 조선왕조는 1392

---

1) 이 장에서 조선시대 가족이란 의식주를 공유하는 생활단위나 가족관계를 뜻하는 것이 아니라 주로 가족제도를 지칭한다. 이 가족제도는 현대적 의미의 가족제도라기보다 신분제도의 기반이 된 친족 및 씨족제도에 가깝다.

2) 이 장은 조선시대에 관한 선행연구에 의존하고 있지만 모든 논의를 빠짐없이 다루지는 못했다. 그럼에도, 본 장에서 말하고자 하는 조선시대 가족제도와 전통의 정태적 상(像)에 대한 문제제기를 하기에는 부적절하다고 생각지 않는다.

년 건국되어 1910년까지 한반도 전체를 관장한 왕조이다. 조선왕조가 한국 가족관습의 유일한 역사적 원천은 아니지만, 식민지 지배기간 동안 이뤄진 조선 관습에 대한 일제의 조사는 대부분 고려시대나 신라시대가 아닌, 조선시대의 법전과 관행에 의거했다. 이 조사는 역사적 시대로서의 조선왕조 자체에 대한 관심이 아니라, 일본제국의 통치목적으로 일제의 입장에서 행한 '조센의 관습'조사였다. 그리하여, 식민지시기 '관습' 연구로 그려진 조선시대에서는 500여년이라는 장구한 시간 동안의 변동, 지역적·신분적 편차, 해당 시기의 정치적 이해·관심 등 조선왕조의 '관습'에 내재한 사회학적 문제들이 과감하게 삭제되었다. 여기서 아래와 같은 질문이 제기된다. 오늘날 가족법의 원리로 혹은 문화적 유산으로 우리가 알고 있는 가족'관습'과 '전통'은 식민지적 지식생산에서 자유로울 수 있는가. 500년 넘는 역사를 가진 조선시대의 가족법제와 관행을 일률적으로 '관습'이라 호명하는 것이 정당한가. 이 장에서 볼 것처럼, 조선시대의 가족법제와 관행에도 시간적·지역적·계급적 편차가 있고 역동적 변화가 있었다. 조선의 정치 엘리트들은 그들의 국가이상 및 통치비전에 입각하여 특정한 유형의 가족규율을 이식하기 위해 가능한 모든 수단을 동원하였고 양반들은 끊임없이 국가와 협상하였다. 즉 조선시대에 통용되었다는 가족규율들은 불확정적이고 불연속적인 요소들을 내포하고 있었다. 이는 조선왕조시대의 가족이 진실하고 영원한 한국 문화의 정수가 아니라, 조선의 사회적·경제적·정치적 생산물이었다는 것을 보여준다. 이 장에서 논의할 조선시대는 사실로서의 과거가 아닌, 현재에 끊임없이 그 의미가 구성되는, 살아 있는 열린 과거이다. 이 장에서는 조선시대 가족제도의 맥락을 살피고, 종법으로 개념화된 가족제도를 제사·혈족조직·혼인·재산상속이라는 네 영역을 통해 연구하고자 한다. 이를 바탕으로 맺음말에서는 조선 가족제도를 현재 사회에서 '전통'의 원천으로 삼는 시각에 대해 논한다.

1. 조선시대 가족제도의 맥락

조선시대 가족제도 연구에 들어가기 전, 두 가지 측면에서 조선의 가족제도가 놓여 있던 사회적 맥락에 대해 살펴보려고 한다. 그것은 조선의 법제와 조선사회의 신분제도라는 맥락이다. 조선시대 가족은 엄청나게 다양한 법전들에 규정된 성문법으로 규제되었다. 조선시대 전체에 걸쳐 특히 조선시대 초기에 제정된 법들의 질과 규모는 실로 주목할 만하다. 『경제육전(經濟六典)』은 태조(재위 1392~98)의 명령으로 조준(趙浚)이 1397년에 그 기초를 잡은 것으로, 조선왕조의 첫번째 법전이었다.[3] 이 법전을 보완하는 방식으로 1413년 하륜(河崙)이 『경제육전속록』을 편찬하였고, 1426년과 1433년에 법전은 계속 보완되었다. 이후 속속 새로운 규정과 법령이 제정되었고, 성종(재위 1469~94) 치하 1471년에는 『경국대전』이 시행됨으로써 조선왕조의 주된 입법이 일단락되었다. 『경국대전』은 이후 개정과 증대, 보충을 거치면서 조선시대 내내 중심적 법전으로 기능하였다.[4] 법전 편찬에 기울인 지속적이고 충실한 노력에서 조선왕조 엘리트들이 가졌던 법적 체계화에 대한 신념을 알 수 있으며, 이 점에서 조선왕조와 고려왕조가 구별되기도 한다. 법제화를 향한 노력은 조선시대 전반기에 해당하는 14세기 말에서 17세기 중반에 두드러지는데, 도힐러(Martina Deuchler)는 이 현상이 조선사회의 근본적인 변화와 재편성을 나타낸다고 해석한다(Deuchler 1992, 3면).

---

3) 최초의 법전이 반포되기 전, 정도전(鄭道傳)이 1394년에 『조선경국전(朝鮮經國典)』을 집필한 바 있다.

4) 현대법과 달리 조선시대 법전들은 폐지된 법률들을 특별한 기호로 표시하여 기재하면서 이전의 법전에 이후의 법전을 부가하는 방식으로 편찬하였다. 따라서 시간이 지남에 따라 법전의 부피는 점점 증가했다(Shaw 1980b).

조선시대 법전들은 다음과 같은 여섯 범주로 구성되었다. 관료 조직체의 규칙을 정한 이전(吏典), 재정과 관련된 문제를 다루는 호전(戶典), 교육·의례·혼인 관련 문제를 다루는 예전(禮典), 군대와 관련된 문제를 통제하는 병전(兵典), 사법상의 문제를 다루는 형전(刑典), 공업·건축·산림·도량형 등과 관련된 공전(工典)이 그것이다. 이 육전 체제는 『주례(周禮)』에서 기원한 것으로, 여기서 보듯 조선왕조의 법체계에 미친 중국 법의 영향은 뿌리 깊은 것이었다(Shaw 1981, 3~9면; 정광현 1967, 5~6면; Yoon 1990, 5~12면). 중국의 법, 특히 당(唐)나라와 명(明)나라 법은 조선왕조 수립 이전에 소개되었지만, 중국 법이 가장 철저하게 유교적으로 구체화된 『대명률』같은 명나라 법전이 관료와 정치가 들에게 영향력있는 기준으로 받아들여진 것은 조선 초기라 할 수 있다. 고려시대에 중국의 법을 단편적으로 채택했던 것과는 달리, 조선시대에는 원본 그대로의 중국 법전을 활용하고 있다(Shaw 1981, 5면; Deuchler 1992). 이러한 중국의 영향에도 불구하고 쇼우의 주장처럼, 조선의 법률은 조선의 사회상황에 구체적으로 적용할 수 있는 명확히 정해진 규율들을 발달시켰다(Shaw 1981, 29~43면).[5] 도힐러도 종법을 실행함에 있어서 중국과 한국 사이에 많은 차이점이 있었음을 지적한다(Deuchler 1992, 289~90면).

조선 법제의 성격과 함께 조선시대의 신분제도라는 맥락도 고려되어야 한다. 잘 알려진 대로 조선사회의 신분제도는 가족제도와 밀접하게 관련되어 있었기 때문에, 신분제도의 맥락 없이 조선시대 가족제도를 이해하기는 어렵다. 어떤 가족이나 친족에서 태어나느냐가 바로 그 사람의 신분을 결정했다. 조선사회는 크게 세 종류의 신분집단으로 구성되었는데, 각 신분간의 관계는 가문과 직업을 기초로 하는 엄격한 위계질서 속에 있었

---

5) 쇼우는 또한 조선의 범죄재판의 거의 3분의 2가 19세기 중반 명왕조의 법전에 위배되는 것이었다고 한다(Shaw 1981, 4면).

다. 사회·정치적 엘리트인 양반, 통치계급에 포함되지 않는 양민 혹은 상민, 그리고 노비 및 다른 하류계급 천민이 그들이다.[6] 양반은 정치적 지위와 경제적 부, 그리고 유교지식을 독점한 조선의 엘리트로 귀족신분이었고, 전체 인구 중 낮은 비율을 차지했다.[7] 천민과 달리 양반은 결코 명확하게 구분되는 범주가 아니기 때문에, 양반 신분을 어떻게 정의할 것인가는 조선시대 신분제도 연구에 있어 최초로 그리고 지속적으로 제기되는 문제이다(송준호 1987c; 지승종 1989, 5~7, 39~46면). 그럼에도 불구하고, 몇몇 범주로 양반을 정의하는 것이 불가능하지는 않다. 명확한 혈통계보, 학자 혹은 관료로서 명성을 지닌 현조(顯祖), 명망 높은 가문과의 혼인, 양반 고유의 삶의 방식 등을 들 수 있을 것이다(Deuchler 1992, 12면; 송준호 1987c, 135면).[8] 이러한 범주들에서는 일반적으로 가문의 배경이 관료 지위보다 더욱 중요한 것으로 강조되는 반면, 지승종은 저명한 가문과 높은 관직 모두가 양반 신분에 있어 매우 중요하다고 주장한다(지승종 1989, 46면).[9] 다양한 학설이 있

---

6) 이러한 신분집단 외에 양반과 상민의 중간계층인 '중인계급'이 18세기 말에 출현했다. 지승종(1989)과 정옥자(1986) 참조.

7) 도힐러에 의하면 양반은 조선 전체 인구의 10% 미만을 차지하고 있었다(Deuchler 1992, 12면). 하지만 이러한 계산이 조선시대 신분구조상의 변화와 지역적 편차들을 고려한 것인지 의문이 든다. 지승종은 양반 인구가 17세기에는 조사 및 지역에 따라 2.5~18.15%였고 18세기에는 8.0~32.11%라고 정리하고 있다(지승종 1989, 47~48면). 또한 17세기 동안 지역에 따라 34.53~64.37%를 차지하던 노비의 인구비율은 18세기에 들어서는 현저히 감소하여 15.9~43.0% 이른다고 보고한다. 양반이나 노비가 아닌 나머지 사람들은 평민이었다. 이러한 추산은 호적대장을 주자료로 하였다. 조선 후반기 양반 인구의 급증에 대해서 송준호(1987c)는 반론을 제기한 바 있다.

8) 송준호는 양반 지위에 대한 사회적 승인이나 명성에 있어 재산이나 벼슬은 부차적인 것이며, 가문이 가장 결정적인 요소임을 강조한다(송준호 1987c). 한편 이성무는 양반이란 사조(四祖, 아버지, 조부, 증조부, 외조부) 중에서 구품(九品) 이상의 벼슬을 했던 조상이 적어도 한 사람 이상 있는지 여부에 따라 주로 결정된다고 하였다(이성무 1980, 40면).

9) 이러한 지승종의 설명은, 신분이란 귀속지위(생래적 지위)와 성취지위(취득한 지위)의

지만, '저명한 가문의 출신'이 양반 신분에 있어 필수적인 요소라는 사실에 대해 부정하는 입장은 찾기 어렵다.

양반 다음으로 낮은 신분인 상민은 지배계급에 속하지 않은 평민들이었다. 평민들은 양반과 같은 저명한 가문을 가질 수 없었고, 그들의 혈족조직은 양반보다 덜 복잡하고 덜 의식화(儀式化)되어 있었다. 평민들은 족보를 기록하지 않았고, 따라서 자신들의 계통을 추적할 수단을 많이 가지고 있지 않았다. 대부분은 농민들로서, 자신의 토지를 경작하거나 소작인으로 다른 사람들의 토지를 경작했다. 세금, 군대, 부역의 책임을 감당해야 했던 것은 바로 이들 평민 집단이었다.[10] 조선왕조 건국 당시에는 양반과 평민 사이의 경계가 아직은 불변의 것처럼 확고하지는 않았던 것 같다. 평민들도 과거를 볼 수 있었고 때때로 정부 하위관직을 맡는 것에 대해 제재를 받지 않았으나, 조선왕조 건국 이후 두번째 세기에 들어가면서, 양반과 평민의 구분은 보다 분명해졌다(Deuchler 1992, 13면).

한편, 평민과 천민 사이에는 뚜렷한 법적 구분이 존재했다. 천민계급은 대부분 사노비나 공노비로 구성되어 있었지만, 백정이나 갖바치, 무당같이 천한 직업으로 간주되는 직업에 종사하는 사람도 천민계급에 포함되었다. 천민계급을 (재)생산해내는 주요 메커니즘은 처벌과 출산에 있었다(지승종 1989, 11면). 부모 중 적어도 한 사람이 천민이면, 그 자손들은 근본적으

복합체라는 인식에 기초한 것이다. 조선사회에서 과거(科擧)는 신분상승의 통로였으며, 일단 그런 지위를 획득한 후에는 그 신분이 자손 대대로 내려가는 경향이 있었다. 평민의 신분도 직업과 세습의 결합으로 형성되었다. 하지만 조선시대에 신분의 성취지위와 귀속지위가 비등한 역할을 했었는지는 논의의 여지가 있다.

10) 평민은 세금을 부담하고 양반은 세금을 내지 않았으므로, 이것이 평민이 양반으로 이동하고자 갈망한 이유가 되었다. 이로 인해 조선왕조 말기에 양반이 더욱 증가했다는 설명도 있다. 평민이 양반이 되는 길은 크게 두 가지였는데, 하나는 국가에서 평민을 상대로 매매했던 하류 관직의 지위를 사거나, 다른 하나는 족보를 위조하는 것이었다(지승종 1989, 50~61면).

로 평민으로 신분상승을 할 수가 없었다.[11] 1731년에 시행된 종모법(從母法)은 어머니가 천민일 경우에 한해서 그 자녀를 천민으로 간주함으로써, 이러한 규율이 다소 완화되었다(이상백 1964). 임진왜란(1592~98) 동안의 혼란과 사회재구성에 힘입어 천민들이 평민이 될 수 있는 기회가 생겼고 이점이 이 시기 천민의 감소를 설명한다(지승종 1989, 17~39면; 이상백 1964). 노비제도는 1894년 갑오개혁에 따른 신분제도 폐지와 함께 사라졌다.

이렇게 개인의 신분이 그의 업적이나 재능이 아니라, 출신 가문에 의거한다는 점은 조선시대 가족제도에 있어서 놓쳐서는 안되는 특성이다. 어떤 사람이 어떤 가족에 태어났느냐가 그의 정체성과 존재 대부분을 결정했다면, 가계의 보존 내지 상승은 당시 사회인에게 절대적 중요성을 가졌을 것이다. 조선이라는 국가가 신분제도 위에서 운영되었다고 할 때 조선시대의 '가족'이란, 세습적 신분제도가 철폐되고 혼인과 출산이라는 계기를 통해 형성되며 경제적 생활과 보살핌의 장이라는 현대 가족의 성격과는 뚜렷이 구분된다. 그것은 신분제도요 계급제도로서 조선의 정치·경제·사회·문화를 지탱해주는 핵심적 사회조직이었다. 이와 같은 조선시대의 신분제도와 국가질서의 맥락 속에서 가계계승, 혼인, 자녀와 양자, 재산제도의 의미를 해석하고자 한다. 이에 따라 조선시대의 가족제도에서 '가족'의 의미에 대해서도 재고찰해야 할 것이다.

한편, 이 장에서는 주로 양반계층의 가족생활 관행과 가족규율에 대해 논의할 것이다. 이는 자료적 한계에 기인한 것으로, 대부분의 역사기록이 사회주도세력에 의해 저술되었기에 이 기록들은 주로 양반층의 현실을 나타내고 하층계급에 대해서는 특별한 경우에만 언급하고 있다. 예컨대, 이 장의 주요 자료가 될 『조선왕조실록』은 왕들이 왕궁에서 관료들과 나눈

---

11) 특히 조선왕조 초기에는 노비가 양반 집안의 가장 중요한 재산을 형성했다는 점을 감안할 때, 이 제도를 통해 노비 수를 경감시키지 않고자 했던 의도를 읽을 수 있다(이수근 1989, 99면).

대화 일지이다. 이러한 점을 감안하여, 이 장에서 다룰 가족에 대한 규율은 조선사회의 이념형(ideal type)이었음을, 심지어 양반 자신들에게조차 그러했음을 지적할 필요가 있다. 귀족사회인 조선에서 가족 영역을 포함한 모든 영역에 있어서 엘리트 신분이 가졌던 지도력을 부인할 수는 없겠지만, 가족규범의 영향이 모든 사회신분에 동일하게 작용했으리라 보기도 어렵기 때문이다(송준호 1987c, 163~64면). 이런 기록의 역사가 만드는 계층적 선입견이 한국에만 유일하게 나타나는 것은 아니겠지만(Deuchler 1992, 14면), 양반가족의 규율체계를 조선사회 전체 가족의 그것과 등식화하는 것은 정당하지 않을 것이다.

2. 종법원리의 명확화

후기에 들어서야 만개하는 조선시대의 가족규율은, 일반적으로 종(宗)의 규범이라는 의미에서 종법(宗法)이라 불린다. 실제로 종법은 조선의 지배 엘리트들이 왕조의 '새로운 질서'를 만들기 위해 얼마나 많은 노력을 기울였는가를 보여주는 좋은 사례가 된다(Deuchler 1992). 이 말은 종법이 조선시대의 고유문화와는 다소 거리가 있는, 의도적 제도화의 결과라는 것을 뜻한다. 이번 절에서는 종법이라는 가족규율이 조선의 현실 속에서 어떻게 조정되었으며, 역으로 그러한 규율들이 조선의 가족제도를 어떻게 명료하게 만들었는지를 살펴보려고 한다. 이를 통해 현실과 동떨어진 채 철통 같은 규칙으로 그려지던 종법과는 다소 다른 상(像)이 제시될 수 있을 것이다.

종법은 기원전 고대중국에서 유래한다. 종법은 군주가 지방 세력으로서 자신의 가문을 이루고, 군주 자신은 그 혈통의 창시자인 종이 되었던 봉건적 사회제도에서 생겨난 것이라고 여겨진다(이순구 1994, 14~15면; 정동호

1978, 54면). 하지만 조선시대에 적용된 종법 규범은 주자(朱子)가 중국의 송 (宋)왕조시대(960~1279)에 다시 만든 규범으로, 주자는 고대의 규범들을 재 창조하여 『예기』(禮記, 의식에 관한 책)와 『가례』(家禮, 가족의례), 『의례』(儀禮, 예절과 기념에 관한 책)를 저술했다. 중국의 신유교주의 사상가들은 부계혈통 으로 계승되고 엄격하게 조직된 동족 집단이 강력한 종 사상의 현실적 구 현체가 되는 방식으로 종법을 주조하였다.[12] 그런데, 송왕조의 신유교주의 자들이 생각한 혈통 개념은 중국 고대역사에서 실제로는 존재한 적이 없 는 이상적인 제도였을 뿐 만 아니라, 조선에서 실행된 부계혈통의 규범들 이 송나라의 그것과 같은 것도 아니었다(Deuchler 1992, 133~34면).[13]

(1) 제사의 성격

먼저 조선시대 가족제도의 가장 핵심적 기제로 이해되는 제사에 관해 살펴보자. 제사의 의미는 크게 정신적인 측면과 사회적인 측면으로 구별 할 수 있다. 첫째, 제사는 제사를 드리는 당대 후손들을 통해 조상이 존속 한다고 믿어지는 하나의 구체화된 종교적 형식이다(이광규 1977, 22면). 조상 은 자신의 후손들을 통해 계속해서 존재하며, 후손은 그런 의미에서 조상 들이 구현된 존재들이다. 자넬리(Roger L. Janelli)는 인류학적 조사를 통 해, 다른 형태로 머무는 부모와 자녀 사이에 지속되는 관계로 제사를 묘사 하였다(Janelli 1973, 182면). 부모가 사망한 후에, 부모의 혼령은 자신들의 후 손 집에 있는 신주(神主) 안에서 살면서 특정한 날에 제사를 받게 된다. 제

---

12) 대종(大宗)이나 본종(本宗)은 백대(百代)에 이르러도 변하지 않는다는 이념에는 부계 혈통이 영원히 지속된다는, 종법 규범의 핵심이 표출되어 있다(이상백 1964, 12면; 정동 호 1978, 54면). 주희(朱熹)는 부계계승을 바다에서 파도가 계속해서 생겼다가 없어졌 다가 하는 것에 비유했다. 그 어떤 파도도 이전에 있던 파도나 그후에 올 것과 같지는 않 지만, 모든 파도는 같은 바닷물로 이루어져 있다(Deuchler 1992, 132~33면)는 것이다!
13) 조선사회에서 이러한 중국 문헌들의 도입은 단순히 모방이 아닌, "중국의 유물에 대한 창조적 도입"의 과정이었다고 한다(Deuchler 1992, 20~27, 111~18면).

사는 집안에 제단을 두는 장소인 사당(祠堂)에서 치러졌는데, 양반들은 산소뿐 아니라 사당도 온전하게 갖추어놓았다. 만약 돌아간 조상이 5대(代) 조상의 범위에 들면, 이들은 사당과 산소 두 곳에서 모두 제사를 받았다. 좀더 먼 조상들은 묘소에서만 제사를 받았다. 『가례』에는 여덟 종류의 제사가 규정되어 있지만, 현대한국에 이르기까지 주로 세 종류의 제사가 지켜져왔다. 기일제는 집안에서 기일 전날 밤에 드리는 제사이고, 속절제는 새해(음력 1월 1일)나 추석(음력 8월 15일), 한식(음력 3월 10일) 같은 절기에 드리는 제사이며, 묘제는 모든 조상을 위해 묘지에서 1년에 한번씩 드리는 제사였다(이광규 1977, 17면).

둘째, 조선시대 조상의 혼령들이란 부계혈통의 조상에 한정된 것이라는 점에서, 제사는 실질적으로 부계혈통을 강화하는 사회적 기능을 해왔다. 제사 의식은 주자의 『가례』에 근거한 관혼상제의 네 가지 기본적인 의식 중에서도 가장 근본적인 것이다(Deuchler 1992, 133면). 제사 의식에서 실제로 섬김을 받는 조상은 조상 개인이 아니라 부계혈통 속에 위치한 조상인 것이다. 제사를 드리는 집단 역시 대개는 같은 고조부(高祖父)를 함께 둔 종의 남자들로 구성되어 있었다. 이들은 오복제(五服制)에 따라 상복을 입는 집단이기도 하다.[14] 부계혈족집단 공동의 가장 중심적 프로젝트가 제사라고 할 때, 제사의례 자체가 누가 가까운 혈족인지를 사회화하는 중심기제였다.[15]

---

14) 오복제의 등급은, 상복(喪服)의 종류뿐 아니라 3년에서(부모가 사망한 경우) 석달에(예컨대 장인이나 장모가 사망한 경우) 이르기까지의 상(喪) 기간과 관련된다. 오복제는 친족의 범위를 확정하는 기능을 했을 뿐 아니라, 다섯 종 이상의 차등을 둠으로써 등급에 따라 친족관계를 정의하는 지도(地圖) 역할을 하였다. 오복제에서 부계혈통은 매우 중요하게 여겨지는 반면, 모계나 아내의 혈족 같은, 부계혈통이 아닌 친척들은 부차적인 지위로 여겨졌다. 상복을 입는 친족은 유복친(有服親)이라 불렸는데, 대한민국 가족법의 친족(親族) 범위에 이러한 상복제도의 모형이 내재해 있었다(제9장 참조).

15) 이광규는 당내와 문중의 혈연관계를 구별했다(이광규 1977, 5면). 당내는 5대 내에서

부계혈통집단이 제사의례에 의해 확인되고 강화되기 때문에, 조선시대에 제사의 의무를 계승한다는 것은 곧 가문을 계승하는 것이었다(이광규 1977, 1면). 제사의 의무를 계승하는 자손은 종손(宗孫) 혹은 승중(承重)이라고 불리는데, 이 지위는 본가(本家)의 장남으로 계승되는 장자상속제도(primogeniture)에 의해 계승되었다. 이에 따라 조선시대에는 조상의 혼령이 자손, 특히 장남에서 장손과 장증손에게로 전해내려간다고 믿어졌다. 제사의례에 의해 조직되는 혈통이란 조상이나 자손이나, 즉 받는 쪽이나 드리는 쪽이나 배타적으로 남성들로만 구성되었다.[16] 제사의 의무를 계승함에 있어서 부계계승주의뿐 아니라 종가(宗家) 혹은 본가와 지가(支家) 혹은 분가(分家) 간의 구분도 명확하였다. 즉 장자와 차자 이하 아들 간의 위계질서가 존재하였다. 이렇게 제사는 친척들이 함께 참여하면서 동시에 세심하게 서로를 구별하는 통합과 구분의 장이었다. 제사라는 의례를 통해 부계혈족과 그를 넘어선 인척들과의 조직화가 이루어졌으니, 제사는 부계혈족의 존재를 전제로 하는 동시에 그러한 혈족의 구성기제였음을 알 수 있다. 이러한 사회적·정치적 측면이 종교적인 측면, 즉 조상 영혼과의 교류라는 측면과 결합될 때, 제사는 상당히 강력하고도 심원한 의미를 갖게 된다. 조상에 드리우는 일종의 신성성이 제사계승자, 집안의 어른 내지 혈족집단으로 확대될 때, 가부장적 혈족이란 범하기 어려운 영적 성격을 가진 것으로 공고화될 수 있었을 것이다.

조상을 섬길 의무가 있는 혈연집단인 반면, 더 넓은 혈연집단인 문중에서는 좀더 먼 조상들까지 섬겨야 할 의무가 있다. 이런 식으로, 혈연관계 자체가 모셔야 하는 조상의 제사 범위에 따라 정의됨을 알 수 있다.

16) 여성 조상들에게도 제사를 지내지만, 이때의 여성이란 부계혈통의 지도 내에 속한 조상을 의미한다. 자신이나 아버지, 조부의 어머니나 처 등에게 제사를 드린다. 또한 남성 조상들은 혈통적으로 (성본을 공유하고 공동의 조상을 둠으로써) 서로 관련된 반면, 여성 조상들간에는 서로 성이나 혈통적 관련성이 없다는 것도 주요 차이이다.

(2) 제사계승제도와 그 실제

제사의 사회적·정치적인 성격은 제사에서 가장 중요한 문제인 계승자 선정에 있어서 가장 잘 드러난다. 부계혈통에 의한 제사를 수행하는 것이, 자발적으로 혹은 자연적으로 발생한 것이 아니라 조선왕실과 양반 들에 의해 설득되고 부과되고 성취된 것임을 보여주는 몇몇 사례를 들어보기로 하자. 태종 통치기간(1400~18)인 조선왕조 초기에는 수백명의 양반 중에서 자신의 집에 사당을 지은 사람이 아무도 없었다는 것을 실록에서 인정하고 있다(『태종실록』; 최재석 1983, 566면에서 재인용). 또한 세종대왕 치하 1428년에는 종가·본가와 지가·분가의 구별 같은 관행은 존재하지 않았다는 점도 확인할 수 있다(『세종실록』; 최재석 1983, 566면에서 재인용). 이러한 기록들에서 제사를 수행하는 부계혈통집단이 당시까지 잘 형성되지 않았음을 알 수 있다. 세종대왕 통치기간(1418~50) 동안 조정은 가족 내 제사상속의 문제에 대해 면밀히 검토하기 시작했다. 1437년, 관료들은 최초로 부계직계계승의 원칙을 체계화하였다. 즉 직계혈통이 친자에 의해 계승되지 못할 경우에는, 적어도 적합한 세대에 속하는 가까운 혈족에 의해서 계승되어야만 했다(『세종실록』 77; Deuchler 1992, 141면에서 재인용). 이러한 절차를 나타내기 위해 그때까지는 조선에서 사용되지 않던, 상속인을 세운다는 의미의 고대중국 용어인 입후(入後)라는 개념을 도입했다. 가문의 생물학적인 계승자와는 달리 입후, 즉 '법률상 가계계승자'는 원칙상 그가 계승하고 있는 조상을 위해서만 제사 의식을 수행할 수 있었다(Deuchler 1992, 141면). 이때 가계를 계승하는 세대에 속하는 사람에 의한 계승원칙을 세움으로써, 입후제도는 조선에서 주로 고려시대에 실행되던 형제간 가계계승을 방지하기 위한 제도로 자리잡았다.[17]

---

17) 하지만 조말생(趙末生, 1370~1447)의 사례를 보면, 새로운 법규와 옛 관습을 따르는 유언 사이에 충돌이 있을 수 있음을 알 수 있다. 고위관료였던 조말생은 절름발이인 직계손자 조용이 아닌 셋째 아들 조건이 그의 입후가 되어 제사를 드려야 한다고 유언했

『경국대전』에서 제사의 중요성이 국가 전체의 관심사로 표명되었다. 『경국대전』에는 제사의 의무가 신분과 지위에 따라 분명히 규정되어 있다. 6품 이상 지위에 있는 관료들은 3대 조상까지 제사를 지내도록 규정하였고, 7품 이하 관료들은 2대 조상들까지의 제사를 지내야 함을 규정하였다. 평민은 부모의 제사만 지내도 되는 것으로 허용되었다(『경국대전』; 이순구 1994, 28면에서 재인용).[18] 『경국대전』은 제사계승자에 대해서도 다음과 같은 순위를 제시하였다. 적장자와 그의 아들(들), 중자(衆子)(들)와 그의 아들들, 그리고 서자들. 하지만 국가의 법적 공식화에도 불구하고 양반계급의 실제적인 가계계승 관행은 잘 통제되지 않았다.[19]

다. 그의 사후 십년이 넘게 지난 1458년, 조정의 관련 기구에서는 조말생의 유언장을 정밀하게 조사했다. 관료들은 만약 직계상속자(아들이나 손자)가 조상 제사를 수행할 수 없다 하더라도, 차자가 직계상속자와 별도의 사당을 설립할 자격은 없다는 주장을 굽히지 않았다. 그들은 직계계승이라는 법규는 아버지의 개인적 유언에도 불구하고 어길 수 없다는 것을 분명히했다. 반면, 직계계승의 원칙에는 이의를 제기하지 않지만 가부장의 유언장을 지지하지 않으면 조상 제사가 끊어질 것을 우려하는 관료들도 있었다. 왕은 융통성 있는 접근법에 찬성하여 조건을 정당한 상속자로 인정했다(Deuchler 1992, 142면; Peterson 1996, 132면).

18) 이것은 실질적으로 고려 공양왕이 조선왕조가 건국되기 바로 전인 1390년에 내린 명령을 반복한 것이었다. 고려 말기 의례 지침들이 조선 초기의 입법화과정에 활용되었다 (Deuchler 1992, 134~35면).

19) 가계계승과 관련된 또다른 경우를 보면 왕실에서조차 이 쟁점이 해결되지 않았음을 알 수 있다. 유명한 관리였던 김연지(金連枝, 1396~1471)의 유언장에 대해 그의 장남 김익수의 아내이자 그의 며느리였던 송씨가 1475년 이의를 제기한 사건이 있다. 김연지는 셋째아들 김견수를 제사계승자로 지명했는데, 이때 아들들과 사위들의 의견을 물어본 후에 유언장을 작성했으므로 김연지의 유언장은 직계계승의 원칙을 위반하는 것으로 여겨지지 않았다. 이에 관료들은 유언장을 취소하려 하지 않았고, 대신 송씨가 시아버지의 유언장에 불순종함으로써 여성의 덕을 더럽혔다는 죄목으로 송씨를 고소했다. 하지만 송씨는 1489년 다시 한번 유언장의 내용에 대해 호소했다. 그녀는 남편이 1467년에 사망했을 때 그녀와 남편 사이의 아들인 김덕흥이 아직 유아였기 때문에 결과적으로 김연지가 김견수를 제사계승자로 선택했던 것이라고 말했다. 하지만, 그동안에 김견수는 사망했고 김덕흥은 성인으로 성장했다. 예조와 타 기관들에서 논쟁이 계속된 끝에,

조정의 논의에서 분재기 같은 개별 가족의 기록으로 눈을 돌리면, 법규와 관행 간의 차이는 훨씬 더 크다.[20] 하지만 가족문서들에도 몇가지 명확한 경향성들이 나타난다. 먼저 16세기 초에서 17세기 말까지는 다양한 봉제사(奉祭祀) 형태들이 공존하고 있었다는 점이다. 자녀(딸과 아들)들이 돌아가며 치르는 제사, 장남이 치르는 제사, 이 둘의 결합 형태, 자녀들간에 제사를 나누는 형태 등이 그것이다. 특정한 조상의 제사를 후손들이 돌아가면서 지냈다든지 후손들이 제사를 나누어 맡는 것은 조선왕조가 가졌던 제사에 대한 비전과는 너무나도 다른 관행이었다. 이러한 다양한 형태의 봉제사가 장남에 의해 배타적으로 치러지는 것은 17세기 중반에서 18세기 초가 지나서야 정착되었다. 이 시기가 지나서는 아들들이 제사를 돌아가면서 지내거나 나누어 모시는 경우는 더이상 찾아볼 수 없게 되었다.[21]

실제로 조선시대에 '누가 제사를 지낼 가장 적절한 계승자인가'라는 문

송씨의 주장은 압도적인 지지를 받았다. 논쟁자들의 3분의 2가 김덕흥을 정당한 종자로 인정하였고, 김연지의 유언장에서 너무나 명백하게 부계계승의 원리가 무시되었기 때문에 그 유언장은 법규에 어긋난다고 하였다. 유언장을 지지했던 소수파는 김연지의 유언장을 무효화하면 조말생의 경우처럼 이와 비슷한 선례들에 대한 논쟁이 이어질 것을 우려했다. 하지만 부계계승 원칙을 엄격하게 인정하고자 하는 목소리는 단지 한 가지 측면 때문에 약화되고야 말았다. 그것은 송씨가 감히 시아버지에 대해 불만을 제기했다는 사실이다. 그녀의 행동은 김연지의 실행(失行)보다 나쁜 것으로 평가되었고, 바로 이 이유 때문에 세종대왕은 김건수의 제사상속권을 인정하게 되었다(Deuchler 1992, 144~45면; Peterson 1996, 132~33면).

20) 최재석은 재산분배와도 관련하여 제사계승의 실태를 조사하였다(최재석 1983, 제7장). 이 조사는 1510~1885년 동안의 123종의 분재기 분석을 기초로 한 것이다.

21) 부계계승적 제사형식과 더불어 제사비용에 대한 부분도 제도화되어갔다. 17세기 중반까지만 해도 제사와 관련해 분재에 특별한 명시가 없었지만, 18세기 중엽 이후에는 제사를 위해 떼어놓는 재산인 봉사조(奉祀租)가 마련되었다. 봉사조에 부모나 조부모, 증조부모 등 특정 조상을 위한 것임을 명시함으로써 그 물적 토대가 확보되었다(최재석 1983, 530~40면; 문숙자 2004, 109~18면).

제는 궁중에서 자주 논의되고 왕과 고위관직자들 간에 심각하게 논의되는 쟁점이었다. 여기서 가족규칙이 얼마나 정치적 문제로 생각되었는지가 잘 드러나는데, 종법상 정당한 가계계승자를 각 가문에 세우는 것이야말로 지배층이 구상했던 가족제도를 정착시키는 데 가장 핵심적 사안이었다. 양자제도 역시 이런 관점에서 이해될 수 있다.

(3) 장자상속제도의 구제책으로서의 양자

장남의 제사 주관이 조선시대 가족제도의 절대적 필요로 대두하면서, 장남이 없는 경우에 이에 대한 대책을 마련하는 것 역시 절대적 요청이 되었다. 제사를 드릴 사람이 없다면, 그것은 곧 혈통과 가문의 단절을 의미하기 때문이다. 조선시대의 양자제도는 장남의 부재를 해결하기 위한 정교한 수단이었다. 그런 의미에서 입양은 장자에 의한 제사계승제도보다도 훨씬 더 생생하게 장자에 의한 부계계승제도의 규율을 드러내고 있다.[22]

양자의 문제는 항상 논쟁대상이었다. 입양된 가계계승자는 전체 부계혈족, 즉 종을 전부 계승하기보다 오직 그의 양부만을 계승하는 것이 원칙이다(박미해 1999). 이에 따라 입후가 되는 것과 승중이 되는 것 사이의 차이는 피할 수 없는 논쟁거리가 되었다. 중종(재위 1506~44)은 다음과 같은 질문을 예부(禮部)에 던졌다. '만약 어떤 사람의 장남과 차자에게 종을 이을 후손이 없는데 그의 차자에게 계후자, 즉 가계계승을 위한 양자가 있다면, 그 계후자가 조상의 제사를 책임져야 하는가, 아니면 셋째 아들의 장남이 책임져야 하는가?' 이 문제에 대해 중종은, 만약 계후자가 양부의 조카였다

---

22) 여기에서 논의되는 양자란 양육을 목적으로 아동들을 입양하는 것과는 거리가 멀다. 피터슨(Mark A. Peterson)이 주목하듯이, 조선시대 양자들이란 20세에서 40세 사이의 연령대에 걸쳐 있었고, 대부분의 양부는 노인들이거나 거의 50%는 이미 사망한 자들이었다(Peterson 1996, 165면). 이런 점에서 현대 가족의 양자와 계후자를 세운다는 의미의 양자에 동일한 표현을 사용하는 것이 적절한지 의문이다.

면(예컨대 셋째 아들의 장남 아닌 아들), 또한 (조부에 대하여) 삼남의 장남과 서열이 같다면(이들 둘은 형제일 수가 있다), 그리 심각한 문제가 발생하지 않을 것이라는 점을 인식하였다. 예부에서도 다음과 같은 해석을 내렸다. 만약 그 계후자가 둘째 아들의 조카라면 그는 조상들을 위한 제사를 주재할 적절한 위치에 있다. 만약 그가 좀더 먼 친척이라면 그는 그가 계승하기로 되어 있는 부모들을 위해서만 제사를 주재할 수 있다. 이때는 혈족인 손자가 자기 조부모들의 제사를 맡아야 한다(『중종실록』 41; Deuchler 1992, 147~48면에서 재인용).

이러한 의견과 1543년 편찬된 『대전후속록(大典後續錄)』의 규정에도 불구하고, 양자 자신의 조상을 위해서만 제사를 지내는 입후와 부계혈족의 제사계승자인 승중의 지위는 일치를 보지 못했다. 1553년 관할 관청은 다시 한번 유권해석을 시도했다. 제사계승자란 3대에 이르는 조상을 위해 제사를 드리는 것을 의미한다. 만약 상속자로 삼을 만한 조카가 없는 경우에는 사촌 형제의 아들이 조부(祖父)의 직계자손이기 때문에 상속자가 될 수 있다. 이러한 규율이 여전히 잘 이해되지 않고 있는 것을 해당 관료는 유감스러워 했다(『명종실록』 15; Deuchler 1992, 148면에서 재인용). 조선왕조 중기인 1746년에 편찬된 『속대전(續大典)』에서 계후자 선택의 엄격성은 오히려 약화되었다. 『속대전』에서는 계후자 선택을 오직 "동족근속(同族近屬)"이라고만 언급했다(『속대전』; Deuchler 1992, 149면에서 재인용). 입후와 제사계승자 사이의 차이를 줄이기 위해, 조선사회에서는 입후를 그가 제사드릴 조상의 후손들 중에서 선택하는 양자 관행이 보편화되었다. 필요한 세대의 범위 내에서 조카는 양부모에게 가장 가까운 친척이므로, 사촌 조카는 가장 이상적인 선택이었다(Peterson 1996, 109면; Deuchler 1992, 148면). 이렇게 임의적이고 종법에 어긋난 양자를 방지하기 위해 입후 개념이 강화되거나(Deuchler 1992, 149면) 양자 선택의 대상들이 좁아졌다고 할 수 있다(Peterson 1996, 157면). '가계 내 입양'(intralineage adoption), 혹은 '종내(宗內) 입양'

(agnatic adoption)이라고 불리는(Peterson 1996, 5면) 이러한 형태의 입양은 조선시대 후기에는 조선의 양자 개념 자체가 되었다.

이런 양자제도의 흐름은 혹은 및 외손의 지위와 어떤 상관관계가 있을까. 조선시대 초기에는 양반가에서조차 딸과 외손이 제사를 주관할 수 있었던 것으로 보인다. 세종대왕 치하 1492년 편찬된 문서에 따르면, 딸과 외손이 있을 때에는 제사를 계승할 아들이 없다 해도 양자를 할 이유가 없는 것으로 여겨졌다(『세종실록』 97; 최재석 1983, 567, 733면에서 재인용). 평민뿐만 아니라 사대부들 사이에서도 외손이 제사를 드리는 관행이 중종 통치기간이던 1516년까지도 널리 퍼져 있음을 보고 중종이 탄식했다고 씌어 있다(『중종실록』 26; 최재석 1983, 568, 733면에서 재인용). 딸과 외손이 제사를 담당했다는 사실을 통해서 이들이 가족으로서 동등한 지위를 가지고 있었다는 사실뿐 아니라 부계혈통의 배타적 조직이 아직 잘 확립되지 않았다는 것을 알 수 있다. 부계혈통과 모계혈통을 엄격하게 구분하지 않았기 때문에 부계혈통의 조상들을 위한 제사를 지내기 위해서 굳이 아들을 입양할 필요가 없었다(최재석 1983, 595~96면).[23]

『계후등록(繼後謄錄)』에 기초한 연구에 따르면, 조선시대 초기와 후기의 중간에 해당하는 1618~1863년 사이 양반의 입양자 관행에 뚜렷한 변화가 있었다(최재석 1983, 588~669면; Peterson 1996). 1620~70년까지는 부계혈족과 모계혈족 모두 양자와 관련된 결정을 내리는 데 참여했던 반면, 이 시기 이후에는 모계혈족이 결정과정에서 완전히 배제되었다. 모친이나 모친의 혈족이 입양에 적극적으로 참여했다는 사실은 또한 당대의 양자가 부계혈통만의 일이기보다는 양쪽 모두의 일이었다는 것을 말해준다. 조선시대 초기에는 양부(養父)와 생부(生父) 사이에 대개 근접한 동족관계가 존재했던

---

23) 딸을 계승자로 인정하는 것과 딸이 있음에도 아들을 입양하는 것 사이의 갈등의 예들을 보려면 Peterson(1996, 109~15면)을 참고할 것.

반면, 18세기 이후에는 20촌만큼이나 먼 친척을 입양하는 것이 그다지 드문 일이 아니었다. 피터슨과 최재석은 이 현상을 부계혈족이 더 넓은 범위로 통합되었음을 나타낼 뿐 아니라 제사계승자로서 아들의 필요불가결성이 증가한 것으로 해석한다(Peterson 1996, 173~81면; 최재석 1983, 620~26면). 조선관료들의 부단한 노력으로 입후와 입양된 가계계승자, 그리고 제사계승자 사이의 경계가 17세기 이후에는 사라졌다. 그리하여 양자는 더 먼 조상들의 제사도 담당할 수 있게 되었다. 이것은 입양된 상속자의 지위가 처음에는 딸들과 외손의 지위보다, 그후에는 서자의 지위보다, 그리고 그후에는 심지어 입양 뒤에 태어난 친자(親子)들의 지위보다 우월해진 과정을 의미한다. 이상에서 볼 때 양자의 제사상속권리의 강화는 조선왕조에서 "적장자 우대의 제사·재산상속의 완료"이며 "종법적 가족질서의 확립"이라는 해석은 타당하다(박미해 1999, 710면).

조선 초기에는 서자, 특히 양민의 첩이 낳은 서자가 촌수가 더 먼 친척들, 심지어는 형제의 아들보다도 가계계승자로 선호되기도 했다.[24] 그러나 15세기 말에 들어서 서자들이 상속자로 선택되는 것에 대한 논쟁이 점점 더 심해졌다. 예를 들어 아들이 없는 본부인들은, 경쟁자 중 한 명인 둘째 부인의 아들에게 남편의 제사를 맡겨야만 한다는 사실에 분개했다. 그들은 관직이 없는 서자들이 한 세대 이상의 조상의 제사를 주관할 자격이 있는지에 대해 의문을 제기했다(Peterson 1996, 150~53면). 여기에서 주목할 것은, 관직 등용에서 서자 차별이 가족 내 지위와 어떻게 상호작용을 하였는가이다.[25] 즉 관직상 차별이 가족 내 역할의 축소를 정당화하였고, 역으로

---

24) 『경국대전』도 서자 문제에 대해 애매함을 제거하지 못했다. 본부인과 둘째 부인 모두 아들이 없을 때에만 입후를 세우는 것이 허용된다고 하였다(『경국대전』; Deuchler 1992, 152면에서 재인용).

25) 서자의 지위는 조선 종법 발달의 독특한 측면, 특히 그 취약지점을 보여준다. 서자의 제사상속은 장자를 중심으로 한 명확한 부계의 가계 확립을 거스르는 것이지만 조선

관직상 차별은 가족 내 열등한 지위에 기반을 두고 있다.

16세기 중반 무렵에는 입후가 가계 전체를 대표하는 데까지 의미를 확장하고 그 가계집단 자체가 확대되면서 입후의 필요성도 증가했다. 만약 부친이 둘째나 셋째 아들인데 장남인 부친의 형이 상속자를 필요로 하는 경우에 차남 이하 아들의 자손이 외아들일지라도 부친의 형의 아들로 입양되는 경우도 드물지 않았다. 그러고 나서 그 차남 이하 아들은 다시 자기 형제나 사촌의 둘째나 셋째 아들을 입양하기도 했다. 이러한 입양의 실천은 부계혈족의 공고화를 위해 '올바른' 가계계승이 얼마나 중요한 일이었는지를 보여준다(Peterson 1996, 173면).

『속대전』에 명시되어 있듯이, 친자가 태어난 경우에도 양자가 계속해서 제사를 수행할 정도로 종법상의 상속권이 법적으로 강화되었다(『속대전』; Deuchler 1992, 149~50면에서 재인용). 이로 인해 제사계승자가 가지는 혈통성이 아니라 법적이고 형식적인 특징이 명확해졌다.[26] 물론 양자는 출생에 의한 계승자가 없는 경우에 취하는 대책이었기 때문에, 양자의 지위가 높아졌다고 해서 적장자가 가계계승에서 가장 안전한 지위를 가진다는 사실이 훼손되는 것은 아니었다. 다만, 양자제도의 변형을 통해 그것이 보정하고자 했던 적장자 가계계승제도의 공고화를 읽을 수 있는 것이다.

1684~1772년까지 주로 엘리트가 아닌 계층, 즉 평민과 천민 사이의 입양(수양자와 시양자)을 기록해놓은, 『수양시양등록(收養侍養謄錄)』을 보면 또 다른 상황이 드러난다(Peterson 1996, 186~89면; 최재석 1983, 646~66면).[27] 귀족

시대를 통해 서자들의 지위에 대한 논쟁이 완전히 해결된 적은 없었다(Deuchler 1992, 150~55면; Peterson 1996, 104~105, 181~85면).

26) 이 점은 앞장에서 논의한 것처럼 조선의 가계계승자 선정에서 '개인적 특질'이 고려 사항이 되지 않음과도 관련된다.

27) 피터슨에 따르면 이 두 범주는 입양시기 아동의 나이에 따라 구분할 수 있다(Peterson 1996, 187면). 수양은 세살 이하 아동을 입양하는 반면, 시양은 세살 이후 아동을 입양하는 것이다. 어린 아동을 입양하는 점도 종법을 따르는 입양과 대조를 이룬다.

적이거나 이상적이지 않은 입양의 경우에는 입양아가 고아이거나 부계혈통이 아닌 친척(모친의 친척이거나 아내의 친척), 매매로 얻은 노비, 혹은 노비의 아이일 수도 있었다. 독신녀가 입양을 하는 경우가 몇번 기록되어 있는 것에서 볼 때, 입양하는 사람도 반드시 남자인 것은 아니었다. 때로 입양된 아이가 여자이기도 했다(Peterson 1996, 188면). 따라서, 이때의 입양에는 계통(같은 후손)이나 젠더(남성), 혹은 적절한 세대에 있을 것 등의 원칙이 지배하지 않았던 것으로 보인다.[28] 제사로 인해 생긴 부계혈통 개념이 평민이나 천민에서는 훨씬 약하기는 했지만, 수양자와 시양자 역시 나이든 양친을 돌보고 제사를 맡기 위한 목적으로 입양되었다(Peterson 1996, 189면; 최재석 1983, 646~66면).[29] 이런 의미에서, 정도의 차이는 있겠지만 조선 후기 양자란 조상과 가문의 지속을 위한 지위라는 개념이 사회적으로 받아들여지고 있었다 하겠다.

(4) 족보와 혈족조직

족보(族譜)는 조상과 동족을 기록해놓은 문서(최재석 1983, 670면) 혹은 가계도표(genealogy table, Peterson 1996, 216면)라고 일견 정의할 수 있다. 족보를 기술하는 기본적인 목적은, 그 씨족을 제일 처음 시작했다고 믿어지는 시조(始祖)로부터 현재 살아 있는 후손들에 이르기까지 혈통상의 관계를

---

28) 수양자와 시양자가 조선사회의 절대다수를 이루던 중·하류 신분층의 관행이었다는 점에서 사소한 의미만을 지닌 것은 아니다. 이러한 관행으로 보면, 조선사회의 양자가 반드시 부계계승적이라고만 할 수 없을 것이다.

29) 최재석은, 식민지당국이 수양자와 시양자가 다른 성을 가진(따라서 전혀 혈족이 아닌) 아동을 입양하는 관행이며, 이 입양 관행은 조상 제사와는 무관한 것으로 해석한 것은 잘못이라고 지적한다. 수양자의 경우 같은 성을 가진 아동을 입양하는 것이 가장 흔한 일이었고, 성이 다르더라도 그중 절반은 아내나 여자형제의 혈통, 또는 딸의 혈통 같은 친척들이었다는 것이다. 시양자의 경우 다른 성을 가진 아동 입양이 단연 우세했지만, 다른 성을 가진 아동 또한 대부분 친척들이었다고 한다.

기록하는 것이다(Shima 1990, 90면).[30]

대략 1600년경부터 조선시대에 가족의 혈통을 기록하는 주된 형태로서 족보가 대량으로 나타나기 시작했고, 1930년대 초까지도 족보는 한국에서 가장 빈번히 인쇄되는 출판물이었다(Deuchler 1992, 7면; 송준호 1987a). 족보의 수정과 증보는 이후 태어난 후손들을 더 포함시키기 위해서 혹은 이들이 정부 주요 관직을 얻게 되었을 경우, 또는 혼인을 통한 동족간 연합을 꾀하고자 하는 경우 등에 이루어졌다. 또한 동족들의 지위가 변화하면 그것을 명시하기 위한 목적으로도 족보가 수정, 증보되었다. 족보는 외부 정치세계에는 특정 가계의 영향력과 세력을 보여주고 동족 사이에서는 공통조상의 자손이라는 유대를 형성케 해주는 문서이다(Shima 1990).

족보에 대해서는 다음의 세 가지 성격을 염두에 두어야 한다. 첫째, 송준호가 주장하듯이, 조선시대 족보는 어떤 가족이나 가문에 대한 명성과 신망이 곧 그 가문에 속한 사람의 사회적 신분으로 전환된다는 조선사회의 성격 내지 조선의 신분제도 자체에 기초해 있다(송준호 1987a). 둘째, 족보는 단순히 친척들을 정적(靜的)으로 기록해놓은 것이 아니라 혈족들의 출생과 사망, 더욱 중요하게는, 새로운 조직들이 끊임없이 나타나고 쇠하는 유동적인 문서이다. 족보를 통해서 우리는 가계들의 통합·구별·분할 같은 동적인 변천의 역사를 읽을 수 있다. 셋째, 이런 견지에서 족보는 이미 존재하고 있는 혈연관계를 기록한다기보다 족보가 기록하고자 하는 혈연관계를 '생산하고' 있다고 할 수 있다. 이 점은 족보가 혈연관계를 이후에 기

---

30) 송준호는 두 가지 가계기록방식에 대해 설명한다(송준호 1987a, 19~31면). 하나는 본인에서 시작하여 조상들로 거슬러올라가 기록하는 방식이며, 다른 한 종류는 시조로부터 시작하여 현재의 친족으로 내려오면서 기록하는 방식이다. 일반적인 족보는 후자의 형식에 속하는 반면, 팔고조도(八高祖圖)라든지 십육고조도(十六高祖圖) 같은 전자의 기록방식도 존재했다. 흥미롭게도, 조상에 초점을 맞추는 듯한 후자(일반적 족보)의 경우에는 오히려 후손들에 대해 좀더 자세한 기록을 제공하는 반면, 전자는 조상들에 대해 보다 완결된 기록을 제공하게 된다.

록함으로써 "회고적 시각"을 본질로 한다는 점과 궤를 같이한다.[31]

　같은 성과 본관을 가진 부계혈족은 가장 넓은 범위의 동족이었다.[32] 이 혈족은 동일한 최초의 조상으로부터 계통을 잇는다고 믿는 동성동본의 혈족이다. 하지만, 족보를 기록하는 데 있어 첫번째 문제점은 대부분의 경우 '명목상' 조상인 시조를 누구로 볼 것인가 하는 문제였을 것이다(송준호 1987b, 85면; Deuchler 1992, 164면). 예를 들어, 현존하는 족보들 중에 가장 오래된 족보는 1423년 기록된 문화(文化) 유(柳)씨의 영락보(永樂譜)로 알려져 있는데, 이 족보에는 7대까지 외아들만이 혈통을 계승하고 있는 것으로 나타난다(최재석 1983, 679면). 또한 좀더 안전한 혈통 계보를 확보하기 위해 고려시대 말이나 조선시대 초기의 조상을 종종 '중조(中祖)' 내지 '진정조상'이라고 했으며, 이 조상 이후의 자손들에 관한 기록이 실재하는 문서에 근거한 것이라고 한다(송준호 1987b, 85면; Deuchler 1992, 165면).

　15세기와 16세기에 기록된 초기 족보들의 두드러진 특징은 딸의 자손과 아들의 자손이 모두 포함되어 있었다는 점이다. 예를 들어, 문화 유씨 족보의 두번째 판인 가정보(嘉靖譜)에는 아들뿐 아니라 딸의 자손들도 8촌에 이르기까지 기록되어 있다. 이 족보에는 심지어 아들들의 후손의 성과 사위들의 성을 모두 적고 있다. 이 족보에 자손들을 나열하는 순서는 출생순서에 의한 것이었다. 그러므로 딸의 이름이 아들의 이름에 앞서서 기록될 수도 있었다. '문화 유'라는 성을 가진 후손뿐만 아니라 외손의 성, 후손의 외손, 그리고 그 외손의 성들도 나열되어 있었다. 따라서 이 시기의 족보는

---

31) 시마는 현장조사에 근거하여, 혈통과 유대의 계승에 있어서의 불규칙성을 입증하였다 (Shima 1990). 또한 후손들의 분할의욕보다는 특정 선조를 기억하고자 하는 노력이 문중과 같은 특정한 혈족의 존속을 보다 잘 설명한다고 한다.

32) 송준호에 따르면, 본관은 초기에 시조가 살았을 것으로 여겨지는 지역이긴 하지만 그 혈족이 당시에 실제로 살았다는 것을 의미하지는 않는다(송준호 1987b). 한국에서 본관은 동족집단들을 구별하는 지역적 표시이긴 하지만, 특정 혈족이 실제로 살았던 장소를 의미하는 중국의 본관과는 그 의미가 다르다.

부계혈족의 족보라기보다는 '모든 자손들의 기록'인 것으로 보인다(최재석 1983, 682~84면; 송준호 1987a, 31~33면).

1476년 편찬된 안동(安東) 권(權)씨의 족보에도 딸들의 이름이 (남편의 이름 아래)그들 각자의 자손들과 함께 완전히 기록되어 있다.[33] 문화 유씨의 족보와 같이 아이들은 출생순서대로 기록되었다. 게다가 무후(無後)는 양자로 해결하지 않았고, 서자를 두었다는 암시도 없다. 남성들의 결혼에 대한 정보는 그들의 아내의 목록 아래에서만 발견할 수 있는 반면에, 여성의 재혼은 자세히 기록되었다(Deuchler 1992, 165면). 이렇게 보았을 때, 초기 족보에는 조선시대 초기의 '비유교적' 사회상황이 생생하게 표상되어 있다(Deuchler 1992, 165면; 송준호 1987b, 31면). 17세기 중반까지 남편과 아내의 씨족, 그리고 부계혈족과 모계혈족 간의 구별 개념이 명확하지 않았던 것처럼 보인다.

조선시대 초기가 지나자 외손들은 3대 또는 2대에 걸쳐서만 기록되기 시작하였고, 17세기와 18세기에는 결국 사위의 이름 속으로 사라져버렸다(최재석 1983, 686~87면). 또한 출생순서에 따라 기록했던 것에서 성별에 따라 먼저 분류한 다음 출생순서별로 기록하는, 즉 남성을 여성 후손보다 먼저 기록하는 방식으로 바뀌었다(최재석 1983, 690~93면). 17세기 이후 족보에서는 심지어 부계혈통 후손들의 동일한 성(姓)이 생략되기도 했는데, 이는 부계혈족집단의 더욱 강력해진 의식을 반영하였다(최재석 1983, 688~89면). 외손(또는 모계조상들)을 배제시킨 과정은 부계혈족의 강화과정과 정확히 일치한다.

그러면 부계혈족의 강화과정에서 어떤 일이 일어났는지 족보상의 변화를 통해 그 흔적을 찾아보자. 항렬자(行列字), 즉 부계혈통에 있어 같은 세

---

33) 이 족보에는 부계혈통의 자손이 아닌 약 38,000개의 이름들이 수록되어 있는데 이는 부계혈통 남성 자손들의 수인 1,400명보다 훨씬 많은 것이었다(송준호 1987a, 33면; Wagner 1983, 23~32면).

대 후손들이 공유하는 이름의 한 글자를 사용하는 것은 부계혈족 통합과정의 증거이다. 문화 유씨 족보를 보면 중요한 경향성이 발견된다. 고려 말에는 형제들만이 항렬자를 공유하고 있었는데, 이것이 점차 사촌과 육촌 사이에까지 확대되어 17세기에는 팔촌까지 항렬자를 가지게 되었다. 이러한 통합과정을 통해, 동성동본인 모든 사람들이 이름에서 한 글자를 공유하는 대동항렬(大同行列)의 단계에 다다른다. 이는 동성동본의 모든 혈족이 이름의 한 글자를 통해서 세대 원리로 통합되었음을 뜻한다. 대동항렬을 공유하는 동족은 수천명 내지 수십만명에 이르렀고 그 아래 분화된 조직들은 전국적으로 산재했다. 이렇게, 대동항렬의 존재는 계보 구성과 인식에 있어 최상위의 질서라고 할 수 있다.[34] 동성동본을 하나의 씨족 범위로 결정하여 통합시키는 대동항렬은 부계혈족의 통합이 완결되었음을 알려준다. 대동항렬은 19세기에 이르러서야 많은 양반의 족보에서 사용되고 있다. 따라서 동성동본의 사람들 사이에서 '동성동본 혈족'이라는 의식이 형성된 것은 이 시대라고 해석하는 것이 타당하다(최재석 1983, 705면).[35]

이러한 통합과정과 함께 분화과정 역시 일어났는데, 이 과정은 통합과정보다 더 흥미롭다. 파조(派祖, 파를 연 선조)에 의해 분화되는, 동성동본의 하위집단인 파가 17세기 말부터 18세기에 걸쳐 출현했다(최재석 1983, 713~14면). 시간적으로 볼 때, 동성동본 혈족과 구별되는 파의 형성이 동성동본으로의 통합과정이 동시에 일어났지만 그 시기가 완전히 일치했던 것

---

34) 여기서 '최상위의 질서'란 그 아래 지역적 계통들이 있긴 하지만 모두 '하나의 공통 시조'로부터 유래했음을 의미한다.

35) 탈식민 후 대한민국 국회에서 동성동본 금혼을 법제화하는 과정에서 이런 역사적 사실은 무시되었다. 동성동본 금혼제도는 가장 자랑스러운 한국의 전통으로 표상되었고 (제6장 참고), 1997년 헌법재판소의 위헌제청심판에서 합헌 의견을 냈던 두 명의 재판관은 이 제도에 대해 아래와 같이 표현하였다. "동성동본 금혼제도는 중국에서 유래한 것이 아니라 단군 건국 초부터 전래되면서 관습화된 우리 민족의 미풍양속으로서 전통문화의 하나이[다]"(헌법재판소 1997.7.16. 95헌가6 내지 13(병합)).

은 아니었다. 처음에 파를 고안해낸 것은, 적어도 문화 유씨의 경우에는 집단의 위신을 위해서라기보다는 수많은 조상과 자손을 용이하게 찾아내기 위한 것이었다(최재석 1983, 717~18면). 단순한 표시로 나타나던 파가 18세기와 19세기 동안에는 그 파의 특정 조상의 관직이름으로 바뀌었는데, 이는 파가 해당 집단의 위신을 나타내는 것으로 변화했음을 말해준다. 그리고 파는 다시 하부의 파들, 즉 파 속의 파로 분화되었는데, 실제로 이런 분화에 관련되는 엄격한 규칙은 없었던 것 같다. 문화 유씨의 경우, 특정 파의 조상들이 모두 같은 항렬에 속하는 것은 아니었다. 6촌, 12촌, 14촌같이 같은 세대에 속하지만 상대적으로 거리가 먼 친척들이 대개는 새로운 하부 파들을 시작하지만, 때로는 형제들이 각자 자신의 파의 파조가 되기도 했다(최재석 1983, 720~21면).[36]

따라서, 파와 파 속의 파를 세운다는 것은 파조가 될 해당 남성의 관직과 부(富), 그리고 후손의 수에 달려 있었다.[37] 즉, 더 권세있는 남성을 중심으로 파의 분화가 일어났다. 이에 따라, 좀더 최근에 세워진 소규모의 파가 혈족집단의 유대와 신분동일시에 더 강한 영향력을 미치게 되었다. 19세기 동안에 파 집단의 분화가 활발히 이루어졌고, 이 집단은 그 자신의 파보(派譜)를 간행했는데, 이는 시간이 흐름에 따라 더욱 활발해졌다.[38] 그러나

---

36) 중국보다 덜하기는 했지만, 한국에서 혈족조직의 분화는 혈족 구성을 매우 복잡하게 만들었다(Janelli and Janelli 1978; Deuchler 1992, 7~8면).

37) 혈통적 배경이 의심스러운 사람들을 혈통집단에 포함시키는 것은 종종 일부 구성원들이 그들만의 족보를 분리해서 만들자는 논의로 이어질 만큼 논쟁을 불러일으켰다. 오직 혈통 계통이 분명한 사람들만이 사회적·정치적·경제적 성공을 보장받을 수 있었다(Deuchler 1992).

38) 예를 들어 문화 유씨의 경우 전체 혈족의 족보가 조선시대에는 1827년, 1891년 두번 편찬된 반면, 식민지시기에는 아홉번이나 편찬되었다. 강령 김씨는 그들 가문의 파보를 조선시대에는 1765년과 1777년에 두번 편찬했고, 일제강점기 동안에 한번, 그리고 해방 후에는 1955, 1956, 1964, 1968, 1970년에 다섯번이나 편찬하였다(최재석 1983, 722~23면). 부계혈통조직과 활동이 일제강점기와 이후에 고무되었던 점이 주목된다.

동성동본 같은 상위집단이 없었다면, 파 집단의 그러한 구별 노력은 그다지 의미가 없었다는 점도 지적되어야 한다. 이 현상을 다르게 설명하자면, 부계혈족이 동성동본 같은 엄청난 규모의 집단으로 통합되면서 동족의식이 대단히 고양되었던 동시에, 이처럼 고양된 동족의식에 따라 동성동본 같은 큰 집단으로는 집단의 정체성을 더 두드러지게 표시하기에 불충분해졌다. 부계동족조직의 발달은 정확히 통합과 분화를 모두 요청하는 것이었다.

동족조직의 또다른 차원이자 측면은 문중(門中)인데, 문중은 동족이나 혈족보다 작은 규모의 단위이다. 이 조직은 주로 제사를 수행하기 위해 형성되었는데(이광규 1977), 문중은 동족에 관한 결정기구로서 중요한 역할을 해왔고, 동족의 위계가 구체화될 수 있는 공적이자 사적인 공간으로 기능해왔다. 문중이라는 조직을 이제까지 살펴본 파, 그리고 동성동본의 맥락에서 볼 때, 얼마나 철저하면서도 복잡한 혈통조직들이 조선사회에 존재했는지 알 수 있다. 지금까지 논의했듯이, 양반계급에서만 실현이 가능했던 조선의 방대하고 복잡한 혈족조직은 결코 정적으로 존재하지 않았으며, 반드시 확립된 '하나의' 규칙에 따른 것도 아니다. 갑자기 유력한 인물이 출현하거나, 이주나 혈통의 단절 같은 우발적 사건들도 많이 일어났다. 어떤 혈족집단을 어떤 연대기적 틀에서 연구하느냐에 따라 혈족조직의 편차나 역사적 변동이 관찰될 수밖에 없다. 하지만 유력한 혈족집단의 형성은 조선의 사회신분 형성의 기제였고, 족보 편찬이 그를 위한 행위였다는 데 이견이 있기는 어렵다.

(5) 가계구성의 핵심인 혼인

제사와 혈족조직체의 규율들이 거시적 차원에서 부계계통의 틀을 마련했다면, 혼인제도는 미시적 차원에서 그러한 규범을 강화했다. 지금까지 논의한 제도들의 영역에서 여성에 대한 언급은 거의 없어, 여성들은 혼인

제도를 통해 혈통조직에 등장하는 것처럼 보일 정도이다. 여기서는 결혼제도의 두 가지 측면에 대해 살펴보기로 한다. 부처제 결혼이라는 혼인제도, 그리고 여성의 재혼을 엄격히 금지한 정책에 관해서이다. 전자가 가족규범을 강제함에 있어 국가의 통제력과 한계를 동시에 보여주는 예라면, 후자는 국가권력의 여성 통제를 잘 보여준다.

혼인, 특히 양반의 초혼(初婚)은 세대 계승과 종의 확대를 위한 혈통이 생산되는 출발점이었다.[39] 조선시대의 혼인은 적출의 자손들을 출산하고자 하는 남녀간의 유대뿐 아니라 남편과 아내의 극단적으로 불균형한 힘의 관계, 그리고 남편 혈족에로의 여성 종속을 제도화하였다. 이 점에서 혼인제도는 국가의 이해관계가 걸린 사안이었다. 조선사회를 건설한 중심인물 중 하나인 정도전(鄭道傳, 1342~98)은 조선 초기에 혼인 후 부부가 처가에서 거주하는 혼인 형태인 모처제 결혼(matrilocal/uxorilocal marriage)이 사회에 널리 퍼져 있는 것을 '문제'로 파악하였다.[40] 초서혼(招婿婚, 婿遊婦家, 사위가 처갓집에 머무는 것을 의미함) 등으로 불리던 이 혼인은 조선시대 초기에는 흔히 있는 형태였다(한복룡 1989, 108~10면; 정동호 1978; 정광현 1967, 73면). 이 혼인의 특징은 결혼식이 신부의 집에서 치러지고, 남편이 자기 자식들이 성장할 때까지 처갓집에서 산다는 것이다.[41] 부처제 혼인을 통해

---

39) 이러한 관점에서 피터슨은 조선시대에 일부일처제가 결혼의 관례로서 도입되었다고 주장하지만, 이에 대해서는 논의가 필요하다(Peterson 1996, Ch.4).

40) 정도전은 다음과 같이 말했다. "신랑이 신부의 집으로 들어와 살기 때문에, 아내는 부지불식간에 자신의 부모의 사랑에 의존하게 되고 자신의 남편을 경홀히 대할 수밖에 없다. 따라서 그녀의 거만함이 날로 커지게 된다. 그리고 결국에는 남편과 아내 사이에 말다툼이 생겨날 것이며, 이는 바로 가정이 몰락하게 되는 지름길이다"(『삼봉집』; Deuchler 1992, 244면에서 재인용; 한복룡 1989, 109면).

41) 남편이 아내의 집에 머무르는 기간은 정확히 정해져 있지 않았던 것으로 보인다. 고구려시대에 이러한 유형의 혼인이 시작되었다고 알려져 있는데, 남편은 아내의 집에 5,6년에서 10년 정도 머물렀다. 사위가 처가에 머문 주된 이유는 부부의 생활비를 처가에서 충당해주는 대신 그 집에 노동력을 제공하는 데 있었다(한복룡 1989, 108면; 손진태

이런 형태를 금하고자 했던 정부의 노력에도 불구하고, 이런 형태의 결혼은 18세기까지 계속되었다.

모처제 혼인의 관습은 상(喪)제도와의 연관성 속에서 사회문제로 인식되었고[42] 혼례를 개혁하여 취가혼(娶嫁婚, 여성이 남편 가에 소속되는 결혼양식)을 확립하고자 노력하였다. 취가혼의 혼인과정은 육례(六禮)로 이루어져 매우 복잡했다.[43] 혼인의식의 핵심은 친영(親迎)이었는데, 이에 따라 신랑이 신부집에 가서 신부를 신랑집으로 데려와 혼인식을 치르게 되었다. 따라서 결혼 첫날부터 신부는 남편의 집에서 살게 되었고 아내는 시집에 적응해야만 했다(정동호 1978, 70면).

세종대왕 시기인 1434년, 왕은 육례에 대한 자세한 지침서인 『친영의주(親迎議註)』 출판을 명하였다. 세종대왕 스스로가 공주를 결혼시킬 때 친영의례를 실행하였는데, 오직 왕실 가문만이 이를 따랐다. 심지어는 관료들도 친영을 실행하지 않았다. 정종의 통치기간(1398~1400) 중에도 부처제 혼인을 엄격하게 실행하기 위한 시도가 행해졌다. 그러나 대다수 양반들은 이에 따르지 않았다.[44] 그리하여 계속되는 모처제 혼인관습과 육례의 절차

1948).

42) 태종의 통치기간 중에 결혼 관습과 상제도 중 어떤 것이 먼저 개혁될 필요가 있는가에 대한 문제가 제기되었다. 태종은 상제도를 먼저 개혁할 대상으로 보고, 아내의 혈족과 모친의 혈족에 대한 애도의 정도를 낮췄다. 이는 종법의 규정에 따른 것이었다. 이들에 대한 애도기간을 줄이면서 국가는 가부장적 결혼을 확립하고자 하는 목적도 달성하였다(정동호 1978, 54~74면; 한복룡 1989, 110면).

43) 여섯 가지 의식들은 주희의 『가례』에 바탕을 둔 유교적 혼인의식들이었다. (1) 의혼(議婚), 혼인의 제안 (2) 납채(納采), 혼인의 약조 (3) 납폐(納幣), 신부집으로 패물을 보내는 것 (4) 친영(親迎), 신랑이 신부를 만나 그녀를 그의 집으로 안내함 (5) 부견구고(婦見舅姑), 신부를 시부모들에게 인사시킴 (6) 묘견(廟見), 신부를 사당에 인사시킴. 주희는 이 여섯 가지 의례에 일곱째 단계를 첨가했는데, 그것은 신랑을 신부의 부모들에게 인사시키는 것이었다(Deuchler 1992, 243~44면).

44) 한 보고서에는 당대 사회의 분위기가 잘 나타나 있다. "사람들은 이것을 실행하는 것이 이상한 것이라고 생각하고, 여자들도 이 의식을 무시하는 분위기다"(『중종실록』; 한

사이에서, 반(半) 의례를 의미하는 '반친영'으로 알려진 타협이 이루어졌다(정동호 1978, 72면; 한복룡 1989, 115~17면). 반친영에 따라, 신부집에서 주요 혼례를 마친 후 신혼 부부는 그곳에서 3일간 머물렀고, 나흘째 되는 날 신부는 시부모에게 인사를 드렸다. 실제로는 이런 타협안과 당시에 널리 시행되고 있던 관습들 간에도 차이가 있었다. 남편이 처가에 머무는 기간이 단축되긴 했지만, 결혼의례의 마지막 행위로서 신부가 신랑집에 들어가기까지는 수년이 걸렸다(한복룡 1989, 118면; Deuchler 1992, 244, 256면).[45] 도힐러가 지적하듯이, 조선시대 의례들 중에서 혼인의례만큼이나 완고하게 조선사회의 전면적 유교화에 저항했던 영역은 없었을 것이다(Deuchler 1992, 244면).

하지만 초기의 결혼생활이 처가를 중심으로 이뤄졌다고 할지라도, 많은 연구에서 주장하듯이 결혼한 부부의 가족의 정체성이 아내의 가족(혹은 아이의 입장에서는 모친의 가족)에 속하는 것은 아니었다. 그 점에서 그것은 부처제 혼인에 대비되는 의미의 모처제 혼인이라고 할 수 없을 것이다. 부부는 결국 시댁으로 돌아가고 친족적 정체성은 남편의 가족에 있었기 때문에 초서혼(또는 그러한 혼인의례)이 부처제 결혼과 대등한 위치에 있었던 것은 아니다.

혼인제도 역시 가족의 다른 측면들과 밀접하게 연관되어 있었다. 조선시대 초기에 외손이 제사를 계승하는 것과 그들을 족보에 포함시켰던 것은 이러한 처가 거주 혼인의 맥락에서만 가능했다(Deuchler 1992; 최재석 1983). 다른 종법의 관행이 엄격해지면서 시가에 거주하는 결혼관행 역시

복룡 1989, 114면에서 재인용).

45) 식민지시기에 편찬된 『관습조사보고서』에는 초서혼이 비정상적 예외이며, 부처제 혼인이 조선 '결혼의 주된 원칙'이라고 기록되어 있다. 또한 이 자료는 초서혼이란 아들이 없는 가정에서만 실시되는 것이라는 덧붙였다(법원행정처 1985, 171면; 정광현 1967, 531면). 이는 일제강점기 조선의 '관습'이 조선시대의 역동성을 무시한 채, 일본정부의 시각으로 평가되었다는 것을 보여주는 또다른 예이다.

엄격해졌고, 이것은 너무나 당연하게 여겨졌기 때문에 종종 기록조차 되지 않았다. 시가 거주 혼인제도는 부계혈통제도의 '안전밸브'로 알려져 있다(정동호 1978, 69~74면). 왜냐하면 부처제 결혼을 통해서, 기혼여성들이 속하는 사회적 장소는 남편의 가족과 친족이 유일해졌고 여성들이 시가의 인정을 받기 위해서는 시가의 번영을 위해 자신을 희생할 수밖에 없었다. 이로 인해 부계혈족이 강화되었다.[46] 여성들이 자신이 출생한 혈족과 분리되면서 부계혈족이 더욱 강화될 수 있었는데, 만약 모계혈족이나 처가친족도 인정을 받았다면 부계혈족만이 자손의 유일하게 합법적인 혈통으로 인정되지는 못했을 것이다.

이러한 부처제 혼인의 맥락에서, 조선시대 내내 이혼이 제한되었다. 유교적인 사회에서 기혼여성에게는 남편과 이혼할 권리를 부여하는 어떤 이념적·법적인 근거도 제공되지 않았다. 이혼을 제안하는 것은 대개 남편이나 시아버지, 아니면 누구이든지 시가의 우두머리였다. 남편은 유교적 가족제도가 요구하는 바에 따라 자신의 아내를 버릴 수 있었다. 조선에서의 이혼은 제한된 의미의 이혼, 정확하게는 아내 추방제도라고 할 수 있다(정동호 1978, 80~85면).[47]

조선시대 초기에 신(新)유교주의자들이 요구했던 개혁들 중 하나는 가까운 혈족 사이의 근친혼인을 금지하는 것이었다. 모계혈족과의 결혼에

---

46) 조선의 관료사회에서는 특별히 여성들이 결혼생활이라는 문맥 안에서 유교적인 덕을 지니도록 권장되었다. 덕성(德性)의 원칙들이 인간관계의 세 가지 원칙에 대한 삽화를 곁들인 안내서인 『삼강행실도』(1439) 같은 자료들에 의해 소개되었다. 삼종지도의 원칙에 의해 여성들은 아버지, 남편, 아들, 이렇게 세 남성들을 섬겨야 한다고 교육받았다.

47) 칠거지악에는 시부모에 대한 불경, 자식 없음(아들을 출산하지 못함), 간음, 절도, 수다, 질투, 유전병이 포함되었다. 그러나 앞서 말한 일곱 가지 악 중 하나에 해당하는 경우라도, 아내를 근거 없이 추방하지 못하도록 여성을 보호하기 위한 세 가지 규정들이 있었다. 그 여성이 돌아갈 만한 장소가 없는 경우, 그녀가 죽은 시부모에 대한 3년상을 지킨 경우, 또는 결혼기간 동안에 가족의 재산이 증가한 경우에 남편은 아내를 쫓아낼 수 없었다.

대한 쟁점은, 관료들이 계속해서 모친의 사촌들과 혼인하던 조선시대 초기에는 명확하게 해결되지 않았다(한복룡 1989, 112면; Deuchler 1992, 237면). 담당 기관에서 혼인할 수 있는 모계혈족과 혼인할 수 없는 모계혈족 사이에 뚜렷한 선을 당장 그어줄 것을 요구한 1471년이 되어서야 육촌 이내 친척들 사이에 혼인을 금지하는 칙령이 내려졌다(Deuchler 1992, 238면). 15세기 말에 이르러서는 문벌이 좋은 집단에서의 족외혼은 더이상 논쟁의 대상이 되지 않았다. 하지만 어떤 경우를 동족혼으로 간주해야 하는가에 대한 물음은 여전히 미해결 상태로 남아 있었다.

(6) 종법제에 대한 위협인 여성의 재혼

여성의 재혼 문제야말로 가족 영역이 얼마나 큰 국가적·정치적 문제였는가를 명확히 보여주는 쟁점이다(이상백 1947, 244면). 여성 재혼의 쟁점은 조선시대에 결혼, 가족, 친족의 영역과 국가의 영역이 어떻게 독특하게 결합되었는가를 보여준다. 실제로 여성의 재혼은 여성의 정체성과 섹슈얼리티가 국가의 이해와 충돌하는 부분이었고, 이는 거꾸로 조선왕조에서의 혼인과 가부장제도, 그리고 신분제도를 새롭게 조명해준다.

1477년 성종의 칙령에서 같은 내용이 발견되기는 하지만(이상백 1947, 208면), 재가녀금고법(再嫁女禁考法)이라는 여성의 재혼에 관한 가장 엄격하고 특이한 법적 금지는 1485년 개정된 『경국대전』에서 법제화되었다. 이 규정의 요점은 재가한 여성의 자손들(아들과 증손)이 고위관직으로 승진하지 못하도록 하는 것이었다. 이 자손들에게는 하급과 고급 관리를 선발하기 위한 과거를 볼 자격이 주어지지 않았다(『경국대전』; Deuchler 1992, 279면에서 재인용). 여성의 재혼은 간음으로 규정되었으며, 재혼여성의 자식들은 서자로 취급을 받았다. 하지만 이 법의 제정이 만장일치로 이루어진 것은 아니다. 실제로, 세종대왕은 소수의견을 지지했다. 어떻게 이러한 법률이 존재하게 되었는지를 이해하기 위해서 이 법의 맥락을 살펴보자.

고려왕조의 마지막 왕인 공양왕의 통치기간(1389~92) 동안, 지배층 여성들의 재혼이 우려할 만한 문제로 인식되기 시작했다. 조선왕조 건국 당시에도 여성의 재혼에 대한 보고가 많이 있었다. 반드시 과부는 아니었던 많은 수의 여성이 두번 혹은 세번씩 결혼했다(조은 1997, 115면). 1406년, 드디어 조선왕조는 양반계급 여자들이 세번 결혼하는 것을 금지하여, 두번 과부가 되어 세번 결혼하는 양반 집안 여성들을 자녀안(姿女案, 품행이 바르지 않거나 삼혼 이상 결혼한 일반 여성의 소행을 기록한 장부)에 등록하였다(조은 1997, 116면; Oh 1993, 28면; Deuchler 1992, 277면).

이러한 방향에 따라, 조선시대 초기부터 열녀(烈女)들의 이야기가 중국에서 수입되었다(『태종실록』 8; 조은 1997, 120면에서 재인용). 공양왕 통치 때부터 시작된, 과전법(科田法) 등 열녀들을 원조하기 위한 경제적 조처들도 이어졌다. 원래 정부로부터 과전을 받은 남편이 사망하면 과부는 사망한 남편 소유 과전의 특정 비율을 보유하거나 수여할 수 있었다. 아들이 있는 경우에는 원래 과전의 3분의 2를, 아들이 없는 경우에는 원래 과전의 3분의 1을 받았다. 이러한 토지는 정조를 지키기 위한 땅, 즉 수신전(修身田)으로도 불리었으며 양반집 과부의 경제적 독립을 보장해주기 위한 것이었다(조은 1997, 117~18면).[48] 이러한 조치들로 인해 여성의 재가는 유교윤리에 위배된다는 문제뿐만 아니라 토지의 이해관계와 관련된 경제적·사회적 문제들을 야기했다(조은 1997, 117~18면).[49] 하지만 과전법제도는 경기 지역 토지의 만성적인 부족으로 인해 결국 세조 통치기간(1455~68) 중에 폐지되었

---

48) 물에 뛰어들거나 목을 매달아 자결한 젊은 양반 과부들에 대한 이야기도 많이 있다 (Oh 1993, 30면). 그들은 정숙하게 남편들을 따라 죽음을 선택한 열녀들로 알려져왔지만, 그 목소리를 들을 수 없기에 진실을 알 길은 없다.

49) 조선왕조 초기에는 여성들의 재혼이 정부에서 의도했던 만큼 질서정연하게 통제되지는 않았다. 재혼한 여성 중 일부는 여전히 그들의 '수신전'을 보유하고 있었다(조은 1997, 116~17면).

다. 이로 인해, 과부들의 생계유지를 위한 토지가 사라지게 되었다.[50]

수절과부를 위한 토지수여 대책이 사라진 후에 새로운 대응책이 필요하게 되었다. 조은의 관찰처럼, 여성의 재혼을 간통으로 규정하게 되는 과정은 유교와는 거의 관련이 없는 정치적인 것이었고, 이는 당시의 가족뿐 아니라 신분 및 토지제도와 연동된 것이었다(조은 1997, 121면). 이는 또한 모성을 새로 정의하는 과정이었다. 1485년 『경국대전』이 개정되기 전까지 국가의 관심은 여성의 두번째 결혼보다는 세번째 결혼에 있었고, 재혼 자체보다는 얼마나 빨리 여성이 재혼을 하는가에 있었다. 하지만, 새로운 '재가녀금고법'에 따라 과부들의 재가는 완전히 금지되었다(Oh 1993, 29면).

고위관료들과 왕 사이의 담화를 보면 이 쟁점은 확립되어 있던 종법이 해답을 주지 못하는, 논쟁과 결정에 달린 문제였음을 알 수 있다. 1477년의 논쟁을 보면, 대부분의 관료들은 여성의 세번째 결혼에서 얻은 자녀들

---

50) 조선 초기의 과전법은 고려왕조의 경제적 악습에 대한 개혁주의자들의 해답이었다. 과전법을 실시한 주된 목적은 새로운 관료들의 생계를 보장하고 군대를 위한 충분한 공물을 획득하는 데 있었다. 과전은 이미 다른 사람이 소유하고 있는 토지로부터 조(租)를 걷을 수 있는 권리와 국가나 지방정부 대신 수혜인들에게 이전해주는 녹(祿)제도로 주어졌다. 도읍지 한양 주변의 경기 지역 토지는 가장 먼저 하사되는 자원들이었다. 원칙상 과전의 녹은 수혜자가 사망하면 국가에 반납해야 했다. 하지만 처음부터 원래 수혜자가 사망한 후에도 가족들이 생활비를 위해서 과전을 계속해서 보유할 수 있도록 하는 수신전이라든지 '휼량전(고아의 양육을 위한 토지)' 같은 특별한 규정들이 있었다. 두 종류의 녹은 모두 국가에 반납해야 하는 것이었지만 사실상 그런 경우는 별로 없었던 것 같다. 결과적으로, 넓은 경작지가 영원히 국가의 통제로부터 벗어나게 되었다. 그러나 자신의 경제적 토대를 가지고 있지 않은 새 관료들에게는, 과전이 수입의 주요 원천이었다. 국가가 토지를 감독하는 데 있어 상존하던 여러 위험요소들은 국유지(특히 경기)가 부족하여 정부의 행정적 관리가 닿지 않는 남쪽 지방의 땅들을 관료들에게 수여해야만 했던 태종 통치기간 동안 훨씬 더 심각해졌다. 이 상황에서 현직 관료들에게만 토지를 할당하는, 과전법보다 더 제한적인 직전제가 1466년 도입되었다(Deuchler 1992, 203~205면). 조선시대의 토지제도 발달에 대한 자세한 사항은 천관우(1965)와 이성무(1980)를 보라.

에게 제한 규정을 부과하는 데 찬성했지만, 두번째 결혼하는 여성의 자녀들에 대해서는 그렇지 않았다. 아들이 없는 젊은 과부나 아들이 너무 가난해서 모친을 도와줄 수 없는 경우의 과부들은 부모나 가문의 연장자들에게 허락을 받을 경우 재혼할 수 있어야 한다는 의견도 있었다. 양반들의 도덕을 정화하는 것에 특별한 관심이 있었던 성종은, 재혼은 정조를 잃는 것이며 자손들을 소홀히 하는 죄라고 정의하였다. "이제부터 재가한 여성의 자손이 사반(仕班)에 들어가는 것을 금함으로써 도덕을 바로잡을 것이다" (『성종실록』; Deuchler 1992, 278면에서 재인용).

이 규정에서 가장 특징적인 요소는, 여성의 재가를 재가 이후의 자녀뿐 아니라 재가 이전의 자녀에 대해서도 공적인 미래와 결합시켰다는 점이다. 이러한 결정에는 몇몇 요소들이 작용하고 있다. 첫째, 여성의 재혼 욕구나 필요성은 성적인 욕망으로 격하되어 있고, 따라서 비도덕적인 것이고 간음으로 취급된다. 다시 말하면, 양반 남성들의 잦은 재혼은 그렇게 보지 않는 반면,[51] 여성의 재혼은 여성의 성적 욕망을 표현하는 것으로 규정하였다.[52] 여성의 재혼을 금지한 것은 분명히 젠더정치, 그리고 여성의 섹슈얼리티를 통제하는 섹슈얼리티 정치를 함축하고 있다.

둘째, 이른바 여성의 성적 관심은 염려해야 할 부정적인 요소였고 절대적 모성성에 의해 극복되어야 하는 것으로 규정되었다. 이 점에서 재가녀

---

51) 일부일처제는 형식적이었을 뿐, 양반계급 남자들이 한 집안에서 여러명의 아내와 함께 사는 것은 오히려 일반적인 일이었다. 그럼에도 조선시대 양반가족에서 남성의 도덕성이나 성적 욕구에 대한 이야기들보다는, 정부인과 둘째 부인들 간의 질투와 불화에 대한 이야기들로 가득하다. 양반들은 이런 이야기를 통해서 여성 문제를 바로잡고자 하였을 것이다.

52) 여성의 재혼을 성적 욕구의 관점에서 규정할 때, 여성들의 경제적 궁핍이나 사회적 고립과 같은 다른 측면들이 간과되기 쉬우며, 여성의 결혼이 어처구니없게도 성적인 것으로 본질화된다. 이 점에서 '젊은 여성들이 혼자 사는 것은 육체적으로 매우 어렵다'(조은 1997, 127~28면에서 재인용)는 관료들의 대변은 묘한 정치학을 포함하고 있다.

금고법에서의 모성성은 자식들을 보살피는 어머니의 모성성이 아니라 자식의 미래에 해를 끼칠 수도 있는 모성성이라고 정치적으로 구성되었다. 의심할 여지없이 이러한 모성의 제도화는 남편이 없기 때문에 그들의 지위를 보장해주는 사회와의 유일한 연결고리가 아들이었던 (양반)여성들을 통제하기 위한 절묘한 고안물이었다. 분명히, 재혼한 어머니를 책임감 없고 잔인하며 부도덕한 어머니로 규정지은 것은 다름아닌 국가였다. 여성의 재가는 또한 아버지를 통해 계승되는 부계혈통과 애매한 관계를 맺게 될 자손들을 출산함에 따라 가부장적 가족에 위협을 줄 수 있다. 이렇게, 재가녀금고법에서 여성들은 본질적으로 그들 운명이 아들의 운명에 묶인 '어머니'라는 존재로 규정되었다.[53]

셋째, 외관상으로는 가정 영역 내 문제인 것처럼 보이는 여성의 재혼은, 공적 영역에서는 관료주의가 염려하는 대상이 되었다. 급기야 문종대(재위 1450~52)에 어떤 관료의 조모가 세번 결혼했고, 심지어는 그 관료의 아내의 조모가 재가했다는 사실로 인해 해당 관료는 소급하여 처벌을 받게 되었다. 중종의 통치기간 중에는 심지어 재가한 여성의 아버지가 관직을 박탈당하는 일도 있었다(조은 1997, 130~33면; 이상백 1947, 238면). 분명히 이 단계에서, 여성의 재가는 남성들의 정치적 이해의 장이었으며, 다른 경쟁자를 파멸시킬 수 있는 비리조사의 항목이 되었다(이상백 1947, 244~45면). 여성의 수절은 그녀의 남성 가족들─남편, 아들, 아버지─의 정치적 자격에 대한 시험장이 되었다!

시간이 흐름에 따라, 관직을 얻을 수 있는 후보자들은 아무런 결점도 없는 저명한 친족의 일원들로 점점 더 한정되었다. 이런 맥락에서, 여성의 재가 금지는 특권을 누릴 수 있는 사람들의 범위를 좁혀가는 하나의 장치로

---

53) 제도가 이렇게 디자인되었다면, 조선시대 중후반기 이후의 어머니들에게 아들의 존재는 목숨과 같다 할 수 있다. 이는 며느리에 대한 시어머니의 지배 같은 여성간 관계에도 함의가 큰 것이다.

기능하였다. 하지만 이러한 과정은 그 사회에서 열등한 일원들을 대규모로 만들어내는 기제의 다른 측면이라는 점에서, 제도의 완벽함이 아닌 균열을 암시하는 것이다.[54] 이상과 같이 조선시대의 혼인제도는 국가와 신분제도 같은 거시적 권력기술들과 여성에게 정절과 모성을 강요하는 미시적 권력기술들이 서로 교차하고 강화하면서 구성된 정치적 장이었다.

(7) 재산상속의 변화

재산상속[55]은 다른 가족규율들보다 더욱 강력하게 한 사회의 경제적 조건과 상황에 의해 구속되었다. 상속 규율은 조선시대를 거치면서 점점 더 엄격해진 부계계승제와 더불어 생산성의 증가, 인구 증가, 그리고 그 결과로 증가한 토지에 대한 압박과 관련하여 설명할 수 있다(Deuchler 1992; Michell 1979). 1592~98년의 임진왜란 같은 사회적·경제적 격변과 관련하여 상속 관행의 변화를 설명하는 것도 가능하다(Peterson 1996, 210~11면; 이수근 1989, 109~10면). 이러한 요소들이 복합적으로 작용한 결과인 노비 감소 등도 영향을 끼친다(Peterson 1996, 205~11면). 이런 모든 요소를 상술하는 것은 본 연구의 범위를 벗어나지만, 재산상속은 이런 전체적인 경제적 조건의 문맥 안에서 이해할 필요가 있다.

조선시대 양반 재산의 주종을 이루는 것은 토지와 노비였다. 조선시대

---

54) 조선시대 양반가정에는 많은 갈등요소가 제도적으로 존재하였음을 알 수 있다. 예를 들어, 본부인과 둘째 부인 간의 갈등〔妻/妾〕, 본처가 낳은 자녀들과 둘째 부인들이 낳은 자녀들 간의 갈등〔嫡/庶〕, 주인과 노비들 간의 투쟁의 잠재력〔主/奴〕 등이 그것이다(이수근 1989, 117면).

55) 여기서 '재산상속'이라는 용어를 사용하지만, 조선시대의 '재산상속'이란 식민지시기 가독권(호주권)과 결합되던 재산상속 개념과 구별돼야 한다. 이하의 논의처럼, 조선시대에는 조상의 재산에 대한 '계승'보다는 '분배'의 개념이 강했다는 점을 인식해야 한다. 분재기에서도 재산상속과 정확히 같은 의미를 지닌 용어가 아닌, 화회(和會)라든지 분급(分給)이라는 용어가 나타난다고 보고된다(최재석 1983, 511면).

초기에는 노비가 주로 양반계급의 개인 재산으로 간주되었던 반면(이광규 1976, 63면),[56] 토지는 국가의 주된 물적 자원으로 간주되었다. 하지만 조선시대 후기에는 주로 노예의 감소 때문에 토지가 부의 주된 원천이 되었다(이수근 1989, 91면). 조선왕조 건국 당시의 토지개혁은, 모든 토지가 국가에 속하며 국가에 의해 관리된다는 전제에 기초한 것이었다. 조선시대 초기에 그 어느때보다 토지가 잘 통제되기는 했지만, 개인이 소유한 토지가 어느정도 존재한다는 것은 부정할 수 없는 사실이었다(이수근 1989).[57] 15세기 말에 접어들면서부터 직전제에 이어 녹봉제도가 점차 와해되어, 기존에 개인들이 소유하던 토지가 확대되고 황무지를 개간하는 활동이 보다 적극적으로 이루어졌다. 15세기에는 매우 중요한 농업 혁신이 일어났다. 관개 설비가 증보되었고, 논에 물을 대어 벼를 경작하는 방식이 광범위하게 보급되었다.[58]

조선시대 초기의 입법가들은 재산상속 문제를 새롭게 확립된 부계의 틀 안에서 바라보았다(Deuchler 1992, 205면). 조선시대의 가장 주요한 법령집인 『경국대전』에 명시된 상속 규범에 따라 제사계승자에 대한 명확한 특별대우가 도입되었다. 부계혈족에 대한 조상의 제사를 주관할 계승자는 원칙

---

56) 조선왕조 초기에는 토지보다는 노비가 법적으로나 정치적으로 관심 대상이 되는 재산의 원천이었다. 예를 들어, 조선 초기에는 노비를 상속받는 문제에 대해 본부인과 첩들 간에, 그리고 그 후손들간에 많은 쟁송이 있었다(이수근 1989, 91~95면).

57) 세종대왕 통치기인 1424년에 최초로 토지 매매가 허용되기 전까지, 조선왕조는 토지를 '공공재산'으로 분류하였다. 심지어 토지가 매매의 대상이 된 후에도, 주희에 의해 처음으로 명확히 공식화된 "단 한치의 토지나 단 한명의 노비도 다른 사람의 소유가 되어서는 안된다"는 원칙이 계속 영향을 끼쳤다. 여기서 말하는 '다른 사람'이란 혈족이 아닌 사람을 뜻한다(『명종실록』20; Deuchler 1992, 226면에서 재인용).

58) 광작(廣作)에서 집약농업(集約農業)으로의 발전으로 인해 이 시기 인구가 급격히 증가했다. 인구 증가추세는 16세기 중반에 정점을 이루었다가 임진왜란 시기에는 감소하였고, 이후 50~60년 이내에 빠르게 회복되었던 것으로 보인다(Deuchler 1992, 224~25, 360면; Michell 1979, 77~78면).

상 동렬의 형제자매들보다 5분의 1만큼의 몫을 더 상속받는다고 명시하였다. 이 법규에서는 동일 신분의 형제자매간에는 남녀에 상관없이 재산을 동등하게 분배할 것을 규정하고 있는데, 이는 당시 퍼져 있던 고려시대의 관행을 인정하는 것이었다. 적자가 있을 경우에는 평민인 서자는 그의 7분의 1만큼의 재산을 상속받았고, 천민인 서자는 그의 10분의 1만큼의 재산을 상속받았다(Peterson 1996, 20면; Deuchler 1992, 208~209면; 이광규 1976, 60면). 이러한 규정은 균등상속의 원칙에 입각하되 부계적 원칙을 실행하고자 하는 분명한 의지를 반영하고 있으며, 재산상속에 있어서 수혜를 받는 방계(傍系)의 범위를 좁혀갔다.[59]

이러한 재산상속의 기본 법규는 크게 변하지 않았지만, 현실의 상속 관행은 법과 확연히 달랐다(Peterson 1996, 20면). 조선에서 상속의 관행을 특징짓던 다음 두 가지 주된 경향은 장기적으로 나타났다. 유산상속자로서 (혼인한) 딸의 지위가 하락하였다는 점과 봉사조(奉祀條)에 할당되는 재산의 양이 점점 증가하였다는 점이다(문숙자 2004). 주로 양반가족의 재산분배를 기록한 분재기에서 볼 때, 어머니의 재산은 모변재산(母邊財産)으로 분류되어 부변재산(父邊財産)과 구별되었는데, 조선 후기에는 이러한 분류는 사라지고 조상 전래의 재산으로 대체되었다(최재석 1983, 521~22면). 한 여성이 자손 없이 죽으면 원래 그 재산이 비롯된 여성의 친정에 여성의 재산을 돌려주는 관행에서도 여성 고유재산을 인정했었다는 것을 알 수 있다. 남편은 아내의 재산을 관리할 수는 있었지만 소유권 자체를 갖는 것은 아니었다(Deuchler 1992, 210면).

적어도 조선시대 초기 두 세기(15, 16세기) 동안 양반 여성의 독립적 소

---

59) 『경국대전』의 법규들은 형제들간의 상속 같은 방계 친족간 수평적인 상속을 명백하게 부정하고 결과적으로 부계직계상속의 원칙을 확고히 하였다. 직계에서 법정상속자가 없을 때에는 최대한 사촌까지의 혈족이 재산상속을 할 수 있는 것으로 그 범위의 한계를 설정했다(Deuchler 1992, 209~11면).

유권을 인정했던 것은 조상 재산의 균등분배 관행과 같은 맥락이었다. 기록에 근거할 때, 16세기 중반까지는 편차가 있지만, 토지뿐만 아니라 노비도 본처의 자손이라면 똑같이 분배하는 경향이 뚜렷했다. 이러한 균등분배의 전통은 16세기 중반에서 17세기 중반 사이에 자손간 차별 분배와 공존하며 전환기를 거치게 된다. 이 시기 이후에, 제사계승자를 우대하는 경향과 딸을 차별하는 경향이 뚜렷해졌다(이광규 1976, 90면; 최재석 1983, 521~32면). 여성들은 재산상속자로서 과소하게 인정받거나 아니면 아예 상속자가 아닌 것으로 간주되었다. 최재석과 도힐러는 (첫째)아들에 대한 선호가 딸들의 상속권을 완전히 뿌리뽑은 것은 아님을 발견했던 반면(최재석 1983, 530~32면; Deuchler 1992, 224면), 피터슨은 딸들의 몫은 17세기 이후에는 거의 무(無)에 가까웠다고 보고한다(Peterson 1996, 61~64면).[60]

딸들의 재산 분배몫이 감소하거나 아예 사라지면서, 조선시대 초기에 존재하던 여성의 독립적인 소유권이 서서히 자취를 감추게 되었다. 여성들의 재산은 그녀들의 남편의 권한 아래 놓이게 된 것처럼 보인다.[61] 동시에 『경국대전』에서도 인정하는 바와 같이, 결혼해서 남편 친족의 성원이 된 여성의 재산에 대해 남편과 시가의 권한은 더욱 확대되었고, 결과적으로 여성의 재산에 대한 친정식구들의 권리 행사가 제한되었다. 여성의 상속재산은 그녀의 남편 재산의 일부가 되었다(Deuchler 1992, 223면).

이러한 차별에는 다음과 같이 상호 연관된 이유 두가지를 찾을 수 있다.

---

60) 어찌되었든, 식민지 관료들이 말했듯이, 결혼한 딸들이 다른 호적을 가지고 있다는 이유로 그들을 재산상속에서 완전히 배제하는 것이 조선시대로부터의 '관습'이라고 할 수는 없다(제3장 참조).

61) 관련 문서들에서 보면 17세기 중반까지 딸들은 자신의 이름으로 자신의 부모로부터 재산을 상속받았다(남편의 이름은 부가되기만 하였다). 이후에는 딸의 이름이 남편의 이름으로(즉, 사위의 이름으로) 완전히 대체되었다. 1581년, 1607년, 1669년에 간행된 부안 김씨의 족보에도 이러한 변화가 나타난다(Deuchler 1992, 223, 360면; 최재석 1983, 513~15면).

모처제(처가 거주) 혼인에서 부처제(시가 거주) 혼인으로의 전환, 그리고 보다 엄격해진 부계계통의 제사가 그것이다. 토지가 재산의 주된 원천 중 하나였기 때문에, '조상 전래의 토지는 외부로 유출될 수 없다'는 원칙(『세종실록』 50: Deuchler 1992, 221면에서 재인용)에 의해 부처제 결혼 자체가 실제로 여성들이 재산을 상속받는 것을 어렵게 만들었다.[62] 그리고 멀리 떨어져 살고 있는 딸이 토지를 관리하는 것 자체가 비현실적이었다. 기혼여성은 남편의 가족에 속했기 때문에, 그들이 혼인시 가져왔던 재산은 영원히 그들의 친정과 분리되었다. 더구나 기혼여성들은 더이상 그들의 부모나 남자형제들의 사당에서 제사를 모실 수 없었기 때문에 기혼여성들에게 재산을 상속해줄 근거도 사라지게 되었다(문숙자 2004, 123~27면).[63]

여성들이 경제력을 상실하게 된 것은 그들의 결혼생활 장소가 바뀌었기 때문이기보다는 그들이 제사의식을 수행하는 데 있어 중요하지 않은 존재가 되었다는 점이 더 중요한 원인일 수 있다(Peterson 1996, 56면). 물론 후자에 전자가 기여를 하고 있기는 하다. 딸들은 결혼하면 먼 지역으로 옮겨살게 되고, 외손들은 외조부모에 대한 존경과 헌신을 잃게 된다는 것이다. 예를 들어, 1615년 권래(權來)의 글에는 이런 생각이 잘 표현되어 있다.

아들과 딸은 모두 신체적인 면에서 그들의 부모를 똑같이 닮아 있기 때문에, 인간적인 감정은 부족함이 없다. 허나 내외지체(內外之體)의 원칙상으로는 아들과 딸에 큰 차이가 있다. 직계손자들은 아무리 궁핍하다 하여도, 그들은 조상들의 묘지에 향 피우는 것을 그만두는 일은 없을 것이다. 〔이와는 대조적으로〕 다른 성(姓)을 가

---

62) 동시에, 조상의 토지가 가지는 신성함은 점점 더 감소했다. 이는 아내가 획득한 처가의 논밭들을 교환하거나 매매하는 것이 빈번해지기 시작한 17세기에 분명히 드러났다. 그러한 매매는 대개 멀리 떨어져 있고 소규모인 토지를 경작하는 것의 불편함을 들어 정당화되었다(Deuchler 1992, 228~29면).

63) 조선시대 초기에 남녀자손들 사이에서 제사가 분할되었을 뿐 아니라 자손들이 돌아가며 지냈던 관습을 상기하라.

진 자손들(외손들) 사이에는 식자(識者)라고 할지라도, 모계의 조상들에게 성의를 보이는 자들은 별로 없을 것이다. (…) 만약 재산을 분배해야 할 때 이러한 것들에 대해 생각하게 되면, 나는 아들과 딸 사이에 차별을 둘 수밖에 없다(『경북지방 고문서 집성』; Deuchler 1992, 227면에서 재인용).

이 글에서 제시된 생각은 피터슨이 지적하는 차별의 네 가지 원인들과 대체로 일치한다(Peterson 1996, 56면). 딸은 자신의 친정 조상들에 대해 상의 의무가 가볍다는 것, 외손은 다른 성을 가졌으며 따라서 같은 씨족의 일원이 아니라는 점, 딸에게 재산을 주면 아들의 경제적 지위가 약화된다는 점, 딸은 결혼해 나가고 먼 지역에서 살기 때문에 제례에 참가할 수 없다는 점 등이 그것이다. 여성들의 거주지가 시가로 정해져 친정 조상에게 제사를 드리기 어렵게 된 것은 부계계통의 혼인제도 때문이었지만, 그로 인한 불이익은 여성 개개인이 입게 되었다. 이렇게 여성을 차별하는 혹은 여성을 비난하는 공식(公式) 속에서 젠더는 사회적·역사적 제도의 구성물이 아니라 특정 젠더, 여기서는 여성의 불변하는 '속성'인 양 구성되었다. 여식은 부모에 대한 효도의 마음과 책임감이 약하다는 인식이 그것이다.

딸에게 재산상속을 하지 않는 것은 제사상속자에게 더 많은 상속분을 부여하는 원칙, 즉 제사의 중요성이라는 원칙에 의해 지배받았다. 『경국대전』에 제사상속자에게 20% 더 재산을 상속하라고 규정되어 있음에도 불구하고, 17세기 중반까지의 분재기에 보면 제사상속자에게는 아무런 특별재산을 상속하지 않는 것에서부터 다른 아들들보다 16배 더 많이 상속하는 것까지 큰 편차가 나타난다. 그러나 17세기 중반부터는 제사상속자에게 주는 특별토지의 양이 뚜렷하게 증가하는 것을 발견할 수 있다.[64] 16세

---

64) 이 시기는 제사제도와 재산상속 간의 밀접한 관련성을 보여준다. 우리는 대개 16세기 중반에서 17세기 중반 사이의 기간 동안 자손간 순환이나 분할의 원리로 제사를 지내는 관행들이 장자에 의한 제사관행으로 배타적으로 대체되는 경향을 볼 수 있었다. 같은 기

기 주반에서 17세기 중반까지는 특별재산의 평균적인 양이 대략 다른 후손들의 상속재산의 77% 정도였던 반면, 17세기 중반 이후에는 특별한 몫이 대부분의 가문에서 80~300%까지 증가하였다(최재석 1983, 541~42면).[65]

장남이 점점 더 넓은 토지를 관리하게 되면서, 토지의 사용목적 지정이 보다 상세해졌다. 이러한 범주들 가운데서 가장 중요한 것은 조상으로부터 전해내려온 토지, 즉 승중민전(承重民田)이었다. 여기에는 종가의 저택과 사당이 포함되어 있었다. 이 재산은 승중 개인에 속한 것이 아니라 전체 문중에 속하는 것이었으며 승중은 관리를 하는 것이기 때문에 새롭게 발달하던 문중재산의 핵이 되었다. 제례를 위한 이 토지는 법에 의해 매매될 수도, 후손들이 나눠가질 수도 없었다(Deuchler 1992, 229면). 이처럼 제사상속자의 경제적 지위가 강화되면서 그를 중심으로 한 양반 혈족집단의 경제적 지위 또한 강화되었다. 이렇게, 조선사회 후기에는 인적 구성뿐 아니라 재산제도 역시 부계계승주의에 의해 조직되었다.

좀더 넓은 사회적 맥락에서는 이러한 상속 관행을 어떻게 읽을 수 있을까? 후손들 사이에 조상의 재산이 동등하게 배분되면서 사회적 부가 효과적으로 분배되었으며, 이는 조선시대 초기에 사대부라는 새로운 사회적 지위가 빠르게 확립되는 데 기여하였다. 다른 한편으로 세습재산은 몇몇 세대가 지나고 난 후에는 극도로 파편화되었기 때문에, 부가 집적되는 것을 막음으로써 결과적으로 소규모농업제도가 나타나는 데 기여했다. 경제적 장자상속제도는 부가 지나치게 파편화되고 있던 경제적 맥락 속에서 하나의 대응책이 될 수 있었을 것이다(이수근 1989). 마찬가지 원리로, 상속

간 동안 승중에게 주는 제사를 위한 특별상속분이 뚜렷하게 증가하고 있다. 일반적으로 문숙자(2004) 참고.

65) 봉사를 위한 특별상속분에 더해, 장남의 일반적인 유산의 몫도 16세기 중반부터 증가하는 경향이 나타난다(최재석 1983, 532면). 이에 따라 조선 후기 장남의 재산상속분은 다른 후손들이 받는 몫과는 비교할 수 없을 정도로 많아졌다.

제도는 왕과 귀족 사이의 힘의 균형에도 영향을 미쳤다. 조선 초기에는 양반 신분에서 재산을 동등하게 분배했기 때문에 결혼과 재산상속을 통해서 빠르게 세력을 확고히할 수 있었고, 이에 따라 새로운 왕조를 안정시킬 수 있었다.[66] 이로 인해 귀족 계층이 거의 모든 지역에 걸쳐 존재하는 효과가 나타났고 이들은 각 지방에서 지역공동체를 발달시켰다. 경제적 장자상속 제는 같은 성과 같은 본관의 사람들이 주로 함께 살게 되는 지역성의 발달을 가져왔다.[67]

이러한 맥락에서, 다양한 범위의 부계 씨족집단들이 특정한 지방에서 발달하여 17세기 말에서부터 동족부락이 번영하기 시작했다(이수근 1989, 107면).[68] 이 시기는 앞서 논의한 제사상속자에 대한 특별대우, 딸들(그리고 그들 자손)의 생활 장소가 시가로 옮겨가고, 딸들은 더이상 친정의 가계계승, 족보기록, 그리고 재산상속에 있어 동등한 성원이 아니게 된 현상이 동시에 나타났던 시기이다. 부계계승주의와 부처제 혼인제도, 장자상속제도의 상호결합이 조선시대 전국에 걸친 지역 발달로 구현되었다. 이렇게 가부장제의 강화를 통한 젠더의 재배열은 조선사회의 전반적 재조직

---

66) 이로 인해 부가 몇몇 특정 가문에 과도하게 집중되는 것이 방지되었고, 왕실에 도전할 만한 거대권력이 나타나지 않을 수 있었다. 하지만 후대 재산상속에서의 장자상속권은 18세기에는 지배적인 가문들의 형성에, 그리고 19세기에는 실질적으로 왕실을 통제하는 권력가문들의 성장에 기여했다고 볼 수 있다(Peterson 1996, 209면; 이수근 1989).

67) 재산의 동등 분배가 지속되던 시기에 이와 같은 지방의 발달은 생각할 수 없을 것이다. 조선시대 초기 문서들을 보면, 부계혈족의 본관, 그리고 모계혈족과 아내 혈족의 본관의 지역이 같은 경우가 많았다. 양계 혈족집단들은 함께 살았고, 토지나 물 같은 천연자원과 심지어는 묘토(墓土)까지도 공유했다(이수근 1989, 108면).

68) 이상적으로는, 시조가 같은 혈족들은 지리적으로 바로 이웃에 근접한 지역에서 함께 살면서 동족부락을 형성했다. 그러한 마을들은 대개 그 지역으로 이주해온 조상의 후손들에 의해 설립되었다. 1930년대에는 약 15,000여개에 이르는 그런 마을들이 한국 지도 위에 점점이 산재해 있었다. 이들 마을의 대부분은 300년이 안된 것들이었고, 60개 이상의 가구들로 이루어진 곳은 거의 없었다(Deuchler 1992, 9면).

화를 가져왔다.

3. 맺음말: 현대 가족의 '전통'과 조선시대의 가족제도

과거를 조명한다는 것은 너무나 복잡한 과정으로, 그 과정에서 현재 우리의 입장 또는 견해와 과거의 사실들이 부단히 상호작용한다. 이 장에서 살펴본 조선시대의 가족은 그 자체로서도 큰 의미를 가지며 현재 가족법에서 '전통'의 의미를 새롭게 바라볼 수 있도록 한다. 제2부에서 시도한 식민지시기의 '관습'원칙과 조선시대의 가족제도 고찰에 기초하여, 조선의 가족제도를 통해 현대 가족의 '전통'을 바라보는 데 있어서 인식해야 할 점에 대해 논의하고자 한다.

첫번째는 왕조의 시대구분과 관련된다. 제사, 부계계통, 결혼, 재산상속 등 이번 장에서 다룬 조선시대 가족제도의 모든 면에서, 명확한 시기적 패턴을 발견할 수 있다. 피터슨이 제안한 것처럼, 조선 가족제도상에서 대규모로 일어난 변화들을 이해하기 위해서는 적어도 세 시대의 구분이 필요하다(Peterson 1996, 212면). 첫번째 시기는 조선왕조 건국에서 임진왜란까지, 즉 1392~1592년까지의 기간으로 볼 수 있다. 이 조선시대 초기의 200년간은 고려시대의 관행들이 계속 실행되고 있었으며, 이러한 관행들에 의해 딸과 아들의 지위는 상당히 동등하였고, 모계와 부계 조상들도 그다지 차별받지 않았으며, 조정에서는 엄격한 부계계통의 조직체를 도입하려 노력했으나 아직 확립되지 않았다(최홍기 2004).[69] 두번째 기간인 조선시대 중반 1592~1700년에는 가족제도의 모든 면에서 과도기적 특징들이 나타났다.

---

69) 한편 최홍기는 "고려시대의 가족-친족제도가 분명히 조선 중기 이후와 같은 부계일변도의 제도는 아니었"다고 하면서도, "부계조상을 중심으로 한 친족집단은 없었다고 하는 일부의 견해를 받아들일 수가 없다"고 하였다(최홍기 2004, 81~85면).

세번째 기간인 조선시대 후기는 1700~1910년에 이르는 조선왕조의 마지막 200년 동안으로, 이 시기에는 제사와 족보에 있어 부계혈통의 원칙, 시가 거주 혼인, 그리고 가부장적 유산상속이 확립되었다.

이제까지 논의에 기초할 때 시간적 관점에서 본 조선시대 가족의 변화양상과 제도적 관점에서 본 변화양상 사이에 높은 상호관련성이 있다. 즉 한 제도 안에서 가부장제의 엄격화는 다른 영역에서도 발견되는 변화와 일치한다. 동시대의 가족관행, 예컨대 혼례제도와 재산상속 간에는 일정한 상호작용이 있었음을 알 수 있다. 이 점에서 조선시대 가족의 역사는, 내적인 편차를 보이기도 했던 끊임없는 형성과 해체라는 역동성으로 특징지을 수 있을 것이다(Peterson 1996, 20면).

그러므로 조선시대 후기에 나타난 가부장적인 가족양식을 조선시대의 전반적인 가족전통과 동일한 것으로 등식화하는 것은 역사적 사실이나 조선시대 가족의 특성에 부합하지 않는다. 이러한 일반화는 조선시대에서 더 오랜 기간이었던 초기와 중기를 간과할 뿐 아니라, 변화와 저항과 재적응이 일어났던 오백년간의 움직임을 지우고 있다. 이러한 등식은 조선시대의 가족을 마치 얼음처럼 응결된 정적인 것으로 제시하는 것이다. 이에 조선의 가족전통을 바라볼 때, 우선 시간적 변동성에 대한 시각이 요청된다.

두번째로, 조선시대의 종법과 같은 원칙은 양반계급에 의한, 양반계급을 위한, 양반계급의 형식들이었다는 사실을 부인할 수 없다. 이러한 규범들을 조선시대 모든 사회집단의 관행과 같은 것으로 간주한다면, 실제로 사회의 대다수를 이루던 평민과 천민 사이에서 실행되던 가족생활의 관행들은 논의에서 배제되는 것이다. 실제로, 조선시대를 이해하는 데 있어 가장 큰 제약은 자료인데, 이용 가능한 기록이 주로 양반계급에 의한, 양반계급을 위한, 양반계급의 자료들이기 때문이다. 양반계급을 구성한 정치적·경제적·도덕적 특권들을 고려할 때, 낮은 신분의 사람들에 대한 그들의 영향력을 부인하기는 어려울 것이다. 하지만 양반의 규범을 적어놓은 법규에만 강한 규범성과 일반성을 부여해 양반의 그것을 한국 전통의 '규준'으로 상정하는 것은 이데올로기적이다.

예컨대, 앞에서 살펴본 오복친을 사실적 맥락에서 해석해보자. 오복친은 서로 상복을 입는 친족의 네트워크로서, 한 사람(남성)을 중심으로 하여 130개가 넘는 관계(친척)들로 이루어져 있다(정광현 1967, 464~66면). 이 거대한 조직망은 그의 5대 고조에서 비롯한 모든 부계혈족을 중심으로 모계혈족, 그리고 처계혈족의 일부를 포함하고 있다. 오복친은 어떤 사람을 중심으로 각 관계의 친소관계에 따라 그린 정교한 친족지도이다. 문제는 과연 어떤 사람으로부터 이러한 혈족의 지도를 그릴 수 있는가 하는 것이었다. 혈족의 중심인 어떤 사람은 방계조상의 제사뿐 아니라 직계 조상의 제사에 대해서도 책임이 있었다. 마찬가지로, 그 사람은 넓은 범위의 친척들의 상례에도 참가할 의무를 가지고 있다. 여러 의례들로 구체화되는 백 종류도 넘는 친족관계를 유지, 관리할 수 있는 사람은 그리 많지 않았을 것이다. 그는 적어도 노동할 필요가 없는 여가시간을 가지고 있어야 하고, 각종 의례에 필요한 지식과 인적·물적 자원을 가지고 있어야 할 것이다. 무엇보다 과거로 거슬러올라가서 밝힐 수 있는 조상과 혈족을 두고 있어야 한다.

양반계급이라 해도 여성은 이러한 친족망의 중심이 결코 될 수 없었다. 그렇다고 양반 집안의 모든 남자들이 그러한 조직체의 중심주체가 될 수 있는 것도 아니다. 앞서 논의한 것처럼, 첩의 자손과 재혼한 여성의 자손은 제사를 계승할 수 없었다. 종가에 속한 양반계급 남성, 특히 그 '가문의 종손' 남성을 주체로 삼았을 때만, 이러한 친족지도는 온전한 의미를 가진다. 이렇게 본다면 사실적인 관점에서 오복친 같은 잘 갖추어진 친족 네트워크는 양반계급 남성, 그중에서도 '종가의 가계계승자'를 주체로 삼았을 때에만 온전한 의미를 가진다.

그렇다고 해서 이러한 친족관계가 종가의 장남이 아닌 후손들에게 아무런 규범력을 가지지 못했다는 것은 아니다. 오복친제는 가장 주변적인 사람들에게조차 개념적인 지침을 제공하는 이념형적 친족조직체였을 것이다. 족보는 이러한 이념형 친족을 좀더 구체적인 인물과 관계로 해석, 적용하고자 하는 노력이라고 일견 말할 수 있다. 이런 견지에서, 주로 조선시대 후기에 실현된 종법은 양반계급에서조차 실제 관행과 항상 일치되지는 않았던 이상적 규범의 집합이었다. 따라서 식민지시기 부분에서 살펴보았던 조선시대의 주요 법적 편찬물들을 가장 공식적인 조선 '관습'의 원천으로 보고 당시 조선의 관행을 해석한 것은 지배계층을 기준으로 한 한국 관습의 법제화라고 할 수 있다.

세번째로, 가족과 부계혈족에 관한 엄격한 규율인 종법은 그 자체가 양반의 특권을 위한 것이었고, 그 규율은 또한 조선사회의 신분법규에 해당하는 것이었다. 잘 발달되고 저명한 가문의 일원이 되는 것은 조선사회에서 양반이 되기 위한 필수조건이었다. 이 점은 조선사회의 가족과 혈족 규율을 이해하는 데에서 가장 강조되어야 할 측면이다. 양반들 사이에서 저명한 파의 일원이라는 사실은 지울 수 없는 사회적 정체성을 이뤘다. 조선시대, 특히 조선시대 후기는 개인의(이들을 개인이라 부른다면) 지위, 즉 특정 가문의 사회적 지위 및 특정인의 가문 내 지위가 공적 신분을 직접적으로 결정짓는 사회라 할 수 있다. 이 장에서 본 바와 같이, 조선시대를 통하여 부계혈족조직이 강화되고 그 규율이 세밀해졌다. 이는 관료를 배출할 수 있는 명문 가문을 최소화하여, 특권이 집중되는 효과로 나타날 수 있다(Deuchler 1992, 283, 286, 294면).

이렇게 조선시대 신분질서의 유지, 강화를 위한 종법 체계를 생각할 때, 조선의 가족제도가 얼마나 정치적인 제도인지를 알 수 있다. 그것은 국가정치와 맞닿아 있는 거시적 사회조직이기도 하다. 지금까지 우리는 제사, 족보, 혼인과 재혼, 재산상속 등 양반 집안의 어떤 측면도 왕실(조정)에서 논쟁의 대상이 되지 않은 것이 없음을 살펴보았다. 그렇다면, 신분과 정치와 경제 씨스템의 원리이자 혈족의 논리인 종법을 한국의 '고유 전통' 내지 '가족문화'의 원형으로 보고 현대 한국사회에 적용하는 것은 매우 위험한 일이다. 조선시대의 종법은 그 사회의 모든 조건들과 교감하며 역동적으로 형성된 원리이다. 이 종법과 가족제도를 현대한국에 단순히 적용한다는 것은 조선시대의 위계적이고 양반적인 사회조직과 이념을 계승하고자 하는 정치학에 다름아니다.

그리하여 네번째로, 조선의 가족관습을 따른다는 식민지정부의 원리는 분명 지배계층 남성들에게 유리한 규범을 독특한 방식으로 보급하는 것이었다. 이 원리는 조선시대 후기를 중심으로 한 가부장적이고 전근대적인 원리들로 식민지조선의 가족관습을 동결했고, 또 근대화의 일로에 있는 당대 조선사회에 과거 왕조의 종법원리를 보편화하고자 했다는 점에서 이중적으로 비역사적이다. 이러한 코드 속에서, 식민지 가족법은 조선왕조와 현재의 '조센'을 바라보았고, 식민지 조선사람들은 이념적으로 양반화되어 과거를 살게 되었다. 조선의 관습이 균질화됨에 따라, 조선시대 가족의 생동하는 역사적 구성물들은 '한국의 문화'로 정의되었다. 식민지정부는 행정적 편의를 위해, 그리고 일본의 시각에서 편향적으로 관습을 해석, 규정했기 때문에, '한국의 문화'란 사실상 공허한 것이었다. 그 문화를 형성했던 조선시대의 의미체계, 혼과 언어는 소실된 채, '관습'어법만이 반복되었다. 한 예로 '관습'이라는 이름 밑에, 일본의 가족법들이 계속해서 식민지조선에 수입되었다. 이러한 관습의 정의에는 법에 대한 근대적인 관점도 녹아 있다. 식민지 관료들이 조선의 법적 편찬물들을 조사하면서 조선의 성문법규들을 모두 '관습'으로 개념화했다. 이러한 호명은 이러한 법규들을 체계화하고자 했던 조선시대의 노력들을 문화화하고 비공식화하는 효과를 지닌다.[70] 식민지적 피지배가 가져온 다중적 시대착오성에서

---

70) 일제 식민지시기 가족법의 관습원칙은 한편으로는 서양의 영향에서 동양 문화를 보

빠져나오기 위해서는 식민지성 논리의 해체가 필요했다. 하지만 탈식민 후 한국사회는 식민지 관료에 의해 굴절된 조선의 '관습'에 대한 재해석과 해체의 기회를 갖지 못하였고, 대신 '전통'의 복원을 기도했다. 여기서, 관습에 미친 식민지성은 어느덧 인식에서 사라지고 조선의 '진정한 관습'을 찾는 것이 목표가 되면서, 식민지의 눈으로 굴절된 조선의 관습이 탈식민 후 대한민국에 계속되었다.

마지막으로, 조선사회 종법의 엄격화는 젠더질서에 어떠한 의미를 가지는가. 말할 나위도 없이, 조선시대 후반기에 여성에 대한 통제는 엄격해졌고, 가계계승, 혈족 계산, 재산상속, 이혼과 재혼 등 모든 면에서 여성의 권력은 박탈당했다. 이것은 역사 변화 속에서 젠더라는 사회적 축의 의미를 여실히 보여준다. 상복제, 혼례양식과 재혼제도, 후손의 분류 등에서 모계와 여계, 처계의 약화와 배제는 곧 가부장제의 강화와 결집과 직결되었다. 이렇게 여성에 대한 가부장적 통제를 강화하는 방식으로 진행된 젠더 축의 변환은 조선사회 변화에 결정적인 차원이 된다(조은 2004). 즉 조선사회의 정치적·이념적 재구성에 젠더라는 축이 결정적으로 중요했다는 것이다. 스콧의 말처럼, 가부장적 사회조직은 성차(gender difference)에 관한 확고한 믿음을 생산했고 여성이 누구인지를 구축해갔다(Scott 1988a). 이렇게 여성을 가부장제의 통제 속에 구성했던 조선시대 가부장제를 식민지시기와 탈식민 대한민국에서 한국 '전통'의 표본으로 삼았다는 것은, 민주주의 체제 속에서 조선시대적 젠더관계를 지속하고 온존하고자 하는 시대착

호하고자 하는 의지를 표현한 것이었다. 그러나 식민지조선의 문화적 상황은 그보다 훨씬 더 복잡해 보인다. 한편으로 일본인은 아시아인과 아시아의 철학을 옹호한다고 믿었기 때문에, 자신을 바라보는 관점으로 조선인을 바라보았다. 다른 한편으로, 동시에 그들은 조선의 관습을 시대에 뒤처진 것으로 간주했기 때문에, 서양과 맺어진 그들 자신의 최근의 관계를 다시 비추듯이 서양의 눈으로 조선인을 바라보았다. 아시아에 대한 일본의 이중적인 태도에 대해서는 Tanaka(1993); Kenzaburo(1989)를 참고할 수 있다.

오성을 나타낸다. 현대한국에 알려진 가족'전통'과 '관습'의 식민지성과 가부장성을 벗겨내는 일은 조선시대나 식민지시대로부터 벗어난 새로운 사회를 만드는 초석이다.

제3부

현대 한국 가족법에서 전통과 근대성

"한국에서 포스트식민(postcolonial)이라 함은 언제를 말하는가?"
—— 최정무, "The Discourses of Decolonization and Popular Memory"(1993) 중에서

"포스트(post-)란 이전의 것과 다른 새로운 방향이라는 의미에서 하나의 전환(diversion)을 뜻한다."
——Jean-F. Lyotard, *The Postmodern Condition to Children* (1992) 중에서

제6장
가족법 제정과 '전통'의 각인

1945년 8월 15일, 제2차 세계대전에서 일본이 패배하고 한반도는 식민 지배에서 벗어나게 되었다. 거의 동시에 한반도는 두 열강의 통제하에 놓이게 되어 위도 38도 이북은 소련 임시군정의, 이남은 미국의 지배하에 들었으며, 이것을 시작으로 한반도는 남과 북으로 나뉘었다. 이후 남과 북은 냉전이라는 새로운 정치적·경제적 질서에 급속히 편입되어 서로를 적대시하게 되었다.

그런 까닭에 식민지시대나 조선시대 가족법이 한반도 전체를 대상으로 하는 것과 달리 탈식민 이후의 한국 가족법은 남한의 가족법을 지칭한다.[1] 가족법이 식민지시기 동안 일본의 식민지정책에 좌우되었다면, 해방 후에는 국가, 국회의원, 법률가, 페미니스트, 유학자들이 경합하는 일종의 헤게모니의 장이 되었음을 제3부에서 살펴볼 것이다. 특히, 한국 가족법의 제정과 개정 역사에서 가족법이 구현해야 할 근대법의 정신과 한국의 '전통'이

---

1) 북한은 사회주의라는 정치적·사회적 상황을 반영하면서 나름의 가족법을 제정하였다. 북한의 가족법에 관해서는 최달곤(1992; 1989; 1984)과 이근정(1989)을 참조.

어떻게 표상되고 양자간의 관계는 어떻게 설정되었는지 탐구할 것이다.

이 장에서는 1945년부터 민법이 제정된 1957년에 이르기까지의 과도기적 기간을 살펴본다. 이 시기에 가족법적 사안은 어떻게 규율되었으며 법 제정의 인식틀은 어떤 것이었을까. 이를 위해 먼저 1945~48년 미군정하 가족법의 상황을 짚어보고, 가족법의 경합하는 입법원칙(legal doctrine)들을 검토한 후, 마지막으로 동성동본 금혼규정을 둘러싼 담론분석을 통해 '전통' 원칙이 현대 한국 가족법에 구현되는 사례를 조명한다.

1. 식민 유제의 연속

1945년 9월 7일 미군정의 지배가 시작되면서 매카서(D. MacArthur) 장군은 그의 첫번째 법령(포고 제령1호)을 공포하였던바, "북위 38도 이남의 주민은 본관(本官, 매카서 총사령관) 및 본관 권한하에서 발포(發布)하는 명령에 즉속(卽速)히 복종할 것과 이후 공포하게 되는 포고(proclamations), 법령(ordinances), 규약(regulations), 고시(directions) 및 조례(enactments)는 본관 또는 본관 권한하에서 발포하여 주민이 이행하여야 할 사항을 명시한다"(정광현 1967, 64면 재인용). 이 포고는 1948년 8월 15일 대한민국 정부가 수립되기 전 북위 38도 이남 지역 모든 법령의 기초가 되었다. 한편 미군정이 1945년 11월 2일에 발포한 법령 21호에 의하면, "8·15 해방 당시 시행중이던 법률적 효력을 가진 규칙, 명령, 고시, 기타 문서는 군정청에서 **특별명령으로써 이를 폐지할 때까지 완전히 효력이 있다**"고 함으로써 미군정기 법령이 일본의 식민지법을 연속할 수 있도록 하였다.

따라서 기존의 법조항과 관습 등은 그를 무효로 하는 조치가 행해지지 않은 경우에는 해방 후에도 그 효력이 유지되었다(스즈키 1988).[2] 이 원칙은 가족법의 영역에서 매우 의미가 큰 것이었는데, 왜냐하면 식민지시기 가족법규는 외견상 정치적 의도가 없는 것으로 해석되어 대다수 효력이 상실되지 않은 채 지속될 수 있었기 때문이다(정광현 1967, 64면). 제2부에서 본대로 식민지시기 가족법은 식민지정책 시각을 가진 관료들에 의해 해석되고 결정되었고, 그 법원(法源)이란 법령·통지·질의·회신·판례 등에 분산되어 있었다. 따라서 식민지시기 가족법규의 폐지는 차치하고라도 그것을 파악하고 분류하는 작업만도 막대한 노력을 들여야 했을 것이다. 그런데도 식민지시기에 도입된 법령이나 관습법이 당시까지 유효한지 혹은 개정되었는지조차 불분명한 것들이 있었다(정광현 1967, 64면). 미군정시기 동안 일본 가족제도에서 유래한 것이 명백하여 폐지된 제도로는 처의 무능력제도,[3] 일본식 씨제도[4]와 서양자제도[5]이다. 특히 씨제도 폐지가 주목되는데, 1946년 10월 23일자 군정청 법령 제122호로 '조선성명복구령'이 공포되어 일제강점기에 "창씨제도로 인하여 조선 성명을 일본식 씨명으로 변경한 호적부 기재와 본령에 위배되는 모든 법령, 훈령 및 통첩은 그 창초일(創初日)부터 무효로 한다. 단 창씨개명하에 성립된 기왕의 법률행위는 하등의 영향을 받지 않는다"고 규정하였다(정광현 1967, 64~65면). 이리하여 일제강점기의 창씨와 개명 모두 무효로 간주되었고, 직권으로 원래의 이름으로 돌아가게 되었다. 단 일본식 명(名)을 유지하고자 하는 자는 법령 시행 후 60일 이내에 신고하면 그것을 유지할 수 있었다. 그러나 일본식 '씨'의 유

---

2) 한편 1945년 10월 9일 법령 제11호에서 "종래의 법령 중 민족적 차별과 압박을 가하려는 정책 내지 주의를 가진 치안유지법, 정치범죄처벌령, 조선보호관찰령, 출판법 등의 특별법령과 기타 동류의 보통법령을 폐지한다"고 하였다.

3) 1947. 9. 2. 선고, 대법원 민상 제88호, 본 판결에 대해서는 양창수(1999) 참고.

4) 씨제도에 대해서는 제4장 참고.

5) 1947년 11월 18일 공식문서에서 양자가 양부와 다른 성을 쓰면서 동시에 양부의 딸과 결혼하는 것은 호적에 등록할 수 없다고 결정되었다. 그후, 1949년 3월 29일 대법원의 결정으로 서양자제도가 무효로 되었다(대법원 민상 제348호; 정광현 1967, 65면에서 재인용). 서양자제도에 대해서는 제4장 참고.

지는 허용되지 않았다.[6]

한국의 새 민법이 제정되기 이전인 이 시기에는 판례가 새로운 사회상황에 대처하는 근거로 기능하였으므로 이 시기의 가족법을 이해하기 위해서는 판례가 매우 중요하다. 이 점에서 이 시기 한국의 '가족법'은 식민지 시기보다 그 지형이 더 복잡해진 면도 있는데, 여기서 아이러니는, 판결에 있어 한국적 전통이 인용되면 인용될수록 가족관습에 대한 일본식 해석이 거듭 승인되었다는 점이다. 사례를 많이 들기는 어렵지만 1946년과 1947년의 아래와 같은 두 대법원 판례는 그 단면을 보여준다. 아래는 출가한 딸이 어머니 유산의 상속인이 되지 못한다는 대법원 판결의 이유 중 일부이다.

> 대법원 판례(1946년 10월 11일 선고, 민상 제32, 33호)
>
> (1) **원래 조선 관습상** 가족의 유산이라 할지라도 비속(卑屬)인 여자에게는 상속권이 무(無)하므로 종전의 [조선]고등법원 판례로 이를 시인하여왔다.[7] 그후 일본 민법의 상속법리를 무리하게 조선인에게 인용한 관계상 판례를 변경한 점.
>
> (2) **조선 관습은 고래로 출가녀는 실가(實家)에 재산상속인 될 자격을 상실함이 당연한 것이다.** 피상속인의 가에 속한 자에 한하여 재산상속권이 유(有)하며, 이는 타가에 속한 자는 재산상속권이 전무함이 종래 관습이었던 고로 고등법원도 이를 시인하여 왔던바 그후 전술한 바와 같이 일본 민법의 법리를 억제 적용하려는 의도로

---

6) 호적계 직원의 실제 작업에서는 호적에 기재된 일본식 씨명 위에 붉은 선을 긋고, 신분 변동사항에 '조선성명복구령에 의해 성명 복구'라고 기입하기만 하면 1940년 이후에 붉은 선이 그어져 있던 조선식 성명이 회복된 것으로 간주되었다. 또한 1940년 이후 출생자로 일본식 명만을 가진 사람은 6개월 내에 조선 명으로 신고하면 이름을 변경할 수 있었으나 그런 절차를 알지 못하는 사람은 상당수 '일본인풍의 이름'을 갖게 되었다(나오키 2008, 302~303면).

7) 1912년 10월 16일과 1931년 9월 25일의 조선고등법원 판례. 한편 탈식민 후에도 한국 법원의 결정에서 식민지시기 판례가 적용되어야 하는지 여부도 논의되지 않은 채 선례로서 인용되었다. 또한 식민지시기 고등법원 판례를 '조선'이나 '식민지시기'라는 점을 특정화하지 않은 채 그저 '고등법원'이라 지칭하고 있다.

종래 조선의 전통적 미풍에 위배됨을 불구하고 판결을 변경하였으나, **불과 수년 내에 고정불변할 조선인 관습이 특별한 사정없이 졸변(猝變)될 이치가 만무하므로**[8] 출가녀에게 동상속권을 인정한 원판결은 상속에 관한 관습인정의 위법(違法)이 유하므로 파기하시와 (…) 조선의 관습법에 있어 모의 유산은 남녀를 불문하고 자가 이를 상속하고 동일가적에 있고 없음을 구분하지 아니한다는 설이 있으나 아방(我邦)의 사정에 적합치 아니하고 또 종래의 관습상 모의 유산이라도 남자만 상속하고 여자는 전연 상속치 못한다는 것은 현하 아방의 사정에 적합치 아니하므로 **근래 아읍(我邑)의 사정에 비추어 가족인 모의 유산은 남녀를 불문하고 동일가적 내에 있는 직계비속이 평등의 비율로 상속하고 서출자녀는 적자녀의 반분을 상속하고 출가녀는 상속권이 없는 것이 조선의 관습이라 할 것이다**(정광현 1967, 307~308면에서 재인용).

아래 대법원 판례에서도 피상속인과 동일 호적에 없는 자녀는 유산상속인이 되지 못한다는, 앞의 판결과 유사한 논리를 발견할 수 있다.

대법원 판례(1947년 5월 13일 선고, 민상 제52호)
모의 유산은 동일가적 내의 자녀에 한하여 상속할 것이고 가적을 달리하는 자녀는 상속권이 없음이 우리의 관습이라 할 것이다.[9] 본건에 대해서는 원고의 망모(亡母) 정○○이 그 사망 당시에 원고와 가적을 달리하였음은 기록상 명백하므로 원심이 전술의 취지로써 원고의 청구를 배척함은 타당하고 논지는 독단에 불과하므로 이유 없다(정광현 1967, 302~309면, 강조는 정광현).

---

8) 어머니는 자식들이 어머니의 호적에 소속되어 있는가에 상관없이 아들과 딸에게 재산을 상속할 수 있다는 1933년 12월 8일에 선고된 조선고등법원 판례를 언급하고 있음. 이 책 제3장 참고.
9) 본 사건은 부모의 이혼으로 말미암아 가적을 달리한 모의 유일한 직계비속이 낸 상속회복청구 사건이었는데 대법원은 원고의 상속권을 배척한 원심(原審)을 인용하여 동일가적에 있지 않은 자의 상속권 없음을 분명히 하였다.

이 판례들에서 채용된 '관습'논증은 여러 문제점을 가지고 있다. 먼저, 대법원은 관습이 판결의 기초가 되어야 한다는 점을 너무도 당연히 받아들이고 있다. 즉 해당 법원은 아무런 논거나 설명도 없이 '관습을 따른다'는 원칙을 가사소송 판결의 기본원칙으로 받아들였다. 제3장과 제4장에서 살펴본 바와 같이, 1912년 공포된 조선민사령 제11조의 친족상속 분야에서는 성문법이 아니라 조선의 관습을 따른다는 원칙을 전제로 받아들이고 있다. 물론 당시는 아직 한국의 신민법이 제정되기 전인 일종의 '구민법(舊民法)' 시대이지만, 당시 탈식민의 맥락에서는 그 관습원칙 자체를 식민지시대 가족법의 법제정책으로 거리를 두고 봐야 하는 것이 마땅한 일일 것이다. 뿐만 아니라, 관습의 내용과 연원을 증거나 자료에 의해 논증하는 것이 아니라 단지 '이것이 관습'이라고 선언하는 어법 역시 식민지 법원의 것을 방불케 한다. 오히려, 식민지 관료들이나 법원에서는 피상적이고 부분적이나마 조선의 관련 문서를 전거(典據)로 언급한 것에 비해, 해방 후 한국 법원에서는 최소한의 정당화조차 없다는 점에서 관습어법이 한층 더 형식적인 논리가 되었다. 이 판례들에서 보듯이 '조선의 관습'이라는 기표는 조선시대, 식민지시대, 그리고 현시대의 가족 관행을 모두 의미할 수 있기에, 그것으로 지시되는 내용은 지극히 불분명했다.

제5장에서 보았듯이, 친정부모의 재산에 대해 혼인한 딸의 상속권을 규율하는 관습은 조선시대 내내 여러 모습으로 변하였다. 어머니 재산에 대한 자녀의 상속권은 보다 복잡한 문제였다. 그리하여 장자상속제도가 정점에 달했던 조선 후기에조차 상속인과 피상속인으로서 여성의 재산상속에 관해서는 확고하고 통일된 '관습'이 정착되었다고 하기 어렵다. 이 점에서, 조선의 관습에 근거하여 혼인한 딸의 상속권을 제한했던 앞의 판결들은 판사가 스스로 존중하려 했던 관습에 대한 무지를 보여주는 사례가 아닌가 한다.

둘째, 또다른 식민지 유산은 호적에 등재된 범위를 '가족'의 경계로 유보 없이 받아들인 데서도 찾을 수 있다. 호적상의 '가'는 식민지조선에서 의용(依用)되던 메이지 민법상의 가제도를 의미한다. 앞에서 보았듯이 천황을 정점으로 이어진 모든 가는 호주에 의해 대표되고, 모든 사람들은 하나의 가에만 배타적으로 속하며, 가족 내에는 호주와 가족, 호주승계자, 남성과 여성, 장자와 차자 등으로 위계화된 가족관계가 제도화되어 있었다. 이렇게 식민지시기 유입된 가제도를 '관습'이라고 부르면서 동일 가적에 있지 않은 자의 상속권을 부인하는 앞의 판결들은 식민지시기의 가족 개념이 해방 후 법률가들에게 깊이 각인되어 있었음을 보여준다. 그럼에도 해당 판결에서 식민지시기 가제도를 승인한 것인지 여부에 대한 판단을 찾아보기 어렵다. 이렇게 해방 후 가족법에서 식민지성은 암묵적 인정과 명시적 부정의 복잡한 논리 속에서 지속되었다고 해석한다.

셋째, 앞의 판결을 보면 식민지시대에 일제가 무리하게 자신들의 법을 적용하였다고 지적하면서 관습의 원형을 조선시대서 찾아야 한다고 했지만 실제로는 일본식 가 개념을 받아들이고 있으며, 아무런 법적·사실적 근거도 제시하지 않은 채 '현재 한국의 상황'에 맞는 관습을 선언하고 있다. 이렇게 관습을 언급하지만 그 실제적 판단기준이 어디에 있는지 좀처럼 알기 어렵다. 출가한 여식은 상속에서 제외하지만 동일 가적의 남녀는 균분상속을 해야 하는 것이 어째서 현재의 관습인가. 생각건대 당시 한국사회는 새로운 국가 건설과 함께 경제·정치·문화적으로 급격한 변화를 겪고 있었고, 이에 따른 규범과 가치, 법원칙의 변화가 기대되고 있었을 것이다. 그렇다면 이런 판결에서 요청되는 것을 '과거의 관습'이 아니라 현재(당대)의 사회변화에 기초한 새로운 법원리(jurisprudence)의 모색이었던 것이다.

실제로 이 사건들의 쟁점은 유효한 관습의 존재 유무나 그러한 관습의 검증이 아닌, 여성의 재산상속권 및 피상속권에 관한 것이다. 하지만 이 대법원 판결들에서는 "동일 호적부에 등재된" 가족간의 상속을 관습으로 당연시함으로써 혼인과 이혼으로 여성의 가적이 달라지는 가제도에 근거한 여성의 재산상속권은 근본적으로 제한될 수밖에 없었다. 어머니 소유재산이 어째서 아버지 재산의 상속보다 논란의 대상이 되었을까. 어머니의 재산은 자주 친정으로부터 상속되었고, 부계혈족의 재산과는 다른 것으로 간주되었기에 어머니 개인의 의지가 더욱 중요했던 것인가. 변화하는 사회에서 여성의 상속권과 피상속권은 어떻게 정립해야 하는가. 실제로 이러한 점들이 앞의 사건에서 진정한 쟁점이 되어야 했지만, 관습이라는 원칙 아래 이러한 실제 쟁점들은 충분히 파헤쳐지지 않았다. 관습원칙하에서 젠더의 차원은 아예 배제되었는데, 이 장과 다음 장에서 볼 것처럼 이러한 배제 내지 침묵이야말로 한국의 민법 제정에서 젠더가 차지했던 자리가 아닌가 한다.

이렇게 볼 때 탈식민 후에도 한국 가족법에서 관습과 전통[10]은 여전히 중요했다. 오히려 한층 중요해졌다고 할 수 있다. 그것은 한편으로는 앞서 매카서 훈령에서 본 것처럼 식민지 법제의 효력을 인정했기 때문이고, 다른 한편으로는 후술할 것처럼 가족법을 전통의 원칙 위에서 제정하고자 했던 당시의 강력한 지향 때문이었다. 한편, 관습지식의 식민지적 연원은 부정되면서 지속되었기에 문제는 한층 복잡해졌다. 이러한 관습의 승인이 해방 이후 관습에 대한 재조사 없이 이루어졌다는 점이 중요하다. 건국 초기 대한민국에서는 일제가 작성한 관습지식을 보충하거나, 부정하거나, 좀더 명확히 하는 가족관습에 대한 연구나 조사가 전무했다.[11] 민법이 발

---

10) 관습과 전통의 개념은 동일하지 않지만 해방 후 국면에서 상호교환적으로 쓰였고, 이후 민법 제정 및 개정 과정에서는 관습보다는 전통 개념에 의해 조선시대와 한국의 과거의 법과 관습들이 지시되었으므로 '전통' 개념을 중심으로 논의할 것이다.
11) 1958년 대한민국 법무부는 해방 이후 가족관습에 관한 두개의 보고서를 발행하였다. 그러나 두 보고서 모두 한국인의 필요에 의해 한국 관습을 이해하고자 하는 목적이 아

효되기 전인 1945~59년까지 약 15년의 세월 동안 판례를 중심으로 한 '구민법 시대'에 친족상속 사건에서 식민지적 '관습'원칙은 가일층 복잡해진 형태로 지속되었다. 이렇게 식민지 관습이 침묵 속에 지속된 가족법의 상태에서 한국의 포스트식민지성의 한 단면을 읽을 수 있다. 분단과 국가 건설, 전쟁이라는 비극적인 역사의 소용돌이 속에서 식민지 유산에 대한 관심은 희석되고 민족주의적 정서는 고양되었던 것으로 사료된다.

2. 민법 중 가족법 제정의 절차와 원칙

(1) 입법절차

대한민국 헌법은 1948년 7월 17일 공포되었고, 5월 10일의 총선을 통해 구성된 제헌국회에 의해 승인되었다. 헌법에 근거하여 1948년 7월 20일 이승만이 초대 대통령으로, 이시영이 부통령으로 선출되었다. 이승만 대통령이 신속하게 내각과 기타 헌법기관을 구성하면서 대한민국 초대 정부는 해방 후 정확히 3년 만인 1948년 8월 15일 수립되었다.

새로운 공화국의 전반적 법률체계 수립을 위해 정부는 1948년 9월 15일 김병로(金炳魯) 대법원장을 위원장으로 하는 법전편찬위원회를 발족했다. 법전편찬위원회의 민법 소위원장으로는 장경근이 임명되었는데, 장경근 위원장은 장승두 소위원회 위원과 함께 가족법의 요강사안(要綱私案)을

니었다. 상속관습에 관한 첫번째 보고서는 일본 거주 한인들간의 상속사례를 분석하여 분쟁을 해결하고자 하는 일본정부의 요청으로 작성된 것이었고, 결혼관습에 관한 두번째 보고서는 유엔 서기관에게 제출하기 위한 것이었다. 이들 보고서에서 한국 가족법의 법적 근거들로는 당시 국회에서 결의된 신민법, 식민지시기의 조선민사령, 관습법(관습 조사보고위원회 보고 등 식민지시기 정립·해석됨), 그리고 식민지시기 판례 등이 열거되었다(정광현 1967, 258~71면). 이렇게 신민법을 제외하고는 일제강점기 가족법의 성문과 불문법규가 가족관습의 근거로 제시되었다.

비공개 제안서로 작성하였다(정광현 1967, 부록 5~11면). 법전편찬위원회에서는 이를 원요강(原要綱)으로 다듬었고 이를 바탕으로 가족법을 기초해야 했다(해설은 정광현 1967, 부록 12~45면).

1950년 6월 25일에 시작해 1952년 휴전에 이른 한국전쟁은 법률 제정과정에도 엄청난 손실을 가져왔다. 장승두를 비롯한 35명의 국회의원들이 죽거나 납북되었고, 장경근은 국방부로 전임했다(Oh 1993, 68면; 정광현 1967, 334면). 국회도 전쟁기간 동안 여러차례 옮겨다녀야 했다. 당시 국회의 정기회의 속기록은 법전편찬위원회가 인력부족 때문에 거의 업무를 보지 못했다고 기록하고 있고(국회정기회 속기록, 1957, 26-30, 4), 법률 제정과 관련된 많은 문서들이 소실되거나 분실되었다(이태영 1992, 27면). 많은 입법 사무가 지연되었고 법률 제정작업은 1952년까지 재개되지 못했다.

이 과정에서 김병로 위원장은 민법 기초(起草) 작성을 위촉하려 하였으나 법전편찬위원회 자체가 궤멸된 상태에서 여의치 않았다(정광현 1967, 334면; 이태영 1992, 30~31면; 정종휴 1994, 161면). 1951년 6월말 민법의 총칙·물권법·채권법까지는 되어 있었으나 친족상속편의 초안 작성이 몹시 어려운 것임을 절감한 김위원장 자신이 법안 기초를 작성할 수밖에 없었다. 이런 까닭에 친족상속편의 기초이유서나 제안설명서 같은 것이 제대로 갖추어지지 않아 이후 법제사법위원회 심의에서 고충을 겪게 되었다. 친족상속편을 포함한 민법의 기초는 1952년 7월 4일 일단 축조기초(逐條起草)가 완료되었고, 이후 다시 정리하여 국무회의의 의결을 거쳐 정부제출법안으로 1954년 10월 26일 국회에 제출되었다. 이 정부안은 본문 1,118개조 및 부칙 32개 조항으로 총조문수 1,150개조로 구성되어 있었다(정광현 1967, 325~26면; 이태영 1992, 28-47면; 정종휴 1994, 160~64면).

이 법안은 1954년 10월 28일 국회 법제사법위원회로 보내졌고, 이를 심의하기 위해 법제사법위원회는 1954년 11월 6일 민법 소위원회를 구성했다. 장경근이 위원장을 맡은 민법 소위원회는 1955년 3월 15일 정부안을 검토하기 시작하였으나 동 법안의 조항들에 대한 제안 설명서와 그 기준이 된 요강도 제출되지 않았기에 검토가 어렵다는 것이 곧 드러났다. 게다가 동 법안은 장경근·장승두 위원이 만들었던 원요강과 불일치하는 것이었다.[11] 이에 민법 소위원회는 해당 법안을 수정하기 전 검토의 기준이 될 '법제사법위원회 친족상속편 요강 심의록(법사위 요강)'을 만들기로 하였다. 1956년 9월 15일 민법 소위원회는 법사위 요강에 의거해 정부안 친족상속편에 대한 심사를 보고하였는데,[13] 이것이 정부안 수정안의 기초가 되었다(정광현 1967, 부록 87면).

1957년 4월 6일과 7일 이틀에 걸쳐 국회는 민법 제정에 관한 공청회를 개최하였다. 9월 12일에는 법사위가 수정안을 국회에 제출했다. 법사위의 수정안에 덧붙여 6개의 다른 수정안이 있었다. 상정된 법안에 관련된 질의 응답이 포함된 첫번째 독회는 1957년 11월 5일~11일까지 6회에 걸쳐 이루어졌다. 두번째 독회는 1957년 11월 21일~12월 17일까지 11회에 걸쳐 이루어졌으며 각각의 마지막 안들은 통과되었다.[14] 이러한 법률 제정과정을 통해 한국 최초의 성문 민법이 탄생하였다.

(2) 입법방침[15]

당시의 친족상속편 제정의 원칙은 크게 네 가지를 들 수 있는데, 점진적

---

12) 법전편찬위원회처무규정 제9조에 따르면, 법안은 원요강을 따라야 한다(정광현 1967, 335면)

13) 본 요강 심의록은 각 조문마다 '이유'(현행법(관습법 포함) 판례, 학설, 입법례와 요강 채택 이유)와 '국내 입법 의견' 등의 두 항목으로 나누어 심의하고 있다(본 심의록은 정광현 1967, 부록 87~110면).

14) 정부안 829개 조항은 초안대로 통과되었고, 285개 조문은 수정되었으며, 25개 조문이 새로이 추가되었고 35개 조항이 삭제되었다. 법사위 수정안은 대부분 통과되었다(정광현 1967, 327~29면)

개혁론, 전통존중론, 헌법정신존중론, 남녀평등론이 그것이다.[16] 이 중 특히 첫 두 원칙 사이에서 많은 논쟁이 발생하였다. 대한민국의 헌법과 법체계가 서구의 것에 기초했음에도 불구하고 당시 국회의원들은 가족법은 이와는 다른 법으로 생각한 것처럼 보인다.

1) 점진적 개혁론

점진적 개혁의 원칙 혹은 현실 존중의 원칙은 장경근에 의해 대표되었으며, 앞서 본 대로 그는 민법 제정과정의 거의 모든 단계에 관여하였다. 친족상속편에 대한 원요강과 법사위 요강은 여러 면에서 그 자신이 이전에 작성했던 요강사안을 따르고 있었다(정광현 1967, 341면). 장경근은 1948년 가족법 제정의 몇가지 주요한 지침에 대해 다음과 같이 설명한 바 있다.

타부문의 사법입법에 있어서는 기준할 바, 전거할 바에 관하여 대개 이론(異論)이 없는 데 반하여 친족상속법에 관하여는 외국법에 전거할 수도 없고 또 구래의 관습과 전통에 치중하느냐 현실에 치중하느냐에 관하여 학계나 여론이 귀일(歸一)되지 않은 현상에 비추어 누구에게나 장래 우리 입법의 가장 난사업(難事業)의 하나이라 아니할 수 없고 누가 기초(起草)하나 보수파나 혁신파의 어느 한 편에서 비난받음을 면치 못할 것이다. 나는 고래의 순풍미속은 유지하나 비문화적 비합법적이면 현세에 이미 부적합하게 되어 우리 민족이 세계 진운(進運)에 병진(竝進)하는 데 장애를 이루고 있는 봉건사회적 제 인습폐풍은 양기(揚棄)함으로써 현실과 너무 괴리

---

15) 입법방침이라는 용어와 아래의 점진적 개혁론, 전통존중론, 헌법정신존중론이라는 용어는 정광현 교수를 따른 것이다(정광현 1967, 348~51면). 다만, 나는 헌법정신 존중론과 구별되는 '남녀평등론'이 존재했다고 보아 별도의 방침으로 분류하였다.

16) 이 절은 법안 자체보다는 그 원리에 초점을 맞추고 있다. 가족법의 구체적 내용은 제4부에서 분석하도록 한다. 가족법은 이후 여러 차례 개정을 거쳤으나 법제정 당시의 구조와 개념은 제정 당시뿐 아니라 현재의 법 이해에도 중요하다. 요강과 법안의 내용에 대해서는 정광현(1955; 1958; 1967)과 이희봉(1957)을 참조할 것.

되지 않는 한도 내에서 점진적 개혁을 기하는 데 주안점을 두어 입법방침과 요강을 기안하여보았(다)(정광현 1967, 부록 1면).[17]

이렇게 장경근 위원은 전통의 지속성과 변화하는 세계 흐름의 조화를 위해 고심했고 장차 가족법 내부에 존재할 문화적·법적·철학적 이질성을 예감했던 것 같다. 이런 견지에서 제시된 점진적 개혁론은 법제정의 전과정에 영향력을 행사했다. 1949년 원요강의 기초가 되었던 1948년 장경근이 제시한 법률 제정의 7가지 지침(정광현 1967, 부록 3~5면)은 가족법에서 점진적 개혁이란 실제로 무엇인지를 나타내고 있다. 그 첫번째는 아래와 같다.

1. [가족법은] 대가족제도로부터 가급적 현실적 친족공동생활체에 부합하는 소가족제도로 하는 동시에 현행 친족상속관습법은 가를 공동시조 봉사단체라는 성격에만 치중하고 공동경제단체인 성격을 간과 내지 경시한 것을 수정하여 친족적 공동생활의 정신적 관념적 방면보다 현실적인 경제면에 비중을 가하고 있는 현실에 감하여 경제적 공동생활을 하는 가족단체를 경제적으로 보호유지하기 위하여 스위스 민법이 가재단(family foundation, Familienstiftung), 가택(homestead, Familienheimstätte) 등의 가산제도를 채용하고 비(比)를 통솔, 운용하는 것은 호주의 주요 임무로 할 것.

이 지침은 대가족제도와 소가족제도 간의 비교, 가족생활의 정신적(개념적) 측면과 경제적(실제적) 측면 간의 비교를 통해, 점진적 개혁에 의해 가족법 안에서 제도화될 가족 개념을 보여주고 있다. 분명히 장경근은 가족생활의 경제적 측면을 강조하였고, 향후 가족법의 중심에 경제활동이

---

17) 1950년대 입법 당시 제출되거나 기록된 문서는 철자나 용어, 띄어쓰기에서 현재와 상이한 점들이 있다. 이 장에서는 의미 전달을 위해 다소 편집을 거치되 대체로 원문대로 인용하고자 한다.

있을 것으로 전망하였다.[18] 비록 여기 제시된 가족재산제도가 최종적으로 법안에 반영되지는 않았으나[19] 조상 봉사단위로서의 가족과는 상당히 다른 가족 개념을 제시하고 있다.

그런데 이 가족 개념은 처음부터 모호성을 벗어나지 못하고 있다. 가족단위를 "친족공동생활체"로 규정하면서 동시에 소규모 가족을 장려하려 했던 장경근의 생각은 그리 정치하지 않은 것 같다. 예컨대, 제사가 점차 사라지고 경제생활이 중요해지는 가족에게 친족공동생활을 구성하는 요소는 무엇이며 그것이 왜 중요한 것인가. 이 원칙이 유효하게 작동하기 위해서는 소가족과 대가족을 구분하는 기준, 좋은 관습과 '현실에 적합하지 않은', 즉 '나쁜' 관습을 구분할 수 있는 기준 등이 필요했다. 하지만 점진적 개혁론은 그러한 기준이나 예를 발전시키지는 못한 것 같다. 다음 두 지침은 가족제도와 '좋은 관습'의 범위 안에서 개인성 신장과 성별간 평등을 권장하고 있다.

2. 호주권, 친권, 부권을 축소하고 개인 의사자치의 범위를 확대할 것.

3. 가족제도의 미풍을 근본적으로 파괴치 않는 한도 내에서 남녀를 원칙적으로 평등으로 할 것.

장경근은 설명과정에서 실생활에서 좋은 관습의 예를 몇가지 제시하였

---

18) 이러한 견해는 정신적 측면을 더 강조한 김병로 법전편찬위원장의 주장과 대비되는 것이다.

19) 가족재산제도는 결혼한 부부의 가옥과 가구에 대한 권리를 보호하는 제도로, 남편과 부인이 공동으로 해당 재산에 저당권을 설정하거나 채권자의 청구에 대해 공동으로 채무이행의 의사표시를 하지 않는 한, 집행이나 경매로부터 면제되는 것이다(Garner 1987, 406면). 그러나 한국 가족법에 부부별산제도가 도입됨에 따라 부부공동재산제적 요소는 이혼시 재산분할에서만 주로 드러나게 되었다(현행 민법 제831조, 제839조의 2). 제10장 참조.

는데, 결혼한 여성이 남편의 호적에 등재되는 것, 남편이 가족생계의 책임을 지는 것, 자식이 아버지의 성을 따르는 것, 호주상속이 남계혈통의 남자에 의한 것 등이 그것이다(정광현 1967, 부록 3~4면). 이렇게 가부장적인 가족의 핵심적 측면이 모두 좋은 관습으로 간주되었다. 이와 같은 가족형태 내지 가족관계가 일본의 구민법상 가제도와 매우 유사하다는 사실을 깨닫는 것은 그리 어렵지 않다. 일본 구민법 가족제도의 큰 틀이었던 호주제도가 대한민국의 가족법에 그대로 입안된 점에서 볼 때, 앞의 원칙들이 논하는 개인의 의사자치 내지 남녀평등을 확대·장려하는 실질적인 법제도를 마련하는 데 공을 들였다고 하기는 어렵다. 다음 지침에서 '가족'을 정의하는 데 있어서 제사의 봉양을 제외했다는 점도 매우 중요하다.

4. 제사상속제도는 법률제도로부터 제외하여 도덕의 범주에 위양(委讓)하고 그 정신을 가급적 호주상속인을 정하는 데 참작하도록 할 것.

이 지침은 첫 지침에서 나타난 실제적이고 경제적인 생활단위로 가족을 재정의하려는 의지의 연속선상에 있다고 이해된다. 주목할 것은 이 지침에서 제사전통은 일반적 쓰임새와는 달리 실정법의 반대편에 존재하는 것으로 여겨졌다는 점이다. 조선 후기 가족전통에서 제사가 중추였다면, 새로운 가족제도를 설계함에 있어 이 문제는 심사숙고하여 그 논거를 개발했어야 했다. 이렇게 제사에 대해 윤리적 책임마저 지는 한국의 호주는 가의 대표일 뿐 아니라 제사를 계승하는 장자의 의미를 지니고 있어서 실정법에 나타나는 것보다 더 유력한 지위라 하겠다. 그런데 제사승계의 정신을 호주에게 귀속시키려는 생각은 과연 어디에서 유래한 것인가. 제사승계인과 호주를 통일하려는 이 태도는 식민지 관료들의 생각과 상당히 유사한 것이어서 주목된다(제4장 참고).[20] 아래 지침에서도 '전통적' 가족제도와 새로운 가족제도를 통합하고자 하는 의도가 나타난다.

5. 남계혈통자(동성동본자)로 하여금 호주상속을 시키는 원칙은 유지하고 따라서 가의 계속(繼續)을 위한 양자, 환언(換言)하면 양사자(養祀者)는 동성동본자라야 되도록 하는 동시에 '어버이를 위한 양자' 또는 '자를 위한 양자'도 병행 인정할 것.

  입양은 친족상속법 입안에 있어서 가장 혼란스러운 영역 중의 하나였으나, 결국은 부모 혹은 자식을 위한 입양과는 구별되는 혈통계승을 위한 입양이라는 개념을 정착시키면서 일단락되었다.[21] 호주가 제사를 책임지는 지위이고 같은 성을 가진 자식에 의해서만 계승되어야 한다는 관념을 도입함으로써 호주제도는 부계혈통계승을 감싸는 외투처럼 입혀진 형상이라 하겠다. 이는 식민지시기 자리잡은 조선 호주제도의 성격과 전혀 다르지 않다. 마지막 두 지침이다.

6. 단행법으로 하지 않고, 민법의 친족편, 상속편으로 할 것.
7. 법문의 용어는 통상 평이(平易)를 주지로 할 것. 즉, 법조인을 위한 법문이 아니

---

20) 1933년 식민지시기 고등법원 판결에서는 제사를 법영역에서 제외하여 윤리적·정신적 영역에 머물게 하였다. 또한 식민지당국은 조선의 가계계승제도, 특히 제사상속을 일본 민법상의 호주상속인 가독상속에 포함되는 것으로 해석하였다(제3장과 제4장).
21) 실제로 신민법에서 혈통계승을 위한 입양은 아래와 같은 여러 규정들에 의해 확보되었다. 사후양자제도(제867조, 호주가 사망한 경우에는 그 직계비속이 없는 때에 한하여 그 배우자, 직계존속, 친족회의 순위로 사후양자를 선정할 수 있다는 규정), 장자입양 금지(제875조, 호주의 직계비속 장남자는 본가의 계통을 계승하는 경우 외에는 양자가 되지 못한다는 규정), 이성(異姓) 양자에 의한 호주계승 금지(제877조, 양자로서 양부와 동성동본이 아닌 자는 양가의 호주상속을 할 수 없다는 규정), 유언에 의한 입양제도(제880조, 양자는 유언으로도 이를 할 수 있다. 이 경우에는 유언집행자가 제878조의 규정에 의하여 신고하여야 한다는 규정), 서양자제도의 부활(제876조, 여서(女壻)로 하기 위하여 양자를 할 수 있다. 이 경우에는 여성인 양자는 양친의 가에 입적한다는 규정)(민법, 제정 1958.2.22 법률 제471호).

라 국민을 위한 법문으로 할 것.

점진적 개혁론자들은, 경제적이고 실제적인 가족 모형을 '전통적'인 가족 모형 속에 편입시키는 방식으로 서로 다른 두 모형을 통합하려 한 것 같다. 두 모형의 가족이 구현하는 가치를 전통과 근대성으로 개념화할 수 있다면, 이 원칙은 전자에 더 가깝다고 평가한다. 게다가 지침들 속에 구현되었다고 하는 근대성의 이해는 상당히 피상적이었다. 평등과 자율이라는 근대적 이상은 새로운 가족관계와 개인을 규율하는 법원리적 문제로 해석되기보다는 주로 가부장제도 속에서도 구현되는 경제적 관계로 국한된 것으로 보인다. 이러한 근대성 인식은 이후 법에도 오래도록 살아남았다.

이들의 고민이 진정이었을지라도 점진적 개혁론자들이 실제로 한 일은 크게 볼 때 식민주의의 유산을 계승하는 일이었다고 평가할 수 있다. 무엇보다 앞에 제시된 지침들은 가제도가 구현하는 호주제도를 당연한 것으로 전제하였고, 실제로 당시 국회에서 식민지시기에 이식된 가제도를 수용할지 여부에 대한 논의는 찾아보기 어렵다. 점진적 개혁의 원칙에는 법과 문화, 과거와 현재, 전통과 근대성에서 서양과 동양의 서로 다른 패러다임에 어떻게 대처해야 하는가라는 어려운 문제에 대한 성찰이 담겨 있기는 하지만 제시된 지침들은 이런 문제들을 주체적으로 대면하기보다는 일본의 전통과 근대성의 통합물이자 그들의 고안물인 호주제도를 편의적으로 수용함으로써 이를 '해결'하고 있는 것처럼 보인다.

2) 전통존중론

김병로 법전편찬위원장이자 당시 대법원장에 의해 주로 작성된 정부안 초안은 아무런 제안 설명이나 참고자료를 제시하지 않았기에 이를 평가하기란 쉽지 않다. 정부 법안이 제출된 지 3년도 넘은 시점인 1957년 11월 6일 국회에서 개최된 김위원장 자신의 연설을 통해 전통존중론이 어떤 원칙이었는지 분석해보기로 한다. 그의 연설은 전통존중론의 전형적 담론으로서, 이는 한국 민족의 전통과 그 정화(精華)인 가족에 대한 믿음이라고 요약할 수 있다.

어느 나라를 물론하고 입법 역사상의 친족상속법이라는 것은 남의 나라 법을 가져오는 것은 못됩니다. (…) 제 나라 제 사회 제 국가 그 민족적 윤리와 제 나라 역사적 전통을 가장 귀중히 해가지고서 제정하지 아니하면 아니되는 것입니다(국회정기회 속기록 1957, 26-30, 7).

이 원칙은 '전통적' 가족 개념을 점진적 개혁의 원칙보다도 더 보수적으로 적용할 것을 표방하였다. 그런데 이 역사적 전통은 이미 보편적으로 존재하는 것이어서 거기에는 과거, 현재, 미래 같은 시간 조건이 없어 보인다. 점진적 개혁론과 달리, 이 원칙은 근대적 혹은 자본주의적 사회의 요청과 전통이 어떻게 관련되는지와 같은 문제는 다루지 않고 있다. 그런데 왜 유독 가족법이 고유의 전통에 기반을 두어야 하는지에 대해 김위원장의 연설에서는 합리적 근거를 찾기는 쉽지 않다. 다만 이러한 전통 강조는 한국 문화의 우수성에 대한 자긍심에서 비롯함을 알 수 있다. 그는 민족윤리와 사회도덕 등을 통해 볼 때 한국의 문화전통은 중국이나 서양 각국, 혹은 그리스, 로마, 이집트 같은 고대사회 어디와 비교해보아도 단연 우수하니, "조선 민족 한국 민족과 같이 역사가 깊고 균형"잡힌, 독특하고 참으로 놀라운 민족은 별로 없다는 한민족 우월론을 펼친다(국회정기회 속기록 1957, 7-8). 문맥을 따라가다 보면 그러한 문화의 우월성은 다름 아닌 드넓은 불혼(不婚) 범위, 즉 동성동본을 혈족으로 정의하는 동성동본 불혼제도에 기초하고 있음을 알 수 있다. 그리하여 그는 서양 각국의 도덕과 윤리문화도 생리학 연구의 발전에 따라 우리나라를 모방해가리라고 선언한다(국회정기회 속기록 1957, 26-30, 7-9). 부계혈통 보전을 위한 이 족외혼 '전통'의 입법과정에 대해서는 다음 절에서 분석한다.

그러나 우리나라가 지금 수천년 역사 가운데에서 그 기본 도덕과 기본 윤리에 있어서는 세계만방이 공통하는 것이니까 말할 것도 없지마는 민족윤리와 그 사회도덕 그 방면에 있어서는 우리나라가 물론 중국보다 훨씬 향상되고 우리나라 것이 훨씬 완전하고 완미하다는 것을 나는 자랑하고 있읍니다마는 (…) 우리나라 역사와 참말로 우리나라 문화와 전통을 깊이 음미한다면 우리나라 민족은 온 세계에 유가 없는 선진민족이고 유가 없는 문화민족이에요. (…) 우리나라의 본래 근친혼인 (…) 혼인의 친족간 혼인을 금지하게 될 인류문화의 발달의 시초서부터 가장 최고 문화로 내려온 것입니다. 그러기에 나는 보고 있기를 인제 이것이 서양 각국이라든지 다른 나라도 차차 인제 진화가 (…) 문화가 더 그 도덕문화 윤리문화가 생리상 생리학의 연구와 더불어 발전 향상됨과 동시에 우리나라를 차차 모방해오리라고 나는 생각합니다(국회정기회 속기록, 1957, 26-30, 7-9).

한국 문화의 자랑스러움의 또다른 원천은 일제 식민통치에도 불구하고 그 문화가 굳건히 이어져왔다는 믿음이다. 아래 발언이 그 예를 보여준다.

저희(일본)가 아무리 원 정치라든지 법률이라든지 이런 것을 마음대로 한다 하더라도 남의 나라의 역사와 문화를 갖다가 짓밟는 법은 없으니까 그럴 수는 없어서 그놈들이 친족상속법은 여기에다가 적용을 못했지요. (…) 왜놈의 야촌(野村)이라고 하는 사람이 있는데 그런 것 책자들을 지금 참고로 하고 있는 것은 참 망상이에요. 전의 여기 관의 자료로 한다는 것은 그것은 큰 망발이에요. 그러기에 제일 (…) 이 친족상속법은 근본적 우리나라 누천년 역사를 존중하고 (…) 파괴하느냐 존속하느냐의 기본법입니다(국회정기회 속기록 1957, 26-30, 11).

하지만 이 주장은 여러 측면에서 사실과 다르다. 우선 친족상속에 관한 법률사항은 일본 민법이 아니라 조선의 관습을 따른다는 원칙(조선민사령 제11조)은 조선이 아니라 일본 식민당국이 세운 것이었다. 게다가 일제강점기 내내 조선의 관습을 조사하고 해석하고 결정하여 '조선의 관습'을 선언한 것도 기본적으로 일제 식민지정부의 행정부관료, 법률가, 관련 학자들이었다. 뿐만 아니라 일제는 식민지배가 깊어짐에 따라 일본 구민법을 조선땅에도 적용하고 그 범위를 확대해갔는데 이 과정에서 별다른 장애를 만나지 않았다. 그 절정이 1393년 창씨개명으로 알려진 '씨성명 변경에 관한 제령'의 시행이었다. 일본식 가제도 도입은 이미 1915년 기존 민적법의 개정에서 이루어졌으며 1922년에는 조선호적령을 재정비하여 일본과 매우 유사한 호적제도를 도입했고 이는 2007년 12월 31일에야 폐지되었다.

이렇게 보면, 식민지배가 조선의 가족법과 가족에 미친 영향은 여러 층위에 걸쳐 있다. 근본적으로는 가족법이 서구법이 아닌 그 민족 고유의 '관습'을 따라야 한다는 원칙 자체가 일제의 식민정책에 의해 수립된 것이다. 이는 해방 후 한국에서 친족상속의 '전통' 문제를 실로 복잡하게 만들었지만, '전통존중론'과 앞서의 점진적 개혁론, 그리고 여타 담론에서도 가족관습에 미친 식민지 유제는 별로 논의되지 않았다. 식민지 유제는 주로 일제의 우리 관습 '왜곡'이라는 틀 속에서 비판되었을 뿐, 일제가 미친 우리 관습에 대한 다층적 영향과 개입에 대해서는 깊이 조명하지 못했다(제3장과 제4장 참고).

김병로 위원장이 이러한 유산을 의식적으로 무시한 것인지 아니면 이러한 유산이 없었다고 생각한 것인지는 알 수 없다. 포스트식민 연구자들은, 식민지 피지배의 유산은 이 시대를 거친 엘리트들이 열등감을 갖게 하였는데 한국 문화의 원형태를 상상하고 그것을 과장함으로써 그 열등감을 억누를 수 있다고 본다(Chatterjee 1986; 1989). 동성동본 금혼규정 입법과정에서 벌인 토론을 살펴보는 다음 절에서 당시 이런 감정이 얼마나 널리 퍼져 있었는지 알 수 있다.

나아가 민족적 자긍심 및 식민주의의 부정과 억압은 남성지배체제인 가부장제와 유기적 관련을 맺고 있다는 점이 주목된다. 아래 담론에서 보면 민족이라는 관념 자체가 가부장적 공동체로 상상되었기에, 가부장제 없는 민족이란 존재하기 어려운 것 같다. 그 결과 김병로 대법원장은 다음과 같은 발언을 하게 된다.

우리나라는 그 근본을 계승하는 것이 집입니다. 아까 그 생리학과도 일치하는 그 부계계통을 계승하는 것이 우리나라 가족제도입니다. (…) 원래 부모의 애비의 몸에서 떨어진 분자니까 그 분자의 종자를 계승하는 것이 소위 부계주의의 근본이라고 생각합니다(국회정기회 속기록 1957, 26-30, 11).

김병로 위원장의 '집'은 우리나라의 근본, 곧 정체성을 계승하는 기제이다. 이 점에서 집이란 단지 사적 단위가 아니라 단일혈통으로 이어지는 정체성의 혈맥이며 한민족의 계통이라는 관점에서 생각된 것 같다. 이렇게 집의 가부장적 계승인 부계계승주의가 민족의 문제로 환원되자 정작 부계계승주의 자체에 대해서는 문제제기를 하기 어렵게 된다. 이때 부계계승주의를 흐트러뜨리는 움직임은 페미니즘이라기보다 반민족적인 것이 되고, 한국 페미니스트들은 남녀평등을 외치되 부계계승은 건드리지 말아야 한다. 바로 이런 논리 위에서 후술할 동성동본 금혼제도가 정당화된 것이다. 사실, 동성동본 금혼제도는 부계계승의 핵심인 '성본체계'에 결정적 의미를 부여한다. 동성동본 금혼제도에 의해 성과 본이라는 사회제도가 아버지의 '피'라는 생물학적 진정성의 기호로 둔갑해버리기 때문이다. 바로 이 논리로 김병로 위원장은 다음과 같이 과감하게 말하였다.

원래 사람을 뭐 조물주가 만들었으니까 마찬가지지만 이 육체로 말하면 사람 그 자체는 애비의 정신이라 그것이 사람이라 그 말이예요. (…) 그 씨는 종자는 미생물

자체는 애비 것이다. (…) 그렇기 때문에 그 아까 말씀하는 아따 그 계통을 꼭 옳게 보는 것은 부계계통이라야만 옳은 것입니다(국회정기회 속기록 1957, 26-30, 11).

그의 생리학에서 인간은 단성생식(單性生殖)을 하는 듯하다. 이러한 '아버지 씨'라는 상상법칙 아래 수많은 어머니들과 어머니로 매개된 조상들(모계의 모계, 모계의 부계, 부계의 모계)은 아무런 흔적도 없이 혈통적 정체성에서 사라졌을 것이다. 흥미로운 것은 이렇게 남성과 여성의 특정한 배열방식에 의한, 그것을 위한, 또 바로 그것인 부계계승제도가 강조될 때 거기에는 여성도, 여성차별주의도 없다는 점이다. 부계혈통 가족에서 남성우대는 민족주의적 자부심의 궁극적 기반일 뿐 아니라 전통의 궁극적 기반이었다. 이런 동어반복의 논리를 거치자 젠더에 관해 한번도 언급하지 않았지만 그것을 정의할 수 있게 되었다. 단순화하자면, 부계계승주의는 민족-가계-자아로 이어지는 동심원적 정체성을 연결하는 논리가 되어, 한국 민족 전체를 부계계통적으로 조직된 혈통의 공동체로 표상하게 된다. 하지만 이 논리는 여러 면에서 허구적인데, 앞서 지적한 그 생물학이 그렇고, 부계계승주의를 단군과 연결하는 비역사성이 그러하며, 부계계통을 가진 남성적·양반적 감수성으로 '민족'을 대변하는 것이 그러하다. 그럼에도 불구하고, 이 법철학을 구현한 정부안의 대다수 조문들이 최종 법안에 포함되었다.

3) 대안적 원칙들

앞서 본 두 원칙과 달리 정부안에 반영되지 않은 두 원칙이 있으니 이를 대안적 원칙이라는 이름으로 살펴본다. 먼저, 헌법정신존중론이라 부를 수 있는 원칙인데, 이는 1957년 4월 6일에 개최된 공청회에서 정광현 교수에 의해 피력되었다. 그가 피력한 가족법 제정의 목적은 매우 중요한 것으로 보인다.

지금 우리가 본론에 들어가서 친족상속법을 제정하려는 목적이 또는 입법방침이 일본의 그것과 사회사정이 다르다는 이유로써 관습이 다르다는 이유로써 달리해야 될 것이나 달리할 수 없을 것인가. 지금 민법 중에서도 특별히 친족상속법을 제정하는 것은 현행되고 있는 주로 관습법으로 되는 있는 법률이 일정시대(日政時代)에서 내려온 종래법이기 때문에 독립국가로서의 체면상 불미(不美)하다 이러한 이유로써 제정하는 것도 아니요 또는 지금까지의 친족상속법이 시대에 맞지 않는 점이 있으니까 일부를 수정하기 위해서 하는 그런 제정목적이 아니요 또는 주로 친족상속법이 주로 관습법이기 때문에 대개 그 규범내용이 명료하지 않음으로써 그 규범을 명확정확하고 간명(화)하기 위한 성문법으로써 규정하자는 그런 데서 나온 것도 아닙니다. 그렇게 생각한다면 그것은 큰 오해라고 생각하는 바이올시다. **즉 우리나라 친족상속법을 지금 제정하는 목적은 평시에 이어서의 법률을 개정한다든지 수정하는 그런 입장이 아니라 오로지 민주주의 독립국가로써 국민생활의 민주화를 도모하기 위하여 대한민국 헌법이 종래의 친족상속법을 근본적으로 개편할 것을 명(命)하고 있기 때문에 개정보다는 새로 제정하지 않으면 안된다고 생각하는 바이올시다**(정광현 1967, 부록 171면).

헌법정신존중론은 글자 그대로, 제정될 친족상속법이 철두철미하게 헌법정신을 따라야 한다는 것을 원칙으로 한다. 주목할 것은 이 원칙이 헌법정신을 강조하였을 뿐 아니라 가족법에 남겨진 역사적 과거의 영향을 강력히 의식하고 있다는 점이다. 앞서 본 전통존중론에서는 식민지 영향을 완전히 부정하는 속에서 막연한 '전통'을 근대 가족법의 중심원리로 삼고자 하였고, 점진적 개혁론에서도 식민지성에 대한 언급이 없었다. 하지만 정광현 교수는 과거 법의 영향을 의식하면서 당시의 가족법 제정과정이 순전한 의미의 '제정'이 아니라 '개정'처럼 되고 있음을 갈파했다. 식민지 시기 정립된 관습법과 의용된 일본 민법의 영향이 지속되는, 법의 개정과도 같은 제정이 진행되고 있음을 폭로하고 있는 것이다. 그리고 친족상속 편은 당시 존재하는 과거 법의 영향을 인정하면서도, 헌법정신 아래 가족 안의 남녀관계, 부모자녀관계, 친족관계 등 가족제도를 새롭게 구성하는 것으로 제정되어야 한다고 역설하였다. 계속해서 정교수는 아래와 같이 발언하였다.

종래의 친족상속법 중에는 대한민국 현행 헌법규정에 저촉되는 규정이 적지 않으므로 이것을 다 제거하고 가정생활의 민주화를 도모하기 위한 헌법의 요청 즉 우리나라의 헌법 기본성격을 규정하는 제5조에 있는 아까도 말했지만 **정치 경제 사회 문화의 모든 영역에 있어서도 각인의 자유평등을 존중하고 보장하는 헌법정신 또 제8조에 선언하고 있는 양성(兩性)간의 차별 신분에 의한 차별에 대한 헌법정신 제20조에 선언한 부부동권정신, 부부의 혼인의 순결에 대한 특별보호정신에 입각한 친족상속법을 제정할 것을 헌법에서 요청하기 때문에입니다. 그러므로 종래의 순풍미속을 유지하여야 한다는 입법론은 목하 우리가 제정 중에 있는 친족상속법에는 해당하지 않는다고 이 사람은 단언하고 싶습니다.** 그러므로 친족상속법은 제1차로 우리나라 헌법정신에 입각하여 제정하여야 할 것이며 헌법정신에 배치되지 않는 한도 내에서 제1차적으로 현실과의 유리(遊離)를 될 수 있는 대로 유지할 것을 염두에 두고 입법을 하지 않으면 안될 것으로 생각합니다(정광현 1967, 부록 171면).

이렇게 그는 헌법에 입각하여 새로운 가족관계를 구상해야 하고, 그것은 당시 가족현실과 유리될 수도 있음을 염두에 두고 있었다. 양성평등과 부부동권을 강조하였던바, "새로운 친족상속법에서 종래의 남계혈통 편중 내지 남존여비적 법규범, 호주가족이라는 신분으로 인한 주종관계적 규범과 같은 차별적 규정을 폐지할 것"을 촉구하였다(정광현 1967, 부록 172면). 정교수는 현실과의 괴리 문제에 대해서도 언급하였는데, "어제 법제실장의 제안설명에 의하면 '정부안은 종래의 관습법을 정리하여 성문화하는 동시에 신구사상을 조절하여 입법한 것'이라고 말씀하셨습니다. 물론 일국가의 법률은 현실의 생활규범의 반사이며 현실의 생활규범과 관계 없이 제정된 국가규범은 생활을 규율할 현실력이 없습니다. (…) 〔하지만〕 이러한 입법방침으로는 헌법이 요청하는 바를 실현시킬 수 없"다고 주장한다. 즉 헌법을 존중할 것인가 현실을 존중할 것인가를 선택해야 한다는 것이다. 그리고 이에 대해 정교수는 과거와 단절하고 헌법정신을 추구할 것을 역설하였다.

정광현 교수는 당시 시행되었던 '농지개혁'을 사례로 들면서 "농지개혁은 일조일석에 단행하여 소작인을 지주로부터 해방시킨 것은 무슨 이유일까? 지주측에서 농지개혁을 원하기 때문인지 혹은 지주 대 소작인 간의 종래의 관습이 농지개혁을 할 정도로 전환되었기 때문인가"라고 묻는다(정광현 1967, 부록 174면). 이는 말할 나위도 없이 헌법 제86조 농지규정에 의거하여 농지개혁법을 제정하였기 때문이다. 종래의 가족 내 주종관계적 규정들을 신민법에 둔다는 것은 위법 중에서 가장 중한 헌법 위반이며 헌법 위반 중에서도 입법상의 헌법 위반으로서 "헌법 위반의 입법을 하는 것은 민주공화국의 민주주의 정신을 파괴하는 것이며 국민의 복지와 자유를 제한하는 것으로 역사에 역행하는 것"이라고 경고한다(정광현 1967, 부록 172면). 하지만 헌법정신존중 원칙은 당시의 이데올로기적 헤게모니로부터 멀리 떨어져 있었기에 법률 제정에서 전혀 주도적인 지위를 차지하지 못했다.

이상과 같이 헌법정신존중론은 앞의 방침들과 달리 남녀평등과 개인의 자유평등에 대한 강조와 더불어 과거의 법과 현재의 법의 관계, 특히 현재 친족상속법안에 남아 있는 식민주의 영향을 인식하고 있었다는 점에서 매우 중요하다. 그럼에도 정광현의 인식에서 식민주의와 헌법 간의 관계가 좀더 심화되었더라면 하는 아쉬움이 남는다. 그는 식민주의 과거와의 단절이 과연 헌법존중에 의해서만 이루어질 것이라고 믿었을까. 종전 후 일본이 택했던 것처럼(Tanaka 1976), 대한민국도 헌법존중 원리를 취하면 과거의 봉건가부장적 법의 지배로부터 벗어날 것이라고 보았던 것일까. 어째서 새로운 근대법을 제정해야 한다고 말할 때, 그 걸림돌이 되고 있던, 그리고 자신이 알고 있었던 식민지 친족상속법의 복잡다단한 영향력의 '해체'를 위해 더 치열하게 싸우지 않았던가. 이러한 질문들이 남기에 정교수 자신도 역사적 현실과 거리를 둔 모더니스트 법학자였다고 생각해본다. 하지만 가부장적 요소가 가족제도에 남아 있는 한 한국에서는 남녀평등도 민주주의도 실현될 수 없다는 정교수의 통찰은 오늘날의 한국사회에도 긴 울림을 남기고 있다.

마지막으로, 남녀평등론이라 부를 수 있는 원리가 있었는데, 이는 법 제정과정에 참여한 여성과 여성주의자들에 의해 주장되었다.[22] 이제 막 실무 실습중이던 이태영[23]은 '친족상속법이 헌법에 명시된 대로 남녀평등을 따르지 않고 남자우대, 여자하대의 관습법을 그대로 적용하고 있다'는 놀라운 소식을 접하고 여성문제연구원의 황신덕 원장과 스승인 정광현 교수를 찾아가 상의하였다. 이에 정교수는 여성단체 이름으로 진정서와 건의문 등을 낼 것과 여성들의 권리를 반영한 친족상속법 개정안을 만들자는 대안을 제시했다(이태영 1992, 40면). 이태영은 채 1개월도 걸리지 않아 1952년 봄 친족상속편 차별조항 철폐를 위한 최초의 진정서와 건의문을 여성문제연구원을 비롯해 대한YWCA연합회 등 9개 여성단체 이름으로 관계 요로

---

22) 누가 한국 초기의 여성주의자인가. 여성주의자를 어떻게 정의내릴 것인가는 언제나 쉽지 않은 문제이다. 이 책에서는 여성주의자를 가부장제에 대한 비판적 의식을 가지고 그 체계를 비판하고 약화시키는 사람들이라고 이해한다. 그렇다면, 맨처음 가족법 제정과 개정에 힘썼던 여성들을 한국의 여성주의자 제1세대라고 할 수 있을 것이다.

23) 이태영은 한국 여성 최초로 사법시험에 합격한 법률가이다. 변호사이자 법학자였던 이태영은 1956년 8월 25일 가정법률사무소를 열었고, 이후 가족법 개정과 법학 교육에 길고 깊은 족적을 남겼다. 이태영 변호사와 가족법 개정의 역사에 관해서는 이태영(1992)과 이 책 제7장을 참고.

에 제출했다(이태영 1992, 40면).

1953년 3월, 이태영 주도하에 여성단체연합[24] 이름으로 법전편찬위원회 위원장에 보낼 건의문이 작성되었다. 이 단체는 '민법 중 친족상속편 제정에 관한 건의서'를 김병로 위원장에게 보내고 다각도로 개정운동을 전개했다.[25] 이 의견서는 다음과 같이 시작한다.

> 전국 여성을 대표하는 본 연합은 남녀평등을 이념으로 하는 헌법정신에 비추어 종래의 누습(陋習)을 타파하고 국민의 행복과 안녕을 증진케 하기 위하여 자(自)에 민법 중 친족상속편 제정에 관하여 건의하오니 심심한 아량과 현명한 영단으로 채택하심을 앙망한다(이태영 1992, 41면).

여성단체연합은 당시의 대세였던 관습과 전통론에 격렬히 저항하였다. 여성단체연합 제안의 골자는 친족상속편 법률에서 가부장제에 관련된 규정(특히 호주권)과 혼인한 부부의 남편의 가 거주규정을 삭제하는 것 등이었다. 여성단체연합은 1953년 건의문 작성 이외에도 친족상속편 초안 및 심의요강(법사위 요강)에 대한 의견서와 진정서를 국회에 제출하였는데(이태영 1992, 58~59면), 이 진정서는 아래와 같은 다섯 사항을 수정할 것을 진정하였다.

---

24) 여성단체연합은 대한YWCA연합회, 대한부인회, 대한여자청년회, 대한여자국민당, 여성문제연구원, 대한조산원회, 여자선교단의 일곱 단체로 구성되었다.

25) 여성단체 대표들이 제안서를 제출한 뒤 이태영이 김병로 위원장을 만난 자리에서 김병로 위원장은 "내가 살아 있는 동안은 친족상속편 초안의 일자일획도 못 고친다. 법조계의 초년병이면서 건방지게 법을 고치라고 나서다니 어디서 배운 버릇이냐"고 호통을 치며 "조그만 것이 법률 줄이나 배웠다고 벌써 꼬리를 휘젓고 다니면서 1,500만 여성들은 불평 한마디 없이 다 좋다고 잘살고 있는데 어째서 불평을 하느냐?"고 꾸짖었다고 이태영은 술회한다(이태영 1992, 45~46면).

1. 남존여비사상의 계승인 특권계급을 인정하고 있는 호주제도의 존속

1. 부부재산제도상의 남성의 우월

1. 친권행사에서 모의 제외

1. 양자제도에서 여자는 제외됨

1. 재산상속상 남자우선주의 등(이태영 1992, 405면).

이태영은 앞서 언급한 1957년 4월 6일 개최된 민법안 공청회에서 발언하기를, "남성이 보는 입장에서는 순풍미속이 될는지 모르지만 여성의 입장에서 들여다보면 그 풍속과 그 제도는 뼈에 사무치는 원한이라고 생각한다면(박수) 그 순풍미속은 결코 객관적으로 타당한 한 개의 사실로서의 순풍미속이 아닙니다"(정광현 1967, 부록 196면).

뿐만 아니라 1957년에는 여성계의 입장을 반영한 친족상속법 수정안을 마련하게 된다. 정일형 국회의원에 의해 제출된[26] 이 수정안은 총 57개 항목으로, 여성단체연합과 여성문제연구원의 건의 및 학계 의견을 빠짐없이 반영한 것으로서 여성계 수정안이라 부르기에 손색이 없었다. 동시에 1957년 10월 국회의원들을 향하여 여성단체연합의 입장을 담은 호소문을 내고 국회의장에게 청원을 거듭했다.

이상과 같이 여성단체연합의 원칙이 헌법정신의 실현이라고도 할 수 있지만(이태영 1992, 76면), 나이 원칙을 '남녀평등론'이라 일컫는 것이 좀더 정확하다고 생각한다. 앞의 제안이 보여주듯이, 그 목표는 개인의 권리를 보장한다는 추상적 차원이 아닌, 호주제도를 통해 구현되는 가부장제 자체를 약화하고, 무력화하며, 궁극적으로는 파기하려는 구체적 시도이기 때문이다. 특히 여성단체연합 같은 조직적 운동과 성차별 타파라는 목적을

---

26) 당시 정광현 교수는 여성운동과 밀접한 관련을 맺고 여성단체연합의 법안인 정일형 수정안을 작성하는 데 기여한 것으로 알려진다. 정교수는 이태영 변호사를 이화여대와 서울대 법대에서 가르친 스승이기도 했다(이태영 1992, 85면).

가진 이들의 입장을 남녀평등론이라는 별개의 방침으로 보기에 충분하다. 특히 앞에서 논한 방침들과 비교할 때, 남녀평등론은 여러 문서들을 통해 그 입장을 드러냈고 집합적 목소리를 담은 유일한 원칙이라는 점이 주목된다. 이들이 제시한 정부안에 대한 수정 가족법안은, 법사위 수정안을 제외하고는 가장 포괄적인 수정안으로서, 1957년 11월 28일 정일형 외 33인의 국회의원의 이름으로 발의되었다(이태영 1992, 82면; 정광현 1967, 부록 111~40면). 이 개정안은 가족법의 거의 모든 법률조항에 새겨진 남성의 특권적 지위를 약화시키고 이제까지 소외되었던 여성의 권리를 성문화하고자 한 것이었다. 비록 이들의 제안과 개정안이 최종 법안에서 받아들여지지 않았지만 다각도로 활발하게 이루어진 이들의 활동은 이후 50여년을 드리운 긴 가족법 개정운동의 뿌리가 되었다.

어떠한 노력이 행해졌든지 간에, 당시 한국 가족법의 제정은 점진적 개혁 원칙과 전통존중 원칙 사이에 존재하는 공간에서 이루어졌다.[27] 법안에 관해서도 많은 논의가 있었지만, 이 두 원칙이 당시 법제정자의 인식 속에 있던, 또 그들이 구현하고자 했던 가족법과 가족제도에 대한 지배적 인식의 틀이었다. 점진적 개혁론이 요강사안(1948), 원요강(1949), 법사위 요강(1956), 그리고 법사위 친족상속편 개정안에서 표출되었다면, 전통존중론은 친족상속편의 정부안에 여실히 구현되었다. 두 방침은 공통적으로 '전통'이라는 관념에 기대고 있었는데, 그것은 역사적인 것도 아니고 입법과정에서 검증된 것도 아니었다. 여기서 '전통'이란 포스트모더니스트 료따르의 언명처럼, 가족법에 대한 하나의 '메타 담론'으로서 모든 '작은' 담론을 정당화하면서도 그 자신의 존재 자체에 대한 정당화 능력은 결여한 담론이라 할 것이다(Lyotard 1984).

---

27) 유림은 보수주의 진영의 중심에 서 있었는데, 당시 기록에서 볼 때 유림의 목소리는 1957년의 민법안 공청회에서도 우렁차게 울려퍼졌고, 가족법 개정이 있을 때마다 큰 영향력을 행사하였다(정광현 1967, 부록 175~77, 219~20면; 제7장 참고).

하지만 두 원칙은 근대성과 관련해서는 차이점을 드러낸다. 점진적 개혁이 전통과 근대의 조화를 위해 노력하였다면, 전통주의는 근대성(혹은 서양이 의미하는 것)을 전통에 반하는 것으로 틀 지우고 있었다. 전통주의가 근대사회의 상황에서 멀어짐으로써, 그것은 사회현실과 무관한 것처럼 보이게 되고, 더욱 엄격해지고 화석화되면서도 그 근원을 알 수 없지만 신성한 것으로 인식되었다. 그럼에도 전통존중론을 중심으로 점진적 개혁론이 부차적 원칙으로 채택된 채 한국의 최초 가족법이 제정되었다. 그 사례로서 동본동본 금혼규정의 심의과정을 살펴본다.

3. 전통의 재각인: 동성동본 금혼규정

동성동본 사이의 혼인을 금지하는 민법안 제802조는 법안 독회 과정에서 가장 많이 논란이 되었던 조항이다. 이 조항은 당시 '전통'이 어떻게 이해되고 법안에 구현되었는지를 기록하고 있다. 말할 것도 없이, 동성동본이라는 혈족조직은 한민족에게 항상적으로 존재했던 것이 아니라 조선왕조의 가부장적 법제화와 양반들의 부단한 노력을 통해서 조선시대 후기에야 그 모습을 드러낸 역사적 산물이다(제5장 참고). 동성동본을 금혼범위로 하는 족외혼이야말로 이 혈족관계를 실체화하고 공고히 하는 가장 주요한 기제였으니, 혼인이 금지된 바로 그들이 서로 피를 나눈 혈족이라고 규정할 수 있게 되기 때문이다. 즉, 생물학적으로 피를 나누어서가 아니라 혼인이 금지됨으로써 사회적으로 혈족인 것으로 정의된다. 아이러니는 이런 의미부여 과정에 의해 아버지의 피만이 생물학적이고 자연적인, '진정한 피'로 화한다는 점이다. 한편, 족외혼제도가 본질적으로 남성만이 주체가 되어 여성을 교환하는 씨스템이라고 할 때(Levi-Strauss 1969, 481면), 동성동본 금혼제도는 남계혈통을 그들이 공유하는 성과 본을 통해 집중시키면서 모계혈통은 분산시키는 여성 교환제도를 구현하고 있다. 혈족이라는 젠더 중립적 개념의 조직이 구성될 때 발생하는 것은 모계조상들의 사라짐인데도 불구하고(제9장 참고) 아래에서 볼 것처럼 동성동본을 강조하면서 거기에 여성이나 성별 문제는 등장조차 하지 않았다.

이제 한국역사의 특정 시기에 구성되었던 혈족논리가 어떤 과정을 통해 근대민법에 도입되었는지 1957년 11월 5일부터 12월 17일까지의 국회정기회 속기록을 통해 살펴본다. 정부 원안에 규정되었던 동성동본 금혼조항을 법사위 수정안에서 삭제한 것이 논쟁의 씨앗이 되었다. 정부안과 수정안의 해당 조항은 각각 다음과 같다.

〔정부안〕 제802조 동성동본인 혈족 사이에는 혼인하지 못한다. 그러나 선조의 계통이 분명하지 아니한 경우에는 그러하지 아니하다.
남계혈족[28]의 배우자, 부(夫)의 혈족 및 기타 사촌 이내의 인족(姻族)[29]이러한 인족이었던 자 사이에는 혼인하지 못한다.

〔법사위 수정안〕 제802조를 다음과 같이 수정한다.
(1) 다음 각호에 해당하는 자와는 혼인하지 못한다. 그러나 입양으로 인하여 제2호 내지 제4호의 친족관계가 발생한 때에는 그러하지 아니하다.
1. 직계혈족과 직계인족
2. 팔촌 이내의 방계부계혈족
3. 사촌 이내의 모계혈족
4. 팔촌 이내의 부족인족

---

28) 남계혈족이라는 개념은 부계혈족 중에서 여계혈족, 즉 여자형제로부터 파생되는 혈족인 여성형제의 자녀 등을 제외한 나머지 혈족집단이다(제9장 참고).
29) '인족'은 혼인관계로 파생하는 가족관계를 의미하는데, 가족법 개정을 거치면서 '인척'이라는 용어로 바뀌었다.

법사위 수정안은 정부안의 동성동본이라는 넓은 금혼범위를 제761조의 친족범위와 일치시키려고 한 것이었다. 그러나 아래에서 볼 것처럼, 정부안의 "선조의 계통이 분명하지 아니한 경우" 부분이 삭제되고, 근친혼의 범위에 8촌 이내의 인척을 포함시킴으로써 원래 정부안보다 오히려 넓은 범위의 금혼범위가 최종안에 제도화되었다.[30] 제802조에 관한 토의는 국회의원 최병국이 1957년 11월 6일 다음과 같이 의견을 제시하면서 시작되었다.

> 본 의원은 생각건대는 우리나라는 유구한 반만년 역사를 통해서 고유한 문화 또는 미풍양속 또는 예의도덕을 숭상하는 이 나라의 전통을 세계만방에 어느 나라보다도 또 어느 나라가 선진되었다는 그 나라보다도 자랑을 하는 것입니다. (…) 나는 이 1호로부터 4호까지 수정한 것을 본다면은 예의의 정신을 몰각하고 자못 아까 대법원장이며 동시에 법제편찬위원장님이 이 자리에서 모든 지금 사회상 또는 외국의 예 (…) 우리의 전통적인 역사에 대한 말씀도 있었읍니다마는 내 자신도 무엇보다도 이 예의가 여기에는 첫째로 몰각되었다 이렇게 생각이 됩니다. (…) 전연 예와 의를 떠나서 현대조류 외국의 그런 그 야만에 가까운 나라가 사촌끼리도 혼인을 한다 이러한 것을 본받아서 하는 것인가 여기에 대해서 답변해주시기를 바랍니다 (국회정기회 속기록 1957, 26–30, 15).

이 담론은 한국의 전통에 대한 충성심, 즉 한국의 전통문화는 우월하고 외국의 그것은 열등하고 미개하다는 이분법적 논리를 굳건히 채용하고 있다. 이러한 전통에 대한 도그마는 당시의 대세적 담론이었는지 많은 국회

---

30) 최종안은 다음과 같다. 제809조(동성혼 등의 금지) ① 동성동본인 혈족 사이에서는 혼인하지 못한다. ② 남계혈족의 배우자, 부(夫)의 혈족 및 기타 8촌 이내의 인척이거나 이러한 인척이었던 자 사이에서는 혼인하지 못한다.

의원들—서석규, 민영남, 현석호, 양일동, 성원경, 김철안, 변진갑, 이영희, 권오종 등—이 동일한 내용을 주장하기를 주저하지 않았다. 이 사실만으로도 당시 국회의원 대다수가 전통존중에 대해 가졌던 강력한 공감대를 알 수 있다.[31] 주목할 것은, 동성동본 금혼의 전통이 실제로 언제 어떻게 존재했는지에 대해서는 어떠한 문서 혹은 증거도 제시되지 않았다는 점이다. 오히려 아래 성원경 의원의 예와 같은 혼인의 역사에 대한 우화가 등장하기도 했다.

우리 본래 인생이 처음 생겨날 때에 원시시대에는 사람 몇 안되는 사람이 일개 가족과 방불한 한 집단이 어떤 지역에서 살아 있었을 것입니다. 그때에는 물론 우리가 인생에 사는 여러 (…) 가는 배도 없고 타고 다니는 수레도 없고 다만 발로 걸어 다니고 또는 쇠도 가지지 못하고 우리가 불도 없었던 시대가 있었기 때문에 그때에는 우리가 자연조건에 국한되어서 결국 한가운데에 한 혈족이 집단적으로 살 수밖에 없는 상태에 있었던 원시시대라 말이에요. 그때에는 물론 동족혼인을 했을 것입니다. (…) 그러나 우리가 점점 세상이 발전되어서 우리는 불을 이용하고 쇠를 이용하고 또는 기계를 만들어내서 우리는 산에 막힌다든지 강에 막힌다는 것을 그 제한을 철폐하고 마음대로 돌아다니게 되어서 우리가 한 사회적으로 복잡한 현상이 구성되었을 때에는 그때에 만일에 친족끼리 혼인을 하고 결혼을 해서 부부가 되어본다든지 또는 남하고 혼인을 한다든지 하는 그 점에 있어서는 도덕적으로 또는 생리적으로 이것은 동족혼인 혈족혼인이라는 것은 좋지 않다는 것을 우리는 알고 있던 것입니다(국회정기회 속기록 1957, 26-33, 3).

이 담론이나 당시의 다른 담론에서, 동성동본 불혼제도의 철학적 기초로 여겨지던 유교라든가 조선시대 친족제도 등에 대한 어떠한 참조도 찾

---

31) 실제로 이런 이분법과 민족에 대한 자긍심은 앞서 전통존중론의 논리이기도 했다.

을 수 없다. 그 결과, 이런 담론에서 전통이란 역사적 논증이 사라진 채 점점 더 믿음이나 신념의 문제로 환원되고 있다. 또다른 국회의원인 서선규는 그의 믿음을 다음과 같이 피력하였다.

> 동성동본이라고 하는 것이 정말 좋은 것인지 나쁜 것인지 나 모르겠습니다. 좌우간 몇백년 동안 우리는 동성동본은 서로 결혼을 하지 않고 왔단 말이에요. 이래가지고 왔는데 과연 동성동본은 결혼을 않고 온 결과에 우리 민족에 무슨 커다란 폐해가 있다고 하는 것을 여기에 발견할 것인가 말이에요. 만약 동성동본 결혼을 했더라고 할 것 같으면 이보다 훨씬 민족이 향상이 되고 발전이 되었을 터인데 동성동본 결혼을 않기 때문에 요 모양 요 꼬락서니가 되었느냐 이것입니다. (…) 그래도 우리나라는 동성동본 혼인을 않기 까닭에 그래도 요 모양 요 꼬락서니라도 되지 않았는가 나는 이렇게 반대로 보고 있어요(국회정기회 속기록 1957, 26-30, 23-24).

이 담론에서는 동성동본 불혼이 그동안 한국인들의 결혼에 대한 척도로 제시되지만, 혈족간 혼인을 금지하는 이 제도가 어째서 오늘날의 한국인을 만든 것인지에 대해서는 별반 설명이 없다. 나아가, 동성동본 금혼제도로 상징되는 한국인의 역사가 왜 그리 자랑스러운 것인지도 알 수 없다. 이러한 비논리적 논리에 대해서는 승인도 불승인도 하기 어렵다.[32] 동일 국회의원의 언급 중 논리라 할 만한 유일한 설명은 식물에 대한 다음과 같은 비유이다. "심지어는 식물의 경우도, 그들이 살고 있는 지역이 아닌 다른 토양에 옮겨 심어졌을 때 더 다양한 변이를 보여준다"(국회정기회 속기록 1957, 26-30, 24). 이러한 우생학적 논리는 당시 널리 퍼져 있었던 것 같다. 유도회[33]의 최찬익은 1957년 4월 6일과 7일 개최된 공청회에서 다음과 같이

---

32) 한국역사에 대한 높은 긍지에도 불구하고 그 실체적 지식의 부족 내지 무관심은 식민주의 피지배 경험과 관련지어 연구해야 할 주제라고 생각한다.

33) '유도회'는 1946년에 설립된 유교조직이다. 이 조직은 흥미롭게도 한국의 행정조직단

말한 바 있다.

가령 여러분도 보시오. '소'라든지 '말'이라든지 '개'라든지 '돼지'라든지 '닭'이라든 지 심지어 곡식이라든지 과실이라든지 그것을 다 동족으로서 상접(相接)을 해보시 오. 그것은 성적이 불량한 것은 아마 여기에 모이신 분도 다 인정할 것입니다. 그런 데 왜 하필 유일무이한 우리의 윤리상 금지를 가지게 된 이 양속(良俗)마저 파괴하 려 함은 알 수가 없습니다. 또한 우리 인류가 금수와 같이 (…) 우리가 아무리 열등 민족이라도 그래도 금수보다는 낮지 않습니까(정광현 1967, 부록 176~77면).

무엇보다도 이 논리는, 동물과 식물을 친족이라는 개념을 통해 인격화 하고 있고, 그후에 동성동본 금혼 폐지를 동물간의 집단교배와 같은 것으 로 비약시킨다.[34] 이러한 논리는 동성동본 혼인을 한 사람들을 분명하게 낙인찍고 있다. 물론, 동성동본 금혼제도를 폐지하는 것은 근친혼을 허가 한다는 것과 다른 일이다.

이러한 우생학적 논의가 지금 시각에선 어불성설이라 할지라도, 당시 국회 기록에서 동성동본 금혼에 대해 명시적으로 반대의견을 제시한 의원 은 장경근 의원 한 사람뿐이었다. 앞서 언급한 대로 장의원은 당시 국회 법 제사법위원회 민법 소위원회 위원장으로서, 논의대상이던 동성동본 금혼

위와 거의 일치해서 시·군 지회 아래 읍·면 지회가 있고, 아래 동·리 지회가 있으며, 서 울에 중앙회가 존재한다. 1991년 유도회의 회원수는 (제사를 지내는 사람들을 모두 합 하여)1,000만명에 달하는 것으로 추산되었지만 실제로 활동하는 회원은 5,000명 정도 다. 전국적인 규모와 조직에도 불구하고 유도회는 자금 및 철학적 지원에 심각한 어려움 을 겪고 있다고 한다(양용훈 1991, 80~86면). 2010년 현재 유도회원수는 40만명 정도 라고 한다(유도회 총본부 답변).

34) 김병로 위원장도 국회에서 유사한 논리를 구사한 바 있다. "개돼지도 처음 태어났을 때는 그들의 어미 또는 피붙이를 알아본다. 그러나 그들은 곧 그것을 잃고, 가장 신성한 법칙을 어기게 되는 것이다"(국회정기회 속기록 1957, 26-30, 8). 여기서 동성동본간 혼 인은 근친상간과 동일시되었다.

조항이 삭제된 법사위 개정안에 대한 책임자라 할 수 있다. 동성동본 금혼 철폐는 앞서 본 그의 점진적 개혁론과 일치하는 입장이다. 장의원은 아래와 같은 이유로 동성동본간 혼인을 법적으로 금지할 필요가 없다고 주장하였다.

> 지금 의학적으로 보면 어머니의 피 절반 아버지의 피 절반 해가지고 유전이 되어가는 것이지요. (…) 이론적으로 하면 어머니 피를 통한 혈족은 오촌이라도 결혼할 수 있고 아버지는 십촌 이십촌이라도 결혼할 수 없다 이것은 근친혼의 사상으로 보더라도 이론이 서지 않습니다. (…) 우리 김씨니 장씨니 이씨니 박씨니 하는 창씨가 대개 천년 내지 오래되었어도 천 몇백년밖에 안되었습니다. 그때 창씨할 때부터를 표준해 가지고 동성동본자라고 그래요. (…) 결국에 가서는 단군 할아버지에게 귀일합니다. 다 단군 할아버지의 친족이고 혈족이고 후예인데 어떻게 근친이 (…) 우리 한국사람끼리 결혼하느냐 이런 문제가 생깁니다(국회정기회 속기록 1957. 26-30, 19).

성씨의 출현과 동성동본의 금혼을 동일시하고, 그 연원을 천년 이전까지 거슬러올라가는 점에서 장의원 역시 동성동본 금혼제도에 대한 역사적 고찰을 한 것 같지는 않다. 이렇게 동성동본 금혼규정의 찬성과 반대 측 모두 해당 제도에 대한 역사적 고찰이 별로 없었던 것 같다. 또한 장의원의 동성동본 불혼제도 철폐 주장은 해당 제도의 '전통'을 지켜야 한다는 의원들처럼 공격적으로 제시되지는 않았다.

동성동본 금혼제도 찬성측 의원의 수와 그 열기를 볼 때 입법부의 헤게모니[35]는 확실히 동성동본 혼인을 금지하는 쪽이 장악하고 있었다. 소선

---

35) 헤게모니(hegemony)는 다수의 동의를 얻은 문화적·정치적 입장을 말한다. 헤게모니론에 의하면 정치적 지배란 권력과 명시적인 강요가 아니라 피지배자의 동의를 얻을 때 달성되는 상태이다. 이에 따라 헤게모니론은 지배에 있어 문화적·도덕적·이데올로기적 차원, 즉 상부구조의 중요성을 재조명한다(Gramsci 1971).

규, 성원경, 현석호 등 동성동본 금혼을 찬성하는 의원들이 법사위 수정안에 강력한 반발한 것(국회정기회 속기록 1957, 26-31, 21; 국회정기회 속기록 1957, 26-33, 6)에 대해 장경근 의원은 아래와 같이 방어적인 답변을 했을 뿐이다.

그런데 어제 말씀드린 바와 마찬가지로 윤리관을 바꾸는 것이 아닙니다. **팔촌까지는 최소한도로 너무 근친간의 이것은 참 생피를 붙는다 이렇게 말할 수가 있는 것이니까 이것은 법률로 간섭하지 않을 수 없다 그러나 그 이상에 가서는 이것은 도덕관념에 맡기자.** (…) 구촌 이외에는 이것은 도덕에 맡긴다 하는 것이지 해라 하는 규정을 한 일은 없습니다. 도덕에 맡겨서 도덕에 좋지 못하면 안하는 것입니다. 또 염려하실 것 없습니다. 도덕이 이렇게 강하다고 (…) 그렇게 인정하시면 그 강한 도덕대로 이런 것이 결국 없을 것입니다(국회정기회 속기록 1957, 26-31, 10).

사실상 족외혼의 원칙은 부계혈통을 강화하는 제도이므로 예외적인 소수의 사람들을 구제하기 위해 금혼제도를 반대하기보다는[36], 본 제도가 제헌헌법이 보장하는 양성평등에 반한다는 논리를 동원해서 좀더 적극적인 논의를 펼치는 것도 가능했을 것이다(헌법 제11조). 모든 국민이 가지는 배우자를 선택할 자유, 즉 혼인의 자유를 보장한다는 근거에서 반대의 이유를 찾을 수도 있었을 것이다(헌법 제17조와 제36조 제1항). 이 제도를 천년 이상 지켜진 관습으로 정의하기보다는, 주로 양반계급에서나 가능했던 조선시대의 관행이라고 보다 강력하게 주장할 수도 있었을 것이다. 나아가, 이 제도가 대한제국시기 이미 폐지된, 혈통에 기초한 신분제도라는 측면에서도 조명할 수 있었을 것이다.[37] 하지만 이런 적극적 논변은 찾아볼 수 없었다.

---

36) 동성동본 남녀간 혼인이 금지되었으므로 이들 사이에서 태어난 자녀도 법적 보호를 받을 수 없었다. 이에 따라 동성동본 금혼제도의 폐지는 종종 이들의 자녀들의 구제방안으로 생각되었다(제7장 참고).

37) 1894년 6월 28일, 대한제국정부는 양반과 기타 신분제도를 타파할 것을 선포하였고,

이런 시대착오적 제도를 지지했던 당시 국회의원들의 주체위치를 분석하면 문제된 쟁점과 당시 상황이 좀더 분명해진다. 이들 헤게모니 집단은 포스트식민 사회의, 엘리트 계층, 남성이라는 세 요소에 의해 그 입장이 구성되었다. 국회의원 대부분이 일제치하에서 태어나고 그 시기 교육을 받았다는 사실은 그들이 한국의 전통과 관습을 바라보는 관점 형성에서 결정적이다(Kim and Lee 1987). 김병로 위원장이 언급한 대로, 일본정부가 가족법의 영역에서만큼은 그들의 법을 적용하는 데 실패했다는 확신은 국회에서 너무도 의심 없이 받아들여져서(국회정기회 속기록 1957, 26-30, 11) 같은 논리가 많은 의원들의 주장에서 되풀이되었다. 일례로, 국회의원 성원경은 다음과 같이 주장했다. "과거에는, 심지어는 일본제국정부조차도 이 문제〔친족상속법〕에 대해서는 간여하지 못했다"(국회정기회 속기록 1957, 26-33, 5). 변진갑 의원은 "일제나 서양인들에 의해서도 아니고 한국인들 스스로 어떻게 그와 같은 법안 수정을 할 수 있는지 이해할 수 없다는 사람들이 있다"고 하였다(국회정기회 속기록 1957, 26-34, 6).

이들 논의가 식민주의와 관습의 영향에 대한 무지에 기초하고 있음은 재론할 필요가 없을 것이다. 대신, "포스트식민의 정신구조"(postcolonial mentality)의 끝없는 순환논리를 짚어볼까 한다. 관습의 순수성을 옹호하는 입장에서는 한국의 관습이란 본질적으로 순수하고 독특하며 쉽게 변하지 않는 것이어야 하기 때문에 일본제국이 관습에 끼친 영향을 부정해야 했다. 결국 한국의 관습과 민족은 민족적 자존심의 기표(記票)가 되고, 역으로 관습과 민족에 대한 눈먼 믿음은 포스트식민 한국의 민족주의적 정신의 뼈대를 제공하였다. 이 민족적 자존심은 식민지배의 영향과 효과가 남긴 긴 그림자를 직시하여 바로잡기보다는 그러한 영향을 보지 않으려는

공무원의 임용을 신분이 아닌 능력에 의하도록 하였다. 이는 1898년 8월 17일 대한제국 헌법 제9조에 명시되었다(우병창 1988, 73면; 신영숙 1994, 6면).

방식으로 구성되었다. 그리하여 이 자존심은 식민지시기의 기억이 불러일으키는 모호함(ambiguity)을 억압하는 기제로서 작용하였다. 이러한 억압과 대체(replacement)의 고리를 통해서 포스트식민 민족주의 엘리트 남성들은 한국의 식민지시기 이전의 과거, 그 관습과 전통을 찬미하고 싶었던 것이다. 여기서 우리는 한국의 '전통'과 '관습'의 역사에서 풀어야만 할 아이러니와 마주한다. 한국의 관습을 가족법의 원칙으로 존중하고 심지어 유교를 장려하기까지 한 주체가 일본 식민정부였음에도(Smith 1959, 166~83면), 포스트식민 한국의 민족주의자들은 한국의 전통과 관습을 신성한 영역으로만 만들고 싶어했다.

앞서 살핀 바와 같이, 식민주의가 미친 영향은 한국의 관습에 개입하고 관습을 결정하는 등 실로 깊고도 복잡한 것이었다. 국회의 강력한 민족주의적 성향에도 불구하고, 일본제국주의의 영향인 호주제도에 대해서는 별반 논의가 없었던 것도, 외면된 채 지속된 식민주의의 연장선상에서 보아야 할 것이다.[38]

한국 문화의 진정성에 대한 믿음은 이들 국회의원의 엘리트 성향으로 설명할 수도 있다(Kim and Lee 1987). 예를 들어 국회의원 민영남은 동성동본 금혼을 반대하는 사람들을 자신의 가풍 내지 가문의 경험에 빗대어서 비난하였다.

장의원이 살고 있는 고향이나 장의원의 가풍은 어떻게 되었는지 모르지만은 적어도 제가 아는 범위 내에서는 5대 봉사를 합니다. 제사를 5대까지는 같은 사당에 신주를 모시고 5대손끼리 모아서 5손까지는 한방에 모여서 제사를 지내는 그것이 5

---

38) 호주제는 제4장, 8장과 9장에서 논의되므로 이를 참고하라. 연관하여, 1957년 제정된 한국 가족법과 일본 구민법상 가족법의 용어 및 구조가 얼마나 유사한지 비교해보라(De Becker 1910). 또한 1922년 조선호적령의 번역본(1953년 대한민국 외무부 출간)과 한국 호적법(2007년 12월 31일까지 유효)의 유사성을 살펴보라.

대 종손이 돌아간 연후에 그 지손(支孫)이라든지 동행의 지손이 남아 있다고 할 것 같으면 최친(最親) 사당으로 해가지고 최친의 사당이 옮아져가지고 적어도 6대손까지는 한집에 모여서 제삿날 제사 지내게 됩니다. 6대손이라고 할 것 같으면 촌수로 헤아리면 아마 12촌가량은 되는 모양 같습니다. (…) 이런 경우를 생각해볼 때에 같은 사당에서 제사를 지내는 12촌 범위 내에서는 우리나라 습관으로 볼 때에 결혼을 한다든지 결혼을 해도 괜찮다고 하는 말은 아마 연애를 해도 괜찮다고 하는 말이 될 것입니다(국회정기회 속기록 1957, 26-31, 20-21).

이영희 의원은 같은 논거를 좀더 정교화하였다. 그는 9촌, 10촌, 혹은 좀더 먼 친척들이 서로 혼인을 하게 되어 부계 자손, 모계 자손, 그리고 심지어 사돈끼리 같은 조상에 대한 제사를 모시게 되는 '끔찍한 상황'을 상정하였다(국회정기회 속기록 1957, 26-34, 14). 이러한 상상은 족외혼이 부계조상의 제사를 모시는 것이고 부계혈통을 보호하는 것으로 번역된다는 것을 여실히 보여준다. 최종적으로 통과된 금혼범위 조문은 정확히 이 관점을 구현하고 있어 동성동본 금혼규정은 공화국하에서 양반의 감수성을 전인구로 확산한 시대착오적인 것이라 말할 수 있다.

이상의 논의에서 남성의 입장이 법규정에 어떻게 영향을 미쳤는가가 충분히 드러나지는 않는다. 대신, 이전 혼인관계 혹은 혼외관계에서 태어난 자녀 입적을 규정한 제776조를 둘러싼 논의에서 그 남성중심성을 찾아볼 수 있다. 이 논의는 여성단체연합의 입장을 반영한 정일형 의원 수정안을 둘러싸고 일어났다.[39] 정부안 제776조는 다음과 같았다.

---

39) 단지 한 사람의 [남성] 국회의원만이 여성단체연합안을 지지한 점에 대해 몇몇 국회의원들이 동정을 표시했다. 박영종 의원은 "어떻게 그렇게 많은, 1,500만명의 여성이 단지 한두명의 외로운 국회의원에게 의지해야만 하는 불행한 상황에 처하고 있단 말인가?"라고 말했다(국회정기회 속기록 1959, 26-49, 22).

가족[40]이 혼인 외의 자녀를 출생할 때에는 호주의 동의를 얻어 그 가에 입적하게 할 수 있다. 혼인 외의 출생자녀가 부가(父家)에 입적할 수 없는 때에는 모가(母家)에 입적할 수 있고 그 모가에 입적할 수 없는 때에는 일가(一家)를 창립한다.

국회 법제사법위원회 수정안은 "호주의 동의를 얻어"라는 문구를 삭제한 데 비해서 정일형 의원의 수정안은 같은 문구를 "배우자의 동의를 얻어"라는 문구로 대체하였다. 정일형 의원은 자신의 수정안에 대해, "혼인 외의 자가 죄가 되는 것은 아니"며, 이 수정안이 인지에 관한 조항(제7장 참조)과 조화를 이룬다고 주장하였다(국회정기회 속기록 1957. 26-49. 26). 정의원은 또한 본 수정조항이 부부의 평등에 관한 헌법규정 및 상대방의 부정(不貞)에 대해 형사책임을 물을 수 있도록 한 형법과도 일관성이 있다고 주장했다.[41] 혼인 외의 자녀를 갖는 것은 주로 남편쪽이며, 혼외자를 입적하고자 하는 관심도 대거 남성의 것이라는 점을 정일형 의원의 수정안은 전제하고 있다. 그의 전제는 맞는 것이어서 대다수 국회의원들은 법사위 수정안에 동의하였다. 변진갑 의원은 다수의견을 다음과 같이 밝혔다.

그 자식이 어디에서 낳든지 간에 제 자식인데 낳으면은 그것을 데려다가 내가 이것을 부양을 해야 될 것입니다. (…) 그런데 이것을 못 데려오게 하는 것은 이것은 얘기가 안된다 이 말이에요. 호적이니 무어니 관계해가지고 혹은 동의를 얻고 말고 할 문제가 아니올시다. 누가 동의하고 누가 동의 안하고 할 것이 아니라 말씀이에요. 제 자식 데려오는데 어떤 사람이 동의를 하여 어떤 사람이 동의를 안할 것이냐 이 말이에요(국회정기회 속기록 1957. 26-50. 6-7).

---

40) 여기서 '가족'이라 함은 호주제도하에서 호주가 아닌 가족구성원을 지칭한다. 이것은 근대한국 가족법에 표기됐던 일반언어와 불일치하는 이상한 표현 중의 하나이다.

41) 식민지시기 간통죄의 행위주체는 아내로 한정되었으나 1953년 제정된 형법 제241조에 의해 남편의 간통 처벌이 가능해졌다.

이 담론에서 화자는 혼외자의 부(父) 입장과 동일시하면서, 부자관계는 누구도 간섭할 수 없는 영역으로 전제하고 있다. 여기서 나의 아이를 나의 호적에 등재할 강력한 힘을 가진 주체는 남성인 호주라는 점을 부정할 수 없다. 아버지의 입장에서 혼외출생자인 나의 아이를 나의 집에 등재할 때, 나의 아이가 아닌 아이를 돌봐야 하는 입장, 그리고 혼외출생자인 나의 아이를 나의 집에서 키우는 것이 거의 불가능한 어머니의 입장에 대해서는 아무런 언급이 없다. 요컨대, 여기서 '나'란 아버지일 뿐이다. 김달호 의원은 심지어 '양성평등'에 근거하여 법사위 개정안에 찬성을 표시하였다.

어린애가 낳으면 말이야 이것은 자기가 낳은 아버지 혹은 어머니에 대하여 그 호적에 들어갈 수 있는 (…) 그와 같은 자격이 충분히 있다고 하는 것을 우리 사회에는 물론이고 그 가족된 배우자는 상호 그 자격을 인정해주는 것이 이것이 옳은 일이고 또한 정당하다고 이렇게 생각하는 것입니다. 법제사법위원회의 수정안이 그 내용에 있어서나 그 형식에 있어서 남녀평등의 원칙에 추호도 위배되는 것이 없다는 것을 저는 인정하는 것입니다(국회정기회 속기록 1957, 26-50, 11).

주로 남성이 맡게 되는, 호주의 동의라는 문구를 삭제함으로써 남편과 아내 모두가 그들의 혼외자녀를 입적할 수 있기 때문에 법사위 수정안이 젠더중립적이라는 논지이다. 이러한 '형식적 평등'이라는 논리가 도입되었으나, 정일형 의원은 이는 실제와 너무도 동떨어진 것임을 아래와 같이 지적하였다.

아내가 간생아(姦生兒)를 얻어가지고 들어온다 이것은 거의 우리가 상상도 못해요. 만일 남의 아내가 다른 남자와 간음을 해가지고 어린애 낳면 벌써 그것으로써 종지부를 찍는 것이올시다. (…) 그러나 우리 남성들이 오늘 이 여자를 관계하고 내일저 여자를 관계해서 어린애를 낳아 (…) 몰래 합니다. 자기 아내에게 내가 이렇게 합니다 하고 이렇게 얘기하고 하는 분은 극히 적을 것이에요. 다 몰래 해서 어린애까지 낳아놓습니다. 따로 소실을 들여놓습니다(국회정기회 속기록 1957, 26-50, 14).

이러한 현실은 혼외자의 인권이라는 논리 아래 무시되었다(국회정기회 속기록 1957, 26-50, 15). 흥미롭게도, 이 조항에 대한 논쟁에서는 전통과 관습을 중심으로 했던 다른 논쟁들에 비해 개인의 자유라든가 인권 같은 다른 관점들이 제시되었다. 국회의원 정명섭은 "과거에는, 서자와 같은 잘못된 가족제도 때문에 많은 비극이 있었다"고 주장했다(국회정기회 속기록 1957, 26-50, 15). 따라서 이제부터는 조선시대의 서자에 대한 차별 관습이 사라져야 한다고 적극 주장하였다. 여기서 볼 수 있듯이 관습은, 실은 현재의 관점과 정치의 필요에 의해 전유되거나 타파되고 재구성되는 것이었다. 이렇게 하여 논란이 된 제776조는 115명의 투표에서 60명이 찬성하였고, 반대 없이 법사위 수정안대로 통과되었다(국회정기회 속기록 1957, 26-51, 2).[42]

이상과 같은 당시의 헤게모니적 상황을 생각할 때, 동성동본 금혼조항에 대한 조금 덜 보수적인 수정안이 통과될 가능성은 희박했다. 동성동본 금혼조항은 세 차례의 투표를 걸쳐 통과되었다. 제802조 제1항에 대해 동성동본간 혼인을 금하는 정부안은 110명의 투표 중 90명의 찬성으로 통과되었고 반대표는 없었다(국회정기회 속기록 1957, 26-54, 13).[43] "혈통이 불분명

---

42) 당시 제적의원은 203명이었고, 표결 정족수는 그 2분의 1이었다. 법률안 통과를 위한 표결은 비밀투표가 아닌 거수로 진행되었다. 거수하지 않은 사람은 기권이 되고 반대가 없는 일은 빈번하였다.

43) 박영종 의원은 이상과 같은 표결에 대해 다음과 같이 말하면서 극렬히 비판하였다. "이 단상에 반드시 법제사법위원회 중에서 그 안을 지지했던 분이 계실 것이 아닙니까. 어찌돼서 한 사람의 손이 안 올라오느냐 그 말이에요 이것 문제예요. 이것이……" 그는 외부의 압력이 있을 가능성을 지적하고 비밀투표를 제안하였으나 이 제안은 받아들여지지 않았다(국회정기회 속기록 1957, 13-14, 26-54).

한 경우, 동성동본 금혼은 적용되지 않는다"는 정부안의 구절을 삭제했던 권오종 의원의 수정안은 105명의 투표 중 63명의 찬성과 1명의 반대로 의결되었다(국회정기회 속기록 1957, 26-54, 17). 제802조 제2항과 관련하여 족외혼의 범위를 본래의 인척 4촌에서 8촌으로 확대한 권오종 의원의 수정안은 108명의 투표 중 73명의 찬성으로 반대 없이 의결되었다. 이상과 같이, 동성동본 금혼제도를 포함하여 제안된 법안 중 가장 넓은 범위의 금혼범위 조항이 한국의 근대 가족법에 도입되었다.[44]

---

44) 1997년 7월 16일, 헌법재판소는 민법의 동성동본 금혼규정(제809조 제1항)이 헌법에 불합치한다는 결정을 내렸고 법이 개정될 때까지 그 적용을 금지하였다. 이렇게 이 조항의 불합리성을 인정하는 데 40년이 소요되었다.

제7장

평등의 하늘, 역사의 땅:
1960~80년대 가족법 개정운동

1. 여는 말

한국 가족법의 역사는 가족법 개정의 역사다. 1957년 민법이 제정된 이후 1960년대, 70년대, 80년대에 걸쳐 가족법 개정운동이 멈춘 적이 없었다. 2005년 호주제도가 삭제된 민법이 국회에서 의결된 이후에도 협의이혼제도와 부부재산제도 등을 개혁한 민법 개정안이 국회에 발의된 바 있다. 이렇게 한국 가족법 개정운동은 현재진행형이다. 또한, 한국 가족법 개정사는 한국에서 발흥한 페미니즘의 모습을 보여준다. 가족법 개정운동은 가부장적 가족법을 비판하고 대안을 모색한 여성주의운동이었고, 전통과 근대성의 기로에 선 한국 가족제도에 대한 비판법학운동이었으며, 시민들의 삶 속에서 의제를 발견하고 결집한 사회운동이었고, 입법부와 행정부에 압력을 가했던 정치운동이었다. 이 점에서 한국 가족법 개정은 한국의 여성운동, 법과 사회의 역동성, 가족과 여성의 위치 등이 복합적으로 담긴 법사회학적, 여성사적 텍스트라 보인다.

이 장에서는 민법 제정 후 1962년, 1977년, 1989년 세번에 걸친 가족법의 주요 개정사를 고찰할 것이다. 2005년 호주제 폐지에 대해서는 다음 장에서 다룬다. 이 장은 세 차례 개정의 의제, 사회적 맥락, 개정내용을 중심으로 논의할 것이며 여러 주장들 가운데 전개된 담론을 그 전제나 추론, 제시 방법 등을 통해 분석할 것이다(Van Dijk 1985). 가족법 개정과정에서 가장 많이 회자된 주제는 '전통'이고, 개정론자들은 주로 민주주의·개인주의·평등 같은 근대적 이념을 논거로 사용하였다. 이 점에서 가족법 개정의 지난 50여년 역사는 한국 여성운동이 어떻게 다층적인 가부장제를 대면하고 해체해갔는지, 그리고 전통과 근대의 이분법적 씨스템 속에 놓인 한국사회의 역사·문화적 풍경을 보여주고 있다.

2. 1962년의 개정

1960년 1월 1일에 제정된 가족법은 곧 개정 요구를 불러일으켰다. 앞장에서 살펴본 민법 제정 당시의 논란을 볼 때 이는 놀라운 일이 아니다. 친족상속편의 정부측 법안이 대체로 통과되었다는 사실이 알려지자 1958년 2월 대한부인회, 여성문제연구원, 대한여학사협회, 대한YWCA연합회, 대한여자청년단, 대한가정학회가 모여 이승만 대통령에게 청원서를 제출하기로 하였다. 서자녀 입적조항과 이혼 배우자에 대한 재산분여청구권 조항만이라도 고쳐보려는 의도에서였다. 하지만 이 노력은 수포로 돌아가고, 앞에서 보았듯이 정부안과 법사위 수정안에 기초한 신민법이 1958년 2월 12일 공포되었다(이태영 1992, 120면).

1960년 8월에 민주당이 정권을 장악하였으나, 제2공화국은 1961년 4월 박정희 장군이 일으킨 군사쿠데타에 의해 전복되었다. 2년 7개월 동안 국가재건최고회의의 군사통치가 뒤따랐고 박정희 장군은 1963년 10월 대통령으로 선출되었다. 1962년의 가족법 개정은 이러한 정치적 과도기에 이루어졌다. 여성단체 지도자들은 일시적인 혼란이 법개정에 오히려 유리하다고 믿고 1962년 7월, 가족법 제1차 개정을 발의하기 위한 회합을 가졌다.[1] 그리고 당시 최고회의 의장인 박정희 장군에게 가족법 개정에 관해 건의문을 전달했다. 이를 검토한 최고회의는 민법의 개정은 거대한 작업이어서 손댈 수 없고 대신 이들의 건의 중 가정법원 설치를 위한 법률안을 만들겠다고 결정했다(이태영 1992, 137면). 국가재건최고회의 통치시기인 1961년 5월 16일부터 1963년 1월 1일까지 어떠한 과정을 통해 개정안을 마련하게 되었는지는 문서가 남아 있지 않아 그 과정을 알 수 없다. 본 개정으로 변화된 조문은 아래와 같은 제789조뿐이었다.

민법 제789조 (강제분가) 호주는 직계존속 아닌 성인남자로서 독립의 생계를 할 수 있는 가족을 분가시킬 수 있다. 〈제정 1958.2.22〉

민법 제789조 (법정분가, 강제분가) ① 가족은 혼인하면 당연히 분가된다.
② 호주는 직계존속 아닌 성인남자로서 독립의 생계를 할 수 있는 가족을 분가시킬 수 있다. 〈개정 1962.12.29〉

이렇게 민법 제789조 제1항이 신설되었을 뿐이지만, 그 영향은 결코 사소하지 않다. 이 개정으로 거의 모든 기혼의 한국 남성은 호주 지위를 가지게 되므로,[2] 한국에서 호주는 명실공히 남성의 성신분(gender-status)이라는 성격을 가지게 되기 때문이다. 남성 가장을 우두머리로 한 소규모 가

---

1) 이 회합에는 6개 여성단체, 즉 대한여학사협회, 대한어머니회, 대한가정학회, 대한여자기독교절제회, 여성문제연구원, 대한YWCA연합회 대표자가 참석하였다(이태영 1992, 133면).
2) 이 법정분가 조항에 의해 차남 이하 중자는 결혼에 의해, 장남자는 이전 호주의 사망 후 호주계승에 의해 호주가 될 수 있다(호주제도에 대한 자세한 분석은 제9장 참고).

족 단위의 호적 편제는 국가의 행정효율성도 제고할 수 있었을 것이다. 이는 1960년대 초반 점화된 경제개발 5개년계획 등에 의해 가속화된 산업화와 인구이동이라는 사회상황 속에서 필요했던 국가정책으로 이해할 수 있다. 당시 국가재건최고회의가 밝힌 개정 이유는 (i) 대가족제도에서 부부 중심의 핵가족제도로 변화하는 생활양식, (ii) 호적부상의 개념적인 가족과 실제 가족 간의 유사성 제고, (iii) 임의분가에 대한 사회적 관심의 부족(제788조), (iv) 호적부 관리의 간소화, (v) 본적의 영속성에 의해 강화된 지역적 편견의 불식이다(김용한 1988, 440면; 한봉희 1993, 732면; 이태영 1992, 139~40면). 이 개정의 결과, 호주제도는 이른바 '근대적' 핵가족제도와 유사한 모습을 띠게 되었다. 하지만 제788조 1항 장남의 분가 금지에서 외형적 핵가족 속에 구현되는 부계계승의 논리라는 독특한 호주제도의 모습을 발견할 수 있다. 이는 부부 중심의 서구 핵가족제도의 이념과는 동떨어진 것이다.

> 민법 제788조 ① 가족은 분가할 수 있다. 그러나 직계비속 장남자는 분가할 수 없다. 〈제정 1958.2.22〉[3]

이러한 조문들은 핵가족화를 수용하면서도 장남이 본가의 부계혈통을 계승하는 부계계승적 원리는 조금도 수정하지 않는 절묘한 방식을 구현하고 있다. 요컨대 현대판 장자계승주의가 고안되었던 것이다.

다른 한편 여성지도자들의 건의에 따라 가사심판법이 1963년 10월 1일에 제정되었고(법률 제1375호), 동년 10월 10일에 가정법원이 설립되었다. 이에 따라 혼인의 영역에서 변화가 생겼다. 먼저 사실혼의 경우, 호적법 제76조에 의거하여 확인한 후 신고하면 남편이 거부해도 혼인신고가 되도록

---

3) 본 조문은 아래와 같이 개정되었고 2005년 3월 31일 삭제되었다. 민법 제788조 (분가)
   ① 가족은 분가할 수 있다. 〈개정 1990.1.13〉

보장하였다. 이혼을 하는 경우, 신법은 부양료 청구를 위한 압류를 통해 배우자의 재산을 확보하는 이행확보제도를 규정하였다(한복룡 1989, 733면; 이태영 1992, 138면). 또한 앞서 친족상속법 개정에 수반하여 관련 호적법 조문이 1962년 12월 29일 개정되었고, 가사심판법 제정에 따라 호적법의 제2차 개정이 있었다. 비록 1962년 7월 여성활동가들이 박정희 장군에게 건의한 내용은 대부분 받아들여지지 않았지만, 가정법원 설치와 가사심판법(가사소송법으로 1990년 12월 31일 개정됨)의 제정 같은 적지 않은 성과를 내기도 했다(김용한 1988, 441면; 이태영 1992, 135~39면). 이렇게 제1차 가족법 개정에서는 하나의 조문이 개정되었을 뿐이지만 그 부속법인 가사심판법이 제정되고 호적법이 개정되었다는 점에서 그 변화의 폭은 결코 좁지 않다.

3. 1977년의 개정

가족법 개정운동이 군부독재시기에 해당하는 1970, 80년대에 활발하게 진행되었다는 사실은 여성운동과 국가의 관계라는 측면에서도 관심을 불러일으킨다. 1973년 6월, 무려 61개 여성단체의 연합인 '범여성 가족법 개정 촉진회(이하 촉진회)'가 결성되었고 이숙종 의원(여성단체협의회 회장, 국회의원)을 대표로 선출하였다.[4] 이 시기에 박정희 대통령은 고도의 중앙집권적 권력을 장악하고 있었다. 국회의원의 3분의 1은 국민투표가 아닌 '유신정우회(이하 유정회)'에서 선출되었고, 유정회 후보들은 모두 대통령이 지명하

---

4) '촉진회' 결성에 앞서 1973년 4월 27일 YWCA와 한국가정법률상담소 주최로 '가족법 개정을 촉구하는 강연회'가 있었는데, 여기에서 김주수 교수는 '현행 가족법상의 남녀차별', 이태영 변호사는 '법률상의 남녀평등은 왜 시급한가'라는 주제로 강연하였다. 이 강연회는 가족법 개정운동이 범여성운동으로 확산되는 직접적 계기가 되었다(이태영 1992, 145~50면).

였다. 이런 선거제도 덕분에 직접선거로 선출된 2명을 포함하여 12명의 여성이 1973년 3월 12일 개원한 제9대 국회의 국회의원으로 임명되었다. 대한민국 국회사상 가장 많은 여성의원이 배출된 것이다. 여성단체 운동가들은 12명의 여성의원이 국회에 존재한다는 점에서 이 시기가 가족법 개정을 추진할 절호의 기회라고 보았다(이태영 1992, 143면). 마침 유엔은 1974년을 '세계 인구의 해'로 선언하였는데 한국정부는 이를 '가족계획의 해'로 받아들였다. 가족법 개정운동을 추진했던 인사들은 이러한 인구 및 가족 프로젝트를 받아서 부계혈통 계승이 가족계획의 주요 장애물이라는 어젠다로 제시하였다. 이런 정치·사회적 맥락에서 전개되어 1977년에 결실을 거둔 가족법 개정운동의 논거와 과정을 보기로 한다.

(1) 법개정 주장과 반대의 목소리

1973년 6월 28일 촉진회 결성대회에서는 이 회의 목적을 아래와 같이 발표하였다. 이 선언문은 가족법 개정의 근거를 잘 보여주는 텍스트이다.

첫째, 타고난 성별과 태어난 순서에 따라 특전과 천대가 나누어지는 현행 가족법은 〈세계인권선언〉과 우리 헌법에 정면으로 위배될 뿐 아니라 인도적 견지에서도 부당하므로 시급히 개정되어야 한다.

둘째, 오랫동안 낡은 전통과 인습의 질곡에서 신음해온 여성으로 하여금 인간 본연의 자세를 회복해서 인간관계의 본질적 체제를 갖출 수 있는 제도적 개혁이 절실히 요구된다. (…) 여성의 인간화를 가로막는 어떠한 제약도 철폐되어야 한다.

셋째, 어떤 민족이나 국가가 영속하고 번영하기 위해서는 힘을 가져야 한다. 여기에서 가장 중요한 힘은 인력이다. (…) 결코 천부적으로 열등한 존재가 아닌 미개발의 여성능력을 사회발전에 도입해야 할 시기가 도래했다. (…) 여성의 능력을 민족중흥의 새로운 에너지로 삼고, 나아가 인류발전에 이바지하게 하는 선행요건으로서 여성의 무력을 조장한 현행 가족법을 개정해야 한다.

넷째, 가정의 민주화를 천명한 헌법정신에 따라 온 가족의 이해공동의 광장이며 생활공동체인 가정에서 민주주의가 실현되어야 한다. 나아가 국가 사회 구성의 기본 단위가 되는 가정에서부터 민주주의가 몸에 익고 생활화되도록 (…) 가족법은 개정되어야 한다.

다섯째, 누구나 갈구하는 사회정의는 법의 정의가 그 초석이 될 것이다. (…) 법의 정의를 명백히 파괴하는 가족법의 개정으로 국민적 요망인 사회정의 실현의 시금석을 삼아야 하겠다(이태영 1992, 151면).

이렇게 가족법 개정의 근거로 인권, 민주주의, 국력, 민족중흥 또는 정의가 제시되었고 무엇보다도 인본주의(humanism)가 개정의 근본적 이상이었던 것으로 보인다.[5] 또한 이 선언문이 전통과 인습을 여성의 '질곡'으로 바라본 점도 주목된다. 개정론자들의 이념과 '전통'을 본질적으로 배척되는 것으로 위치짓는 인식에서, 이 시기 보수주의자들뿐 아니라 개정론자들도 가족법에서 전통과 근대성의 이분법적 논리를 견지했음을 엿볼 수 있다. 다른 한편, 여성들이 독재정치하에서도 국력 증진에 일익을 담당해야 하는 것인지도 의문이다. 가족법 개정을 제약하는 현실 속에서 개정론자들은 기성의 정치규범과 통로를 최대한 활용해야 했을 것이다. 하지만 당시 페미니스트와 진보적 가족법학자 들이 자신들이 놓인 위치를 어떻게 인식했는지에 관해서는 의문이 남는다.[6]

---

5) 서구 페미니즘의 역사에서 여성의 정치적·시민적 권리 주장은 인본주의에 기초하여 여성의 '보편적 인간성'에 호소할 뿐 양성간 차이에 대해서는 외면했던 경향이 있다. 즉 '여성도 인간이다'라는 테제를 통해 여성을 탈성화(脫性化)하면서 남성을 인간의 전형(典型)으로 재확인한 면이 있다. 이처럼 페미니즘과 휴머니즘 간의 관계는 간단치 않다. 프랑스에서 여성의 시민권이 부재한 맥락 속에서 페미니즘이 처한 휴머니즘의 딜레마에 관해서는 Scott(1996)을 참고.

6) 가족법 개정론자들의 정치학은 여러 관점에서 평가할 수 있다. 먼저 개정론자들과 국가기관의 유착관계에 대한 비판이 있을 수 있지만, 법개정이란 입법부의 의결과 행정부의

이 선언과 더불어 가족법 개정의 10대 항목이 정립된 후,[7] 가족법 개정안 작성작업을 자문위원회에 의뢰하였다. 자문위원으로 참여했던 학자는 박병호, 김주수, 김용한, 한봉희, 이태영 등 다섯명이었다(이태영 1992, 160면).[8] 다른 한편, 촉진회는 개정지지 서명운동을 벌이고, 전국적으로 지방 지회를 설립하였으며, 가족법 개정이유를 설명하는 팸플릿, 만화, 기타 출판물을 만들어 홍보운동을 벌이고, 강연회를 개최하고, 150만 서명운동을 벌이는가 하면 국회의원들에게 개정이유를 설득하는 등 가족법 개정을 위해 셀 수 없는 다양한 활동을 벌였다(이태영 1992, 155~60면).

1974년 7월 6일과 7일, 가족법 개정운동의 핵심이라 할 수 있는 가족법 개정안 작성의 마무리 작업이 이루어졌고 7월 18일 여성 국회의원들에게 동 법안을 전달해 9월 20일 개원할 정기국회에서 법안을 발의할 것을 부탁하였다(이태영 1992, 162~63면). 이때 마련된 개정안은 1989년의 제3차 가족법 개정 때까지 지속적으로 영향을 미친 포괄적인 수정안이라 할 수 있다.

한편, 개정에 대한 거센 반발도 있었다. 개정안이 발표된 후 가족법 개정 반대론자들의 반발은 더욱 심해졌다. 1974년 8월 25일 '유도회'는 전국 총회에서 가족법 개정에 반대하는 모임을 개최했고, 1974년 10월 5일에는

협조 속에 이루어져야 하는 것이기에 국가기관과의 긴밀한 관계는 필수적이다. 또한 법 개정론자들이 일반여성들을 교육의 대상으로 여긴 듯한 태도에서 엘리트주의가 지적되기도 한다(김유미 1994). 하지만 50여년의 한국의 법개정 여성주의운동은 단지 엘리트주의로 폄하되기엔 너무도 다양한 방식으로, 광범위한 주체들을 결집시켰다는 것을 부인하기 어렵다.

7) 10개의 개정항목은 다음과 같다. 1)호주제도 폐지, 2)친족범위 결정에 있어서의 남녀평등, 3)동성동본 불혼제도 폐지, 4)소유 불분명한 부부재산에 대한 부부공유, 5)이혼 배우자의 재산분배 청구권, 6)협의이혼제도의 합리화, 7)부모의 친권 공동행사, 8)적모서자 관계, 계모자 관계 시정, 9)상속제도의 합리화, 10)유류분제도의 신설(이태영 1992, 150면).

8) 개정안은 주로 남성 가족법학자들에 의해 작성되었는데, 이는 당시 여성 가족법학자 내지 여성 법학자의 부족에 기인했을 것으로 사료된다.

개정을 반대하는 34,000명의 서명 명부를 국회 사무국에 제출했으며, 10일 후에는 반대이유서를 제출하였다.[9] 1975년 9월에는 유도회 회원(유림)들과 이외 반대론자들이 '한국가족제도수호위원회'를 결성하고 기업인 정주영을 대표로 임명하였다. '수호위원회'는 가족법 개정안은 한국의 전통을 망칠 사악한 법이라고 비판했다.

이러한 열띤 분위기에서 『중앙일보』는 1975년 10월 29일 가족법 개정 찬반 양측을 모두 초청하여 공청회를 개최했다. 개정 반대자 중 한명인 법률가 기세훈은 그가 '개별가족제도'라 부르는 특이한 제도를 통해 호주제 존속을 지지하였다.

핵가족과 개별가족제도의 차이는, 개별가족제도는 외형적으로는 따로 분가해서 살지만 정신은 효자 충신으로서 단합되어 있고, 핵가족제도는 정신적으로 완전히 분리해서 남이 되는 것이다. (…) 개별가족제도를 보면 조부모, 부모를 모시고 있기 때문에 가장 이상적인 양로원 역할을 하고 있다. 조부모 사랑 밑에서 응석부리고 양육된 아이는 구김살 없는 정서가 발달된다. (…) 이와 같이 훌륭한 개별가족제도를 인정하게 되면 가장 또는 호주가 있게 마련이다. 호주가 상징적이라도 좋다. 우리의 정서 감정의 지주로서 우리 인간을 인간으로 이끌어주는 노부모를 모시고 정서의 중심으로 살아가야 한다. 그런 의미에서 호주제도 또는 가장제도는 있어야 한다고 생각한다(이태영 1992, 174면).

이러한 가족 모형에서 볼 때, 가족법 존치의 핵심은 장남에 의한 부계계승주의의 유지에 있다고 보인다. 앞의 의견에서 '가족' '부모' 같은 용어는 오로지 '아들' '아들의 부모'와 같은 남성의 주체위치에만 해당한다는 점

---

9) 1975년 한해 동안 7만명이 가족법 개정 반대서명에 참여하였는데 이는 1974~83년의 10년 동안 가족법 개정에 찬성하여 서명한 사람보다 더 많은 숫자이다(여성평우회 1984; 김용한 1988, 447면).

에 유의해야 한다. 유림의 한 사람인 이병일은 호주제도의 가치에 대해 다음과 같이 주장하였다.

> 오늘의 현실을 보면, 서양의 물질적인 행복과 순풍양속을 자랑하는 한국 가정의 정신적인 행복과 어떤 것이 더 좋은가? (…) 가족법 개정 10개 조항 중 돈 나누어먹자는 것이 4개 조항이다. 네번째 소유 불분명한 재산의 부부공유, 여섯번째 이혼 배우자의 재산분할청구권, 아홉번째 상속제도의 합리화, 열번째 유류분제도의 신설, 이 모두가 나누어먹자이다. (…) 그렇다면 가정이 이해관계를 따지는 가정이냐, 여자가 출가해서 시집의 영광, 시집의 조상을 위하여 빛나는 어머니, 아내가 되는 것이 목적이냐, 어느 쪽인가? 재산 문제가 그렇게 문제라면 재산분할증을 만들어놓고 시집가야 하지 않겠는가? 아들을 중시하고 딸을 경시한다고 하는데 물론이다. 딸은 시집가서 존중받으면 될 것이다(이태영 1992, 178면).

이 담론에는 동양(한국)과 서양, 물질과 정신 같은 이분법이 작동하고 있다. 이 이분법 속에서 '전통'이란 아무런 선례, 설명, 진술도 없이 그저 '좋은 것'으로 정당화되고 있다. 즉 전통 개념은 해방 직후보다 그 내용이 더 막연해졌음에도, 이를 지지하는 정서는 더욱 강해진 듯하다. 이 화자는 가족 내에서 물질적 관계의 계산을 비판하면서 가부장적인 이해관계는 '정신적인 것'으로 간주하였다. 이에 따라 한국 가족의 신성한 정신적인 행복이란 계산될 수 없고 또 계산해서도 안되는, 여성들이 '시가'에 봉사함으로써 얻어지는 것이다. 아마도 이것이 이 화자가 자랑스러워하는 한국 가족전통의 핵심에 해당할 것이다.

(2) 국가의 무관심과 침묵

1974년 9월 30일, 촉진회가 마련한 수정안이 촉진회 회장인 이숙종 의원 외 19명 국회의원 발의로 국회에 제출되었다. 그러나 촉진회 회원들은 국회에 제출된 수정안이 촉진회에서 작성한 것과 다른 안임을 알고 경악하였다. 이숙종 의원은 촉진회가 작성한 개정안이 너무 급진적이어서 국회를 통과할 수 없을 것으로 스스로 판단하여, 김주수 교수의 협력하에 수정안을 비밀리에 변경했던 것이다.[10] 수정안의 핵심 내용이었던 호주제도 폐지와 동성동본 불혼제도 폐지조항이 삭제되어 있었다. 이 사건으로 인해 촉진회는 충격을 받았고 분열 직전의 위기에 처하기도 했으나 결국 촉진회의 원래 개정안을 그 다음해인 1975년 4월 9일 국회에 제출하는 것으로 정리하였다(이태영 1992, 165~68면).

가족법 개정의 찬성측과 반대측 모두가 활발히 움직이자 신문·방송·대중강연회 등을 통해 가족법 개정에 관한 열띤 논쟁이 벌어졌다. 그러나 국회는 침묵을 지켰다. 법제사법위원회는 1975년 6월 30일 법안 접수를 보고받았으나 11월 14일에야 가족법 개정안을 법사위원회에 상정하고 토론 없이 이숙종 의원의 간단한 제안 설명을 들었다. 그후 수정안 검토를 위한 가족법 개정안 심의소위원회(이하 소위원회)가 구성되었으나 1976년 말까지 소위원회는 아무런 활동을 하지 않았다. 이렇게 입법부와 당시 관료들이 가족법 개정에 대해 명시적인 의견을 밝히지 않는 것이 지배적 분위기였다고 요약된다(이태영 1992, 168~69, 182면; 김용한 1988, 446~47면). 가족법 개정에 대한 한국 국가의 침묵, 그리고 (의도된) 무관심은 매우 정치적인 것이다. 그것은 이슈를 이슈로 만들지 않음으로써, 어떤 정당화 노력 없이 기존 질서를 공고히 하는 데 매우 효과적이다.

이렇게 시간이 흘러 거의 사라졌던 가족법 개정의 희망은 1976년 12월 정부가 발표한 인구정책에 의해 샘솟았다. 정부는 '남아선호 사상이 인구통제의 주된 장애물'이라고 판단해 가족법 개정을 계획하게 된 것이었다

---

10) 이 사건은 이숙종 의원 개인의 의지를 넘어 촉진회와 대통령에 의해 간접 선출된 국회의원의 역할 사이의 갈등을 드러내는 것으로 해석된다.

(이태영 1992, 182면). 이에 따라 1년 반 동안 아무런 활동도 하지 않던 법사위 소위원회는 1976년 12월 8일 갑작스레 서둘러 대중토론회를 열었고, 김주수 교수가 국회에 제출된 개정안의 골자에 대해 설명하였다. 이후 해당 소위는 다시 1년 가까이 침묵을 지키다가 1977년 11월 7일 2차 토론회를 열었고 이때 가족법 개정 반대론자들의 의견을 청취했다.[11] 한달 후인 1977년 12월 8일, 회기 종료일이 채 2주일도 남지 않은 상황에서 여당은 당시 개회중이던 제98회 회기에서 가족법이 부분적으로 개정될 것이라고 발표하였다.[12]

정부는 이 부분 개정에 관하여 다음 세 가지 원칙을 발표하였다. i) 가장 많은 논쟁을 불러일으켰던 호주제도 조항 및 동성동본 불혼조항은 개정하지 않는다. ii) 이혼시 처의 재산분할청구권과 딸의 상속분은 부분적으로 개정한다. iii) 특별법을 통해 혼인이 금지된 동성동본 부부 사이에 출생한 자녀를 한시적으로 호적부에 등재하도록 한다(이태영 1992, 197면). 이 세 원칙하에서, 촉진회의 수정안과 반대론자의 의견을 참고하여 소위원회의 대안이 불과 1주일 만에 주로 조병완 의원에 의해 작성되었다(김용한 1988, 449면).[13] 그 결과 1977년 12월 15일, 법사위 소위원회는 소위원회 가족법 수정

---

11) 촉진회의 침체, 유림측의 반대, 국회의 무관심이 지속되던 와중에 1977년 2월 동성동본의 남녀 커플이 서울 여의도 소재 호텔에서 투신자살하는 충격적 사건이 벌어졌다. 이들은 동성동본간은 혼인할 수 없다는 민법 제809조 때문에 결혼할 수 없음을 한탄하고 "죽는 것보다 헤어지는 것이 더 무서워 함께 죽는다"는 유서를 남겼다. 이 사건으로 한국가정법률상담소는 '동성동본 혼인문제 신고센터'를 열게 되었다. 이미 1976년에도 동성동본 상담이 105건으로 전체 상담의 20%를 차지했다(이태영 1992, 184~86면).

12) 이런 갑작스런 결정은 다가오는 1978년 총선을 맞아 나이든 보수층과 젊은 진보층을 모두 만족시키기 위한 정치적인 행동이었다고 해석된다(이태영 1992, 182면).

13) 이 상황에서 개정론자와 반대론자 모두 최대한 활동을 펼쳤다. 양측 지지자들은 법사위 위원장이었던 장영순 위원 집 앞에서 시위를 하였고, 개정 지지 국회의원들은 편지와 전화 등을 받았는데 그것은 지지 호소에서 협박에 이르는 다양한 내용의 것이었다(이태영 1992, 200~202면).

안과 공포된 날로부터 1978년 12월 31일까지 1년 동안만 유효한 '혼인에 관한 특례법안'을 공화당 이도환 의원 등 52인의 발의로 국회에 제출하였다. 이미 제출된 이숙종 의원안을 본회의에 상정하지 않고 대체법안을 내기로 당일 법사위 소위원회에서 결의한 데 따른 것이다. 법사위는 12월 15일 오후 7시 45분부터 법안을 상정하고 특례법부터 심의에 들어갔다. 이들은 16일 재심하기로 하고 오후 8시 35분 해산했다. 다음날 회기 종료를 하루 남기고, 야당의 반대를 무릅쓰고 이도환 의원 등의 대안이 찬성 9표, 반대 5표로 법사위를 통과하였다. 법제사법위원회 심의기록(이하 법사위 심의록)에는 아래와 같은 소위원회 위원장 이도환 의원의 법사위 개정안 제안 설명이 기록되어 있다.

> 이숙종 외 19인이 제안한 개정 법률안은 호주제를 폐지하고 동성혼 등의 금지규범을 축소하며 부부 중심의 핵가족제도를 기본으로 한 친족상속 전반에 걸친 대대적인 개정을 목적으로 하는 것으로 우리나라 전래의 윤리관과 가족관에 비추어 볼 때 현시점에서는 개정안 그대로 채택할 수가 없어 이를 폐기하고 개정안 중 여권의 신장을 위해 필요하다고 인정되는 부분만을 선택하여 해당 조항을 개정하려 한다(법사위 심의록 1977, 98-28, 2; 이태영 1992, 203면 재인용).

개정취지를 요약하자면, 한국의 가족전통을 해하지 않는 범위에서의 여권신장이었다. 매우 제한적으로 도입된 양성평등 규정은 전체 국민이 아니라 여성을 위한 깃으로 이해되었다. 여기서 우리는 1970년대 한국 입법부의 대세 혹은 법제사법위원회의 사유틀은 1950년대 민법 제정시의 점진적 개혁론과 전통존중론 사이에 구성된 사유틀과 별로 다르지 않음을 알 수 있다.

법사위 토론에서 야당인 신민당이 수정안에 반대의견을 냈다. 야당은 가족법 개정을 다음 회기까지 늦추기를 원하고 있었기에 법사위 소위의 수정안에 반대했다(이태영 1992, 208면). 아래 비판은 각각 김명연 의원과 한병채 의원이 제기한 것이다.

> 김명원 의원: 이 세상에 민법 개정안을 두 시간 세 시간 만에 심의 처리했다는 역사가 있는지 고금동서를 막론하고 한번 찾아보세요(법사위 심의록 1977, 98–28, 6).[14]

> 한병채 의원: 이 가족법 다시 말하자면 친족상속법 이것은 여러분도 잘 아시다시피 다른 법률하고 다른 대표적인 특징이 있다면 관습에 기초를 둔 법입니다. 까닭에 이 친족상속 가족법은 관습에 어긋나는데 건전한 가정 건전한 부부관계에서는 이 친족상속법이 사실 무의미한 것입니다. 이 가족법이 어떤 경우에 발동되느냐? 이 법은 다된 집안에서 발동됩니다. 그것을 전제로 해서 가족법을 보아야 된다 그렇게 볼 때 이번에 개정을 시도한 이 법안이 우리 인류의 최대소망이 가정의 행복인데 그것을 파괴하고 가정의 불행을 조장하는 법이 아니냐 하는 부분이 많습니다(법사위 심의록 1977, 98–28, 9).

이렇게 김명원 의원은 졸속 심의과정을 비판하였다. 사실, 개정 토론은 제98회 회기 종료 전날에야 한 차례 열렸을 뿐이다. 두번째 의견은 전통에 대한 익숙한 서술을 가져오면서 가족법이란 가정이 '최종단계', 즉 극도의 갈등단계에 이르렀을 때에야 적용된다는 가족법에 대해 극히 소극적인 견해를 드러냈다. 이렇게 볼 때, 당시 국회에 가족법을 양성평등과 진보적 관점으로 해석한 그룹이 별로 존재하지 않았음을 알 수 있다.

다음날이자 국회 회기 마지막 날인 1977년 12월 17일, 민법의 법사위 소위 수정안은 국회 본회의에서 의결되었다. 이날의 표결은 법개정의 정치

---

14) 1977년 12월 16일 오후 법제사법위원회에서 세 시간 동안 이뤄진 토론이 가족법 제2차 개정을 위해 입법자들이 유일하게 했던 일이다.

적 성격을 극적으로 보여주었다. 처음부터 가족법 개정을 지지해왔던 야당의 여성의원들은 기권을 하였고, 개정에 반대해왔던 여당 의원들과 유정회 국회의원들은 수정안에 찬성표를 던졌다(김용한 1988, 445면; 이태영 1992, 209면). 이날 통과된 법안은 다음과 같은 개정을 포함하였고 1979년 1월 1일부터 시행되었다.

(1) 법정상속: 여성의 법정상속분이 증가했다. 처의 상속분은 장남과 같이하여 개정 전과 비교할 때 세 배로 늘었고, 혼인하지 않은 딸의 상속분은 아들과 동일해졌으나(개정 전에는 절반), 혼인한 딸의 상속분은 여전히 아들의 상속분의 4분의 1에 머물렀다(민법 1009조).

(2) 유류분제도: 재산상속에 있어서 유류분제도가 도입되었다.[15] 직계비속과 배우자는 법정상속분의 2분의 1을, 직계존속과 형제자매는 법정상속분의 3분의 1을 보전할 수 있게 되었다(민법 제1112조, 1118조).

(3) 혼인 동의 연령: 성년에 달한 자(만 20세 이상)는 혼인시 부모의 동의를 요하지 않는다. 개정 전에는 남자의 경우 만 27세, 여자의 경우 만 23세 이하인 성년자도 혼인을 하기 위해 부모의 동의가 필요했다(민법 제808조).

(4) 성년 의제 규정: 미성년자가 혼인을 하면 성년자로 간주된다(민법 제826조 2항).

(5) 부모의 친권: 부모는 친권을 공동으로 행사한다. 그러나 부모의 의견이 일치하지 않을 때에는 아버지가 친권을 행사한다. 개정 전에는 미성년 자녀에 대한 친권 행사는 부가 하고 부가 없거나 기타 친권을 행사할 수 없는 때에는 그 가에 있는 모가 친권 행사를 하도록 되어 있었다(민법 제909조).

(6) 부부재산: 소유가 불분명한 재산의 귀속에 관한 다툼이 있을 때에는 부부공유로 추정된다. 개정 전에는 남편의 소유로 추정되었다(민법 제830조).

---

15) 유류분제도 도입에 따라 법정상속인들은 피상속인의 의사와 무관하게 법정상속분의 일정부분을 상속할 수 있게 되었다.

(7) 협의이혼: 협의상 이혼은 가정법원의 확인을 받아 호적법의 정한 바에 의하여 신고함으로써 그 효력이 생긴다. 개정 전에는 이와 같은 절차가 존재하지 않았다 (민법 제836조).

'혼인에 관한 특례법'(제정 1977년 12월 31일, 법률 3052호)은 편의적 법운용의 또하나의 사례라 하겠다. 이 법에 따라 민법상으로 허용되지 않는 동성동본 혼인의 등록이 1978년 1년 동안 가능해졌다.[16] 동성동본 금혼제도에 관한 민법 제809조 및 제815조의 효력이 그 부속법, 즉 하위법률에 의해 1년 동안 정지된다는 것은 법적으로 불가능한 일이다(김용한 1988, 458면). 이외에도 1977년의 제2차 가족법 개정은 여러 면에서 아이러니컬하다. 첫째로 여성운동가들의 20여년에 걸친 노력[17]에도 불구하고 이에 대한 입법부의 심의와 토론은 회기 마지막 날 불과 몇시간이 전부였다. 둘째, 정당과 개정안 지지측의 뒤바뀐 제휴도 주목된다. 독재정권인 여당이 야당보다 더 여성문제의 쟁점에 우호적인 태도를 취했고, 이에 따라 여성권리 향상에 우호적인 의원들은 여당에 의지하는 것 외에 달리 선택의 여지가 없었다. 셋째, 입법부는 가족법 개정 찬성자와 반대자 양쪽의 요구를 모두 만족시키려는 불가능해 보이는 목표를 추구했다. 즉, 한국의 가족전통을 해하지 않는 한도 내에서 여권을 신장한다는 것이었는데, 이러한 조합은 제3차 개정에서 더욱 두드러졌다.

---

16) 이 특별법의 시행에 따라 신고된 동성동본 혼인건수는 1977년 4,577건, 그 자녀의 수는 약 27명으로 집계되었다(김엘림·윤덕경·박현미 2000).
17) 여성 법개정운동가들은 300회 이상의 강연회를 열었고, 200개 이상의 기사를 신문과 잡지에 실었다. 촉진회는 1977년 개정으로 사실상 해체되었다(이태영 1992, 215면).

4. 1989년의 개정

1984년 7월 18일, 41개 여성단체들은 가족법 개정을 위해 다시 연대하여 '가족법 개정을 위한 여성연합회(이하 여성연합회)'를 결성하고 한국가정법률상담소 이태영 소장을 대표로 선출하였다. 1984년에는 국내외의 상황으로 볼 때 여성들이 더이상 침묵을 지킬 수 없었다. 전두환 대통령을 수반으로 한 제5공화국(1981~87)이 탄생하면서 제11대 국회가 출범하였다. 정부의 성장발전 저해요인 개선심의회(위원장 남덕우 국무총리)는 민심을 수습하기 위해 사회분야 19개 과제를 확정하였는데, 이 중 민법을 현실에 맞게 개정한다는 내용도 포함되었다. 정부의 이 계획에 대해 가족법 개정 반대론자들이 분개하자 정부는 즉시 가장 논란의 대상이 되었던 동성동본 불혼제도는 폐지하지 않을 것이라고 발표하면서 급히 진화에 나섰다. "지금으로서는 시국을 안정시키고 국민화합을 이룩해야 하는 시기이므로 이 문제로 더이상 물의를 일으키는 것은 바람직하지 못하다"는 것이 민정당에서 내놓은 이유였다(이태영 1992, 219~20면; 한봉희 1993, 741~42면). 시국 안정이나 화합 같은 논리는 1950년대의 입법과정에서는 찾아볼 수 없는 것이었다.[18] 다른 한편, 유엔의 여성차별철폐협약(Convention on the Elimination of All Forms of Discrimination against Women, CEDAW)은 가족법 개정 운동의 주요 계기가 되었다. 한국정부는 1983년 5월, 김경원 유엔주재 대사가 여성차별철폐협약에 가입하기로 서명함으로써 세계에서 90번째 서명국이 되었지만 그로부터 1년이 지나도록 국회비준 절차를 밟지 않았다. 1984년이 되어서야 정부와 민정당은 이 협약 중 국내법과 어긋나는 일부 조항을 유보한 채 비준하기로 결정하였는데, 유보조항에는 가족법상의 남

---

18) 이 담론은 사회 불화나 정권 반대는 아무리 사소한 것이라도 북한에 침공의 기회를 제공한다고 탄압하였던 박정희 정권의 유산이다.

녀차별 조항들이 포함되어 있었다. 1984년 6월 21일 YWCA연합회가 마련한 세미나에서 이건호 의원(민정당 전국구)은 국회에서 협약의 비준이 이루어질 것은 확실하나 "중요한 사항은 모두 유보될 것이므로 사실상 여성차별철폐협약에서 알맹이는 다 빠지는 셈"이라고 지적하였다. 이의원은 여성단체는 "무유보 비준을 주장"해야 하며, 유보 비준이 통과될 때에는 "협약내용 중 입법의무를 부과한 것을 입법화"하도록 촉구할 것을 요청했다. 이 세미나를 계기로 가족법 개정운동은 긴 침묵을 깨고 새로운 결집력으로 재결성되었다(이태영 1992, 222면).

(1) 논리가 아닌 힘의 승부

여성연합회는 먼저 조직을 강화하는 데 힘썼다. 그 결과 1984년 9월 15일 지부단체 83개와 협력단체 9개, 후원단체로 한국여성단체연합을 두게 되었으며 총 회원수는 1,300만명에 이르렀다(이태영 1992, 225면).[19] '촉진회' 해체 이후 7년만에 여성연대 세력이 올린 개가였다. 여성연합회는 다양한 활동을 벌였는데 유림들과 대화를 시도하기도 했다. 이는 제3차 개정에 임하는 개정론자들의 자신감과 적극성을 나타내는 것이라고 해석할 수 있다. 1984년 8월 1일, 여성연합회와 유림단체의 대표자 모임이 열렸으나 아무런 중요한 대화도 오가지 못했다. 여성연합회가 대중 회합을 제안하였으나 유교단체는 이를 거절하였다(이태영 1992, 229~32면). 여성연합회는 또 국회와 행정부에 압력을 가하였고, 가족법 개정의 취지를 대중에 알리기 위해 100만인 서명운동을 펼쳤는데, 서명운동은 개정의 마지막 단계까지 계속되었다. 또한 여성연합회는 박병호, 김용한, 한봉희, 배경숙, 곽동헌, 김주수 등의 가족법학자들에게 개정안 초안을 작성하도록 독려하였던바,

---

19) 이러한 광범위한 연합 과정에서 여성운동과 관련이 없던 단체도 제휴하였다. 그러나 구성원들의 이질성에도 불구하고, 여성연합회는 1989년의 가족법 개정에 이르기까지 연합 관계를 유지하였다(김유미 1994, 75면).

배경숙과 곽동헌을 제외한 나머지 학자들은 1974년 마련된 가족법 개정안 작성에 참여하였던 인사들이다. 또한 여성연합회는 개정안 작성작업에 박차를 가하여 이 시기 개정안 마련은 9월 15일에서 10월 31일까지 두달도 안되는 기간 동안 이루어졌다(이태영 1992, 248면).

1984년 11월 2일, 그해 말로 다가온 제11대 국회 의결을 목표로 여성연합회는 해당 개정안을 모든 국회의원에게 보냈고, 이를 발의해줄 것을 요청하였다. 국회의원이 법안을 발의하려면 20명 이상의 인원이 필요한데, 276명 국회의원 중 단 7명만이 개정안 발의자가 되겠다는 의사를 밝혔고, 9명의 여성의원들 중 찬성자는 단 한명뿐이었다(이태영 1992, 256~67면).[20] 일부 국회의원들은 그들의 지역구 주민이나 종친회로부터 압력을 받고 있다고 털어놓았다. 개정안 제안에 찬성한 7명의 의원 중 2명은 동의를 철회하기까지 하였다. 다가올 선거에 대한 국회의원들의 정치적 계산 및 여성연합회의 집요한 활동과 청원이 어우러지면서 상황은 매우 혼란스러웠다. 결국 개정안 제안에 동의한 국회의원은 5명에 그쳤고, 여성연합회는 수정안을 국회에 제출할 수조차 없게 되었다(이태영 1992, 271~96면).

이후 지속적인 노력을 통하여 1986년 11월 18일, 국회의원 61명과 지지자 3만명의 서명과 함께 여성연합회의 개정안이 국회에 발의되었다. 1987년 3월 27일, 정부는 제6차 인구조절 5개년계획에 따라 1990년까지 민법상 여성차별 규정을 철폐하겠다고 선언하였고, 가족법 개정운동은 이를 계기로 다시금 활발해졌다. 그러나 여성연합회 개정안은 아무 설명도 없이 법제사법위원회에서 심의되지 않았고 1987년 12대 국회가 폐회하면서 자동 폐기되었다. 1987년 말에야 정부는 1977년에 통과되었던 동성동본 혼인을

---

20) 제11대 국회에서 한명을 제외한 나머지 여성 국회의원이 모두 정당에 의한 간접선출(전국구 의원)이었다는 사실은 그들이 정당 정책에 반대하기 어려운 입장이었음을 시사한다. 여성 국회의원이 반드시 여성운동에 우호적인 것은 아니라는 점을 여성운동가들이 깨닫는 데는 다소 시간이 걸렸다(김유미 1994, 42~43면).

한시적으로 등록하는 '혼인에 관한 특례법'과 유사한 법을 의결하였다. 이에 따라 1987년 12월 19일부터 1988년 12월 30일까지 동성동본인 자라도 8촌이 넘는 사람은 혼인신고를 할 수 있게 되었다.[21] 가족법 개정사를 통틀어, 가족법 개정논의 자체를 진행시키지 않는 것이 정부의 전형적인 정책이라면 정책이라 하겠다.

개정론자들이 활발하게 활동하고 있을 때, 개정 반대론자들 역시 마찬가지로 대응하였다. 1984년 8월 31일, 여성연합회 회원들이 100만명의 지지서명을 받으려 애쓰는 동안 성균관 유림들도 '동성동본 금혼법 및 호주제도 수호 궐기대회'를 개최하였다. 한국유도회 총본부(회장 이재서)는 8월 31일 성균관에서 열린 가을 석존행사가 끝난 뒤, 전국 231개 향교에서 올라온 유림 1,000여명을 대상으로 궐기대회를 열고 기념강연을 진행한 뒤 가족법 개정에 반대하는 3개항의 결의문과 성토문을 채택했다. 당시 유림의 정신은 1984년 9월 16일 대전에서 열린 회의의 의장이었던 신기훈의 궐기사에서 드러난다.

해방 후, 서구의 물질문명이 물밀듯이 들어오게 되니 이것을 우리의 전통문화 속에 잘 흡수 조화치 못하고 무비판적으로 받아들여 인간윤리와 사회도덕이 퇴폐된 경향이 생겨 특히 청소년들의 기강이 해이하고 남녀간의 풍기가 문란하므로 국민생활의 불안을 면치 못하는 이때 설상가상으로 가족법을 고치겠다 하니 그나마 우리나라의 고유의 미풍양속으로 의지해온 동성동본 금혼에 따라 순결한 남녀결합의 길마저 끊어버리고 또한 호주제를 폐지하고 부모 또는 부부의 지위만을 인정하자는 현실주의적 문제는 선조의 존재도 부인하고 후계의 계승도 무시하는 것인즉 나아가서는 조국도 도외시하고 민족도 소홀히 하자는 것과 다름없는 것이다!(이태영 1992, 593~94면).

---

21) 1988년 한시법 시행기간 중 신고된 동성동본 혼인건수는 1977년보다 훨씬 많아 12,433건이었다. 같은 법은 다시 1995년 12월 6일에 의결되어 1996년에도 발효되었다.

이 담론에서 서구 문명은 한국의 도덕성을 파괴하는 원인이 되고, 가족법 개정은 바로 그러한 행동으로 간주되었다. 또한 가족법은 조상을 기리고 후계를 계승하는 데 그 핵심이 있는 것으로 의미 부여되고 있다. 따라서 가족법 개정은 도덕을 타락시키는 기획에 지나지 않는다. 가족법 개정운동은 "사회적 불화와 민족 분열의 선동"으로 비판되었다(이태영 1992, 256~57면). 1984년 9월 16일 동성동본 금혼법 수호 대전시민 궐기대회에서 채택된 3개항의 결의문은 다음과 같다.

1. 우리는 민족과 국가의 기본적 가정윤리인 동성동본 금혼과 호주제를 절대 고수한다.
1. 우리는 일부 여성의 편견으로 조직된 소위 가족법 개정 추진 연합회의 부당한 행위를 즉시 중지하고 이어 해산할 것을 촉구한다.
1. 우리는 여성 지위 향상을 적극 찬동하되 이를 빙자한 미풍양속을 저해하는 여하한 행위도 단호히 배격한다.

앞서 말한 대로 1986년 11월, 여성연합회는 수정안을 간신히 국회에 제출했고 그후 12월 1일에 유교 신봉자 5,000명은 국회 정문 앞에서 '가족법 개정 결사반대 시위'를 벌였다(이태영 1992, 324면). 학생운동과 노동운동을 무자비하게 억눌러온 시위 진압전문가인 군인과 경찰들이 마지못해 유림들을 해산시켰다(Moon 1996). 사실 정부관료와 유림 담론의 유사성은 그냥 지나치기 어렵다. 1984년 10월 15일 국회 청문회가 열렸을 때도 국무총리와 법무부 장관은 가족법 개정에 신중을 기해야 할 필요가 있다고 거듭 밝혔다(한봉희 1993; 이태영 1992, 324면). 후임 법무부 장관도 이런 담론을 되풀이했다. 한국변호사회가 국회에 가족법 개정에 대한 의견을 질의했을 때, 국회는 수정안을 신중하게 검토해야 하기 때문에 개정을 늦춰야 한다고 답변했다. 이러한 발언들은 국회의원들이 1986년에 수정안을 심의하지 않는 데 지대한 영향을 미쳤다. 국회에서는 "대중의 관심이 결여되었기 때문"에 수정안을 검토하지 않았다고 밝혔다(김유미 1994, 45면). 흥미롭게도 행정관료·국회의원·법률가 들은 어떠한 역사적 자취도 가지지 않는 전통과 관습이라는 기성 질서를 지지하고 있었고, 전통과 관습은 수천번의 환생을 통해 매우 끈질긴 가부장제의 기호가 되었다.

가족법 개정사를 보면 가족법 개정운동을 주체적으로 시작하고 형성해온 쪽은 개정론자들이고 개정 반대론자들은 이에 대응해온 모습을 나타내고 있음을 알 수 있다. 개정론자들은 회합, 출판, 서명운동, 서신 전달과 청원, 국회의원 및 관료 설득, 수정안 초안 작성 등 다양한 수단을 동원하여 개정운동을 펼쳐왔다. 그럼에도 1987년 이전 권위주의 정권하의 언론보도에서 여성연합회의 주장은 늘 주변적인 존재에 머물렀다.[22)]

(2) 1987년이라는 전환점

1987년에 이르러 한국은 새로운 정치적 상황을 맞이했다. 4월 13일에 정부가 대통령 간접선거방식을 규정한 헌법을 개정하지 않겠다는 방침을 발표하자 위기가 고조되었고, 그해 6월 한달 동안 쉬지 않고 전국 각지에서 대학생과 노동자 등의 시위가 일어났다. 6월말에 이르자 도시 중산층 화이트칼라·택시기사·자영업자들까지 시위에 동참해 시위를 진압해오던 공권력은 더이상 이들을 억누를 수 없게 되었다. 드디어 6월 29일, 정부는 헌법을 개정하여 대통령 직선제를 받아들일 것을 선언하였다. 여성연합회는

---

22) 미디어 재현에 관한 연구에 따르면, 여성연합회의 개정운동은 국가의 정책에 의존하는 수동적인 활동으로 주로 묘사되었다. 정부관료나 국회의원의 발언에 대해서는 주어를 생략함으로써 마치 보편적인 견해인 것처럼 표상하고 발언자 개인의 책임은 회피하게 하면서도, 개정론자의 주장은 언제나 발언자의 개인 주장인 것처럼 표상되었다. 이는 그들의 목소리를 작게 만드는 데 효과적이었다(한희정 1988).

민주화운동의 상황이 새로운 기회가 될 것으로 보았다(Oh 1993, 175~77면). 드디어 1987년 10월 12일 제9차 개정 헌법이 국회에서 의결됨으로써[23] 대통령 선거가 실시되었고, 그 결과 보수당인 민주정의당의 노태우 후보가 제6공화국(1988~92)의 대통령으로 당선되었다. 그리고 사상 처음으로 여당의 국회의석이 야당보다 적은 여소야대 정국을 맞이하게 되었다. 이러한 정치적 상황에서 1988년 11월 7일, 153명의 국회의원, 즉 국회의원 과반수의 제안으로 여성연합회 개정안을 국회에 제출하였다.[24] 때를 같이하여 여성연합회는 11월 9일 국회를 방문하여 찬성자 51,630명의 서명용지를 첨부한 청원서를 제출하였다. 이 자리에서 이태영 여성연합회 회장은 "그동안 여러번 청원서를 제출하였습니다. 이제 이 청원서가 마지막이 되기를 빕니다"라고 말했다고 한다(이태영 1992, 340~41면).

법제사법위원회는 1988년 12월 16일 개정안에 대한 첫 심의회의를 열고 대표제안의원 대표인 김장숙 의원의 제안 설명을 들었다. 하지만 12월 17일 144회 정기국회가 폐회되니 가족법 개정안은 다시 해를 넘겨 차기 안건으로 넘어가게 되었다. 1989년 2월 28일 법제사법위원회에서 다시 심의가 시작되었다. 그토록 오랜 세월 국회의 논쟁거리였음에도 불구하고 일부 법사위 위원들은 개정안의 내용조차 파악하지 않은 채 심사숙고가 필요하다고 주장해 본의회 상정을 미루고 가족법심의 소위원회를 설치하여 심의

---

23) 제9차 개헌에서는 다음 젠더와 가족 관련 두 조항이 새로 마련되었다(강조 부분).
　　제34조 3항 국가는 여자의 복지와 권익의 향상을 위하여 노력하여야 한다.
　　제36조 1항 혼인과 가족생활은 개인의 존엄과 양성(兩性)의 평등을 기초로 성립되고 유지되어야 하며, 국가는 이를 보장한다.
24) 1987~89년 사이에도 여성연합회의 활동은 멈추지 않았다. 이들은 1988년 4월 국회의원 후보자 1천여명 전원에게 가족법 개정에 대한 설문조사를 실시했고, 동년 9월에서 10월 사이 국회의원들을 상대로 설문조사를 실시하여 가족법 개정에 대한 의식을 고취했다(이태영 1992, 333~40면).

를 위임하기로 결정하였다.[25] 이날의 국회의원들의 질의에서 당시 입법부의 가족법에 대한 인식의 단면이 나타난다.[26]

유수호(민정당) 의원: 개정안 중 특히 호주제도와 동성동본 금혼 폐지는 전통적 가족 및 혼인제도의 대변혁을 가져올 만한 내용으로 **그 존폐 여부에 따라 극심한 사회혼란이 야기될 수도 있다.** 그러므로 먼저 묻고 싶다. 가족법 개정이라는 사회적 분위기가 조성되었다고 보는지?

강재섭(민정당) 의원: 가족·친족 구조 및 그 제도는 장구한 세월에 걸쳐 **우리를 지배해온 윤리여서 단번에 현격한 변화는 곤란하다고 본다.** 기본법인 민법의 다른 조항도 검토해야 할 줄 안다. 여성 대 유림의 대결로 풀릴 문제가 아니다. 무작정 미루지만 말고, 받아들 수 있는 내용을 받아들여야 한다.

1989년 동안에도 가족법 개정운동측은 개정안을 통과시키는 데 총력을 기울여, 국회의원 전원에게 가족법 개정을 촉구하는 건의서를 전달하고, 1989년 10월 가족법 개정을 위한 대토론회를 개최하였으며, 민주당 김영삼, 평민당 김대중, 공화당 김종필 등 야3당 총재를 면담하여 개정시기의 확답을 요청했다. 이때 1987년 당시 대통령 후보들이기도 했던 각 정당 총재들에게 그들의 대선 공약 중 '대여성관계 공약'을 상기시키기도 했다. 가족법 개정을 위한 여성대회를 개최하는 등의 운동을 벌인 결과, 1989년

---

25) 한편, 1989년 12월 개정안에 관한 심리를 요구할 때까지 소위원회에서 가족법 개정안에 관해 어떠한 토론이 있었는지 알 수 없다. 외압을 방지하기 위해서 소위원회의 심층심의는 공개되지 않았고 기록도 남기지 않았다. 그 결과, 소위원회의 심의는 외부로부터 간섭받지 않고 법안을 거부하거나 연기하는 수단으로 사용될 수도 있었다(김유미 1994, 66면).

26) 아래 질의내용은 『가정상담』 1989년 3월호 「국회법사위 가족법 개정심의 지상녹음」을 이태영(1992, 351~52면)에서 재인용한 것.

말 개정안 지지서명에 참여한 사람은 48만명에 달했다(이태영 1992, 355~65면). 이러한 사회적 분위기에서 지배적 논의구조는 개정 찬성이냐 반대냐가 아니라 여성연합회의 개정안을 전부 받아들일 것인가 일부만 받아들일 것인가 하는 방향으로 진행되고 있었다. 1988, 89년 동안 유림들조차도 가족법 개정이 임박한 문제임을 인정하고 호주제도와 동성동본 불혼제도의 철폐를 막아야 한다는 점에 관심을 집중하였다(김유미 1994, 67~68면).

가족법 개정안이 1989년 정기국회에서 의결되느냐 여부에 귀추가 주목되던 시기, 1989년 12월 8일 오후 법제사법위원회는 '가족법 개정안 참고인 진술모임'을 공청회 형식으로 열었다. 이 모임은 국회 법사위가 공청회도 열지 않고 심의에도 들어가지 않자 여성연합회가 강력히 촉구해 성사된 자리였다. 이렇게 국가는 가족법 개정에 대해 1989년까지도 침묵과 무관심으로 일관하고 있었다. 이날 모임에서는 진술인으로 김주수, 김숙자 교수가 개정 찬성론의 입장을 표명했고, 개정 반대론자로는 성균관 유도회 이완희 사무총장과 성균관대 유학과 임동천 교수가 참석했으며 이외 변호사와 의사를 포함한 6명이 의견을 제시했다. 김주수 교수와 김숙자 교수는 가족법 개정의 필요성을 다음과 같이 주장하였다.

김주수 교수: 가부장적 가족제도가 다른 나라에서는 왜 무너졌는가? 그것은 첫째 각 개인의 자유의사와 권리를 최고의 것으로 여기는 **민주주의 이념**과 배치되기 때문이고 둘째는 **산업사회**의 생활양식과는 맞지 않기 때문입니다. 가족법 개정의 쟁점은 바로 여기에 있습니다. 가족법을 개정해야 한다는 의견은 민주주의 이념에 배치되고 산업사회에는 맞지 않는 가부장적 가족제도를 없애고 모든 가족구성원의 의사를 존중하고 권리를 동등하게 인정하는 **민주주의적 가족제도**를 실현하자는 것입니다(법사위 심의록 1989, 147-13, 34).

김숙자 교수: 가족법의 개정이야말로 이 사회의 **민주화**를 위해서 최우선적으로 착

수해야 할 선결 문제가 아닌가 이렇게 생각합니다. 진정으로 자유와 평등이 실현되는 민주사회를 이룩하기 위해서는 인간이 태어나면서부터 기거하게 되는 최초의 장소가 되는 가정이라는 곳 사회의 기초단위가 되는 가정이라는 곳 이 가정에서부터 가족관계의 **자유와 평등**이 실현되어야 할 것입니다(법사위 심의록 1989, 147-13, 45).

이렇게 개정론자―페미니스트, 법학자, 개정을 지지하는 국회의원―들은 민주주의, 인권, 평등, 산업사회로의 사회변화와 같은 근거 위에서 가족법 개정론의 정당성을 호소하였다. 사실 이러한 논거들은 근대법의 일반적 이상이라 할 수 있겠지만, 이러한 이상을 어떻게 해석하고 구체화해 한국 가족법의 역사적 맥락에서 유효하게 만들 것인가라는 질문은 여전히 남아 있었다.

(3) 호주제도의 허와 실

가족법 개정이 임박한 상황에서 호주제도는 가장 뜨거운 논쟁의 대상이 되었던바, 이 점은 1989년 12월 8일에 열린 앞서의 법제사법위원회 공청회의 질의응답에서 잘 드러났다. 호주제도의 폐지 여부는 개정론자나 반대자 모두에게 가장 중요한 문제였고, 양측 모두 호주제도에 그 힘을 집중했다. 당시 거론된 호주제 폐지의 장애물은 이 제도가 가계계승의 기본이라는 점과 인구기록의 기초가 된다는 점으로 요약될 수 있다. 박상천 의원은 아래와 같은 의견을 통해 호주제도 보존을 끈질기게 주장하였다.

본 의원이 남녀평등에 반대하는 것이 아니고 호주제도를 폐지하는 것이 어떤 의미를 가지고 있는가를 숙고해달라는 요청입니다. 호주제도를 폐지하는 것은 현행의 직계가족제도가 폐지된다는 뜻입니다(법사위 심의록 1989, 145-5, 20).

호주제도 폐지가 가계계승을 약화시킬 것이라는 우려는 정확했다. 이러한 우려에 입각하여 법제사법위원회 장석화 의원 등은 호주제도를 대체할 제도가 어떤 것인가 하는 문제를 제기하였다(법사위 심의록 1989, 145-5, 21). 수정안의 제안자인 김장숙 의원은 새로운 호적제도인 '가족부'를 제안하기도 했다(법사위 심의록 1989, 145-5, 18). 12월 8일 공청회에서 이 논점은 김숙자 교수에 의해 한층 구체화되었다.

호주제도를 폐지하면 각 가정의 뿌리가 없어지고 일대 혼란이 일어나서 결국 나라가 망하게 된다. 따라서 호주제도 폐지는 호적의 폐지인 것이다 우리 뿌리가 없어진다 이렇게 생각하시는 분도 없지 않으신 것으로 여겨집니다. 호적이라는 것은 무엇입니까? 사실적인 혈연적인 관계를 기록한 기록부입니다. (…) 그런데 폐지하자는 것은 이 호적이 아닙니다. 사실 혈연관계를 기록한 이 장부가 아닙니다. 폐지하자는 것은 호주라는 자리입니다. 그러면 이것은 무슨 얘기냐? 혈연적인 기록을 한 호적이라는 장부에 법적 개념으로서의 호주 자리를 기록해놓았는데 그 호주 자리만을 없애자는 그러한 것뿐입니다(법사위 심의록 1989, 147-13, 41).

그러나 호주제도 폐지의 효과는 단지 호적에서 호주의 기재를 빼는 것보다는 훨씬 복잡한 문제이다. 호주제도는 모든 가족관계, 즉 배우자, 부모, 자식, 친족관계를 규정하는 기본 골격이었고, 호적제도는 호주를 중심으로 편제되어 호주제도 없이는 호적상 가족관계를 편제할 수 없는 것이었다. 이렇게 호주제도와 호적제도는 서로 결합되어 있었다. 예컨대 개정안 제826조 3항처럼 처의 남편 가족에의 입적조항 즉, 남편 가족의 호적에 처의 이름을 등재하는 조항을 삭제하면 당시 호적의 관점에선 여러가지 어려움이 따른다. 장석화 의원이 이 문제를 제기하였고 김주수 교수가 답하였다.

장석화 의원: 이 개정안에 의하면 부부의 입적 규정은 삭제하기로 되어 있는데 호

적을 그대로 존치시키면서 왜 부부의 이 규정을 삭제하는 것인지? 결혼하게 되면 당연히 그동안에는 남편의 호적에 입적하도록 되어 있던 것을 삭제를 해버리면 남편과 아내가 따로 호적을 유지하고 살자는 것인지 이 점에 관해서 제가 의문이 있기 때문에 한번 교수님의 고견을 들어 보고자 합니다(법사위 심의록 1989, 147-13, 46).

김주수 교수: 현행법에 의하면 호주를 중심으로 해서 호적을 편제하도록 되어 있습니다. (…) 그런데 호주제도를 폐지하게 되면 어떻게 호적을 편제할 것이냐 할 때는 그것은 장남이고 차남이고 가리지 않고 일단 혼인하게 되면 혼인신고에 의해서 남편도 자기 호적에서 그냥 떨어져 나옵니다. 또 아내도 자기 호적에서 떨어져 나옵니다. (…) 저는 그것이 앞으로는 분가라는 말을 쓰지 않게 될 것이라고 생각합니다. 분적 (…) 호적에서 떨어져 나온다 이런 이야기인데 그 분적에 의해서 양쪽이 그러니까 부부가 하나의 호적을 이루게 됩니다. 그러니까 입적이 아니지요. 같이 호적을 편제하는데 그러면 누구를 우선시킬 것이냐 할 때 그것은 상호간의 합의에 의해서 그것은 남편이 우선 기재가 되어도 좋고 아내가 우선적으로 기재가 되어도 좋고 그것은 부부의 합의에 의해서 하고 하여튼 부부가 한 단위로써 호적을 편제해가지고서 그 다음에 자녀가 출생하게 되면 그 이하에 기재가 되도록 그렇게 하면 지금 호적제도를 개혁을 전면하지 않고도 호적편제가 가능하다 저는 그렇게 생각합니다(법사위 심의록 1989, 147-13, 47).

이 답변은 호주제도 개정의 근본적인 목적이 장남의 분가를 허락함으로써 가부장적인 부계혈통의 계승을 없애는 데에 있음을 간접적으로 피력하고 있다. 그렇게 되면 호적은 출생시 획득하는 가족 내 신분이 아니라 순수한 가족의 사실적 기록으로 존재할 수 있을 것이다. 또한 호주제도가 폐지되면 부인이 입적해야 할 남편 혹은 시아버지의 호적이 없어지므로, 부처제 혼인도 사라질 것이라는 점을 명백히했다. 이렇게 되면 부처제 혼인을 첫 단추로 하는 부계계승주의도 현저히 약화될 것이다(제5장 참고). 한편 호주제도를 어떻게 개정할 것인가, 그리고 이 개정에 따라 호적제도를 어떻게 개선할 것인지 같은 커다란 문제들이 국회에서 논의된 시점이 너무 늦었던 것으로 보인다. 이러한 질문은 40년 전 민법 제정시, 혹은 적어도 이 제도의 잠정적 폐지 1개월 전보다는 훨씬 이른 시기에 시작되었어야 했다. 한국의 국회와 국가는 가족법 개정에 대해 신중론만을 펼치는 동안, 그리고 개정 찬성과 반대에만 몰두하는 동안, 실제적 내용과 대안에 대한 사색과 연구의 기회를 많이 상실하였다.

개정론자들의 사고에도 함정이 없지 않다. 첫째, 김주수 교수가 제시한 것처럼 별개의 독립적인 호적을 만드는 것은 부계혈통 계승을 중단하려는 목적을 가진 것이기는 하지만 이것만으로 부부 중심의 민주적 가족제도가 가능하리라고 보는 것은 지나치게 낙관적이다. 기혼여성의 지위를 강화하는 구조적 뒷받침 없이 단지 호주제도를 폐지한다고 해서 핵가족 내에서 아내에 대한 남편의 우월한 지위가 자동적으로 사라질 수 있을까. 이 점에서 개정론자들이 가졌던 핵가족 혹은 부부가족에 대한 믿음이 지나쳤다고 생각한다. 둘째로, 개정론자들의 근대주의 지향 속에서 가족제도의 역사성에 대한 인식이 의문시된다. 호주제도 같은 가족제도의 효력을 멈추게 하기 위해서는 다른 조항들 특히 혈족, 성본제도 등과의 연관성을 좀더 복합적으로 다루었어야 한다. 친족관계를 현재 사회와 헌법원리에 맞게 재구성하기 위해서는 근대법의 원리를 도입하는 데 그칠 것이 아니라, 현행 가족제도가 어떻게 형성되어왔는지에 관한 역사적 접근이 필요했던 것으로 사료된다.

결과적으로 1989년의 가족법 개정에서는 호주제도도, 민법 제826조 3항에 규정된 처의 부가(夫家)입적제도도 폐지되지 않았다. 물론 이들이 폐지되지 않은 것은 개정론자의 부족함이 아니라 국가의 이해관심으로 보다 잘 설명할 수 있을 것이다. 호적제도를 변경하면 전국민의 호적부를 재편성해야 하는데, 이는 기존의 가부장적 사회질서를 약화시킬 뿐 아니라 막

대한 재정적 부담을 초래한다. 호주제도 폐지가 가져오는 여러 과제들에
대해 이건호 변호사는 다음과 같은 우려를 표명했다.

〔수정안은〕 이번에 우리 민법의 호주 및 가족제도에 관한 규정을 전부 삭제하고 있
습니다. 이것을 삭제를 하게 되면 호적법 주민등록법 형법 소송법 등등 해서 아마
100여개의 관련 법률의 개정이 수반되어야 하지 않느냐 이렇게 생각합니다. 지금
의 호적은 신분관계의 공시 혈연관계의 공시라고 할까 그런 신분관계의 공시라고
간단히 말씀드리겠습니다. 신분관계의 공시는 호적 주거관계의 공시는 주민등록
이렇게 현재 시스템이 되어 있습니다. (⋯) 그래서 호주제도 자체를 폐지하는 문제
이것은 저의 이의가 없습니다. (⋯) 그러나 그 호주를 없애면 호주를 전제로 해서
만들어져 있는 호적이라든가 여러가지 사회제도 법제 이것이 함께 정비되어야 됩
니다(법사위 심의록 1989, 147-13, 68-69).

호주제도 폐지에 따른 국가의 재정적 부담에 대해 김주수 교수는 아래
와 같은 견해를 밝혔다.

지금 호적제도를 바꾸게 되면 국가예산이 막대하게 듭니다. (⋯) 지금 내무부에서
고민인데 지금 주민등록법은 내무부의 관장이고 호적법은 법원 관장으로 되어 있
습니다. 그래서 이원제로 되어 있기 때문에 주민등록 신고를 하게 되면 호적까지
조회를 해가지고 주민등록을 거기다가 기록을 하고 이렇게 해서 상당히 사무절차
상 어려움이 많은 것이 사실인데 그런 의미에서 지금 박의원님께서 말씀하다시피
개혁이 사실 요구됩니다. 그러나 국가예산이 많이 들기 때문에 우선은 제가 볼 때
는 이렇게 호주제가 폐지가 된다고 하더라도 현행 호적제도에 의해서도 충분히 그
것이 가능합니다. 다만 그 호주라는 이름이 없어지고 가족의 대표라든가 그런 명칭
이 붙게 되지 않겠는가 저는 우선 잠정적으로 그렇게 생각합니다(법사위 심의록 1989,
147-13, 48-49).

이상과 같이 호주제 폐지에 대한 저항의 이유는 다양하고 강력하게 제시되었지만, 그 대안의 제시는 그리 적극적이지 못했다. 정부의 입장에서 볼 때, 전국민이 가 단위로 등록되고 조직되어 있는 제도를 막대한 비용을 들여가며 폐지함으로써 얻는 이익은 무엇이었던가. 가부장주의 질서는 그 자체로 말하지 않고 언제나 국가의 이익, 전통과 관습, 혹은 사람들의 인식 같은 중립적인 용어들로 정당화되곤 하였다.

호주제도 논쟁에서, 국민에 대한 국가의 통치와 행정 작용이 호주제도와 호적제도라는 가족제도에 이미 깊이 뿌리내리고 있다는 점을 엿볼 수 있다. 이 점에서 1980년대 후반 한국에서 호주제도를 폐지하기 위해서는 두 종류의 장애를 넘어서야 했는데, 그것은 부계계승의 가부장제 가족질서와 식민지 유산을 계승한 국가의 국민에 대한 가족단위 지배방식이었다. 가족법 개정과정에서 남녀평등 문제는 전면에 나타났지만, 식민지성과 포스트식민지성의 문제는 그리 분명히 드러나지 않았던 것 같다.

(4) 상징적 이익 대 실질적 이익

당시 모든 정당은 법안 심리 이전에 가족법 개정에 대한 정책을 이미 결정해놓고 있었다(김유미 1994, 68면). 법사위 소위는 1977년 2차 개정 때처럼 여성연합회 개정안에 대한 대체수정안(법사위 대안)을 마련하여 이를 1989년 12월 18일 법제사법위원회로 회부했다. 이 수정안은 같은 날 법제사법위원회를 통과하여 12월 19일 국회 본회의에 제출되었다(법사위 심의록 1989, 147-162, 49).

법사위 대안은 여성연합회 수정안과 대체로 비슷한 내용이었지만 두 가지 핵심적인 조항이 삭제된 것이었다. 대체수정안은 변경되지 않고 그대로 국회에서 의결되었다. 법사위 대안의 제안자였던 조승형 의원은 이 안이 '유림측은 명분을 얻었다는 점에서, 여성단체측은 실리를 얻었다는 점에

서 모두가 이 대안에 대해서 아무런 이의를 달지 않고 만족해하는 분위기'
였다고 자랑스럽게 지적했다(국회 본회의 속기록 1989, 147-18, 6). 유림의 이해
관계가 가족 내 신분관계의 기본구조를 유지하는 데 있다면, 여성들의 실
질적 이해관계는 상속권이나 이혼시 재산분할청구권 등 재산관계 영역에
속하는 것으로 이해되었다. 또한 자녀의 보호와 부모의 면접교섭권이 여기
에 추가되었다. 과연 이런 타협에 대해 여성연합회는 "만족해"했을까?

1989년에 개정이 지연되자 가족법 개정을 주장하는 또다른 여성단체가
나타났다. 1987년 2월 민주화운동의 물결 속에서 한국진보여성단체연합
이 전국적 규모로 조직되었고, 1989년 10월 13일에는 그 아래 '가족법 개
정을 위한 특별위원회(이하 여연특위)'를 마련하였다. 기존의 여성연합회는
여전히 위헌적인 호주제도 및 동성동본 금혼제도가 가족법 개정의 핵심
이라는 견해를 고수한 반면, 여성연합회보다 한 세대 젊은 여연특위는 어
차피 사문화되어 명목상의 문제에 불과한 두 가지 쟁점에 집착하기보다
는 재산권이나 상속권, 가정 내 민주화 등 보다 실질적인 이익을 추구해야
한다고 주장했다. 신분관계 영역에 비해, 재산관계 영역에 대한 유림과 정
부의 반대가 훨씬 덜하였다는 사실도 중요하다. 또한 이들은 국가에 호소
하기보다 여성들의 힘을 한데 모아 입법자들에게 압력을 넣는 것이 더 핵
심적인 전략이 되어야 한다고 주장했다. 여성연합회가 여연특위의 주장을
어떻게 받아들였는지는 분명하지 않다. 그러나 적어도 법개정의 마지막
단계에서 여성의 상징적 이익 대 실질적 이익의 담론이 여성운동집단 내
부에서 형성되었던 것으로 보인다.[27)]

1989년 12월 19일 국회에서 통과된 가족법 개정안은 1991년 1월 1일 발
효되었다. 주요 개정내용은 다음과 같다.

---

27) 이태영의 저서 『가족법 개정운동사』에서 이 쟁점은 다루어지지 않았다. 두 단체의 차
　　이점에도 불구하고 이들은 수정안이 통과될 때까지 연합관계를 유지하였다(김유미
　　1994, 74~75면; 이태영 1992, 346~49, 360~61면).

(1) 친족의 범위가 합리화되어 부계혈족과 모계혈족, 아내 가족인 인척과 남편 가족인 인척의 범위가 동등하게 개정되었다(민법 제768조, 제769조, 제775조 제2항, 제777조).

(2) 호주제도는 존속된 채 개정되었다.

(3) 적모서자 및 계모자 간의 법정혈족 관계는 폐지되었다(민법 제773조 및 제774조의 삭제).

(4) 약혼해제 사유가 개정되었다(민법 제804조 3호 및 6호).

(5) 부부의 동거 장소는 협의하여 정하는 것으로 개정되었다(민법 제826조 제2항).

(6) 부부의 공동생활에 필요한 비용은 공동으로 부담하는 것으로 규정하였다(민법 제833조).

(7) 이혼에 따른 자녀양육책임 규정을 개정하고, 자녀를 직접 양육하지 않는 부모 일방은 면접교섭권을 가지는 것으로 정하였다(민법 제837조 및 제837조의 2).

(8) 재산형성에 기여한 배우자 일방은 이혼시 상대방에 대해 재산분할을 청구할 수 있다고 선언하였다(민법 제839조의 2).

(9) 입양제도가 개정되어 가(家)를 승계하기 위한 양자제도는 폐지되었다.

(10) 혼인 외의 자가 인지되거나 부모가 이혼한 경우에는 부모의 협의로 친권을 행사할 자를 정하는 것으로 개정되었다(민법 제909조 제4항).

(11) 금치산 또는 한정치산 선고를 받은 기혼자의 후견인 순위를 개정하였다(민법 제934조).

(12) 재산상속 규정을 개정하여 남녀 상속분을 같게 하고, 호주승계자의 상속분 가산제도는 폐지하였으며 특별연고자에 대한 분여제도를 신설하였다(민법 제1000조 제1항, 제1003조 제1항, 제1009조 제1항 및 2항, 제1008조의 2 제1항, 제1057조의 2 제1항).

5. 맺음말: 전통과 근대성의 이분법에 서서

1950년 초부터 1989년에 이르는 약 40년간 쉼없이 전개되어온 가족법 개정운동은 한국 여성운동의 살아 있는 역사이다. 사회·경제적으로 척박한 토양 속에서도 변화를 만들어온 한국 가족법 개정운동의 역사는 매우 소중하다. 민법 제정시기인 1950년대부터 시작해 다음 장에서 살펴볼 호주제도 폐지(2005)에 이르는 50여년은 세계적으로 기록되어야 할 페미니즘 운동의 승리의 역사라고 본다. 이 운동은 서구 유럽에서 일어난 제1세대 페미니즘의 참정권운동(suffrage movement)과 비교할 수 있을 것이다 (Banks 1988). 한국에서 가족법 개정운동은 평등의 이념에 기초해 권리를 신장하고 가족법을 통해 여성의 공적 성원권(membership)을 얻기 위한 정치운동이었다고 보이기 때문이다. 하지만 한국 가족법이 놓인 맥락과 서구 페미니즘 운동의 맥락이 같지는 않다. 한국의 근대화는 식민주의 지배와 겹쳐졌고, 가족법 개정운동은 양성평등과 불평등 간의 싸움이라기보다 양성평등과 '전통'의 싸움이었다. 또한 서구의 페미니즘 법학처럼 소송을 중심으로 발전해온 것이 아니라 입법을 중심으로 하였으며, 그 입법은 그 법률이 배태된 사회·역사적 맥락을 다루어야 했기에 한국의 여성주의 법학은 좀더 포괄적인 사회구조 변혁을 위한 패러다임에 해당한다(제1장, 제2장 참고). 가족법 개정운동의 끈질긴 역사를 볼 때, 그것은 한국에서 여성주의 법학의 원류(原流)가 되었다고 해석할 수 있다. 물론 여기서 한국 여성주의 법학의 원류란 확정된 원리를 말하는 것이 아니라 페미니즘적 사유공간을 의미한다. 아래에서는 1950~80년대까지 지속된 개정운동에서 나타난 국가, 개정론자, 반대론자 등의 태도와 시각을 정리해본다.

먼저, 입법부를 살펴본다. 역사적으로 볼 때 가족법 개정은 정치적 상황에 의해 크게 좌우되어왔다. 1962년, 1977년, 1989년 당시의 정치적 기류가 가족법 개정에 대단히 민감하게 영향을 미쳤다. 세 차례 개정이 모두 국회 회기 마지막 날에, 국회의원 선거 직전에 이루어졌다. 개정안을 통과시키는 데 실질적인 역할을 했던 국회의원들마저 표결에서는 당의 노선대로 표를 던졌다. 말할 나위도 없이 국회의원의 움직임에는 당시 정치적 헤게모니 상황이 매우 중요한 맥락을 이루었다.

둘째, 정부와 국회는 가족법 개정에 관하여 대부분의 시간을 무관심과 침묵으로 일관함으로써 기존 질서가 유지되는 데 크게 기여했다. 관계자들은 거듭 신중함을 강조하였고, 여기에는 가족법 개정이 사회통합을 해치고 사회불안을 가중할 우려가 있다는 논리가 뒷받침되었다. 이러한 담론은 박정희 정권과 전두환 정권 시기를 거치며 두루 통용되던 사회통제 담론의 전형이었다. 사회통합과 민족통합 담론은 곧바로 가족법 반대론자들에 의해서 활용되기도 했다. 이렇게 볼 때 유림이 가족법 개정을 저지한 대표적인 보수집단이라는 일반적 생각은 그리 정확하지 않다고 본다. 오히려 가족법 개정 저지에 있어 더욱 중요하고 힘있는 주체는 정부 각료와 국회의원, 즉 국가기관이었다. 이러한 국가의 입장 속에서 유림들의 행보가 보다 잘 대변되고 두드러졌던 것이다. 이 점에서 가족법 개정은 문화적 문제 이전에 정치적 지배의 문제였다고 평가할 수 있다.

한편, 한국정부가 법개정에 관심을 가지게 된 것도 그 목적은 인구 억제 및 성비 불균형의 교정에 있었지 가부장제의 철폐 자체에 있지 않았다. 1984년 유엔 여성차별철폐협약을 비준할 때처럼 국제환경에 의해 가족법 개정론이 탄력을 받은 경향이 있다. 또한 가족법 개정에서 국가의 주요 관심은 여성차별이 아니라 남아선호에 의한 성비 불균형에 있었다. 이는 성차별주의가 국가발전에 해롭다는 생각, 최소한 여성의 삶에 유해하다는 생각을 국가가 가지고 있었는지를 묻게 만든다. 즉 국가가 과연 남성과 여성 시민을 모두 대변하고 있었는가에 대해 의문이 제기된다.

셋째, 가족법 개정론자들에게도 성찰할 점이 있다. 한국의 척박한 사회·문화적 환경에서 역사적 지형을 바꾸어온 가족법 개정운동의 의미를 인정하는 것과는 별도로, 개정운동의 방식과 철학에서는 아래와 같은 자성점이 있다고 본다.

(i) 1989년의 개정에 이르기까지 개정운동은 주로 여성연합회가 주도했는데, 연합회 활동에서 국회의원과 법률가에 대한 의존관계가 나타나서 아쉽다. 개정에는 당연히 입법부의 지지가 필요하고 국가권력이 집중된 상황에서는 이런 방식이 더욱 불가피한 측면이 있었을 것이다. 하지만 이런 관계에 균형을 잡아줄 대중과의 소통에 대해서도 의문이 든다. 예컨대 개정론자들이 생각했던 '여성의 이해'란 무엇이었을까. 개정된 법이 여성의 이해를 위해 효력을 발휘하기 위해서는 좀더 현실의 가족과 여성의 요구에서 출발한 의제 설정이 필요했을 것이다. 또한, 여성단체의 대표를 중심으로 정치지도층에게 청원했던 방식에서 볼 때, 조직 내 민주주의, 의견 수렴방식, 여성대중과의 관계설정 등에 있어 좀더 개방된 활동이 필요했으리라 생각한다.[28]

(ii) 보다 중요하게는 가족법 개정론자들의 법개정 근거에 관한 것이다. 앞서 본 대로 개정론자들의 근거는 주로 인본주의·남녀평등·민주주의·시대의 흐름 등이었다. 하지만 이러한 이상만 가지고 한국 가족법이 자리잡은 역사적인 현실에 깊이 파고들어 그것을 해체할 수 있을까. 예컨대, 개정론자들은 호주제 폐지를 열망하였고 그 대안으로 부부가 평등한 핵가족제도에 대한 믿음을 갖고 있었다. 하지만 핵가족제도 도입만으로 한국 가족을 중층적으로 얽어매고 있는 가부장주의를 해체할 수 있었을까. 기혼여성의 지위를 구조적으로 강화하려면 예컨대, 어머니의 성이 표시되도록 성제도가 개선되고, 기혼여성들의 가사 및 육아활동에 대한 경제적 평가제도 등이 도입되어야 할 것이다.

---

28) 1980년대 제3차 개정시에 더 젊은 세대로 구성된 여연특위에서는 정치지도층에의 호소가 아니라 여성대중 속으로 침투하는 개정운동의 방식을 제시한 것도 시사적이다. 이 방향은 다음 장에서 살펴본다.

(iii) 가족법 개정론자들이 가졌던 '전통' 인식에도 의문이 제기된다. 전통을 여성의 족쇄로 치부하고 서구적인 남녀평등을 이상으로 하였다면 가족법 개정론자들 역시 전통과 근대의 이분법을 차용한 셈이 된다. 진보적 관점에서 한국의 '전통'에 창조적으로 개입할 여지는 없었을까. 물론 이러한 이분법을 견지한 주요 세력은 유림과 개정 반대론자들이다. 하지만 한국 가족법 개정운동에서 반대론자는 물론 개정론자들에서도 이런 전통과 근대의 이분법에 비판적으로 개입한 예를 찾기는 어렵다.

이 장에서 논의한 대로, 1960년대부터 1980년대까지의 가족법 개정사는 이미 1950년대 가족법 제정과정에서 나타난 전통과 근대성이라는 이원적 논리체계가 지속되고 한층 강화되는 양상을 보여준다. 전통주의자들에게 전통이란 도덕성과 바람직한 생활양식을 의미하는 것이고, 근대성이란 이러한 도덕과 미풍양속을 파괴하는 힘에 불과했다. 역으로, 개정론자들에게 근대성이란 민주주의 및 합리주의와 연관된 것이고, 전통이란 가부장적이고 반동적인 문화에 불과하다. 이러한 이분법을 구축하고 강화한 것에는 근대화론자보다는, 전통주의를 강화한 한국정부, 입법부, 그리고 유림에 보다 무거운 책임이 있다고 평가할 수 있다. 한국의 가족법 제정 및 개정 역사를 통틀어 전통주의에서 말하는 '전통'은 큰 변동 없이 사람들의 삶과 무관한 절대적인 원리로서 제시되어왔기 때문이다.

탈식민 후 '전통'담론은 시간이 지남에 따라 그 내용이 점점 더 형해화되어갔다. 전통을 주장하는 사람들은 전통의 역사적 실질을 규명하는 연구나 논쟁을 거의 수행하지 않았다. 오로지 과거로부터 이어온 규범과 관습을 가능한 한 순수하게 보존하는 것이 올바른 것이라는 선언을 수천번 거듭했을 뿐이다. 이러한 모호함에도 불구하고, 혹은 그런 모호함 때문에, 개정론자들조차도 이러한 전통 개념에 강하게 이의를 제기하지 못했다. 전통의 원칙은 불변하기 때문에 역설적으로 그 대상물을 탐구하려는 동기는 희미해지고 전통의 역사적 배경은 잊혀졌다. 호주제도 개정논쟁에서 보듯, 호주제도 존치의 근거를 그것이 당대 한국에서 가지는 기능과 의미에서 찾기보다, 주로 호주제도가 '진정으로' 한국의 전통인가 아닌가 하는 논의에 집중해왔다.

하지만 전통담론의 한계가 단지 전통주의자들의 것으로 환원될 수는 없다. 이 장에서 본 것처럼 국가와 정치세력, 그리고 일반시민에게 '전통'문제는 깊이 분석되거나 해체되기보다 맹목적 옹호의 대상으로 남아 있었다. 한국에서 전통의 동결은 서구 근대화과정에서 빚어진 부산물인 점에 더하여 포스트식민이라는 역사적 조건과 엇물려 있었다(제2부 참고).

다른 한편, 개정론자들도 그 근대 지향적 태도로 인해 이러한 역사적 '근대성'을 해체할 적절한 주체가 되지는 못하였다고 평가할 수 있다. 1989년의 가족법 개정에서 나타났던 것처럼 가족법 개정의 역사는 대한민국의 기이한 절충의 역사를 보여준다. 실제로 가족법 개정론자와 반대론자 모두를 충족시킨다는 것은 불가능한 일이다. 그것은 한국사회에서 '전통과 근대'를 아우르는 제3의 역사적 전망을 가진 법적 논리가 등장하지 않았기 때문이다. 국회가 자랑하던 양측의 절충이란 절충이라기보다 기이한 접합이라고 본다. 남녀평등을 구조적으로 불가능하게 하는 신분관계에 대한 대수술 없이 형식적 양성평등이 개별 조항을 통해 도입됨으로써, 여성주의 법학의 관점에서 보면 한국 가족법은 점점 이질적인 규범들의 집합이 되었다. 이 기이함과 시대착오성(anachronism)은 법에 새겨진 여성들의 모순된—혹은 분산된—주체성에서 잘 구현되고 있다. 1989년 개정 가족법에서 여성들은 여전히 가부장적 신분관계에 의해 가족에 구속된 아내·어머니·며느리·딸로 존재했지만, 재산관계에 있어서는 평등한 '개인'으로 자리매김 되었다.

이러한 상황에서 식민주의와 '전통'이 한국의 여성주의 법학에 가지는 의미를 찾을 수 있다. 식민지시대의 가족법 담론에서는 전통과 근대의 이

원적인 대립이 존재하지 않았다고 평가할 수 있다. 조선의 '관습'이 가족법의 법원으로 확립된 것은 일제강점기 조선민사령 11조에 의해서이다. 이 조항이 조선의 '관습'과 근대법을 연결지었다고 할 수 있는데, 조선의 '관습'이 또하나의 전통과 근대의 절충점인 일본 민법의 틀 속에서 해석되었기 때문이다(제3장과 제4장). 이후 한국 국가와 사회의 식민지성에 대한 무관심과 서구적 근대 추종은 이러한 식민지성을 지속시키는 데 기여했다고 본다. 이태영 변호사 세대가 한국의 여성주의 제1세대라면 이들은 식민지적 질곡과 그에 접목된 가부장제에 대한 감수성을 가지고 근대 추구와 인도주의정신으로 무장하고 있었던 것 같다. 즉 가부장적 전통문제에 대한 지각은 있으되 그것을 설명하고 극복할 틀은 근대성에 두고 있었다. 1980년대에 여성의 '실질적 이익'을 주장했던 보다 젊은 여성주의자들을 제2세대 여성주의자라고 부른다면 이들은 전통 문제와 투쟁할 필요성을 크게 느끼지 못했던 것 같다.

그렇다면 이후 등장할 한국의 제3세대 여성주의 법학에서는 어떤 인식이 요청되는가. 그것은 전통과 근대성의 이분법을 해체하고 극복할 수 있는 논리를 찾는 것이 아닌가 한다.

전통과 근대성의 이분법 속에서 법 안의 존재로서 한국 여성들의 주체성은 어떤 모습인가. 그것은 한 다리는 조선시대의 영토를 밟고, 다른 한 다리는 식민주의 시공간에 놓고 서서, 머리는 21세기를 향한 시대착오적 모습을 구현하고 있다. 그녀들의 뒤틀린 상태가 다름 아닌 중층적으로 뒤틀린 한국역사를 구현하고 있기에, 여성주의적 비전은 한국역사에 대한 치유를 의미할 것이다. 현재라는 시간성 속에 살아 있는 통합된 주체로서 한국 여성을 형상화할 비전은 포스트/식민지적, 전통적, 근대적, 가부장적인 한국사회를 벗어날 수 있는 '커다란 지혜'가 될 것이다.

제8장

호주제도 폐지, 그 산을 옮기다

1. 여는 말

2005년 3월 2일은 한국 가족법 역사에 새로운 장이 열린 날이다. 이날 국회는 호주제도가 완전히 삭제된 민법 개정안을 의결하였고, 한달 전인 2005년 2월 3일 헌법재판소는 민법상 호주제도의 주요 조항들 제778조, 제781조 제1항, 제826조 3항에 대해 헌법불합치 결정을 내렸다. 2005년 3월 2일 의결된 개정안은 같은 해 3월 31일부터 시행되었고, 호주제 관련조항 등은 2008년 1월 1일부터 시행되었다.[1] 이로써, 호주제 폐지를 향한 반세기 역사는 한 장을 마감하고 새로운 장이 시작된 것이다. 입법부와 사법부에서 거의 동시에 내려진 이 결정에 의해 한국 가족법 역사는 50여년 가족법 개정운동의 가장 높은 봉우리를 넘어섰다.

호주제도는 민법 제4편 친족 및 제5편 상속을 통칭하는 가족법의 골격

---

[1] 호주제 관련규정은 2008년 1월 1일부터 그 효력을 상실하였다. 호주제도 외에도 2005년 3월 2일 의결된 민법에서 가족의 범위, 자의 성과 본, 친양자에 관한 규정도 2008년 1월 1일부터 발효되었다(개정 민법 부칙 제1조 (시행일) 참조).

을 이루는 가족제도였다. 호주제는 부부, 부모자녀 등 가족관계의 보편적인 틀이 되었고 신분 공부(公簿)인 호적상 가족 경계를 확정지었다. 이렇게 호주제도는 대한민국 국민이라면 누구도 빠져나갈 수 없는 가족제도이자 신분질서가 되어왔다.

호주제 폐지운동은 대한민국의 최초 민법안이 마련되던 1950년대부터 시작되었다. 최초로 탄생한 여성 법조인 이태영 변호사는 1953년 호주제가 고스란히 존치된 신민법안을 보고 놀라고 분개하여 새로운 가족법안을 마련하기 위해 동분서주하기 시작했는데(제6장 참고), 호주제 폐지는 1970년대와 80년대 가족법 개정사에서 가장 중심적인 의제였고 1990년대와 2000년대에도 그 운동은 끈질기게 계속되었다. 이 점에서 호주제도 폐지운동에는 50여년 한국 가족법 개정운동의 역사가 고스란히 집약되어 있다. 2005년 실현된 호주제 폐지는 험준한 그 산을 옮긴 것이다.

이 장에서는 호주제 폐지가 어떻게 가능했는지, 그 운동의 주체와 활동을 살펴보고 호주제 폐지가 한국 가족과 사회에 의미하는 바는 무엇인지 논의할 것이다. 또한 헌법재판소의 민법상 호주제도 관련조문에 대한 위헌법률제청심판 심의과정을 통해서 사법부에서 제시한 호주제도 폐지의 근거와 한계를 살펴볼 것이다. 결론에서는 호주제 폐지를 이끌고 그것을 논증할 수 있는 페미니즘은 어떤 페미니즘인지 그 논리와 정신을 평가해 본다.

2. 호주제 폐지운동의 전면성

1989년 친족상속법 개정 이후 한동안 소강상태에 있던 개정운동이 1990년대 후반에 다시 일어났다. 1990년대 말, 특히 1997년은 가족법 개정운동의 새로운 전기가 되는 해라 할 수 있는데, 이제까지의 운동과는 다른 양상을 가진 '새로운' 호주제 폐지운동이 일어났다는 점이 주목된다.

무엇보다, 주체의 면에서 광범위한 시민사회 부문의 참여가 일어났다. 이는 한국에서 벌어진 다른 법개정운동에서는 유례를 찾아보기 어려운 일이다. 또한 민주화운동의 결과로 가능했던 문민정부 수립, 특히 김대중 정부와 노무현 정부의 집권, 이에 따른 입법부와 행정부의 변화도 호주제 폐지에 결정적 역할을 하였다. 한편 유림 역시 이전보다 더 적극적으로 호주제 수호를 위해 활동하였다. 아래에서는 각 주체별로 운동의 전개양상에 대해 살펴본다.

(1) 시민사회와 '호폐모'—싸이버 운동

1990년대 말 '호주제 폐지를 위한 시민의 모임(이하 호폐모)' 같은 자발적 모임이 결성되어 오프라인과 온라인에서 활발히 활동했다. 이들은 시민의 눈높이에서 호주제도의 폐해를 널리 알렸다.[2] 호폐모는 1987년 이후 민주화 국면에서 시민운동의 관심사와 주체가 다변화되고 시민의 담론장으로서 공적 영역이 확장되었음을 보여주는 한 사례이다. 호주제도가 식민지 시기 이식된 법제도라고 할 때, 이에 관한 대중의식의 고양은 참으로 늦게 왔다고 할 수 있다. 한국 가족법 개정운동에서 호주제도는 늘 중요한 의제였으나 주로 변호사나 학자 혹은 기성의 여성단체에 의해 주도되었다. 이와 달리 1990년대에는 평범한 시민들의 작은 모임에 의해 호주제의 문제점이 확산되고 이들이 눈덩이처럼 불어나 거대한 운동으로 화했다.

'호폐모'는 계급적 기반뿐 아니라 운동방식에 있어서도 이전과 차이를 나타냈다. 이들은 급속히 보급된 전산망에 힘입어 싸이버 공간에서 주로

---

2) 이 모임을 사실상 이끌었던 고은광순 씨는 여성 한의사로서 '아들 낳는 처방'을 요청하는 수많은 환자(?)들을 접하고 호주제도의 폐해를 절감하여 호주제 폐지운동에 나서게 되었다. 고은광순 의사가 200여명의 한의사를 대상으로 한 조사에 따르면, 아들 낳는 법에 대하여 상담요청을 받았다는 한의사는 응답자 중 90%에 이르렀다.

활약했다. 젊은 세대의 평범한 시민들로 구성된 '호폐모'는 온라인을 통해서 호주제에 따른 피해를 알리고 공유하였다. 예컨대, 호주제도하에서 이혼여성과 이혼가족에 대한 부당한 처우, 재혼가족이 겪는 고통, 1990년대를 거치면서 호주를 두기 원치 않아서 혼인신고를 하지 못하는 사실혼 부부가 늘어난 이야기들이 전해지면서 그 고통과 분노가 싸이버 공간에서 확산되었다. '호폐모'는 회원에 국한하지 않고 해당 싸이트에 접속할 수 있는 모든 이에게 열려 있었기에 이러한 담론 생산과 전달의 효과는 매우 컸다. 이 점에서 평범한 시민들의 문제제기가 가족법에 대한 정치적·법적 언설보다 더 효과적이었다고 평가되기도 한다(Shin 2006, 112면).

이와 더불어 1997년에는 호주제 폐지운동의 불씨가 된 두 가지 사건이 있었는데, 하나는 그해 3월 8일 여성의 날에 있었던 '부모성 같이 쓰기 운동'의 제안이다. 이는 한국 가족법에서 여성들이 성(姓)이라는 가족표지로부터 철저히 배제되는 것에 대한 문제제기였다. 가족의 표지를 넘어 '이름'을 개인의 정체성의 문제로 받아들이기도 한 것이다. 또다른 계기는 그해 7월 내려졌던 동성동본 금혼제도에 대한 헌법불합치 결정이었다(Shin 2006, 104면).[3] 성본제도와 동성동본 금혼제도는 호주제도 폐지운동과 정확히 일치하는 문제는 아니지만, 남성중심적 가족제도에 대한 각성이라는 점에서 그 문제의식이 서로 맞닿아 있음은 사실이다. 앞장에서 보았듯이, 1980년대 가족법 개정운동의 '상징적 이익'과 '실질적 이익' 구도에서 젊은 세대들에게는 단지 상징적 이익으로만 여겨지던 가족 내 신분관계 관련법규가 평범한 여성시민들에게 치명적인 의제로 인식되었다는 점이 특기할 만한 것이다. 이는 경제적 이익을 위한 투쟁을 넘어 정체성 확립에 무게를 두었던 서구의 '새로운 사회운동' 현상과 비교되면서도, 서구의 그것

---

3) 헌법재판소 1997년 7월 16일 선고, 95헌가 6-13병합 민법 제809조 제1항 헌법 불합치 결정.

과는 다른 차원의 가족 문제가 녹아 있는 의제라 하겠다.[4]

1999년에 이르면 한국가정법률상담소, 한국여성단체연합, 한국여한의 사협회는 '호폐모'의 움직임에 공감하여 가족법 폐지를 위한 새로운 연대를 구축하게 된다.[5] 이 연대에서 한국여성단체연합과 한국가정법률상담소가 중요한 역할을 하였고, 2000년대에 들어서면서 여성민우회 등 한국의 여성단체들은 호주제 폐지를 주요한 정책의제로 삼게 된다. 2000년 7월 싸이버 운동을 위한 호주제 폐지운동 싸이트(http//no-hoju.women21.or.kr)가 개통되었고, 여기서 호주제 피해 알리기, 시민 의식조사, 각종 자료 교류 등이 이뤄졌다. 이외에도 호주제도와 관련한 연구가 활성화되고,[6] 대중강연, 시위 등 다양한 활동이 전개됨으로써 호주제의 문제점에 대한 담론이 활발하게 생산되었다. 이러한 활동을 통해 2000년에 이르면 호주제 폐지는 '여성계 의제'를 넘어서 시민들의 일반적 관심사로 자리잡게 된다. 다음, 엠파스 등 포털싸이트에 호주제에 대한 설문공간이 자리잡은 것도 이러한 현상을 웅변한다.[7] 이 시기 호주제도는 성차별뿐 아니라 국가의 사생활 간섭, 그 식민지성 등의 각도에서도 문제화되었다는 것이 또다른 특징

4) 어째서 이 시기 한국 여성들에게 호주제 문제에 대한 의식이 고양되었을까. 거기에는 민주화 이후의 국면이라는 정치적 맥락에 더하여 페미니즘의 성장, 다양한 가족형태의 등장이라는 요인들이 작용했을 것이다.(후술 참고).

5) 1999년 3월 여성의 날 행사에서는 '호폐모'의 퍼포먼스가 주요 부분을 이루었다. 여성운동진영에서 호주제 폐지라는 의제에 광범위한 공감이 일어나고 있었다.

6) 1990년대 후반 호주제도 연구로는 장영아(1996); 대통령직속여성특별위원회(1999) 등이 있고, 2000년대 들어서는 여성개발원(2000); 최대권 외(2001) 등이 있다. 참고로 여성개발원 연구에서는 호주제도 폐지를 찬성하는 의견이 전체의 27%(남 19.1%, 여 29.6%), 서울대 법학연구소 연구에서는 폐지 또는 수정 의견이 전체의 45.8%(남 37%, 여 55%)로 나타났다.

7) 2003년 4~5월에 이뤄진 한국가정법률상담소 조사에서는 폐지 의견이 전체의 66.2%(남 50%, 여 82%)로 증가했고, 5월 중앙일보 조사에서는 폐지 또는 수정 의견이 전체의 80%로 나타났다. 8월의 다음(Daum) 조사에서는 전체 의견의 70.2%가, 같은 달 엠파스 조사에서는 전체의 66.3%가 폐지 의견을 나타냈다.

이다.[8] 이 점에서 양성평등과 인본주의라는 다분히 근대적 의제 속에서 주창되던 이전의 호주제 폐지운동의 가치관과는 차이를 나타낸다. 호주제도는 성차별성뿐 아니라 식민지성, 국민통제, 가족 다원화, 그리고 '사회문제'일 뿐 아니라 '자신의 문제'이기도 한 크고 작은 맥락들 속에서 새롭게 문제화된 것이다.

(2) 법률가의 역할

법률가의 적극적 기여는 2000년대 호주제 폐지운동의 또다른 특징이다. 1990년대 후반부터 결집되기 시작한 여성운동의 호주제 폐지 호소에 공익에 헌신하는 변호사와 법률가들이 귀를 기울이기 시작했다. 호주제 폐지를 위한 소송전략으로서 '위헌법률심판'에 대한 논의는 2000년 2월 제주에서 열린 한국인권재단 주최 인권학술회의에서 처음 제기되었다.[9] 이 회의의 호주제 관련 패널 가운데 강금실, 이석태 변호사의 공동발표에서 그 아이디어가 제시되었다. 이 토론의 사회자는 지은희 당시 여성단체협의회 대표였는데, 이후 지은희 대표와 강금실 변호사는 각각 여성부와 법무부의 수장으로 호주제 폐지에 앞장섰다는 점에서 이 토론은 미래의 예언과도 같은 자리였다고 할 수 있다.[10]

공익변론 변호사들, 특히 여성인권에 헌신하는 변호사들은 개인의 이름 보다는 '민주사회를 위한 변호사 모임(민변)'이라는 이름 아래 호주제

---

8) 호주제도와 연동된 호적제도의 사생활 간섭에 대해서는 김기중(2000) 참고. 호주제도의 식민지성에 대해서는 이 책 제3장, 제4장과 이 장의 헌법재판소 결정문 분석 참고.

9) '위헌법률심판'이란 법률이 상위법규인 헌법에 합치하는가 여부를 사법기관이 심사하여, 헌법에 위배된다고 판단되는 경우 헌법재판소에 이를 제청하여 위헌심사를 받아 그 효력을 상실케 하는 제도를 말한다(헌법 제107조, 제111조). '헌법소원'이란 공권력의 행사 또는 불행사로 인해 헌법상 보장된 기본권을 침해받은 자가 그 구제를 받고자 직접 헌법재판소에 제출하는 심판청구이다(헌법 제111조 제5호, 헌법재판소법 제68조).

10) 이 토론의 발표내용에 관해서는 한국인권재단(2000) 참조.

폐지에 힘을 기울였다.[11] 이들은 호주제 위헌제청 사건을 준비하기 위해 2000년 6월부터 '소송실무모임'을 조직하여 수차례의 연구모임을 가졌고, 2000년 9월에는 '호폐모', 『여성신문』 등의 단체와 연대하여 호주제 원고 인단으로 피해시민 60여명을 찾아냈다. 이렇게 신청인으로 나서준 평범한 시민들도 중요하다.

2000년 12월 강금실, 이석태 변호사를 수석변호사로 하는 호주제 위헌제청 사건준비 변호사팀은 대한변호사협회 법률구조사업회로부터 소송 지원을 받아, 약 5년여에 걸친 준비에 들어갔다. 변호사들은 먼저 호주제에 대한 법률적·역사적 연구를 통해 '호주제 폐지론'을 작성하여 이를 헌법재판소에 제출하였다. 이들은 위헌제청을 이끌어낼 신청인단을 모집하였고, 헌법재판소에 제출할 의견서를 작성하였으며, 헌법재판소 심의과정에서 여러 기관의 참고인들을 불러내는 등 다양한 측면에서 눈부시게 활약하였다. 특히 2003년 말~2004년에 헌법재판소에서는 무려 다섯 차례에 걸쳐 공개변론이 개최되었다.[12] 이상과 같은 법률가의 역할을 볼때 이 사건은 한국 공익소송의 선도적 사례라 말해도 부족함이 없을 것이다.[13] 서구에서 공익소송(public interest lawyering)은 '과소대표된(under-represented) 권리'를 대변하는 소송, 혹은 소비자권리 같은 '흩뿌려진 작

---

11) 호주제 위헌제청 신청인을 대리했던 변호사는 최석모, 이석태, 진선미, 이정희, 이유정, 이상희, 조숙현, 김수정, 이지선 변호사 등 다수이다.

12) 헌법재판소는 아래와 같이 폐지측과 존치측의 참고인을 소환하여 의견을 청취하고 신문하였다. 제1차 변론(2003년 11월 20일), 여성부 장관, 성균관장 의견서 제출. 제2차 변론(2004년 3월 11일), 제청신청인측 참고인 김상용 교수, 양현아 교수. 제3차 변론(2004년 6월 10일), 전통가족수호범국민연합측 참고인 김준원 교수, 구상진 변호사. 제4차 변론(2004년 11월 11일) 전통가족수호범국민연합측 참고인 신희섭 연구원. 제5차 변론(2004년 12월 9일), 제청신청인측 참고인 최재천, 『교수신문』, 이해관계인 곽배희 한국가정법률상담소 소장.

13) 호주제 위헌제청 소송과정의 자세한 기록과 자료들은 민주사회를 위한 변호사 모임·여성인권위원회(2003) 참고.

은 권리'(dispersed right)의 구제로 이해되곤 하지만(황승흠 1998; Goedde 2007), 호주제도 위헌제청 사건을 통해 볼 때 한국의 공익소송이란 사회구조를 변혁하는 아주 큰 수레(a large vehicle)가 될 수 있다고 평가한다. 하나의 소송으로 기성 질서를 허물어뜨릴 수 있기 때문이다.

한편 해당 변호사들뿐 아니라 헌법재판소의 재판관과 연구관, 지방법원 판사 등 관계 법률가들도 호주제 폐지에 중요한 역할을 했다. 호주제 위헌제청 사건에 이렇게 많은 법률가들이 직간접으로 관련되어 있었다는 것은 여성단체 활동가들과 입법부 국회의원 등이 중심주체가 되었던 1989년까지의 호주제 폐지운동과 구분되는 특징이기도 하다. 이렇게 법률 전문가들이 호주제 폐지 의제에 참여하게 된 것은 1987년 민주화가 사법계에 미친 효과이자 진보적 법률가의 조직화에 따른 결과라고 해석할 수 있다. 물론 헌재와 법원의 변화는 국가의 헤게모니와 교감한 면에서 기인한 측면도 있다고 보인다.

호주제도 폐지가 입법부의 민법 개정뿐 아니라 사법부의 결정에 의해서도 이루어졌다는 것은 절차적으로 중요하다.[14] 정책적 의도를 가진 입법부의 법개정 노력과 함께 위헌제청 사건을 통해서 호주제도의 성차별성, 헌법과 전통 문제, 사회현실과 법의 관계 등 다각도에서 풍부한 법적 심의를 거칠 수 있었기 때문이다. 이 사건을 통해 관련 연구를 총망라해야 했기에 이는 거대한 학습과정이자 지식생산의 과정이었다.

(3) 국가의 시각 변화

한편 법무부와 여성부 같은 관련 행정부처의 리더십도 호주제 폐지에 큰 영향을 미쳤다. 이것은 대통령과 행정부가 호주제 폐지와 같은 의제

---

14) 한편, 호주제 존치측 입장에서 의견을 제시한 성균관 관장과 구상진 변호사는 호주제 폐지는 입법부에서 논의할 사안으로 헌법재판소에서의 심의가 불필요하다는 각하 의견을 제시한 바 있다.

에 우호적이라는 정치적 맥락에서만 가능한 것이었다. 노무현 대통령 재임 초기였던 2003년 5월, 여성단체 활동가로 활약했던 지은희 장관을 수장으로 한 여성부는 시민단체의 장으로 구성된 '호주제 폐지 특별기획단'을 발족하였다. 이 기획단에는 여성부·법무부 등 7개 부처가 참여하고, 한국여성단체협의회·한국여성단체연합·한국여성유권자연맹·대한YWCA연합회·한국가정법률상담소·참여연대·민주사회를 위한 변호사 모임 등 11개의 단체, 연구기관으로 한국여성개발원, 협의기관으로 대법원이 참여한 거대 연합체였다. 이 기획단은 3회의 전체회의와 6회의 분과회의를 거쳐 개정방향 제시와 대국민 홍보 등 다양한 활동을 전개했다. 이런 흐름에 부응하여 최초의 여성 법무부 장관이자 인권법률가 출신인 강금실을 수장으로 한 법무부는 2003년 6월 '가족법 개정 특별분과위원회'를 발족하였다.[15] 이 위원회에서는 법무부 역사상 처음으로 호주제도를 완전히 삭제한 민법 친족상속편 법안을 기안해 2003년 9월 4일 입법예고하였고, 9월 25일 공청회를 개최했으며, 11월 6일 본 법안을 국회에 제출하였다. 이 법안은 이후 법제사법위원회와 국무회의를 거쳐 수정되었지만 제16대 국회의 임기 만료와 함께 자동폐기되었다. 하지만 법무부는 법안을 다시 손질하여 2004년 6월 제17대 국회 출범과 함께 정부안으로 다시 제출하였다.

  법무부 특위는 호주제도뿐 아니라 여러 중요 개정을 포함한 개정안을 기안했다. 이는 가족의 범위, 자녀의 성과 본, 친양자, 재산상속에서의 기여분 규정 등 다양하고 핵심적인 내용을 포함하는 전면적인 개정안이었다. 이 특위에서 호주제 폐지에 못지않게 첨예한 이견이 있었던 안건은 신분등록제 대안에 관한 것이었다. 특위에서는 기존 호적의 대안으로 '기본 가족별 편제'와 '개인별 편제'를 둘러싼 의견이 팽팽히 맞서는 가운데 개

---

15) 이 특별위원회는 이승우 교수를 의장으로 법조계 4명과 학계 5명, 행정자치부 대표가 1명 참여하였다.

인별 신분등록제도를 아슬아슬한 차이로 채택했다.[16] 개인별 신분등록제란 호주제도가 삭제된 민법 개정안의 국회 의결도 어렵다는 전망을 가지고 시작했던 특위로서는 상상하기 어려운 급진적인 선택이었다.[17] 개인별 신분편제 방식을 택한 '가족관계의 등록 등에 관한 법률'은 2007년 국회에서 의결되었다(제11장 참고).

호주제 폐지에 있어 입법부도 중요한 역할을 하였다. 16대 국회에서는 집권당인 열린우리당의 의석이 야당보다 적은 여소야대였으나, 노무현 대통령 탄핵국면 이후 구성된 제17대 국회에서는 여야 비중이 뒤바뀌었다. 제17대 국회에서는 여당이 국회 다수당이 되고, 성평등의 중요성에 공감하는 진보적 성향의 국회의원이 다수 등원하였다. 한편, 제16대 국회에서 법무부가 제출한 정부안 이외에도 이미경 의원을 대표로 개정안이 발의되었고, 다시 제17대 국회에서는 이경숙 의원, 노회찬 의원의 대표발의에 의한 개정안들이 제출되었다. 특히 이미경 의원의 안은 호주제 폐지뿐 아니라 자녀의 성본에 있어서도 법무부안보다 진취적인 변화를 담고 있었으니, 기존의 부성주의(父姓主義)를 좇은 민법 제781조를 삭제하고 부모의 협의에 따라 자녀의 성본을 부여할 수 있도록 하는 새로운 조항이 포함되었다.[18] 제17대 국회 출범 후인 2004년 12월, 각 정당은 정부 민법 개정안을 2005년에 통과시키기로 합의하였고, 마침내 2005년 2월 28일 국회 법제사

---

16) 특위의 논의과정에 대한 자세한 기록은 『가족법 개정 특별분과위원회 회의록 제1차 회의~제9차 회의)』(법무부, 미간행 자료집, 2003년 12월)에 수록되어 있다.

17) 당시에는 개인별 신분등록은 차치하고 호주제도가 통째로 삭제된 정부안이 국회에서 의결될지도 불투명하였다. 그만큼 입법부와 정부기관이 호주제도 폐지에 저항한다는 인식이 퍼져 있었다. 실제로 16대 국회에 제출되었던 정부안은 심의조차 되지 않은 채 폐기되었다.

18) 이미경 의원 외 52인 발의 2003.5.27. 의안번호 2307. 새로운 조항은 다음과 같다. 제826조의 2 제1항 자는 부모가 협의한 바에 따라 부 또는 모의 성과 본을 따른다. 다만, 부모가 협의할 수 없거나 협의가 이루어지지 아니하는 경우에는 부 또는 모의 청구에 의하여 가정법원이 이를 정한다.

법위원회는 해당 민법 개정안을 찬반 표결 끝에 찬성 11표, 반대 3표, 기권 1표로 가결하였고, 3월 2일 개최된 국회 본회의에서 본 개정안을 의결하기에 이른다. 이날 투표에는 재적의원 296명 중 235명이 참여했으며 찬성 161표, 반대 58표, 기권 16표를 기록했다. 이로써 1953년부터 시작된 반세기에 걸친 호주제 폐지운동은 마침내 마침표를 찍게 되었다.

(4) '전통'의 수호자, 유림

호주제 폐지를 시도할 때마다 강력하고 조직적으로 반대해온 유림은 1990년대와 2000년대에는 어떤 활동을 하였을까. 앞에서 살펴본 대로, 유림은 한국의 가족 '전통'의 수호자로서 가족법 개정시마다 그 존재를 드러낸 종교단체이자 사회세력이다. 1990년대에 시민사회 영역, 정부와 입법부, 그리고 사법기관에서조차 호주제 폐지 분위기가 익어가자 호주제 존치측은 '정통 가족제도 수호 범국민연합(이하 정가련)'을 결성해 전문가를 물색하고 각종 문건을 작성하는 등 호주제 폐지를 막고자 총력을 기울였다. 이에 따라 호주제 존치의 필요성 내지 호주제 폐지 반대의견의 논거도 다양해졌다.[19]

'정가련' 공동대표이자 호주제 위헌법률심사에서 존치측 입장에서 활약했던 구상진 변호사를 통해 그 논거를 살펴보도록 한다. 먼저, 그는 헌법과 가계계승 문화의 관계에 대해 고찰하면서, 헌법은 국가의 기본규범이자 국가를 넘어선 것이기에 전통 가족문화와 깊은 관련성을 가져야 한다고 역설한다. 또한 헌법 전문(前文)과 제9조에 명시된 바와 같이 헌법은 한민족 공동체의 문화를 존중해야 한다고 한다. 구변호사가 중시하는 민족의 문화란 주로 '선후대 계승'이라고 표현되었던바, 이는 존치측 입장에서 핵심적 개념이다.

---

19) 존치측 입장에 대한 분석은 이후 이어질 헌법재판소 심의부분에서도 다룬다.

둘째, 호주제가 양성평등에 반한다고 하지만, 양성평등이란 획일적인 것이 아니라 "서로 다른 점에 상응한 조화적 평등"이어야 한다는 것이다 (구상진 2003). 따라서 선후대간의 유대와 이를 제도화한 가계계승 문화의 중요성을 강조하고 남녀분별이 필요하다고 주장한다.

셋째, 호주제를 폐지하고 자녀의 성본을 이리저리 마음대로 정한다면 사실상 가계는 보존될 수 없다는 주장이다. 여기서 존치측이 호주제 폐지에 대해 우려한 것은 호주제를 통해 법제화되어 있는 '남계의 가계계승'제도가 파괴될 수 있다는 점이었음이 엿보인다. 또한, 호주제도와 부계성본 제도를 등식화하고 있는 점도 주목된다.

넷째, 자연과학적으로도 남계 가계계승이 타당한데, 이는 남계혈통만이 Y염색체를 남기기 때문이다.

다섯째, 민법은 입부혼(入夫婚)제도나 모성(母姓) 부여의 예외적 경우를 대비하고 있으므로 이를 이용하여 현재의 문제점을 적절히 완화할 수 있다.

여섯째, 사랑과 헌신, 신뢰와 화목 등 단체법적 원리를 포함시키는 것이 가족관계의 "개인의 존엄과 가치"의 올바른 해석이라는 것이다. 이처럼 가족관계의 특수성을 주장한다.

이외에도 호주제 폐지론자들의 주장은 사회주의적이어서 북한이나 중국의 가족법 개정과 마찬가지로 되어버릴 것이라고도 하였고, 첩·동성애자·군거(群居) 내지 혼외자 등도 가족으로 바라보자는 주장을 한다고 강변하였다. 이렇게 폐지 반대담론은 호주제 자체보다는 남계의 가계계승을 수호하고 있다는 점이 주목된다. 요컨대, 존치측에선 호주제를 통해서 유지되는 부계적·남계적 가계계승제도의 법제화를 수호하고 있었다.

이런 태도는 지난 50여년 동안 법개정에서 보여준 유림의 태도와 사실상 큰 차이가 없기에 한국의 사회변화와 새로운 세대의 감수성과는 괴리될 수밖에 없었다. 이 시대착오성은 2003년 9월 25일 개최되었던 법무부 '민법 중 친족상속편 개정법률안' 공청회장에서도 드러났다.

이 공청회에는 김상용 부산대 법대 교수, 곽배희 한국가정법률상담소 소장 등 두 발표자와 구상진 변호사, 이경숙 한국여성단체연합 대표, 정환담 전남대 교수, 진선미 변호사 등 네 명의 토론자가 참석하였다. 발표장에는 '정가련' 소속회원 60여명이 참석하였는데, 첫 발표자인 김상용 교수가 조선시대의 성과 본, 그리고 신분제도에 대해 발표를 시작하자마자 "너는 성도, 본도 없나" "너 어디 김씨야? 너부터 성과 본을 밝혀!" "우리 조상님들의 50%가 노예였단 말이야?" 등 욕설이 난무하여 공청회장이 아수라장이 되었다. 또 정가련 회원은 민법 개정의 절차가 지나치게 폐지측에 치우쳐 있어 절차적 공정성이 없음을 개탄하기도 했다.[20]

정가련은 호주제도가 우리 민족 고유의 전통이라는 주장을 펼쳐왔고, 이를 위해 조선시대의 성본제도·가장제도·가계계승제도 등을 통해 오늘날 민법상 존재하는 호주제도가 '실질적으로' 이러한 전통을 계승하고 있음을 규명하고자 주력했다. 한국의 호주제도가 일본의 것과 같지 않고, 오히려 '토착적' 가부장제와 결합되어 있다고 강조하였다.[21] 그리하여 호주제도 위헌 여부의 심리에서 호주제 존치측과 폐지측 입장이 전통 대 양성평등이라는 오래된 개정운동의 담론구도와 완전히 합치하게 되었다. 개정운동으로 풀지 못했던 많은 쟁점과 입장차이 들이 헌재 심의에 집약되었던 것이다. 호주제도를 가부장제 문화에 바탕을 둔 전통이라고 할 것인가 아니면 법제도에 국한된 식민지 유산이라고 볼 것인가의 문제는 본 사건에 깔려 있던 근본적 의제라 하겠으나 이에 대해서는 후술한다. 이상으로

---

20) 이 공청회는 2003년 9월 25일 서초동 변호사회관 대회의실(지하 1층)에서 개최되었다. 정가련측의 구상진 변호사는 "나도 김교수의 멱살을 잡아 내치고 싶다"고 발언하였고, 방청석으로 내려와 "오늘은 토론자로 나왔으니 토론회가 원만히 진행돼야 할 것 아니냐"며 "내 절을 받고 여러분이 자중해달라"고 엎드려 큰절을 하기도 했다.

21) 민법 제781조 제1항 본문 후단 및 민법 제778조 위헌제청에 대한 성균관장 최근덕의 의견(2003. 11. 헌법재판소 제출, 최근덕 2003, 특히 21~32면 참고).

유림이 보여준 한국의 '전통'에 대한 가부장적이고 동결된 사고는 당대의 시간성 속에서 창조되기 어려운 한국의 '전통'상황을 보여준다는 점에서 오히려 역사적이라고 평가할 수 있다.

3. 2005년 개정의 주요 사항

이렇게 2005년 3월 2일 국회를 통과하고 3월 31일에 공포된 가족법의 주요 개정사항은 아래와 같다.[22]

(1) 호주제도 관련조항 삭제
• 민법 제4편 제2장 '호주와 가족'이 삭제되고 '가족의 범위와 자의 성과 본'으로 장의 명칭 변경
• 제778조 (호주의 정의) 조항 삭제
• 제779조 (가족의 범위) 규정 개정
• 제780조 (호주의 변경과 가족) 조항 삭제
• 제782조 (혼인 외의 자의 입적)부터 제796조 (가족의 특유재산) 조항 삭제
• 제826조 (부부간의 의무) 제3항과 제4항 삭제
• 제4편 제8장 (호주승계의 장) 삭제(제980조에서 제995조까지 삭제)

(2) 자녀의 성과 본에 관한 규정 개선(제781조 제1항)
• 부성중심주의를 유지하였고, 다만 혼인신고시 모의 성과 본을 따르기로 협의한 경우 모의 성과 본을 따를 수 있게 하였다.
• 혼인 외 자가 인지된 경우 부모의 협의에 따라 종전 성을 그대로 유지할 수 있게

---

22) 2005년 민법 개정내용과 새로운 신분등록제도에 대해서는 제11장 참고.

하였다.

- 자의 복리를 위해 부, 모 또는 자의 청구에 의해 법원의 허가를 받아 자의 성과 본의 변경이 가능하도록 하였다.

(3) 새로운 금혼범위(제809조)
헌법불합치 결정에 따라 동성동본 금혼제도를 근친혼 금지제도로 전환하고 8촌 이내의 혈족간 혼인 금지범위 규정을 도입하였다.

(4) 친생부인의 소의 제소권자를 부(夫)뿐 아니라 처(妻)까지 확대(제846조 및 제847조)
친생부인의 소의 제소권자에 처를 포함하고, 그 제소기간도 2년으로 연장하였다.

(5) 여성에 대한 6개월의 재혼금지기간 규정 삭제(제811조)

(6) 친양자(親養子)제도 도입(제908조의 2 내지 제908조의 8 신설)
양친과 친자를 친생자관계로 보아 종전의 친족관계를 종료시키고 양친과의 친족관계만을 인정하며 양친의 성과 본을 따르도록 하는 제도가 마련되었다.

(7) 피상속인 부양자에 대한 상속기여분제도 도입(제1008조의 2)
상당기간 동거하면서 피상속인을 부양한 상속인에게도 공동상속인의 협의 또는 법원에 의하여 기여분을 인정하도록 하였다. "상당한 기간 동거, 간호 그 밖의 방법으로 피상속인을 특별히 부양하거나 피상속인의 재산의 유지 또는 증가에 특별히 기여한 자"로 기여분 상속인 자격을 명시하였다.

이상과 같이 한국에서 호주제 폐지과정은 다양한 주체들에 의한 50여 년이라는 장기간에 걸친 사회운동이었고, 많은 법적·역사적·사회과학적 연구가 이루어진 과정이었다. 그것은 시민단체와 국가기관, 즉 입법부, 사법부, 행정부 내부 및 기관 간의, 그리고 개인과 단체 간의 소통과정이었고, 그물처럼 연결된 네트워크를 형성하여 상호 영향을 주고받은 과정이었다. 1950년대 이태영을 위시한 여성지도자들이 불씨를 놓아 1990년대에는 광범위한 시민운동 속에서 입법부·사법부·행정부를 움직여서 그 변화를 마무리지은 총체적인 개혁의 과정이었다. 시민·전문가집단·국가라는 다양한 층위의 참여는 그동안 축적된 한국사회 민주화의 결실이자 한 시대를 대변하는 혁명적 사건이었다. 흥미로운 것은, 호주제 폐지의 출발이 이태영 같은 엘리트 여성에 의해 이루어졌다면, 그 바톤을 이어받은 사람들은 새로운 세대의 다양한 계층의 여성들이었다는 점이다. 즉 소수 엘리트에 의해 전개된 입법청원이나 사회운동이 아니라 광범위한 여성과 남성 시민들의 참여와 조직화가 호주제 폐지운동을 완결하였다. 이 점에서 호주제 폐지는 한국의 '시민혁명'으로 기록되어야 한다.

4. 위헌법률심판을 통해 본 호주제 폐지의 논증[23]

호주제의 폐지는 크게 입법적 과정과 사법적 과정으로 나누어볼 수 있다. 입법적 과정으로는 2005년 3월 2일 호주제가 삭제된 민법 개정안이 국회에서 의결된 것을 들 수 있겠고, 사법적 과정으로는 호주제 관련 조항에 대한 위헌법률심판 제청에서 헌법재판소가 헌법불합치 결정을 내린 것이

---

23) 헌법재판소 2005.2.3선고, 2001헌가 9·10, 2001헌가 11·12·13·14·15, 2004헌가 5 (병합).
  제청법원 서울지방법원서부지원(2001헌가 9); 서울지방법원북부지원(2001헌가 10 내지 15); 대전지방법원(2004헌가 5).

라고 할 수 있다. 이 절에서는 후자의 과정에 대해서 살펴볼 것이다. 이 과정은 위헌법률심판을 신청인들이 신청하고, 이 신청을 서울지방법원 북부지원과 서부지원, 대전지방법원이 각각 받아들임으로써 헌법재판소에 민법 제778조, 제781조 1항 본문 후단에 대하여 위헌 여부를 심사해줄 것을 헌법재판소에 제청하면서 시작되었다. 이에 헌재는 약 4년간 심의를 거쳐 2005년 2월 3일 호주제도의 골격에 해당하는 민법 제778조, 제781조 제1항 본문 후단, 제826조 제3항 본문에 대해 헌법불합치 결정을 재판부 6인의 다수의견으로 선고했다.[24] 이때 세 종류의 반대의견도 제시되었다.[25]

아래에서 주요 분석대상으로 삼은 텍스트는 헌법재판소의 결정문이며, 여기에 변호인들의 소장(訴狀), 제청법원의 결정문, 참고인과 유관 기관의 의견서, 또 전문가 참고인에 대한 신문 질의가 포함되었다. 이 결정문에는 지난 반세기 호주제 폐지운동의 법적 논거들과 관련 사실이 집대성되었기에, 호주제 사건을 다룬 법정은 하나의 의사소통의 장 내지 역사적 극장과 같다 하겠다(Sarat and Kearns 2002). 아래에서는 헌법재판소 결정문을 법적 문서라는 의미를 넘어서서 지배적 담론의 한 전형으로 접근하려고 한다.

(1) 시작 단계, 위헌법률심판 제청
먼저 지방법원의 위헌법률심판 제청과정을 살펴보자.

1) 2001헌가 9.10 사건
이 사건의 신청인들은 이혼하여 일가를 창립한 여성들로, 전 남편과의

---

24) 위헌결정을 내려서 호주제가 곧바로 폐지된다면 현행 호적법을 시행할 수 없어지기에 신분관계 공시·증명업무에 큰 공백이 생길 수 있다. 이러한 공백상태를 방지하고 새로운 호적체계를 만드는 데 드는 시간을 감안하여 헌법불합치 결정을 선고하였다.

25) 재판관 김영일과 재판관 권성의 반대의견, 재판관 김영일의 위 반대의견에 대한 별개의견, 재판관 김효종의 반대의견이 그것이다.

사이에서 출생한 자녀의 친권 행사자이자 양육권자인데도 그 자녀의 호적은 자녀의 아버지인 남편의 가(家)에 편제되어 있어, 자녀를 자신의 가(호적)에 입적시키기 위해 2000년 10월경 호적관청에 각기 입적신고를 하였다. 하지만 해당 구청은 민법 제781조 제1항 본문 규정을 들어 입적신고를 받아들이지 않았다. 이에 신청인들은 당해사건 법원에 각 호적관청의 처분에 대한 불복을 신청하였고, 재판 진행과 함께 민법 제778조, 제781조 제1항 본문이 위헌이라고 주장하면서 위헌법률심판을 제청하였다. 여러 법원 중 서울지방법원 서부지원과 서울지방법원 북부지원은 각 2001년 3월 27일과 3월 29일에 민법 제781조 제1항 본문 중 후단에 대한 신청을 받아들여 헌법재판소에 위헌법률심판을 제청하였다. 해당 법원은 나머지 조항에 대한 신청은 각하했다.

이렇게 이 사건은 이혼한 여성과 그의 자녀가 동일 호적에 편제되지 못하는 데 따른 여성과 어머니에 대한 차별, 또 이혼한 어머니에 의해 양육되는 자녀에 대한 차별, 현실가족과 호적의 괴리 등에 대한 문제제기를 담고 있다.

2) 2001헌가 11 내지 15 사건 및 2004헌가 5 사건

이 사건의 신청인들은 혼인하여 각 배우자와 하나의 가를 이루어 동일한 가적에 올라 있는데, 호적상 호주가 신청인 자신이거나(2001헌가 11.14 사건) 혹은 신청인의 남편(2001헌가 12.13.15)으로 되어 있다. 신청인들은 남편(혹은 자신)이 호주로 되어 있는 가를 무호주로 바꾸기 위해 2000년 10월과 11월 각 관할 호적관청에 호주 변경신고를 하였으나 해당 구청들은 현행 민법상 무호주제도는 인정되지 않는다는 이유로 호주 변경신고 수리를 거부했다.

이에 신청인들은 관할 법원에 호적관청의 수리거부 처분에 대해 불복을 신청하였고, 재판 진행과 함께 민법 제778조, 제826조 제3항 본문이 위헌이라고 주장하면서 위헌법률심판 제청을 신청하였다. 해당 법원들 중 서울지방법원 북부지원과 대전지방법원은 민법 제826조 제3항 본문에 대한 신청은 각하했으나 민법 제778조에 대한 신청은 받아들여 헌법재판소에 위헌법률심판을 제청하였다.

3) 제청 법원들의 판단

서울지방법원 북부지원과 서부지원, 대전지방법원은 해당 민법 조문이 헌법재판소에서 심사될 수 있도록 위헌법률심판을 제청하였다. 하지만, 위 법원은 일부 조문에 대한 신청은 각하하고 제778조, 781조 본문 후단에 대한 신청만을 받아들였다. 그 근거는 '재판의 전제성'이었는데, 여기서 재판의 전제가 된다는 것은 위헌 여부가 문제되는 법률이 '당해 소송사건의 재판에 적용되는 것'이어야 한다는 의미이다(사건 2000호파 1095 재판 자료). 앞서 본 대로 이 사안 자체는 이혼한 어머니가 자녀를 동일 호적에 등재하도록 하는 호적사무 내지 무호주로 변경코자 하는 호적사무에 관한 것이다. 하지만 해당 법원은 본 사안에 관련된 조문을 매우 협소하게 이해함으로써 호주제도의 복합적 효과를 무시하고 단지 본 사무에 관련된 조문의 헌법합치성을 문제삼지 않았나 생각한다. 예컨대 어떤 가에서 무호주로 변경이 불가능한 것은 모든 호에 호주가 존재해야 한다는 민법 제778조에 근거하지만, 현재의 남편(남성) 호주를 두지 않고자 하는 동기는 기혼여성이 남편 가로 편제되어야 한다고 규정한 제826조 제3항으로부터 발생한다.[26] 따라서 시민의 입장에서 무호주 호적등록 신청은 제778조와 제826조 3항과의 '중복효과' 속에서 제기되는 것이다. 이 측면은 후술할 헌법재판소의 결정에서 계속 논의한다.

---

26) ③ 처는 부의 가에 입적한다. 그러나 처가 친가의 호주 또는 호주승계인인 때에는 부가 처의 가에 입적할 수 있다.

연결선상에서, 재판부가 구사하는 이른바 공익과 사익 간의 비교형량(比較衡量)이라는 논리의 형식성도 찾아볼 수 있다. "호적제도가 존재하는 이상 호적 편제의 기준을 아버지 또는 어머니 어느 한쪽으로 정하여둘 필요가 있고, 다수 국민의 전통적인 관념에 비추어 그 기준을 일응 아버지로 정하였다고 하여도, 위와 같은 민법의 태도는 그 보호하려는 공익에 비하여 모자의 권리를 지나치게 침해하는 것으로, (⋯) 그 입법에 의하여 보호하려는 공익과 침해되는 사익을 비교형량할 때 보호되는 공익이 더 커야〔한다)."[27] 이러한 의견에서, 이혼가족의 어머니와 자녀의 이익은 사익으로 간주되는 데 비해 호주제도에 의해 보호되는 공익이 무엇인지는 분명치 않다. 민법이 보호하려는 공익이라는 것이 국가의 지배체계 또는 공동체 내에 통용되는 기존의 질서라고 일견 이해한다면, 이를 능가할 사익의 예는 대단히 희귀할 것이다. 호주제도에 의해 보호되는 공익이란 어떤 것이며, 그로 인해 침범당하는 이익이 사익인지 답변되지 않은 채 공익을 앞세울 뿐이라면, 공익과 사익 간의 비교형량이란 국가와 기성질서 중심의 판단을 정당화하는 논리로 자주 이용될 수밖에 없을 것이다(양현아 2002). 이러한 이해방식은 공사에 대한 도식적 구분을 넘어 '공익과 사익'이 무엇인지에 관한 사회법학적(sociolegal) 논의가 필요하다는 것을 시사한다.

(2) 헌법불합치 결정의 주요 논거[28]

1) 호주제도에 대한 사회학적 이해방식

이제부터 헌법재판소의 호주제 위헌법률심판제청 사건의 결정문에 나타난 헌법불합치 결정의 주요 논거를 살펴보도록 한다. 먼저, 결정문이 채용하고 있는 호주제도 이해방식에 담긴 사회학적 사유가 주목된다.

---

27) 서울지방법원 서부지원 위헌제청결정문, 2001.3.27. 선고 2000호파 988.

28) 헌법재판소 호주제 위헌법률심판제청 사건 결정문(이하 헌재결정문)(판례집 17-1, 1~50면).

가. 씨스템으로서의 호주제도

헌법재판소의 다수의견에서는 호주제도를 다음과 같이 이해했다.

어떤 법률조항은 법률 내에서 고립하여 존재하는 것이 아니라, 다른 법률조항들을 전제로 하거나 조건으로 하기도 하고, 다른 법률조항들과 결부하여 하나의 법률효과를 지향하기도 한다. 그러한 법률조항의 의미나 기능은 체계적 관련성 속에서만 올바로 이해될 수 있다. (…) 호주제는 민법 제4편 제2장 '호주와 가족'을 중심으로 한 여러 법률조항들이 그물망처럼 서로 연결되어 구성된 제도이다(헌재결정문 12면).

이러한 접근에 따라, 헌법재판소는 재판의 전제가 되는 특정한 조문을 넘어서 호주제도라는 씨스템에 대한 인식에 도달한다. 그리하여 헌재는 호주제도를 다음과 같이 규정한다.

호주제의 개념을 정의한 법률조항은 따로 없다. 호주제란 민법 제4편 제2장 '호주와 가족', 동편 제8장 '호주승계'를 중심으로 일정한 법률조항들을 묶어 **이러한 법률조항들의 연결망이 형성하는 법적 상태를 지칭하는 말(이다**)(헌재결정문 12면).

이렇게 헌재는 호주제도를 별도로 떨어진 조문들이 아니라 조문들간의 관계 속에서 발생하는 연결망적인 효과로 보았다. 이러한 인식에 따라 헌법재판소는 지방법원에서 위헌법률심판 조문으로 제청되지 않았던 민법 제826조 제3항을 직권으로 대상조문에 포함시켰다. 이에 따라 본 사건에서 위헌법률심판 대상법률은 아래와 같은 세 조문이었다(대상조문 중 굵은 글자 부분).

민법 제778조 (호주의 정의) 일가의 계통을 계승한 자, 분가한 자 또는 기타 사유

로 이하여 일가를 창립하거나 부흥한 자는 호주가 된다.

민법 제781조 (자의 입적, 성과 본) ① 자는 부의 성과 본을 따르고 **부가에 입적한다.** 다만, 부가 외국인인 때에는 모의 성과 본을 따르고 모가에 입적한다.

민법 제826조 (부부간의 의무) ③ **처는 부의 가에 입적한다.** 그러나 처가 친가의 호주 또는 호주승계인인 때에는 부가 처의 가에 입적할 수 있다.

이렇게 호주제도 관련 법조문을 다른 조문과의 연관성 속에서 발생하는 효과로 보는 접근방식은 매우 참신한 것이다. 법문의 효력을 실정법 조문에 국한하여 해석하던 기존 해석론과 비교할 때 그러하다. 그것은 헌법재판소가 호주제도를 법조문 속의 제도를 뛰어넘어 사람들이 경험하는 제도로 접근했기 때문에 가능했던 것으로 보인다. 이러한 법효과에 주목할 때, 호주제도가 여성들에게 미치는 효과는 치명적인 것이다.

나. 호주제도의 실체적 효과

이러한 인식에 기초해 헌재의 다수의견은 "호주제가 단순히 집안의 대표자를 정하여 이를 호주라는 명칭으로 부르고 호주를 기준으로 호적을 편제하는 제도가 아니다"라고 하면서, "'호주'를 정점으로 가라는 관념적 집합체를 구성 유지하고, 이러한 가를 원칙적으로 직계비속 남자에게 승계시키는 제도"라고 정의한다(헌재결정문 12~13면). 이로써 호주제도의 실체적인 효과를 인정한 셈이다. 이에 따라 1989년 가족법 개정으로 호주의 실질적 권한이 대폭 축소되고 '상징적' 존재에 지나지 않는다는 주장(김주수 1991, 357면)에 대해서 이견을 나타낸다. "아직도 거가동의권, 직계혈족 입적권과 같은 권리가 유보되어 있다는 점은 차치하더라도, 강제적 가의 구성과 이에 수반되는 가족관계의 강제 형성, 가의 승계라는 호주제의 요소는 엄존하고 있고, 이는 상징적인 의미뿐 아니라 민사 실체적 효과를 지니고 있다"는 것이다(헌재결정문 14면). 그 대표적인 사례로 여자의 결혼 후 시가 혹은 부가(夫家) 입적, 자녀가 이혼한 모를 좇아 재혼가정에서 살고 있더라도 재혼 부가(父家)의 가족이 될 수 없는 점 등을 들고 있다. 이렇게 신분관계를 강제로 변화시키기도 하고 변화를 방해하기도 하는 것은 호주제도의 엄연한 법적 효과라는 것이다. 흥미롭게도, 헌법재판소는 호주제가 여성에게 미치는 사회심리적 효과에 대해서도 언급하고 있다.

> 실제 처의 입적이라는 법률적 제도가 사회심리적으로 미치는 영향은 매우 광범위하고 깊다. 법률적으로는 단순히 소속 가의 변경에 불과하지만, 이것이 여성의 사회적 지위에 대한 인식에 미치는 상징적, 심리적 의미는 매우 중대하다. 혼인과 동시에 '호적을 파서' 남성의 호적으로 옮긴다는 것은 이제 친정과의 결별이자 시가의 일원으로 편입되었다는 것에 대한 공식적인 확인의 의미를 지닌다. 실제 많은 여자들이 혼인신고시에 정체성의 혼동·상실이라는 경험을 겪는다고 한다(헌재결정문 20면).

호적상 신분변화가 여성들의 정체성·소속감·지위 등에 주는 사회심리적 효과에 주목하는 의견은 그간 법학의 주류 담론에서 보기 어려운 것이었다. 호주제도의 '상징성'을 주장할 때 혼인으로 호적을 '파는' 여성의 입장이 언급된 경우를 찾아보기란 어렵다. 인간의 사회생활 자체가 상징적으로 구성된다는 사회과학의 인식에 입각한다면, 그 상징에 달린 사람들의 이익이란 실로 심대한 것이다.

다. 한국 가족의 변화와 법의 수용

본 결정에서 사회과학적 사실을 헌법불합치 논거에 포함시켰다는 점도 주목된다. 헌재는 결정문에서 한국의 가족형태가 핵가족화, 소규모화되었으며, 가족의 의식은 개인주의화되고, 여성의 교육과 사회진출이 크게 신장되었다는 점을 호주제도의 현실 부적합성의 논거로 채용한다. 이혼율과 재혼율, 국제결혼, 비혼인 동거관계 등의 증가로 가족관계가 다양화되면서, 아들의 출생을 전제로 부계계승을 요건으로 하는 호주제도가 한국의 가족현실과 괴리되어 있다고 본 것이다(양현아 2002a 참고).

이와 같이 사회적 변화를 판단의 근거에 포함시킨 것은 앞서 본 법사회학적 시각의 연장선상에 있는 것으로 보인다. 하지만 사회의 사실적·관행적 변화를 규범적인 법적 판단에 어느 정도 어떻게 수용해야 하는 것인가.[29] 즉 사회질서 혹은 법질서가 어느 정도 변화하여야만 관습법의 효력이 소멸되는가와 같은 문제가 남아 있다(윤진수 2007).[30] 헌재의 호주제도 결정문은 호주제도를 법체계의 복합적 효과로 파악하였고 한국 가족의 변화를 논점으로 제시하였다. 그간 별로 주목되지 않았지만 본 사건에 있어

---

29) 참고로, '딸들의 반란'이라는 별명이 붙은 '여성 종중원 확인소송'에서도 사회변화를 판단의 한 요소로 삼았다. 대표적으로 2000년에 용인 이씨 사맹공파 종회에 대하여 출가한 딸들이 제기한 소송은 사회적 주목을 받았다. 이 사건은 경기도 수지 등에 종중 소유의 토지대가 도시개발로 인해 폭등하면서 해당 토지의 매각대금을 종중원에게 배분하는 과정에서 출가 여식들이 배제됨에 따라 제기된 것이다. 하지만, 본 소송은 매각대금의 분할에 관한 것이 아니라 종중원으로서의 여성의 인정에 관한 것이었다. 2005년 7월 21일에 열린 대법원 상고심에서 대법원장과 대법관 12인 전원일치 의견으로 원고 패소 판결을 내린 서울 고등법원 판결의 파기 환송을 선고하였다. 다수의견은 종원의 자격을 성년 남자로만 제한하고 여성에게 종원의 자격을 부여하지 않는 종래 관습에 대해 우리 사회 구성원들의 법적 확신은 상당부분 흔들리거나 약화되고 있고, 무엇보다 개인의 존엄과 양성의 평등을 기초로 한 가족생활을 보장하고 있는 헌법을 최상위 규범으로 하는 전체 법질서와 부합하지 않는다고 하였다. 이에 종중구성원 자격을 성년 남자만으로 제한하는 종래의 관습법은 더이상 법적 효력을 가질 수 없게 되었다고 판시하였다.

30) 예컨대 '여성 종중원 확인소송'을 위해서 한 부장판사는 일반 국민과 전문가집단을 상대로 의식조사를 실시한 바 있다. 조사결과, 종래 관습대로 성년 남자만을 종중의 구성원으로 하자는 견해에 대해 일반인의 69.7%, 법전문가 집단(대한변협 소속 변호사 및 한국법학교수협회 소속 교수들)의 경우 64%가 반대하는 것으로 나타났다(대법원 공보관 보도자료 2005.7.21).

헌재는 법사회학적 논증을 구사하였다고 보인다.

2) 전통과 가족법의 관계

두번째로, 호주제의 위헌성을 논증하는 데 핵심이 된 전통과 가족법의 관계에 대한 의견을 살펴본다. 여기서는 존치측 의견과 대비하면서 보기로 한다.

가. 가족법의 역사성·전통성의 논거

헌법 전문은 '유구한 역사와 전통에 빛나는 우리 대한국민'을 강조하고 있으며, 헌법 제9조는 "국가는 전통문화의 계승·발전과 민족문화의 창달에 노력하여야 한다"고 규정하고 있다. 한편 헌법 제36조 1항은 "혼인과 가족생활은 개인의 존엄과 양성의 평등을 기초로 성립되고 유지되어야 하며, 국가는 이를 보장한다"고 규정하고 있다. 여기서 헌법 제9조와 제36조 제1항 간의 관계를 어떻게 설정한 것인지가 문제가 된다(김하열 2006, 21면). 실제로 전통과 가족법의 관계는 호주제 폐지와 존치 양측 모두에 핵심적 논점이었다. 가족의 전통성을 중시하는 입장에 따르면 혼인과 가족생활은 "헌법 외적인 존재형식과 불가분의 관계"에 있다고 한다. 헌법이 혼인 가족관계를 그 인식의 영역으로 끌어들이려 한다면 혼인가족관계가 지니는 전통적 의미와 존재형식을 존중하지 않으면 안된다(허영 1983, 419면).[31] 가족 같은 사적 영역은 국가법의 영역과 다르고, 그것을 넘어서는 원리에 의해 운영되어야 한다는 생각은 서구에서도 어렵지 않게 발견할 수 있다

---

31) 호주제 존치측의 대표적 변호사인 구상진은 "가정이라고 해서 '개인의 존엄과 가치'가 적용되지 않는 것은 아니나 (…) 선후대의 역사를 이어가는 모든 과정을 다 담아내기 마련인 가정에 있어서는 통상의 개인주의, 자유주의적 원리에 못지않게 사랑과 헌신, 신뢰와 화목 등 단체법적 원리를 포함시키는 것이" 올바른 해석이라고 하고 있다(구상진 2003, 70면).

(Okin 1989; Benhabib 1992; 제1장 참고).

법이 가진 문화적 뿌리의 중요성은 법사회학이나 법인류학적 시각에 의해서도 지지될 수 있을 것이다. 법인류학자 포스피실(Leopold Pospisil) 은 그 필요성에 관한 믿음이 다수의 지지를 받는 '관습적인 법'(customary law)과 거의 지지를 받지 못하는 '권위적인 법'(authoritarian law)으로 법을 구분한 뒤, 만약 어떤 법령이 현재 시점에서 '관습적인 법'이라면 헌법적 보호를 받는 '전통'이 된다고 설명했다(Pospisil 1971; Kiddner 1983). 오스트리아 법사회학자 얼리히(Eugen Ehrlich)가 제시한, 법이란 특정사회의 사회관계와 규범에 기초해야만 작동한다는 '살아 있는 법'(lebendes Recht) 론도 널리 알려져 있다(Ehrlich 2002).

이렇게 보면, 다수 국민이 호주제도의 부계계승주의나 남성가장주의에 '법적 확신'을 가지고 있다면 그것은 살아 있는 법의 기초가 된다고 주장할지 모른다. 예컨대 동성동본 금혼제도나 혼례 때 음식접대 금지조치[32]의 위헌 여부 판단에 대하여 '전통이라면 기본권의 제한사유'가 될 수 있다는 견해를 볼 수 있다(최대권 2000; Hahm 2003). 하지만 호주제도를 헌법 제9조의 '전통문화'로 고려할지 여부를 '공동체 규칙'에서 끌어내야 한다는 논리는 위험한 것이다. 관습에 일차적 법원을 둔다면 기성질서를 유지하게 됨으로써 소수자 보호와는 거리가 멀어질 것이다(윤진수 2004, 451면, 469면).[33]

나. 가족법과 전통의 관계에 대한 조화적 해석
헌법재판소는 본 사건에서 가족법과 헌법의 관계에 대해 다음과 같이

---

32) 헌법재판소 1998.10.15. 선고 98헌마168.
33) 이 점에서 법사회학이나 법인류학에서 운위되는 '법문화론'은 우리나라같이 외래 법문화가 지배적인 사회의 맥락에서 재논의될 필요가 있다. 헌법이나 법률의 개정이 국민들의 관습이나 상식에 얼마나, 또 어떻게 기초해야 하는지와 같은 법의 역사적 토대에 대한 논의가 부족하다고 보기 때문이다.

판시하였다.

가족제도는 역사적·사회적 산물이라는 특성을 지니고 있기는 하나, 그렇다고 하여 가족제도나 가족법이 헌법의 우위로부터 벗어날 수 있는 특권을 누릴 수 없다. 만약 이것이 허용된다면 민법의 친족상속편에 관한 한 입법권은 헌법에 기속되지 않으며, 가족관계의 가치질서는 헌법의 가치체계로부터 분리될 수 있다는 결론에 이르게 되는데 이것이 입헌민주주의에서 용납될 수는 없다(헌재결정문 16면).

헌법이 한 주권국가의 최고 법규범이라는 점에서 하위법인 민법이 이에 구속된다는 것은 자명한 논리이다. 하지만 앞서 동성동본 금혼규정의 민법 도입에서 보았듯이, 한국 가족법의 전통존중론은 그리 합리적인 추론의 대상이 아니었다. 그것은 민족에 의한, 민족을 위한, 민족의 숭고한 무엇이기 때문이다(Moon 1996). 이 점에서 본 결정의 큰 의의는 베일에 싸여 왔던 전통을 합리적인 법적 추론 아래 놓았다는 점이다.

이렇게 헌법 제36조 1항과 제9조 간의 조화로운 해석, 요컨대 전통과 양성평등 간의 조화를 꾀하기 위해 헌법재판소는 아래와 같은 해석론을 제시하였다. 먼저, 전통이란 고정불변하는 것이 아니라 시대와 역사성을 띠는 것으로 인식하고 새로운 전통 개념을 피력한다.

과거의 어느 일정 시점에서 역사적으로 존재하였다는 사실만으로 모두 헌법의 보호를 받는 전통이 되는 것은 아니다. 전통이란 과거와 현재를 다 포함하고 있는 문화적 개념이다(헌재결정문 18면).

전통이란 역사와 시대 속에서 재구성되는 것이며 그 과거 존재성과 함께 현재 적합성을 모두 충족해야 하는 것이다(Hobsbawm and Ranger 1983; Fabian 1983). 따라서 헌법 제9조에서 말하는 '전통'과 '전통문화'란 '오늘날의 의미'로 재해석하지 않으면 안된다는 것이다.[34] '오늘날의 의미'에서는 헌법이념과 헌법의 가치질서가 가장 중요한 척도가 되고 여기에 인류의 보편가치, 정의와 인도의 정신이 추가되어야 한다. 이에 따라 전통이라도 가족제도에 대한 헌법이념이 개인의 존엄과 양성의 평등에 반해서는 아니된다는 결론이 도출된다. 헌법이념에 반하는 역사적 전승은 '사회적 폐습' 일 뿐, 헌법 제9조가 "계승·발전"시키도록 한 전통문화에 해당하지 않는다는 것이다(김하열 2006, 26~27면).

법적 성격에서도 헌법 제9조는 "국가는 (⋯) 노력하여야 한다"로 규정하고 있어 헌법 제36조 제1항이 우선적 효력을 인정받는다(김하열 2006, 27면). 이러한 논증에 입각해 헌재는 전통적 가족제도라고 할지라도 위헌인 전통은 헌법적으로 보호될 수 없다는 것을 다음과 같이 분명히 하였다.

결론적으로 전래의 어떤 가족제도가 헌법 제36조 제1항이 요구하는 개인의 존엄과 양성평등에 반한다면 헌법 제9조를 근거로 그 헌법적 정당성을 주장할 수는 없다 (헌재결정문 18면).

마찬가지 취지에서 윤진수는, 중요한 문제는 "호주제가 오늘날의 관점에서 헌법적으로 정당화될 수 있는가 하는 점 자체에 있는 것이고, 그것이 전통에 의하여 뒷받침되는 것인가 아닌가는 아니라"고 주장한다(윤진수 2004). 그렇지 않을 경우, 어떤 제도가 전통적인 제도라면 위헌이라 할 수

---

34) 한편 전통에 대한 구성론적 시각이 본 결정에서 철저히 준수된 것인지는 의문이다. 호주제도의 성차별성에는 반대하지만, 가문, 족보, 숭조, 경로효친 같은 미풍양속은 얼마든지 계속될 수 있다는 의견에서 볼 때 그러하다. 전통이란 사회 속에서 끊임없이 재창조되는 것이라고 하면서도, 숭조와 경로사상에 대해서는 그것이 고정불변하고 신성한 전통으로 확립된 것인 양 어정쩡한 인식을 드러내고 있다. 가문, 족보, 숭조 같은 가치나 실천이 남녀평등한 것인지는 또다른 문제이다.

없게 되기 때문이다(전광석 1998, 221면; 임지봉 2001). 이상훈도 호주제 존치론의 최대 논거가 전통제도의 계승에 있으나, 이러한 논의가 "호주제가 합헌인지 위헌인지를 판단하는 데 있어서 핵심은 아니라"는 의견을 제시하였다(이상훈 2004). 정리하면, 헌법재판소는 호주제 위헌심사에서 헌법 제9조와 제36조 1항 내지 제11조 (평등권 조항) 사이의 조화로운 해석을 달성하는 합리적 논변을 제공하였다. 특히 '전통'을 역동적이고 역사적인 산물로 파악한 후, 어떤 전통이 헌법을 포함하여 보편적 가치를 구현하고 있을 경우에 한해 헌법적으로 보호할 가치가 있다고 천명한 부분은 높이 평가된다. 이는 본 결정의 논증에서 하나의 '돌파구'였다. 이를 통해 전통과 양성평등 간의 조화라는 오래된 과제를 해결했기 때문이다.

다른 한편, 이 논증에 따라 호주제도가 성차별적 제도인가를 우선 판단하면 족하고, 호주제도가 성차별적 제도라면 그 '전통성'을 판단하는 문제는 핵심사안에서 멀어져버렸다. 지난 50여년 동안 호주제가 존치된 이유가 '전통'에 있다고 할 때, 이에 대해 입법자·행정관료·가족법학자들마저 명시적으로 반론을 펴지 못해왔다면 호주제도의 '전통성'이란 법률적 논의사안이라 하겠다. 더욱 중요하게는, 호주제도의 전통성 문제 자체가 합헌 여부 판단에 핵심이 아니게 됨으로써, 전통 의제가 무력화되었고 이에 따라 식민지 유산으로서의 호주제도를 해부할 수 있는 기회가 사라져버렸다.[35] 이렇게 전통을 헌법에 부합하는 한에서만 존중하자는 논거는 합리성의 진전인 동시에 한계를 나타낸다고 평가한다. 전통과 식민지성의 문제는 이후 자세히 검토한다.

---

35) 물론 호주제도의 식민지 유제를 반드시 헌법재판소에서 다루어야 하는가라는 반론이 있을 수 있다. 하지만, 아래에서 볼 것처럼 식민지 유제에 대해 다루지 않은 것은 본 사건의 판단대상인 호주제도의 법적 속성에 대한 인식과 관련되어 있다.

3) 호주제의 성차별성 규명

이러한 해석 위에서 헌법재판소의 심사는 전통의 무게에서 벗어나 호주제의 위헌성 여부에 몰두할 수 있게 된다. 호주제도의 위헌 여부 심사는 헌법 제10조 중 인간의 존엄과 가치, 제11조의 평등원칙, 제36조 제1항 부분과 관련해서 이루어졌다. 이때 평등 위반 여부를 심사함에 있어 엄격심사(strict scrutiny)를 할 것인지 완화된 심사를 할 것인지는[36] 입법자에게 인정하는 입법형성권에 따라 달라지지만, 헌법에서 특별한 평등 요구를 하는 경우에는 엄격심사를 요한다(김하열 2006, 33면).[37]

헌재는 호주제도의 성차별성으로 성역할에 대한 고정관념에 기초한 차별, 호주승계 순위의 차별, 혼인시 신분관계 형성의 차별, 자녀의 신분관계 형성의 차별—부가입적(父家入籍) 문제, 부모 이혼의 문제, 인수입적(引收入籍) 문제, 미혼모의 경우—등을 적시하였다. 헌재에서 이와 같이 호주제의 성차별상을 다각도로 제시할 수 있었던 것은 법률가들의 노력에 따른 것이지만, 오랜 세월 호주제 폐지운동을 통해 피해사례가 집적되었기 때문이기도 하다.[38]

---

36) 헌법 제37조 제2항에는 "국민의 모든 자유와 권리는 국가안전보장, 질서 유지 또는 공공복리를 위하여 필요한 경우에도 자유와 권리의 본질적인 내용을 침해할 수 없다"고 규정되어 있다. 한국 법원과 헌법재판소는 평등권을 포함한 기본권 제한에 있어서 '비례성 심사'를 거쳐 그 허용 여부를 판단한다. 미국 법원을 중심으로 하여 평등보호조항의 심사기준에 엄격심사기준과 합리성 심사기준이라는 이중기준이 정립되어왔는데, 성차별 판단은 그 중간단계인 '중간심사기준'을 채용해왔다. 이 기준을 충족하려면 성에 기반을 둔 분류가 정당화되기 위해 '중요한 정부 목적을 위해 그리고 그러한 목적을 달성하기 위해 실질적인 관련성이 있을 것'이 요구된다. 성차별 판단에서 미국 법원의 차별심사기준에 관해서는 신인령·윤후정(2000)을 참고할 수 있다.

37) 제대군인 가산점제의 위헌 여부를 다룬 헌법소원 사건에서 헌법재판소는 성차별에 대하여 '엄격심사기준'을 채용한 바 있다(헌재 1999.12.23. 98헌마363 전원재판부).

38) 앞서 보았듯 '호주제 폐지를 위한 시민의 모임'은 인터넷을 통한 운동방식을 통해 호주제 피해 사례를 모아왔고, 피해담론을 전사회에 알리는 데 크게 기여했다(Shin 2006).

가. 성역할에 관한 고정관념에 기초한 차별

호주제도는 남계혈통을 중심으로 가를 구성하고 승계함에 따라 아버지와 어머니, 남편과 아내, 아들과 딸, 즉 남녀를 차별적으로 취급하나 이러한 차별을 정당화할 사유는 없다. 가족집단을 어떻게 구성할 것인지의 문제에서 남녀를 차별하여야 할 아무런 객관적·생물학적 차이가 존재하지 않기 때문이다. 결국 호주제의 남녀차별은 가족 내에서 남성의 우월한 지위, 여성의 종속적 지위라는 전래적 여성상과 고정관념에 뿌리박은 차별이라고 헌재는 판단한다.

나. 정당한 차별 목적의 부재

호주제가 추구하는 목적에 있어서도 남녀차별을 정당화할 목적을 찾기 어렵다. 전래의 가부장적 가족제도 또는 종법제는 남녀차별을 지향하는 것으로서 앞서 말한 오늘날의 헌법이념에 배치되기 때문에 정당한 입법목적이 될 수 없다. 숭조사상(崇祖思想)이나 제사봉행의 전통을 전승하는 데에서 호주제도의 정당성을 주장하는 입장이 있지만, 현행 호주제도는 제사승계의 전통을 '목적으로' 창설된 제도가 아니라 제사상속이 일부 접목되어 있다고 해도 호주제를 창설·유지하는 것이 정당화되지는 않는다(김하열 2006, 38면). 경로효친, 가족화합 같은 미풍양속에 대해서도 마찬가지 논거를 제시하고 있다. 이들은 모두 호주제도의 본질적 기능과 별개의 문제라는 것이다. 이로써 호주제도는 정부의 중대한 목적을 위해 성별 구분이 정당화되는 경우가 아님을 알 수 있다.

다. 호주승계 순위의 차별

호주승계 차별에 대해서는 민법 제778조가 민법 제984조와 결합하여 호주 지위의 승계적 취득에 있어 철저히 남성우월적 서열을 매김으로써 남녀를 차별적으로 취급하고 있다. 남자라는 이유만으로 어머니와 누나들을 제치고, 어린아이인 손자가 할머니보다 앞서 호주의 지위를 차지할 수 있었던 것이다. 이렇게 호주제는 모든 직계비속 남자를 정상적 호주승계자로 놓고 고안된 제도이며, 여자들을 남자가 없을 경우 일시적으로 가를 계승하기 위한 보충적 존재이자 잔여적 범주로 만들었다.

라. 혼인시 신분관계 형성의 차별

민법 제826조의 제3항에 의해 여자는 혼인하면 법률상 당연히 남편의 가에 입적하는바, 이 조항에 따라 남편이 호주의 장남자인 경우는 자기 집에 그대로 머물며 부인은 자신의 가를 떠나 남편의 가에 편입된다. 남편이 장남이 아닌 경우에는 법정분가에 의한 새로운 가에서 남편이 호주가 되고 아내는 가족의 지위를 가진다. 그런데 민법 제826조 제3항 후단이 규정하듯이, 남편이 여성의 가에 편제되는 '입부혼(入夫婚)'이라는 혼인유형이 있다. 하지만 이는 극히 예외적인 제도로서 젠더간 평등을 꾀하는 제도와는 거리가 멀다. 이에 관해서 헌재에서 열렸던 본 사건 관련 제2차 공개변론시(2004.3.11) 참고인으로 참석했던 필자와 존치측 변호사 간에 이뤄진 반대신문을 잠시 살펴보자.

변호사 질문: 그러면 '입부혼제도'가 부계계승제도입니까?

참고인 답변: 단기적으로 보면 부계를 계승하지 않는 것으로 보일 수 있습니다. 하지만 원리적으로는 결국 그의 아들이 다시 또 계승하게 함으로써 결국 부계계승 원리로 돌아갑니다. 입부혼제도는 부계계승제도를 지속하기 위해 마련된 하나의 예외지요. (…)

문: 입부혼은 분명히 여계계승 아닙니까? (…)

답: 민법 제826조 제3항에 입부혼이 제도화되어 있습니다. 그래서 입부혼을 잘 운

용하면 남녀가 평등한 호주제도의 운영이 가능하지 않겠느냐 그런 의견을 가질 수도 있겠습니다. 그런데 실제로 입부혼의 실효성은 대단히 낮습니다. 1973년부터 2002년까지 통계에서 볼 때 전체 혼인수에서 입부혼은 1977년 11건, 1978년 34건, 1979년 11건, 1980년 7건, 1982년 12건 등입니다.

문: 네, 좋습니다. 그런데 그것이 법제도 때문에 그렇습니까. 법제도 때문에 그러냐고요.

답: 그렇다고 생각합니다. (…) 법에 명백히 남성을 중심으로 하는 가족제도를 존치해둔 채 예외로 입부혼제도를 둔 것이니까요. 호주제도의 부계계승제도에 따라 여성의 부가입적만이 정상적 혼인제도가 되는데, 입부혼을 하지 않는 것은 국민들이 선호 때문이라는 것은 무책임하고 형식적인 법논리입니다.

이 질의는 호주제도가 무조건 성차별적인 제도가 아니라 형평의 기제가 있어도 국민들이 취가혼을 선호하기 때문에 운용되는 것이라는 인식을 나타낸다.

마. 자녀의 신분관계 형성에서의 차별

헌재는 민법 제781조 제1항 후단 '자의 부가입적' 원칙이 자녀의 신분관계 형성에서 차별이라고 판단하였다. 본 조항은 자녀가 부계혈통만을 계승하는 존재라고 간주함으로써 부에 비해 모를 차별하는 제도라는 것이다. 자를 부가에 입적한다는 것은 단순히 호적편제에 그치는 것이 아니라 남계혈통을 통한 가의 계승을 의미한다. 바로 이 점에 호주제 존치론자들이 호주제를 통해서 구현하고자 하는 전통의 핵심이 놓여 있다. 다음은 성균관장 최근덕이 본 재판소에 제출한 의견서 중 일부이다.

호주제 폐지란 직접적으로는 호주와 호적법상의 단위 가를 폐지함으로써 부부나 부모자녀를 묶는 가족이라는 법적 공동체를 소멸시키고, 종래의 가족관계를 개개인의 관계로 만드는 것이지만, 그것에 그치지 아니하고 **호주를 통하여 이루어지던 선후대간의 계승과 일가간의 연결을 끊어 단위 가를 기초로 하여 성립하는 일체의 가족공동체**를 법의 보호 밖에 두는 것이라 할 것입니다(최근덕 2003, 10면).

　이와 같은 담론에서 남계나 부계 같은 젠더특정적인 용어가 등장하지 않음에 유의해야 한다. 이들이 우려하는 '가족해체' 내지 '가족붕괴'는 친밀성 집단으로서의 가족이 아니라 부계계승주의이고 부계친족집단임에도 불구하고, 이들은 '선후대 계승' '조상' '가족공동체' 같은 젠더중립적 용어를 사용하고 있는 것이다. 자녀의 부가입적 원칙의 결과는 부모가 혼인상태인 때보다 이혼했을 때 분명하게 드러난다. 부모가 이혼 후 모가 자를 양육하여 모가 자의 친권자이자 양육자로 지정되어 생활공동체가 되는 경우는 빈번한데,[39] 이런 경우라도 자녀는 앞서 본 민법 제781조 제1항 본문 후단에 따라 아버지의 호적에 남게 된다. 즉 법적 가족관계는 부자간에만 있을 뿐 모자간에는 존재하지 않는다. 이러한 상황은 남녀평등의 헌법이념이나 현대사회의 가족현실과 전혀 부합하지 않는다.

　이상에서 본 바와 같이 호주제도는 여성을 다각도로 차별하는 제도이다. 이 법제도는 딸인 여성을 아들에 비해, 부인인 여성을 남편에 비해, 그리고 어머니인 여성을 아버지에 비해 차별적으로 대우한다. 이에 따라 헌법재판소는 이를 평등권 조항인 헌법 제11조 및 혼인과 결혼생활에서의 양성평등 조항인 제36조 제1항에 근거하여, 여성을 직접 차별하는 제도로 판단했다. 호주제도는 법조문상으로 성별을 분류하고, 이 성별 분류의 사유가 정당화될 수 없다고 판단한 것이다. 이에 따라 지난 50여년간 한국의 사법부와 입법부에서 이런 명백한 차별에 대해 눈과 귀를 막고 있었다는

---

39) 서울가정법원에서 1999년 처리한 이혼사건 중 친권자 및 양육자 지정이 있었던 사건 200건을 분석한 결과, 어머니가 자를 양육하는 경우가 132건이었으며, 아버지가 양육자로 된 경우는 64건이었다(4건은 공동양육)(『법률신문』 2000.3.9).

것이 분명하게 드러났다.

헌재의 다수의견은 또한 호주제도가 헌법 제10조 개인의 존엄에도 반한다고 판단하였다. 헌재는 결정문에 "호주제는 당사자의 의사와 자결권을 무시한 채 남계중심의 가제도의 구성을 강제하고 신분당사자의 법률관계를 일방적으로 형성하고 개인의 의사에 반하여 호주의 지위를 강제로 부여한다"고 하였다(헌재결정문 23~24면). 이상과 같이 헌재는 매우 분명하게, 호주제가 헌법이 허용하지 않는 성차별적 제도라는 논변을 제시했다.

(3) 호주제도의 전통성과 식민지성의 미규명

앞서 설명한 대로 헌재는 호주제의 전통성 여부에 따라 위헌성 판단이 좌우되지 않음을 분명히 하고 성차별성의 논증으로 나아갔다. 여기에서는 이러한 논증이 초래한 효과를 검토하고 식민지성 규명과의 관련성에 대해 살펴본다.

1) 호주제도의 전통성 논란

지난 50여년 동안 호주제도 존치 입장에서는 호주제의 전통성이 핵심적 정당화 사유가 되어왔다. 유림측과 헌재의 소수의견이 호주제도를 한국의 전통으로 본 논거들은 다음과 같다.

먼저, 우리 역사에서 '호주(戸主)'의 존재가 발견된다는 것이다. "원래 호주라는 용어는 이미 고려시대에 사용되었고, 조선시대에는 호수인(戸首人) 또는 호주라고 부르다가 가장(家長)으로 통일되었고 호주, 호수인, 가장은 가의 공법상의 대표자의 뜻이고 대한제국시대에 이르러 호주라고 통칭되고 그 이후 법률상의 용어로 확립"되었다.『고려사』「식화지(食貨志)」에 의하면, 고려시대의 호적에는 호주 및 호주와 동거하는 자식, 형제, 질(姪), 서(壻) 등의 친족의 세계(世係)는 물론 노비와 그 세계까지도 기록하여, 호적이 징세와 부역을 위한 장부의 기능과 함께 신분과 출계를 확인할 수 있는 증명부의 역할을 겸하고 있"었다는 것이다. 또한 일본 천황제를 유지·강화할 목적으로 창안된 가제도의 요소들을 1989년 친족상속법의 제3차 개정에서 불식하고 우리 고유의 관습으로 회귀하였다고 주장한다. 호주제도에 있었던 "일제의 잔재로서의 색채를 불식하고 우리 고유의 관습으로 복귀한 것"이라고 해석하였다(재판관 김영일·권성의 반대의견, 헌재결정문 29~30면). 또한 "호주의 구체적인 지위는 시대의 변화에 따라 달리 나타나고 있지만, 호주라는 관념 자체는 가족제도에 가부장적 성격이 강하게 나타났는지 여부와 상관없이 일관되게 유지"되어, "가족제도와 더불어 '호주'라는 관념은 우리의 전통문화에 깊이 뿌리내린 문화적 침전물"이라고 한다(재판관 김효종의 반대의견, 헌재결정문 54면).

하지만 이런 논거를 반박하는 연구들은 다수 존재한다. 조선시대의 호적제도는 조세징수와 요역수취를 위한 행정적 목적을 가지고 있었고 호적대장의 선두에 그 호를 대표하는 사람을 '주호(主戶)'라고 불렀다고 하는데, 이는 오늘날 가구주와 비슷했다. 호의 대표자는 국가에 대하여 행정적 의무를 부담하게 되므로 이에 적당한 능력이 있어야만 했다. 따라서 10살도 안된 어린아이가 아들이라는 이유로 호를 대표하는 경우란 있을 수 없었다(김상용 2003). 마찬가지 이유로 조선시대 호적에서 여성호주를 찾는 것은 어렵지 않은 일이며 특히 18세기 이전에 남편인 호주가 사망한 후 90% 이상이 아내에게 호를 물려주었으나 18세기 이후에는 국가의 지침에 따라 아들에게 물려주는 것이 관행이 되었다(정지영 2002). 조선시대의 가장과 민법상 '호주'는 동일한 지위가 아니라는 주요한 근거는 무엇보다 조선시대 호적대장에서 호를 대표하는 자, 즉 주호(主戶)의 지위에는 호주의 '가독상속'과 같은 개념이 존재하지 않았다는 점이다(호주제 위헌법률심판제청 소장 2001; 최대권 외 2001, 5~12면; 제3장과 제4장). 주호는 호를 실제로 대표하는 기능일 뿐 그것이 사법(私法)상의 지위가 아니기 때문에 상속 또는 승계라는 관념은 없었다(박병호 1992b; 김상용 2003; 최대권 외 2001, 12면).

헌재 심의에서 벌어진 김상용 참고인에 대한 신문과 답변은 호주제도를 전통이라고 주장하는 존치측의 입장을 잘 나타내고 있다.[40]

문: 대를 잇는다, 씨를 받는다는 등의 말은 수천년 전부터 존재해왔지요?

답: 종법제적 가족제도가 강화된 조선후기의 잣대로 역사를 재단하지 말 것.

문: 그와 같이 여계로도 선대의 제사를 모신다면 10대만 모셔도 한 사람이 최대 1,024개 가문의 시제를 모셔야만 하는데 그것이 가능한 일이며, 실제로 행하여진 일이 있습니까?

답: 부계도 직계만 제사지낸다.

문: 조선의 호적에는 부부쌍방의 부, 조, 증조, 고조와 모, 외조, 외증조, 외고조 등 소위 4고조의 계통을 예외 없이 기재하고 있는데, 모를 제외하고는 모두 남자만 기재하고 있지요?

답: 조선시대의 호적을 본 일이 있는가? 4조란 부, 조, 증조, 외조를 의미하는 것이고, 고조는 포함되지 않는다. 또한 외조, 외증조, 외고조는 4조에 포함되지도 않는다. 조선시대의 호적은 가계파악을 목적으로 하는 것이 아니고, 세금을 거두는 것이 목적이었다. 세금, 군역이 남자 중심이었으므로, 남자 위주로 기재한 것이다.

이러한 신문에는 호주제도를 특정 법제도가 아니라 우리 역사에 보편적으로 존재하는 제도, 즉 부계계승제도 일반으로 다루려는 존치측의 의도가 배어 있다. 가부장적 가족제도를 역사적 역동성으로부터 빠져나와 존재하는 '자연적 제도'로 구성하고자 하는 것이다. 이 담론을 따르게 되면 위헌 여부를 가려야 하는 심판대상은 국가의 실정법이 아니라 부계계승제

---

40) 김상용 교수에 대한 신문과 답변은 김상용 교수에게 받은 자료에 기초했다.

도로 환치될 수 있다는 점에 주의해야 한다. 이에 대항하여, 호주제의 위헌을 주장하는 측에서는 호주제도뿐 아니라 부계계승적 가족제도에 대해서도 한국의 전통이라고 하기 어렵다는 논거를 제시했다. 우리 민족은 고려시대는 물론 조선시대 전기까지만 해도 부계와 모계의 양계를 다같이 존중하여 부계친족만의 문중·종중 같은 집단도 없었고 장자에 의한 상속원칙도 없었다. 이렇게 부모 양계를 모두 존중했던 우리 민족 고유의 친족체계는 17세기 무렵부터 변화를 겪어 이때부터 우리가 아는 부계혈통 존중의 가계계승의식이 발달하여 신랑의 처가살이혼[招婚婚]을 금지하고 시집살이혼[娶嫁婚]을 보급하였다는 것이다(최재석 1983; Deuchler 1992; 김상용 2004: 제5장). 이런 논거는 장구한 역사 속에서 가부장적 제도의 존재는 자연스럽거나 항상적인 아니었고 특정한 상황 속에 형성된 것이었음을 밝히고자 한 것으로 보이지만, 한편으로 본 사건의 심사대상을 한국의 가부장제로 확대시켜 호주제도라는 논점을 희석시킬 가능성도 가지고 있었다고 본다.

말할 나위도 없이, 본 사건의 대상 법률은 부계계승주의가 아니라 민법에 규정된 호주제도이다. 그렇다면 헌법재판소는 고려시대와 조선시대를 통해 (재)구성된 가부장제의 역사보다 법제도로서 호주제도의 역사를 더욱 중요한 심의대상으로 삼았어야 했다. 하지만 존치측과 폐지측의 논변에서 호주제도의 전통성은 여전히 '조선시대'의 가족제도에 주된 초점을 맞추었고, 법제도로서 호주제도의 식민지적 기원 및 형성과정은 부차적인 것이 되어, 최종 결정문에서 식민지 법제도의 문제는 완전히 누락되었다. 이 점에서 본 사건 심의에서 존치측뿐만 아니라 폐지측, 그리고 헌법재판소도 관습적 가부장제가 아니라 호주제도라는 법제도가 어떤 전통에 기초하고 있는지 치열하게 규명하지는 못하였다.[41]

---

41) 이 점에서 비록 헌법불합치 결정을 받았지만 호주제 존치론자들도 일정한 성과를 거

2) 호주제도와 가부장제의 보편화

호주제도 존치론자들이 펼쳤던 호주제도 합헌성 주장의 핵심은 호주제도를 통한 가계계승의 지속성에 있었다. 한국의 호주제도는 일본의 가제도와 다른 특성을 가지고 있으니, 그것은 남계혈통을 계승하는 가계계승제도라는 것이다. 김영일, 권성 재판관은 "호주제는 우리의 전통적인 가족제도가 그 근간으로 삼고 있는 부계혈통주의를 지탱하는 하나의 축을 이루고 있음이 분명하다"고 소수의견으로 주장했다. 1989년 개정 이전 법에서 인정되었던 제사용 재산의 승계가 호주에서 제사주재자에게로 옮겨진 점으로 인해[42] 호주의 가통계승자의 성격이 많이 탈색되었으나 적어도 상징적인 의미의 가통계승자 지위를 여전히 보유하고 있다는 것이다(헌재결정문 26~27면). 다음은 이를 요약하는 성균관 관장의 의견의 일부이다.

이와 같이 하여 가계계승이 무너지면 선후대간의 유대가 필연적으로 파괴되어 결국은 제사도 명절 풍속도 없어지게 마련입니다. 이치가 이와 같이 분명한데도 불구하고 "그러면 당신은 호주제 때문에 제사를 지내고 있고 호주제를 폐지하면 제사도 지내지 않은 것이냐?"라는 식으로 예외 사례를 근거로 한 억지를 부려서 될 일이 아닌 것입니다. **이와 같이 호주제 폐지는 단순한 호적정리 방식의 변경이나 관념상의 가 개념 폐지에 그치는 것이 아니라 우리 가족공동체와 가족문화 정체의 파**

두었다고 생각한다. 호주제도를 여전히 조선의 가족제도 내지 전통의 관점에서 바라보게 한 점이다.

42) 민법 제1008조의 3 (분묘 등의 승계) 분묘에 속한 1정보 이내의 금양임야와 600평 이내의 묘토인 농지, 족보와 제구의 소유권은 제사를 주재하는 자가 이를 승계한다. 〈본조 신설 1990.1.13〉

민법 제996조(분묘 등의 승계) 분묘에 속한 1정보 이내의 금양임야와 6백평 이내의 묘토인 농지, 족보와 제구의 소유권은 호주상속인이 이를 승계한다. 〈제정 1958.2.22, 삭제 1990.1.13〉

괴를 초래하게 됩니다"(최근덕 2003, 13면).

이에 따라 한국의 호주제도는 일본제국주의에 의해 창안되고 이식된 제도가 아니라, 부계친족집단의 원리가 핵심이 되는 한민족의 가족문화라고 정리된다. 그리고 이 문화는 너무나 장구한 것이어서 식민지 법제도의 이식은 사소한 변이(variation)에 불과한 것이 된다. 다음은 계속해서 필자가 참고인으로 출석했던 공개변론에서 상대방 변호사의 신문과 답변이다.

문: 핵가족들이 설과 추석에 거대한 민족대이동의 현상을 일으키는 것은 전통가족문화가 여전히 강력하게 유지되고 있기 때문이지 않은가요?
답: 민족대이동은 제사(조상 봉사)를 하기 위함이고 가족을 찾는 것이지 호주를 찾는 것은 아닙니다. 호주제 폐지 이후에도 원하는 사람은 이런 문화를 계속하면 됩니다. 독거노인, 소년소녀가장, 이외 직계가족을 두지 않은 사람 등 이동을 하고 싶어도 할 수 없는 사람들도 많습니다. 민족대이동을 하면서도 그 속에서 차별과 부조리를 느끼는 사람들이 있습니다. 대표적으로 여성들입니다. 그리고 민족대이동은 조상과 부모를 찾는 것이지, 때론 젖먹이일 수도 있는 호주를 찾는 과정이 아닙니다. 민족대이동은 호주제도와 무관합니다.

3) 식민지성의 부정과 헌재의 침묵
호주제도의 전통성에 대한 주장은 호주제도의 식민지적 기원에 대한 부정으로 이어졌다. 존치측은 일제의 호적부와 신민법의 호주제가 별다른 저항 없이 수용된 것은 그 본질이 이미 존재하던 전통가족문화를 법제화한 것에 불과하였기 때문이고, '가' '호주' 등의 용어도 오랫동안 친숙하게 사용되었고, 호주권 등 일부 전통문화와 맞지 않는 부분은 그러한 권한을 행사하거나 인정하는 일이 없어 별다른 문제가 발생하지 않았기 때문이라고 한다(구상진 2004, 3면). 호주제도의 식민지성을 부정하면서도 한국과 일본 호주의 차이를 설명하려는 존치론자들은 일본학자의 연구에 의존하기도 하였다(靑木淸 1998). 존치론자들은 제도적으로 호적과 호주는 일본법에서 도입된 것이긴 하지만 도입 이전부터 한국에 존재하던 조상 봉사의 관념이 이에 깊게 '결부된 것' 혹은 '덧씌워진 것'으로 해석한다.[43] 흥미로운 것은 이러한 '결부' '덧씌워진 것'이라는 표현은 기존 전통의 존속 속에 호주제도라는 법제도의 혼융(混融)을 나타내는 것이어서, 존치측 스스로가 호주제도의 식민지성을 인정하고 있다는 점이다. 이 점은 이전 존치측의 민족의 '순수한' 전통론과 사뭇 다른, '혼성적' 전통의 인정이라는 점에서 큰 변화라 할 수 있다.

호주제도가 저항 없이 받아들여진 것은 그것이 식민지조선이나 조선시대에 존재했던 가족 가부장제의 일종이기 때문이었다는 말은 일견 타당하다. 하지만, 호주제도가 그 이전의 가부장제와 유사한 성격이 있었다 할지라도 그것이 국가권력에 의해 실시된 법제도라는 점은 부정할 수 없다. 예를 들면 호적제도·분가제도·창씨개명·서양자제도 등이 모두 조선의 '관습'과 일치했던 것은 아니다. 더구나 '관습'원칙에 의해 조선의 부계계승제도를 표면적으로 인정한 주체 역시 일제당국이었고 일제는 이러한 가제도에 따라 편제된 호적문서를 통해 국민을 통치했다(제3장, 제4장). 유림들은 한민족의 전통을 지키기 위해서라는 이유로 식민지 법제도라도 묵인하였고 그동안의 대한민국 정부도 크게 다르지 않았으므로, 그것은 민족의 전통을 위해 식민지성에 침묵하는 자가당착적인 포스트식민의 지식상태를 나타내고 있다고 해석된다.

이렇듯 헌법재판소는 호주제도의 성차별성에 대한 엄격한 심사기준과

---

43) 이희배는 호주제도가 종법제와 메이지 민법상의 호주제도가 '접목'된 것이라고 지적한 바 있다(이희배 1988, 548면). 이 책 제4장에서도 한국의 호주제도를 조선의 가장 지위와 일본의 호주 지위 간의 '착종'이라고 보고 이런 속성을 식민지성의 관점에서 해석하였다.

법사회학적인 참신한 논증에도 불구하고 호주제도의 역사적 심의까지는 이르지 못하였다. 유림과 같이 호주제도의 식민지성을 부정하지는 않았지만 헌재결정문 어디에도 호주제도의 식민지적 법적 기원에 대해서는 찾아볼 수 없다.[44] 앞서 본 대로 호주제도의 전통성 여부를 헌법상 보호해야 할 전통인지 여부의 문제로 심의함으로써 결국 호주제도의 전통성 자체는 불분명하게 남겨두었다. 요컨대, 호주제도가 전통임에도 불구하고 성차별적이어서 헌법에 불합치한 것인지, 아니면 그것은 전통으로 논해질 자격이 없는 식민지의 제도였는지가 충분히 규명되지 못한 채 헌법불합치 결정은 내려졌다.[45]

5. 맺음말: 호주제 폐지의 페미니즘

이렇게 한국인들은 여성시민을 주축으로 2005년 호주제도라는 크나큰 산을 옮겨놓았다. 이 장에서는 호주제도에 대한 법률적·역사적·사회학적 자료가 집대성된 헌법재판소의 결정문을 중심으로 살펴보았다. 아래에서는 본 결정의 성과와 한계를 정리해본다.

먼저, 헌재가 호주제도의 성차별성을 정확하게 적시하고 그 효과를 포괄적으로 포착한 점은 탁월하다. 헌재는 헌법 제11조와 제36조 1항에 기초하여 호주제가 추구하는 목적에서 남녀차별을 정당화할 근거를 찾기 어렵

---

44) 침묵의 이유는 재판관간의 첨예한 의견 차이 때문이라는 의견도 있었지만, 이견이라면 소수의견의 형태로라도 피력할 수 있었을 것이므로 적절한 이유가 아니라고 본다.

45) 오히려 헌재는 "부계혈통주의에 입각한 가부장적 가족제도가 우리 민족 전래의 가족제도임을 인정하고, 호주제가 그러한 가족제도와 일정한 연관성을 가진다고 가정하더라도 호주제가 성립·유지될 수 있었던 사회적 배경은 오늘날 더이상 존재하지 않는다"고 하여 호주제도의 전통 연관성을 인정하는 듯한 언급을 하였다(헌재결정문 24면).

다고 지적하였다. 즉, 호주제도가 가부장적 가족제도 또는 종법제를 유지하고자 하는 목적을 가지고 있다 하더라도 성차별은 헌법이념에 배치되기 때문에 정당한 입법목적이 될 수 없다는 것이다. 이 점에서 50여년을 끌어온 전통과 양성평등 간의 논쟁을 종식하고 호주제도가 어떤 이유로도 헌법상 용인될 수 없는 성차별적 제도임을 분명히했다. 그런데, 호주제도에 의한 '차별'이란 어떤 성격의 것인가. 앞서 논의했듯이 그것은 아들에 대해서 딸을, 아버지에 대해서 어머니를 차별할 뿐 아니라, 이혼 혹은 재혼한 어머니와 사는 자녀들도 부모와 사는 자녀들에 비교해보았을 때 차별한다. 즉 차별받는 여성과 '관련된' 사람들에게까지 그 효과를 미치는, 발달된 차별의 씨스템이다.[46] 호주제도는 또한 여성간 차별의 기제로도 작동하여, 기혼녀에 비해 이혼녀나 재혼녀를 차별하고 결국 모든 여성들이 혼인관계 속에 부속되도록 훈육한다. 요컨대 호주제도는 남성과 여성을, 그들에 의해 매개된 여성과 남성을, 여성과 여성 간을 분류하고 배치하는 매우 발달된 체계적 차별제도이다.[47] 이런 성질에 기초할 때, 호주제도의 성차별이란 서구의 평등권 심사가 상정하는 동일한 위치에 놓인 사람을 다르게 취급하는 개인간 차별보다 훨씬 광범위한, 구조적이고 체계적인 차별이라 할 것이다.

둘째, 헌재의 심의과정과 각종 의견서에서 볼 때, 본 사건에서는 호주제의 성차별성 자체보다 '전통성'이 더 문제되었음을 알 수 있다(예컨대 최근덕 2003; 민변 2000; 김상용 2003). 즉 호주제 폐지의 실질적 걸림돌은 성차별의

---

46) 이는 호주제도에 국한하지 않는 부계중심 친족제도의 성격이다. 예컨대 동일한 부모 지위라도 '딸을 가진 부모'와 '아들을 가진 부모'의 차등성을 보라. 여기서 딸 가진 부모는 '여성'에 준한다. 여자형제 지위라도 오빠나 남동생을 매개로 할 때와 언니나 여동생을 매개로 할 때의 차등성을 보라.

47) 영미 등지의 법원에서 체계적 차별이란 주로 '간접차별'의 의미로 사용되는데, 간접차별은 그 기준이 중립적이지만 그 결과로 미치는 차별효과를 포착하는 개념이다. 따라서 호주제도처럼 조문상 명시적으로 채용된 성별구분과는 그 성격상 거리가 있다.

인정 여부가 아니라 그 전통성의 인정 여부였던 것으로 보인다. 그런데 호주제도의 정체성을 지나치게 부계계승적 가족문화 내지 '관습적' 가족제도의 측면으로 조명한 결과, 법제도로서의 호주제도라는 초점은 다소 무디어졌다. 이에 따라 역설적으로 헌재는 호주제도를 가부장적 전통 내지 부계계승적 문화로 대체하여 그 위헌성을 심의해야 하는 부담을 안게 되었다. 또한 심의과정에서 호주제에 대한 정치적·경제적·법제적·국가론적 해석이 별로 전개되지 못했다.

주지하다시피, 근대 국가법으로서의 호주제는 하나의 국가정책이자 가족정책이며, 무엇보다 호적과 불가분의 관계를 가지고 있다. 호주제도와 결합된 호적은 일본 메이지 유신의 산물로 식민지조선에서도 국민의 등록과 파악을 위한 공부(公簿)제도였다. 이 법이 기초하는 국가의 모델은 가족국가로서 일본 국왕을 정점으로 모든 국민이 가를 통해 연결되어 있었다. 호주와 가족으로 구성된 획일적인 가족모델로 모든 국민을 조직하고, 그 안에서 혼인·이혼·양자·재산상속 같은 법률행위이자 가족생활이 이루어지도록 했다.

국가제도로서 호주제도에 대한 침묵은 식민지시기뿐 아니라 탈식민 한국 국가의 통치에 대한 침묵과 관련된다고 해석할 수 있다. 앞서 말한 호주제도의 국가정치학은 현대 한국정부에 의해 대부분 계승되었기 때문이다. 현대한국에서는 호주제도를 기초로 한 호적제도·주민등록제도·주민등록번호 같은 다중의 신분장치를 두어 주민의 정보를 독점하고 행정작용의 편의를 도모하였다(김기중 2000). 국가정책으로서의 호주제도 폐지는 린 헌트(Lynn Hunt)가 프랑스혁명을 보고 표현한 대로 '왕의 목'을 벤 사건에 비견된다(헌트 1999). 호주제 폐지를 통해 한국 시민의 심층심리에서 '호주의 목'을 베는 일이 일어났을까. 한국의 시민은 이제 더이상 가족과 호적을 통해 국가를 만나지 않아도 되는 자유로운 개인들로 재탄생하였는가. 헌재는 호주제도를 누구의 목으로 알고 베었을까. '전통적 가부장제'라는 목인가? 한국에서 호주제 폐지가 새로운 시민의 출현을 알리는 혁명이 되려면, 왕의 목이 아니라 '식민화된 국가' 즉 식민주의를 베었어야 할 것이다. 호주제 폐지는 근대국가 안에서 전근대적 가제도에 묶여 있던 여성시민들의 기이한 질곡을 드러냄으로써, 전국민과 가족들을 탈식민화하라는 과제를 안고 있었다. 이것이 호주제 폐지가 궁극적으로 한국의 식민지성과 성별관계의 질곡을 동시에 해방시키는 포스트식민 페미니즘의 혁명이 되어야 하는 이유이다.

셋째, 헌재가 호주제도를 법제도라기보다 문화적 제도로 보는 존치측의 논리에 어느정도 휘말린 것은, 흥미롭게도 헌재의 다수의견 역시 가부장제도를 어느정도 '자연스런 제도'로 바라보는 남성중심적 가족제도에 대한 감각을 공유했기 때문이라고 해석한다. 요컨대 헌재가 구성한 성차별성 논증은 훌륭하지만 한계가 있다. 앞서 지적한바, 호주제도 같은 구조적인 가족제도의 차별 양상은 서구 법학에서 보는 개인간 차별 문제와는 차이가 있다. 그러나 헌재는 앞서 본 대로 호주제도의 전통과 식민지성을 제외하는 방식으로 성차별을 논증함으로써, 성차별성 단일차원에 관한 논증방식을 취하게 되었다. 그 결과, 본 사건의 논증에서 여성주의는 성차별 문제에만 복무할 뿐, 전통과 식민지성에 대한 역사기술의 시각이 될 수는 없었다. 여성 문제 내지 젠더 문제는 역사적 사안들과 구분된 채 성차별 문제로만 의미부여되었지 이를 통해 식민지 피지배와 전통 문제를 '다시 보는' 시각이나 계기로 발전하지는 못했다. 본 사건에서 확인된 것은 여성 대 전통이라는 대립적 인식의 틀이며, 여성은 여전히 전통의 도전자로 남게 되었다. 남근중심적(phallus-centric) 인식론에서는 여성이 남성과 대등한 위치가 아니라 전통과 겨루어야 하는 타자적 존재로 남아 있는 것이다. 이 점에서 헌재가 추구한 성차별의 논증과 전통수호의 의무 간에 진정 '조화로운 해석'이 이루어진 것인지는 의문이다. 이러한 성차별성 이해방식은 헌재뿐 아니라 입법부의 경우에도 그리 다르지 않기에, 이 한계는 한국 페미니즘에 대한 인식의 문제로 일반화할 수 있다고 사료된다.

그렇다면 호주제도 폐지를 이끈 페미니즘은 어떤 페미니즘이었는가. 호주제 폐지과정은 여성의 차별적 위치성에서 이루어진 식민지국가 유산의 극복과정이라고 할 수 있다. 호주제도의 성차별성은 서구 페미니즘에서 말하는 공적 영역의 여성차별이나 개인주의적 평등론으로는 잘 포착되지 않는, 고유한 한국 페미니즘의 문제영역을 보여준다. 앞장에서 보았듯이, 한국의 제1세대 여성주의를 대변하는 이태영 변호사는 한편으로는 식민지적 질곡과 그것과 접목된 가부장제에 대한 감수성을 가지고 있었으며, 다른 한편으로는 근대법학과 인도주의 정신으로 무장하고 있었다고 평가된다. 전통 문제에 대한 '감수성'은 있되 그것을 논증할 법학적 지식은 근대적 지식에 그치는 상황이었다. 이태영과 같은 세대는 여전히 '상징적 이익'의 중대성을 느끼고 있었다고 추측한다. 2000년대에 들어서 한국 여성들은 이전 세대와는 다른 방식으로 호주제도의 폐해를 알리고 공유했다. 그것은 한국사회의 민주화 국면에서 가능했던 것이다. 이 점에서 호주제도 폐지의 결정적 맥락은 국가의 민주화, 정치적 리더십의 변화, 행정부의 시각변화라는 점을 부정하기 어렵다. 또한 이혼과 재혼, 만혼, 비혼 등의 증가로 더이상 호주제도가 상정하는 '가족'을 가질 수 없다는 현실도 작용하였다. 관련하여 김희강은 호주제도 폐지의 페미니즘이 한국의 가족제도 자체를 버리지 않고 자신의 '문화'를 자원으로 한 페미니즘이라고 해석한 바 있다(Kim 2007). 여기서 '문화'가 무엇을 의미하는지는 논의해야겠지만, 적어도 자기 문화를 열등시하는 페미니즘과는 다른 페미니즘이 2000년대에 등장했다고 해석한다. 또한, 페미니즘이 더이상 어떤 강령에 머물지 않고 각자의 현실에서 구성되고 있다는 점에서도 다분히 포스트모던적 지류를 발견할 수 있다. 여성들은 결국 자신들의 '이야기'를 가지고 사회와 국가를 설득했던 것이다.

이렇게 볼 때, 호주제 폐지에서 보이는 한국의 페미니즘은 여러 나이

테를 가진 무지개 연대와 같다. 호주제 폐지운동은 인본주의와 민주주의를 외친 이태영 세대의 제1세대 페미니즘, 경제적 실익을 중심으로 양성평등을 생각한 1980년대 말의 제2세대 페미니즘, 그리고 역사성에 주목하는 2000년대의 제3세대 페미니즘을 등장시켰다. 각 세대에 따라 중심의제가 변천해온 서구 페미니즘과 달리, 한국에서는 호주제도 폐지라는 질기디질긴 의제 하나에 각 시대마다 페미니즘의 세대와 담론이 구성되었다는 특징이 나타난다. 이것만으로도 호주제 폐지운동이 한국 페미니즘 성장과 궤를 함께 한 역사적 운동이라 할 수 있다. 호주제 폐지의 페미니즘에서 자신의 지역성(locality)과 역사성(historicity)에 주의를 기울이는 포스트모던적, 제3세계적, 포스트식민적, 혹은 아시아적 페미니즘을 발견한다(Monanty 1992; Barlow 2004; Yang 2003; 김수진 2009).

흥미롭게도 민족주의적 인식에서는 잘 포착되지 않던 호주제도의 식민지성이 여성주의적 인식으로 인해 드러난 것이다. 여성주의 사회비판은 독특한 식민지 비판으로 이어져서 식민주의에 대한 새로운 이해를 불러일으켰고, 여성주의적 식민지사 내지 식민법제 역사를 새로 쓰게 한 것이다. 호주제 폐지의 페미니즘을 포스트식민적 역사개입이라고 부른다면, 그것은 한국 가부장제도에 대한 비판임과 동시에 식민지 유제 청산에 대한 개입이라 할 것이다. 이렇게 볼 때 호주제 폐지는 아직 다 파악되지 않은 한국 페미니즘의 '무엇'을 보여주는 사건이다. 하지만 본 장에서 분석한 대로 여성의 눈으로 보는 전통담론과 식민지 비판이 아직 도래한 것 같지는 않다. 전통에 대한 비판을 넘어서서 그 문화를 새롭게 창조할 수 있는 페미니즘이 기대된다. 호주제 폐지의 페미니즘은 여성의 눈으로 전통과 역사를 새롭게 바라볼 수 있다는 영감(靈感)을 불러일으킨다.

한국 가족법에서 여성은 어디에 있(었)나

여성이 남성의 문서를 남성이 아닌 여성의 체험으로 읽으면 어떻게 될까?
—Carolyn T. Brown, "Woman as Trope:
Gender and Power in Lu Xun's 'Soap'" (1993) 중에서

농지개혁에 의한 소작인의 해방은 헌법이 제정된 익년인 4282년 6월 21일부터 단행하고 있으면서 부인의 해방을 의미하는 남녀평등 부부동권을 실현하기 위한 입법조치를 아직까지 단행하지 않고 있음은 무슨 이유일까? 나는 이 점에 관한 합리적인 근거를 발견할 수 없습니다.
—정광현『한국친족상속법 연구』(1967) 중에서

제9장
친/가족제도에서 어머니는 어디에 있(었)나[1]

제4부에서는 법문(法文)을 사회관계에 관한 하나의 텍스트, 코드, 언어로서 읽고자 한다. 이제까지는 법문을 역사적 맥락 속에 놓고 그 형성과 변동 과정, 그를 둘러싼 사회세력 등 법문이 형성된 환경을 '읽었다면' 이제부터는 법문 자체를 텍스트로 삼아 그 논리와 내용을 '읽을 것이다.' 국가가 제정한 실정법은 재판 규범이자 분쟁 발생시 해결수단이지만 더 광범위하게는 규범과 인간관계를 규율하는 상징체계이기도 하다. 법이 고정된 초역사적 경전이 아니라 언어적으로 구성된 텍스트이며 권력관계로부터 자유롭지 않다고 했을 때, 텍스트로서의 법해석은 반드시 필요한 일이다 (Starr and Collier 1989, 11~21면; Leonard 1995, 15면). 제4부에서는 이런 견지에서

---

1) 한국 가족법에는 여러 층위의 가족제도가 공존하고 있다는 것이 이 책의 이해이다(제1장 참고). 2005년 폐지된 호주제도까지 포함한다면 한국에서 '가족'이란 혈족, 친족, 호적상 가, 상속단위로서의 가족 같은 여러 층위 가족의 복합적 '효과'라는 것이다. 이 장에서 다룰 것처럼 한국 가족 속에서 여성과 남성의 가족 내 주체성은 다양한 가족들의 중첩 속에서 구성된다. 한국 가족제도의 다양한 층위를 표상하기 위해 이 책에서는 친/가족이라는 표기를 사용한다(이재경 1999; 양현아 1995).

해석학적 법문 읽기와는 다른 방식의 법읽기를 시도할 것이다. 법해석학과 충돌하지 않는 한에서 이 장과 이어지는 장에서는 법문을 사회관계 내지 가족관계라는 현실적 견지에서 해석하고자 한다. 제4부에서는 여성(주의)적 법문 읽기를 통해 법문 속의 여성, 그리고 어머니가 누구였는지를 찾아가고자 한다.

1. 여성으로서 가족법을 읽는다는 것

여성주의 법학은 법의 남성중심성을 폭로하고 양성 모두를 포괄하는 법논리를 구성하고자 하는 의도를 가진다 (MacKinnon 1983; Dalton 1988). 남녀 젠더를 아우르는 정의를 추구할 때, 여성주의 법학은 기성의 법해석학을 넘어서 텍스트로서 법문 읽기와 친화력을 가진다. 법문을 사회적 위치에서 읽는 것은 그 안에 숨겨진 논리를 체계적으로 폭로하는 데 도움이 되기 때문이다.

법학이 문학에서 얻을 수 있는 교훈 가운데 하나는 독해와 의미화(signification)에 관한 것이다. 법률 역시 텍스트 자체로는 의미를 생산하지 못하고, 그것의 '해독(解讀)'을 통해서만 의미화과정을 완결한다. 텍스트는 어떤 시각, 이론, 철학과 같은 이념적 지형 속에서 해석될 뿐 아니라, 읽는 이(혹은 집단)의 사회적 위치에 따라서도 상이한 의미를 갖는다. 이러한 태도는 객관성·불편부당성·보편성을 지향하는 법문의 해석과는 상당히 배치되는 것이다. '법적 안정성'이란 법을 읽는 자의 시각과 위치에 따라 의미 부여가 달라져서는 안된다는 것을 내포하기 때문이다. 개별 사건이나 사회적 입장에 따라 법해석이 달라진다면 법은 분쟁의 해결수단이 아니라 갈등과 분쟁의 촉매제로 전락할지도 모른다.

한편 한국 가족제도에서 결혼과 이혼, 부의 성본 계승 같은 가족관계 형성의 중심계기에 있어 젠더는 그 중심축에 해당한다.[2] 한국의 가족제도는 젠더라는 사회적 축을 활용하지 않고서는 구성될 수 없는 제도의 탁월한 예이다. 포스트구조주의 역사학자 스콧의 설명대로, 차이를 중심으로 한 젠더체계가 이미 존재하기 때문에 가족제도가 구축되는 것이 아니라, 젠더적 제도로서의 가족제도가 젠더의 일반적 의미체계를 생성하는 데 크게 기여해왔다(제1장 참고).

혼인·이혼·양자·사망·재산상속 등 가족 내의 사건들이 성별에 따라 대단히 다른 의미를 가진다면, 가족제도 관련 규칙들이 젠더논리를 구사한다고 볼 수 있다. 그렇다면 가족법을 젠더를 초월한 보편적 법률로 해독하는 것이 오히려 이상한 일이 아닐까. 한국의 가족법이 남성 주체를 전제로 하여 만들어진 법이라면, 주체위치를 남성인 '나'로 상정해야만 그 의미가 정연해지는 법이라면, '여성으로서' 법을 읽을 때 무슨 일이 일어날까. 가족법에서 남성의 위치성(positionality)이 보편성의 법복(法服)을 입고 있고 여성적 법읽기로 남성 위치가 누려온 보편성의 허구를 폭로할 수 있다면, 여성적 법읽기야말로 보편적 법읽기로 나아가기 위한 필수적 방법이 될 것이다. 그런데 이때 여성의 위치에서 법을 읽는다는 것은 '여성의 입장'을 전제로 법을 읽는 것이기보다는 오히려 가족법에서 구성되는 '여성'이란 누구이며 어디에 있(었)는가를 묻는 일일 것이다. 독해의 전제가 될 안정된 여성의 입장이라는 것이 주어져 있지 않기 때문이다. 이런 견지에서 이 장에서는 가족법의 신분관계를 통해 구성된 기존의 '여성'을 드러내고 해체하며 그 위치를 다시 찾고자 하는 것이다.

근대한국 가족법의 담론에서 젠더라는 범주가 인정된 적은 별로 없었다고 보인다. 가족의 부계계승주의가 운위될 때 그것은 전통 내지 민족의 관

---

2) 2005년 호주제도가 폐지되었지만, 이 장의 분석에는 호주제도를 포함하고자 한다. 현재의 가족관계 속에 지난 50여년간 지속된 가족법의 효과가 남아 있기 때문이다.

점에서 생각되었지 부계계통 속에서, 그 계통에 의한, 혹은 그 계통의 요소로서 남녀의 특정한 배치는 담론의 표면으로 부상하지 않았다(제3부 참고). 한국 가족법에서 전통이나 민족 같은 개념이 차지했던 보편적 가치를 표상하는 지위를 여성이라는 기호가 전유(專有)하기는 어려울 것이다. 여성은 남성이 '아닌' 타자적 범주이기에 보편적 가치를 표방할 시각의 담지자가 될 수 없었다. 한국 가족의 가부장적 장치들이 전통의 논리 속에 전제될 때 '여성' 범주는 시야에 들어오지 않았다. 그렇다면, 남성의 주체위치 역시 표면화된 하나의 젠더 위치가 아니라 한국적인 것, 전통적인 것, 당연한 것과 같은 기표 속에 은닉되었다고 할 수 있을 것이다. 이런 전략에 따라 남성적 법읽기는 탈성적(脫性的) 읽기가 되고, 여성적 법읽기는 '특수한 방식'이 되어왔다.

그런데 이제까지의 논의에서 보았듯이, 법에 대한 여성적 시각이란 하나의 특수한 시각이 아니라 앞서 말한 탈성성과 보편성을 가장한 남성적 시각의 허울을 벗겨낼 수 있는 커다란 진실을 담은 것이다. 보이지 않았던 곳을 조명하는 '구석들'의 시각은 더 많은 소수자들을 태울 큰 수레가 될 수 있기 때문이다. 여성으로서 읽기에서 여성이라는 주체위치는 이미 존재하는 위치, 관점을 법에 적용한다는 의미가 아니다. 오히려, 이미 존재하지만 부재하는 법 속의 여성 위치를 법을 읽는 작업 속에서 드러내 선명하게 함으로써 그 위치와 주체성을 언술화하는 작업이다. 이렇게 '읽는다'는 행위에는 그 의미를 만들어낸다는 적극성이 포함되어 있고, 여성으로서 법을 읽는 것은 여성주의 법학적 사고를 구성하기 위한 핵심적 방법이 된다.

이 장에서는 가족법에서 여성이 어디에 위치하였는가를 신분관계 규정을 중심으로 고찰한다. 주지하다시피, 민법상 친족편(제4편)의 많은 부분은 친족과 가족 범위의 확정, 그로부터 파생하는 권리와 의무관계 등 신분관계를 규율하고 있다. 신분관계란 가족관계 속에서 빚어지는 '위치'라고 할 수 있고 이 위치를 구성하는 권리와 의무에 수반하는 역할과 태도 등을 말한다. 이런 의미에서 신분관계는 다음 장에서 살펴볼 재산관계와 함께 만들어지는 주체성(subjectivity)의 생산체계라고 할 수 있다. 이 장에서는 신분관계의 핵심이라 보이는 계통과 성본, 호주제도, 그리고 친생자논리 등을 살펴본다.

2. 부계계승 가족제도 속에서 형성되는 '여성'

이 책 서론에서 친족제도를 탁월한 여성 주체성의 구성기제로 논의한 바 있다(제1장). 아시아의 가족과 친족 연구는 친/가족이 여성을 불평등하게 대우하는 제도라는 '외재적' 분석에서 성큼 더 나아가 우리가 알고 있는 여성을 만들어내는 제도라는 '내재적 시야'를 열고 있다. 젠더가 문화와 권력관계 속에서 형성되는 수행적 범주라고 할 때(Butler 1990), 인간관계의 네트워크이자 대다수 여성의 삶이 놓여 있는 친/가족제도가 여성젠더의 구성에 가지는 의미는 지대하다. 이 장에서는 친/가족제도의 근본을 이루는 젠더논리, 즉 여성과 남성의 배치질서를 살펴봄으로써 가족 속에서 형성되는 여성 주체성의 성격을 이해한다. 이러한 젠더논리에 의해 생겨나는 여성과 남성, 여성과 여성, 남성과 남성 간의 불균등한 힘의 관계라는 젠더정치에 대해서도 이해하고자 한다.

한국 가족법은 여러 범위의 가족관계를 규정하고 있는데, 그것은 혈족, 친족, (폐지된) 호주제도, 부모자식관계, 재산상속을 통해서이다. 이러한 가족관계 씨스템 속에서 어머니와 아내, 딸과 며느리, 할머니와 손녀 같은 구체적 위치와 역할이 규정되고 이 위치들의 복합적 효과로서 여성 주체성이 구성된다. 이러한 씨스템의 논리를 분석하면 한국 가족법에서 여성이 누구인가가 드러날 수 있을 것이다.[3]

먼저, 가장 규모가 큰 가족제도인 혈족 관련조항인 민법 제767조, 제768

조 규정들을 살펴본다. 아래 조문들은 제정시부터 현재까지 한국의 가족 법의 가장 선두에 있다.

민법 제767조 (친족의 정의) 배우자, 혈족 및 인척을 친족으로 한다.

민법 제768조 (혈족의 정의) 자기의 직계존속과 직계비속을 직계혈족이라 하고 자기의 형제자매와 형제자매의 직계비속, 직계존속의 형제자매 및 그 형제자매의 직계비속을 방계혈족이라 한다. 〈개정 1990.1.13〉.

민법 제770조 (혈족의 촌수의 계산) ① 직계혈족은 자기로부터 직계존속에 이르고 자기로부터 직계비속에 이르러 그 세수(世數)를 계산한다.
② 방계혈족은 자기로부터 동원(同源)의 직계존속에 이르는 세수와 그 동원의 직계존속으로부터 그 직계비속에 이르는 세수를 통산하여 그 촌수를 정한다.

이렇게 제767조 규정에 의해 혈족은 친족의 주요 부분으로 되는데, 혈족은 제768조에 의해 정의되고 있으며, 혈족간 거리는 제770조에 의거한 촌수로 결정된다. 그런데 제768조가 혈족의 정의조항이라고는 하지만 자신이 물려받은 '피'를 공유함으로써 맺어지는 관계라는 의미에서 혈족의 범위를 남김없이 규정하는 것은 불가능할 것이다. 혈족에서 여계(女系)의 배제라는 문제가 상존할 뿐 아니라 직계존속과 직계비속의 어디까지가 혈족인지도 한정하기 어렵기 때문이다.
제768조와 함께 구 제809조 제1항, 즉 폐지된 '동성동본 금혼조항'에서 좀더 실질적인 혈족범위에 대해 살펴볼 수 있다. 구 제809조 제1항의 동

---

3) 친/가족에서 구성되는 '여성'의 신분이 '어머니'에 국한되지는 않지만 어머니를 그 대표적 신분으로 이해한다. 그래서 이 장은 '가족법에서 어머니는 어디에 있었는가'라는 상징적 표제를 달고 있다.

성동본 금혼범위 규정은 가족법 개정운동에서 가장 논란이 된 규정으로, 1997년 헌법불합치 결정이 내려졌다.[4] 동성동본 집단은 공동의 시조(始祖)로부터 파생하여 시조의 성과 본관을 따르고 같은 혈통을 가지고 있다고 규정되는 동족집단이다. 그런데 이때의 시조란 다분히 명목적인 조상으로서 본관이 그의 실제 출생지 또는 거주지였는지 여부가 문제되지는 않는다(송준호 1987b; Deuchler 1992, 164면). 이 상상적 집단을 하나의 실체적 집단으로 결속하게 하려면 무엇보다 성본체계와 같은 표지(標識)가 중요하다. 여기서, 동성동본 금혼제도는 성본체계의 순수성을 유지해주는 기제이다(이순구 1994, 12면; 제5장). 동성동본 집단을 혈족이라 굳게 믿는 것은 부계를 통해 이어지는 아버지 '피'의 절대성, 영속성, 사실성에 대한 종교적 믿음을 전제로 하기 때문이다. 성과 본이라는 사회적 기호체계가 아버지의 생물학적 '피'라는 환유법을 통해 의미가 전환되는 과정, 즉 혈족이라는 사회제도는 아버지의 피에 대한 '상상적 구성'(imaginary construction)에 다름아니다(Castoriadis 1987, 340~74면). 여기에 동족에 대한 상상의 틀을 실정법으로 바꾸어내야 한다는 민법 제정자들의 고민이 있었을 것이다.

성과 본이라는 기호를 통해 '부계혈통'(paternal lineage)을 표시하고자 할 때 '모계' 혹은 '여계'와 같이 실제로 피를 공유한 친척을 어떻게 어디까지 포함시켜야 하는지에 대한 딜레마가 상존한다. 제809조 제1항처럼 '동성동본인 혈족'이 누구인지 분명히 할 필요가 있는 것이다. '동성동본인 혈족'에서 혈족이 모두 동성동본일 수는 없으므로, 두 말은 등식관계가 아니라 '혈족 중 동성동본'이라는 '포함관'계로 해석함이 합당하다. 이들이 바로 '남계혈족'이며, 동성동본은 남계혈족의 가장 넓은 범주이다. 이로써 동성동본의 남녀간 결혼은 '족내혼'으로 규정되고 동성동본의 사람들을 '피를 나눈 혈족'으로 정의된다. 즉 동성동본 금혼은 남녀가 '같은 피'를

---

4) 구 제809조 ① "동성동본인 혈족 사이에서는 혼인하지 못한다."

공유하기 때문에 금지한다기보다, 이러한 금지를 통해 동성동본 사람들을 피를 공유하는 동족으로 정의하는 것이다.

성본 기호에 대한 이런 의미부여 때문에, 같은 성과 본을 가진 혈족은 평생에 한번 만날 수도 없는, 아니 누구인지 식별해낼 수도 없는, 때로는 수백만에 이르는 맘모스 집단인데도 '혈족'으로서의 지위를 가진다. 그런데 성과 본, 그리고 혈족에 대한 믿음은 여성과 무슨 관련성이 있는가. 그것은 여성의 주체성과 깊은 관련을 갖는다. 아래에서 보듯이, 부계 성본만을 제도가 승인하는 '피'로 인정하는 것은 여성의 '피'와 '계통'에 대한 철저한 무시와 망각을 통해서만 구현될 수 있기 때문이다. 이 점에서 부계계통주의는 모계 '비구성주의'(non-constructionism)의 다른 이름이다. 현재 우리 법에 동성동본제도는 사라졌지만 그 사회적 관행은 남아 있고, 부계성본주의 원칙은 지속되고 있다.

한편, 1989년 개정된 민법 제777조의 '친족범위'가 양성평등하게 되었다는 평가를 듣게 된다. 동 조문의 어디에도 부계와 모계, 혹은 부계와 처계에 대한 차별이나 분류는 보이지 않는다. 개정 전 법에서 양자간 차등을 두었던 점과 비교할 때 성평등한 조문으로 바뀌었다. 이에 현행 친족범위는 젠더를 해당 조문과 무관하게 다루는 젠더중립적 조문이라고 할 수 있다. 과연 이런 성중립적 법조문이 성평등한 친족을 만드는 데 일조하는가. 다음 절의 논의에서는 여성의 입장에서 성중립적 친족 조문에 대해 읽어보기로 한다.

한편 호주제도는 강한 젠더논리를 포함한 제도였다. 이 제도에 입각하여 호적이 편제되었고, 대한민국 국민 누구도 지난 1세기 동안 이 제도를 벗어나서 가족을 생각할 수 없었다. 호주제도는 한국의 '전통'의 관점에서 옹호되었고, 이때 전통의 핵심은 부계계승 가족제도에 있었다. 이는 한국에서 호주제도가 호주제도 자체, 혹은 일본식 가제도 자체로만 존재하여 효과를 발휘하지 않았음을 시사한다. 호주제도는 법제정자가 의도했든 아니든 간에, 호주제도 이외의 가족제도(혈족·성본제도·친족제도 등)와의 중첩적 효과 속에 놓여 있었다. 역으로, 호주제도는 신분공시제도인 호적과 함께 혈족·성본제도·친족제도 같은 여타 부계계승제도를 지탱해주는 버팀목 역할을 했다고 할 수 있다.[5]

1989년의 가족법 개정으로 재산상속을 하는 가족범위는 호주제도상의 가와 완전히 결별하게 되었다.[6] 이전 법에 보이는 호주에 대한 가급(加給), 그리고 결혼한 딸에 대한 차등이 사라졌다.[7] 호주제도상 결혼한 딸은 입부혼을 하지 않는 이상 친정 호적으로부터 이적해야 하기 때문에 기혼여성의 재산상속에서의 차별은 '가'의 소속에 상응하는 것이었다. 하지만 1990

---

5) 예컨대, 호주제 폐지를 가족 해체로 이해하고, 호주제를 우리 민족의 공동체성의 관점에서 보는 설명이 이런 경향을 나타낸다(호주제 위헌법률심판 제청사건, 성균관장 최근덕 의견서, 구상진 의견서; 제8장 참고).

6) 일본에서 발흥한 가제도에서 호주상속과 재산상속은 긴밀하게 관련되어 있었다. 호주상속인이 전 호주의 재산을 독점상속하는 것에서 이 점이 잘 드러난다(제3장 참고). 우리 민법은 제정시부터 공동상속제도를 확립하여 호주상속과 재산상속을 분리했다(김주수 1994, 411~12면). 하지만 호주의 가급분, (기혼)여성의 차별 조문 등에서 볼 때, 재산상속에서 호주의 의미가 완전히 없었다고는 할 수 없다.

7) 민법 제1009조 (법정상속분) ① 동순위의 상속인이 수인(數人)인 때에는 그 상속분은 균분으로 한다. 그러나 재산상속인이 동시에 호주상속을 할 경우에는 상속분은 그 고유의 상속분의 5할을 가산하고 여자의 상속분은 남자의 상속분의 2분의 1로 한다.
　② 동일가적 내에 없는 여자의 상속분은 남자의 상속분의 4분의 1로 한다.
　③ 피상속인의 처의 상속분은 직계비속과 공동으로 상속하는 때에는 남자의 상속분의 2분의 1로 하고 직계존속과 공동으로 상속하는 때에는 남자의 상속분과 균분으로 한다. 〈제정 1958.2.22〉
　민법 제1009조 (법정상속분) ① 동순위의 상속인이 수인인 때에는 그 상속분은 균분으로 한다. 〈개정 1977.12.31, 1990.1.13〉
　② 피상속인의 배우자의 상속분은 직계비속과 공동으로 상속하는 때에는 직계비속의 상속분의 5할을 가산하고, 직계존속과 공동으로 상속하는 때에는 직계존속의 상속분의 5할을 가산한다. 〈개정 1990.1.13〉
　③ 〈삭제 1990.1.13〉

년 이후 민법에서 재산상속 단위의 가족이란 '가'의 경계와 무관한 공동체가 되었다. 이상과 같이 조망한 여러 층위의 가족들에서 여성은 어디에 있(었)는지 좀더 자세히 살펴보기로 하자.

3. 혈족과 여성의 계통

현행 조문에서 혈족의 범위는 본인을 중심으로 부계, 모계, 여계(자매관계 혹은 직계존속으로부터 파생), 남계(형제 혹은 직계존속의 형제관계로부터 파생)로 구성된다. 일찍이 정광현 교수는 구 제768조 규정에 대해 혈족의 정의가 아니라 예시로 보아야 한다고 하였다(정광현 1967, 471~72면: 조문은 후술 참조). 원래 혈족이라 함은 보통명사로서 "자연적, 생리적 혈연의 연락(連絡)이 있는 자"를 말하지만, 법률상 혈족이란 함은 자연적 혈연관계가 있음에도 혈족을 인정하지 않는 경우가 있기에 보통용어로서의 혈족의 개념과 법률용어로서의 개념이 반드시 일치되는 것은 아니라고 하여, 해석상 문제가 된다고 한다. 정교수는 구 제768조가 그 표제와는 달리 혈족인 친족관계의 친계 중 직계혈족친과 방계혈족친을 구체적으로 예시한 규정이며 혈족의 정의규정은 아니라고 주장한다. 그러므로 자매의 직계비속, 직계존속의 자매의 직계비속은 구 제768조에 규정되어 있지 아니하더라도 혈족이라는 것이다. 그렇지 않다면 이들이 과연 '인척(姻戚)'인지를 묻고 있다. 하지만, 가족법 학계의 일반적 의견은 제768조를 혈족의 정의조항으로 보는 것 같다(김주수 1994, 414~20면). 그것은 후술할 것처럼 1989년의 개정에서 구 제768조에 "자매의 직계비속, 직계존속의 자매의 직계비속"을 포함시킨 것에서 나타난다.[8] 이것은 이전의 제768조에는 이들이 혈족으로 포함되지

---

8) 1989년 개정에 의해 이전 조문에서 혈족에서 제외되었던 '자매의 직계비속'과 '직계존

않았다는 것을 의미하기 때문이다. 단지 구 제768조가 혈족의 정의냐 예시 규정이냐의 논란을 넘어 근본적으로 이 문제는 여성을 매개로 한 친척을 '혈족'으로 보아야 하는지의 문제와 맞닿아 있다. 아래에서 볼 것처럼 여성을 매개로 하는 모계혈족 등의 논리는 남계혈족과 같지 않다.

부계혈족의 논리를 역으로 읽어간다면 여성을 통해 구성되는 계통에는 어떤 것이 있을까. 우리 법에는 세 종류의 여성계통, 즉 모계, 여계 그리고 처계라는 개념이 나타난다. 앞서 지적한 것처럼, 1989년 개정으로 부계와 모계, 부계와 처계에 대해 평등한 친족조문(제777조)이 도입되었고 여계혈족이 혈족 범위에 명시적으로 포함되었다(제768조). 여기서 계통을 통해 본 여성과 남성의 평등과 차이 문제가 존재한다.

(1) 모계혈족이라는 것

제768조가 혈족에 대한 보편적인 정의조항이라면 부계·모계와 무관하게, 또한 여성과 남성의 성별 입장과 무관하게 적용되어야 할 것이다. 여성의 입장에서도 혈족이란 자신의 부모와 조부모, 형제, 자식으로 이어지는 자기 계통의 가족이고, 이들에 대해 민법 제770조에 의거하여 촌수로서 그 관계의 질서를 잡을 수 있어야 할 것이다. 하지만 과연 여성, 특히 기혼여성의 입장에서 그런 혈족관계를 구축할 수 있는가. 모계의 혈족이란 과연 어떻게 구성될 수 있는가. 여성의 입장에서 혈족의 법조문의 의미를 검토해보기로 한다.

모계혈족을 상상하기 위해, 부계혈족 혹은 남계혈족의 논리를 거꾸로 읽어가보자. 가족법 안에 그리고 우리의 삶 속에 모계혈족의 존재가 그리 명시적이지 않기에 이들을 상상하기 위해서는 기존의 혈족논리라는 인식

속의 자매의 직계비속'이 포함됨으로써 혈족 조항에서 여계혈족의 배제가 해결되었다고 한다(김주수 1994, 415면).

방식을 취하지 않을 수 없다. '모계'라 함은 우선 한 인간의 혈통으로서 어머니의 계통을 의미하지만, 여기에는 다시 어머니의 아버지와 어머니가 속한 두 갈래로 나뉜다. 여기에는 또 흔히 간과되지만, 아버지의 어머니의 계통도 포함된다. 즉, 나를 이루는 네 조상(어머니의 어머니와 어머니의 아버지, 아버지의 어머니와 아버지의 아버지) 중 한 계통, 아버지의 아버지만이 부계계통에 속하고, 나머지 세 종류의 계통은 모두 '모계'라고 일컬어진다(박병호 1990). 달리 말해 부계계통이란 나를 중심으로 3대 조상인 4명의 조상 중에서 한 명만을 진정 친(親)조상으로 삼는 할아버지 중심 논리라고 할 수 있다. 또한 가계계승 논리는 적어도 3세대를 필요로 하는 시간적 사고체계임을 알 수 있다.

이렇게 모계 혈통이 세 갈래 줄기를 가진다는 것은 부계혈통이 보여주는 집중성과 출발부터 차이를 보인다. 즉 이미 3대 조상을 따지는 데에서도 모계혈통은 복수적이다. 여기에 세대라는 변수를 교차시키면 모계계통의 다발성은 걷잡을 수 없어진다. 모계혈통의 수를 알아보는 공식은 '$2^{(N(세대수)-1)}-1$'이다.

예컨대 나의 4대 조상(증조부모 세대) 중 모계혈통은, 2에 세대수 4에서 1을 제한 3승을 한 후 여기에서 부계혈통인 1을 제한 수이다. 이렇게 4대 조상의 전체 8명 직계조상 중 7명은 부계계통에 들어오지 못하는 주변적 조상, 즉 느슨하게 정의되는 모계 조상이 된다. 어떤 계통에서 어머니 관계를 한번이라도 경유하면 모계혈통으로 분류된다는 의미이다. 예를 들면 아버지의 어머니, 혹은 아버지의 아버지의 어머니 등도 모두 '모계'로 분류된다. 물론 어머니의 부계혈통은 말할 나위도 없이 모계가 된다. 여기서 주목할 것은 이 조상들은 부계처럼 동일한 성과 본이라는 표지를 가지지 못하는 이질적 집단들이라는 점이다. 이렇게 본다면 모계 조상들이란 부계처럼 '모계의 모계'라는 '계통성'을 의미하는 것이 아니라 부계의 부계조상에 대한 일종의 여집합의 속성을 가진다고 말할 수 있다. 말할 나위도 없이 이 여집합이란 부계의 부계만을 정통 혈족으로 인정하는 배타성의 이면이다. 부계혈족의 계통 구축의 역사는 모계들의 배제의 역사에 다름 아니다.

관련하여, 이상욱은 민법 제768조의 '양계화'된 혈족규정은 지나치게 방만한 혈족범위를 가져왔다고 비판한다(이상욱 2002, 56~57면). 개정 전 민법 제768조가 규정했던 '자기의 직계존속'이란 자기의 부모와 조부모, 증조부모로 거슬러올라가 부계의 남계 8대 조부모까지 16인을 의미하나, 1989년 개정에 따라 자기의 직계존속을 부가의 남계뿐 아니라 조모를 낳아준 아버지의 외조부모를 비롯하여 증조모를 낳아준 조부의 외조부모, 부의 외조부모를 낳아준 부의 외증조부모, 부의 외조모를 낳아준 조모의 외조부모 등 8대까지 거슬러올라가면 부가계의 직계존속만 255인이 되고, 모가계의 직계존속도 255인이 된다는 것이다.[9] 요컨대 직계존속에 모계를 포함한다는 것은 단지 하나의 계보가 더해진다는 의미와 전혀 다른 것이다. 그것은 이론적으로 부계 이외의 조상이 모두 포함된다는 것을 의미할 것이다.

모계의 복수성·다발성과는 별도로 모계 인정에는 난점이 있다. 모계 중에서도 어머니의 어머니(이른바 외할머니)를 '정통 모계', 즉 '친모계(親母系)'라고 이름 붙이고, 최소한 이 친모계를 추적한다고 해도 쉽지 않다. 친족의 범위에 포함되는 '모계 8촌'을 추적하려 할 때, 모계 8촌은 고사하고 외증조모 즉 모계 3촌의 친정(그녀의 시집은 외증조부의 가족이므로)

---

9) 이 설명에서 직계존속인 혈족이 왜 8대까지로 한정되는지는 분명치 않다. 아마도 이상욱 교수는 제777조 친족의 범위를 8촌 이내로 규정했으므로 직계존속 역시 8대로 한정하여 해석한 듯하다. 하지만, 제768조를 혈족의 종류와 원칙에 관한 조문으로 해석하고 혈족의 절대범위에 관한 것으로 보지 않는다면, 개정 조문은 혈족수의 절대적 증가가 아니라 원칙의 변화를 뜻할 것이다. 이는 앞서의 제768조를 혈족의 정의조항으로 볼지 여부와 맞닿아 있다.

이 어디인지, 혹은 그녀의 성과 본은 무엇이었는지조차 알기 어렵다. 그렇다면 그 모계조상과 관련된 형제와 자손 등은 어떻게 추적할 것이며 또 그들과 나는 무슨 관계를 형성할 수 있을까. 이런 질문은 혈족관계가 단지 혈통적 친소관계에 의해 자동적으로 형성되는 것이 아니라 관계를 형성하게 하는 기제나 기능이 존재할 때 형성되는 사회적 산물임을 알 수 있다. 촌수 역시 모계와 여계에 대해서는 별반 의미가 없고 부계 및 남계 혈족의 친소관계의 지도를 그리기 위한 도구임을 알 수 있다.

이렇게 모계혈족의 경우 추적 이전에 그것을 상상하는 일조차 어려운 것은 크게 두 가지 기제에 기인하는데, 하나는 부계성본주의에 따라 어머니와 딸(1촌)조차도 성과 본을 공유하지 않는다는 점, 다른 하나는 부처제 결혼제도로 인해 여성들은 일찌감치 자신의 친정혈족과의 관계가 소원해진다는 점이다.[10]

전자가 여성 주체를 조상의 위치(예컨대 어머니)에 놓았을 때 그 계통적 흔적을 남기지 않게 하는 장치라면, 후자는 여성 주체를 후손(예컨대 딸)이라는 위치에 놓았을 때 '남의 집' 사람[外人, alien]으로 만드는 기제이다. 여성을 동시대인(예컨대 부인)으로 놓았을 때, 다시 그녀를 남성 가장에 소속시키는 가부장제에 의해 여성은 철저히 계통 구성의 '능력'을 박탈당한다. 부계혈족의 논리를 뒤집어 말하면, 여성의 피는 '비어 있는 피'로서 혈통 구성의 도구 혹은 빈 그릇이 될 뿐이라고 할 수 있다. 이것이 한국 가족법과 가족제도에서 여성의 지위, 보다 정확하게는 어머니의 지위이다.

---

10) 호주제도 폐지와 함께 남편 호적에 부인이 편제되던 부처제 결혼제도가 폐지되었다. 하지만 과거 제도의 누적된 차별효과, 즉 수많은 여성조상들의 부처제 결혼의 역사로 인해 모계혈족을 추적하기는 매우 어렵다. 한편, 최근에 기혼여성들과 친정부모 및 친정 가족과의 친밀성의 증가가 관찰된다는 보고가 있다(이재경 1999; 옥선화 1998). 하지만 오래 전부터 외가(外家)와의 친근감이 법질서를 대체하지는 않았다. 현대사회에서 가족 기능의 변화와 함께 모계혈족이 종래부터 가졌던 친밀성이 새 의미를 부여받을 수 있을지는 지켜보아야 한다.

이상과 같은 모계의 다원성과 추적의 어려움에 직면하여 가족법학자들은 모계혈족의 모계를 '자기의 어머니'에 한정해야 하고, 동시에 모계혈족도 부계혈족에 한정하여 '모의 부계'로 해석해야 한다고 한다(박병호 1990, 35면; 이경희 1991, 81면; 김주수 1994, 428면). 이에 따라 부의 모계혈족이나 모의 모계혈족은 법적 의미에서 모계혈족이 아니게 된다. 여기서 모계혈족을 자기 어머니에 한정하는 것은 모계의 본류(즉 어머니의 어머니 계통)를 찾고자 한다면 의의가 있지만, 모계혈통을 부계에 국한한다는 해석은 모계의 모계성을 변질시키는 해석이라고 본다. 앞의 학자들은 혈족이나 친족 범위가 지나치게 넓어져서 그 실효성이 없어지는 데에 주로 관심을 가지지만, 진정 '양계적인' 가족관계를 건설하기 위해 여성의 혈족 구성에 필요한 논리와 기제가 무엇인지에 대해서는 별로 고민하지 않은 듯하다. 다른 한편, 혈족관계의 원근을 확정하는 데 부계와 모계를 차별할 근거가 없으므로 모계혈족이란 모계의 부계혈족뿐 아니라 모계의 모계혈족도 포함하는 것으로 보아야 하고 인척의 경우에도 처족인척에 처의 모계혈족도 포함하는 것으로 보아야 한다는 주장도 있다(양수산 1994; 이재성 1994).

생각건대 모계혈족의 다발성은 앞서 말한 친모계, 즉 외할머니 계통 모계의 모계를 다른 '주변적' 모계와 구분짓지 않음에서 오는 것이므로 이를 구분한다면 문제는 일차적으로 해결될 것으로 보인다. 이때 외할머니 계통의 인정과 그 친척관계를 '진정 모계'로 인정하는 것이 매우 중요한 일이다. 외할머니는 남성이 아닌 여성을 '통해서' 혈통이 이어진다는 것을 인정케 하는 '최초 조상'이기 때문이다. 문제는 여성의 유전자라는 '사실'이 아니라 비어 있는 피라는 '상징'이기 때문이다.[11] 사실적 유전자라면 여

---

11) 흥미롭게도 프랑스 페미니스트 정신분석가 이리가라이에게서 비슷한 사유를 만난다 (Irigaray 1991; 1993). 이리가라이는 '아버지의 법'으로 은유되는 상징계(the symbolic, 언어질서)에 대항하는 새로운 질서로 모녀관계의 상징성에 주목한다. 그녀는 모계계통을 인정케 하는 상징의 부재와 새로운 상징 창조의 중요성을 말한다. 이 점에서 한국의

성과 여성계통은 배제될 수 없었을 것이다.[12]

모계계통과 달리 아버지로 이어지는 계통은 단일성·일관성·수렴성 등을 특징으로 한다. 부계계통을 형성하는 데 작동하는 기제도 여러 겹이다. 이들 중 성본체계가 단연 핵심인데, 부계만을 인정하는 사회적 기호체계에 의해 부계만이 혈통을 설명하는 것처럼 의미가 구성되기 때문이다. 성본제도 이외에도 제사, 족보와 같은 실천을 통해 부계계통의 존재는 탄탄하고 자연스런 제도로 인정된다. 족보는 한 남성 조상, 즉 시조(始祖)를 중심으로 하여 혈통으로 연결되는 조상과 친척의 기록이라고 할 수 있는데, 친족 성원인 남성 주체는 족보기록을 통해 자신의 친족성원권을 확인한다. 제사 역시 죽은 조상보다는 산 후손간의 결속과 우의를 다지는 계기로서 친족 정체성을 유지하는 데 중요한 역할을 한다. 여기에 더해 그간 호주제도와 결부된 호적제도는 한국에서 부계계승제도를 국가가 인정하는 문서의 공식원리로 받아들여졌다.

이상에서 보듯 부계를 구성하고 기억하게 만드는 기제—성과 본, 금혼범위, 제사, 족보, 호적—중 어느것도 여성들은 가지지 못했다. 여성은 아버지의 성과 본을 계승한다고 해도 자기 당대에서 성과 본이 끊기고, 여성을 제사지낸다고 해도 그것은 아버지의 처나 어머니의 지위로 기억될 것이며, 족보에 기재된다고 해도 아버지 계통의 여식이나 며느리로 혹은 아

'부모성 같이 쓰기' 운동은 모성상징 찾기운동의 사례가 될 것이다. 하지만 부모성이 외할머니성이 아니라 외할아버지 성임이 그 한계인데, 만약 이 운동이 손녀에까지 계승된다면 '외할머니성 찾기 운동'이 될 수 있을 것이다.

12) 오히려 인간처럼 유성생식을 하는 생명체의 구성에서는 암컷만이 미토콘드리아 안에 DNA를 가지고 있고, 초기 발생에 필요한 온갖 영양분을 갖고 있기에, 생물학적으로 볼 때 아버지보다 어머니의 기여도가 더 크다. 이에 따라 생물학적 계통을 밝히기 위해서는 미토콘드리아의 DNA를 비교분석해야 하고 이를 위해 철저하게 암컷의 계보를 거슬러 올라가야 한다고 한다. 부계혈통주의는 생물계 어디에도 존재하지 않을 뿐더러 존재할 수 없다는 것이다(최재천, 헌법재판소 제출 의견서, 2003.12.12).

들의 처로만 간단하게 남거나 삭제된다. 존재는 하지만 계통을 이을 '능력'을 가지지 못했기 때문이다. 그런데 이 능력은 개인에게 첨부된 어떤 능력이 아니다. 그것은 개인으로서 무엇을 할 수 있는가가 아니라 구조의 구성원으로서 여성이 계보를 만들 수 있는지에 관한 것이고, 여기서 여성의 무능력화는 정확히 계보의 논리에 해당한다. 여성뿐 아니라 여성으로 매개된 남성 친척들도 여성으로 인해 혈족으로 인정받지 못한다는 점도 주목된다(예컨대 모의 조부, 부의 모의 부). 그리하여 우리가 친족에서 '여성'에 대해 말할 때에 (재)정립되는 의미는 '여성에 관한 것이 아니라 친족체계나 문화에 관한 것'이라고 한 코위의 언급은 의미심장하다(Cowie 1978, 59~60면). 이렇게 여성과 여성으로 매개된 모든 관계는 남성과 남성으로 매개된 관계에 비해 제도적으로 차별을 받아왔다.

다른 한편, 1989년 개정에서 생부의 아내, 즉 계모 및 적모와 맺어지던 법정혈족관계가 사라지고[13] 인척관계로 전환되면서 생모와의 혈족관계가 인정되었다. 여성의 입장에서는 남편의 혼외자, 그리고 전처 자식과의 사이에 자동적으로 맺어지던 법정혈족관계가 사라진 것이다. 이에 대해 아버지와의 관계만을 친자관계의 본질로 보던 부성제도에서 모성의 '피'에 대한 인정이 시작되었다고 해석할 수 있을까? 1989년의 가족법 개정에서 낳아준 모성(생모)의 '피'가 아버지의 부인이라는 '법'보다 우선되는 경향이 시작되었다고 조심스레 진단해본다. 물론 그것은 개인으로서의 모성이지 계통으로서의 모성이라 할 수는 없다. 그런데, 생모의 피의 상징적 '비어 있음'이 모계혈족 구성에서 무능력의 원점이 된다는 점에 힌트가 있다.

---

13) 민법 제773조 (계모자관계로 인한 친계와 촌수) 전처의 출생자와 계모 및 그 혈족, 인척 사이의 친계와 촌수는 출생자와 동일한 것으로 본다. 〈삭제 1990.1.13〉

　민법 제774조 (혼인 외의 출생자와 그 친계, 촌수) 혼인 외의 출생자와 부(父)의 배우자 및 그 혈족, 인척 사이의 친계와 촌수는 그 배우자의 출생자와 동일한 것으로 본다. 〈삭제 1990.1.13〉

앞서 논한 대로 부계혈족의 구성이 3대 이상의 범위를 대상으로 하지만, 모계혈족의 모계는 어머니에 국한한다는 점은 생물학적 어머니의 혈족상 지위에 주목해야 할 필요성을 말해준다. 어머니의 기호가 생물학적 기호를 넘어서서 상징적 기호로 전환되기 위해서는 부계의 모계가 아닌 모계의 모계에 대한 상징이 필요하다. 이것이 구축될 때 '모계'란 경험하고 실재하는 어머니성을 넘어서 제도적 논리로 변화할 수 있을 것이다. 2005년 개정에서 자의 성과 본 부여에 있어 어머니와 아버지의 평등성이 확보되지는 못했지만, 어머니의 성과 본을 부여할 수 있는 기회가 늘어났다(제11장 참고). 흥미로운 것은 한 사람의 계통을 역으로 추적하면 모계들의 존재가 압도적으로 많고 다양하다는 점이다. 한 사람을 구성하는 모계혈통에 속하는 조상과 후손의 숫자는 부계보다 훨씬 많다. 이런 모계의 다원성과 '흩뿌려진' 속성은 부계의 수렴적이고 위계적인 모습과 차이가 있다. 이 점에서 '모계'란 부계를 뒤집어놓은 형태라는 의미를 훨씬 넘어선다, 혹은 넘어서야 한다. 그것은 한 인간을 구성하는 다원적이고 숨겨진 근원이다. 여성의 계통은 부계와의 차별을 불식하면서 부계의 논리와는 다른 새로운 논리를 찾으라고 손짓한다.

(2) 여계혈족이라는 것

앞서 본 바와 같이 1989년 법개정에 따라 민법 제768조 혈족의 정의조항에 '자매'라는 단어가 두 번 더 사용되었다. 즉, 자매의 직계비속과 직계존속의 자매의 직계비속[14]이 혈족에 포함되었다. 이것은 사소한 변화인 것 같지만 실은 그렇지 않다.

---

14) '여계'에는 부계 직계존속의 여자형제들의 직계비속(예컨대 자신의 자매의 직계비속, 고모의 직계비속, 큰할머니·작은할머니의 직계비속 등)과 같은 부계혈족이 다수이지만, 모계혈족, 예컨대 어머니의 자매 혹은 외조모의 자매의 직계비속 등도 포함된다.

민법 제768조 (혈족의 정의) 자기의 직계존속과 직계비속을 직계혈족이라 하고 자기의 형제자매와 형제의 직계비속, 직계존속의 형제자매 및 그 형제의 직계비속을 방계혈족이라 한다. 〈제정 1958.2.22〉

민법 제768조 (혈족의 정의) 자기의 직계존속과 직계비속을 직계혈족이라 하고 자기의 형제자매와 **형제자매의 직계비속, 직계존속의 형제자매 및 그 형제자매의 직계비속**을 방계혈족이라 한다. 〈개정 1990.1.13〉

이 개정으로 방대한 방계혈족이 혈족에 포함되었다. 자매(여자형제), 그리고 그 자매의 직계존비속의 자매(여자형제)의 직계비속이 혈족에 포함되었기 때문이다. 앞서 모계와 같이 여계 역시 다발성과 이질성을 그 특징으로 한다. 동일한 부계 직계존속을 두었어도 여성에 의해 매개된 직계비속은 모두 '이성(異姓)'이 된다는 점에서 남계와 차이를 보인다. 언니나 여자동생, 혹은 누나나 여자동생과 본인은 직계혈족이지만, 그녀들의 직계비속은 본인과 다른 성을 가지게 된다. 또한 직계비속의 입장에서 어머니의 형제자매나 아버지의 여자형제의 자손들과는 언제나 다른 성을 가지게 된다. 이렇게 자매와 그 직계비속, 직계비속의 자매 및 그 직계비속과 같은 자매관계를 매개로 한 '여계'는 앞서 본 모계혈족에 비해서 더 이질적이고 다발적인 관계의 집합이다. 이 점에서 '자매의 직계비속' 그리고 '직계존속의 자매의 직계비속'을 혈족에 포함한 결과, 혈족의 범위가 지나치게 방만해졌다는 지적은 일견 타당하다(이상욱 2002, 56면).

여기서, 동성동본의 범위가 되는 '남계혈족'이 '여계혈족'의 대칭개념인지 의문이다. 부계혈족이란 직계존비속뿐 아니라 직계존비속의 형제자매 같은 방계혈족을 포함한다는 점에서 이성(異姓)의 혈족들이 포함된다. 남계혈족 역시 부계의 직계존비속뿐 아니라 방계를 포함하지만 형제로 매개된 관계만으로 구성되기에 언제나 동성동본 혈족으로만 구성된다. 이에 비해, '여계'란 자매를 매개로 형성된 혈족관계로 여자형제들을 제외하곤 언제나 이성인 혈족이 된다. 이렇게 서로 다른 성본 표지로 인해 남계와 달리 여계로 매개된 혈족들은 동일성의 표지를 가지지 않는다. 따라서 여계에는 계승할 상징이 없다. 모계가 부계의 대칭개념이 아니듯, 여계는 남계의 대칭개념이 아닌 것이다. 양자는 등가가 아니라 '차이'를 가지고 있고 이 점에서 양자간의(예컨대 모계와 부계 간의) 평등한 법의 대우라는 표현은 어색하다. 모계와 여계는 추적될 수 없거나 추적하기 어려울 정도로 이질적이고 분산적인 집합이다. 이 점에서 수직적 계통으로서 모계나 여계는 '없다'고 하는 것이 적절하다.

모계혈족들이 어머니 입장에서, 혹은 어머니에 의해 매개되었기에 부계에 비해 차별을 받았다면, 여계는 여자형제에 의해 매개되었기에 남계에 비해 차별을 받아왔다. 이렇게 여계가 남계에 비해 차별받는 것은 다시 모성이 성과 본 등 계통을 잇지 못하는 '비어 있는 피'라는 점으로 귀결된다. 이 점에서 여계에서 말하는 '여'란 개인의 속성이 아니라 교환되고 비어 있는 구조상의 속성을 의미한다. 그래서 여계로 매개된 남성(가령 이모의 아들, 여동생의 아들)도 '여'라는 상징을 가진다고 할 수 있다.

(3) 처계라는 것

혼인관계를 매개로 인척관계가 형성되므로 부인을 매개해서도 인척관계가 맺어진다. 관련하여 민법 제769조 규정은 다음과 같다.

민법 제769조 (인척의 계원) 혈족의 배우자, 혈족의 배우자의 혈족, 배우자의 혈족, 배우자의 혈족의 배우자를 인척으로 한다. 〈제정 1958.2.22〉

민법 제769조 (인척의 계원) 혈족의 배우자, 배우자의 혈족, 배우자의 혈족의 배우자를 인척으로 한다. 〈개정 1990.1.13〉

이렇게 인척관계는 (i) 본인의 혼인, (ii) 혈족의 혼인(예컨대 자매나 형제의 혼인), 혹은 (iii) 배우자의 혈족의 결혼(예컨대 남편의 형제의 혼인)에 의해 형성된다. 여기서 제768조상의 혈족의 범위를 한정짓지 않는다면 이 '인척'은 대단히 광범위한 집단이 된다는 것을 알 수 있다. 이를 염두에 두고 김주수 교수는 처계(妻係)란 '부인의 아버지의 친족'에 한정된다고 말한다(김주수 1994, 425면). 그것은 앞에서 모계를 모계의 부계로 한정짓는 논리와 같다. 그런데, 아내의 입장에서 남편의 4촌 이내의 부계와 모계가 아내의 인척이라면, 어째서 남편의 입장에선 부인의 4촌 이내의 모계혈족은 인척이 아니라는 것인가. 김주수 교수는 이에 대해 이전 법에 있었던 처족에 대한 차별적 인식과 최근까지 존재하던 호주제도의 '처의 부가입적'(제826조 제3항)이 이런 인식을 제도화했다고 해석한다.

한편 인척관계는 혈통이 아니라 교류와 같은 실제 관계를 통해 돈독해질 수 있는 관계이기에, 앞서 살펴본 '혈족들'과는 다른 성질을 가지고 있다고 생각한다. 기왕의 모계 구성의 허약함으로 인해 처의 모계를 인식하는 것은 어려운 일이지만, 처의 혈족과의 상호작용은 오늘날 한국에서 증가하는 추세로 진단된다. 이것은 가족관계가 제도와 혈통에서 친밀성(intimacy)과 생활관계로 전환되는 국면과 궤를 같이한다(양현아 2009: 기든스 1996: 백 1999). 이상과 같이 1989년 개정 이래 현재 법에서도 모계와 여계, 그리고 처계를 부계(父系)와 남계, 그리고 부계(夫系)와 비교할 때 '평등한 처우'가 보장되지 않고 있다. 모계를 평등하게 대우하려면 단지 기계적 평등이 아니라, 여성을 매개로 계통이 구성되게끔 하는 기제나 기능을 함께 마련했어야 한다. 그렇지 않다면 이 조문들은 실질적 의미를 가지지 못하는 빈껍데기에 불과하다. 친족 규정은 그 좋은 예가 된다.

4. 누가 기혼여성의 친족인가

1989년 개정으로 제777조의 친족범위가 혁신적으로 변화하였다.

민법 제777조 (친족범위) 친족관계로 인한 법률상 효력은 본법 또는 다른 법률에 특별한 규정이 없는 한 다음 각 호에 해당하는 자에 미친다.
1. 8촌 이내의 부계혈족
2. 4촌 이내의 모계혈족
3. 부(夫)의 8촌 이내의 부계혈족
4. 부의 4촌 이내의 모계혈족
5. 처의 부모
6. 배우자 〈제정 1958.2.22〉

민법 제777조 (친족범위) (상동 생략)
1. 8촌 이내의 혈족
2. 4촌 이내의 인척
3. 배우자 〈개정 1990.1.13〉

본 조문이 혁신적인 이유는 이전 법에서의 부모간, 부처간 차등을 불식하고 '성중립적' 조문으로 이행했다는 점이다. 변화된 친족범위는 모계혈족 친족범위를 8촌까지로 확장했다는 점에서 모계에 대한 적극적 인정을 담고 있다. 또한, 기존에는 처의 부모에 한정되던 처로 매개된 인척범위를 4촌으로 확장하는 한편, 남편의 모든 혈족을 처의 친족으로 삼았던 이전 법과 달리 4촌으로 축소했다. 아마도 이 부분은 모계혈족의 확대보다 더 획기적인 변화라고 할 수 있을 것이다. 왜냐하면 결혼한 남녀의 인척관계가 동일하게 4촌으로 되었다는 것은 혼인 후 여성이 친정을 떠나 남편

가에 속하는 '부처제 혼인'이 아니라 서로 동등하게 상대 배우자의 혈족을 인척으로 삼는다는 것을 표방하기 때문이다. 게다가 개정법에 의해 남편 부모의 혈족을 부인의 '인척'으로 명료히 호명하게 되었다. 이는 이전 법에서 부인의 남편 가 혹은 남편 친족에의 완전한 흡수를 벗어나는 또다른 표현이라 할 수 있다. 이로써 한국 가족법의 친족제도에서 부계계통주의가 법률상으로 폐지되고 '양계제(兩係制)'가 도입되었다고 평가한다(김주수 1994; 이상욱 2002, 54면). 이는 조선시대부터 지속되었다고 믿어진 '전통' 친족의 부계(父系)와 부계(夫系) 중심성을 부분적으로 교정했다는 의미를 가질지 모른다. 하지만, 1989년 이후에도 호주제도가 한층 강력하게 가족관계를 규정했다면, 제777조 친족규정의 효과와 기능은 무엇이었을까.[15] 누가 진정 기혼여성의 친족인가.

첫째, 호주제도가 존재할 당시 절대다수의 여성은 결혼과 동시에 호적상 남편가에 속하게 되므로, 이런 상황에서 여성과 남성이 별도로 자신의 친족을 가진다는 것은 부자연스런 일이라 하겠다. 부부는 각자 별개의 친족을 가지는 동등한 개인처럼 보이나, 친족관계보다 훨씬 작은 규모의 가족, 그것도 호적으로 인해 그 경계가 분명한 가족 속에서 기혼여성은 남편과 동등한 개인이 아니었기 때문이다. 친족과 가족 원리가 불일치했던 것이다. 이 점에서 호주제도 폐지 없는 친족범위의 양성평등은 알맹이 없는 선물상자와 같았다.

---

15) 현행 민법에서 친족의 범위와 관련되는 조항은 제1장 총칙에서는 다음과 같은 9개 조항이다. 제767조 친족의 정의, 제768조 혈족의 정의, 제769조 인척의 계원, 제770조 혈족의 촌수의 계산, 제771조 인척의 촌수의 계산, 제772조 양자와의 친계와 촌수, 제775조 인척관계 등의 소멸, 제776조 입양으로 인한 친족관계의 소멸, 제777조 친족의 범위. 제6장 친족회에서는 다음의 14개 조항을 두고 있다. 제960조 친족회의 조직, 제961조 친족회원의 수, 제962조 친권자의 친족회원 지정, 제963조 친족회원의 선임, 제964조 친족회원의 결격사유, 제965조 무능력자를 위한 상설친족회, 제966조 친족회의 소집, 제967조 친족회의 결의방법, 제968조 친족회에서의 의견개진, 제969조 친족회의 결의

둘째, 친족 규정은 조선시대 후기 이래 존재했던 상복제도인 유복친(有服親)제도에 역사적 기원을 두고 있었다(정광현 1967, 463~66면; 박병호 1992a; 김주수 1994, 425~26면). 유복친제도는 특정인의 상례를 위해 입어야 하는 상복과 지켜야 하는 상례기간에 따라 친족간의 친소관계를 표상하는 오복제에 기초했다(제5장 참고). 이는 한국에서 친족제도의 기능과 역사적 유래가 상례 및 제례와 깊이 관련되어 있음을 보여준다. 한편, 친족범위를 일률적으로 확정하는 규정이 가진 문제점에 대한 지적도 있다. 원래 조선의 관습에서는 친족의 범위를 일률적으로 정하지 않았고, 혼인이 금지되는 친족의 범위, 상속인의 범위, 상복을 입는 친족의 범위 등 사안별로 별도로 정했다는 것이다(이상욱 2002, 62면). 일률적으로 친족범위를 규정하는 예는 세계적으로 일본과 한국의 민법에만 존재하는 것으로, 그 기능에 의문이 제기되어왔다(김주수 1994, 431~34면; 양수산 1993, 92~93면; 정광현 1967, 461~70면).

앞서 혈족 부분에서 논의했듯이, 8촌이라는 넓은 범위의 친족을 추적할 수 있는 계통이란 오로지 부계, 그중에서도 남계혈족일 것이다. 모계와 여계의 혈족은 추적하기도 어렵거니와 제사를 지낼 결속력과 물질적 자원을 생각하기 어렵기 때문이다. 그렇다면 친족제도 법제화의 초점은 남계혈족의 질서에 있지 모계나 처계에 대한 관심과는 거리가 멀다 할 것이다. 기혼여성의 친족은 누구인가. 실정법과 사회현실을 감안할 때 이들은 '이중적 친/가족' 속에서 살아왔다고 진단할 수 있다. 호주제 폐지와 함께 부처제 결혼제도는 법에서 사라졌지만 기혼여성은 남편 가에 일차적으로 속한 사람이라는 누적된 과거 효과가 남아 있고, 또 현재 사회·경제적으로도 그 그림자는 없어지지 않았다. 여성의 혈족관계가 법으로 인정됨으로써 여성의 친정혈족과의 관계는 사적이고 비공식적이지만 실질적인 것이 될 가능

에 가름할 재판, 제970조 친족회원의 사퇴, 제971조 친족회원의 해임, 제972조 친족회의 결의와 이의의 소, 제973조 친족회원의 선관의무.

성이 있다. 반면, 남편 가족(시댁)의 혈족과의 관계는 친밀하지 않다 하더라도 공식적이고 제도적이며 형식적인 것으로 지속될 가능성이 크다. 이렇게 볼 때 여성의 '친족관계'는 복수적이 되고 또 일견 애매해졌다 하겠다.[16] 기혼여성들은 자신의 친정혈족에 속한다고 하지만 그것이 무엇을 의미하는지 불분명하고, 남편의 친족과는 인척이라고 하지만 여전히 일차적 의무관계인 경우가 대부분이다. 한국 여성들의 친족관계는 복수적이고 다변화되었지만, 그것이 평등이나 안락함을 의미하지는 않는다.

이상으로 볼 때 1989년 개정 이래 현재까지 친족제도에 대한 법의 사고방식은, 주어진 부계계승적 친족 규칙과 전제들은 변화시키지 않은 채 형식적 양성평등을 도입했다고 요약할 수 있다. 이 점에서 부계계승주의는 도전받거나 재구성되지 않았다. 한국 가족법에서 부계계승주의를 해체하려면 남녀에 대한 평등한 친족범위 설정에 그쳐서는 안된다.

(기혼)여성의 신분관계의 평등이란 모계나 여계의 혈족범위를 부계나 남계와 '마찬가지로' 확장함으로써 달성되는 것이 아니라 여성이 계통들을 구성할 수 있도록 하는 논리, 상징, 그리고 메커니즘을 부여함으로써 가능할 것이다. 무엇보다 어머니의 성과 본을 자녀에게 부여할 수 있는 평등한 선택권을 보장해야 한다. 이를 통해 모계혈족의 구성 메커니즘을 재구성하는 것이 중요하다. 또한 부계와 남계혈통을 전형으로 삼는 혈족과 친족의 범위를 굳이 현대 법제도 속에 확정해야 하는지 논의할 필요가 있다. 부계계승의 논리보다 느슨하고 다원적인 모계와 여계를 수용할 수 있는 혈통 개념의 변화도 필요하다. 이와 함께 한 개인이 배타적으로 하나의 혈

---

16) 2000년대 들어 제기된 여성종중원 지위 확인 및 여성의 종중 재산분할청구와 관련된 소송들은 종중에서 여성의 이중적인 지위를 나타낸다. 민법은 기혼여성들도 고유의 친족관계를 유지하도록 하고 가족 내에서 여성의 지위도 상당히 나아졌지만, 이 사건들로 볼 때 기혼여성들은 여전히 (친정)종중에서 불안정하고 부차적인 지위를 가진 존재임을 알 수 있다.

통에만 속하는 것이 아니라 복수 혈통에 속한다는 것을 인정하고 이에 따른 제사와 가사노동 분담 등의 재조정이 필요할 것이다.

5. 호주제도의 젠더정치

호주제도는 2005년 헌법재판소의 결정과 국회의 개정 민법 의결을 통해 폐지되었다. 이 절에서는 지난 1세기 동안 기본적인 가족제도의 틀이 되어온 호주제도의 속성을 이해하기 위해 호주제도의 젠더정치(gender politics)에 대해 살펴보고자 한다. 여기서 젠더정치란 앞서 언급한 젠더논리가 힘의 원리 속에서 구사되는 것을 의미한다.

(1) 호주제도는 유명무실한 제도인가

제7장에서 본 것처럼 호주제도는 한국 가족법 개정시 뜨거운 감자가 되어왔다. 1950~80년대, 그리고 1990년대 이후에도 호주제도는 가족법 개정 논쟁의 가장 중심에 있었고 특히 1989년 개정에서는 그 폐지와 존속을 둘러싸고 열띤 공방이 벌어졌다(이태영 1992; 한국가족법학회 1990). 1989년 개정에서 이뤄진 조문 개정을 통해 호주제가 현실적 효과를 잃었다는 의미에서 호주제도는 흔히 '상징적' 제도가 되었다고 평가되곤 하였다.[17]

이에 따라 호주제도가 얼마나 유명무실한 제도인가에 대한 논의만 무성

---

17) 실제로 1989년 개정에 의해 많은 변화가 있었다. 법정재산상속에서 차기 호주가 받던 50% 가급분 제도의 폐지(구 제1009조), 분묘에 속한 임야와 묘토, 족보 제구 등 제사와 관련하여 호주가 가지고 있던 재산상속권의 폐지(구 제1008조 3항), 가족에 대한 거소지정권의 폐지(구 제798조), 호주제도 유지를 위한 사후양자(구 제867조)·서양자(구 제876조)·유언양자(구 제880조)제도의 폐지 등이 그것이다. 또한 법정호주상속권자의 포기를 허용하기 시작하였다(제991조)(김주수 1994, 377~86면).

하였지 오랫동안 법에 존속해온 호주제도의 의미와 기능이 무엇인가에 대한 논의는 상대적으로 부족했다. 호주제도가 '상징적' 제도이기만 하다면 왜 그렇게 폐지에 대한 저항이 컸던 것일까. 그리고 어째서 그 '상징적' 호주가 되는 데 있어 여성은 지속적이고 체계적으로 차별을 받았던 것일까. '상징적'이라는 말에 사회적·역사적·여성학적 의미가 담긴 것은 아닌가. 이런 질문들에 답하기 위해 이 절에서는 유명무실한 호주조차도 되기 어려웠던 여성의 위치에서 호주제도가 구사했던 젠더정치를 검토해보고자 한다. 여기서 젠더를 문제시한다는 것은 여성과 남성의 차원에만 초점을 맞추어 호주제도를 분석한다는 의미가 아니라 젠더라는 프리즘을 통하여 제도를 재독해한다는 의미이다.

호주제도는 여러 방향에서 문제시될 수 있다. 첫째, 앞에서 살펴본 대로, 호주제도는 1915년 민적법의 개정으로 일본 호적과 유사한 호적제도와 함께 도입되었고 2008년부터 효력을 상실한, 근 1세기 동안 한국 사회에 존속한 제도라는 점을 인식할 필요가 있다. 젠더는 정치·경제·노동·가족·문화 등 사회의 모든 영역에서 작동하는 복합체계(complex system)이지만, 한국에서 여성 젠더를 가부장적으로 규정해온 데에는 호주제도의 기여가 크다고 보인다.

실제로 호주제도는 가부장제의 뼈대를 고스란히 내장하고 있다. 아버지와 아들 같은 남성 혈연을 따라 가족의 대를 잇는 부계계승제도, 기혼여성을 남편 가족의 구성원으로 편입하는 부처제 결혼제도, 그리고 연장자 남성을 가족의 우두머리로 규정하는 가부장제도가 그것이다. 호주제도에서 이러한 제도에 대응하는 대표적 조항들을 들면 다음과 같다.

(i) 장남자의 법정분가를 허용하지 않고 장남자에게 호주승계의 우선순위를 줌으로써(구 제789조), 부계계승주의의 실질적 기제가 되어왔다.

(ii) 기혼여성을 무조건적으로 남편의 호적에 편입한다는 점에서 호주제도는 부처제 결혼을 확립해왔다(구 제826조 3항).

(iii) 호주승계 순위에서 남성에게 우선권이 주어지고(구 제984조) 부처제 혼인의 결과 남편이 부인을 대표하게 된다는 중복효과로 호주제도는 연장자 남성을 가족 대표자로 규정한다.

아래에서 볼 것처럼 가부장제 규칙을 통해 남성과 여성에 대한 의미가 구성된다면 이는 여성들이 단지 호주제도에 의해 성차별을 받는다는 것을 의미하지 않는다. 성차별적 가족제도는 '존재하는 여성'을 차별하는 데 그치는 것이 아니라 여성이 누구인지를 규정하고 생산하는 한층 적극적이고 내밀한 효과를 가진다.

둘째, 호주제도의 가족은 역사성을 가진 공간인바, 호주제도의 젠더정치는 여성사적·사회사적으로도 중요성이 있다. 그 가족공간 속에서 여성주의적 역사 독해가 가능할 것이기 때문이다. 현대한국에서 흔히 호주의 계승은 '조선시대에도 존재했던' 부계계통의 전통이라고 주장되곤 하였지만, 호주제도가 빚어내는 '가'라는 공간은 일본 메이지 시대, 한국의 조선시대, 식민지시대, 그리고 현재라는 여러 시공간 현상들이 중첩된 것이다(제3장, 제4장). 한편, 호주제도에 의한 가족의 경계가 외견상 핵가족과 일치한다고 할지라도 그것을 핵가족적 가정성(domesticity)의 공간이라고 하기도 어렵다. 호주제도의 '가'는 서구 산업화과정과 함께 구성된 여성을 구속한 가족의 사사화(privatization)와는 상이한 성격을 가진다. 이 점에서 이 가부장적 가족이 예로부터 내려오는 부계계승적 '전통'을 나타낸다고 하는 것은 부정확하며, 적어도 지난 20세기에 일어났던 사회변화 속에서 적응하고 재구성된 '식민지적 전통'을 표상하고 있다고 해야 옳다.

셋째, 호주제도는 가족법과 호적법을 통해 제도화되었고 호적 행정을 통해 실행되었다는 점에서 명실공히 국가의 제도이다(Watanabe 1963). 사실상 호주제도는 국가와 법에 의해서 관념상의 가부장제를 강제적 법제도로 전환시켰다. 한국 국가는 호주제도뿐 아니라 호적제도, 주민등록제도를 통하여 물샐틈없이 완벽한 국민관리체제를 가지고 있고(김동춘 1999), 이 점에서 호주제도는 한국의 '국민됨'을 통제하고 허용하는 국민 생산기제의 일환이다.

이상과 같이 볼 때, 호주제도가 1990년대 이후 상징적인 제도였다고 말한다면 그것은 실제 기능이 별로 없는 유명무실한 제도라는 의미에서보다는 현대 사회이론에서 말하는 상징과 언어로 구축된 사회현실이라는 관점에서 이해하는 것이 적합하다.

(2) 호주제도의 젠더논리

앞에서 살펴본 젠더 생산체계로서의 친/가족에 관한 이론적 논의는 이 장의 호주제도 분석에도 적용된다. 여기서는 호주제도의 젠더논리를 호주의 지위, 결혼제도, 국민 규정이라는 세 측면에서 살펴보고, 이에 따라 호주제도에 의해 확정되는 '가'의 경계에서 발생하는 젠더 생산에 대해 논의할 것이다. 호주제도는 놀랍도록 발달된 젠더 생산체계로 보인다.

1) 누가 호주가 될 수 있나

2005년 개정 전 조문에 따르면 네 종류의 호주가 있을 수 있다(구 제778조). 가계를 계승한 자(전 호주를 승계한 자), 전 호주의 가로부터 분가한 자, 일가를 창립한 자, 일가를 부흥한 자가 그들이다. 이 중에서 가장 일반적 형태의 호주승계인인 앞의 두 경우(1호, 2호)에 대해 살펴본다.[18] 먼저 전 호주의 호주권을 승계하는 경우 호주권 승계의 순위는 다음과 같다.

민법 제984조 (호주승계의 순위) 호주승계에 있어서는 다음 순위로 승계인이 된다.
1. 피승계인의 직계비속 남자
2. **피승계인의 가족인** 직계비속 여자

---

18) 뒤의 두 형태의 호주에 관해서는 양수산(1993); 김수주(1994) 참조.

3. 피승계인의 처

4. **피승계인의 가족인** 직계존속 여자

5. **피승계인의 가족인** 직계비속의 처 〈삭제 2005.3.31〉

이제 여성의 위치에서 법정호주승계인 조문을 해석해본다. 첫째, 호주승계인 순위에서 잠재적 여성 승계인이 두번째 순위에 놓일 정도로 여성의 승계순위는 그리 낮아 보이지 않는다. 뿐만 아니라, 잠정적 승계인의 첫번째 범주를 제외하고 나머지 네 범주가 모두 여성 가족성원이라는 점도 흥미롭다. 하지만 이를 분석해보면 두번째 순위는 첫번째에 비해 아주 뒤처지는 순위라는 것을 알게 된다. 왜냐하면 첫번째 순위에 한 가족 내의 모든 직계비속 남자가 포함되며, 이 남성 자손들이 여성에 비해 절대적 우선권을 가지기 때문이다(정광현 1967, 430~32면). 먼저 장남자는 그가 다른 가족의 양자가 되지 않는 이상 가계계승자의 첫번째 순위에 있다. 여기에서 장남자 계승제도로서의 호주제도의 면모가 여실히 드러난다.[19] 장남자의 호주승계가 가능하지 않을 경우, 둘째 이하의 아들이 다음 순위를 갖는다. 만약 양자 아들이 있을 경우 그 아들은 입양된 날로부터 친아들과 같은 지위로 호주승계권을 갖는다. 또한 혼인관계 밖에서 낳은 아들이 있을 경우, 그 존재가 아버지에 의해 인지(認知)가 되면 그 아들 역시 인지된 날로부터 친자와 마찬가지 지위로 호주승계권을 갖는다.

이 많은 종류의 아들이 없을 경우, 가족 내 여성이 호주권을 승계할 수

---

19) 1989년의 가족법 개정으로 법정호주승계자의 호주승계 포기가 가능해졌다(구 제990조, 구 제991조). 하지만 장남자의 법정분가가 인정되지 않는 보다 강력한 강제조항(구 제789조)과 함께 읽을 때, 장남자의 호주계승이 선택사항이 되었다고 하기는 어렵다. 선택이 되었다고 말하기 위해서는 가족원의 자발적 선택에 의한 임의분가가 한국사회에서 얼마나 일반적으로 이루어지고 있는지, 또한 임의분가를 선택하는 이유가 무엇인지를 먼저 살펴보아야 할 것이다. 특히 차남도 아닌 장남이 '자유로이' 임의분가를 할 수 있는 사회라면 왜 법정분가 금지조항을 고수하는지를 논해야 할 것이다.

있다. 여성의 호주승계 순위는 직계비속, 직계존속, 그리고 처이다. 남성들의 호주승계에는 세대원리가 철저히 작동함에 비해(혹은 세대원리야말로 호주승계의 핵심인 데 비해), 여성들의 경우 세대원리가 잘 적용되지 않음을 알 수 있다. 즉 딸이 어머니를, 손녀딸이 할머니를 앞서는 것이다. 여기에서 호주제도는 남자를 정상적 호주승계자로 놓고 고안된 제도이며 여성들은 남성들이 없을 경우, 어쩔 수 없이 호주 지위가 주어지는 잔여범주로서 존재한다는 것을 알 수 있다. 이러한 호주제도의 원리에 의해 남자(아들)들이 없는 가족의 경우, 계통(위아래 질서)이 잘 서지 않는 '비정상적' 가족으로 화하게 되므로 아들의 필요성은 절대적이었다.[20] 계통이 잘 서지 않아서뿐 아니라 여성이 잠정적 호주의 지위를 갖고 있기 때문에도 정상적 가가 되기 위해선 결국 아들이 필요하다.

둘째, 구 제984조에 규정된 '가족인 여성'이라는 조건은 호주 순위 못지 않게 의미심장한 것으로, 남성과 여성에 대한 법의 차등적 대우를 나타낸다. 앞서 본 대로 많은 종류의 아들들이 없을 경우 여성이 호주가 될 수 있다고는 하지만, 이 한정어에 의해 여성의 호주 지위는 언제나 잠정적이다. 이 조문에서 '가족'이란 동일 호적에 등록되어 있는 가족성원을 가리키는 호주제도의 어법이다. 따라서 남성 승계자가 없는 경우라도, 예컨대 계승해야 할 호주의 호적에 딸이 속해 있지 않다면 그녀는 잠재적 호주승계자가 될 수 없다. 어머니의 경우도 마찬가지이다. 그런데 왜 여성에게만(처를 제외하고) 이 한정어가 붙어 있는 것일까. 이 점은 호적제도와 결부된 결혼제도의 성격과 연관된다. 여성에게 결혼은 거의 언제나 호적상 소속의 변화를 가져오지만 남성들의 경우는 그렇지 않다. 남성은 차기 법정호주승계자가 될 경우 결혼으로 인한 호적상 변화는 없으며, 분가 등으로 소

---

20) 이렇게 호주제도 안에서 젠더는 그 자체가 하나의 신분이라고 할 수 있다. 이 맥락에서 젠더가 한국사회에서 '신분'효과를 가진다면서 '성신분'이라는 개념을 제시하는 이영자(1999)의 논의가 적절하다.

속 호적에 변화가 일어났더라도 본가의 필요가 있다면 자신의 가족을 데리고 본가의 호적으로 옮겨갈 수가 있다.[21] 하지만 호주제도하에서 기혼여성에게 가족을 이끌고 호를 옮겨다닐 자유는 없었다. 물론 입부혼[22]을 한 여성의 경우는 이와 다르다.

또다른 흔한 형태는 분가를 통해서 호주가 되는 것이다. 승계호주와 달리 분가호주는 근대적 핵가족제도에 적응한 유형이라고 할 수 있다. 분가호주의 지위에서 핵가족과 직계가족 원리를 유기체적으로 융합한 호주제도의 모습이 드러난다. 호주제도는 한편으로는 장남자의 호주승계를 통해 부계계승제도를 굳건히 실천하고 다른 한편으로는 남성 호주를 중심으로 한 소규모 핵가족으로 끊임없이 분열함으로써 지속된다. 분가에는 다시 두 가지 방식이 있는데, 하나는 결혼, 지위, 성별과 관계없이 가족원이 임의로 할 수 있는 임의분가(구 제788조)와 결혼에 의해 직계비속 장남자를 제외하고 '당연히' 이루어지는 법정분가(구 제789조)가 그것이다. 여기서는 좀더 강제성을 띠고 보편적으로 행해지는 법정분가를 그 해당 조항을 통해 살펴보자.[23]

민법 제789조 (법정분가) 가족은 혼인하면 당연히 분가된다. 그러나 호주의 직계비

---

21) 명문 규정은 없으나 이 점은 구 제793조로부터 추론할 수 있다. 또한 호주에게 직계비속 장남자가 존재하여 차남이 분가했을 경우, 그 직계비속 장남자가 사망하였을 때 차남이 호주승계인이 되어야 한다(김주수 1994, 371면 참조). 〔민법 제790조 (호주의 입양과 폐가) 일가창립 또는 분가로 인하여 호주가 된 자는 타가에 입양하기 위하여 폐가할 수 있다. 〈삭제 2005.3.31〉〕

22) 입부혼이란 민법 제826조 제3항에 규정되었던바 남편이 부인의 호적에 등록하게 되는 결혼형태인데 매우 희소하다(제8장 참조).

23) 1962년 1차 개정 때 도입된 법정분가제도는 차남 이하의 혼인신고시 자동적으로 분가하는 제도를 일컫는다. 이 제도는 소가족 중심의 가족제도를 고무하고 씨족조직을 중심으로 한 지역감정을 약화시키고자 하는 의도에서 도입되었다(이태영 1992, 139~40면; 제7장 참고).

속 장남자는 그러하지 아니하다. 〈삭제 2005.3.31〉

호주제도에서 '가족'이란 하나의 호적 안에 등록되어 있는 가족구성원을 뜻하므로 이 조문 자체로 보면 대체로 성중립적이다. 하지만 결혼으로 분가하는 가족의 호주가 되는 사람은 늘 남성이다. 왜냐하면 입부혼을 제외하고는 결혼한 여성이 남편 가족에 입적하는 것(구 제826조 제3항)은 분가(分家)가 아니라 거가(去家)에 해당하기 때문이다(김주수 1994, 362면). 거가라는 용어가 시사하듯, 여성의 결혼은 자신의 본래 집으로부터 뿌리뽑힘을 뜻한다. 이 점에서 구 제789조에 사용된 '가족'이라는 용어는 인구의 절반을 차지하는 여성 인구를 대담하게 배제하고 있다.

승계, 분가, 일가창립 혹은 일가부흥 등 호주 형태와 관계없이 절대로 호주가 될 수 없는 범주가 있으니, 그것은 대다수 한국인들이 하는 취가혼의, 남편이 생존해 있는 기혼여성들이다. 이 여성들은 이혼이나 사별이 아니고는 호주를 계승하지도, 가족을 나누지도, 창조하지도, 폐지하지도 못한다. 그 밑받침이 되는 구 제826조 제3항은 기혼여성에게 그만큼 결정적인 조항이다.

민법 제826조 (부부간의 의무) ③ 처는 부(夫)의 가에 입적한다. 그러나 처가 친가의 호주 또는 호주승계인인 때에는 부가 처의 가에 입적할 수 있다. 〈삭제 2005.3.31〉

이 조항에서 처의 부가입적이란 선택의 여지없이 절대적이고 강제적인 것이다. 그럼에도 불구하고 본 조항은 입부혼 관련 조항으로 불릴 정도로 입부혼에 더 긴 법문을 할애하고 있으며 '정상적 결혼'은 어떤 이름으로 특정화되지도 않는다.[24] 이에 따라 부인이 남편 가족에 입적하는 이 결혼

---

24) 앞서 말한 대로 이 결혼은 취가혼이라고 하나, 이 결혼형태가 너무 일반적인 나머지

의 효과가 무엇인지에 대해서도 별로 논의되지 않았다. 아래에서는 입부혼의 효과(정광현 1967, 525~45면)에 기초하여 이 '정상결혼' 안에서 일어나는 젠더규정의 효과를 역추적해본다.

2) 호주제도 속에서 '정상화'되는 여성

구 제826조 제3항은 호주제도 속에서 실현되는 부처제 결혼제도를 나타낸다. 모처제 결혼제도에 대비되는 부처제 결혼제도란 고전적으로는 부부가 남편의 집에 거주하는 제도를 뜻한다. 특히 가제도에서 '집'이란 물리적 장소에 국한되지 않고 더욱 중요하게는 사회적 소속을 뜻한다.[25] 1989년 개정에서 호주인 남편이 거소를 지정할 수 있는 권리조항이 폐지됨에 따라 물리적 의미에서 부처제 결혼제도는 약화되었다. 하지만 이것을 놓고 부처제 결혼제도가 폐지되었다고 하기는 어렵다. 기혼여성의 가족적 정체성, 즉 가족 소속의 의미로 부처제는 여전히 유효했기 때문이다. 실제 거주와는 별도로, 또 그것에 우선하여 '추상적 가'를 만든다는 가제도 속에서 기혼여성이 '남편집'에 속하는 사람이라는 것은 서류상의 사실이었다.

여성이 결혼에 의해 남편 가족에 소속됨에 따라 결혼·이혼·재혼·죽음 등 모든 사건이 남녀에 따라 대단히 다른 것이 되었다. 입부혼이 아닌 대부분의 결혼에서, 남성의 결혼은 언제나 자신의 원래 가족이나 분가가족의 호주권을 담보하지만 여성의 결혼은 새로운 가족의 성원이라는 자리를 줄

이를 그저 결혼으로 인식할 뿐 따로 호명하지 않는다.

25) 부처제 결혼제도는 가부장제의 파이프라인으로 묘사된다(정동호 1978, 69~74면). 어머니가 아버지의 가족에 편입됨으로써 부처제 결혼제도는 어머니와 어머니의 본가(친정)의 제도적 연결을 약화시킨다. 이 맥락에서 어머니에게서 태어난 자녀가 아버지(조상)의 성·본을 따르고 그 대를 잇는 것이 자연스러워진다. 또한 이 상황에서 아버지·남편에게 한 가족의 대표자라는 지위가 부여되는 가부장권 역시 확보된다.

뿐이었다. 이렇게 혼인의 출발부터 남녀간 힘의 관계는 불균형적이다. 여성은 결혼과 더불어 자신의 본래 가족의 성원자격을 상실한다. 결혼 전 여성이 호주였을 경우, 여성의 결혼은 가족의 폐가를 이끌게 된다. 이것은 남성의 경우라면 호주인 남성이 다른 가족에 입양되는 것에 해당하는, 일어나기 어려운 극단적 사건에 해당한다.

물론 부처제 결혼제도의 효과는 여성이 단지 호주가 될 수 없다는 것에 그치지 않는다. 남편이 살아 있는 기혼여성은 그 여성의 필요에 의해 타 호적으로 변경하는 것 자체가 불가능하다.[26] 미혼여성의 경우에도 호주가 되기 위하여 본가로 돌아가거나 입양되는 일은 찾아볼 수 없다. 여기에서 호주제도가 내장하고 있는 여성젠더의 모형, 즉 가족관계 '안쪽에' 여성을 배치하는 정상화 규칙을 만나게 된다. 여성은 가족 '바깥'을 향하여 가족을 대표하거나 바깥에서 움직이기로 되어 있는 존재가 아니다. 따라서 앞에서 말한 남편이 살아 있는 기혼여성은 타 호적으로 변경할 수 없다기보다 그럴 만한 이유가 없는 존재라고 표현하는 것이 더 적절하다. 왜냐하면 그녀는 호주제도가 처방하는 바에 따라 남편 가족에 잘 속해 있는, 가장 '바람직한' 상태의 여성이기 때문이다.

결혼뿐 아니라 이혼, 배우자의 죽음과 같은 사건 역시 젠더에 따라 의미가 달라진다. 결혼 자체보다 오히려 결혼의 성격을 더 잘 드러내는 이혼에 임하여 기혼여성은 거의 예외 없이 자신이 소속된 호적을 변경해야 한다. 하지만 자기 가족의 호주인 대다수 기혼남성들은 이혼으로 인하여 호적을 변경하거나 호주 지위를 변화시킬 필요가 없다. 여기서 남성 호주는 일단 호주 지위를 얻고 나면 그것이 일종의 남성 지위, 즉 성신분으로 고착됨을 알 수 있다. 이혼한 여성은 자신의 본래 가족으로 돌아가거나 일가를 창립

---

26) 예컨대 남편의 필요에 의해 타 호적으로 옮겨야 할 경우, 기혼여성은 남편을 따라서 옮길 수는 있다.

하거나 일가부흥을 꾀할 수 있다. 배우자와 사별한 경우, 여성은 동일 호적에 남아 있을 수 있다(타 호적으로 호적을 옮길 수도 있다). 대부분 남편이 호주였을 것이므로, 호주가 사망하면 적어도 호주의 변경이 이뤄져야 한다. 하지만 남편에게 부인의 죽음은 호적상 지위에 하등의 변화를 가져오지 않는다. 또한, 결혼관계에서 태어난 자녀는 아버지 호적에 입적하도록 되어 있으므로, 어머니인 여성은 남편과 혼인관계를 유지하지 않는 한 자녀와도 안정된 관계를 가지기 어렵다. 어머니(혹은 어머니의 현재 남편)의 호적에 등록된 자녀들은 어머니와 함께 가족 내 사건에 좌우되는 불안정한 가족정체성을 가지게 된다. 예컨대 재혼한 어머니가 다시 이혼하게 되면 이 자녀들의 호적 변경이 불가피해진다. 부계계승에 의해 확보되는 안정적이고 연속적인 남성의 가족정체성과는 달리 부처제 결혼제도 속에서 여성의 가족정체성은 이렇게 호주인 남편과 연동됨으로써 혼인과 배우자 관계에 따라 좌우되는 것이었다.[27]

여성의 가족정체성에 대한 종속과 불안정의 이면에는 남성의 권위와 자유로움이 놓여 있다. 남성에게 결혼은 그의 가족정체성을 구속하는 제약이 아니다. 예컨대, 분가한 차남은 장남의 사망 등으로 본가의 가계를 계승할 필요가 생겼을 경우 자신의 가족을 '데리고' 원래 호적으로 이동할 수 있다. 이것은 호주제도에서 남성이란 가족을 대표하고 계승하며, 그것을 위해 가족 사이의 공간에서 움직일 수 있는 능동적 주체임을 뜻한다. 그들은 가족구조의 구성원이면서 동시에 가족을 만들 수 있는 능력주체라는 것이다. 이렇게 호주제도에서 처방하는 남성은 가족 바깥으로는 가족을 대표하고 안으로는 가족을 계승하고 통솔한다.

---

27) 기혼여성에 대한 호주제의 처우는 기혼여성의 통제에 국한되지 않는다. 여성에 대한 일종의 정상화 기제(normalizing mechanism)는 정상적이지 않은 여타 여성들을 분류하고 차별한다. 즉 정상화 기제는 미혼·이혼·재혼·사실혼 관계의 처 혹은 첩과 같은 지위에 따라 섬세하게 여성을 분류하고 의미를 부여하는 기능도 수행한다.

'근대적' 핵가족과 '전통적' 부계계승제도가 절묘하게 결합된 한국의 호주제도에서 남성은 그가 차자건 서자건 입양자건 간에 승계로 인한 호주 또는 분가호주가 될 가능성을 가진다. 실제로 남성이 (분가)가족의 호주가 되기 위해서 필요한 것은 오직 부인뿐이다. 기혼남성이 호주가 되기에 그의 남성됨은 필요조건이며 남편됨은 충분조건이다. 하지만 호주를 중심으로 하는 호주제도의 논리상, 새로 결혼한 부부가 아니라 남성 호주가 가족구성을 선도하는 것처럼 보인다. 그것은 기혼남성의 호주지위 취득과정에서, 남편이라는 지위는 뒤로 물러나고 대신 귀속지위인 남성됨이 전면으로 나오는 의미화과정이기도 하다.

호주제도 안에서 남성이라는 젠더는 언제나 결혼 혹은 남편이라는 기표를 능가하고, 반면 여성이라는 기표는 언제나 결혼과 가족이라는 기표에 묶이게끔 규정된다. 요컨대, 호주제도는 '가족 경계 내부의 존재'로서 여성젠더를 생산한다. 이로써 '처와 자가 있는 사람, 누구의 아내인 여자'라는 문법이 성립한다. 이러한 문법은 폐지되기 전 호적 초본 및 등본에서 호주는 '본인(本人)'이요, 부인은 누군가의 '처'로 호명되던 구조와 일치한다. 즉 부인은 남편이라는 주체에 부착된 존재로 위치지어졌다. 그리고 이렇게 남편과 가족에 부착된 존재가 바로 호주제도가 생산하는 가장 바람직하고 정상적인 여성이었다.[28]

그렇다면 지난 약 1세기 동안 한국에서 호주가 된다는 것을 무엇을 의미하였나. 호주 지위는 핵가족 관점에서 가족대표자이면서 직계가족 관점에

---

28) 여성이 '가족적 존재'라는 것은 여성에게 주어지는 역할 기대의 의미를 넘어서 여성이 거주하는 사회적 공간을 의미한다. 이러한 공간배치는 제1장에서 보았던 타니 바로우의 설명처럼 가족관계 속에서만 의미를 가지는 여성젠더의 성격을 보여준다. 그런데, 호주제도가 생산하는 여성의 가족적 존재성은, 이어지는 논의에서 볼 것처럼 가족관계 바깥에서 작동하는 여성 기표의 '부재'가 아니라, 이러한 여성 기표가 공적 공간에서 존재했다는 의미에서 바로우가 살펴본 중국 청대의 부인들과는 다르다.

서 가계계승자의 지위를 나타냈다 할 수 있다. 그것은 호주에게 가족 밖에서 가족을 대표할 수 있는 권력뿐 아니라 가족을 재생산하고 이동할 수 있는 활동성을 주었다. 이에 비해 여성 가족원은 가족 안에 묶여서 가족의 내용을 채우는 역할을 가질 뿐이었다. 그런데, 이러한 호주 지위는 젠더와 결부될 때만 충실한 의미를 갖는다는 것이 매우 중요한 측면이다. 즉 호주 지위는 철저히 성신분과 결합하여 그 의미가 중층적으로 결정되었다. 앞에서 분석한 대로, 호주란 한국의 일반적인 남성 지위이고 여성 가족원이란 남성에게 의존하는 일반적인 여성 지위였다. 따라서 호주 지위는 이미 구성되어 있는 지배적인 남성 기표를 활용하면서 동시에 그러한 남녀의 위계적 이분법을 지속시켜왔다. 이러한 호주제도가 국가에 의해 강제되었다는 점에서 호주가 가지는 의미는 더욱 강력한 것일 수밖에 없었다.

(3) 호주제도의 국민 생산

호주제도는 국가의 국민지배라는 차원과 떼어놓고 생각할 수 없다. 그것은 모든 가족원의, 따라서 모든 국민의 가족관계를 모양짓는 틀이 되었기 때문이다. 그렇다면 호주제도에 구현된 국가정치학은 젠더정치와 어떻게 관련되었을까.

먼저, 호주제도는 개인이 아니라 가족을 통치대상으로 하는 국가지배 모델에 입각해 있다(Moon 1996). 여기에는 전체주의적 일본 국가의 모델이 내재해 있고, 이 모델에서 가족의 대표인 호주 남성에게 국가가 상대하는 '시민'자격이 부여되었다. 하지만 이 시민은 가부장적 가족의 대표라는 신분에 입각해 있으므로 정치적 의사를 가진 자율적 개인이라는 의미와는 다른 종류의 시민이라 할 것이다. 여성을 가족에 결박된 열등한 범주로 분류하는 호주제도가 유지되는 한 '여성시민'이라는 용어는 반어법에 가깝다. 여성들은 국가에 대항하기 이전에 친/가족 가부장제에 의해 통제당하기 때문이다. 이렇게 한국 국가는 가부장적 가족을 통치기반으로 삼음으로써, 가부장적 가족관계를 승인하였고 여성시민의 시민성을 약화시켜왔다.

호주제도는 또한 한국의 다중적 국민통제 씨스템의 일환이다. 호주제도를 근간으로 하는 호적은 출생·사망·혼인 같은 민법상의 신분관계를 기재하고 공시하는 문서이다.[29] 호적은 주거관계를 분명히 하기 위한 주민등록제도와 결부되어 있고, 이 제도는 다시 한국의 전국민이 언제든지 제시를 요구받을 수 있는 신분증인 주민등록증 및 전국민을 일련번호로 동일화하는 주민등록번호 씨스템과 연결되어 있었다. 호주제도 및 호주를 중심으로 편제되는 호적제도는 국가적 '신분등록제도'의 초석이었다. 따라서 호주 및 호적제도의 전면적 개혁 없이는 국가적 신분제도의 개혁을 기대하기 어렵다(김기중 2000). 호주제도 그리고 호적제도에 의해 정의되는 국민이란 남자와 여자, 장자와 차자, 호주와 가족 등의 가족관계 속에 놓여 있는, 보편적 개인이 아니라 가족관계로 매개된 국민이라고 할 수 있다. 이렇게 호주제도는 전근대적 국민생산제도를 구현하였다.

뿐만 아니라 호주제도는 결혼과 부계계승을 축으로 하는 가족관계만을 '정상가족'으로 규정함으로써 미혼·이혼·재혼, 비부계적 가족형태, 동성애자, 청소년 가장, 실향민 가족 등 다양한 '가족들'을 비정상가족으로 분류하는 기능도 하였다.

이로써 호주제도의 문법에 맞지 않는 '비정상' 여성들의 호적관계는 실로 복잡해진다. 예컨대, 일가를 창립한 이혼여성이 그녀의 자녀 및 어머니, 미혼 여동생과 동거할 경우 이 가족 안에는 세 명 이상의 호주(이혼여성 본인, 이혼여성의 자녀의 호주, 여동생의 호주 등)가 존재하며 그에 따라 이 가족원들은 셋 이상의 상이한 호적에 속하게 된다. 실제로 경제적·

---

29) 호적부는 한국사회에서 가장 기초적인 신분확인의 공문서였다. 호적에는 본적, 전 호주, 호주, 가족의 이름, 본, 성별, 출생일, 주민등록번호, 가족이 된 사유, 가족 사이의 관계가 계통적으로 기재되며, 입적과 제적 사항이 입적하고 제적된 두 호적에 모두 분명히 드러나도록 하였다.

정서적 단위로 삶을 영위하는 이 가족구성원의 호적법상의 신분적 지위는 단지 '동거인'으로 남아 있을 뿐이다. 친밀성을 중심으로 하는 가족생활의 급속한 변화추세에 비추어 볼 때, 호주제도를 통한 가족 정상성의 추구는 현실의 가족상황에 눈을 감는 위험한 정책이다. 이렇게 호주제도는 가족 정상화기제로 기능했고, 그런만큼 여성을 정상화하는 훈육기제로 기능했다. 정상적 여성이 존재할 때 가족 정상성이 확보될 것이며, 한국 국민의 표준화가 이루어질 것이다. 이렇게 호주제도는 정상적 여성-가족-국민 생산체계라고 할 수 있다.

호주제도의 젠더정치는 전체 여성을 전체 남성에 대해 열등하게 위치지우는 경직된 이분법적 젠더범주를 생산하는 힘의 원리라고 요약할 수 있다. 호주제도는 모든 (기혼)여성이 가족 안에 거주해야 하는 '가족적 존재'라는 논리를 구사한다. 여성은 가족을 대표하지도 못하는 가족적 존재이고, 가족 바깥에 있어도 가족적 존재이다. 반면 남성은 가족 안에 있지 않아도 가족의 대표자이고 가족 안에 있어도 탈가족적 존재로 규정된다. 호주제도의 젠더정치에서 (기혼)여성은 호주제도가 상정하는 '정상적' 가족을 구성하지도, 나누지도, 심지어 그곳에서 나오지도 못한다. 호주제도를 하나의 언어적 문법이라고 하면 여성은 거기서 구사되는 요소이자 대상일 뿐 그것을 구사하는 주체가 되지 못한다. 남성 역시 국가의 견지에서 보면 호주제도에서 다루어지는 요소라고 할 수 있지만, 동시에 그는 호주제도라는 문법을 구사하는 위치를 가지고 있다.[30] 그 문법은 이리가라이가

---

30) 흥미롭게도 이러한 현상은 남성과 여성이 친족구조에서 차지하는 상이한 위치의 성격과 일치한다. 즉 남성은 교환당사자이며 여성은 교환대상이라는 레비스트로스의 연구(Cowie 1987)나, 남성은 남근(phallus)을 구사하는(having) 반면 여성은 남근에 해당한다는(being) 라깡의 발견과 흡사하다. 이런 라깡의 개념에 따르면 여성과 남성 간의 비대칭은 차별의 문제라기보다 상이한 구조적 위치, 다시 말해 상징적 질서와 갖는 상이

말하는 남성중심적 상징질서이며 스콧이 중시하는 여성이 놓인 지식·의
례·제도적 맥락에 해당한다. 한국에서 여성젠더는 이렇게 가족관계의 은
유 속에서 사고되었다. 호주제도가 사라졌다고 해도, 이 오래된 은유는 금
방 사라질 것으로 보이지 않는다.

6. 부성제도 속의 모성

가족법 안에 제도화된 부성제도(fatherhood)는 앞서 본 혈족·친족 등
모든 신분관계에 편만하지만, 특별히 세 제도—친생자·양자·친권제도—
를 통해 집약되어 있다. 이를 통해 우리 법이 가진 부성제도의 편향성에 대
해 고찰해본다.

(1) 누구에게 속하는 자녀인가

호적제도 폐지 이전 한국 가족법에서 자녀에 대한 첫번째 관심은 호적
상 입적에 있었던 것으로 보인다. 모든 국민을 하나의 배타적 가에 귀속시
키는 가제도의 관점에서 자녀의 가 소속이 중요했기 때문일 것이다. 호주
제도하에서는 '누구의 자'라는 자의 귀속은 호적제도와 연동되어 다루어
졌다. 호주제 위헌법률심판에서 대상이 되었던 제781조 후단에 따라 결혼
관계 안에서 태어난 자녀는 예외적인 경우(아버지가 외국인인 경우, 입부
혼인 경우 등)를 제외하고는 아버지의 성·본을 따르고 아버지의 가(호적)

한 관계의 문제이다(Rose 1982). 호주제도에서 남녀 차이는 남녀가 대등하지 않다기보
다는 남녀가 놓인 위치를 상이하게 만든다는 것으로 말할 수 있다. 이 점에서 호주제도
속에서 구성되는 남녀관계는 불평등이라기보다는 서로가 영영 만날 수 없이 분리되어
있다고 해야 한다. 그 점에서 남녀 '관계' 같은 것은 없다. 남녀가 서로 소통하고 친밀한
관계라고 보는 이성애적 관점에서는 비극이다.

에 편제되었다. 이로써 가제도하에서 아버지와 혼인중에 있는 어머니와 자녀와의 신분관계는 언제나 아버지를 매개로 하는 간접적인 것이 된다. 그것은 가제도상의 모성이 부성에 구속된 것임을 나타낸다.

다른 한편, '어머니의 자'라는 범주가 있다. 그들은 어머니의 호적에 속하는 자녀들을 의미하는데, 이는 어머니가 단지 미혼상태라는 뜻이 아니라 자녀를 인지할 아버지가 없었거나 어머니의 전혼(前婚)관계에서 태어났으나 어머니와 재혼한 계부의 호적에 올려진 자식들을 뜻한다. 이렇게 보면 '어머니의 자식'과 대다수 '아버지의 자식'이란 대단히 다른 지위이다. '아버지의 자식'들은 부모의 이혼, 재혼, 심지어 혼인 여부와도 무관하게 매끄럽게 또 연속적으로 가족정체성(또한 호적상 정체성)을 유지하지만, '어머니의 자식'들에게 이 모든 사건들은 자신의 정체성과 호적을 변경해야 하는 일이 된다. 이에 한국에서 '어머니의 자식'이 되는 것은 하나의 낙인이요, 그 자체로 깊은 흔적을 남긴다(강현태 1992). 이 극소수의 '어머니의 자식'들은 모성을 열등한 것으로 치부하는 부계계승주의라는 빙산의 일각일 따름이다. 호주제도의 폐지는 '아버지의 자식'논리를 상당히 약화시킬 가능성을 주지만, 여전히 남아 있는 부계성본주의는 아버지의 자식과 어머니의 자식을 매우 차등적인 것으로 만든다. 흥미로운 것은 자녀에 대한 규정이 그의 존엄성이나 복지가 아니라 누구에게 속하는가라는 '소유적 관점'에 서 있다는 점이다. 이 논리는 현행법에도 유효한 친생자 논리로 이어진다.

(2) 친생자의 논리

민법 제4편 제4장 부모와 자 제1절 친생자에는 친생자제도에 관한 22개 조문을 두고 있다. 먼저 친생자의 의미를 밝히는 제844조를 살펴본다.

민법 제844조 (부의 친생자 추정) ①처가 혼인중에 포태한 자는 부(夫)의 자로 추정한다.

②혼인성립의 날로부터 2백일 후 또는 혼인관계 종료의 날로부터 3백일 내에 출생한 자는 혼인중에 포태한 것으로 추정한다.

친생자란 혼인중 처가 포태한 자의 부성 추정을 위한 조문인데, 이 조문은 또한 '아버지의 생물학적 자'라고도 이해된다.[31] '생물학적 자'의 추정을 위하여 관련 조문은 여러 구성요건을 두고 있다. 그중 첫째는, 혼인관계에 있는 처에 의한 자의 포태여야 한다. 둘째로, 남편의 생물학적 자식으로 추정받기 위해서는 부부의 혼인중에 포태된 자라야 한다. 셋째, 혼인중 포태가 아닐지라도 제2항에 규정된 대로 혼인 성립 200일 후 또는 혼인 종료일 300일 내에 출생한 자라야 한다. 이 요소들을 종합해보면, 결국 혼인관계 안(혹은 혼인관계 바깥 300일 안)에 태어난 모든 자녀는 남편의 자식이라는 강한 추정을 받게 됨을 알 수 있다. 이러한 요소들에 의해 자연으로서의 부성과 제도로서의 부성이 강하게 결합될 수 있을 것이다.

친생자에 대해서는 학자들마다 여러 정의가 존재하는데, (i) 처가 혼인중에 포태하여 출생한 부(夫)의 자녀(정광현), (ii) 혼인관계에 있는 남녀간의 출생자(김주수), (iii) 법이 정당하게 인정한 혼인생활로부터 출생한 자(이근식·한봉희), (iv) 부모의 혼인생활로부터 출생한 자(김용한), (v) 혼인성립 후 부부간에 출생한 자(박병호·이홍재) 등이 있다(김용욱 1988, 170면). 이에 대해 김용욱은 친생자의 세 가지 요건을 모가 처(妻)여야 하고,[32] 혼인중에 출생한 자여야 하고(혼생성婚生性, 즉 적출자嫡出子), 처가 부와의 성적 교섭을 통해 포태한 자여야 한다고 들고 있다. 하지만, 위 조문 제2항에 의해 혼인

---

31) 친생자는 영문으로 'children of natural father'라는 기묘한 개념이 된다(한국법제연구원 2009).

32) 이렇게 목적어들이 생략된 이상한 표현은 친생자 논리 자체에서 파생하는 것으로 이해된다.

중 출생자가 아니라도 부성(父性)을 인정한다는 점에서 혼인중 '출생자'에만 한정한다는 김용욱 교수의 설명은 받아들이기 어렵다. 오히려, 여러 정의중 정광현 교수의 정의가 다른 정의와 구별되는 점이 있어 주목된다. 다른 정의들에는 '혼인관계' 혹은 '혼인생활'의 결과로 태어난 (부부의) 자녀라는 인식이 나타나지만, 정교수의 정의는 친생자는 '아버지의 자식'임을 분명히 하고 있다. 과연 친생자란 부부의 자식에 관한 규정인가, 아니면 아버지의 자식에 대한 규정인가? 왜 이 질문이 중요한가?

앞에서 김용욱 교수가 제시한 세 요소 중 친생자의 어머니가 처일 것, 혼인중에 출생(혹은 포태)할 것이라는 요소는 분명하게 밝힐 수 있는 사안이다. 그런데 혼인중의 포태나 어머니가 처일 것이라는 요소가 그리 결정적인 것도 아니다. 왜냐하면, 제2항이 혼인 종료 후의 자녀에 대한 친생자 인정기준을 제시할 뿐 아니라, 민법 제855조에서 제864조에 이르는 조문에 규정된 인지를 통해 친부가 혼외관계에서 태어나지 않은 친자에 대해 부자관계를 확립하는 제도를 두고 있기 때문이다.[33] 김주수 교수는 "혼인 외의 출생자와 그 부의 법률상의 부자관계는 오로지 인지에 의하여 생긴다. (…) 혼인 외의 출생자와 그 모와의 친자관계는 해산에 의하여 당연히 생기며 특별히 인지를 필요로 하지 않는다고 보는 것이 타당하"다고 한다(김주수 1994, 258면). 이렇게 인지란 부성 확보의 장치로 활용되어왔다. 인지의 효과로서 해당 부모와 자식의 법적 관계가 자식의 출생시까지 소급하여 형성되며, 자식은 그 아버지나 어머니의 호적에 등록되며, 그 부모에게 친권이 주어지며, 재산을 상속할 수 있게 된다. 무엇보다 아버지의 인지가 있으면 그 자녀들은 호적제도가 존재하던 시기, 아버지의 호적에 등재

---

33) 우리 법이 중혼(重婚)을 인정하지 않지만, 친생자제도의 부성 추정과 인지제도 등의 기제를 통해 남성들의 혼외관계는 여성에 비해 관대하게 허용되어온 셈이다. 거꾸로, 혼인관계 속에서 강한 부성 추정을 받는 처의 자녀라는 개념은 여성의 입장에서는 남편의 자식을 포태해야만 하는 강한 성적 순결 내지 성적 통제를 제도의 전제로 한다.

되어 '아버지의 자식'이 되었다.[34] 제855조에서 제864조에 이르는 여러 인지조문에서 볼 수 있듯이 부성 확보의 가능성은 다양하고도 유연하다.[35] 이렇게 아버지의 인지란 자녀를 혼인중 포태한 자녀, 즉 친생자와 동일하게 만드는 기제이다(최진섭 1992, 95~97면).

물론 어머니에게도 인지의 권리가 있다. 하지만 아이를 출산하는 주체라는 사실 때문에, 어머니의 인지가 필요한 경우는 영아인 자식을 잃어버렸을 경우 등 아주 예외적으로만 존재할 뿐이다. 게다가 앞서 보았듯이 '어머니의 자식'이란 범주는 아버지의 존재를 모르거나 아버지에 의해 거부당한, 사회적으로 낮은 신분을 의미한다고 할 때 법적으로 어머니됨이란 아버지됨의 무게에 비교해 '참을 수 없이 가벼운' 것이다. 무엇 때문에 어머니의 인지가 필요할 것인가.

친생자 규정의 입법의도는—결혼 안이건 바깥이건—어떤 아이가 누구(어떤 아버지)에 의해 포태된 것으로 추정할 것인가의 문제로 수렴된다. 친생자제도와 관련하여 같은 절에는 친생자임을 부정하는 경우들이 규정되어 있다. 제846조에서 제854조에 이르는 조항들은 추정된 부성이 실제로는 맞지 않음을 주장할 수 있는 여러 경우와 방법들을 마련하고 있다.[36] 이렇게 친생자 추정은 친생부인 및 인지제도로 보충되고, 그리하여 친생자제도의 모든 조문의 관심은 한 아이가 진정으로, 100% 확실한 아버지의

---

34) 2005년 개정에서 아버지의 인지가 있어도 기존 (모의) 성본을 변경하지 않는 것이 허용되었다. 하지만 인지로 인해 자의 성본이 부의 성본으로 변경되는 것이 여전히 원칙이다.

35) 이런 발달은 예컨대 부부재산분할에 관하여 크게 두 조문을 두고 있는 것과 좋은 대조를 이룬다(제839조의 2, 제839조의 3; 제10장 참조).

36) 2005년 3월 개정으로 친생부인의 제소권이 부에서 모로 확대되었다. 이에 따라 자가 자신의 친자가 아님을 알면서도 아내와 친부의 인지를 막고 고통을 주기 위해 친생부인의 소를 의도적으로 제기하지 않는 등 법률상 남편에 의해 악용되었던 점을 불식할 수 있게 되었다.

아이냐의 문제에 집중되어 있다. 이러한 관심은 흔히 '혈통진실주의'라고 이해되지만, 용어가 표상하듯이 그리 성중립적인 것은 아니다. 그것은 남성의 파트너인 여성의 섹슈얼리티에 대한 확실한 통제를 전제로 아버지 혈통의 확보에 모든 관심이 집중되어 있기 때문이다. 여성의 성이 확실히 통제되지 않는다면 부성 추정에 엄청난 혼란이 오고 결국 부성의 확보 자체가 위협받을 것이다. 한편, 2005년 개정으로 친생부인의 제소권이 어머니에게는 주어졌으나 아직 자녀에게 주어져 있지 않음은 여전히 친생자제도가 아버지와 부모 중심에 머물러 있음을 나타낸다.

어머니는 이 친생자제도에서 어디에 존재했고 존재하는가. 제844조 제1항을 통해, 부재하지만 존재하는 어머니의 존재 성격에 대해 고찰해보자. 이 조문에서 관심이 가는 것은 무엇보다 그 문법이다. '처가 혼인중에 포태한 자는 부의 자로 추정한다.' 이 조문에 의하면 자녀는 어머니가 아니라 '아버지의 아내로부터' 포태된다. 즉, 자녀와 어머니는 이자(二者)관계가 아니라 자녀, 아버지, 그 아내라는 삼자관계 속에 놓여 있다. 물론 친생자 규정에서 아버지 역시 '남편(夫)으로서' 표상된다. 하지만 자녀와의 관계에서 어머니의 남편이라는 것은 아버지의 부인이라는 것과 다른 것이다. 왜냐하면 생물학적 모자관계는 어머니의 출산행위에 의해 직접적으로 생기지만, 생물학적 부자관계는 언제나 어머니를 매개하여 추정되어야 하는 간접성을 가지기 때문이다. 따라서 친생자 규정에 나타나는 바와 같이 아버지, 어머니라는 용어 대신 남편, 부인이라는 우회적 관계로 규정하는 방식은 아버지가 주체가 되어 자식을 규정하려는 의도적 선택이며, '어머니의 남편'과 같은 의존성을 회피하려는 주의 깊은 노력의 결과이다. 동시에 어머니와 자식이 갖는 직접성 또는 자녀 출산에서 어머니가 가지는 중심성을 인정하지 않으려는 세심함을 나타낸다. 이 점에서 친생자란 결혼관계에서 포태된 '부부의 자녀'라는 정의는 맞지 않다고 본다.

제844조 제1항의 주어는 무엇인가? 앞서 본 대로 친생자 논리의 주체 시

점은 자의 아버지이지만, 본 조문은 '처'를 형식상 주어로 한다. 그리하여 처를 주어로 한 논리에 맞게 본 조문을 수정해보면 다음과 같다.

〔예시 1〕 혼인중인 처가 자녀를 포태하면 그 자의 아버지는 처의 남편으로 추정한다.
〔예시 2〕 혼인중인 여성이 자녀를 포태하면 그 자의 아버지는 그 여성의 남편으로 추정한다.

〔예시 1〕은 법조문과 크게 다르지 않은 구조이지만 '그 자의 아버지는'을 첨가하여 문장을 좀더 자연스럽게 만든 것이다. 그런데 이런 첨가는 아버지의 지위가 어머니에 의해 매개됨을 분명하게 만들어 어머니의 존재를 부각한다. 〔예시 2〕가 더 적합한 표현으로 보이는데, 그 이유는 '처' 앞에는 '혼인중'을 표기할 필요가 없기 때문이다. 이렇게 될 때 그 부성은 여성의 남편임이 더욱 분명하게 드러난다. 하지만 우리 법은 예시와 같은 문법을 채택하지 않고 있다. 앞서 여성은 '가족관계의 틀'로만 존재한다는 바로우의 설명처럼, 제844조 이하 친생자제도 법문에서 여성은 '여성'이 아닌 '처'라는 관계 속에서만 존재한다.

이렇게 법의 관심은 아이에게 생명을 주는 존재로서의 어머니에게 있지 않고, 아버지의 부인에게 있다. 이에 따라 아이를 낳고 키우는 어머니의 존재는 보이지 않고 아버지에 의해 임신되는 수동적 존재가 보인다. 친생자제도에서 어머니는 단순히 부재하지 않는다. 그녀는 몇가지 순간 중요하게 고려되는데, 아버지와 성교할 때, 그리고 자녀를 출산할 때 그녀는 '존재한다.' 아버지와 어머니의 결합으로 생겨나는 생명의 당연한 법칙이 부성의 독점욕에 의해 가려져온 것이다. 이렇게 강력하고 다양한 제도로 지지되는 부성에 비해 모성이 가진 것은 무엇인가. 그것은 아마도 임신과 출산, 아이를 위해 흘린 피, 수많은 이야기를 가진 보살핌의 경험과 기억일 것이다. 이런 어머니의 경험과 기억을 아직 우리 법제도는 공정하게 표상하지 않고 있다.

(3) 친권의 논리

1989년과 2005년 개정에서 일어난 커다란 변화 중 하나는 친권(親權)과 친권자 선정에 관한 것이다. 1960년 개정 당시의 민법에서 친권이란 자녀에 대한 부의 '지배권'으로 인식되었으나(박복순 2008), 1977년 개정에서 부부공동친권이 인정되기 시작했다. 물론 그 우선순위는 아버지에게 있었다. 당시 규정에서도 부모 의견이 일치하지 않을 경우에는 아버지만이 친권을 행사했고, 이혼 후에도 아버지만 친권자가 될 수 있었다. 1989년의 개정에서 친권제도에 큰 변화가 있었는데 그것은 아버지에게만 인정되던 친권을 어머니에게도 인정하기 시작했다는 점이다. 부모공동친권 원칙과 함께 이혼 후 어머니도 친권자가 될 수 있게 함으로써 친권법에 있어 부모평등이 실현되었다(김상용 2005, 31면). 이로써 관례적으로 '아버지의 권리'로 여겨지던 친권이 법적으로는 부모 양쪽의 권리로 전환되었다.

친권은 부모 모두가 가지는 자녀에 대한 권리이자 의무라고는 하지만 친권의 법률적 내용은 자녀에 대한 의무보다는 권리의 측면이 강하다.[37] 이 친권이란 어떤 성질의 권리이며, 친생자제도 및 부성제도와는 어떤 관련성이 있는가? 현행 민법에서는 친권의 내용으로, 자녀를 보호 교양할 권리·의무(제913조), 자녀가 살 곳을 지정할 권리(제914조), 징계권(제915조), 자녀 소유재산에 대한 관리권(제916조) 및 자녀의 재산에 관한 법률행위에 대한 대리권(제920조) 등을 규정하고 있다. 그밖에도 친권자는 미성년 자녀의 법정대리인으로서 가족법상의 많은 권리와 의무를 가진다. 이렇게 친권은 미성년 자녀의 양육과 감호 및 재산관리를 적절히 함으로써 그의 복리를 확보하기 위한 부모의 권리이자 의무(이은정 2007, 166면)라고 이해할

---

37) 친권의 영문 번역은 'Parental Authority'이다.

수 있다.

부모가 혼인을 지속하고 있을 때에는 부모가 함께 자녀의 양육과 보살핌, 법정대리인 및 관리인으로서의 역할을 수행하기 때문에, 친권자 선정 문제가 중요해지는 것은 부모의 이혼 상황에서이다. 부모가 이혼하거나 혼외자녀가 인지된 경우 부모가 협의로 친권자를 정해야 하고, 협의할 수 없거나 협의가 이루어지지 아니하는 경우에 가정법원에 그 지정을 청구하여야 한다. 2005년 개정에서는 가정법원의 역할이 더욱 커져서 친권자가 될 부부 당사자의 청구가 없어도 직권으로 친권자를 지정하거나 변경하는 것이 가능해졌다(제11장 참고). 이렇게 친권자 지정이 필요한 경우 부모의 일방을 친권자로 정할 수도 있고, 부모 공동으로 친권 행사를 할 수도 있다. 또한, 친권자의 사망 후 생존부모와 자녀관계가 문제된다.

한편, 양육자의 개념도 문제된다. 이혼시 자녀의 친권자와 양육자가 대부분 동일인으로 지정된다고 해도 양자는 법적으로 별개의 사안이다. 일반적으로 친권이 양육권에 비해 더 포괄적이고 개념적인 데 비해, 양육권은 구체적이고 실제적이어서 친권 개념에 양육권이 포함된다고 해석된다 (김연 1994, 371, 395면). 친권이 미성년 자녀의 법정대리와 재산의 관리 같은 법적·경제적 측면의 대리 권리·의무라면, 양육권은 구체적 양육과 관련된 제반 결정권리와 의무라고 일견 말할 수 있다. 하지만, 실제 양육과정에서 양자는 서로 관련될 수밖에 없는데, 양 권리자가 따로 존재하는 것이 자녀의 복리와 이혼한 부부의 복리에 적합한지는 의문이다. 게다가 자녀를 양육하지 않는 친권자 일방이 양육과 밀접히 관련된 사안에 결정권을 가지게 된다는 것은 불합리하다고 사료된다.

이런 문제의 원인은 친권 개념의 법적 필요성의 불확실함에 있다고 지적된다(김연 1994; 최행식 1994; 양수산 1993; 김유미 1995; 박복순 2008). 친권은 태생적으로 아버지가 그 자녀들에 대해 가지는 권리·권위·지위를 제도화해 놓은 것이다. 이 점에서 친권은 친생자제도에서 본 바와 같은 부성제도의 일부라고 할 수 있다. 역사적으로 친생자제도가 생물학적 부성의 추정에 관한 것이라면, 친권제도는 좀더 사회학적인 부성의 권리를 위한 제도라고 해석한다. 이 점에서 부성중심의 친자제도는 개혁하지 않은 채 1989년 개정에서 어머니에게도 친권을 부여한 양성평등의 원리는, 모계나 여계의 계통 부여의 수단은 고려하지 않은 채 친족체계에 있어 양계제를 도입한 논리와 흡사하다.

이렇게 친생자·인지·친권 부분이 발달된 법문을 볼 때, (생물학적) 부성의 확인에 비해 훨씬 더 장기적이고 실질적인 복무를 요청하는 자녀의 보살핌에 대한 관심은 친자법에서 부차적이었음을 알 수 있다. 1989년 개정에서 양성평등만이 강조된 결과 자녀복지에는 소홀했다는 평가가 있지만(구용창 1990; 양수산 1993, 216면), 한국 가족법의 틀에서 친자관계란 (아버지의) 혈통의 논리이지 자녀의 보살핌이나 복지를 위한 것이 아님이 양성평등의 원리하에서 드러났다고 해석하는 편이 옳다. 어머니의 존재와 자녀의 복지는 서로 완전히 같은 것은 아니지만, 둘 다 부계혈통 논리를 벗어나야만 실현된다는 점에서 밀접히 연관되어 있다. 하지만 이 연관성을 밝히고 그 법논리와 제도를 만들기에는 우리 가족법의 틀이 아직도 아버지의 권리에 치중되어 있다. 부모자녀관계와 자녀의 복리 문제는 제11장에서 계속하기로 한다.

7. 맺음말

이상과 같이 이 장에서는 신분관계 안에서 여성의 위치를 혈족·친족, 호주제도, 친생자제도 등을 통해 살펴보았다. 한국 가족법에서 여성은 어머니와 처와 딸과 여자형제로서 자신의 가족적 계통을 남기지 못하고 스러져가야 하는 일회적·구체적·체험적인 지위만을 가졌다. 이는 남성들의 영속적·추상적·상징적 지위와 대비된다. 가족법의 거듭된 개정 속에서 여성(어머니, 처, 딸, 여자형제 등)의 지위가 향상되었고 어느정도 양성평등이 달성되었다고 할 수 있다. 하지만, 한국 가족제도의 원리상 여성의 계통을 창조하지 못한 채 개인의 차원에서 주어지는 양성평등이란 형식적이거나 선언적인 것이기 쉬울 것이다. 또한 한국의 가족법에는 여러 친/가족들이 공존하고 있으나 여성들은 어떤 가족에서도 중심이 아니라 주변인으로 머물면서 여성의 성역할에서 벗어나지 못하는 상태임을 발견할 수 있었다. 2011년 현재 가족법에서도 어머니의 계통은 아버지의 계통의 대칭이 아니며, 어머니의 친권이 아버지의 친권에 대응되지 않고, 모성은 부성에 상응하는 개념이 아니다. 그것은 다른 것이며 열등한 것이며 타자화된 것이다. 이러한 신분제도의 구조적 원리 속에서 평등원리를 그저 법 앞의 '개인'에 적용하는 것은 너무 피상적이다. 진정 법 앞에 평등한 개인이 되기 위해서는 특정 제도 속에서 여성을 평등하게 만들어주는 기제가 마련되어야 할 것이다. 또한 호주제도와 호적제도는 폐지되었으나 오랜 시간 누적된 부계혈통주의와 여성차별주의의 효과가 존재한다는 점을 직시하고,[38] 이 효과를 극복할 수 있는 보다 적극적인 조치들이 필요하다. 그 최

---

38) 예컨대 2007년 대법원은 '유체인도 등 반환소송'에서는, 제사주재자 결정 방법 등에 대해 다음의 다수의견을 낸 바 있다. "제사주재자는 우선적으로 망인(亡人)의 공동상속인들 사이의 협의에 의해 정하되, 협의가 이루어지지 않는 경우에는 제사주재자의 지위를 유지할 수 없는 특별한 사정이 있지 않은 한 망인의 장남(장남이 이미 사망한 경우에는 장남의 아들, 즉 장손자)이 제사주재자가 되고, 공동상속인들 중 아들이 없는 경우에는 망인의 장녀가 제사주재자가 된다." 이렇게 볼 때, 종래의 적장자에 의한 제사상속을 확인한 셈이다. 본 사건은 2005년 호주제도에 대한 헌재의 결정이 내려진 이후의 판결이라 주목되는데, 본 판결에서는 호주제 사건에서 헌재가 채용한 '전통' 개념이나 사회변화의 논거에 별로 의존하지 않은 것으로 보인다. 실제로 본 사건에는 개인주의적 자유와 평등론으로는 다 해결하기 어려운 본처와 첩, 적자와 서자의 관계, 망인 개인의 의사와 가족의 관계라는 전통과 근대의 복잡한 논점들이 존재했다(대법원 2008.11.20 선고, 2007다27670 전원합의체 판결).

소한으로, 어머니 성·본의 계승 여부를 자녀에게 선택하게 하여, 여성에게 도 계통과 가족을 구성하고 자신의 성을 통제할 수 있는 능력과 자유를 부여해야 한다. 이것이 신분관계에서 여성 지위의 중심상징인 '어머니'의 존재를 자리매김하는 초석이 될 것이다. 이와 함께 친생자 논리와 친권자 선정논리의 변혁이 요청된다. 한국 가족법에서 어머니의 인정은 모성의 혈통과 보살핌의 노력을 법이 수용할 때에만 달성될 수 있을 것이다.

제10장
가족재산제도에서 여성은 어디에 있(었)나

이 장에서는 가족재산제도에서 여성의 위치에 대해 살펴보고자 한다. 한국 가족법에서 재산제도는 대표적으로 부부재산제도, 재산상속제도, 부양 등의 규정 속에서 규율된다. 혼인과 가족이란 신분관계로 구성된 제도일 뿐 아니라 특정한 경제관계이기도 하다. 혼인과 가족 속에는 혼인관계나 가족관계를 가지지 않은 사람과는 형성되지 않는, 특별한 경제관계가 형성되어 있다. 이는 사회학적으로 가족이 한 사회의 경제 단위, 그리고 복지의 단위로서 기능하고 있음에 대한 가족법적 표출이라고 할 수 있다. 그렇다면 여성의 재산상 지위는 결혼과 이혼에 의해 어떻게 달라지는가. 그것은 기혼남성의 지위와 같은 것인가, 혹은 조문은 같을지라도 다른 효과를 내는 것인가.

제2부에서 살펴본 것처럼, 가족의 신분제도가 역사적 정치적으로 구성된 전통과 관습에서 영향을 받았다면, 가족재산제도는 자본주의 현대사회에서 민감하게 영향받았을 것으로 추정할 수 있다. 이에 양 영역은 다소 상이한 관점에서 문제가 제기될 수 있을 터인데, 전자가 여성(여계)의 타자화를 말하는 것이라면, 후자는 분배적 정의의 문제로 접근할 수 있을 것이

다. 10장에서는 이러한 흥미롭고 중요한 문제들을 논의하려 한다.

재산관계에서 성별간 평등은 이혼시 재산분할제도를 도입했던 1989년의 개정에서 큰 진전을 보았다. 나아가, 2005년 호주제 폐지 이후에는 부부재산제도에 대한 개정 논의가 활발하게 일어났고 대체법안들이 마련되기도 하는 등 부부의 경제관계가 호주제도 이후 '뜨거운 감자'가 되어왔다고 할 수 있다.[1] 이 장에서는 현행 민법에서 부부재산제도의 내용, 그 함의와 대안 등을 다루기로 하고, 그 전에 민법상의 부부간 계약에 대한 규정에서부터 여성의 가족 내 재산관계에서의 위치에 대해 논의하려 한다.

1. 현행 부부재산제도에서 처의 취약함

(1) 있고도 없는 부부간 계약관계

우리 민법 제828조는 제정 당시부터 '부부간 계약의 취소' 조항을 두어, "부부간의 계약은 혼인중 언제든지 부부의 일방이 이를 취소할 수 있다. 그러나 제3자의 권리를 해하지 못한다"고 규정하고 있다. 또한 민법에는 제정시부터 '부부재산 약정'제도가 규정되어 있지만, 그것은 혼인성립 이전에만 가능하다. 부부간 계약취소 규정은 부부관계가 존속하는 한 부부간에 재산에 관한 계약을 무의미하게 만드는 효과를 가진다. 이 조항의 입법취지는 부부간의 계약은 지키지 않아도 좋다는 것이 아니고 부부간의 계약은 애정에 혹약(惑弱)하거나 또는 권위에 압도되어 자유의지로 체결되지 못하는 경우가 있다는 것과 또 부부가 부부간에 체결된 계약을 이행하지 않는다 하여 법정에서 상호 투쟁함을 방지하려 함에 있다고 한다(이

---

1) 한국의 가족법 개정운동에서 여성의 재산상 지위가 신분상 지위에 비견될 정도로 중요한 의제가 된 적은 없었다. 이는 서구에서 이혼법 개혁이 주로 이혼시 재산분할과 자녀의 양육권(custody)을 둘러싼 운동이었던 점과 좋은 대조를 이룬다(Fineman 1991).

화숙 1991, 131면). 이렇게 이 조항은 약자인 여성을 보호함과 동시에 부부간의 계약 불이행 문제를 법정에서 다투지 못하도록 하는 취지로 이해할 수 있다. 그러나 두 근거 모두가 현대사회의 변화에서 볼 때 문제가 있다고 사료된다. 여성을 보호한다는 취지도 그렇거니와, 무엇보다도 가족 내부의 문제라면 법외적 사안으로 치부하는 공사 이분법이 존재하기 때문이다.

이 조문은 부부간의 재산관계를 포괄적으로 법의 관심 바깥으로 밀어낸다(한복룡 1989, 139면). 즉 언제라도, 자발적으로, 부부간 계약을 취소할 수 있다는 이 조문은 부부란 법적 계약을 맺을 수 있는 관계가 아니라는 태도를 드러낸다. 이런 태도는 혼인관계란 계약관계라기보다는 '충성'과 '인간다움'의 영역에 속한다는 인식의 연장선상에 있는 것으로 보인다.[2] 한편, 법적으로 약혼이란 '결혼을 예상하는 남성과 여성의 계약'이며(정광현 1967, 519면), '앞으로 결혼할 당사자간의 계약'(김주수 1994, 101면)이라고 정의될 때, 결혼 역시 자유로운 남녀간의 계약임이 분명해진다. 그렇다면 그 계약관계 안에서는 원칙적으로 언제라도 취소될 수 있는 계약만을 할 수 있다는 것은 모순이라고 생각한다. 이는 마치 혼인 전의 개인이 혼인의 성립 후에는 증발되는 논리와 같다.

부부간 계약 문제는 가족법 개정운동에서 큰 관심을 받지 못했으나 여성의 경제적 위치에 있어 중대한 의미를 갖는다. 근본적으로 부부간의 계약취소는 '처의 무능력제도'에 그 뿌리를 두고 있다. 식민지시기 동안 처에게는 법적 능력이 없어서, 계약을 맺거나 영업 등을 할 수 없었고, 처는 이런 행위에 남편 등의 법적 대리인을 필요로 하는 준금치산자(準禁治産

---

2) 부부간 계약취소에 관한 조문은 현재 일본과 한국에서만 발견된다. 한국에서 해당 조문은 일본의 구민법에 기초하여 만들어졌는데, 일본의 구민법은 프랑스 민법에 기초하였지만 그 취소 범위는 더 넓어졌다(한복룡 1989, 139~40면). 부부간의 계약을 타인간의 계약과 동일하게 취급하는 입법례에 관해서는 이화숙(1991) 참조.

者)였다.[3] 이 제도는 일본의 구민법 제14조와 조선사회가 따르고 있던 '관습'이 결합된 산물이다(한복룡 1989, 164면).

부부간 계약취소권 조문의 입법취지에 대해서는 제정 당시에 전혀 언급이 없었고 단지 심의과정의 논의를 통해 그 취지를 짐작할 수 있다. 정부안 제821조에 마련되었던 부부간 계약취소권에 대해서 정일형 의원의 수정안은 다음과 같은 이유로 이 안을 삭제할 것을 제안하였다.

첫째, 부부간의 계약취소권은 혼인이 해소된 후에는 소멸되므로 실효가 없을 뿐 아니라 처의 무능력제도가 폐지되고 남녀의 평등과 남녀의 인격능력의 완전한 독립을 인정하는 한 이러한 특별 규정을 인정할 필요가 없다. 오직 민법총칙상의 사기, 강박, 착오의 규정에 의하여 이혼 후에도 취소할 수 있으므로 이것으로 족하다.

둘째, 그뿐만 아니라 경제권이 처보다 부(夫)에게 있는 현금의 사회상태하에서는 처가 이 규정을 이용하기보다 부가 악용할 가능성이 다분히 포함되어 있는 것은 종래의 판례가 보여주고 있는 바이다. 따라서 실제로는 처를 보호하는 규정이라기보다 부를 보호하는 규정의 역할을 하고 있다. 부부간에 있어서도 계약은 준수함이 가할 것이며 취소하여도 무방하다고 하는 것은 오히려 신의에 반하여 일반조리에도 적합하지 않는다.

이에 대해 장경근 의원은 국회의 제2독회 심의과정에서 정일형 의원의 제안에 대해 다음과 같이 언급하였다. "저 정일형 의원의 수정안은 821조

---

3) 처의 행위무능력제도에 따라 일반적으로 기혼여성의 재산은 그 남편이 관리, 사용, 수익, 처분할 수 있었다(의용민법 제14조 제1항). 이 제도는 1947년 미군정하의 대법원 판결에 의해 폐지되었다(대법원 1947.9.2. 선고, 민상 제88호). 대법원은 "(본 제도는) 부에 대하여 우월적 지배권을 부여한 취지라고 인정치 않을 수 없다. (…) 우리는 민주주의를 기초삼아 국가를 건설한 것이고 (…) 여성의 사권(私權)에 대하여도 또한 동연할 것이매 남녀평등을 부인하던 구제도로서 그 차별을 가장 현저히 한 민법 제14조는 우리 사회상태에 적합하지 아니(하다)"고 판시하였다"고 한다(양창수 1999, 127면에서 재인용).

자체를 아주 전부 삭제하자는 것입니다. 그것은 무엇인고 하니 부부간에 계약한 것이라도 부부이혼이라든지 그 외에도 이 강제이행을 청구할 수 있다 하는 것인데 이것은 대단히 곤란할 것으로 생각이 됩니다. 부부간에 정의(情誼)로서 한 것을 말이지요. 이것을 강제이행한다는 것은 그 부부간 정의를 무엇하는 의미에서 확보하는 의미에 있어서 곤란하다. 그래서 법제사법위원회로서는 제821조 정부원안이 옳다고 생각하고 다만 '선의(善意)'라는 것만 삭제하자는 주장이올시다"(정광현 1967, 부록 523면).[4]

(2) 부부간 계약취소권의 함의

부부간 계약취소권이 특정 사건에서는 처의 이익을 보호할 수도 있고 그렇지 않을 수도 있을 것이다.[5] 이 조문은 여성을 보호하는가 여부를 넘어서서 혼인관계를 다루는 법원칙의 문제로 접근해야 할 것으로 사료된다. 즉 부부간 계약취소권이 헌법이 보장하는 차별금지와 혼인에서의 양성평등 원리에 부합하는지 따져보아야 한다. 이런 견지에서 이 조문이 외면상 성중립성을 표방하긴 하지만 본 제도의 실제 효과는 어떤 것인지 살펴보자.

부부간 계약을 감정에 치우친 것으로 보거나 부부간 계약에는 진의가 아닌 의사표시가 많을 수 있다는 판단이 조문의 시각 안에 들어 있지 않은지 검토해야 한다. 만약 그러하다면 합리적으로, 진의에 따른 의사표시

---

4) 본래 정부안의 단서 규정에서는 '그러나 선의의 제3자의 권리를 해하지 못한다'로 되어 있었으나 그 수정안에서 이를 삭제하여 '악의의 제3자의 권리'까지 보호하는 것으로 확대되었다. 이는 현행법에서도 마찬가지이다. 일반적으로 민법에서 '선의·악의'라 할 때는 어떤 사정을 알지 못하는가 혹은 알고 있는가를 의미하며 윤리적인 선악의 의미는 없다.

5) 이화숙은 혼인관계가 실질적으로 파탄된 경우에 부부간의 계약은 취소할 수 없다는 대법원 판례에서 부인의 이익이 보호된 경우를 든다(대법원 1979.10.30. 선고 793다1344)(이화숙 1991, 143~44면).

로 부부간 계약이 체결될 경우에도 일방의 취소로 법의 보호를 받지 못하는 부당한 결과가 발생할 것이다. 이 조문은 현실적으로도 문제가 많다. 부부간 계약에서 가장 전형적인 것은 매매계약과 증여 또는 명의신탁계약일 것인데, 앞의 두 경우 계약에 의해 소유권이 이전되어 각자의 특유재산이 될 것이다. 그런데 부부간 계약취소가 가능하다면 이는 부부재산제도의 질서를 위협하게 된다. 더 나아가 부부계약취소권과 재산분할청구권이 상충된다는 문제가 있다. 예컨대 아직 혼인관계가 청산되지 않았으나 이혼을 전제로 하여 부부가 체결한 재산분할 약정은 취소할 수 없어야 할 것인데, 이 조문에 따르면 혼인중 체결했던 재산분할 방식 및 비율 등은 취소가 가능하다. 이렇게 부부간의 계약 체결을 원칙적으로는 제한하지 않는다면서도 제3자의 권리를 해하지 않는 한에서 이를 언제라도 취소할 수 있다는 제828조는 논리적으로 모순이며, 부부간 계약에 대해 불분명한 태도를 가지고 있는 것이다.

부부간 계약취소권은 여성에게 더 치명적일 것으로 보인다. 왜냐하면, 앞장에서 살펴보았듯이 여성을 '가족 내 존재'로 묶어두었던 호주제도가 오랫동안 존속했고, 활동범위가 가족관계에 집중되어 있는 대다수 여성에게 가족간 약정이나 계약 등은 그녀들의 생존에 보다 중요한 의미를 가질 것이기 때문이다. 이에 비해 남성들은 시장에서 자신의 경제적 이익을 보호하기 위한 장치를 마련할 기회가 상대적으로 많을 것이기에 가족 내 경제관계에서 발생하는 위험을 배분하기가 쉬울 것이다. 부부간 계약취소 제도는 여성이 결혼에 의해 '취약해진다'(vulnerable)는 오킨의 관찰을 상기시킨다(Okin 1989, 142~67면). 오킨에 의하면 여성들은 결혼 그 자체로 인해 취약해지고, 자녀를 출산하면 여성이 자녀의 일차적 양육자로서 기대되는데, 이 역할을 충족하기 위해 남성의 경제적 지원에 의존하게 되면서 더욱 취약해진다. 또 결혼생활에서는 노동의 분배에 의해서도 취약해지는데, 무보수노동의 아내는 임노동 세계 속에서 취약해지고, 의존적인 자녀를 돌보는 과정에서 사회적·경제적으로 취약해진다. 이후 이혼하여 한부모가 된다면 그 취약성은 극에 달한다(Bubeck 1995, 174~241면; Noddings 1984). 즉 여성의 경우, 혼인과 자녀출산으로 인해 자신의 경제적·사회적 생존이 혼인에 더욱 좌우되는 상태에 놓이게 된다. 혼인 안에서의 계약이 보호받지 못한다는 것은 남성보다는 여성의 경제적 삶을 치외법역에 놓는 효과가 한층 크다 하겠다. 이 조문은 부부관계에서 취약한 배우자를 보호한다는 명목을 가지지만 이는 배우자 일방이 취약해지지 않도록 가족법에서 개선해야 할 사항이지 법조문 자체에서 전제할 일은 아니다.

이상의 점에서 볼 때, 이 조문은 부부관계를 대등한 개인간 결합(union)으로 보지 않고 여성을 피보호자화하는 시각을 우리 가족법에 지속시키고 있다. 결혼이 두 성인간 혼인의 약정이라면 이 계약적 성격은 혼인관계에서도 지속되어야 한다. 무엇보다도 부부간 계약을 존중하는 데에는 부부관계를 정서뿐 아니라 신의, 성실이라는 보편윤리가 작동하는 관계로 보는 법의 관점이 적용되어야 할 것이다. 물론 부부를 부부 아닌 사람들과 똑같이 대하는 것이 공정한 것인지 등의 연구과제들이 존재한다. 이를 위해 법원칙뿐만 아니라 남녀의 경제활동과 가족의 변화라는 사회적 맥락도 고려되어야 할 것이다.[6] 부부간의 경제관계를 혼인하지 않은 사람처럼 다루는 것이 공정한 것인지 같은 물음은 이 장에서 다룰 다른 쟁점들에도 해당하는 문제이다.

(3) 부부재산제도의 실상과 허상

1) 부부간 재산약정

이제 부부간 재산관계에 관한 일반적 제도인 부부재산제도에 대해 살펴

---

6) 실정법은 재판규범이나 분쟁해결 수단으로 쓰이지만, 보다 넓게는 시민들에게 사물을 판단케 하는 판단기준 내지 규범력을 행사한다. 부부계약취소권에 내재한 법의 태도는 부부관계를 비합리적이고 정서적인 측면이 지배하는 관계로 인식하게 만든다.

본다. 부부간에 맺은 계약의 이행을 보장하지 않는 우리 가족법의 태도에 비추어 볼 때 부부재산제도의 세부 규정이 마련되지 않은 것은 그리 놀라운 일이 아니다.[7] 우리 법은 부부재산제도에 관해, 크게는 부부재산약정과 법정부부재산제도라는 두 씨스템을 두고 있다. 제829조에 규정되어 있는 부부재산 약정제도는 혼인을 앞둔 남녀가 체결하는 약정으로 혼인중 정당한 사유로 법원의 허가를 얻지 않는 한 변경할 수 없고, 부부 일방이 타방의 재산을 부적당하게 관리할 경우 그 변경을 청구할 수 있으며, 혼인성립 전까지 약정재산을 등기하지 않으면 제3자에게 대항하지 못한다는 점 등을 내용으로 한다.[8] 이렇게 혼인할 남녀는 자유로이 자신들의 향후 경제관계에 대해 약정할 수 있지만 이 제도는 널리 쓰이지 않는다. 2001년 전에는 부부재산 계약등기가 한 건도 없었다는 것이 이를 대변한다.[9] 재산약정제도는 사실상 사문화된 것이다. 부부재산 약정제도는 부부재산취소권과 맥을 같이하는 논리인데, 이 제도가 사문화된 것이 일반인들의 인식 때문인지 이를 홍보하거나 장려하지 않는 국가의 의지 문제인지는 따져봐야 할 것이다.[10] 혼인 전에 남녀가 따로 약정을 하지 않으면 부부의 재산관계는 법정재산제도에 의해 규율되는데, 우리 법에서는 부부별산제도(夫婦別産

---

7) 부부재산제도가 발달하지 못한 것은 가족관계를 법과 계약의 바깥의 영역에 위치시키는 태도와 연결되어 있다. 한복룡 교수에 따르면 이렇게 간단한 부부재산제도는 혼인에 의해서 재산소유관계가 크게 변동되지 않는 사회주의국가를 제외하고 그 예를 찾을 수 없다고 한다(한복룡 1989, 142~43면).

8) 이 조문은 일본의 구민법과 신민법을 거의 그대로 번역한 것인데, 제정과정에서 별반 관심을 끌지 못했다(한복룡 1989, 145면).

9) 한국에서 부부재산을 약정한 경우는 매우 희소하다(전혜정 2006, 256면). 부부재산 계약수와 등기수가 일치하지는 않기에 부부재산 계약의 정확한 통계자료는 없다. 2001년 이후 조사된 부부재산 등기사례는 2001년에 2건, 2002년에 8건, 2003년에 1건, 2005년에 1건으로 모두 12건이다.

10) 현행 부부재산제도의 대체법안인 최순영 의원안에서는 부부재산 약정제도의 중요성을 부각시켰다.

制度)를 두고 있다.

2) 부부별산제도와 그 함의

민법 제830조와 제831조에는 다음과 같이 부부별산제의 중심 규정을 두고 있다.

민법 제830조 (특유재산과 귀속불명재산)

① 부부의 일방이 혼인 전부터 가진 고유재산과 혼인중 자기의 명의로 취득한 재산은 그 특유재산으로 한다.

② 부부의 누구에게 속한 것인지 분명하지 아니한 재산은 부(夫)의 소유로 추정한다. 〈제정 1958.2.22〉

민법 제830조 (특유재산과 귀속불명재산)

① 부부의 일방이 혼인 전부터 가진 고유재산과 혼인중 자기의 명의로 취득한 재산은 그 특유재산으로 한다.

② 부부의 누구에게 속한 것인지 분명하지 아니한 재산은 부부의 공유로 추정한다. 〈개정 1977.12.31〉

민법 제831조 (특유재산의 관리 등) 부부는 그 특유재산을 각자 관리, 사용, 수익한다. 〈제정 1958.2.22〉

위에서 보듯이 민법 제정시 마련된 제830조는 1977년 개정되어 현재에 이른다. 제831조는 민법 제정시 도입되어 현행 민법에도 그대로 규정된 조문으로 부부별산제도의 근간을 이루고 있다.

이 두 조문에 기초한 한국의 법정부부재산제도는 순수한 형태의 부부별산제라고 할 수 있다. 부부는 혼인중에 취득한 각자 명의의 재산(특유재산)을 관리, 사용, 수익할 수 있고 물론 매각할 수도 있다. 제830조에 따라 원칙적으로 혼인중 취득한 재산 중 소유가 불분명한 재산만이 공유로 추정되고, 나머지 재산들은 모두 부부 각자 명의의 특유재산이 된다. 이 제도가 가지는 성별적 효과는 무엇인가. 그리고 부부별산제도가 국가의 경제정책이나 복지정책과 가지는 관련성은 또 무엇인가.

역사적으로 여성의 법적 무능력제도가 있었음을 고려할 때 부부별산제도는 여성의 경제적 독립성을 인정하는 획기적인 진전이다. 식민지시기 기혼여성은 법적 행위능력이 없는 존재, 즉 계약을 체결할 수도, 재산을 관리할 수도 없는 존재였으나 대한민국 민법에서는 재산을 소유·관리하는 법적 주체가 된 것이다. 실제로 이 제도는 근대 유럽에서 형성된, 결혼 안에서 두 독립된 경제주체가 존재한다는 관념 위에 설계되었다(김용욱 1993, 50면).[11]

한편, 재산 소유능력도 중요하지만, 실제로 소유할 재산이 있는가도 중요한 문제다.[12] 제830조와 제831조에 규정된 부부별산제도는 형식적으로

---

11) 예컨대 1882년 영국에 도입된 '기혼여성재산법'(Married Women's Property Act)은 부부별산제의 기초가 되었다. 이 법률은 기혼여성들에게 자율적인 경제주체가 될 수 있는 능력을 부여했고, 남편의 보호를 받고 남편의 의지에 복종해야만 하는 기혼여성의 사회적 지위에 큰 변동을 가져왔다. 그렇지만, 이 제도는 원래 유산을 상속할 재산이 있는 아버지를 가진 여성(딸)들을 위해 고안되었다. 한편 스위스, 독일, 프랑스 등 여러 서구 유럽 국가들은 부부별산제의 틀 안에서 부부재산의 공유를 수용하는 보다 완화된 형태의 별산제를 발달시켰다. 영국의 기혼여성재산법에 대한 사적 고찰로는 Shanley(1989)를, 유럽의 부부재산제도에 대해서는 이화숙(2000); Glendon(1989; 1977) 참고.

12) 수입 정도보다 재산 소유에 있어 남녀차이가 더 큰 것으로 보인다. 기혼남녀 600명을 대상으로 한 김혜순의 조사에 따르면, 재산 소유가 남편에게 편중된 현황이 보이면서도, 부인 소유나 부부공동 소유로의 변화도 다소 보인다(김혜순 2000). 부부 소유의 재산 중 부인 명의가 하나도 없다고 응답한 경우가 65.8%였다. 남편 명의로 한 이유는 '당연하다'가 38.5%, '재산의 취득과정상' 남편 소유라는 응답이 20.3%, '남편이 주소득자'라는 응답이 20.1%로 나타났다. 한편, 부인 명의 재산이 있는 경우, 그렇게 한 이유로는 그것이 '당연하다'가 27.8%, '재산의 취득과정상' 부인 소유가 13.2%, '절세를 위해서'

성평등하지만, 사회현실이 부인의 재산소유 가능성을 남편에 비해 현저히 적게 만든다면, 이 제도는 기혼여성의 경제적 지위를 매우 취약하게 만드는 데 일조할 것이다. 실제로 한국에서는 기혼여성들이 재산을 취득할 기회가 크게 신장되지 않은 채 이 제도가 도입되었다. 그렇다면, 여성의 재산소유 가능성이 낮은 것은 무엇 때문인가.

그 원인으로는 첫째, 가사노동과 임신·출산과 연결된 보살핌노동이 기혼여성의 노동이자 역할로 기대된다는 점, 이 노동이 부인의 역할로서 가족 안에서 행해질 때 모두 무보수노동이라는 점을 들 수 있다. 이러한 기대가 강하다면, 기혼여성이라면 누구도 가사노동과 보살핌노동의 부담에서 자유로울 수 없다. 이에 따라 대다수 기혼여성들은 직업이나 학업에 몰두하지 않기를, 혹은 한다고 해도 가정일과 병행하도록 기대받는다. 하지만, 가정 내 노동은 아무런 수입을 가져오지 않기에 사회가 요구하는 정상여성으로 살수록 재산을 가지기는 어렵다. 법적 능력이 있다고 해도 소유할 재산이 없다면 부부별산제는 빈껍데기인 것이다. 하지만 이것은 남성과 같은 의미에서의 '빈곤'과 다르다. 기혼여성 개인이 재산과 수입이 낮거나 없다고 해도 그녀의 남편이나 가족이 그렇지 않다면 그 기혼여성은 빈곤하다고 인식되지는 않는다. 물론 빈곤계층 여성의 빈곤 역시 존재한다.

둘째, 한국에서 여성의 평균임금은 남성보다 현저히 낮고(2010년 현재 남성의 62%), 여성의 노동시장은 대체로 단순·저임금·비정규직의 열악한 여성직종에 국한되어 있는 점이다. 한국의 노동시장에서 여성은 그리 환영받는 노동자가 아니다. 여성은 남성 노동자와 달리 임신·출산을 할 수 있고, 가사와 육아를 직장일과 병행해야 하는데, 이는 그녀들의 직무 수행에 전방위적으로 제약을 줄 것이기 때문이다. 이미 남성중심의 네트워크

가 12.7%, '사업/채무관계상 필요해서'가 10.7%로, '부인 또는 처가의 강력한 요구'가 6.3% 등으로 나타났다. 부부의 공동명의 재산을 하나 이상 가졌다고 응답한 부부는 전체의 12.3%로 나타났다.

를 가진 직장사회에서 부하·동료·상관으로서 여성이 영향력 있는 구성원이 되기란 매우 어렵다.

셋째, 제830조의 부부의 재산 종류에서 볼 때 부부공유로 추정되는 재산의 폭이 대단히 좁다는 점도 여성의 재산 없음의 원인이 된다. 제830조에 따르면 부부재산에는 크게 두 종류가 있는데, 그것은 부부 각자가 소유한 특유재산과 부부의 공유재산이다. 전자는 명실공히 부부 각자의 소유가 되는 재산으로서 혼인 전부터 각자가 소유한 고유재산, 혼인중에 부부의 일방이 제3자(예컨대 부모)로부터 상속한 재산, 그 재산에서 생긴 수익, 그리고 부부 각자의 전용품인 장신구와 의복 등이 여기에 속한다. 일반적으로 부부재산은 부동산(예컨대 가옥·건물·임야·대지 등)과 동산(예컨대 자동차·보석·가구·전자기기 등)이 있는데, 부동산의 등기제도를 택하는 우리나라에서 부동산의 소유권이 불분명한 경우는 생각하기 어렵다. 물론 부부 일방이 명의를 가지고 있다 해도 실제로는 다른 배우자의 소유이거나 공유를 주장하는 반증을 낸다면 그 일방 배우자의 소유권(특유재산) 추정은 깨질 수 있을 것이다. 하지만 대개의 재산이 특정 배우자 명의로 등기되어 있는 상태라고 할 때, 민법 제830조에서 말하는 "소유가 불분명한 재산"이란 혼인중에 구입한 동산일 경우가 대부분이고, 그 폭이 대단히 좁을 것이다. 따라서 현행 재산제도 아래에서 부부공유재산이 갖는 의미는 그리 크지 않다. 부부공유재산으로 인해서 기혼여성이 경제적 약자상태를 벗어나기란 어려워 보인다.

여기서 핵심 문제는 제830조 제1항의 '혼인중 자기 명의로 취득한 재산'에 대한 해석론이다. 제830조의 제1항은 혼인중 일방의 명의로 취득한 재산을 '특유재산'에 포함시키고 있어 명의를 갖지 못한 상대 배우자의 경제적 권리가 문제시된다. 즉 '혼인중에' 일방 배우자의 명의로 취득하였으나 실질적으로는 부부 공동의 노력으로 형성된 재산, 예컨대 가옥이나 토지, 예금 등을 공유로 추정해야 하는지 여부가 문제이다(조미경 1990). 1989

년 개정된 친족상속법에 따라 이혼시 재산분할청구권이 도입된 취지에 비추어 볼 때 이는 더욱 문제가 된다. 아래에서 볼 것처럼 민법 제839조의 2 재산분할청구권 조문에서 (부부) '쌍방의 협력으로 이룩한 재산'에 대한 참작이 이루어지기에, 이 '협력'에는 당연히 가정 내 노동, 즉 가사노동과 보살핌노동이 포함된다. 그렇다면, 이혼시 재산분할의 맥락에서 제830조 상 '자기 명의의 재산'이라 할지라도 실질적으로 혼인중 부부 쌍방의 노력으로 형성한 재산이라면 공유로 추정될 가능성이 있다. 이와 같다면, 민법 제830조에는 두 종류의 재산이 아니라 세 종류, 즉 '혼인중 일방의 명의의 재산일지라도 그 소유가 불분명하여 공유로 추정될 수 있는 재산'(조미경 1990, 38면)이라는 '제3범주'를 인정해야 할 것이다. 하지만, 해당 법조문이나 이혼시 재산분할의 판례에서 이런 범주의 재산이 부부공유의 재산에 대한 정당한 분할인지 여부가 분명치 않다. 혼인 후 형성한 재산에 명의를 갖지 못한 배우자는 타방 배우자의 일방적 처분에 대해 아무런 대항력을 갖지 못한다는 사실에서도 재산형성 기회가 적은 기혼여성의 구조적 취약성을 발견할 수 있다.

수입이나 재산이 많은 기혼여성이란 극히 예외에 속하고 대다수 여성이 취약하다는 점을 염두에 둘 때, 부부별산제는 평등의 공허한 슬로건이 될 수 있다. 부부별산제도가 합리성을 가지려면 가정 안팎에서 여성에게 남성과 균등한 수입과 재산취득 기회가 보장되고 가사와 보살핌노동의 균등한 배분이 이루어져야 한다. 이런 사회적 조건이 마련되지 않았음에도 혼인중에 취득한 재산에 대한 부부공유추정에는 매우 인색한 것이 2010년 현재 한국의 민법의 모습이다.[13]

---

13) 2001년 개정된 중국 혼인법과 비교해보아도 한국 민법의 뒤처진 모습을 발견할 수 있다. 중국 혼인법에서는 혼인기간 중에 상속 및 증여로 취득한 재산, 임금, 생산 경영에 의한 수입, 지적재산권 수입도 부부공동재산으로 폭넓게 인정하고, 부부 각자는 공동재산에 대해 절반에 해당하는 소유권을 가진다(중국 혼인법 제17조). 또한 이혼시 인민법원

부부별산제는 일방 배우자와 제3자 간의 계약이나 채권·채무관계가 가족관계에 연동되지 않도록 제3자 내지 일반적 거래의 안전을 도모하는 동시에 제3자의 채권에서 일방 배우자를 보호하는 기능을 가진다. 여기에는 다시 가족에 대한 일정한 상이 내재하는데, 그것은 경제활동과 가족생활의 분리이다. 앞서 부부간 계약취소권에서 논했듯이, 가정 영역에 대한 법의 소극적 태도를 감지할 수 있다. 부부재산제도는, 가족 내 공정성은 그저 사적 자치의 사안으로 맡겨두면서 시장에서의 수월성과 안전성은 극진히 보호하는 이분법적 태도를 가지고 있다 하겠다. 부부별산제는 상대적으로 가사에 얽매이지 않고 경제활동이 자유로운 남성에게 유리한 제도이다. 혼인관계 중 누적된 성별간 경제적 지위로 인한 차등은 이혼을 통해 첨예하게 드러난다.

2. 이혼시 재산분할청구권

(1) 재산분할청구권의 내용

1) 재산분할의 근거

민법이 제정된 이래 지난 50여년간 한국 민법에서 부부별산제의 큰 틀은 변하지 않았다. 다만 1989년 개정에서 이혼시 재산분할청구제도가 도입된 것이 큰 변화라고 할 수 있다. 최근 2007년 개정에서는 아래와 같은 재산분할청구권을 침해하는 사해행위에 대한 취소권 규정을 신설하였다 (후술 참고). 관련 조문들은 아래와 같다.

제839조의 2 (재산분할청구권) ① 협의상 이혼한 자의 일방은 다른 일방에 대하여

은 재산의 구체적 상황 및 여자와 자녀의 권리와 이익을 배려하는 원칙에 따라 판결하도록 되어 있다(김숙자 2001, 123~24면).

재산분할을 청구할 수 있다.

② 제1항의 재산분할에 관하여 협의가 되지 아니하거나 협의할 수 없는 때에는 가정법원은 당사자의 청구에 의하여 당사자 쌍방의 협력으로 이룩한 재산의 액수 기타 사정을 참작하여 분할의 액수와 방법을 정한다.

③ 제1항의 재산분할청구권은 이혼한 날부터 2년을 경과한 때에는 소멸한다. 〈본조신설 1990.1.13〉

제839조의 3 (재산분할청구권 보전을 위한 사해행위취소권) ① 부부의 일방이 다른 일방의 재산분할청구권 행사를 해함을 알면서도 재산권을 목적으로 하는 법률행위를 한 때에는 다른 일방은 제406조 제1항을 준용하여 그 취소 및 원상회복을 가정법원에 청구할 수 있다.

② 제1항의 소는 제406조 제2항의 기간 내에 제기하여야 한다. 〈본조신설 2007.12.2〉

재산분할청구권이란 일방 배우자가 상대방 배우자에 대해 재산분할을 청구할 수 있는 권리 또는 공동재산에 대하여 청산의 의미로 재산분할을 청구하는 권리이다(조미경 1996, 86면).[14] 앞서 보았듯이, 순수한 부부별산제의 틀을 유지하는 한국의 부부재산제도하에서 이혼시 재산분할청구의 근거를 따지는 것은 어색한 일일지 모른다. 명의를 가진 부부 각자의 재산을 이혼시 갑자기 공유로 추정할 논거를 만드는 것과 같기 때문이다.[15]

---

14) 재산분할제도가 도입되기 전, 이혼의 배상제도란 위자료가 전부였다. 위자료청구권과 재산분할청구권은 별개의 권리임에도 재산분할제도가 도입된 이래 위자료의 절대액수가 감소하고 그 중요성이 크게 줄어들었다. 심지어 실무에서는 위자료와 재산분할을 한꺼번에 고려한다는 지적이 있다(장현정 2000).

15) 우리 민법은 혼인중 처의 가사노동 등이 가족공동체에 기여한 경제적 평가를 부부재산제도를 통해 직접적으로 해결하지 않고, 혼인의 해소시에 부부재산제도가 아닌 재산분할청구권제도나 기여분제도(제1008조의 2)를 통해 해소하고 있다고 한다(박종용

이혼시 재산분할의 근거는 크게 청산설, 부양설, 청산 및 부양설의 혼합설, 손해배상설로 나누어볼 수 있다(조미경 1996, 87면; 김용원 2008, 13~18면). 이하에서는 청산설과 부양설을 중심으로 재산분할제도에 대해 논의한다. 청산설에 따르면 재산분할이란 혼인중 부부 쌍방의 협력으로 형성된 재산을 지분에 따라 분할하는 절차라고 할 수 있다. 부부 일방의 특유재산이라도 다른 일방이 적극적으로 그 특유재산의 유지에 협력하여 감소를 방지하였거나 그 증식에 협력하였다고 인정되면 분할의 대상이 된다는 의미이다. 민법 제803조 제1항에서 말하는 부부재산은 표면상 크게 두 종류이지만, 앞서 지적한 대로 재산분할을 염두에 두면 크게 세 종류의 재산이 있다. (i) 혼인 전부터 가지고 있던 고유재산처럼 진정으로 부부의 일방에게만 속하는 특유재산, (ii) 가구·장비 등 부부가 함께 사는 데 필요한 부부공유재산, (iii) 그 명의는 일방 배우자로 되어 있으나 그 성격상 부부공유인 재산이 그것이다(김숙자 1990, 108~109면; 김주수 1996, 166~67면). 그렇다면 재산분할청구란 첫번째 범주의 재산이 실제로는 세번째 범주의 재산임을 주장하는 것과 다르지 않다. 사실 세번째 범주의 재산은 공유도 아니면서 배우자 단독재산도 아닌, 독특하게 공유되는 재산이라 하겠다. 해당 재산의 소유권자가 아닌 배우자는 본 재산에 대한 제3자의 채권에 대하여 채무를 지지 않고, 혼인중에는 배우자의 재산분할청구가 가능치 않으며, 단지 이혼에 이르러서야 그 청산이 가능하다는 점에서 독특성이 있는 재산이라는 것이다(김숙자 1990, 106~107면; 표계학 1995, 233~34면; 김주수 1994, 224~26면). 하지만 본 재산의 성질은 독특하다기보다는 애매하다고 하는 것이 더 적합하다.[16)]

다른 한편, 부양설에 따르면 재산분할제도는 이혼 후 경제적 곤궁을 겪

2001).

16) 이렇게 부부별산제와 재산분할청구권 간의 논리의 비일관성은 근본적으로 바로잡아야 한다. 이는 부부관계의 특수성을 너무 많이 인정한 결과라고 해석된다.

게 될 당사자에 대한 부양의 목적을 가지고 있다.[17] 부양의 목적에서 재산분할 결정을 내렸던 판례는[18] 분할의 주된 근거를 부인이 혼인기간 중 수입능력을 잃어버렸기에 그것을 회복할 때까지 지원이 필요하다는 점에 둔다. 이혼 후 배우자 부양은 혼인생활을 통해 발생한 한쪽 배우자의 불이익에 관한 형평성이 이혼을 통해 조정되어야 한다는 것을 의미한다.[19] 재산분할을 통해 배우자가 가사노동과 자녀양육 기여도의 가치를 인정받았다 해도 이는 공동의 협력으로 이룬 재산에 대한 분할이지 혼인생활을 위해 포기했던 것, 그래서 다시는 되돌릴 수 없는 것들에 대한 전체적인 분할이 될 수는 없다. 이에 따라 오랜 혼인생활 후 여러가지 상황(자녀양육, 질병, 나이, 직업을 구하기 어려운 사회상황) 등으로 한 배우자가 스스로를 부양한다는 것이 어려운 상태에 놓이게 될 때 이를 구제해야 한다(조은희 2002, 213~14면).

세계적인 추세처럼 한국도 유책주의 이혼에서 파탄주의 이혼으로 변화하는 경향이 나타난다고 할 때 부양으로서 재산분할의 의미는 더욱 중요해진다. 파탄주의란 혼인이 파탄되면 유책·무책 구별 없이 이혼을 인용한다, 즉 허용한다는 것을 의미한다. 파탄주의 이혼이 친밀성을 중심으로 하

---

17) 여기서, 이혼 후 자녀에 대한 부양과 전 배우자 부양은 다른 의미를 가진다. 자녀 지원의 근거는 혼인 계속중과 다를 바 없고, 그 지원액을 정하는 데도 몇가지 기준이 있다. 하지만, 배우자의 경우에는 법적 관계가 종료되고 부양액을 정하기도 더 어렵다(윤황지 1994, 284면).

18) 민법 제974조에서는 친족간 부양의무에 대해 (1) 직계혈족 및 그 배우자간 (2) 기타 친족간(생계를 같이하는 경우에 한한다)로 규정하고 있다. 그런데 이 부양은 생활비 지급 같은 경제적 지원을 중심으로 사고되며, 동거·간호 같은 '보살핌'이 포함된다고는 보기 어렵다(이승우 2000).

19) 이혼 배우자에 대한 부양의 필요성은 여러가지로 표현된다. 이혼으로 인한 손해, 이혼의 지속적 효과(이미 익숙해진 생활수준을 유지하기 위한 필요), 이혼의 자유, 혼인시 노동분업으로 인한 화폐 취득능력의 차등, 취약한 배우자의 재적응을 위한 이행적 조치, 개개인의 지원에 대한 복지에 대한 잠정적 전이 등이 그것이다(윤황지 1994, 280~81면).

는 현대의 혼인에 부합할지는 몰라도,[20] 경제적 자립능력이 충분치 않은 여성들에게 큰 충격과 피해를 줄 가능성이 농후하다.[21] 개인들의 요청이 파탄주의의 이혼으로 나아가고 있다면, 법정책은 더욱 경제적 약자의 보호장치를 마련해야 할 것이며, 거기에는 자녀양육이나 재산적 합의 내용 제출, 형평재산분할제도의 확립, 그리고 이혼 후 부양료 청구권 신설 등이 포함된다(이화숙 2010, 36면).[22]

부양적 재산분할은 상대방의 재혼이나 사망까지의 급부가 아니라 이혼이라는 예상치 못한 상황으로 인한 생활의 어려움에 일시적으로 대처하거나 잠정적으로 지급되는 급부의 성격을 가진다. 한국의 법 실무에서 유책 배우자에 대한 재산분할의 부양적 근거는 청산적 근거에 비해 소극적으로 다루어진다.[23] 즉 부양적 재산분할의 청구권자는 혼인파탄에 대하여 책임이 없든가, 책임이 있더라도 피청구인보다는 책임이 작아야 한다. 또한 부양적 재산분할은 실질적 공동재산에 대해서만 청구할 수 있는 것이

---

20) 이혼 후 여성들과 자녀들의 경제적 자립의 어려움과 복지 인프라의 미비를 고려할 때, '친밀성'과 '사랑'을 바탕으로 하는 현대의 혼인에는 파탄주의 이혼 원칙을 그대로 수용하기도 어렵다.

21) 미국에서도 파탄주의 이혼이 이혼여성과 자녀를 빈곤하게 만드는 중요 원인이 되었음이 관찰된다. 즉 파탄주의는 혼인으로 인해 부부의 경제적 지위가 불평등해졌음을 간과하고 이혼시 남녀를 동등하게 취급했기 때문에 여성이 필요로 하는 경제적 부양을 그로부터 빼앗는 구실을 했다고 지적된다(Weitzman 1985, 이화숙 2010, 18~19면에서 재인용).

22) 이화숙은 독일 민법을 참고하면서, 이혼 후 배우자에게 부양료를 청구하기 위한 사유로 자녀양육으로 인해 생업활동이 어렵거나, 고령·질병·불구 등 신체적·정신적 장애의 경우, 적당한 생업활동을 할 수 없는 경우, 혼인으로 직업교육이 중단되었고 가능한 한 즉시 교육을 받으면 성공적 종결이 기대되는 경우 등을 들고 있다.

23) 미국 하급심의 부부재산분할에 관한 민유숙의 연구에 따르면, 부부재산분할의 요소에는 '회고적 요소(이제까지의 재산형성 기여도)'와 '전망적 요소(이혼 후 쌍방 배우자의 경제적 필요)'가 있으며 전망적 요소가 분할비율 산정에서 큰 비중을 차지한다(민유숙 2001, 49면).

아니어서 의무자가 가진 특유재산에 대해서도 청구할 수 있다고 한다(김영상 2003, 55면). 한편으로 부양의 당위성을 너무 주장할 때, 여성에 대한 법의 과보호적 태도가 영속될 수 있다는 위험도 존재한다.

이렇게 재산분할에서 청산적 요소뿐 아니라 부양적 요소를 적극적으로 고려하지 않는다면, 파탄주의 이혼제도가 확산되고 법적으로 이혼의 자유가 보장된다 해도 경제적 약자의 입장에서는 실질적으로 이혼의 자유가 보장되었다고 하기 어렵다(조은희 2002, 214면; 이화숙 2010). 즉, 재산분할의 방법과 시각은 이혼 후에만 영향을 주는 것이 아니라 이혼 결정 자체, 그리고 결혼생활에도 영향을 준다. 파탄주의 이혼의 정신이 혼인을 두 독립된 인격체 간 관계로 보는 것이라면, 여성과 남성이 노동시장과 가족관계에서 동등한 경제주체가 될 수 있도록 법과 함께 사회의 변화가 필요하다. 하지만 지금의 현실에서도 정당한 재산분할 방법이 그리 발달되어 있는 것 같지 않다.

2) 분할방법론의 미발달

분할대상의 재산에 관해 민법 제839조의 2 제2항은 "당사자 쌍방의 협력으로 이룩한 재산의 액수 기타 사정을 참작하여 분할의 액수와 방법을 정한다"고 규정하고 있다.[24] 분할 액수와 방법에 대해서는 이렇게 간단한 하나의 조문만을 두어 판사들의 재량의 폭이 매우 넓다(이화숙 1991a, 141, 144면).[25] 이런 상황에서 자기 명의로 재산을 소유한 배우자는 상대방에 대하여 힘있는 당사자가 된다. 부부별산제도하에서 이혼시 재산분할에서 부양보다는 청산을 지배적인 관점으로 채택하는 한국의 이혼법정에서, 여성

---

24) 재판상 이혼에서의 위자료 청구는 제806조 (약혼해제와 손해배상청구권)의 준용 조문인 제843조에 따른다.

25) 앞서 본 제839조의 2에서 "당사자 쌍방의 협력으로 이룩한 재산의 액수" 부분이 청산설을 따르는 것이라면, 동 조문의 "기타 사정을 참작하여"는 부양설을 나타낸다고 한다.

에 대한 보호적 태도가 아니고서 어떻게 여성의 재산권을 지지하는 논리를 구성할 수 있을지 의문이 든다.

이제 분할대상이 되는 재산을 좀더 구체적으로 살펴본다. 먼저, '당사자 쌍방의 협력으로 이룩한 재산'에서 재산이란 '평가시에 해당 재산이 가지는 금전가치로부터 그 시점에서 존재하는 채무를 공제한 금액'이다. 이 채무 책임 역시 일상가사에 관한 것이라면 분할의 대상이 된다.[26] 여기서 어려운 문제는 '쌍방의 협력으로 이룩한 재산'에 대한 입증이다. 당사자 일방의 특유재산에 대한 실질적 기여를 입증해야 하는 책임은 재산이 없는 다른 배우자에게 있기 때문이다.[27]

물론, 부부 일방이 혼인 전부터 가지고 있던 고유재산(제830조)과 그 고유재산으로부터 증가한 재산, 또 혼인중 제3자(예컨대 부모)로부터 상속받은 재산은 원칙적으로 분할청구의 대상이 아니다. 하지만 고유재산과 혼인 후 형성한 일방의 특유재산일지라도 다른 배우자가 취득, 유지, 감소 방지, 재산 증가에 기여했다면 고유재산이나 특유재산도 분할의 대상이 된다. 또한, 학계에서는 연금과 퇴직금 등 현재와 장래의 재산, 그리고 혼인중 취득한 의사·변호사·박사 등의 자격증도 재산분할의 대상이 되어

---

26) 채무에 관해 우리 법원은 '부부의 일방이 혼인중 제3자에게 부담한 채무는 일상가사에 관한 것 이외에는 원칙적으로 그 개인의 채무로 청산의 대상이 되지 아니하고 단지 그것이 공동재산의 형성에 수반하여 부담한 채무인 경우에만 청산이 대상이 된다고 보아야 한다'고 판시한 바 있다(대법원 1993.5.25. 92므501 법원공보 949호 1881면 등; 조미경 1996, 89면에서 재인용).

27) 명의를 가지지 못한 배우자의 재산권을 보호하기 위하여, 입증책임 전환을 제안하기도 한다. 즉, 배우자 일방의 명의로 된 재산이 실질적으로 부부의 공동 노력에 의한 것임을 입증할 책임을 명의 없는 배우자로부터 명의를 가진 본인에게로 전환해 명의자 본인만의 노력으로 이룩한 재산임을 스스로 입증하도록 해야 한다는 것이다. 또, 부부 일방의 재산을 민법 제48조 및 제187조 규정에 의거, 배우자의 합유(合有)재산으로 보아 재산을 가지지 못한 배우자의 물권을 구성하고 그 처분에 배우자의 동의를 요하는 제도를 민법 제272조에 의거해 제안하기도 한다(조미경 1996, 92면).

야 한다고 지적한다(한봉희 1994, 325~43면; 조미경 1996, 93~94면). 새 재산(new property) 개념(Glendon 1981; 1989; Areen 1985, 606~29면)에 따라 자격증 취득에 배우자의 기여가 인정된다면 여기서 파생하는 현재와 장래의 소득도 재산분할의 대상이 된다(조미경 1996; 한봉희 1994).

분할방법에 대해서는, 협의이혼한 자의 일방이 다른 일방에게 재산분할을 청구하는 경우 재산분할에 관해 먼저 당사자간 협의에 의하여 분할 방법과 액수를 정한다(제839조의 2 제1항, 제843조).

당사자간 협의가 되지 않을 경우 법원이 개입하는데, 당사자는 이혼한 날부터 2년 이내에 이를 가정법원에 청구할 수 있다(제839조의 2 제3항). 이때 법원은 앞에서 언급한 대로 "당사자 쌍방의 협력으로 이룩한 재산의 액수 기타 사정을 참작하여" 재산분할의 액수와 방법을 정할 수 있는 넓은 재량권을 가진다. 따라서 해당 법원이 어떤 방법과 태도를 가지는가가 매우 중요하다. 재산분할 사건에서 법원의 고려 요소는 분할대상인 적극재산의 취득경위 및 이용상황, 그 형성과 유지에 대한 원고와 피고의 협력정도, 나이, 혼인생활의 과정, 계속기간 및 파탄경위 등이다. 이외에도 원고와 피고의 생활능력, 예상 수입, 그리고 미성년자 자녀를 누가 양육하는가 등 다양한 요소를 참작하고 있다(전주혜 2005, 86면).[28]

분할 재산의 지급방법은 현물분할, 금전분할 등 어느 방법도 가능하다. 그런데 현재 한국 현실에서는 일시급으로 재산을 분할하는 것이 선호된다고 지적된다. 현재의 재산상태 및 지불능력을 중시하여 그 한도 내에서만 분할을 명하는 것이 가장 쉽게 선택하는 방안이며, 일시급으로 지급이 어

---

28) 여기서 가정법원 조사관의 역할도 매우 중요한데, 실제로 서울가정법원 조사관의 임무는 거의 가사조사업무이며 이 중 90% 이상이 이혼사건 관련 조사라고 한다. 조사관의 직무는 법원조직법, 가사소송법, 가사소송규칙, 가정폭력범죄의처벌등에관한특례법, 가정보호심판규칙, 소년법, 소년심판규칙 등에 규정되어 있고, 이혼사건에 관해서 조사관은 위자료, 재산분할, 양육자 지정, 양육비 등에 관한 조사를 행하게 된다.

려운 무형 재산에 대한 평가는 제외되기 십상이라는 것이다(장현정 2000).[29]

청산적 재산분할액수 산정기준에 관한 1994년 연구에 따르면, 전업주부 부인에 대한 재산분할비율은 25~80%에 이르고, 파트타임 노동을 한 부인의 경우 20~50%, 가족 사업을 도운 여성은 20~85%, 사건이 많지는 않지만 취업여성의 경우 50%를 분할한 사례가 있다(김성숙 1994, 320면). 2004년 5월부터 2005년 4월까지 약 1년간 서울가정법원에서 선고한 114건의 재산분할 사건을 토대로 한 연구에 따르면, 12건을 제외한 101건이 여성이 남성을 상대로 한 청구였고, 이 중에서 3건이 기각되어 98건이 다루어졌으며, 남성이 여성을 상대로 한 청구 중 3건이 기각되고 9건이 다루어졌다. 이 중 여성에게 재산분할비율 50%를 인정한 사건이 32건으로 가장 많았고, 그 다음으로는 30~40%가 40건, 40~50% 미만의 비율이 17건으로 나타났다(전주혜 2005, 47~48면).

여성의 직업 유무에 따라 분할비율을 보면, 여성이 일부기간이라도 직업을 가진 경우가 전체 114건 중 53건(46.9%)이 되고 부업 등 일부라도 수입을 얻은 경우는 모두 66건으로, 조사대상 113건의 58.4%가 수입이 있었던 것으로 조사되었다(전주혜 2005, 74면). 여기서 50% 재산분할비율을 인정한 사건의 비율은 전기간 직업을 가진 여성의 경우가 가장 높아서 이 집단 중 60%였고, 절반 이상의 기간 동안 직업을 가진 경우가 45.8%, 절반 미만 동안 직업을 가진 경우가 40%, 전기간 부업을 한 경우가 20%, 절반 정도 부업을 한 경우가 12.5%, 전업주부의 경우가 13.5%로 나타난다. 즉, 직업 보유기간이 길수록 50% 재산분할비율을 인정한 비율이 높음을 알 수 있다(전주혜 2005, 80면). 전업주부의 경우에도 나이가 많을수록, 결혼기간이

---

29) 재산분할의 불확실성이 상존하기 때문에 실무에서는 '한번에 간편하게' 하려는 경향이 있다고 한다. 법원은 당사자들의 상이한 여건에 대한 현실적 고려를 통해 다양한 방법을 찾기보다는 분쟁을 일시에 영구히 해결하고자 하기 때문에 금전분할과 일시급이 그 대부분을 이룬다.

길수록 더 높은 재산분할비율을 인정하였으나, 모든 연령대와 결혼기간에서 전업주부는 직업 보유 여성에 비해 낮은 비율을 인정받았다(전주혜 2005, 110면).

한편, 장현정이 분석한 55건의 사건에서도 맞벌이 부부의 부인인 경우가 50%의 재산분할을, 가게 운영 등 가업에 부인이 협력한 경우가 30~40%를, 전업주부의 기여는 더욱 낮게 평가되어 30% 내외 인정이 일반적이라고 보고된다. 하지만, 구체적으로 어떤 기준으로 아내의 기여도를 평가했는지는 설명치 않고 막연히 "○○○의 금액을 지급함이 타당하다"고 판시하는 경우가 절반 정도로 나타난다고 한다. 담당 판사들의 인터뷰를 통해 의견을 들어보면, "주부가 하는 일과 그들의 기여가 가정 전체와 사회적으로 보면 매우 크지만, 재산분할청구와 같이 그들의 기여를 재산에 국한시켜 법적으로 따질 때에는 30% 정도가 적당하다고 생각한다"고 한다(장현정 2000, 59면). 재산분할 관련 연구에서 볼 때, 재산분할의 근거와 원칙, 방법론 등에 관한 논의가 별반 발달되지 못한 것으로 생각된다. 앞서 본 대로 우리 법은 재산분할에 관하여 민법 제839조의 2 제2항과 같은 단순한 조문 하나만을 가지고 있다. 이는 앞장에서 본 신분관계에 대한 다양하고 세밀한 조문과 대조를 이룬다. 계속 여성의 경제적 '기여' 문제를 논의하기로 한다.

(2) 여성의 '기여'의 성격

1) 여성의 기여 규명

앞서 설명한 대로 재산분할에는 정당한 청산과 이혼 후의 부양이라는 두 목적이 있는바, 청산의 측면에서 재산을 가지지 않은 배우자의 기여 입증이 배우자 단독 재산(특유재산)의 추정을 깨는 데 있어서 필수적이다. 청산적 요소는 원래 가졌어야 하는 것에 대한 정당한 권리로서 그 공정성을 찾는 것이 주목적이기 때문이다. 이혼시 재산분할청구제도를 도입함에 따라, 이전에는 명의를 가진 배우자의 재산으로만 여겨지던 재산이 부부 공유로 추정될 가능성이 열렸고, 부인의 가사노동의 경제적 기여를 평가하기 시작했다. 예컨대 "약사 자격증을 가졌음에도 경제활동을 자제하고 내조에 힘쓴 원고(아내)의 노력이 가족의 재산에 대한 기여가 인정되는 바"[30]라는 판결문에서 보듯이 기회비용의 관점에서 여성의 가사노동의 가치를 바라보는 태도도 가끔 나타난다. 하지만 아래 대법원 판례들에서 보듯이, 특유재산에 대한 부인의 기여는 가사노동 자체가 아니라 주로 '화폐가치에 의해' 평가되는 노동에 초점을 맞추고 있다.

〔대법원 1994.5.13 선고 93므1020 판결〕
별지목록 기재 각 부동산이 혼인 전에 남편이 부모로부터 증여받은 특유재산임은 인정되나 특유재산이라 할지라도 다른 일방이 적극적으로 그 특유재산의 유지에 협력하여 그 감소를 방지하였거나 그 증식에 협력하였다고 인정되는 경우에는 재산분할의 대상이 될 수 있는 것이고, **처는 가사를 전담하는 외에 미국에서 가업으로 24시간 개점하는 잡화상 연쇄점을 경영할 당시 그 경리업무를 전담하면서 남편과 함께 위 잡화상 경영에 참여하여 가사비용의 조달에 협력한 사실**을 인정할 수 있어 위 특유재산의 감소방지에 일정한 기여를 하였다고 할 수 있으므로, 위 특유재산을 재산분할의 대상으로 삼는 것이 타당하다.

〔대법원 1996.2.9. 선고 94므1020 판결〕
별지 아파트는 남편이 처와의 혼인 전에 취득한 남편 고유재산이기는 하지만 **혼인 후 처가 가사와 육아에 종사하는 한편 피아노 교습을 하여 수입을 얻음으로써 위 아파트에 대한 융자금채무를 일부 변제하고 혼인생활 동 수입으로 조성한 금액을 시아버지에게 교부**함으로써 결과적으로 혼인 전 아파트 매수와 관련하여 부담한 시

---

30) 서울가정법원 1991.8.8. 90드 63248(김성숙 1994, 300면에서 재인용).

아버지에 대한 차용금 채무를 일부 변제하게 하는 등 적극적으로 위 아파트의 유지에 협력하여 감소를 방지하였거나 증식에 협력하였으므로 재산분할의 대상이 된다.

앞서 논했듯이, 일방의 특유재산에 대해서 명의 없는 배우자(주로 아내)가 그 증식에 적극적 기여를 했다는 것이 인정되는 경우 그 재산은 공유재산이 될 수 있다. 그런데 위의 판결에서 볼 때 부인의 가사노동 자체가 아니라 잡화점 경영이나 피아노 교습 등 화폐가치를 갖는 노동에서 기여의 주된 근거를 찾고 있음을 알 수 있다. 그 노동의 실제 소득보다는 소득을 낳는 활동을 했다는 사실 자체를 기여의 근거로 삼고 있는 것이다. 이렇게 볼 때 가사노동만으로는 특유재산의 추정을 번복하기 어려우며, 적극적인 재산증식 활동을 하였다는 것을 입증할 경우 특정 재산(예컨대 부동산)도 재산분할의 대상이 될 수 있다(양승희 2001, 151면). 여성의 기여를 입증하기 위해서 재산증식에 중요한 역할을 했다는 것을 증명해야 한다(이화숙 1988, 171면).

기여도를 입증해야 하는 이유는 앞서 본 대로 제830조 제1항에 의해 공유로 추정될 수 있는 재산의 폭이 너무 좁기 때문에 재산분할청구를 하기 위해서는 상대 배우자의 특유재산, 때로는 고유재산에 대해서까지 권리 주장을 해야 하기 때문이다. 이렇게 현행 제도는 명의를 가지지 못한 배우자에겐 매우 불리하다. 판례마다 편차가 있긴 하지만 대체로 재산형성에서 부인의 기여란 "가사노동 + 소득 창출의 경제활동"에 의거해 상대편 배우자의 소유 재산에 대한 실질적 기여를 주장하게 된다. 그러므로 아내들은 가사노동은 기본이고, 이에 더해 피아노 교습, 가게 운영, 양말 생산, 행상 등 갖은 방법으로 화폐노동을 했음을 증명해야만 했다(후술 판례 참고). 이혼법정에서는 아내가 기대되는 가사, 보살핌노동 등 성역할에 충실치 않았다는 것이 혼인 파탄의 사유나 책임으로 종종 제시되곤 하는데, 실제로 아내가 그 역할에만 충실하였다면 재산분할청구에서는 불리한 입장을 자초하는 모순적인 상황이 발생한다. 혼인생활에 충실하기 위해 여성의 성역할을 받아들여야 함에도 자신의 경제적 독립과 가계의 원활한 운영을 위해서는 가사노동만 하고 있을 수도 없다는 것이다.

기혼여성의 노동을 소액이라도 화폐경제의 차원에서 가치 평가하고자 하는 것은 역으로 여성들이 보편적으로 행하는 보살핌이나 가사노동을 평가절하하는 함정이 될 수도 있다. 현재 판례들에 나타난 태도는, 여성을 위한다는 명목으로 여성의 기여 입증에 과도하게 경도되어 있다고 보인다. '여성의 기여'라는 판도라의 상자를 열고자 한다면, 가사노동과 보살핌노동에 대한 겸허한 이해에서 출발해야 할 것이다. 나아가, 부부별산제를 채택했다면 성역할의 강요 없이 소득과 재산을 형성할 수 있는 권리가 여성에게 평등하게 주어져야 한다.

2) 여성의 재산의식과 법의 괴리

재산분할을 청구했던 여성 당사자 6명의 인터뷰를 통해 여성들이 재산분할청구 과정에서 체험한 바에 대해 간단히 살펴본다(장현정 2000). 부부별산제의 큰 틀에도 불구하고 일반적으로 재산이란 특별한 이유가 없는 한 가장인 남편의 명의로 되어 있는 관행을 발견할 수 있다.

> 이혼 전에는 내가 직접 재산관리 다 하면서도 전부 남편 명의로 하고, 공동명의 같은 건 의심도 안했어요(장현정 2000, 69면).

> 이혼은 생각해보지도 않았기 때문에 재산은 '우리 가족 거'라고 생각했어요. 우리 가족 거. 우리 애들하고 나하고 남편 거다 그랬지. 내 꺼다, 니 꺼다 그런 생각은 안 해봤어요(장현정 2000, 70면).

이런 언급에서 볼 때 우리나라 부부생활에서 가족은 하나의 경제단위로서, 재산공유제와 마찬가지로 생활하고 있어 부부간 개인소유 관념이 강하지 않았음을 알 수 있다. 앞서 본 부부간 계약취소권에 내재한 부부상도 이렇게 이해득실을 따지지 않는 공동생활 단위를 전제로 하였으리라. 하지만 부부재산이라는 믿음과 달리 대부분의 재산은 법적으로 온전히 개인의 소유라는 점에서 소유권과 믿음 간, 법과 문화 간 괴리가 존재한다고 보인다.

집 등기를 해달라고 했더니 남편이 그러더라구요. 정히나 나와 살기 싫으면 이혼을 하지 그건 못해주겠다구요. (…) 나는 나 하자는 대로 해줄 줄 알았어요. 처음에 호락호락하게 해주지는 않아도. (…) 그 사람은 사업으로도 성공했고 나는 아들, 딸 어디다 내놔도 남부끄럽지 않게 키워놨고(장현정 2000, 71면).

이 언급은 여성이 부동산을 자기 명의로 등기하는 것에 대해 이 사회 혹은 남성의 거부감이 클 수 있다는 것을 시사한다. 그것은 '순리에 어긋나는 일'(장현정 2000, 70면), 심지어 '가정의 평화를 깨는 일'(김용욱 1991, 190면)로 여겨질 정도이다. 한국은 부부별산제에 입각하여 부부개별과세를 하고 있지만(이창희 2002), 별산제의 기초가 될 여성의 취업 장려, 주부에 대한 연금 등 각종 복지제도, 하다못해 혼인 전의 부부재산약정 홍보 중 어느것 하나 찾아보기 힘들다.

재산분할로 저는 상당히 많이 받은 편이에요, 관례상으로는. 그렇지만 살아온 걸 비교하면 부족하죠. 내가 생활비 다 대고 살았기 때문에. (…) 인간적으로 생각하면 너무 억울하죠. 그 사람은 배 붙이고 나 괴롭힌 거밖에 한 일이 없으니까요(장현정 2000, 107면).

결국 돈 1억 1,500에다가 내 명의로 해둔 땅 그렇게 받았어요. 돈도 원래 난 집값의

반을 받으려고 했었는데 남편이 이것저것 제하고 그거 주더라구요. 온갖 거 다 뺀 거죠. 이사비 등등. (…) 말이 돼요? 30년 결혼생활 한 대가가 겨우 그 정도요. 정말 법이 여자한테 너무 불리해요(장현정 2000, 107면).

이런 점에서 가족의 경제생활이 문화적으로는 마치 부부공동재산제도 인 것처럼 운영되면서도 법률적으로는 엄격한 별산제를 취하는 이중성이 존재한다. 이런 이중성은 특히 재산을 갖지 못한 아내의 입장을 이혼에 더 욱 취약하게 만든다고 진단한다.

이제 우리 법원이 여성의 경제활동을 바라보는 태도에 대해 살펴본다. 먼저, 여성의 경제활동을 사소하게 대하는 태도가 시정되어야 한다. 이혼 사건 판결문에서 보면, 집에서 자수 놓기,[31] 파출부, 계절노동자, 레스토랑 고용인,[32] 액세서리 가게 관리인,[33] 보험 외판원, 그리고 노점상[34] 등을 모 두 '부업'이라 부르는 경향이 있다. 여성이 일한 시간과 기간, 수입 및 그 에 대한 가족 의존도 등은 고려하지 않은 채, 정규직 여성 또는 자영업 남 편을 도운 무급 가족종사자를 제외하고는 여성 노동을 일률적으로 부업이 라고 칭한다. 같은 일을 남성이 했다면 그것을 부업이라 불렀을지 의문이 다. 여성의 노동은 다양하고 때론 분절적이다. 우리는 판결문에서 여성들 의 만화경 같은 경제활동을 보게 된다. "혼인기간 동안, 피고(부인)는 파출 부로서, 과수농장의 노동자로서, 때때로 회계 사무실에 잡일을 해주면서, 남편 사업을 도우면서 가족의 수입을 증식시키는 데 기여하였다."[35] 여성

---

31) 인천지방법원 가사부, 1992.4.20. 91드12418(김성숙 1994, 313면에서 재인용).
32) 서울고등법원 1993.4.23. 92르2370(김성숙 1994, 315면에서 재인용).
33) 서울고등법원 1992.2.11. 90르1992, 91르 1246(김성숙 1994, 315면에서 재인용).
34) 서울가정법원 1991.5.16. 91드20511; 서울가정법원 1992.1.9. 드20207, 91드41693(김 성숙 1994, 314면에서 재인용).
35) 수원지방법원 가사부 1992.7.16. 선고, 91드20386, 91드20393(김성숙 1994, 300면에 서 재인용).

들은 자영업자, 임금근로자가 되기도 하고 도시 자영업이나 농림어업에서 '무급 가족종사자'가 된다.[36] 그럼에도 대다수 여성들은 '주부'라고 불린다. 이러한 인식에는 법원이 가진 여성의 성역할에 대한 고정관념이 들어 있고, 저소득계층에 대한 중산층의 편견이 들어 있다고 보인다.

다음은 자산 관리와 관련된 기혼여성의 역할 평가에 관한 것이다. 판례가 보여주듯이 기혼여성들은 가족자산을 늘리기 위한 부단한 노력을 기울이고 있다. 친정에서 돈을 빌려 집을 구입하거나 전세를 얻고, 남편의 사업자금으로 사용하며, 부동산의 매매에 적극적으로 개입한다. 특히 수도권을 중심으로 부동산 가격 상승에 따른 '재테크'를 통해 주부들이 가정경제에 기여한 경우는 헤아릴 수 없이 많겠으나, 이에 대해서는 적절한 평가기준도 없는 것 같다. 이러한 활동의 결과물인 증식된 부동산 자산은 앞서 보았듯 대개 남편의 명의로 되어 있다.

셋째, 여성의 소득활동뿐 아니라 가사노동과 보살핌노동 자체의 가치를 평가할 수 있는 방법을 개발해야 한다. 앞서 본 대로 소득활동을 통해 아내가 남편의 특유재산에 기여함을 인정하는 논리는 남성 소유의 재산을 기준으로 여성의 노동가치를 평가하는 방식이다. 즉 가사노동의 가치 평가가 결국 '재산의 증식에의 기여'로 귀착된다. 이런 논리는 여성주의 교육학자 길리건이 말하는, 여성의 사유방식을 무시함으로써 여성의 가치를 절하시키는 것을 연상시킨다. 여성의 가정주부화가 갖는 신화도 문제이지만, 가사노동을 정당하게 평가하는 인식틀이 없는 것도 문제이다. 여성의 다양한 소득활동을 볼 때, 여성의 일차적이고 유일한 일이 가사노동이라는 생각은 이데올로기에 가깝다. 단지 여성의 노동자성은 남성의 노동자

---

36) 2005년 통계에 따르면 전국의 무급 가족종사자 1,499,000명 중 1,329,000명이 여성으로 무급 가족종사자의 대다수를 이루고 있고 전체 여성 노동자 9,526,000명 중 14%에 이른다. 무급 가족종사자란 동일가구 내 가족이 경영하는 사업체, 농장 등에서 무보수로 일하는 사람으로서 조사대상주간에 18시간 이상 일한 사람은 취업자로 분류된다.

성과 부합하지 않을 뿐이다. 따라서 남성중심 노동자성의 틀을 깨고 여성 노동자를 포함할 수 있도록 노동자성을 양성화하는 것이 중요하다. 또한 공사 영역을 넘나드는, 여성의 다양한 '노동들'을 바라보는 고유의 틀이 필요하다. 우리 가족법에서 그동안 숨겨졌던 보살핌노동의 가치가 부부재 산뿐 아니라 재산상속에서도 적극적으로 수용되어야 한다. 2005년 개정에 서 도입된 동거·간호자에 대한 기여분제도는 그러한 방향성을 알린다. 이 제 화폐경제로 편향된 가족경제 개념에 보살핌노동이 통합되어야 한다.

3. 부부재산제도의 대안

2005년 호주제도 폐지가 확정된 이후 부부재산제도의 개선에 대한 관심 이 더욱 높아졌다. 2006년에는 부부재산제도 및 재산분할제도에 대한 개 정안들이 마련되어 국회에 제출되었다.[37] 2007년 개정에서는 이 중 일부만 이 국회에서 의결되고 나머지는 폐기된 상태지만 이 법안들은 부부재산제 도의 대안을 보여주고 있다. 이하에서는 당시 민주노동당 최순영 의원안 과 정부안으로 제출된 법무부안을 중심으로 주요 측면을 살펴본다.

(1) 2006년 개정안의 특징
1) 부부재산약정의 활성화 및 다양화
먼저, 최순영 의원안의 큰 특징은 '부부재산 약정제도'의 활성화에 있 다. 이제까지 부부재산약정이 혼인 전에만 가능했던 것과 달리 이 법안에

---

37) 2006년도에 국회에 제출된 부부재산제에 관한 민법 개정안은 한명숙 의원안(서울가 정법원 가사소년제도개혁위원회 법안), 이계경 의원안(한국가정법률상담소 법안), 최 순영 의원안(한국여성의전화 법안), 법무부안 등이다. 이 법안들은 제17대 국회의 종료 와 함께 모두 자동폐기되었다.

따르면 혼인중에도 재산약정을 맺을 수 있다. 이로써 혼인중의 부부라도 자신들의 재산관계에 대한 선택의 폭이 넓어졌다. 부부재산약정으로 선택할 수 있는 제도로 완전별산제, 수정별산제, 완전공유제가 있으며, 개별 부부가 적합한 부부재산제도를 선택하도록 하고 있다. 약정 내용은 강행법규에 위반되어서는 아니되며, 혼인중 약정을 변경하는 경우에는 종전의 재산관계를 청산하고 청산을 통해 소유하게 된 재산은 고유재산이 된다. 한편, 별도의 약정을 체결하지 않은 부부는 법정재산제도로서 공유재산제도에 의해 부부재산이 규율된다.[38] 혼인중 부부재산약정의 체결과 변경은 독일과 프랑스에서 찾아볼 수 있는데, 선택 가능한 부부재산제의 유형을 제시한 이유는 당사자들이 부부재산약정을 체결함에 있어 그 특성을 쉽게 알 수 있도록 하기 위함이다.[39] 한편, 법무부안에는 부부재산 약정 규정에 대해서는 개정하지 않았다. 아래에서는 최의원 안의 큰 특징인 법정재산제로서의 공유재산제에 대해 좀더 살펴본다.

2) 법정재산제로서의 공유재산제

당시 제출된 한명숙 의원안 또는 이계경 의원안과 달리 최순영 의원안만이 부부별산제에 대한 개정 조문을 가지고 있었다. 이는 가히 혁명적인 개정이라고 보인다.

민법 제830조(안) (부부재산의 권리귀속)

① 부부의 일방이 혼인 전부터 가진 재산과 혼인중 상속, 증여 등에 의하여 취득한

---

38) 윤진수는 최순영 의원안처럼 넓은 범위의 공유를 인정하면 거래의 안전을 해칠 뿐 아니라 부부의 일방이 개인적으로 부담한 채무에 대해서도 부부의 공동재산으로 책임을 져야 하는 문제가 있다고 지적하면서, 부부재산제의 급격한 변화보다는 현행 별산제의 틀에서 상대 배우자의 권리를 보호하는 방안이 바람직하다고 한다(윤진수 2006, 70면).

39) 프랑스와 독일의 경우 약 200개 조문을 두고 있는 점과 비교하면 최순영 의원안의 조문은 매우 간단하다(전경근 2006, 51면).

재산은 부부 일방의 고유재산으로 한다.

② 고유재산의 증가분과 혼인중 취득한 재산 및 그 증가분은 부부의 공유로 추정한다.

③ 공유로 추정되는 재산이 등기 또는 등록을 필요로 하는 경우, 명의를 가지지 않은 일방은 상대방에 대하여 공유에 관한 등기 또는 등록을 할 수 있다.

이렇게 최순영 의원안은 부부가 혼인 전부터 가진 재산과 혼인중 제3자로부터 상속이나 증여를 받은 순수한 개인 재산만을 부부의 고유재산으로 하고 있다. 이에 따라 고유재산의 증가분, 혼인중 취득한 재산 및 그 증가분은 부부공유로 추정되어 부부공유재산의 폭이 매우 넓어졌다. 이러한 제도는 부부의 경제적 지위를 형평하게 하는 데 기여함으로써, 평등한 혼인관계의 기초가 될 것이라고 한다.[40]

3) 부부재산의 관리 및 처분제한

현행법에서는 부부의 일방이 자기 명의로 취득한 재산이라면 다른 배우자가 이 재산의 형성에 실질적으로 기여했다고 해도 독자적으로 관리, 수익, 처분할 수 있게 하고 있어 다른 일방의 권리가 전혀 보호되지 않아서 문제가 된다. 특히 이혼 후 어머니쪽이 자녀를 양육한다면 어머니와 자녀들은 주거지와 관련한 법적 보호를 받아야 한다. 생활의 근거지가 되는 주택에 대해서는 명의를 가진 소유 배우자의 처분을 막을 뿐 아니라, 자녀를 양육하는 배우자가 그 사용 내지 소유권에 있어 우선권을 갖는 것이 타당하다.

개정안들은 이러한 문제점을 고려하여 부부재산에 대한 처분제한 규정

---

40) 이는 중국의 2001년 이혼법과 내용이 유사하다. 다만, 중국 혼인법에서는 혼인중의 부부 일방이 상속·증여로 취득한 재산도 부부공동재산으로 포섭하고 있다.

을 두고 있다. 먼저 최순영 의원안에서는 부부의 공동생활에 사용되는 주택 또는 주거용 건물을 처분하는 경우 및 부부의 공동생활에 사용되는 주거용 건물에 대한 전세금 반환청구권 또는 임대차보증금 반환청구권을 처분하는 경우에 제한 규정을 두었다. 한편 동의를 얻어야 하는 재산을 처분함에 있어 동의를 얻지 않은 경우에는 일방의 처분행위를 다른 배우자가 취소할 수 있도록 하였다.

한편, 부부재산 처분제한에 관하여 주거용 건물이라고 해도 처분을 제한하는 것은 거래의 안전을 해치고, 목적과 수단의 관계에서 일관성이 있다고 보기 어렵다는 견해가 있다. 오히려 아래와 같이 신설되는 '혼인중 재산분할청구권' 및 '채권자 취소권' 규정을 활용하면 목적을 상당 부분 달성할 수 있다는 것이다(윤진수 2007, 111면). 이에 대해 전경근은 처분제한대상 재산에 대해서 선의의 제3자를 보호하려면 공시방법을 제대로 갖추어야 한다는 적극적 입장을 제시한다(전경근 2006, 55면). 이렇게 부부재산의 처분제한은 시장에서 제3자 보호 및 거래의 안전 문제와 함수관계를 가진다.

이와 함께 법무부안(제831조의 2)에서도 부부재산 처분제한에 대한 상세한 규정을 두고 있는바, 다음의 경우에 일방 배우자는 상대 배우자의 동의를 얻어야 한다. 첫째, 주거용 건물 또는 주거용 건물에 대한 권리 및 그 대지 또는 그 대지에 대한 권리의 양도 및 그 권리를 말소하고자 할 경우, 또 이상에 대한 제한물권 또는 임차권 설정시, 둘째, 주거용 건물에 대한 임대차보증금 반환청구권의 양도 및 질권을 설정할 경우이다. 법무부안에도 부부의 일방이 다른 일방의 동의를 받지 아니한 경우 그 처분행위를 취소할 수 있도록 규정하고 있고, 재산분할청구권 보전을 위한 채권자 취소권 규정을 두었다(안 제839조의 3). 이 규정에 따르면 부부 일방이 상대방 배우자의 재산분할청구권 행사를 해치는 것을 알면서도 재산권을 목적으로 법률행위를 했을 때에는 상대방 배우자는 민법 제406조 제1항을 준용하여 그 취소 및 원상회복을 가정법원에 청구할 수 있다. 이 안은 앞서 재산분할

권에서 언급했듯이 2007년 개정에서 '재산분할청구권 보전을 위한 사해행위취소권' 규정으로 민법에 신설되었다.

4) 혼인중 재산분할제도 도입

한편 최순영, 한명숙, 이계경 의원안 그리고 법무부안은 모두 이혼시에만 가능했던 재산분할을 혼인중에도 가능하도록 규정하고 있어 주목된다. 최순영 의원안에서는 아래와 같은 경우 혼인중이라도 재산분할청구를 할수 있도록 했다. 또한 부부 일방이 재산분할을 청구하는 경우 청구인은 법률이 정하는 바에 따라 다른 일방이 혼인중 형성한 재산에 대한 정보조회를 신청할 수 있도록 규정하고 있다(제831조의 4 제4항).[41]

최순영 의원안 제831조의 4 ① 혼인중 부부의 일방은 다음 각 호의 어느 하나에 해당하는 경우에 다른 일방에 대하여 공유로 추정되는 재산에 대한 분할을 청구할 수 있다.
1. 부부 일방이 부양의무를 현저히 이행하지 않는 경우
2. 부부 일방의 현저한 낭비, 도박, 담보제공 등 재산감소행위로 말미암아 가족경제에 위기를 가져오는 경우
3. 재산분할을 청구하는 당사자의 귀책사유 없이 혼인중 별거상태가 1년 이상 계속되는 경우
4. 배우자의 동의 없이 제831조의 3에 규정된 행위를 한 경우
5. 그 밖에 혼인중 재산분할을 청구할 필요가 있는 경우

법무부안에서도 아래와 같은 사유에 의한 혼인중 재산분할청구제도를

---

41) 이러한 규정은 한명숙 의원의 가사소송법 개정안에도 포함되어 있다. 한의원 안에는 법원이 재산분할청구 사건을 해결하기 위해 특히 필요한 경우에는 재산목록을 제출하도록 명하거나 재산조회 시스템을 이용하여 재산을 조회할 수 있도록 규정하고 있다.

신설하였다.

법무부안 제831조의 3 ① 부부의 일방은 다음 각 호의 사유가 있는 경우에는 혼인 중에도 재산분할을 청구할 수 있다.
1. 부부 일방의 동의 또는 그 동의에 갈음하는 결정을 받지 아니하고 제831조의 2 제1항의 처분행위를 한 때
2. 다른 일방이 정당한 사유 없이 부양의무를 상당한 기간 동안 이행하지 아니 한 때
3. 장래의 재산분할청구권이 현저하게 위태롭게 될 우려가 있는 때
4. 부부가 3년 이상 별거하고 있을 때

법무부안은 최의원 안과 큰 차이는 없으나 최의원 안이 좀더 상세하고 기타 규정을 두고 있다. 이 제도는 이혼은 원하지 않으면서 재산분할을 원하는 경우에 필요하며, 혼인관계의 지속 중에 경제적 형평과 정의 추구를 위해 필수불가결하다. 다만 재산분할을 원하는 배우자와 이를 원치 않는 배우자 간의 갈등으로 인해 이 제도가 이혼을 촉발할 수도 있을 것이다. 또, 재산분할로 인한 재산의 이전은 증여세 대상이 되지 않기에 일방의 재산을 다른 일방의 재산으로 재산분할에 의해 증여함으로써 일방의 채무자를 해하는 결과를 초래할 수 있다(전경근 2006, 58면). 이러한 경우를 대비한 제도 마련이 필요하다.

5) 재산의 균등분할 원칙

2006년 제출된 부부재산제도 개정안은 모두 재산분할에 있어 균등분할 원칙을 규정하고 있다. 부부재산의 균등분할은 명문 규정을 두거나 판례상 원칙이 되어 미국 등 선진국에서 발견되는 추세다(민유숙 2001). 최순영 의원안에서는 공동재산제에 따라 공유로 추정되는 재산의 분할을 청구할

수 있고 법원은 이에 대해 원칙적으로 절반을 분할할 수 있도록 규정하고 있다. 물론 혼인중 재산을 분할한 경우에는 그 재산에 대해 다시 분할을 청구하지 못한다(개정안 831조의 4 제5항). 법무부안에서도 제839조의 2 후단을 신설하면서, 재산분할비율에서 균등원칙을 채택하고 있다.

> 법무부안 제839조의 2 제2항 ② 제1항의 재산분할에 관하여 협의가 되지 아니하거나 협의할 수 없는 때에는 가정법원은 당사자의 청구에 의하여 당사자 쌍방의 협력으로 이룩한 재산의 액수 기타 사정을 참작하여 분할의 액수와 방법을 정한다. **이 경우 당사자 쌍방의 협력으로 이룩한 재산을 균등하게 분할함을 원칙으로 한다**(강조는 신설안).

부부재산의 균등분할은 배우자의 가사노동 가치 인정을 통해 양성간의 실질적 평등을 위한 제도로 받아들여졌다(박소현 2004; 김인숙 2005; 신연숙 2005). 균등분할 원칙이란 부부재산을 절반씩 동등하게 분할하는 것을 원칙으로 하는 것인데, 이 원칙은 분할비율산정의 출발점이 된다(민유숙 2001). 앞서 지적한 대로 현행 재산분할 결정이 판사의 재량에 크게 의존하고 있다는 점에서(조은희 2006) 그 의미는 작지 않다. 하지만 균등분할 원칙이 판단의 출발점인지 아니면 도착점인지 불분명하며, 균등분할을 벗어나는 예외적 경우(예컨대 일방 배우자의 기여가 매우 크거나 작은 경우, 혼인기간이 짧은 경우 등)의 판단기준과 입증책임 문제가 남아 있다. 나아가 부부별산제도와 재산분할시 균등분할제의 양립 가능성이라는 문제도 존재한다.

이상에서 볼 때 최의원 안과 법무부안의 가장 큰 차이점은 법정부부재산제도의 큰 틀과 부부재산약정에 대한 태도라 할 수 있다. 최의원 안에서는 법정부부재산제를 공유재산제로 전환하여 한국 부부재산제도의 큰 틀을 변혁하고자 했다. 또한, 여러가지 부부재산 형태를 인정함으로써 개별 부부의 선택 가능성을 넓혔고, 혼인중에도 부부가 재산제도를 변경 선택할 수 있도록 하였다. 법무부안은 부부별산제의 큰 틀을 유지하되, 가족의 주거공간 등 특정 재산에 대한 처분제한 및 사해행위 취소제도를 두고 있다. 하지만 두 개정안의 공통점도 많다. 혼인중 재산분할청구가 가능하게 한 점, 그리고 혼인중 부부가 공동의 협력으로 취득한 재산에 대해 균등분할 원칙을 규정하고 있는 점 등이다. 이에 따라 배우자 상속분도 피상속인 재산의 절반 이상이 되는 것으로 규정하게 되었다.

(2) 균등분할의 논란

이 개정안에서 사회적 반향을 불러일으켰던 의제는 무엇보다 이혼시 부부재산의 균등분할 원칙에 대한 것이었다. 특히 법무부안은 부부별산제도를 고수하면서 이혼시 균등재산분할 원칙을 제시하여 논란의 대상이 되었다. 아래에서는 부부재산의 균등분할 규정에 대한 비판적 논의를 살펴본다.

먼저, 균등분할의 정당성에 관한 문제제기가 있다. 조순경에 따르면, 여성의 무보수 가사노동의 경제적 가치가 상당하고 가정의 재산형성에 기여하는 비율이 높다 하더라도, 이 사실만으로 균등분할의 정당성이 인정되기에는 부족하다. 그는 예컨대, 2,000만원의 소득을 가진 남편을 둔 부인의 가사노동과 200만원의 소득을 가진 남편을 둔 부인의 가사노동의 가치 차이가 10배가 되는 것이냐고 반문한다. 이렇게 되면 특정 여성의 가사노동 가치가 남편의 소득에 의해 평가된다는 것이다. 게다가 현대사회의 가사노동은 주부 개인만 전담하는 것이 아니라 도우미, 노인 부모들, 각종 시설 등으로 다원화되고 있다. 부인들이 가사노동을 전담했기 때문이라는 형평분할의 전제도 현실에 잘 부합하지 않는다.[42]

---

42) 부부의 다양한 상황과 조건이 존재한다는 이유에서 부부재산의 균등분할에 대한 비

다음, 여성의 가사노동자성이라는 전제에 대해서도 의문을 제기한다. 이 제도의 근거를 외국에서 찾고 있지만, 프랑스와 독일 등에서는 남성이 생계 책임자가 된다는 이데올로기는 사라진 지 오래고 여성의 경제활동 참여의 증가도 괄목할 만하다는 것이다. 이에 비해 2006년 한국에서는 여성의 경제활동 대부분이 낮은 교육수준과 낮은 임금을 받는 여성에 의해 이루어지고 비정규화 등 고용불안이 확대되는 상황이어서, 요청되는 것은 여성들이 더 나은 소득활동을 할 수 있는 경제세력화이며, 남녀의 역할 공유이며, 성별분업의 철폐라는 것이다(조순경 2006). 부부재산 균등분할의 효과가 여성의 '가정주부화'로 귀결될 수 있다는 문제제기이다.

균등분할제도는 재산을 갖지 못한 여성들이 남성의 재산에 대해 절반의 권리를 주장하면서, 그 정당성을 구체화하지 못하는 이중적이고 의존적인 요청을 의미할 수 있다. 여성들이 가정에서 주부역할을 해도 남편 재산에 대해 절반의 권리를 주장할 수 있다는 논리는 여성의 취업을 불리하게 만들고 일터에서 그녀들을 차별하는 관행을 심화시키며 여성들의 전업주부화를 유도할 수 있다. 그런데 조순경 등이 우려하는 가정주부화는 균등분할에 의해서만 유도된다기보다 균등분할과 함께 여성의 경제세력화가 이루어지지 않을 때 생긴다고 해야 할 것이다. 균등분할제도로 여성 노동자에 대한 부정적 인식이 강화된다는 전망은 다소 지나친 감이 있다\.

다른 한편, 현행 별산제하에서도 부인 명의로 재산을 등기하지 않는 문화가 존재한다는 점을 간과해선 안된다(이박혜경 2006). 현행 부부별산제에서 여성이 재산권과 노동권을 가진 경제적 주체가 되었음에도 사회·문화적으로는 그것이 실행되지 않는 상황이므로 여성들이 자기 재산을 자기

판론이 있지만(조순경 2006; 이박혜경 2006), 균등분할이 분할비율의 원칙이 된다는 것이지 모든 경우에 기계적으로 적용한다는 것은 아니므로 이는 적절한 비판이 아니다. 개정안의 재산 균등분할의 원칙이 판사들에게 일종의 출발점 혹은 가이드라인을 준다는 점을 명확히 할 필요가 있다.

명의로 하는 움직임이 필요하다는 것이다.[43] 또한 개정안에서 발의하는 혼인시 재산분할청구나 부부재산약정이 활발히 될 수 있겠는가에 대해 반문한다(이박혜경 2006). 이러한 비판은 현행 부부별산제도가 여성의 재산소유 권리 실현도 없이 가사노동에 대한 포괄적 평가로 그 틀을 변화시키는 것의 위험성을 지적하면서, 부부재산 균등분할 원칙이 '여성에게 유리하므로'[44] 무조건적으로 환영하는 것을 다시 보게 만든다. 또한 페미니즘이 정의가 아니라 '여성의 이익'을 위한 것으로 전락하지 않는지 묻고 있는 것이다. 재산분할이나 부부의 재산형성이란 개별 부부에 따라 성격이 상이하므로 그 사실 파악의 노력부터 경주해야 할 것이다.

(3) 기타 중요 쟁점

1) 재산정보의 공유

재산을 가지지 못한 배우자 입장에서 재산분할청구권을 실현하고자 할 때 실무에서 가장 중요시되는 문제는 상대편 배우자 재산에 대한 정보 부족이다. 재산을 가진 배우자들은 이혼이 예상되는 경우 상대편의 재산분할청구에 대비하여 미리 다른 사람에게 명의를 신탁하거나 재산을 매각하는 방법으로 재산관계를 변동시킴으로써 분할할 재산을 축소하는 경우가 허다하다. 아래 법 실무자들의 발언을 살펴본다.

판사: "남편 재산을 다 입증하는 게 가장 문제예요. 재산분할할 때 (…) 명의신탁된 재산도 문제가 되긴 하지만 (…) 명의신탁의 경우 그 자체를 밝히기 곤란한 점도 있고, 수탁자의 이익도 보호해야 하니까요"(장현정 2000, 75면).

---

43) 2000년도 한국여성의전화 조사결과 전체 여성 응답자의 80.9%가 재산형성에 기여다고 하면서도, 재산의 76.2%가 남편 명의이고, 부인 명의가 12.2%, 부부공동인 경우가 3.0%로 나왔다(김인숙 2005에서 재인용).
44) 물론 이런 상황이 '여성에게 유리한 것'인지에 대해서도 회의적이다(이박혜경 2006).

변호사: "소송할 때 세무서나 국세청의 도움이 있으면 남편들이 재산 빼돌리는 거 막을 수 있을 거예요. 세무서나 국세청 통하면 재산 파악이 다 되니까요. 그런데 거 기서 협조를 안해줘요. 그런 요청은 그냥 무시하는 거죠. 그런 데서 협조만 좀 해주 면 개인적으로 남편 재산 일일이 캐고 뒤쫓을 필요도 없을 거예요. (…) 결국 전체 재산에서 겨우 일부분을 가지고 양쪽이 치열하게 싸우는 거죠. 그나마 그중에서도 여성은 별로 못받고요"(장현정, 2000, 75~76면).

이렇게 재산분할비율을 확정하기 이전에 분할대상이 되는 재산의 확정 이 무엇보다 중요한 선결 문제이다. 이에 대비해 아내는 평소 남편의 재산 에 대해 알고 있어야 이혼소송을 제기하기 전 가압류나 가처분 신청을 하 여 남편이 분할재산에 대해 은닉하거나 처분하지 못하게 할 수 있다. 또한 재산분할청구를 위해서는 재산소유관계를 추적하는 것이 중요한데 여기 서 법원이나 관계기관의 협력이 필요하다. 가정법원에서 조사관이 직접 조사하거나 아니면 관련기관의 협조를 통해 상대 배우자의 재산을 파악할 수 있어야 한다. 이 점에서 앞의 최순영 안이나 한명숙 안처럼 부부 중 일 방이 재산분할을 청구하는 경우, 다른 일방이 혼인중 형성한 재산에 대해 청구인이 정보를 조회할 수 있는 제도 마련이 중요하다. 재산분할 과정은 부부관계란 낭만적 사랑과 협력의 관계일 뿐 아니라 서로 상반되는 이해 관계를 가지고 대립하고 투쟁하는 관계이기도 하다는 것을 보여준다.

2) 자녀의 비가시화

또 한가지 지적할 것은 재산분할에 있어 자녀가 별로 고려되지 않는다 는 점이다. 여기에는 어머니와 아버지의 태도 차이가 있는데, 어머니가 양 육자가 될 경우에는 상대편으로부터 양육비를 지급받는다 할지라도 양육 으로 인한 노동기회 상실 같은 효과가 매우 크다(조미경 1996). 자녀양육친에 대한 고려는 단지 강행력이 적은 양육비 급부에 그칠 것이 아니라, 재산분할에서도 고려대상이 되어야 한다(민유숙 2001).[45] 그럼에도 우리 법원은 이혼시 재산분할에서 자녀 양육비용에 대한 고려가 매우 약하다. 이는 앞서 다룬 대로 재산분할의 근거와 철학이 주로 회고적 청산에 있지 전망적인 부양이나 배려에 있지 않은 데에서 기인한다.

3) 여성의 이중역할 평가

재산분할에 있어 직장여성의 이중역할 평가 문제가 있다. 앞에서, 직장생활을 한 여성이 전업주부의 경우보다 더 큰 비율로 경제적 기여를 평가받고 있음을 보았다. 또한 여성의 기여 규명에서도 화폐노동 이력이 가사노동에 비해 중요하게 여겨짐을 알 수 있었다. 여성의 취업이 늘어남에도 불구하고 성역할 규범은 지속되기 때문에 우리 사회의 여성에 대한 성역할 규범은 전업주부가 아니라 가정과 직장에서 모두 노동하는 '이중역할 수행자'로 바뀐 것이 아닌가 한다.[46]

그런데, 앞서 논한 부부재산 균등분할안은 전업주부와 직장여성의 재산분할의 몫을 일정하게 함으로써 상대적으로 직장여성들에게 불리할 수 있다. 직장과 가정에서 이중역할을 하는 여성노동의 경제적 가치를 어떻게 정당하게 평가할 것인가. 이 문제는 형평분할의 원칙이 실무에서 얼마나

---

45) 미국 법원에서는 즉시 그 주택을 매각해야 할 일방 당사자의 경제적 필요가 인정되는 않는 한, 미성년 자녀들이 성년에 도달할 때까지 양육친에게 그 주택에서 거주할 권리를 부여하고 그 성년 도달 시점에 그 주택을 매각하여 이혼 당시 법원이 정한 비율대로 매각대금을 분할토록 하는 판결들이 있다(Blackman v. Blackman, 517 N.Y.S, 2d 167, 1987; Skinner v. Skinner, 661 N.Y.S. 2d 648, 1997; 민유숙 2001, 60~61면 재인용).

46) 직장에 다니는 아내를 둔 남편의 가사노동시간(하루 평균 1시간 6분)과 전업주부 아내를 둔 남편의 가사노동시간(1시간)이 평균 6분밖에 차이가 나지 않는다는 통계청의 생활시간 조사(1999)는 여성의 직장생활 참여가 남편의 가사노동 참여를 유발하지 않는다는 것을 나타낸다.

탄력적으로 다루어질까 하는 문제와도 관련되어 있다. '기혼여성'을 하나의 집단으로 동질화할 것이 아니라 여성간의 차이와 각 가족의 상태를 섬세하게 다룰 수 있는 태도와 방법, 그리고 조사인력이 요청된다.

4) 세제와 연금, 보험제도의 주부 지원

1997년 헌법재판소에서는 부부간 분할재산에 대한 증여세 부과에 대해 위헌 결정이 내려진 바 있다. 헌법재판소는 구 상속법 제29조의 2 제1항 제1호에서 "이혼한 자의 일방이 민법 제839조의 2 또는 동법 제843조의 규정에 의거하여 다른 일방으로부터 재산분할을 청구하여 제11조 제1항 제1호 규정에 의한 금액을 초과하는 재산을 취득하는 경우로서 그 초과 부분의 취득을 포함한다"는 부분에 대해 위헌을 선고하였다. 이에 따라 이혼시 분할재산에 대한 증여세 부담은 사라졌다. 하지만, 혼인의 계속중 여성(특히 전업주부)의 경우, 재산취득에 대한 세무조사나 증여세 부과 등에 따라 혼인중 실질적 재산분할이 저해될 수 있다. 이 점에서 부부간 소유권 이전이나 부부공유를 위한 소유권 이전을 간소화할 필요가 있다.

다른 한편, 퇴직연금과 보험제도에서 보살핌노동을 제대로 인정하는 것도 중요하다. 가사노동과 보살핌노동을 고려하여 노년의 연금에서 주부의 몫을 합산, 반분할 필요가 있다. 나아가 육아나 간호를 위한 노동중단 기간을 연금 내지 피보험기간에 산입하고, 육아와 간호를 위한 제반 비용을 아동수당·양로수당 등의 형태로 지급해야 하며, 보살핌노동의 대가를 위한 세금공제 등 세금 혜택이 필요하다(김용욱 1991, 177면). 연금과 보험제도에서 보살핌노동에 대한 수용과 지원은 가족법이 사회보장법과 결합해 해결해야 할 주요 분야라고 생각한다.

4. 재산상속에서의 여성

재산상속은 젠더 평등과 가족의 정의가 실현되어야 할 또 하나의 분야이다. 1989년 개정으로 재산상속에서 남녀의 지위는 완전히 동일해졌다. 재산상속에는 크게 두 가지 양식이 있는데, 하나는 유언에 의한 것이고 다른 하나는 법정상속에 의한 것이다. 이 절에서 다루는 여성의 재산상속은 주로 법정상속분에 관한 것이고, 보충적으로 1977년 개정시 도입된 유류분제도 및 기여분제도에 대해서도 살펴본다.

(1) 여성의 법정상속분
먼저 아래와 같은 해당 조문의 변천을 살펴보자.

민법 제1009조 (법정상속분) ① 동순위의 상속인이 수인(數人)인 때에는 그 상속분은 균분으로 한다. 그러나 재산상속인이 동시에 호주상속을 할 경우에는 상속분은 그 고유의 상속분의 5할을 가산하고 여자의 상속분은 남자의 상속분의 2분의 1로 한다.
② 동일가적 내에 없는 여자의 상속분은 남자의 상속분의 4분의 1로 한다.
③ 피상속인의 처의 상속분은 직계비속과 공동으로 상속하는 때에는 남자의 상속분의 2분의 1로 하고 직계존속과 공동으로 상속하는 때에는 남자의 상속분과 균분으로 한다. 〈제정 1958.2.22〉

민법 제1009조 (법정상속분) ① 동순위의 상속인이 수인인 때에는 그 상속분은 균분으로 한다. 그러나 재산상속인이 동시에 호주상속을 할 경우에는 상속분은 그 고유의 상속분의 5할을 가산한다. 〈개정 1977.12.31〉
② 동일가적 내에 없는 여자의 상속분은 남자의 상속분의 4분의 1로 한다.
③ 피상속인의 처의 상속분은 직계비속과 공동으로 상속하는 때에는 동일가적 내

에 있는 직계비속의 상속분의 5할을 가산하고 직계존속과 공동으로 상속하는 때에는 직계존속의 상속분의 5할을 가산한다. 〈개정 1977.12.31〉

민법 제1009조 (법정상속분) ① 동순위의 상속인이 수인인 때에는 그 상속분은 균분으로 한다. 〈개정 1977.12.31, 1990.1.13〉
② 피상속인의 배우자의 상속분은 직계비속과 공동으로 상속하는 때에는 직계비속의 상속분의 5할을 가산하고, 직계존속과 공동으로 상속하는 때에는 직계존속의 상속분의 5할을 가산한다. 〈개정 1990.1.13〉
③ 〈삭제 1990.1.13〉

여기서 보듯이 1989년 법개정으로 여러 변화가 일어났다. 먼저, 호주승계인에 대한 50% 재산상속분의 가급제도가 폐지되어 호주상속과 재산상속 간의 관련성이 완전히 사라졌다. 이는 호주제도를 존치하였으나 그 위상은 약화시켰던 당시 개정의 방향과 일치한다. 둘째, 동일 호적에 편제되어 있지 않은 여성, 예컨대 결혼한 딸은 구민법에서부터 동순위 법정상속인의 4분의 1 상속을 받던 제도가 폐지되어 결혼한 아들과 결혼하지 않은 딸에 비해 받던 차별이 해소되었다. 셋째, 구민법에서 혼인하지 않은 딸의 법정상속분은 아들의 절반이었으나 1977년 개정에 의해 그 차별이 해소되었다. 넷째, 남편이 아내의 재산에 대해 갖는 상속에 비해 아내가 남편의 재산상속에 있어 받던 차별이 1989년 개정에 의해 해소되었다. 상속인으로서 여성의 지위는 아내와 딸의 지위가 가장 전형적인 것이기에 두 경우를 나누어 살펴본다.

(2) 상속인 그리고 피상속인으로서의 처

1977년 개정시 처의 법정상속분은 호주승계를 하지 않는 직계비속의 50%에서 150%로 3배 증가했다.[47] 특히 1989년 개정에서는 이전 조문에 있던 '처'라는 용어가 삭제되고, 남편과 아내가 모두 '배우자'로 불리면서 재산상속에서 동일한 법적 대우를 받게 되었다. 이 조치에 따라, 처가 피상속인인 경우에 남편의 상속인 지위를 따로 규정했던 제1002조가 삭제되었다.

> 민법 제1002조 (처가 피상속인인 경우의 상속인) 처가 피상속인인 경우에 부는 그 직계비속과 동순위로 공동상속인이 되고 그 직계비속이 없는 때에는 단독상속인이 된다. 〈제정 1958.2.22, 삭제 1990.1.13〉

> 민법 제1003조 (처의 상속순위) ① 피상속인의 처는 제1000조 제1항 제1호와 제2호의 규정에 의한 재산상속인이 있는 경우에는 그 상속인과 동순위로 공동상속인이 되고 그 상속인이 없는 때에는 단독상속인이 된다.
> ② 제1001조의 경우에 상속개시 전에 사망 또는 결격된 자의 처는 동조의 규정에 의한 상속인과 동순위로 공동상속인이 되고 그 상속인이 없는 때에는 단독상속인이 된다. 〈제정 1958.2.22〉

> 민법 제1003조 (배우자의 상속순위) ① 피상속인의 배우자는 제1000조 제1항 제1호와 제2호의 규정에 의한 상속인이 있는 경우에는 그 상속인과 동순위로 공동상속인이 되고 그 상속인이 없는 때에는 단독상속인이 된다.
> ② 제1001조의 경우에 상속개시 전에 사망 또는 결격된 자의 배우자는 동조의 규정에 의한 상속인과 동순위로 공동상속인이 되고 그 상속인이 없는 때에는 단독상속인이 된다. 〈개정 1990.1.13〉

개정 전 조문에서는 남편과 아내가 상대 배우자의 상속인으로서 가지

---

47) 신영호는 현대 가족법에서 배우자 상속권리 강화의 세계적 추세에 주목한다. 배우자 상속은 부부공동의 노력으로 형성한 재산에 대한 청산의 의미도 가진다(신영호 1990, 215면).

는 지위가 달랐다. 먼저, 제정법에서 남편의 법정상속분은 처의 직계비속과 동일하였으나, 처의 남편 재산의 법정상속분은 남편의 직계비속의 절반이었다. 이런 차별은 1977년 개정을 통해 시정되었다. 둘째, 남편이 처의 재산을 상속하는 경우에 그는 직계비속과 동순위가 되고 직계비속이 없을 경우 단독상속인이 되었다. 하지만 처가 남편의 상속인인 경우 처는 직계비속과 동순위가 되고, 직계비속이 없을 때 직계존속과 동순위 공동상속인이 되었다. 이에 따라 처의 직계존속, 예컨대 그녀의 부모는 사위가 생존해 있다면 딸의 재산을 상속받을 수 없었다. 반면 남편의 직계존속, 예컨대 남편의 부모는 아들에게 직계비속이 없다면 며느리와 공동으로 법정재산상속인이 되었다. 이런 제도는 여성이 자식 없이 사망하고 그 남편이 있을 경우, 남편만이 처의 재산을 전적으로 상속하도록, 즉 기혼여성의 재산을 부처제 결혼의 틀 속에 남기도록 한다. 하지만 이러한 젠더특정성은 1989년 개정에서 일소되고 젠더중립적 법률로 개정되었다. 이에 따라, 관련 조문에 처나 남편이라는 용어는 사라지고 '배우자'라는 용어로 통일되고, 법정 재산상속에서 아내는 남편과 동등한 주체가 되었다.

한편, 앞서 본 2006년의 부부재산제 관련 법안에서 부부재산분할의 형평비율 규정에 따라 배우자 재산의 상속분 개정안도 마련된 바 있다. 관련 조문이 국회에서 의결되지는 않았지만 참고로 살펴본다. 이혼으로 인해 부부가 협력한 재산에 대해 일방의 배우자가 절반을 청구할 수 있는 권리를 가졌다면, 배우자의 사망시에는 일방 배우자 명의로 되어 있으나 실질적으로 부부가 협력한 재산에 대한 상속권리가 그와 동등하거나 더 높게 보장돼야 한다는 것이다. 현행 민법에서는 배우자 사망시 생존 배우자의 상속분이 절반에 미치지 못하는 경우가 얼마든지 발생할 수 있다. 특히 생존한 여성 배우자가 자녀를 많이 출산하여 양육의 수고를 더 했을수록, 직계비속과 동순위 상속인이 됨에 따라 배우자로서의 상속분이 오히려 줄어드는 모순을 겪게 된다(조미경 2004, 161~62면). 앞으로 혼인중 재산분할이 가능해진다면, 혼인중 재산분할을 받은 자와 그렇지 않은 자 간에도 형평의 문제가 발생할 수 있다. 이런 점을 해결하기 위해 최순영 의원안에서는 피상속인 배우자가 부부공유로 추정되는 재산의 절반을 선취분으로 청구할 수 있게 했다(제1009조 제2항). 생존 배우자는 기여분 또는 선취분으로 상속을 받고 또다른 상속인과 공동으로 상속을 받을 수 있다. 법무부안에서는 배우자가 혼인중 재산분할을 받지 않은 경우, 재산분할의 형평분할 원칙과 동일한 원칙 아래 피상속인 배우자의 상속분을 상속재산의 5할로 규정하고 있다. 이렇게 부부재산제도 개혁은 배우자 상속분과 연동되어 있다.

(3) 상속인으로서의 딸

한국 가족법상 여성의 법적 지위에서 아마도 재산상속시 딸의 지위만큼 드라마틱한 변화의 예를 발견하기란 어려울 것이다. 앞서 본 대로 제정민법 제1009조에서 미혼 딸의 상속분이 아들의 절반이었고 기혼 딸의 상속분은 아들의 4분의 1이었는데, 1977년 개정법에서 미혼 딸의 상속분이 아들과 균등해졌고, 다시 1989년 개정에서 아들과 딸 간의, 기혼과 미혼 딸간의 차별이 폐지되어 모두 균등해졌다.

딸의 재산상속상 지위는 처의 그것 못지않게 의미가 있다. 딸의 재산상속상 지위 변화는 호주제도나 부처제 결혼제도, 혈족·친족제도, 성본제도 같은 남성중심적 부계혈통주의 원리에 잘 부합하지 않는 사례라고 보인다. 예컨대 1989년 개정에서 기혼의 딸은 제사를 상속하는 아들과 마찬가지의 재산을 부모로부터 상속받을 수 있게 되었다. 호주제도가 존속할 당시 이는 가족의 재산이 '가'의 경계를 넘어 이동한다는 것을 의미했다. 여기서 재산의 흐름이 '가'와 같은 서류상의 가족이 아닌 실질적인 가족관계를 중심으로 이루어지게 되었음을 발견할 수 있다. 이에 대해 한국의 근대화과정이 수반한 핵가족화와 소자녀 추세가 딸과 아들의 차별을 완화했다는 해석이 가능하다. 그러나 개정 이후에도 실제 재산상속에서 과연 부계계승적 가족제도의 효과가 멈추었는지는 의문이다. 가제도, 부계혈통주의, '출가외인' 관념이 존재하던 사회에서 실제 재산상속의 관행은 실정법상의 규정과는 달리 결혼한 딸을 차별했을 가능성이 크다고 본다.

(4) 유류분, 재산과 부양에 대한 기여분

1977년 가족법의 개정에서 유류분(遺留分)제도가 도입되었다. 유류분은 우리 민법에서 피상속인의 유언의 자유가 보장됨에 따라 일정한 범위의 상속인에게 확보해주는 일정한 비율의 상속재산이다(김주수 1994, 659~60면). 유류분권은 상속이 개시됨으로써 비로소 안정화되는 것이기에 피상속인 생전의 재산처분에 대해 유류분을 가진 추정상속인이 이를 제한할 수는 없다. 또한, 상속이 개시되더라도 유류분을 침해하는 피상속인의 처분이 당연히 무효로 되는 것은 아니고, 상속인이 원한다면 반환을 청구할 수 있다(민법 제1115조). 유류분권을 가진 자는 피상속인의 직계비속·배우자·직계존속·형제자매이다. 유류분은 피상속인의 직계비속과 배우자는 법정상속분의 각 2분의 1, 피상속인의 직계존속과 형제자매는 법정상속분의 각 3분의 1이다(제1112조). 유류분제도는 피상속인의 사망 후 상속인의 생활 안정을 도모하고 가족재산을 공평하게 분배하는 등의 목적을 가진다(김주수 1994, 659면).

또한, 1989년 개정에서는 재산상속에서 기여분제도가 도입되었다. 이때 기여분이란 피상속인 재산의 유지 혹은 증가에 기여한 상속자의 기여분을 인정하는 제도이다. 가족의 '보살핌' 역할에 대한 국가의 관심 증가는 기여분제도 개정에서도 나타난다. 2005년 개정 민법 제1008조의 2는 상당기간 동거하면서 피상속인을 부양한 상속인도 공동상속인의 협의 또는 법원에 의하여 기여분을 인정받도록 규정하고 있다.

민법 제1008조의 2 (기여분) 공동상속인 중에 피상속인의 재산의 유지 또는 증가에 관하여 특별히 기여한 자(피상속인을 특별히 부양한 자를 포함한다)가 있을 때에는 상속 개시 당시의 피상속인의 재산가액에서 공동상속인의 협의로 정한 그 자의 기여분을 공제한 것을 상속재산으로 보고 제1009조 및 제1010조에 의하여 산정한 상속분에 기여분을 가산한 액으로써 그 자의 상속분으로 한다. 〈본조신설 1990.1.13〉

② ~ ④ 생략

민법 제1008조의 2 (기여분) ① 공동상속인 중에 **상당한 기간 동거·간호 그 밖의 방법으로 피상속인을 특별히 부양하거나** 피상속인의 재산의 유지 또는 증가에 특별히 기여한 자가 있을 때에는 상속 개시 당시의 피상속인의 재산가액에서 공동상속인의 협의로 정한 그 자의 기여분을 공제한 것을 상속재산으로 보고 제1009조 및 제1010조에 의하여 산정한 상속분에 기여분을 가산한 액으로써 그 자의 상속분으로 한다. 〈개정 2005.3.31〉 (강조는 개정 부분)

② ~ ④ 생략

2005년 개정은 이미 1998년에 입법예고된 이른바 효도상속제에 부분적으로 그 기원을 두고 있다. 해당 개정안에는 "피상속인과 상당한 기간 동거하면서 부양한 상속인과 피상속인에 대하여 부양료를 5할 이상 부담한 상속인의 상속분을 그 고유의 상속분에 5할을 가산하도록" 규정하였다. 그러나 이 제도는 기존의 기여분제도와 중복된다는 점, "부양료 5할"의 부담이라는 것을 증명하기 쉽지 않기에 분쟁의 소지를 가지고 있다는 점, 상속할 재산이 있는 부모에게는 의미가 있는 제도이지만 그렇지 않은 부모에게는 효도하지 않아도 된다는 반대해석을 낳을 위험성이 있다는 점 등에서 비판되었다(이화숙 2005, 111면). 그런데, 기여분제도는 거의 사문화될 정도로 법원에서 적극 활용되지 못하다가 1998년 하반기부터 법원에서 기여분 권리자의 청구를 인정하는 판결이 잇달아 내려짐으로써 효도상속제가 기여분제도와 중복된다는 주장도 설득력을 가지게 되었다.[48] 이에 2005

년의 개정 조문은 원래 정부안에 들어 있던 부양상속분제도 요건의 일부를 종래의 기여분제도에 추가한 것이다. 종래의 기여분제도는 '피상속인의 재산의 유지 또는 증가에 관하여 특별히 기여할 것(피상속인을 특별히 부양한 자를 포함한다)'을 그 요건으로 하고, 부양상속분제도는 '피상속인과 상당한 기간 동안 동거하면서 부양한 상속인'을 그 요건으로 하였으나, 개정된 기여분제도는 전자와 후자의 요소를 결합하고, "그 고유의 상속분에 5할의 범위 내에서 이를 가산한다"는 구절은 삭제하였다.

본 개정 조문에는 "상당한 기간 동거·간호 그 밖의 방법으로 피상속인을 특별히 부양하거나"라고 규정하여 동거나 간호 같은 보살핌노동의 가치를 명시적으로 인정하고 있다는 점, 이 활동을 부양의 개념으로 포섭한다는 점에서 의미가 있다. 즉 이 조문은 부양을 경제적 측면뿐 아니라 보살핌의 의미로도 사용하고 있는 것이다. '동거·간호' 같은 보살핌노동은 주로 딸과 며느리 같은 여성들이 하는 써비스라는 점에서, 이 활동이 재산상속에서 기여분의 형태로 고려되는 것은 여성의 입장에서는 의미있는 일이다. 하지만, 딸이나 손녀가 그 직계혈족(친정부모·조부모)과 동거하거나 돌보는 것이 아니라 배우자가 생존해 있는 며느리나 손자며느리가 시부모·시조부모를 보살피는 경우에는 상속인 자격을 갖지 못하여 문제가 된다. 이들은 남편의 재산상속을 통해 간접적으로만 그 기여를 인정받을 수 있다. 한편 앞서 본 대로 상속재산은 상속인 배우자의 특유재산으로서 원칙적으로 이혼시 재산분할의 대상이 아니다. 따라서 며느리의 입장에서 보살핌노동에 대한 자신의 기여분이나 상속분은 기대하기 어렵다.[49] 며느리의 노력에 의하여 아들이 기여분을 상속받게 된다면 이를 부부공동재산

---

48) 효도상속제의 제안은 부모의 부양을 꺼리고 호주제도가 폐지된 상황에서 노부모를 부양한 가족을 특별히 고려해야 한다는 취지를 가진다.

49) 이 점에서도 한국 가족의 재산상속을 직계와 핵가족 관계로만 한정하는 것은 현실과 괴리되는 면이 있다.

으로 전환할 수 있는 규정 내지 해석론이 요청된다.

5. 맺음말

호주제 폐지 이후 여성의 경제적 권리와 경제적 공정성에 관심이 모아진 것은 매우 중요한 변화이다. 이 장에서는 가족법에서 여성의 경제적 위치를 부부재산약정, 부부재산제도와 이혼시 재산분할과 재산상속제도를 통해 살펴보았다. 특히 부부재산제도의 큰 틀에서 여러 모순점을 발견했다. 우리나라 부부의 혼인 지속중에는 내것 네것이라는 소유 관념이 지나치게 없어서 가사노동 무보수화에 따른 아내들의 빈곤을 보이지 않게 만든다. 또한 가족법제는 부부별산제를 취함으로써 형식적 양성평등의 명분을 가지면서 시장관계에서 거래의 안전과 효율성을 확보할 수 있음을 보았다. 하지만 이혼에 직면했을 때 드러나는 여성들의 열악한 경제적 상황에 대해 국가는 개입할 필요가 있으니, 그것이 바로 재산분할청구권으로 구현되고 있다 하겠다. 이렇게 부부재산제도의 성별적 효과는 '구불구불한 길'이다. 그 논리는 단지 하나가 아니라 여럿이어서 해결방식 역시 복수로, 다각도로 찾아야 할 것이다. 이러한 점을 고려하여 부부재산제도의 개혁과 관점의 변경이 요청된다. 이제 가족 내 경제관계를 규율하는 법에서 앞으로 개혁해야 할 의제들을 정리해본다.

첫째, 무엇보다도 여성의 자기 재산 소유운동과 정책이 필요하다. 여성의 가족 내 경제적 지위의 안정은 평등한 부부재산분할만으로는 이룰 수 없다. 재산분할제도란 부부재산제도에 부속된 제도일 뿐이다. 이미 명의가 확정된 재산의 분할보다 훨씬 중요한 것은 공평하고 분명한 재산의 소유관계이다. 이상적이겠지만 평소 재산의 소유를 공정하게 만들어놓아 이혼에 임했을 때 분할할 재산을 많이 만들지 않는 부부들이 많은 사회가 형평하게 재산분할을 하려는 부부들이 많은 사회보다 안정된 것이 아닌가 한다. 이 점에서 부부재산제 개정안들에서 부부재산의 형평분할만이 부각된 것은 다소 아쉽다. 개정안, 특히 정부안은 부부별산제의 틀을 유지하면서 기혼여성들이 재산의 소유 주체가 되기를 장려하기보다 부부재산을 분할받을 수 있는 주체로서 보호하는 데 주안점을 둔 것 같다. 현행 부부별산제는 자본주의 시장경제에는 부응하지만 재산과 소득 없는 배우자에게는 대단히 불리한 제도이다. 특히 여성의 노동권이 확보되지 못한 채 혼인의 불안정성이 증가한다면, 이는 여성 생존의 위험수위를 높이는 일이다.[50] 앞으로 부부별산제의 취지를 살리고자 한다면, 재산을 소유하고 관리하는 경제주체로서의 여성을 독려하는 정책과 사회운동이 필요하다. 이를 위해서는 무엇보다 부부재산 약정제도를 널리 알리고, 부부별산제의 존재뿐 아니라 그 효과를 널리 교육할 필요가 있다. 이것은 이혼이나 별거를 부추기는 제도가 아니라 오히려 현대사회에 부합하는 가족의 경제적 안정화 제도라고 해야 할 것이다.

둘째, 현행 부부재산제도에서 공유추정의 폭이 너무 좁은 문제를 개선하여 현재의 부부별산제도를 보다 융통성 있게 운용해야 한다. 현행 재산분할제도에서 아킬레스건은 이른바 '부부의 협력으로 이룩한 재산'을 어디까지로 보는가의 문제에 있다. 부부별산제하에서는 누구 명의의 재산인가가 관건이면서도 재산분할시에는 '부부가 협력해 이룩한 재산'이라는 제3의 범주가 등장하는 것은 부부별산제의 딜레마라 할 수 있다. 모든 사회질서가 일방 명의의 재산을 존중하면서도 이혼에 임하면 갑자기 공유추정으로 변화되는 모순 내지 무리를 어떻게 극복할 것인가. 2006년 법무부

50) 기든스는 21세기를 사적 관계의 구조변동의 시기로 보고 있다. 친밀성의 요청이 높아짐에 따라 역설적으로 혼인과 가족관계는 불안정해지는 운명을 겪게 된다는 것이다. 본인의 경제적 자립을 확보하지 못한 채 당하게 되는 배우자와의 이혼이나 사별은 심각한 위험사회의 모습이다(기든스 1996; 울리히 벡·엘리자베스 벡-게른샤임 1999).

개정안처럼 부부별산제를 유지하면서도 혼인중 재산분할청구 내지 재산의 형평분할 원칙을 도입하는 것은 부부재산제도의 이중성을 한층 높이는 것이다. 형평분할 원칙을 도입하기 위해서는 부부공유재산으로 추정될 재산(예컨대 주거지와 주택)을 확대해야 한다. 또한, 이를 위해서는 시장과 거래절차의 복잡성이나 불확실성(예컨대 계약대상이 가족의 주거지인지 여부, 상대편 배우자의 재산권을 해하는 계약인지 여부), 그리고 시간투자를 감수해야 한다.

셋째, 여성의 기여도 평가 방법과 시각에 대한 근본적 성찰이 필요하다. 부부별산제하에서 이혼시 공유추정을 하고자 하니, 일방 배우자의 재산형성 기여도 평가에 관심이 집중되는 것은 논리적 귀결이다. 하지만 무보수 노동인 가사노동에 주력하거나 임금노동이라도 저임금 파트타임 위주가 될 수밖에 없는 주부의 경제적 기여도 평가란 억지 논리가 되기 쉽다. 그런데 이는 재산 없는 배우자의 억지가 아니라 기혼여성의 기여도를 평가할 수 있는 방법론과 관점의 결여에서 파생한 문제이다. 현재 우리에게는 가사노동과 보살핌노동의 가치를 제대로 평가할 방법이 부족하다. 앞에서 본 대로 민법의 관련 조문이 매우 간단하고 추상적이어서 재산분할비율 등에 대해 결정권한을 가진 법관과 조사관의 역할이 매우 중요하다. 실무에서 준비가 되어 있지 않다면 형평분할 원칙이 도입된다고 해도 기계적·도식적 적용을 면치 못할 것이다.

넷째, 재산분할 목적이 기여의 청산인지 아니면 정의의 문제인지 그 원칙을 정립해야 한다. 2006년 개정안과 같은 형평분할제도는 현행 부부별산제의 틀과 모순된다고 본다. 형평분할제도를 도입하기 위해서는 그 목적이 단지 가사노동의 가치나 기여도라는 현재의 관점을 넘어서서 이전 배우자(및 그 자녀)의 복지라는 가치에 입각해야 한다. 재산분할 목적이 청산과 부양이라는 관점에서 논의되지만 이러한 목적, 즉 전망적 요소와 회고적 요소 간의 조화는 한국에서 아직 달성되지 못한 것 같다. 우리 법의 이론과 실무에서 부부재산에 대한 기여와 일방 배우자(및 자녀)의 필요성 간의 조화를 찾아야 한다. 가사노동과 보살핌노동은 여전히 여성(모성)의 몫이고 노동시장에는 성별분업과 성차별이 편만한 우리 사회에서, 굳이 부부재산분할에서는 그 기여도를 중심으로만 사안을 바라보는 것이 공정한 일인지 의문이다. 관련하여, 우리 이혼법의 법리는 이혼 후 취약한 배우자와 가족에 대한 지원의 근거를 주장하는 데 너무 소극적이다. 재산 명의자 보호와 거래의 안전에 대한 고려가 무엇보다 앞서고, 부부간 공동재산의 범위는 불분명한 채 개별 부부의 다툼에 맡겨지고 있다. 뿐만 아니라, 손해배상과 재산분할은 별도라고 하여, 이혼에 이르게 한 배우자의 유책성이 재산분할 비율에 별로 반영되지 않는 문제도 중요하다. 또한, 그럼에도 재산분할을 받은 경우 손해배상은 미미한 것으로 보고된다. 이혼에서 취약한 배우자에 대한 지원은 혼인으로 인해 이미 취약해진 배우자에 대한 하나의 보정 조치이다.

이상의 문제는 가족법의 목적이 정의(情誼) 구현인지 정의(正義) 구현인지를 정하는 문제와 관련된다. 예컨대 이혼과정에서 피해자 지원이나 정의 구현이 어려울 것이 예견된다면, 재산 없는 배우자는 재산 가진 배우자의 가정폭력이나 부정(不貞)의 상황에 놓였을 때 이혼하지 못하고 용인할수밖에 없는 무방비 상태에 놓일 것이다. 현재 우리 법원의 이혼시 재산분할이나 손해배상 조치가 혼인중 폭력이나 부정을 예방하며 나아가 그것을 응징할 수 있는 수단이 되고 있는지 물어야 한다. 적어도 무책(無責) 배우자가 상대 배우자의 이혼소송으로 곤궁하게 되지 않도록 재산분할과 위자료, 그리고 양육비의 형태로 금전적 보정이 되어야 한다. 우리 가정법원과 국가는 부부간 이혼을 사사로운 일로 치부할 것이 아니라 부부간의 사안에도 정의의 원칙이 가장 중요하며 이에 따라 취약한 가족의 회복이라는 관점을 도입해야 한다.

다섯째, 경제단위로서 결혼 내지 부부라는 경제관계에 대한 개념이 정립되어야 한다. 이 장에서 보았듯이, 우리 법에서는 부부간의 약속·약정·계약의 무상함을 발견할 수 있다. 우리 법이 가진 부부관계의 상은 두 개인의 결합이 아니라 그저 하나의 단위일 뿐이다. 2006년 개정안에서 볼 때, 최순영 의원안처럼 다양한 선택을 가능케 하는 부부재산약정은 부부가 약정과 계약을 하는 두 사람의 결합이라는 상을 가지고 있어 주목된다. 현행 민법에서는 부부란 서로 계약을 맺을 수 있지만 일방에 의해 그 계약이 취소될 수 있는 관계로 그 성격이 애매하다. 앞으로 부부간 계약취소권이 개정되어야 하고, 부부재산 약정제도에 대한 홍보와 활성화가 필요하다.

여섯째, 기혼여성의 '빈곤'에 대한 관심이 필요하다. 현재의 제도는 혼인중 여성은 마치 부부재산을 공유한 듯 소유권이 불투명한 상태에서 살다가, 혼인 파탄시에야 냉엄한 부부별산의 법과 마주하게 만든다. 가족재산관계에서 기혼여성들은 남성 우위의 단위 속에서 잘 보이지 않는 일원으로 존재하다가 이혼 같은 위기상황에는 개인으로 취급된다 하겠다. 하지만 이혼 앞에서 여성의 취약함은 혼인관계 속에서 형성된 취약함을 반영할 따름이다. 그간 한국 가족법이 기혼여성과 이혼시 가족의 복지에 적극적인 관심을 가지기에는 신분관계의 틀이 너무 강했다고 평가할 수 있다. 결혼 안에서 아내들의 '빈곤'은 빈곤으로 여겨지지 않은 것이다. 보살핌노동에 대한 국가의 관심이 너무 약하며, 이혼 후 가족들의 보살핌에 대한 관심도 더 강화되어야 한다. 이러한 여성의 가사노동에 대한 제대로 된 평가는 여성들을 가사노동자로 보거나 가사노동자화하는 정책태도와는 구분되는 것이다. 오히려 가사노동과 보살핌노동의 가치가 제대로 자리매김될 때, 그것이 남녀가 공유하고 누구나 행하는 노동으로 자리매김될 가능성이 높아지고, 써비스 임노동으로 자리잡을 가능성도 높아진다. 직장과 가정에서 여성들의 이중역할을 제대로 평가하기 위해서도 보살핌노동의 가치 평가는 핵심적이다.

부부간 경제관계를 부부 아닌 사람과의 관계와 똑같이 기계적으로 계산할 수는 없다고 본다. 혼인중과 이후까지 이어지는 부양의 책임을 고려할 때 그러하며, 취약한 배우자와 그 자녀를 고려하면 더욱 그러하다. 그렇지만 이것이 혼인으로 인해 경제적으로 취약한(취약해지는) 배우자를 체계적으로 양산한 후 이를 재산분할이나 위자료 등으로 보정하자는 것을 의미하지 않는다. 혼인중에 경제적 의존자를 체계적으로 만들어낼 것이 아니라, 자기 부양이 가능한 경제적 능력을 부여하는 정책을 펼치는 것이 바람직하다. 부부라는 친밀한 관계단위에서 체계적 차별의 존재는 불평등과 성적·정신적 착취 같은 부정의의 요소를 배양하는 것과 다르지 않기 때문이다. 가족의 정의를 위해 경제적 권력을 적정하게 배분하는 것은 필수불가결하다.

일곱째, 한국 가족법은 현대사회의 가족과 혼인의 불안정성을 좀더 적극적으로 수용해야 한다. 오늘날 한국사회도 한번의 혼인이 평생 유지된다고 보기 어려운 상황에 돌입했다. 그렇다면 혼인의 선택은 평생의 보장이나 의존이 아닌 상당히 불확실한 선택 혹은 모험의 시작일 수 있다. 이러한 의식전환 없이 혼인을 평생 유지되는 것으로 바라보는 혼인관에도 변화가 요청되며 당연히 이에 따른 법정책의 전환이 요청된다. 가족법 정책의 견지에서도 이는 가족법의 목적이 이혼을 지양하거나 정상가족을 유지하게 하는 데 있는 것이 아니라, 다양한 가족과 개인의 요청을 수용하는 데 있음을 의미한다. 부부간 계약을 지양하고, 혼인중 재산분할이란 어떠한 경우에도 가능치 않고, 성역할의 온존 속에 엄격한 부부별산제가 존재하는 한국 가족법은 정의 구현뿐 아니라 개인들의 삶의 필요도 수용하기 어려울 것이다.

제11장
2005년 가족법 개정의 방향 읽기

2005년 3월 2일 국회를 통과하고 동년 3월 31일에 공포된 민법에는 호주 제도를 삭제하는 등 획기적인 변화가 담겨 있다. 이에 2005년 가족법 개정의 주요 내용을 젠더관계, 그리고 가족과 국가의 관계라는 견지에서 살펴보려고 한다. 2005년 개정에서는 '전통'담론을 거의 찾아볼 수 없었고, 가족에 대한 국가개입 확대 등 중요한 특징을 찾을 수 있다. 이 장에서는 가제도 폐지와 개인성의 대두, 자녀 복지에 대한 국가개입 증대 등의 견지에서 개정법을 살펴보기로 한다. 2008년 1월부터 시행중인 새로운 신분등록제에 대해서도 논의한다.

1. 가제도 폐지와 개인성의 대두

(1) 가제도의 폐지

2005년 가족법 개정의 핵심은 민법 제4편 제2장 '호주와 가족'의 대대적인 삭제에 있다. 법무부에서 마련한 정부안에는 제2장이 모두 삭제되었으나 개정과정에서 '가족' 조항이 남게 됨으로써 제2장 제목이 '가족의 범위와 자의 성과 본'으로 변경되었다. 2005년 3월 국회에서 의결된 새로운 가족법 제2장의 신구조문 대조표는 그 변화를 극명하게 보여준다.

신구 대조표

〔구〕 제4편 친족	〔2005년 개정〕 제4편 친족
제2장 호주와 가족	제2장 가족의 범위와 자의 성과 본
제778조 (호주의 정의) 일가의 계통을 계승한 자, 분가한 자 또는 기타 사유로 인하여 일가를 창립하거나 부흥한 자는 호주가 된다.	〈삭제〉
제779조 (가족의 범위) 호주의 배우자, 혈족과 그 배우자 기타 본법의 규정에 의하여 그 가에 입적한 자는 가족이 된다.	제779조 (가족의 범위) ① 다음의 자는 가족으로 한다. 1. 배우자, 직계혈족 및 형제자매 2. 직계혈족의 배우자, 배우자의 직계혈족, 배우자의 형제자매 ② 제1항 제2호의 경우에는 생계를 같이하는 경우에 한한다.
제780조 (호주의 변경과 가족) 호주의 변경이 있는 경우에는 전 호주의 가족은 신호주의 가족이 된다.	〈삭제〉
제782조 (혼인 외의 자의 입적) ① 가족이 혼인 외의 자를 출생한 때에는 그 가에 입적하게 할 수 있다. ② 혼인 외의 출생자가 부가에 입적할 수 없는 때에는 모가에 입적할 수 있고 모가에 입적할 수 없는 때에는 일가를 창립한다.	〈삭제〉
제783조 (양자와 그 배우자 등의 입적) 양자의 배우자, 직계비속과 그 배우자는 양자와 함께 양가에 입적한다.	〈삭제〉
제784조 (부의 혈족 아닌 처의 직계비속의 입적) ① 처가 부의 혈족 아닌 직계비속이 있는 때에는 부의 동의를 얻어 그 가에 입적하게 할 수 있다. ② 전 항의 경우에 그 직계비속이 타가의 가족인 때에는 그 호주의 동의를 얻어야 한다.	〈삭제〉

제785조 (호주의 직계혈족의 입적) 호주는 타가의 호주 아닌 자기의 직계존속이나 직계비속을 그 가에 입적하게 할 수 있다.	〈삭제〉
제786조 (양자와 그 배우자 등의 복적) ① 양자와 그 배우자, 직계비속 및 그 배우자는 입양의 취소 또는 파양으로 인하여 그 생가에 복적한다. ② 전 항의 경우에 그 생가가 폐가 또는 무후된 때에는 생가를 부흥하거나 일가를 창립할 수 있다.	〈삭제〉
제787조 (처 등의 복적과 일가 창립) ① 처와 부의 혈족 아닌 그 직계비속은 혼인의 취소 또는 이혼으로 인하여 그 친가에 복적하거나 일가를 창립한다. ② 부가 사망한 경우에는 처와 부의 혈족 아닌 그 직계비속은 그 친가에 복적하거나 일가를 창립할 수 있다. ③ 전 2항의 경우에 그 친가가 폐가 또는 무후되었거나 기타 사유로 인하여 복적할 수 없는 때에는 친가를 부흥할 수 있다.	〈삭제〉
제788조 (분가) ① 가족은 분가할 수 있다. ② 미성년자가 분가함에는 법정대리인의 동의를 얻어야 한다.	〈삭제〉
제789조 (법정분가) 가족은 혼인하면 당연히 분가된다. 그러나 호주의 직계비속 장남자는 그러하지 아니하다.	〈삭제〉
제791조 (분가호주와 그 가족) ① 분가호주의 배우자, 직계비속과 그 배우자는 그 분가에 입적한다. ② 본가호주의 혈족 아닌 분가호주의 직계존속은 분가에 입적할 수 있다.	〈삭제〉
제793조 (호주의 입양과 폐가) 일가 창립 또는 분가로 인하여 호주가 된 자는 타가에 입양하기 위하여 폐가할 수 있다.	〈삭제〉
제794조 (여호주의 혼인과 폐가) 여호주는 혼인하기 위하여 폐가할 수 있다.	〈삭제〉
제795조 (타가에 입적한 호주와 그 가족) ① 호주	〈삭제〉

가 폐가하고 타가에 입적한 때에는 가족도 그 타가에 입적한다. ② 전 항의 경우에 그 타가에 입적할 수 없거나 원하지 아니하는 가족은 일가를 창립한다.	
제796조 (가족의 특유재산) ① 가족이 자기의 명의로 취득한 재산은 그 특유재산으로 한다. ② 가족의 누구에게 속한 것인지 분명하지 아니한 재산은 가족의 공유로 추정한다.	〈삭제〉

출처: 국회 홈페이지(www.assembly.go.kr), 부분 조정은 필자.

호주제도 위헌제청 심판대상 조문이었던 조항들은 제778조 (호주의 정의), 제780조 (호주의 변경과 가족), 제836조 제3항이었지만 호주제도가 가지는 체계적 효과를 인식하여 입법부에서는 호주제도와 관련된 모든 조항을 삭제한 개정안을 의결한 것이다. 제4편 제2장 '호주와 가족'뿐 아니라 제4편 제8장 '호주승계의 장'도 삭제되었다. 이렇게 몇조문의 삭제나 변경이 아닌 전체 장의 삭제는 가족법 틀의 개혁을 말한다. 말할 나위도 없이 이는 생활공동체나 주거장소, 가문이나 문중도 아닌 호적상에만 존재하는 가제도의 폐지를 의미한다(제4장, 제9장). 가제도 폐지에 따른 법률적 공백을 메우기 위해서는 무엇보다 호적제도의 정비가 필요했다. 과연 호주제도가 폐지된 그 자리에 어떤 가족이 들어설 것인가. 물론 여기서 가족이란 가족의 이념과 가치를 말한다. 법은 변화했으나 아직 그 현실을 알기는 어렵다.

(2) '가족' 규정의 개정

호주제도의 폐지와 함께 가족의 범위가 새롭게 규정되었다. 가제도상의 가족이 호적상에 존재하는 추상적인 개념이라고 할 때 가족의 범위 내지 정의 규정이 없어진다고 해도 현실의 생활공동체인 가족에는 어떤 영향도 미치지 않을 것이다. 현실적 가족관계는 호주와 가족 관련 조항이 아니라 친족편의 총칙, 혼인, 이혼, 부모와 자, 후견, 친족회, 부양 등의 규정에 의해 규율되기 때문이다. 외국의 예에서도 이러한 가족의 정의 조항을 찾아볼 수 없다(김상용 2006, 18면). 정부안은 가족 규정이 삭제되었으나 국무회의에서 가족 규정의 삭제는 가족의 상실 내지 가족 해체를 촉진한다며 강력한 비판에 직면했다. 그 결과 개정안 제779조에 가족의 범위 조문이 개정된 채 2003년 10월 28일 국무회의를 통과하였다.[1] 하지만 이 개정안은 16대 국회에서 제대로 심의되지 못한 채 16대 국회 만료와 함께 자동폐기되었다. 2004년 새롭게 구성된 17대 국회에 다시 개정안이 제출되었는데 이때 개정안은 '가족의 범위'에 대해 아래와 같이 수정되었다. 이는 2005년 국회에서 의결된 가족법안에서 원안대로 통과되었다.

민법 제779조 (가족의 범위) 호주의 배우자, 혈족과 그 배우자 기타 본 법의 규정에 의하여 그 가에 입적한 자는 가족이 된다. 〈제정 1958.2.22〉

민법 제779조 (가족의 범위) ① 다음의 자는 가족으로 한다.
1. 배우자, 직계혈족 및 형제자매.
2. 직계혈족의 배우자, 배우자의 직계혈족 및 배우자의 형제자매.
② 제1항 제2호의 경우에는 생계를 같이하는 경우에 한한다. 〔본조개정 2005.3.31〕

이렇게 우여곡절 끝에 마련된 새로운 가족의 범위에서 호주가 아니라 성인 개인을 기준으로 그의 배우자, 그의 직계혈족 및 형제자매를 포함하게 되었다. 이에 따라 특정 호주를 둔 '가'에 입적한 사람을 가족으로 보는

---

1) 당시 개정안에서 제779조(가족의 범위) 조문은 "부부, 그와 생계를 같이하는 직계혈족 및 그 배우자, 부부와 생계를 같이하는 그 형제자매는 그 가족으로 한다"라고 규정되었다.

이전 제도와는 크게 다르다.

개정 전 가족은 동일 호적에 속한 구성원이어서 호적에 속하지 않은 직계혈족, 형제자매는 가족이 아니었다. 부모라도 호적이 다르고 자식이라도 분가를 하면 법률상 가족이 아니었다. 하지만 개정 후 법에 따르면 이들은 모두 가족으로 분류되어 범위가 훨씬 넓어졌다(이은정 2006, 202면). 동거하지 않는 조부모와 손자녀관계, 혹은 더 넓은 범위의 직계혈족을 포함시킨 데에는 가족을 지키고자 했던 의도가 매우 중요했을 것이다. 기존의 가족 개념이 호적 서류에 기초한 것이라면, 개정 후 가족 개념은 혈연(제1항 제1호)과 생활공동체(제1항 제2호)의 결합으로 보인다. 이 점에서 개정 후 가족은 현실적 가족이 아니라 또다른 추상적 가족이라 평가할 수 있다. 개정후 가족은 문서에 기초하지 않으며 이 규정으로 인해 특정한 권리·의무가 발생하지도 않는다. 예컨대 부양의 의무에 관해서는 민법 제826조 제1항에 규정되어 있고, 부모의 미성년자녀에 대한 부양의무는 친자관계 그 자체에서 발생한다. 상속인의 순위와 범위도 민법 제1000조 이하에서 발생하는 것이지 가족의 범위와 무관하다(김상용 2006, 20면). 민법 이외에 가족의 범위를 명시한 다수의 특별법들은 그 법의 목적과 취지에 맞게 가족범위를 설정하는데 이 법률들과 민법상 가족범위가 일치하지도 않는다(이은정 2006). 이상의 점에서 볼 때 개정법 제779조의 가족범위는 법률적 기능이 애매한 또다른 관념상의 가족—혹은 국가가 창달하고자 하는 가족관념—을 나타낸다.

이렇게 생활공동체와 함께 혈연 개념으로 가족범위를 규정한 결과, 부부간에도 가족 범위가 상이해졌다. 마치 친족 범위 조항에서 보듯이 부부는 각자 자신의 직계존속과 형제자매라는 별도의 가족을 가지게 되었다. 이는 한국인의 가족문화, 아니 한국인이 아닌 사람들의 가족문화로도 이해하기 힘든 일일 것이다. 또한, 생계를 같이하지 않으면 시부모와 며느리 간, 장모·장인과 사위 간은 가족이 아니게 되었다. 호주제도 같은 가부장적 가족제도하에서 여성이 '가족적 존재'로 묶여 있었다면, 이렇게 새로운 가족 규정에서는 누가 여성의 가족인지 불분명해졌다.

"생계를 같이하는"이라는 개념에도 애매한 점이 있다. 그것이 '반드시 주민등록표상 세대를 같이함을 요하는 것은 아니나 일상생활에서 볼 때 **동일한 생활자금으로 생활하는 단위로서, 생계유지라는 경제적 의존관계를 중점에 둔다**'고 한다.[2] 혼인중의 부부는 대개 생계를 같이하는 단위이므로, 남편과 그 부모가 생계를 같이한다면 그 아내와 시부모 간에도 생계를 같이한다는 것을 의미할 것이다. 이렇게 되면, 부부간에는 상대 배우자와 생계를 같이하는 배우자의 직계혈족(장인, 장모, 시부모, 배우자의 자녀), 배우자의 형제자매도 가족에 포함될 것이다. 또한 생계의 개념이 보살핌이 아니라 생활자금이라는 경제적 관계라면, 생계란 남성을 가족의 중심에 놓은 개념이라 할 수 있다. 젠더 평등의 견지에서 가족간 상부상조 활동을 포착하기 위해서는 생계와 보살핌노동을 아우르는 가족 지원과 같은 개념이 요청된다.[3]

나아가 아내와 남편이 별도의 계정과 재산을 가지고 있는 경우, 남편과 아내에게 의존하는 생활공동체가 상이할 수 있다. 예컨대, 남편이 전혼(前婚)의 자녀와 생계를 같이한다고 해서 이로 인해 그 남편과 생계를 같이하는 모든 가족, 즉 그의 현재 아내와 그 자녀까지 남편의 전혼 자녀와 '가족'이 되어야 할 이유는 없기 때문이다. 이렇게 해석하면 제2호에 해당하는 '생계를 같이하는' 가족의 경우에도 남편과 아내의 가족 범위가 상이해지는 결과를 낳을 수 있다.

이상과 같이 개정 조문은 이전의 가족 규정보다 범위가 더 넓어지면서

---

2) 대법원 1983.4.26. 83누44 판결.
3) 생계 개념과 마찬가지로 부양 개념(제974조에서 제979조)도 다분히 화폐경제적인 개념이다. 이렇게 보살핌노동이 제외되는 현행 생계와 부양의 법적 개념은 재고되어야 한다(이승우 2000).

그 효과는 관념적이며 혈연과 혼인만을 중심으로 한 정상가족을 다시금 승인하고 있다는 점에서, 가족 다양성이 등장하는 한국의 가족 현실을 거의 반영하지 않은 구태의연한 조문이라고 평가한다. 가제도가 폐지된 것은 사실이나 법에서 다양한 가족을 수용한 것인지는 의문이다.

(3) 자녀의 성과 본 규정 개정

2005년 개정에 따라 자녀의 성과 본 규정은 여러 측면에서 개선되었다. 개정법의 특징은 먼저, 부계성본주의의 '완화된 유지'를 들 수 있다. 제9장에서 살펴본 대로, 성과 본의 사회적 기능은 단지 부계혈통의 표지에 국한되지 않는다. 성본제도는 생물학적 계통을 표방한다고 일컬어지지만, 진정 혈통의 표상이라기보다는 사회적인 연대와 조직화의 산물이다. 조선시대에도 성을 가진 인구 및 본관의 수 등이 변화했다는 사실이 나타내듯이 (김상용 2005, 161~66면), 성본제도 역시 한국의 본질적 문화가 아니라 사회역사의 역동적 산물이다.[4] 그렇다면, 개인의 개성 추구는 증대되는 반면 친족 정체성의 의미는 약화되고 가족형태는 다양화되며 체외수정 같은 재생산기술 역시 날로 발전하는 현대사회에서 개인의 성과 본의 의미가 조선시대의 그것과 같을 수는 없다. 성본제도 역시 현대사회에 맞게 새롭게 자리매김해야 할 것이다.

한편 헌법재판소는 2005년 12월 22일, 민법 제781조 제1항 본문(2005.3.31. 개정 전) 중 "자는 부의 성과 본을 따르고" 부분에 대한 헌법불합치 선고를 내렸다(2003헌가 5·6 결정). 헌재는 다수의견으로 부성주의의 원칙을 정한 것은 입법 형성의 한계를 벗어난 것은 아니기에 헌법 합치적이라고 한다. 그 이유는 부계와 모계를 모두 하나의 성에 반영하기는 어렵고 성의 사

---

4) 민법 개정과정에서 가장 큰 저항에 부딪혔던 조문은 호주제 폐지가 아니라 오히려 성본 조항이었다. 법무부 민법 개정안 공청회(2003.9.25)에서 유림의 반발과 격론은 주로 이 개정 조문에 관한 것이었다.

용이 개인의 실체적인 권리·의무에 영향을 미치지 않기 때문이다. 즉 성의 사용이 구체적인 권리·의무와 무관하고, 부성주의 자체가 여성의 법적 지위에 불이익을 주지 않는다는 것이다. 다만 구체적이고 예외적인 경우에 부성만을 강제하는 조문은 헌법에 반하여 개인의 인격권을 침해하고 개인의 존엄과 양성평등에 반하는 것으로 다수의견은 판단하였다. 예외적인 경우란 자녀에게 성을 부여할 당시 부가 이미 사망했거나, 부모가 이혼하여 모가 단독으로 친권을 행사하고 양육할 것이 예상된다거나, 혼인 외의 자를 부가 인지하였다 해도 모가 단독으로 자를 양육하는 경우, 또는 입양이나 재혼 등으로 새 가족관계가 형성되어 성의 변경이 필요한 경우 등이다. 이렇게 헌법재판소는 해당 법률조항의 핵심 문제를 부성 사용의 강제에 의해 그 예외를 인정치 않는 것에 있다고 결론내렸다. 부성주의 원칙이 아니라 부성 불변경의 원칙이 헌법에 불합치한다는 것이다.[5]

헌법재판소의 다수의견은 같은 해 3월 이미 국회를 통과한 개정 민법 제781조의 원칙과 일치하므로 제781조의 헌법불합치성은 개정에 의해 해소되었다 할 수 있다. 그러나 여전히 의문이 남는다. '이혼과 재혼을 한 어머니, 비혼모(非婚母), 자녀 출생시 아버지가 사망한 경우 등에서 부성주의는 여성에 대한 차별'이라고 하면서도, 부계성본주의 자체는 여성차별이 아니라는 헌법재판소의 해석은 납득하기 어렵다. 왜냐하면 이렇게 예외적인 경우에 부성주의가 여성에게 차별적인 결과를 낳는 것은 부성주의 원칙 자체에서 발생하기 때문이다. 비혼모·이혼모·재혼모·양모와 같은 어머니들과 그 자녀들에게 표출되는 부성주의의 성차별성은 이른바 정상적 혼인관계 속에도 존재하는 부성주의 보편문법의 표현일 따름이다.

유엔 여성차별철폐협약 제16조 1항 g호에는 "가족성(家族姓) 및 직업

___
5) 해당 법률조항에 대한 개정법률이 공포되어 2008년 1월 1일 시행 예정되어 있었으므로 2007년 12월 31일까지 해당 법률조항을 잠정적으로 적용한다는 결정을 내렸다.

을 선택할 권리를 포함하여 부부로서의 동일한 개인적 권리"를 보장할 것을 규정하고 있으나, 우리 정부는 현재까지 이 조항의 적용을 유보하고 있다.[6] 이상의 견지에서 개정 조문은 개선되었지만 양성평등과 개인의 자유 면에서 아직 미흡하다. 이제 법조문의 구체적 변화를 살펴본다.

민법 제781조 (자의 입적, 성과 본) ① 자는 부의 성과 본을 따르고 부가에 입적한다. 다만, 부가 외국인인 때에는 모의 성과 본을 따를 수 있고 모가에 입적한다. 〈개정 1997.12.31〉

② 부를 알 수 없는 자는 모의 성과 본을 따르고 모가에 입적한다.

③ 부모를 알 수 없는 자는 법원의 허가를 얻어 성과 본을 창설하고 일가를 창립한다. 그러나 성과 본을 창설한 후 부 또는 모를 알게 된 때에는 부 또는 모의 성과 본을 따른다. 〈제정 1958.2.22〉

민법 제781조 (자의 성과 본) ① 자는 부의 성과 본을 따른다. **다만, 부모가 혼인신고시 모의 성과 본을 따르기로 협의한 경우에는 모의 성과 본을 따른다.**

② 부가 외국인인 경우에는 모의 성과 본을 따를 수 있다.

③ 부를 알 수 없는 자는 모의 성과 본을 따른다.

④ 부모를 알 수 없는 자는 법원의 허가를 받아 성과 본을 창설한다. 다만, 성과 본을 창설한 후 부 또는 모를 알게 된 때에는 부 또는 모의 성과 본을 따를 수 있다.

⑤ **혼인 외의 출생자가 인지된 경우 자는 부모의 협의에 따라 종전의 성과 본을 계속 사용할 수 있다. 다만, 부모가 협의할 수 없거나 협의가 이루어지지 아니한 경우에는 자는 법원의 허가를 받아 종전의 성과 본을 계속 사용할 수 있다.**

⑥ **자의 복리를 위하여 자의 성과 본을 변경할 필요가 있을 때에는 부, 모 또는 자의 청구에 의하여 법원의 허가를 받아 이를 변경할 수 있다. 다만, 자가 미성년자이**

6) 현행 민법에서도 부성주의를 원칙으로 하고 모성은 예외로 인정한다는 점에서 이 조문의 유보를 철회하기 어렵다(같은 취지로 윤진수 2005b).

고 법정대리인이 청구할 수 없는 경우에는 제777조의 규정에 따른 친족 또는 검사가 청구할 수 있다. 〈개정 2005.3.31〉 (강조는 신설 부분)

먼저, 이 조문 제1항에서는 부모가 '혼인신고시' 협의에 의해 자녀에게 어머니의 성본을 부여할 수 있게 하였다. 개정 전 법에서 모의 성본을 따를 수 있는 경우는 부의 인지가 없거나 외국인인 경우 등으로 제한되어 있었다. 개정 전 법에서 모의 성본을 따를 수 있는 경우는 부의 인지가 없거나 외국인인 경우 등으로 제한되어 있었다. 이렇게 모성(母姓)이란 아버지가 없는 아이(흔히 사생아라 함)와 같은 비정상적인 출생의 경우에 한하는 불가피한 선택으로만 여겨졌다(이화숙 2005, 41면). 개정법에 따라 모성을 따르는 것은 불가피한 일이 아니라 예외적이지만 당당한 선택사항이 되었다. 개정법은 여전히 부계성본주의를 원칙으로 고수하지만, 부부의 선택을 통해 자녀가 모의 성본을 따를 수 있는 제도를 최초로 마련한 것이다. 외국에서도 여성이 혼인과 함께 무조건 남편 성을 따르는 제도는 사라지고 부부가 부부공동의 성을 사용할지 혹은 혼인 전의 성을 그대로 사용할지 여부를 각자에게 맡기는 입법례가 늘고 있으며,[7] 부부가 별개의 성을 사용할 경우 자녀가 누구의 성을 따를지 역시 부모의 합의에 의하여 해결하는 예가 대부분이다(김상용 2006, 22면).[8]

---

7) '외국에서 여성은 결혼하면 남편 성을 따르는데 우리나라는 부부별성제도를 취하고 있어 여성의 지위가 상대적으로 높다'는 주장은 두 가지 이유에서 잘못되었다. 첫째는 외국의 입법례도 성 선택을 법에서 강제하지 않는 것으로 변화되어왔고, 둘째로 한국에서 기혼여성이 남편 성을 따르지 않는 것은 여성의 존엄 때문이 아니라 부계성본주의의 강제성에 따른 것이기 때문이다. 한편, 일본 민법의 씨제도에 대한 최근 동향은 Shin(2008) 참조.

8) 예컨대 프랑스 민법은 2002년과 2003년 두 차례 개정에 의해 제312조의 21은 자녀의 성을 민적관에게 공동으로 신고해야 하고, 공동신고가 없으면 자녀는 부모 중에서 그와 먼저 친자관계가 설정된 사람의 성을 따르며, 친자관계가 부모에 대해 동시에 설정된 때에는 부의 성을 따르게 되었다. 원래 프랑스 하원에서는 부모 사이에 협의가 이루어지지

또한 모의 성과 본을 부여하는 결정에서 혼인신고라는 시점이 너무 이르다. 대체로 혼인신고시에는 남녀가 앞으로의 부부관계 혹은 부모자녀관계 등에 대해 정확히 예견하기 어려우므로, 이때 모성을 따르기로 선택하는 경우는 극히 미미할 것으로 예상된다(김연 2006, 244면). 헌재가 설명한 대로 제781조가 위헌성을 드러내는 예외적 경우, 즉 자녀에게 성을 부여할 당시 부가 이미 사망했다든지 부모가 이혼하여 모가 단독으로 친권을 행사하고 양육할 것이 예상되는 등의 경우는 대부분 혼인신고시에 예견할 수 있는 일이 아니다. 이런 이유에서 적어도 첫 자녀 출생시까지 늦춰 부모들이 모성과 부성을 협의하여 선택할 수 있도록 제도를 변경하는 것이 바람직하다.[9] 참고로, 제16대 국회에 제출된 이미경 의원 외 51인 발의안(2003.5.27 제출)과 제17대 국회의 노회찬 의원 외 9인 발의안(2004.9.14 제출)의 제865조의 2 (자의 성과 본) 제1항에는 "자는 부모가 협의한 바에 따라 부 또는 모의 성과 본을 따른다. 다만, 부모가 협의할 수 없거나 협의가 이루어지지 아니하는 경우에는 부 또는 모의 청구에 의하여 가정법원이 이를 정한다"로 함으로써 자녀의 성과 본을 부부의 선택 사항으로 규정한 바 있다.

개정법의 또다른 특징은 제781조 제5항에서처럼, 아버지가 인지된 경우에도 자의 성과 본을 유지할 수 있도록 한 점이다. 개정 전 법률에 따르면, 혼외자로서 오래도록 어머니의 성과 본을 따라온 경우에도 생부가 인지하면 자동으로 부의 성과 본으로 변경되었다. 생부는 언제든지 자를 인지할 수 있고, 인지에 있어 모나 자의 동의가 필요 없었다. 현대사회에서 성과 본을 포함한 '이름'의 사회적 기능은 (부계)혈통의 표지에서 개인의 정체

않으면 부모의 각 성을 알파벳순으로 이어 쓰도록 하였으나 상원과 정부에서 이를 받아들이지 않았다(윤진수 2004).

9) 첫 자녀라는 근거는 동일부모에게서 태어난 자녀의 성과 본이 일치해야 하기 때문이었다. 마찬가지의 의견은 이화숙(2005, 41면) 참조.

성 또는 동일성의 표지라는 점으로 무게중심이 이동하고 있다. 오랫동안 사용해온 자신의 성(어머니의 성)을 갑자기 바꾼다는 것은 개인의 동일성에 혼란을 줄 뿐 아니라 혼외자였다는 사실을 만방에 알린다는 점에서 일종의 '아우팅'(outing) 효과를 줄 것이다.[10] 현행 민법에서도 부계성본주의를 따르고 혼외자가 인지되면 부의 성을 따르는 것이 원칙이지만, 인지이후에도 부모가 합의하면 인지되기 전의 모성을 사용할 수 있게 되었다. 이 제도는 제1항과 마찬가지로 성과 본 선택에서 개인과 개별 가족의 선택을 확대하는 취지를 가지고 있다.

해당 조문의 또다른 변화는 제6항에서 보듯이, 자의 성본 변경 가능성이 열렸다는 점이다. 자녀의 복리를 위해 필요한 경우 성과 본을 변경할 수 있도록 한 개정조항은 한국의 성본제도에 있어 모성을 따를 수 있도록 한 앞의 두 조항보다도 큰 변화라고 할 수 있다. 절대로 일어나지 않을 일을 가리켜 '성을 바꿀 일'이라고 하는 한국인의 어법이 보여주듯이, 한국의 성본제도는 절대불변의 원칙을 고수해왔기 때문이다(이광신 1973). 이에 따라 우리나라에서는 이성양자제도가 활성화되지 못했고, 이혼과 재혼 자녀에게 불이익이 있었다.

성본 변경규정은 구체적으로는 재혼가정에서 계부와 성본을 달리하는 처의 전혼 출생 자녀들이 활용할 수 있을 것이다. 재혼가정에서 계부를 실제 아버지로 하여 생활하는 경우 계부의 성본으로 변경하는 것이 자녀들의 복리에 부합하는 경우가 있을 것이다.[11] 또, 부모가 이혼하고 모가 친권자로 자를 양육하는 경우, 자녀가 모의 성과 본으로 변경할 수도 있을 것이

---

10) 성적 소수자 커뮤터니에서 사용되어온 아우팅이란 성적 소수자라는 사생활 정보가 자신이 원하지 않거나 모르는 사이 타인에 의해 폭로되는 것을 말한다.

11) 2005년 개정 민법에서는 친양자제도를 신설하였는데 친양자의 경우 양자는 입양과 함께 친자와 마찬가지로 양부모의 성으로 변경하게 되었다. 친양자제도에 대해서는 후술한다.

다. 한편 성본 변경의 주요 사유를 재혼가정에서 계부의 성과 본으로 변경할 필요성에서 찾는 것은 페미니즘의 견지에서 딜레마를 안겨준다. 이런 논거는 자녀가 또다른 아버지의 성과 본을 가져야만 이 땅에서 정상적인 자녀 내지 정상적인 사회인이 된다는 것을 승인하는 것이기 때문이다.[12] 재혼여성 자녀의 복리가 다시 아버지의 권위를 승인하는 방식으로 해결됨으로써, 어머니 성을 무시하던 원래의 부계성본주의가 다른 식의 모성 무시로 연속된다는 딜레마를 안겨준다. 이러한 왜곡은 부자동성주의를 정상으로 하는 법과 문화에 의해 발생하는 것이다. 문제는 이혼이나 재혼가정 자녀의 성과 본이 아니라 부계성본주의 원칙이며, 그 경직성에 있다. 이 원칙을 문제삼지 않은 채 그 부속 원칙을 문제삼는 것은 비논리적인 일이다. 이 점에서 부부평등·부모평등을 위해서, 그리고 어머니의 계통을 찾아 진정으로 양계적 가족을 구성하기 위해서는 모성계승이 부성과 마찬가지의 선택지가 되어야 한다.

　앞서 본 부성주의 조문에 대한 헌법재판소의 결정에서는 부성주의가 법적 권리 및 의무와 무관하다고 했지만, 부성주의는 법적 효과뿐 아니라 심대한 사회적 효과를 가지고 있다고 생각한다. 제9장에서 논의한 대로, 성본의 계승은 한 개인의 혈족을 구축하고 인식하게 하는 가장 기초적 기제이다. 민법상 규정되어 있는 혈족 중 모계가 진정한 의미의 계통이 되기 위해서는, 또 여계가 실질적으로 인식되기 위해서는, 모계의 성과 본 계승이 그 기초 메커니즘이 되어야 한다. 부계와 모계의 성본 계승의 평등은 1989년 개정된 우리 민법이 규정하는 혈족, 친족, 가족 조문상의 양계제 원리와도 일치한다.[13] 법적 권리와 의무관계를 넘어서 부계성본주의의 사회적 효

---

12) 흔히 성과 본의 변경이나 결정 혹은 친권자 지정 등의 결정에 있어서 쓰이는 '자의 복리'라는 개념 안에 이미 존재하는 부성중심적 사회문화가 포함될 수 있다는 점에 주의해야 한다. 즉 자의 복리라는 이름으로 모성차별이 계속될 수 있다.

13) 물론 모계 성본의 승계는 부계계승을 약화시킬 것이며 계통 체계의 다변화, 분절화가

과는 심대한 것이어서, 앞서 본 헌재의 결정에서 부성주의 자체는 여성에게 차별적 효과를 발생시키지 않는다는 의견에는 동의하기 어렵다.

이상과 같이 제781조 자의 성과 본 개정을 볼 때, 부계성본주의를 원칙으로 고수했다는 점에서 어머니의 성본과 아버지의 성본을 진정한 의미로 선택하게 되었다고 할 수는 없다. 모의 성본을 가진 자녀라는 사실은 여전히 낙인 효과를 가지기 쉽다. 하지만 이 개정으로 성과 본의 의미가 부계혈통의 표지에서 생활공동체의 표지 내지 개인의 정체성 표지로 전환되기 시작했다고 조심스럽게 해석한다. 이와 함께 재혼 부의 경우처럼 부성(父性)도 혈육이 아니라 양육과 보살핌이라는 관계로 그 의미가 전환될 수 있을 것으로 전망한다. 그간의 호주제 폐지운동에서 성과 본 개정이 핵심과제였다고 할 수는 없으나, 이제 성본제도가 개인에게 가지는 의미를 양성평등과 개인의 자유 차원에서 다루어야 할 것이다. 개인의 성과 본 결정을 법적 강행조항으로 규정하는 것에 대해서도 재고해야 한다. 성과 본의 강제는 궁극적으로 개인의 인격권이라는 기본권 문제에 맞닿아 있기 때문이다.

2. 가족에 대한 국가개입의 증가

2005년 개정의 또다른 특징은 부모자녀관계와 이혼에 있어 개인의 선택 범위가 늘어남과 동시에 법원(국가)의 개입이 증가했다는 점이다. 2005년 개정으로 가족의 폐쇄성이 약화되고, 법원 내지 공적 기관으로부터 가족으로 판단될 가능성이 증가하였다. 부모자녀관계에서는 친권 개념의 변화와 친양자제도의 도입이 대표적이다. 친권과 양육권 문제는 이혼시 부모

불가피할 것이다. 이에 따라 가계계통의 의미 자체가 변화하는 것을 수용해야 할 것이다.

의 주요 결정사항이므로 이혼제도의 개혁과 엇물려 있다. 이외에도 친생부인의 소에서 모의 권리에 관한 부분도 살펴본다.

(1) 이혼시 친권자와 양육권자 지정

2005년 개정에서 일어난 커다란 변화 중 하나는 친권 및 친권자 선정에 관한 것이다. 제9장에서 살펴본 대로, 친권 개념은 아버지의 전속 권리에서 부모 공동의 권리로 성격이 변화해왔다. 1977년 가족법 개정에 따라 혼인중 부모가 공동으로 친권을 행사하게 되었고, 1989년 개정으로는 이혼시 아버지에게만 인정되던 친권 행사를 어머니에게도 부여할 수 있도록 변화하였다. 2005년 개정에서는 이혼시 친권자와 양육권자 지정에 관한 제837조 및 제909조가 개정되어 협의이혼의 경우 이혼 후 자녀에 관한 사항에 대해 합의서를 제출하도록 의무화했으며, 법원의 개입이 증가하였다. 현대사회 속에서 변화된 부모자녀관계, 그리고 인권에 부합하는 개념으로 친권 및 양육권 개념을 재정립할 것이 요청된다.[14]

1) 2005년 개정 내용

이제 2005년과 2007년에 걸쳐 크게 개정된 제837조와 제909조를 중심으로 이혼시 부모의 양육책임과 친권자 지정에 대한 변화를 살펴본다. 2005년에 신설되고 2011년에 재차 정비된 제912조도 살펴본다.

민법 제837조 (이혼과 자의 양육책임) ① 당사자는 그 자의 양육에 관한 사항을 협

---

14) 2005년 개정에서 양육권자 지정과 관련한 조항들이 정교해진 것은 사실이다. 하지만 친권과 양육권자 지정의 절차와 기준 등에서 고려되어야 할 사항들을 감안할 때 여전히 관련 조항은 너무 단순하다. 예컨대 친권자 일반에 관한 규정이나 친생자제도에 대한 다양한 조문과 비교할 때 이혼시 이루어지는 친권 및 양육권자 지정 같은 문제가 가족법의 주관심사가 아니었음을 알 수 있다.

의에 의하여 정한다.

② 양육에 관한 사항의 협의가 되지 아니하거나 협의할 수 없는 때에는 가정법원은 당사자의 청구에 의하여 그 자의 연령, 부모의 재산상황 기타 사정을 참작하여 양육에 필요한 사항을 정하며 언제든지 그 사항을 변경 또는 다른 적당한 처분을 할 수 있다.

③ 생략 〈개정 1990.1.13〉

민법 제837조 (이혼과 자의 양육책임) ① 당사자는 그 자의 양육에 관한 사항을 협의에 의하여 정한다.

② **제1항의 협의는 다음의 사항을 포함하여야 한다.** 〈개정 2007.12.21〉

1. 양육자의 결정

2. 양육비용의 부담

3. 면접교섭권의 행사 여부 및 방법

③ **제1항에 따른 협의가 자의 복리에 반하는 경우에는 가정법원은 보정을 명하거나 직권으로 그 자의 의사·연령과 부모의 재산상황, 그 밖의 사정을 참작하여 양육에 필요한 사항을 정한다.** 〈개정 2007.12.21〉

④ **양육에 관한 사항의 협의가 이루어지지 아니하거나 협의할 수 없는 때에는 가정법원은 직권으로 또는 당사자의 청구에 따라 이에 관하여 결정한다. 이 경우 가정법원은 제3항의 사정을 참작하여야 한다.** 〈신설 2007.12.21〉

⑤ **가정법원은 자의 복리를 위하여 필요하다고 인정하는 경우에는 부·모·자 및 검사의 청구 또는 직권으로 자(자)의 양육에 관한 사항을 변경하거나 다른 적당한 처분을 할 수 있다.** 〈신설 2007.12.21〉

⑥ **제3항부터 제5항까지의 규정은 양육에 관한 사항 외에는 부모의 권리의무에 변경을 가져오지 아니한다.** 〈신설 2007.12.21〉 (강조는 개정 혹은 신설 조문)

민법 제909조 (친권자) ① 미성년자인 자는 부모의 친권에 복종한다.

② 친권은 부모가 혼인 중인 때에는 부모가 공동으로 이를 행사한다. 그러나 부모의 의견이 일치하지 아니하는 경우에는 당사자의 청구에 의하여 가정법원이 이를 정한다.

③ 부모의 일방이 친권을 행사할 수 없을 때에는 다른 일방이 이를 행사한다.

④ 혼인 외의 자가 인지된 경우와 부모가 이혼한 경우에는 부모의 협의로 친권을 행사할 자를 정하고, 협의할 수 없거나 협의가 이루어지지 아니하는 경우에는 당사자의 청구에 의하여 가정법원이 이를 정한다.

⑤ 양자는 양부모의 친권에 복종한다. 〈개정 1990.1.13〉

민법 제909조 (친권자) ① **부모는 미성년자인 자의 친권자가 된다. 양자의 경우에는 양부모가 친권자가 된다.** 〈개정 2005.3.31〉

② 생략

③ 생략

④ 혼인외의 자가 인지된 경우와 부모가 이혼하는 경우에는 부모의 협의로 친권자를 정하여야 하고, 협의할 수 없거나 협의가 이루어지지 아니하는 경우에는 **가정법원은 직권으로** 또는 당사자의 청구에 따라 **친권자를 지정하여야 한다. 다만, 부모의 협의가 자(子)의 복리에 반하는 경우에는 가정법원은 보정을 명하거나 직권으로 친권자를 정한다.** 〈개정 2005.3.31, 2007.12.21〉

⑤ **가정법원은 혼인의 취소, 재판상 이혼 또는 인지청구의 소의 경우에는 직권으로 친권자를 정한다.** 〈개정 2005.3.31〉

⑥ **가정법원은 자의 복리를 위하여 필요하다고 인정되는 경우에는 자의 4촌 이내의 친족의 청구에 의하여 정하여진 친권자를 다른 일방으로 변경할 수 있다.** 〈신설 2005.3.31〉

제912조(친권 행사와 친권자 지정의 기준) ① 친권을 행사함에 있어서는 자의 복리를 우선적으로 고려하여야 한다. 〈개정 2011.5.19〉

② 가정법원이 친권자를 지정함에 있어서는 자의 복리를 우선적으로 고려하여야 한다. 이를 위하여 가정법원은 관련 분야의 전문가나 사회복지기관으로부터 자문을 받을 수 있다. 〈신설 2011.5.19〉(강조는 개정 또는 신설 부분)

이와 같은 개정에서 나타난 변화의 특징을 정리하면 다음과 같다.

첫째, 개정법에서 친권 행사의 가장 중요한 원칙을 '자녀의 복리'로 명시적으로 규정했다(제912조 신설). 앞서 보았듯이, 2005년 개정 이전 법에서 친권 개념이란 제909조 제1항에서 친권자에 대한 자의 복종에서 나타나는 바 권위주의적 성격을 떨쳐버리지 못했다. 2005년 개정으로 그러한 지배 개념에서 벗어났다는 점에서도 의의를 찾을 수 있다.

둘째, 협의이혼시 자녀양육 문제에 대한 협의사항을 세분화하고 이를 이혼 당사자들의 의무로 규정하고 있다. 협의이혼시 이혼 당사자들은 자녀양육자, 양육비 부담, 면접교섭권에 대해 협의해야 한다. 이렇게 이혼시 자녀양육 문제를 먼저 부모의 협의로 사적으로 해결하도록 함으로써 이혼 후에도 계속되는 부모의 양육의무를 강화하였다.

셋째, 자녀양육 문제에 대한 법원의 개입이 증가하였다. 2005년 개정 전 민법은 이혼 후의 양육(구 제837조 제1항과 제2항) 문제를 기본적으로 부모의 자율적인 합의에 맡기고, 법원은 당사자의 청구가 없는 한 개입하지 않는 태도를 취했다. 하지만 전적으로 부모의 자율적 판단에 맡기는 것이 자의 복리를 해치는 경우를 배제할 수 없기 때문에, 개정법에서는 이혼 당사자 부부가 이혼 후의 양육에 관한 사항을 협의로 정하도록 하고 있고, 협의가 되지 않거나 불가능한 경우에 법원이 당사자의 청구 또는 직권으로 본 사항을 결정하도록 하였다. 2005년과 2007년에 걸친 개정으로 법원은 협의이혼에 있어서도 이혼시 자의 양육책임(제837조), 자의 면접교섭권(제837조의 2)에 대해 개입할 수 있는 근거와 방법을 마련하고 있다.[15]

이러한 법적 변화의 사회적 맥락은 무엇보다 1990년대 이후 나타난 이혼과 재혼의 증가에 있다. 이혼가족 특히 이혼 후 자녀에 대한 국가지원의 필요성이 늘어났고, 부부와 친자관계로 구성된 종래의 정상가족 모델로는 가족정책을 지탱하기 어려워진 것이다. 이로써 우리 국가와 법원이 이혼과 자녀의 복리에 한층 적극적으로 개입할 필요를 인식하게 되었다고 사료된다. 관련하여, 2007년 신설된 협의이혼 절차규정 역시 우리 가족법의 방향에 중요한 의미가 있기에 이를 참고한다.

민법 제836조의 2 (이혼의 절차) ① 협의상 이혼을 하려는 자는 가정법원이 제공하는 이혼에 관한 안내를 받아야 하고, 가정법원은 필요한 경우 당사자에게 상담에 관하여 전문적인 지식과 경험을 갖춘 전문상담인의 상담을 받을 것을 권고할 수 있다.

② 가정법원에 이혼의사의 확인을 신청한 당사자는 제1항의 안내를 받은 날부터 다음 각 호의 기간이 지난 후에 이혼의사의 확인을 받을 수 있다.

1. 양육하여야 할 자(포태 중인 자를 포함한다. 이하 이 조에서 같다)가 있는 경우에는 3개월

2. 제1호에 해당하지 아니하는 경우에는 1개월

③ 가정법원은 폭력으로 인하여 당사자 일방에게 참을 수 없는 고통이 예상되는 등 이혼을 하여야 할 급박한 사정이 있는 경우에는 제2항의 기간을 단축 또는 면제할 수 있다.

④ 양육하여야 할 자가 있는 경우 당사자는 제837조에 따른 자의 양육과 제909조 제4항에 따른 자의 친권자결정에 관한 협의서 또는 제837조 및 제909조 제4항에 따른 가정법원의 심판정본을 제출하여야 한다.

⑤ 가정법원은 당사자가 협의한 양육비 부담에 관한 내용을 확인하는 양육비부담

---

15) 개정 전 민법에 따르면, 재판상 이혼에서는 친권자 지정(제909조의 제5항) 및 후견인 변경시 당사자의 청구 없이도 법원이 직권으로 해당 사안에 개입할 수 있었으나 협의이혼에서는 당사자의 청구가 없는 경우 법원이 개입할 방법이 없었다.

조서를 작성하여야 한다. 이 경우 양육비부담조서의 효력에 대하여는 「가사소송법」 제41조를 준용한다. 〈신설 2009.5.8〉 〈본조신설 2007.12.21〉

기존의 간단하고 쉬운 협의이혼 절차가 이혼을 충분히 숙고하고 이혼 후를 대비하는 데 도움이 되지 못했다는 인식과 함께 2007년 개정에서 신 설된 제836조의 2에서는 협의이혼에 새로운 절차가 도입되었다. 가장 중 요한 부분은 이혼숙려제도이다. 즉, 이혼신고로 완성되던 간단한 협의이 혼 절차에 더해 1개월 내지 3개월의 숙려기간을 두었다. 이혼숙려제도는 이혼의 자유에 대한 국가의 개입이라는 견지에서 비판을 받기도 한다.

필자는 자녀가 있는 부부의 경우 3개월의 숙려제도를 두는 것이 합리성 이 없다고 생각하지 않는다. 그간 협의이혼 절차의 간소함은 사적 자치의 보호라기보다는 국가와 사회의 방치로 볼 여지가 크기 때문이다. 이혼을 신중하게 결정하게 하거나 이혼이 감소하기를 바라는 국가의 관심이 정당 하지 않은 것은 아니지만,[16] 자녀의 복지를 이혼부부에게만 짐 지우는 개 정안의 태도에는 동의하지 않는다. 앞서 본 제837조가 규정하듯이, 이혼 후 자녀복지 문제를 이혼 당사자들의 결정사항으로 맡기고, 이를 결정하 지 못할 경우 이혼을 허가하지 않는다는 것은 중산층 중심적 발상이 아닌 가 한다. 경제력이 없어 이혼 후 자녀를 부양할 수 없는 부부의 경우 이혼 의 자유가 훼손되고 '사실상 이혼'이 증가할 우려도 있다. 이런 경우에 자 녀가 방치되고 그들의 복지가 더 위협받을 수도 있다. 이혼 당사자들이 자 녀양육책임을 짊어질 능력이 부족할 경우를 대비해 이혼 후 자녀에 대한 공적 지원제도가 병행되어야 할 것이다.

이상과 같이 볼 때, 2005년 개정 가족법은 부모자녀관계에 대한 국가의

---

16) 이혼숙려제도가 법원에서 시범적으로 2,3주간 시행될 당시 이혼신청 취하율이 증가 하고 있다고 앞다투어 보고되었다.

개입이 크게 늘어나 주목된다. 이는 그간 가족을 '자연스런' 관계로 간주하던 법의 태도에서 사뭇 벗어난 방향이기 때문이다. 국가는 가족과 개인에 깊숙이 개입하고, 개인의 선택뿐 아니라 책임도 강화하고 있다. 이러한 방향성은 그동안 '가제도'에 의해 규율되던—혹은 감추어져 있던—이혼, 재혼, 자녀양육 등의 현실문제가 가시화됨으로써 나타났다고 해석한다. 이혼 후의 취약한 가족원, 특히 자녀에 대한 국가의 이러한 관심의 증가는 혈연관계로서의 가족에서 보살핌이 이루어지는 가족으로 변화가 나타나는 것이라고도 해석한다.

2) 앞으로의 개선점

이에 친권 및 양육권과 관련하여 앞으로의 개선점을 몇가지 지적한다. 부모자녀의 법률적 관계에서 여전히 친권 개념을 중심에 놓으면서 친권과 양육권, 후견자 간의 관계가 불분명한 점이 있기에 정리가 필요하다. 흔히 친권은 양도 불가능한 부(모)의 '천부적 권리'라고 하지만, 이러한 정의야말로 친권 개념이 부계계승주의의 일환이라는 혐의를 짙게 만든다. 양도 불가능한 천부적 권리는 부모가 자식에 대해 가진 것이 아니라 근대 시민 개개인이 갖고 있는 권리인바, 이 점에서 친권과 시민권(인권)은 서로 상충하는 면이 있다.

2008년 한 여성 연예인의 사망에 따른 생존친권자 자동부활에 대한 논란에서 볼 수 있듯이,[17] 친권자제도는 그 지정뿐 아니라 상실, 후견인과의 관계 등을 다각도로 검토해야 한다. 다양한 가족형태가 부상하는 가운데 친권자 개념을 아버지의 권리에서 자의 복리를 위한 개념으로 전환할 필요가 있기 때문이다. 예컨대 조부모와 자녀로 구성된 조손가정에서는 친

---

17) 이 논란은 친권 개념이 보살핌과 자녀복리라는 관점이 아니라 '누구의 아이'라는 소유의 관점에 기초해 있음을 드러냈다.

권을 가지지 못한 조부모와 친권을 가진 자식의 배우자(사위 혹은 며느리) 간에 권한 충돌이 발생할 수 있다. 친권 개념을 통해 부모와 자녀 간의 강한 연결만을 강조할 때, 현실의 가족관계에 부합하는 자의 복리에 대한 판단이 오히려 저해될 수 있다.

근본적으로는 친권자와 양육권자의 분리 귀속이 과연 바람직한 것인지도 살펴야 한다(박복순 2008b). 친권 개념과 양육권 개념이 큰 틀에서 양육권 개념으로 통합되고, 더 나아가 후견 개념으로 통합되는 것도 고려해볼 수 있을 것이다(양수산 1993b, 196면: 박복순 2008b). 부모자녀관계를 규율하는 가족법상의 제도를 친생자제도, 친권 및 양육권의 순서로 살펴볼 때, 양육권에 대한 관심도는 현저히 떨어짐을 알 수 있다. 양육이 매일의, 장기적인, 그리고 수만가지 측면에서 이루어지는 자녀의 복리에 관한 활동이라면 당연히 양육을 맡은 부모의 책임과 권한이 강화되어야 한다. 자녀의 복리를 실질적인 보살핌의 관계라는 차원에서 바라볼 때, 친권이 양육권 개념 속에 포함되는 구조를 만드는 것이 바람직하다는 의견이다.

다른 한편, 이혼 후 자녀에 대한 양육권자 혹은 후견자가 반드시 1인이어야 하는지도 생각해볼 때다. 현재 우리 법원에서 이혼시 부모공동친권이나 공동양육이 부정된다고는 할 수 없지만, 이혼 후 별거하는 부모가 공동으로 친권이나 양육권을 행사하는 일은 드물다. 공동양육이나 공동 후견자의 개념을 더 발전시키는 것이 자녀에 대한 한 사람의 과중한 책임을 덜어주고 자의 복리에 반하는 전횡을 막을 수 있을 것이다. 또한, 혈연 부모가 언제나 우월한 양육권자인지도 검토해야 한다. 그동안 친권이라는 강고한 혈연 위주의 관념 위에서, 친부모는 위탁부모나 양부모, 혹은 보호시설의 보호자 등에 비해 절대적으로 우위에 있는 사람으로 간주되었다. 하지만 자녀의 복리를 중심으로 한 양육자 개념을 도입한다면, 친부모의 절대적 우위를 예단할 수는 없는 일이다. 앞으로 법원은 '부모의 자'라는 관념을 벗어나서 인권의 관점에서 자녀의 양육권자 및 친권자를 판단해야 할 것이다.

　국가가 자녀의 복리 문제에 적극적으로 개입하고자 한다면, 민법과 같은 사법(私法)의 틀을 넘어서서 사회복지법의 견지에서 이혼자녀의 지원에 나서야 할 것이다. 제837조 2항과 같은 사항들이 부모에 의해 결정되어 협의서를 법원에 제출하지 않는 한 협의이혼이 가능치 않게 만든다면, 이혼 후 적합한 양육자나 양육방법이 없는 부부는 이혼을 할 수도 없게 된다. 친권자 및 양육권자에 대한 국가개입의 논리적 귀결은 열악한 환경의 가족에 대한 국가 지원과 의무 분담이 아닐까 한다. 즉 이혼제도와 복지제도의 결합은 불가피하다.

　이상과 같은 법개정이 실효성을 거두려면 이혼가정의 상태나 자녀의 복리를 판단할 수 있는 법원의 능력도 제고해야 한다. 가정법원이 이혼 및 양육 문제에 개입할 수 있는 폭이 넓어진만큼, 가정법원은 이혼 당사자의 재정상태, 자녀와의 관계, 심리적 상태 등을 조사하고 판단할 수 있는 훈련과 준비가 필요하다. 이를 위해 전문가를 포함하여 기존의 조사관제도와 조사기법을 보다 충실화해야 할 것이다. 물론 조사기법보다 중요한 것은 변화하는 사회 속에서 가족에 대한 새로운 개념 정립이며, 기본권과 정의(正義)에 입각하여 가족 문제를 바라보는 가치관의 정립일 것이다.

(2) 친양자제도 마련

　2005년 개정으로 친양자제도가 마련되었고 이 새로운 양자제도는 민법 제4편 제4장 제2절 제4관 제908조의 2에서 제908조의 8까지에 규정되었다. 친양자제도에서는 양친과 친자를 친생자관계로 보아 종전의 친족관계를 종료시키고 양친과의 친족관계만을 인정하며 양친의 성과 본을 따르도록 한다. 이렇게 친양자제도는 '양친의 친생자와 같이' 양자를 입양 가족의 구성원으로 완전히 동화시키는 제도, 즉 완전양자(full adoption)제도이다. 양부모의 친자처럼 성과 본이 양부(모)의 것과 같게 바뀌고 양부모와 배타적인 부모자녀관계를 형성하게 된다.[18] 이 제도는 재혼가정에서 어머니의 전혼에서 태어난 자녀의 성과 본이 재혼부와 불일치하는 문제를 해소하고 국내 입양의 활성화에 일조할 것으로 전망된다.

1) 친양자제도의 특징

먼저, 주목되는 측면은 그 절차적 특징이다(김상용 2006, 31~36, 47~50면).

민법 제908조의 2 (친양자 입양의 요건 등) ① 친양자를 하려는 자는 다음 각호의 요건을 갖추어 가정법원에 친양자 입양의 청구를 하여야 한다. (이하 조문 생략)
② 가정법원은 친양자로 될 자의 복리를 위하여 그 양육상황, 친양자 입양의 동기, 양친의 양육능력 그 밖의 사정을 고려하여 친양자 입양이 적당하지 아니하다고 인정되는 경우에는 제1항의 청구를 기각할 수 있다. 〈신설 2005.3.31〉

친양자제도는 기존 입양제도하에서 개인간의 계약과 신고로 완료되던 신고제에서 법원의 선고에 의한 허가제로 그 절차를 마련하였다. 이전 절차에서 입양이란 양친과 양자 간의 사적 계약으로, 양자간의 의사가 합치되고 그밖의 입양요건이 구비되면 당사자의 입양신고에 의해 성립되었다. 이렇게 조건을 구비한 입양서류가 제출되면 호적 공무원은 조건이 갖추어져 있는 이상 입양신고를 수리해야 한다. 이때 입양의 동기, 양친의 양육능력이나 양육환경 등은 전혀 고려되지 않았다. 반면 개정 민법에서 입양의 결정은 법원의 심사를 거쳐야 하는 공적 사안으로 전환하였다. 이러한 변화에는 앞서 본 이혼시 친권 및 양육권자, 면접교섭권자(제837조의 2) 선정과 같은 원리로 양자의 복지에 대한 고려가 작용하고 있다. 이는 양부모의

---

18) 친양자제도 역시 기존의 성본제도에 대하여 중요한 의미를 갖는다. 부계혈통의 표지였던 성과 본이 이제 입양을 통해 변경되고 현실적 가족공동체를 표시하는 것으로서도 기능하게 되었다.

상태를 심의함으로써 자녀의 양육책임을 좀더 강하게 부과하는 효과를 가질 것으로 전망된다.

양자와 친생부모 및 그 혈족의 친족관계는 친양자 입양을 법원이 선고한 때로부터 종료되고, 양자는 양친의 친생자처럼 양친의 성과 본을 따르고 신분등록부에도 양친의 친생자로 기재된다. 이러한 양자제도는 우리 현행 양자제도의 문제점을 보완하면서 우리 사회의 입양태도를 수용하는 제도라고 할 수 있다.

민법 제908조의 3 (친양자 입양의 효력) ① 친양자는 부부의 혼인중 출생자로 본다. ② 친양자의 입양 전의 친족관계는 제908조의 2 제1항의 청구에 의한 친양자 입양이 확정된 때에 종료한다. 다만, 부부의 일방이 그 배우자의 친생자를 단독으로 입양한 경우에 있어서의 배우자 및 그 친족과 친생자 간의 친족관계는 그러하지 아니하다. 〈신설 2005.3.31〉

친양자 입양의 요건은 다음과 같다. (i) 3년 이상 혼인중인 부부로서 공동으로 입양해야 하며(1년 이상 혼인중인 부부의 일방이 배우자의 친생자를 입양하는 경우에는 공동입양이 아니어도 된다),[19] (ii) 친양자로 될 자가 15세 미만일 것, (iii) 법정대리인의 승낙이 있을 것, (iv) 친양자로 될 자의 친생부모가 친양자 입양에 동의할 것, (v) 가정법원의 허가가 있을 것이 그것이다. 입양을 하려는 자는 이 요건을 갖추어 가정법원에 친양자 입양을 청구해야 한다. 가정법원은 이상의 요건을 심사하고, 친양자로 될 자의 복리를 위해 양육상황, 친양자 입양의 동기, 양친의 양육능력 등 입양가정의 환경을 심사하여 입양 허가 여부를 결정한다.[20]

---

19) "친양자는 부부의 혼인중 출생자로 본다"는 규정에 따라 이미 친생관계가 존재하는 배우자의 혼외자 문제를 입법적으로 해결하였다.

20) 친양자제도가 실효성 있는 제도로 정착하려면 전문상담, 심사 등의 제도가 정비돼야

2) 친양자제도의 효과

친양자제도는 부모와 양자 간을 친자처럼 결속시키기 때문에, 우리 사회의 고질적인 불법·비밀입양이 줄어들 것으로 전망된다.[21] 개정 이전 양자제도는 민법에 의한 입양과 입양특례법에 의한 입양이라는 두 방법이 있었는데, 전자의 경우 양자는 양친의 성과 본으로 변경할 수 없으며, 후자의 경우 성과 본의 변경은 가능할지라도 신분등록부에 양자라는 사실이 남기 때문에 양자를 자신의 친자처럼 키우고픈 한국의 입양 문화(김상용 2005, 44면)에서 널리 활용되기 어려웠다. 이에 따라 합법적이고 공개적인 입양보다는 불법적인 비밀입양이 성행해왔다. 불법입양은 입양을 터부시하는 사회관행을 지속시키고, 생모(주로 미혼모) 혹은 입양아동의 인권을 보호하지 못하며, 아이의 유전정보를 가질 수 없는 등 문제가 많았다(김상용 2005, 45면).[22] 또, 양부모가 자녀를 학대하는 등의 경우 입양관계를 종료하고자 해도 법적인 입양이 아니므로 그 또한 불가능했다.

친양자제도는 또한 재혼가정의 화합을 위해서 활용될 수 있는 제도로 기대된다. 민법 제908조의 3 제2항의 단서조항에서 보듯이, 이 제도는 부부 일방이 그 배우자의 친생자를 단독으로 입양할 경우를 염두에 두고 있다. 성과 본이 계부와 달라서 사회적 질시를 당하는 재혼가정 자녀의 경우, 친양자 입양이라는 제도를 통해 '친자처럼' 성과 본을 양부의 것으로 바꿀 수 있다. 한편 친양자제도가 재혼가정에서 자라는 자녀들이 재혼부와 같

한다. 또한 입양가정을 심사할 수 있는 전문인력을 갖춘 기관도 필요하다(김상용 2006, 49면).

21) 비밀입양은 미혼모나 아이를 직접 키우기 어려운 어머니로부터 임신 시기부터 입양을 약정받음으로써 출생신고나 기록이 없고 합법적 절차도 없이, 양부모의 친자처럼 허위로 출생신고를 하는 관행을 말한다.

22) 물론 불법입양에 따른 허위 친생자 출생신고는 형법상 '공정증서 원본 등의 부실기재죄'에 해당한다(제228조).

은 성을 쓰지 못하고 형제자매와도 다른 성을 쓰게 되는 현실적 고민에 대한 해결책이 된다고 볼 수 있지만, 앞서 성과 본 변경에서 지적한 것처럼, 여성의 자녀를 위해 부계성본주의를 다시 승인하는 효과를 가진다는 것도 부인하기 어렵다. 여성의 입장에서 자신의 친자를 남편의 양자로 입양한다는 발상은 매우 이상한 일이다. 어머니 성과 본 계승이 하나의 선택지로 자리를 잡는다면 아버지와의 성과 본 일치에 그토록 집착하지 않게 될 것이다. 어떤 가정은 아버지 성을, 어떤 가정은 어머니 성을 따르게 된다면, 가족의 성과 본 양상은 더욱 다양해질 것이고, 이에 따라 아버지와 성과 본이 일치하지 않는 자녀들이 부정적 의미에서 '특별한 관심의 대상'이 되고 배척되는 현상도 줄어들 것이다. 장기적으로는 이 방향이 앞으로의 성본제도와 입양제도가 취할 방향이라고 생각한다.

또한, 앞서 지적한 비밀입양의 성행은 한국의 비혼모 문제와 맞물려 여성의 재생산권(reproductive rights)과 깊은 관련이 있다(양현아 2010). 혼인관계에 있지 않은 여성들의 자녀출산을 억압하고 가족구성으로 이어지지 못하게 하는 것은 우리 사회가 가진 여성의 섹슈얼러티 통제와 가부장적 가족제도의 반영이다. 앞장에서 보았듯이 부계혈통주의는 단지 부계혈통을 중시하는 데 그치는 것이 아니라 모계에 대한 억압과 부정에 기초해 있다. 여성의 재생산권은 가부장제에 대항하는 중요한 인권철학이다. 이런 견지에서 친양자제도를 바라본다면, 친자처럼 양자를 키우고픈 부부의 욕구 내지 재혼가족이 전혼에서 낳은 자녀를 정상화하는 문제에는 주의를 기울이지만 미혼모들의 재생산권에는 그다지 관심이 없다 할 수 있다. 재혼가족 정상화와 함께 미혼여성의 가족구성에 대해서도 강한 관심이 필요하다.[23] 친양자제도가 한국의 입양문화에 충실한 나머지 가부장적 가족주의까지 용인하는 것은 바람직하지 않을 것이다.

---

23) 미혼모의 가족구성 권리 및 현행법의 미비에 대해서는 차선자(2009) 참조.

(3) 친생부인의 소

제9장에서 보았듯이 민법 제844조는 처가 혼인중에 포태한 자는 부(夫)의 자로 추정하고(제1항), 혼인 성립의 날로부터 200일 후 또는 혼인관계 종료의 날로부터 300일 내에 출생한 자는 혼인중에 포태한 것으로 추정한다(제2항). 이처럼 친생자로 추정받는 혼인중 출생자의 지위는 대단히 확고해서 부는 그 자의 출생신고를 해야 하며, 친생자임을 부정하려면 그 요건이 엄격한 친생부인의 소를 제기해야 한다. 그런데 구민법에서 친생부인의 소란 오로지 부(夫)만이 제기할 수 있었고 그 기한도 자의 출생을 안 날로부터 1년 이내로 규정되었다(구 제847조). 여기에는 아버지만이 그 자가 친자가 아님을 문제삼을 수 있는 주체라는 전제가 깔려 있다. 이에 따라 그 남편이 친생부인권을 행사하지 않으면 예컨대 아내(생모)가 진실을 말해도 그 자녀가 남편의 친생자가 아님을 인정받는 것이 불가능했다. 이에 따라, 모가 그 자의 생부와 재혼하여 새 가정을 이루고 자를 양육하게 된다고 해도, 법률상 아버지인 전 남편이 친생부인권을 행사하지 않는 한 그 자는 전 남편의 성을 따르고 그를 법률상 부로 삼아야 했다. 또한 그 부가 출소(出訴)기간인 1년 이내에 소를 제기하지 않으면 이후 그 자가 자신의 친자가 아님을 알게 된다 해도 소를 제기할 수 없는 불합리성이 있었다.[24]

2005년 개정에서는 제846조와 제847조를 개정하여 친생부인의 소의 제소권자를 부(夫)뿐 아니라 처(妻)까지 확대하고 제소기간도 2년으로 연장하였다.

민법 제846조 (자의 친생부인) 부는 제844조의 경우에 그 자가 친생자임을 부인하

---

24) 대법원 1988.4.25 선고, 87므73(친생자 부존재 확인) 판결은 "친생부인의 소의 출소기간이 1년이라 함은 자의 출생을 안 날로부터 기산하는 것이고, 그 자가 자기의 아들이 아님을 안 여부와는 관계가 없다 할 것이다"라고 판시하였다.

는 소를 제기할 수 있다. 〈제정 1958.2.22〉

민법 제846조 (자의 친생부인) **부부의 일방**은 제844조의 경우에 그 자가 친생자임을 부인하는 소를 제기할 수 있다. 〈개정 2005.3.31〉

민법 제847조 ① 부인의 소는 자 또는 친권자인 모를 상대로 하여 그 출생을 안 날로부터 1년 내에 제기하여야 한다.
② 친권자인 모가 없는 때에는 법원은 특별대리인을 선임하여야 한다. 〈제정 1958.2.22〉

민법 제847조 (친생부인의 소) ① **친생부인의 소는 부 또는 처**가 다른 일방 또는 자를 상대로 하여 **그 사유가 있음을 안 날로부터 2년 내에 이를 제기하여야 한다.**
② **제1항의 경우에 상대방이 될 자가 모두 사망한 때에는 그 사망을 안 날부터 2년 내에 검사를 상대로 하여 친생부인의 소를 제기할 수 있다.** 〈개정 2005.3.31〉 (강조는 개정부분)

1997년 헌법재판소는 해당 민법 제847조 제1항에 대한 위헌제청 사건에서 헌법불합치 결정을 내린 바 있다.[25] 그것은 소의 제척(除斥)기간이 "출생을 안 날로부터 1년 내"가 너무 짧아서, 민법이 보호하고자 하는 진실한 혈연관계를 도외시하는 반면에 진실하지 않은 부자관계를 당사자의 의사에 반하면서까지 보호하는 아이러니가 발생할 수 있기 때문이다(이화숙 2005, 62면). 친생부인제도는 무엇보다, 진실의 혈연관계를 보호하고자 하는 법의 목적을 실현하는 데 일조할 것이다. 2005년 개정으로 그 제척기간이 현실화되었고, 아버지만 친생부인권을 가진 권리주체로 보는 법의 성편향

---

25) 헌법재판소 1997.3.27선고 95헌가14, 96헌가7(병합).

성을 바로잡을 수 있게 되었다. 어머니에 의한 친생부인의 소는 친생자(진정한 아버지)에 대해 말할 수 있는 화자(話者)로서 어머니를 인정했고, 관련하여 여성의 성적 자유와 위엄성의 측면에서 바람직한 것이다.[26] 그런데, 친생부인권을 행사하는 어머니의 이익 내지 관심이란 어떤 것일까.

이에 대해 김상용 교수는 모의 친생부인권은 아버지의 그것과 달리 자신이 아니라 남편과 자의 관계를 훼손하는 것이기에 그 권리를 행사할 때에는 모의 이익뿐 아니라 가정의 평화 또는 혼인관계의 유지라는 이익들이 조화를 이룰 수 있어야 한다고 한다(김상용 2006, 41~42면). 이에 따라 모의 친생부인권은 혼인관계가 파탄되거나 종료된 후에 행사할 수 있게 하고 자의 복리를 침해할 때에는 배제할 것을 제안한다. 그러나 모와 부의 친생부인권의 성격이 같지 않은 것은 사실이지만, 모의 그것은 자녀나 가정의 이익과 배치되는 자신만을 위한 것이고 아버지의 그것은 자녀 혹은 가정의 이익과 배치되지 않는 것으로 가정하는 이유가 무엇인지 궁금하다. 아버지의 친생부인권 행사 역시 가정의 평화와 자녀의 복리를 크게 훼손할 수 있기 때문이다. 여기에는 아버지가 혈연관계의 부존재를 확인하는 것은 자연스런 혹은 불가피한 행위로 보는 반면, 어머니 입장에서 친생자아닌 자를 용인하는 남편에 대해 굳이 친생부인의 소를 제기할 필요가 있는가라는 시선이 깔려 있는 것이 아닌가 한다. 이런 점에서 아버지와 마찬가지로 어머니도 친자관계 부존재를 말할 정당한 권리를 가지고 있고, 본인과 자녀와 가족 등에 대한 종합적 고려 속에서 어머니의 권리를 행사할 것이라고 어머니를 신뢰함이 옳다고 본다.

---

26) 제10장에서 보았듯이, 친생자 부인제도의 관심은 아버지 혈통으로서의 친자 확보에 있다. 일반적으로 진정한 혈연관계에 반하는 부자관계란 모가 간통한 경우, 제3자와의 성적 결합을 통해 임신한 모와 부(夫)가 혼인한 경우, 모가 비배우자와 인공수정을 행한 경우 등이다. 다른 한편, 남편의 혼외자녀에 대해 호적에 등재된 처가 가진 '부인제도' 같은 것은 존재하지 않았다.

한편으로, 2005년 개정 민법의 친생부인의 소에서 아버지뿐 아니라 어머니에게도 소 제기의 권한을 부여하였으나 자녀에게는 제소권이 없다. 이는 진실된 친자관계의 규명이라는 이해관계에서 직접적 당사자임에도 친생부인권자의 범위에서 자를 배제하여 자신의 혈통에 대한 자의 알 권리와 관련하여 자의 이익이 침해되는 것이 아닌지 하는 문제제기가 있다(이준영 2000; 조미경 1998). 이 점에서 2005년 개정 민법에서도 친자관계의 핵심이 혈통진실주의에 있고, 혈통 확인의 권리는 자녀가 아니라 부모, 기본적으로 아버지의 권리라는 점을 확인할 수 있다. 어머니가 친생자 확인의 권리 주체로 기입된 것에는 의미가 있지만, 그것으로 인지·친생자·친생부인 제도의 중심에 있는 부성 확인에 대한 과도한 관심이 완화된 것은 아니다.

3. 기타

(1) 금혼범위의 조정

동성동본 금혼제도는 한국 가족법을 한국의 가족법이게 만드는 '전통'의 보루처럼 여겨졌고(제6장 참고), 그만큼 개정에의 저항도 컸다. 1997년 동성동본 금혼제도에 대한 위헌법률심판 제청사건에서 헌법재판소는 해당 규정에 대해 헌법불합치 결정을 내렸다.[27] 헌법재판소는 동성동본인 혈족은 아무리 진지하게 사랑한다 하더라도, 그리고 촌수를 계산할 수 없을 만큼 먼 혈족이라 하더라도 혼인을 할 수 없기에 해당 규정은 혼인의 자유를 제한한다고 판단했다. 해당 조문은 사회적 타당성 내지 합리성을 상실하고 있으며 아울러 인간으로서의 존엄과 가치 및 행복추구권을 규정한 헌

---

27) 헌법재판소 1997.7.16. 선고 95헌가 6 내지 13.

법이념 및 규정, 개인의 존엄과 양성평등에 기초한 혼인과 가족생활의 성립과 유지라는 헌법 규정에 배치되고, 금혼범위를 동성동본인 혈족 즉 남계혈족에만 한정하는 성별 차별로 헌법상 평등원칙에 위반된다고 설명하였다. 또한 존치론자들이 말하는 동성동본 금혼제도의 우생학적 근거에 대해서는 '비과학적'이라고 판단했다(이화숙 1997).

헌법재판소는 이 결정에서 1998년 12월 31일까지 본 조항을 개정하지 아니하면 1999년 1월 1일부터 효력을 상실한다고 하였으므로 그 적용 중지 7년 8개월 만에, 그리고 효력 상실 6년 2개월 만에 개정이 이루어진 것이다.[28] 이렇게 지난한 과정을 통해 새롭게 마련된 금혼범위는 아래와 같다.

민법 제809조 (근친혼 등의 금지) ① 동성동본인 혈족 사이에서는 혼인하지 못한다.
② 남계혈족의 배우자, 부의 혈족 및 기타 8촌 이내의 인척이거나 이러한 인척이었던 자 사이에서는 혼인하지 못한다. 〈제정 1958.2.22〉

민법 제809조 (근친혼 등의 금지) ① 8촌 이내의 혈족(친양자의 입양 전의 혈족을 포함한다) 사이에서는 혼인하지 못한다.
② 6촌 이내의 혈족의 배우자, 배우자의 6촌 이내의 혈족, 배우자의 4촌 이내의 혈족의 배우자인 인척이거나 이러한 인척이었던 자 사이에서는 혼인하지 못한다.
③ 6촌 이내의 양부모계의 혈족이었던 자와 4촌 이내의 양부모계의 인척이었던 자 사이에서는 혼인하지 못한다. 〈개정 2005.3.31〉

현행 민법 제809조 제1항의 금혼범위가 8촌 이내로 너무 넓다는 비판이

---

28) 이는 유럽의 동성동본폐지 반대를 입법부가 지나치게 의식했기 때문이라고 지적된다 (이화숙 2005, 54면).

있으나, 이에 대해서는 동성동본 불혼제도 폐지 이후 급격한 변화로 인한 문화적 충격을 피하기 위한 것이라고 한다(이화숙 2005, 56면). 또한, 친양자 제도가 도입되면서 친양자 입양 전의 모든 혈족관계는 종료되지만(제908조의 3 제2항), 우생학적 견지에서 입양 전 8촌 이내의 혈족을 포함하고 있음도 유의해야 한다. 이외 6촌 이내의 혈족의 배우자, 배우자의 6촌 이내의 혈족 등의 인척이 금혼 대상으로 되고, 양부모계 혈족이었던 자(6촌)와 인척이었던 자(4촌)의 혼인을 금하고 있다. 이렇게 넓은 금혼범위는 한국사회의 성윤리가 친족제도의 유지와 관련되어 있음을 시사한다. 이렇게 하여 2005년 개정에서 호주제도와 함께 가장 견고했던 동성동본 금혼제도의 대안이 마련되었다.

(2) 여성의 재혼금지기간 규정 삭제

혼인 종료 후 6개월간 여성의 재혼금지에 관한 제811조가 2005년 개정에서 삭제되었고, 이에 따라 제845조가 개정되었다.

민법 제811조 (재혼금지기간) 여자는 혼인관계의 종료한 날로부터 6월을 경과하지 아니하면 혼인하지 못한다. 그러나 혼인관계의 종료 후 해산한 때에는 그러하지 아니하다. 〈제정 1958.2.22, 삭제 2005.3.31〉

민법 제845조 (법원에 의한 부의 결정) 제811조의 규정에 위반하여 재혼한 여자가 해산한 경우에 전 조의 규정에 의하여 그 자의 부를 정할 수 없는 때에는 법원이 당사자의 청구에 의하여 이를 정한다. 〈제정 1958.2.22〉

민법 제845조 (법원에 의한 부의 결정) **재혼한 여자가 해산한 경우에 제844조의 규정에 의하여** 그 자의 부를 정할 수 없는 때에는 법원이 당사자의 청구에 의하여 이를 정한다. 〈개정 2005.3.31〉 (강조는 개정 부분)

제811조의 관심은 오로지 부성 추정에서 충돌을 피하는 데 있는 것으로 보인다. 민법 제844조 제2항의 '부의 친생자 추정'이 혼인성립의 날로부터 200일 후 또는 혼인관계 종료의 날로부터 300일 내에 출생한 자는 혼인중 포태한 자로 추정하므로, 여자가 재혼하여 자녀를 출산한 경우, 혼인종료의 날로부터 300일 내이지만 재혼 후 200일 이내면 전혼의 부의 자녀로 추정할 수 있고 재혼의 부의 자녀로도 추정할 수 있어 '부성 충돌'이 발생하기 때문이다.

제811조에 대하여 이 조문으로 사실상 여성의 재혼을 제한할 수는 없으며, 여성에 대한 응보적 의미가 있다는 비판론이 있다(이화숙 2005, 59면). 이러한 제도는 철저히 부인의 성과 재생산을 '남편의 아이' 확보라는 관점에서 바라보아 문제가 되었다. 의료의 발달과 여성의 판단으로 충분히 해결될 수 있는 문제인데, 남성중심의 관점, 그리고 보호자의 관점에서 여성의 성과 의지를 바라보고 있다는 것이다.

관련하여 제845조의 법원에 의한 부의 결정도 개정되었다. 개정 전에는 제811조를 위반했을 때 자의 부를 법원이 정할 수 있도록 제도를 마련했다. 개정법에서 제811조가 삭제됨에 따라, 재혼여성이 전혼남편의 친생자로 추정될 수 있는 기간중에 임신하여 출산하였다면, 제기될 수 있는 부성 충돌의 문제를 종국적으로 법원이 해결하도록 하는 조항을 남겨두었다. 가족법에서 친자관계의 관심이 여성의 재생산권리나 재생산능력이 아니라 그 부성에 있다는 점에서 현재의 우리 가족법은 여전히 부성(父姓)과 부성(夫姓) 중심의 법이다.

4. 새로운 신분등록제: 개인별 편제인가

(1) 신분등록제의 대안

호주제도는 호적제도와 깊이 연동되어 운영되었기에, 호주제도 폐지와 함께 신분등록제의 대안을 마련하는 논의가 활발하게 진행되었다. 그 대안으로는 첫째, 호적제도 자체를 폐지하고 주민등록제도로 대체하는 방안과 둘째, 새로운 신분등록 방식을 도입하는 안이 있었다. 후자의 방안에는 네 가지 호적편성 방식이 있는데 (i) 부부와 미혼자녀별 편제, (ii) 부부와 미성년 자녀별 편제, (iii) 개인별 편제, (iv) 호적제도와 주민등록제도를 통합한 국민기록제도 방식이다(정현수 2000; 이경희 2003; 현소혜 2007). 아래에서는 이에 대해 좀더 자세히 보도록 한다.

먼저, 주민등록제도의 수정 및 보완안이 제시되었다. 이는 기존의 호적제도와 주민제도를 하나로 통일하는 방안으로, 주민등록표 중 개인 인적사항을 자세하게 기록하는 '개인별 주민등록표'를 수정·보완하는 것이다. 이는 주민등록과 호적의 일원화로 국민기록을 통일하며 행정절차의 편의를 가져온다는 이점이 있으나, 호적보다 더 많은 개인정보를 집적하게 되므로 개인정보 침해로 인한 피해가 증가할 우려가 있다. 이 안은 법안으로까지 발전하지 못했다.

둘째, 기본가족별 신분등록제도안으로, 이는 부부를 단위로 부부동적원리, 친자동적 원리에 따라 편제하고 3세대 동적금지 원칙을 가진다. 따라서 2세대 핵가족을 기본으로 하였다. 이는 김주수 교수 등이 제안한 절충안이라 할 수 있다. 이 안에서는 호주를 없애고 부부 두명 모두 '색인자' 혹은 '개적자(開籍者)'로 기록함으로써[29] 양성평등 원칙을 준수한다. 하지만 가족별 편제로 인해 호주제도와 마찬가지로 정상적 가족 개념을 존속

---

29) 이희배의 안에서는 '개적자'로 지칭되었다.

시킬 수 있는바, 사실혼 가족·혼외자녀·재혼가족 등 다양한 가족들의 존재방식을 비정상화할 우려가 있다. 이 안은 기존의 성차별성을 불식하면서도 호적 방식과 연속성을 가져서 사람들이 받아들이기 쉽고, 국회에서도 무난하게 통과할 수 있다는 이유 등으로 현실적인 대안으로 생각되었다. 하지만 호주제 폐지가 결정된 후에는 큰 주목을 받지 못하였다.

셋째, 개인 한명 한명을 단위로 신분을 등록하는 개인별 신분등록제도가 제안되었다.개인별 신분문서에는 부모·배우자·자녀의 성명과 기존의 본적 개념을 대체하는 그들의 등록기준지를 기록하고 친족관계를 열람할 수 있게 한다. 이 대안에 대해서는 인력과 비용, 그리고 가족 해체 등이 문제점으로 지적되었다. 호적제도의 긴 역사에서 볼 때 급진적 대안이라는 비판도 있었다. 하지만 법무부 가족법개정 특별위원회에서 개인별 신분등록제를 대안으로 의결함에 따라 개인별 신분등록제를 선택지로 사고하기 시작했다.[30] 한편, 헌법재판소는 호주제에 대한 헌법불합치 결정에서 당사자의 의사와 자결권을 무시한 채 가제도 구성을 강제하고 유지하기 위해 대한민국 국민 누구나 법률상 가족인 '가'에 소속되어야 하고 법률관계를 일방적으로 형성해야 하는 것은 헌법 제36조 제1항에 위반한다고 판시하였던바, 가별 편제방식 자체가 개인의 존엄에 반할 가능성이 있기에 그 위헌성을 제거하기 위해서는 개인별 편제방식을 택할 수밖에 없었던 이유도 있다. 이에 따라 '국적 및 가족관계의 등록에 관한 법률안'을 정부안으로 마련하였다.

넷째, 개인별 편제를 전제로 한 사건별 편제방식도 제안되었다. 이 안은

---

30) 이 위원회에서는 호적제도의 대안에 대한 토론이 호주제 폐지 자체보다 훨씬 더 치열하게 이루어졌다. 이 위원회 안에서 기본가족별 편제안과 개인별 편제안이 팽팽히 맞서자 결국 표결에 들어갔으나, 찬반 동수를 거듭하였다. 하지만 계속된 토론 끝에 다수결로 개인별 신분등록제를 의결하게 되었다(가족법개정 특별분과위원회 회의록, 특히 2003.8.7. 회의록 참고).

법무부에서 대안 신분등록제로 개인별 편제방식을 의결한 후 민주노동당 등 진보진영에서 활발하게 논의되었다. 노회찬 의원안으로 발의된 안에서는 신분등록부·혼인등록부같이 목적별로 공부를 마련하고 필요에 따라 열람하는 방식을 제안하였다.[31] 노회찬 의원안은 (i) 출생, 사망 또는 혼인 기타 신분의 변동 등 신분에 관한 사항에 관한 증명원은 본인을 기준으로 하여 목적별로 작성하게 하고(제9조), (ii) 각 증명원은 모두 전산정보처리 중심 사무로 일원화하여 관리하며(제10조 내지 제11조), (iii) 증명원의 종류를 현재의 신분상태를 보여주는 증명원(출생부·사망부·혼인부)과 입양·파양·개명·성 변경·국적회복 등의 사항이 기재되는 신분변동에 관한 증명원(신분변동부·혼인변동부)으로 분류한 다음, (iv) 각 증명원의 열람 및 교부를 청구할 수 있는 자의 범위 및 청구사유를 제한함으로써, 개인별·목적별 편제방식을 채택하면서 동시에 개인정보의 철저한 보호를 꾀하고 있다. 이렇게 개인별·목적별 공부(公簿)는 국가에 의한 국민의 사생활정보 유출을 두텁게 보호하고, 핵가족과 이성애 중심성에 반대하여 다양한 가족형태를 수용하며 차별적 효과를 내지 않도록 제도를 설계했다는 점에서 다른 대안들과 구별된다. 이 안은 채택되지 않았으나 현재의 제도에도 일정한 영향을 주었다고 평가한다.

이상의 안들은 2006년 3월 6일 국회 법제사법위원회에 상정되어 대체토론을 거친 후 법안심사 제1소위원회에 회부되었다. 동 위원회는 각 안을 심사한 후 이를 모두 폐기하고 각 안의 내용을 통합하여 새롭게 만든 '가족관계의 등록 등에 관한 법률'을 위원회 대안으로 제안하였다. 이 안은 2007년 4월 26일 제267회 임시국회 제4차 법제사법위원회의 의결을 거쳐 4월 27일 회의에 상정되어 찬성 196인, 반대 1인, 기권 3인으로 가결되

---

31) 2005.9.28. 노회찬 의원 외 13인 의원이 발의한 '출생·혼인·사망 등의 신고 및 증명에 관한 법률안' 참고.

어 법률 제8541호 '가족관계의 등록 등에 관한 법률'(이하 '가족관계등록법')로 공포되었다. 당시는 2008년 1월 1일로 예정된 호주제 폐지의 실제적 발효를 8개월여 앞둔 시점이었다.

(2) 가족관계등록법의 제정

1) 법제정 이전 과정

2000년대 초반에는 호주제도 위헌제청 사건이 계류중이고 개정안이 마련될 당시에는 호주제도 폐지 자체가 불확실한 상황이었기에, 신분등록제 대안 마련에 집중하기 어려웠다. 또한 급진적인 신분등록제도 대안을 제시하면 호주제 폐지를 오히려 어렵게 만들 수 있다는 생각 때문에 대안 신분등록제에 대한 논의가 만개하지 못했다. 당시 대법원·행정자치부·여성부 등 관련 부처들도 확실한 입장을 정하지 못하였고, 호주제폐지운동본부를 두었던 한국여성단체연합마저도 '기본가족별 편제방식'을 지지하고 있었다. 이런 상황에서 2003년 법무부 '가족법 개정 특별분과위원회'가 '개인별 신분등록제'를 합리적 대안이라고 의결하면서 개인별 신분등록제도에 대한 논의가 탄력을 받게 되었다(조은희 2003).

호주제도의 폐지가 예견되던 2005년 1월 10일, 대법원은 개인별 편제방식인 '혼합형 1인 1적제'를 발표하였다. 대법원안은 아래와 같은 내용을 중심으로 한다.

첫째, 개인별로 신분등록을 편제하되, 배우자, 자녀, 부모의 일정 사항을 기재한다. 즉 본인과 배우자의 성명·주민번호·생년월일·본·성별 등이 기재되는데 부모, 배우자, 자녀의 경우는 신분정보만 기재하며, 신분변동 사항은 본인 것만 기재한다.

둘째, 전산화된 정보에서 가족증명·일반(이력)증명·혼인(이력)증명·입양(이력)증명 등 필요한 정보만을 공개하는 방안을 구상하여, 목적별 공부식(사건별 편제방식)과 결합을 유도한다.

이에 따라 법무부 역시 2005년 1월 26일, '본인기준 가족기록부' 안을 제시하였다. 이 안은 개인별 신분등록제의 형식 속에 본인뿐 아니라 배우자, 부모, 자녀의 신분정보를 포함하는 가족부의 내용을 담았다. 이 안은 대법원과의 교류 속에 진행되었으므로 사실상 단일안이라고 할 수 있는데, 그 주요사항은 다음과 같다.

첫째, 가족사항을 포함한 신분등록부를 개인별로 편제한다. 즉, 본인의 신분변동 사항(출생·입양·혼인·이혼·사망 등)을 기재한다.

둘째, 본인의 부모, 배우자, 배우자의 부모, 본인의 형제자매, 자녀의 인적사항(성명·생년월일·주민등록번호는 기재하고, 신분변동 사항은 기재하지 않는다)과 사망 여부를 기재한다.

셋째, 본적(명칭은 유보)을 유지하기로 하였다. 개인의 신분등록과 변동의 관리지가 필요하므로 종이 호적을 보관하며, 검색기준 지역을 정할 필요성에 따라 기존의 본적 개념을 유지하기로 한다. 부부와 미혼자녀는 원칙적으로 동일 본적을 유지하도록 하고, 부부의 본적은 협의하여 정하나 별도의 본적 유지가 가능하며, 미혼자는 아버지의 본적을 따르기로 하였다. 이혼시 미성년 자녀는 친권자의 본적을 따른다.

이렇게 개인별 신분등록제 정부안은 개인별이라는 것 자체로 획기적이지만 문제점도 있었다. 먼저, 혼인 여부를 불문하고 형제자매를 기재하게 되어 그 기재범위가 너무 넓다. 기존 호적은 분가한 차남이나 분가한 딸의 경우 제적부를 통해서만 형제자매 확인이 가능했다는 점에서, 오히려 새 신분등록부의 기재범위는 더 넓어진 것이고 이는 국가의 사생활 정보독점이라는 문제점을 가진다. 여기에 개인정보 유출에 대한 대비책(수정·열람·확인 절차 필요)도 더 정교하게 마련해야 했다. 또한 기존의 본적 개념과 크게 다르지 않은 '등록기준지'라는 개념을 두고 있고, 기준지를 정하는 객관적 기준도 없기에 일반인들로서는 가족을 대표하는 자의 등록기준지를 따라갈 것이라 예상된다(정현수 2008, 280~81면). 이로써 가족범위를 일괄적으로 정했던 가제도의 문제점을 불식하지 못하고 있으며, 특정 지역을 본향으로 한다는 점에서 지역감정을 지속시킬 위험이 있다. 개인별 신분 공부의 원적을 보관할 명목적 장소가 필요하다는 이유 때문에 그 근거지 마련이 불가피했다고 보이지만, 종국적으로는 등록기준지를 폐지하는 문제를 검토할 필요가 있다(정현수 2008).

2) 가족관계등록법의 주요 내용

이상의 비판점을 수용하여 마련된 현재의 가족관계등록법의 주요 내용을 간략하게 살펴본다(현소혜 2007, 164~70면).

가. 등록 내용

가족관계등록부는 개인별 편제방식을 따르는데, 개인의 가족관계 등록 사항은 (i) 등록기준지, 성명·본·성별·출생연월일 및 주민등록번호, 출생·혼인·사망 등 가족관계의 발생 및 변동에 관한 사항, 그밖에 가족관계에 관한 사항으로서 대법원 규칙이 정하는 사항이다. 누구나 출생과 동시에 하나의 별개 등록부를 갖게 된다.

나. 등록기준지

가족관계등록법은 각종 신고를 처리할 관할을 정하는 기준으로 '등록기준지' 개념을 신설하였다. 이는 과거 호적법상 '본적'에 상응하는 개념이다. 하지만 등록기준지는 출생 등 기타 사유로 처음 등록할 때에 이를 신고하여 결정되고 후에 변경할 수 있다.[32] 따라서 가족이라고 해서 등록기

---

32) 가족관계의 등록 등에 관한 법률 제10조 1항과 규칙 (가족관계의 등록 등에 관한 규칙) 제4조에 따라 등록기준지는 아래와 같이 정한다. ① 법 시행과 동시에 최초로 등록부를 작성하는 경우, 종전 호적이 존재하는 사람은 종전 호적의 본적을 등록기준지로 한다. ② 제1항에 해당되지 않는 사람에 대해서 법 제10조 제1항에 따라 처음 정하는 등록

준지를 통일할 필요는 없다. 이 점은 기존의 가제도 및 호적이 가진 문제점을 수용하여 제도적 융통성을 부여한 결과라 사료된다.

다. 증명서의 종류

기존의 호적초본과 호적등본에 지나치게 많은 정보가 한꺼번에 담겨 있어서 사생활 침해 우려가 있다는 비판을 반영하여 가족관계등록법은 증명서의 종류에 따라 기록사항을 달리하여 발급하도록 규정하고 있다. 증명서의 종류는 다음과 같다. (i) 가족관계증명서: 부모·양부모, 배우자, 자녀의 인적사항, (ii) 기본증명서: 본인의 출생, 사망, 국적 상실, 취득 및 회복, 한정치산, 금치산, 개명 등의 사항, (iii) 혼인관계증명서: 배우자의 인적사항과 혼인 및 이혼에 관한 사항, (iv) 입양관계증명서: 양부모 또는 양자의 인적사항과 입양 및 파양에 관한 사항, (v) 친양자 입양관계증명서: 친생부모·양부모 또는 친양자의 인적사항과 입양 및 파양에 관한 사항이 기재된다. 이 점은 그간 사생활 침해 우려라든가 목적별 공부의 안에 영향을 받았다고 사료된다.

라. 증명서 교부 청구권자 등의 제한

가족관계등록법은 증명서 교부 청구권자의 범위 및 교부 사유와 관련해

기준지는 다음 각 호에 따른다. 1. 당사자가 자유롭게 정하는 등록기준지, 2. 출생의 경우에 부 또는 모의 특별한 의사표시가 없는 때에는, 자녀가 따르는 성과 본을 가진 부 또는 모의 등록기준지, 3. 외국인이 국적취득 또는 귀화한 경우에 그 사람이 정한 등록기준지, 4. 국적을 회복한 경우에 국적회복자가 정한 등록기준지, 5. 가족관계등록 창설의 경우에 제1호의 의사표시가 없는 때에는 가족관계등록을 창설하고자 하는 사람이 신고한 주민등록지, 6. 부 또는 모가 외국인인 경우에 제1호의 의사표시가 없는 때에는 대한민국 국민인 부 또는 모의 등록기준지, ③ 당사자는 등록기준지를 자유롭게 변경할 수 있다. 이 경우, 새롭게 변경하고자 하는 등록기준지 시·읍·면의 장에게 변경신고를 하여야 한다.

서 개인정보 보호를 위한 대비책을 두고 있다. 즉 본인 또는 배우자 직계혈족, 형제자매는 제15조에 규정된 등록부 등의 기록사항에 관한 증명서의 교부를 청구할 수 있고 그 대리인이 청구하는 경우에는 위임을 받아야 한다. 이는 호적법이 누구에게나 호적부 열람과 등·초본 교부를 허용하던 것에 비해 증명서 교부 청구권자를 대폭 축소한 것이다. 다음의 경우에는 본인 등에 해당하지 않으면서 증명서 교부를 청구할 수 있다. (i)국가 또는 지방자치단체가 직무상 필요에 따라 문서로 신청하는 경우, (ii) 소송비용 등 민사집행의 각 절차에서 필요한 경우, (iii) 다른 법령에서 본인 등에 관한 증명서를 제출하도록 요구하는 경우, (iv) 그 밖에 대법원 규칙으로 정하는 정당한 이해관계가 있는 사람이 신청하는 경우이다(제14조 제1항).

마. 친양자제도

가족관계등록법은 친양자제도 도입에 따라 친양자의 입양신고 및 파양신고에 관한 조문을 마련하는 한편, 친양자인 사실이 가족관계등록부에 기재됨에 따라 자의 복리를 해하는 일이 발생하지 않도록 규정하고 있다. 친양자 입양관계증명서의 경우에는 제한 정도가 더욱 엄격해서 공익상 특별히 필요한 경우가 아니라면 친양자 본인 외에는 그 교부를 신청하지 못하며, 자의 복리를 위하여 친양자 역시 성년이 된 후에만 이를 청구할 수 있다.

바. 기타

가족관계등록법은 종래 지방자치단체에서 호적 사무를 담당하던 것을 대법원이 관장하는 것으로 변경하고, 등록사무에 드는 비용도 국가가 부담하도록 하였다.

(3) 평가

호주제도와 함께 호적제도가 폐지되어 한국 국민들은 더이상 '가'에 묶이지 않게 되었다. 호적이야말로 가를 눈으로 볼 수 있는 형태로 표시한 제도라고 할 때, 호주제도 폐지는 호적제도 폐지에서 완성된다 할 수 있다. 실제 국민들의 의식 속에서는 민법상 호주의 권한보다는 동일 호적 내에 있다는 의식과 호주가 그 대표자라는 관념이 더 강했던 것이다(이경희 2003). 가제도가 주입해온 '가의식'이라는 것은 그리 명시적이지 않지만, 그것은 국민들이 호적 기재를 단순한 등록증 이상으로 중시하는 의식, 호적을 더럽힌다는 '호적감정' 등을 포함한다. 호적감정에는 누구라도(특히 국가요원이) 호적을 통해 자신의 정보를 본다는 생각으로 체제에 순응하는 심성을 기르는 것도 포함된다.[33] 이 점에서 대안 신분등록제가 호주제도 폐지의 의미를 제대로 담고 있는지를 논의해야 할 것이다. 앞으로 신분등록제도의 정비와 성숙을 위해 몇가지 점을 생각해본다.

첫째, 새 신분등록부가 '가의식'을 불식하고 있는지 의문이다. 개인별 신분등록제라는 대안을 택했음에도 법의 명칭에서부터 '가족관계등록부'라는 개념을 사용함으로써 개인보다는 가족단위의 기록과 같은 인상을 준다. 개인별 편제방식이라지만 실은 가족관계 정보가 집중되어 있어 어떻게 개인별 편제의 정신을 살리고 있는지 회의적이다. 배우자, 본인의 부모, 배우자의 부모, 본인의 형제자매, 자녀의 인적사항(성명·생년월일·주민등록번호 기재) 및 사망 여부(배우자 제외)에 대한 모든 정보가 가족관계등록부에 담겨 있는 것이다. 이러한 편제방식을 택한 것은 문화적 친숙함, 무엇보다도 국가가 그간 누려온 행정적·정치적 편의성에 기초한 것이 아닌

---

33) 호적은 식민지 피지배 조선인에게 이러한 기능에 더해 내지인과 조선인을 구분하는 역할도 하였으니, 식민통치의 입장에서 호적이나 본적은 필수불가결한 제도였다(제3장, 제4장 참고).

가 사료된다.[34] 새로운 등록부가 형식상 개인별 편제라고 하지만 가족기록부라는 성격에서 이전 호적제도와 연속성이 크다고 보인다.

둘째, 개인의 존엄이라는 가치를 중심으로 한 신분등록제도인가라는 의문점도 있다. 새 신분등록제도의 가치관이 가제도 폐지이고 개인의 존엄이며 양성평등이어야 한다는 이경희 교수의 지적에 적극 동의한다(이경희 2003). 이제까지 가제도는 우리 국민 개개인을 가족관계 속에 위치시키고, 개인의 신분과 신분변동을 가의 명예나 평가와 관련시켰으며, 이를 통해 장유유서·적서차별·남녀차별 의식을 자연스럽게 조성해왔다. 가제도는 또한 국가가 원하는 가족형태―이성애 혼인과 초혼이 유지되고 그 자녀로 구성된 가족―이외 다른 형태의 가족을 차별적으로 대하는 의식으로 자연스럽게 이어진다. 새로운 제도는 열람권자, 공증문서의 종류 세분화 등을 통해 관리체계를 엄격히 하였지만, 국민 정보를 관리하는 '국가권력'의 측면에서 양보가 이루어졌다고는 보이지 않는다. 본적에 상응하는 '등록기준지'를 두고, 신분등록제도와 주민번호의 연계도 유지하고 있다. 앞으로 국민의 사생활 보호와 존엄성을 위하여, 신분등록제의 운용과 보완에 있어서 개인정보 보호와 다양한 가족의 수용을 연구해야 한다.

셋째, 시민단체와 법률가들이 벌인 사회운동의 관점에서 볼 때, 대안 신분등록제도에 대한 준비 부족도 지적할 수 있다. 앞서 언급했듯이, 호주제 폐지에 집중한 나머지 부속법인 신분등록제 대안 마련에는 운동역량을 배치하기 어려웠다. 이에 호적제도의 대안을 풍부하게 만들고, 담론을 생산하여 국민의 의식을 고양하는 등 적극적 운동을 벌이지 못한 면이 있다. 또한, 신분등록제도는 호주제와 달리 연속되어야 하는 업무이고, 그 대안 마련의 주도권 역시 행정기관이 가지고 있었다는 점도 중요하다. 신분등록

---

34) 가족단위로 국민의 신분등록을 하는 것은 국가 입장에서 조세·징병·치안을 위한 국민 파악에 유리하고, 가족을 관리하는 데 편리하다(이경희 2003).

증 보전이나 등록사무 등은 이미 식민지시기부터 국가 행정기관이 관장해 온 업무이다. 가족을 통한 지배라는 한국 국가의 역사적 통치관행을 생각할 때, '가제도'나 '가의식'은 호주제도의 폐지로 하루아침에 종식되지 않는 것임을 깨닫는다.

5. 맺음말: 한국 가족법에서 여성은 어디에 있(었)나

2005년 가족법 개정에 따라 한국 가족법 체계는 큰 변동을 겪게 되었다. 이 개정으로 가제도가 폐지되었고 이외에도 이혼, 부모자녀관계 규정 등에 개정이 있었으니 이는 국가와 가족, 그리고 가족과 개인 간 관계에도 큰 함의가 있다. 이 시점에서 한국 가족법에서 여성이 어디에 있는지 혹은 어디에 있었는지를 살피는 것은 의미가 있을 것이다. 아래에서는 제9장과 10장, 11장을 통해 살펴본 가족법의 여성주의적 읽기를 통해 그 중요한 성격을 시기별·측면별로 짚어본다.

가족법 개정의 역사에서는 전통과 근대성의 이분법이 발견된다. 특히 1989년 개정에서 가족법의 신분법과 재산법의 원칙 간에 불일치가 두드러졌다고 평가한다. 1989년 개정에서 이혼시 부부의 재산을 청산하는 재산분할제도가 도입되어 재산 없는 배우자는 상대방에게 재산분할을 청구할 수 있게 되었고 이혼시 부와 모는 친권 행사자가 누구인지 다툴 수 있게 된 반면, 신분법에서 동성동본 금혼제도와 호주제도는 존치되었다. 혼인하면 부인들은 남편 가에 편입되고 혼인관계에서 태어난 자녀는 거의 예외 없이 부계의 성과 본을 계승하였다. 두 영역의 불일치는 전통존중론과 점진적 개혁론의 방침에 대해 논란을 벌였던 1940년대와 1950년대 민법 개정시에 현저해졌으나, 그 뿌리는 식민지시기에 있다고 생각한다. 서구의 근대법 체계를 이식하면서도 특정 영역에 조선의 관습을 법으로 수용함으로써 '이중체계'가 시작되었다고 보이기 때문이다. 하지만 일본 본토와 달리, 식민지조선의 법지배에서 당국은 전통과 근대의 조화라는 테제에 대해 그리 고민한 것 같지 않다. 근대적 자본주의 생산관계가 남성과 여성 간, 부모와 자녀 간, 연장자 우선 같은 '관습적' 사회관계 속에 삽입되는 구조가 식민지시기 시작되었다. 1950년대 민법 개정에서도 서구적 근대성은 주로 경제적 생활관계로만 협소하게 해석된 경향이 있었고, 상상 속의 변치 않는 한민족의 문화인 '전통'은 근대 가족법 제정의 원리로 받아들여졌다. 전통에서 시간과 역사를 느낄 수 없게 되자 그것은 점점 더 모호해지면서도 그 완고함은 강화되었다. 1970, 80년대로 시간이 흐름에 따라 두 영역은 점점 더 다른 시공간을 바라보았으므로 타협점을 찾기는 더욱 어려워졌다. 그 결과가 가족법에서 개혁과 보수의 입장을 '모두' 충족시킨다는 논리가 1989년의 개정으로 나타났던바, 이 논리는 신분법에서는 유림의 의견을, 재산법에서는 여성단체의 의견을 주로 수용한 것이었다.

이러한 전통과 근대성의 이분법, 전통의 동결과 근대의 협소화는 한국 가족법의 양성평등 논리에도 영향을 미쳤다. 가족법 개정의 주동력이 되었던 양성평등은 주로 남녀를 동일하게 대우하는 형식적 평등으로 이해되었는데, 그 사례는 1989년 개정된 친족범위에서 찾을 수 있다. 제777조 (친족의 범위)에서 부계와 모계의 범위, 부계와 처계의 인척범위가 양성평등하게 되었지만, 여성은 계보를 구성을 할 수 있는 능력도, 과거의 모계를 추적할 방법도 마련되지 않았다. 여성에게 친족은 누구이며 그것은 어떻게 구축될 수 있는지에 대한 논의 없이 남녀평등한 친족범위를 선언하는 것은 텅빈 선물상자와 같은 것이다.

신분적으로 열등하고 '가족 내 존재'로 구속되었던 여성이 남성에 대해 그리고 친/가족체계에 대해 대등한 주체가 될 수 있(었)나. 그녀들은 가족 내 피보호자로서 국가에 대해 정치를 논할 시민이 될 수 있(었)나. 이런 점에서 서구에서 발달된 '마찬가지의 개인'에게 적용되어야 할 형식적 평등의 논리는 한국의 겹겹의 가부장제 속에서 한계를 가진다. 한국의 역사적 상황에서 요청되는 여성주의 법학은 과거와의 싸움, 가부장적 법의 형성 과정이라는 역사 속으로 들어가야 한다. 그 역사 속에서 가부장적 코드가 형성된 과정을 되짚어 읽고 이를 해체하는 논증을 구성해야 한다.

그렇다면, 2005년 개정에 채용된 양성평등 원리는 어떤 것인가. 2005년의 대개정은 여성의 위치에 여러 변화를 가져왔고 미래에 대한 많은 시사점을 준다. 먼저, 여성을 '가족적 존재'로 묶어두던 호주제도와 호적제도가 폐지되었다. 국가가 법제화한 가족제도이자 부계혈족 공동체로서 '가'의 틀이 약화된 것 자체가 여성 지위를 가족의 결박에서 벗어나게 하는 해방적 효과를 가진다. 2005년 개정을 통해 호주제도 폐지뿐 아니라 성과 본, 가족의 범위, 양자제도 등이 개정되어 여성의 가족과 남편에의 종속 정도가 약화되었다. 기존 호적의 대안으로 개인별 신분등록제도를 마련한 것도 큰 성과이다. 하지만, 현재의 가족관계등록부는 과거의 호적 내지 가제도의 그림자가 드리워진 애매한 성격을 가지고 있다고 진단한다. 또한 여성에게 가족을 형성하거나 계통을 구성할 구조적 차원에서의 '능력'이 부여되지는 않았다. 이 점에서 2005년 개정에도 앞서 1989년 개정에 나타난 바와 같이 부계혈통주의의 해체 없는 개인의 형식적 평등의 도입이라는 법원리가 지속되고 있다.

2005년 개정법에서는 이혼에 대한 관심이 크게 증가하였다. 특히 이혼 시의 결정, 즉 이혼 후의 자녀 양육, 면접교섭, 친권자 같은 사안에 대해 국가가 개입할 수 있는 방안들이 확대되었다. 친양자제도에서도 당사자간 합의뿐 아니라 법원의 심사를 거치게 되어 입양 문제를 국가의 사안으로 바라보는 태도가 나타난다. 이는 가족에 대한 국가의 관점이 부계혈족이라는 신분공동체로부터 보살핌과 양육 기능을 수행하는 생활공동체로 전환되고 있다고 해석할 수 있다는 점에서 긍정적이다. 또한 혼인이 지속되는 정상가족의 모형을 다소 극복했다는 점에서도 그러하다. 한국 가족법의 주관심이 신분적 관계에 있었다고 할 때 이혼과 재산분할, 친권자 지정 등에 관한 조문이 별반 발달되지 못했음을 알 수 있었다. 앞으로 모의 자에 대한 성과 본 부여, 양육 및 양육자 개념을 중심으로 친권 개념을 재구성할 것을 제안한다. 가족의 보살핌과 양육을 국가가 분담하고 지불해야 할 정책대상으로 적극 포섭해야 한다.

한편, 2005년 호주제 폐지 이후 발의된 이혼시 재산분할에 대한 개정안에서는 재산분할비율, 부부재산의 처분제한, 혼인중 재산분할청구제도 신설 등이 제안되었다. 전체적으로 호주제도와 같은 가부장적 신분제도가 물러난 자리에 그동안 감추어졌던 이혼과 자녀 양육, 재산제도 등의 사안이 노출되고 신분관계 중심의 양성평등이 재산관계에서 양성평등의 시대로 전환되고 있다고 진단한다. 하지만 이 중 2007년 개정에서 통과된 규정은 부부재산 처분제한의 일환으로서 사해행위 취소권 한 조문뿐이었다. 명의 없는 배우자의 상대 배우자 재산에 대한 청구권에 우리 국가와 입법부가 그리 공감하지 않고 있음을 알 수 있다. 하지만, 부부재산제도의 큰 틀에서 볼 때 여러 모순점이 존재한다(제10장 참조). 여성이 수입이나 재산을 통해 경제적 힘을 가지기 어렵다면, 가족의 실질적 평등을 달성하기는 어려울 것이다. 이혼시 재산분할 논거에서 여성의 기여를 입증할 때 보았듯이, 우리 법은 철저히 화폐·시장·남성중심적 경제학의 잣대에서 여성의 활동을 평가하고 있다. 이 점에서 가족법의 양성평등은 명시적 차별을 제거하는 차원이 아니라, 여성의 경제활동과 보살핌·재생산 활동의 옹호, 여성의 차이의 재해석 같은 여성 옹호의 차원이 요청된다.

2005년 개정을 통해 가제도가 해체되고 가족의 성격이 다소 변화하였다. 특히 성본제도, 양자제도 등의 변화로 부계혈통주의가 다소 약화되었다. 이에 따라 여성의 지위가 간접적으로 향상되는 효과가 있다. 하지만, 현행법에서도 모성의 성과 본 선택은 너무 제한적이며 부성에 비해 크게 차별받고 있다. 즉 성본 변경이나 친생자제도에서도 부성의 논리가 여전히 지속된다. 가족제도로서 혈통에 양성평등을 도입하기 위해서는 여성 개인의 선호나 이익이 아니라 원리의 견지에서 제도를 설계해야 할 것이다.

호주제 헌법불합치 결정을 내린 헌법재판소의 양성평등론도 주목된다. 헌재의 결정에서 여성주의는 여성에 대한 차별 제거라는 개념을 벗어나지 못하였고, 따라서 사회의 전면적 변혁을 위한 동력으로 취급되지 않았다(제8장). 전통과 근대의 이분법적 구도도 상존하고 있었던바, 전통의 헌법 구속성을 분명히 하고 헌법 이념에 합치하지 않는 전통의 법적 수용이 위헌임을 천명했으나 거기에는 일정한 전통의 상(像)이 있었다. 앞서 한국 가족법에 대해 여성주의 법학에서는 '과거와의 싸움'을 필요로 한다고 했으나 이는 여성주의 법학만의 과제가 아닐 것이다. 가족법의 법철학 내지 법원리의 모색을 위해 과거 법규들을 역으로 추적하는 것은 과거를 위해서가 아니라 현재를 바라보고자 함이다. 현재를 형성한 과거 시점에 우리를 놓음으로써 변화를 꾀하고자 하는 것이다. 이런 점에서 호주제 폐지에 있어 '왜' 그리고 '어떻게' 호주제를 폐지할 것인가가 매우 중요한 문제였다. 폐지의 이유에서 바로 현재를 변혁할 수 있는 논거가 마련됨으로써 앞으로의 가족과 문화, 가치론을 마련할 길이 열릴 수 있기 때문이다. 하지만 헌재는 심의과정에서 조선의 관습을 조사해 법제화했고 일본 구민법을 의용한 식민지시기 법의 지배에 대해 침묵함으로써 전통은 조선시대의 것으로만 등치되었다. 가족법을 통해 식민지와 근대국가의 가부장성과 '전통 문제' 등을 대면했다면, '새로운' 전통을 사고할 수 있는 기회가 열렸을지 모른다. 마치 얽힌 실타래를 풀기 위해 가위로 매듭을 잘라버림으로써, 매듭은 풀었지만 이제 실타래는 쓸모없어진 형국과 같다. 이상의 점에서 헌법재판소의 호주제 헌법불합치 결정은 '전통에 대한 근대의 승리'라고 특징지을 수 있을 뿐, 전통과 근대성의 법정신의 화해와 재구성에 이르지는 못했다고 평가한다.

호주제 폐지 이후 한국인들은 어떤 가족상을 가지게 되었는가. 이제 한국인들은 개인별 신분등록부가 상징하듯이, 가족 바깥으로 나온 '개인'이 되었는가. 가제도는 폐지되었으나 새로운 '가족상(들)'은 오지 않았다고 평가한다. 오히려 우리 사회에 복합적 가족제도의 효과가 지속되고 있다. 제9장에서 보았듯이 한국 가족법은 친족·혈족·가족처럼 서로 불일치하는 친/가족제도가 규정되어 있으며 가족원들은 다층적인 '가족효과'(family effects) 속에서 가족생활을 영위하고 있다. 특히 이것은 여성들에게 중요한데, 형식적으로는 성평등한 친족, 혈족 그리고 가족체계 속에 놓여 있는 것 같지만, 여성들은 어떤 가족에서도 중심이 아니라 주변적 성원에 머물러 있다. 법적으로는 부계성본제도가 유지되고 남성 절대우위의 경제구조 속에서 경제·문화적인 의미에서 부처제 결혼제가 지속되고 있다. 한국의 여성들은 호주가족과 남편 중심의 친족제도 같은 명확한 가부장제로부터 걸어나왔고 양계제와 개인별 신분등록제가 마련되었으나, 가족 바깥의 개인이 되기에는 경제적·사회적 권력이 부족하다고 진단할 수 있다.

이상과 같이 볼 때, 전통과 근대성의 이분법은 2005년 개정을 통해 완화되었지만 해소되지는 않았다. 바로 이런 모습이 법 안에서의 여성을 통해 드라마틱하게 구현되었다. 가족법 안의 '여성'이라는 기호에는 조선시대와 식민지시대의 근현대 한국 역사가 축약되어 있다. 그리하여 여성의 한 발은 조선시대의 전통을 딛고, 다른 한 발은 식민지시대의 관습 지대를 밟고 서 있다면, 그 몸통과 머리는 한국의 근대성과 서구의 합리성을 향하고 있는 듯하다. 이러한 여성의 기이한 주체성은 정확히 한국 가족법의 시대착오성을 대변하느니, 여성 주체성의 시공간적 통일은 한국 가족법의 법원리의 재구성에 해당한다.

하지만 앞서 지적했듯이 2005년 가족법의 대개정은 근대법에서 전통을 삭제하는 방식으로 정리되었을 뿐, 양자가 화해했다고 보이지 않는다. 앞으로 '전통'이라는 이유로 여성이나 개인이 법적으로 차별당할 가능성은 크게 약화되었지만, 식민지성에 대한 기억상실증이 회복되었다고 보이지 않는다. 한국 가족법의 식민지성은 1945년 이후 민법 제정과 개정시기 동안 중심적인 의제가 된 적이 없다. 이렇게 식민지성이 침묵당하고 부정되는 동안, 한국인들은 가족 식민지성에 대한 깊은 기억상실증을 앓게 되었다고 진단한다. 묘하게도 이런 상황에서, 가부장제 비판에서 출발하여 식민지 유산을 조명하는 포스트식민 여성주의 법학은 그동안 사각지대가 된 역사와 사회를 읽는 하나의 방법론이 될 수 있다. 포스트식민 여성주의 법학은 역사적 접근을 통해 식민지성의 기억상실증을 회복하고 사회를 재구성하는 방법론이자 형식적 평등론을 넘어서서 실질적 양성평등을 디자인하고 여성의 미덕을 널리 확장할 수 있는 법리학이다. 이러할 때, 포스트식민 여성주의 법학은 남성과 여성을 모두 수용하는 큰 수레이자 밝은 지혜가 될 수 있을 것이다.

제12장
맺음말 그리고 여는 말

이렇게 우리는 한국 가족법의 역사적·텍스트적 탐구를 통해 한국 가족법의 상황, 한국 여성의 상황, 한국의 역사와 사회·문화 상황을 읽어보았다. 마지막 장에서는 이제까지의 연구에 대한 맺음말로 가족법을 통한 미래 전망을 시도해본다. 그런 의미에서 결론은 다시 서론이 된다. 아래에서는 해체와 재구성이라는 관점에서 앞으로 다루어야 할 의제들을 정리해본다. 각 의제들간에는 연관성이 있고 쟁점들은 서로 겹쳐 있다.

첫째, 가제도의 완전한 폐지와 대안적 가족(들)의 개념 구성이 필요하다. 2005년 개정을 통하여 호주제도와 호적제도가 폐지됨으로써 가제도가 폐지된 것은 1948년 탈식민 이후 한국 법제의 역사에서 가장 큰 사건이라고 생각한다. 물론 호주제도가 효력을 상실한 지 4년여가 지난 지금, 호주제도 폐지의 사회적 효과가 분명히 드러났다고 보기는 어렵다. 가족 안의 성평등, 그리고 개인의 존엄을 존중하는 가족과 사회문화가 크게 진작되었다고 체감하기도 힘들다. 가제도가 폐지되었지만, 한국 가족법은 평등한 개인간 관계로서 가족관계의 제도화에는 아직 도달하지 못한 듯하다. 따라서 앞으로의 방향은 가제도의 온전한 폐지와 대안가족에 대한 상을 가지는 것이 되어야 할 것이다. 이를 위해 가족관계등록부가 개인에 대한 너무 많은 정보를 포함하고 있는 점을 개선해야 한다. 현재의 등록부는 그 형식은 개인별 편제지만 내용은 가족관계를 기록한 것이어서 개인의 프라이버시 정보에 대한 국가 독점이 극심하다. 이런 정보독점을 분산하고 기준지 개념을 정비하는 등의 노력을 통해 가족을 통한 국민지배의 유산과 결별해야 한다. 또한 기존의 주민등록등본제도로 운영 가능한 부분은 주민등록등본으로 대체, 통합하는 방안도 구상해야 한다.

앞으로 가제도와 함께 그동안 가부장적 틀 속에 함몰되어 보이지 않던 가족 안의 구체적 생활, 예컨대 보살핌노동, 사랑과 성적 관계, 세대간 관계, 다양한 가족형태 등의 쟁점이 점점 더 부상할 것으로 전망한다. 이에 따라 앞으로의 가족법과 가족정책은 신분관계 중심에서 실제적·구체적 가족생활을 대상으로 초점을 이동해야 할 것이다. 이러한 쟁점들은 부의 분배·세제·주택·인구 등의 측면으로 다각도의 함의를 가지는 제도의 개혁을 요청할 것이다. 그동안 가제도하에서 운영되던 가족을 대체하는 새로운 가족의 상과 이념이 필요한 이유이다.

둘째, 여성의 경제적 평등과 보살핌 가치의 법적 인정이 요청된다. 호주제도 폐지 이후 가장 먼저 개혁되어야 할 제도는 부부재산제도와 이혼에 있어 여성의 경제적 평등 확보를 위한 방안이다. 이를 위해 먼저 부부별산제의 큰 틀에 대한 논의가 필요하다. 부부별산제는 형식적으로 성중립적인 제도지만 남녀의 성역할과 무보수노동인 가사노동의 여성 전담, 부부공유재산의 협소함 등을 감안할 때 여성에게 매우 불리하다. 자본주의경제가 발전했음에도 성별분업 구조가 온존하는 한국사회에서 부인의 경제적 지위는 남편에 비해 현저히 낮은 것이다. 가족주의와 가족문화가 강한 한국에서 이혼시 재산 없는 배우자에 대한 별산제 논리는 냉혹한 것으로, 재산관계에서의 체계적 차별의 효과는 단지 재산관계에 머물지 않는다. 그것은 부부 중심 가족에서 부부간 힘의 현격한 불균등을 구조화할 것이고, 나아가 부부의 정서적·성적 관계에도 영향을 미칠 것이다. 부부관계의 평등은 가족의 안정과도 깊이 관련된다. 개인주의, 출산율 저하, 친밀한 관계로의 가족의 성격 변화, 무과실이혼(no-fault divorce)으로의 이행은 우리 가족법이 유지하고 있는 남편과 아버지 중심의 친/가족관계, 성역할 등과 양립하기 어렵다. 만약 결혼이 두 개인의 정서적 결합일 뿐 아니라 공정성을 중시하는 관계라면, 우리 법은 이들의 계약을 함부로 취소하지 못하도록 해야 하며 일방은 임금노동을 하면서 다른 일방은 무보수노동으로 경제적 의존자가 되는 것을 방치해서는 아니될 것이다. 여성을 가사노동자로 만들어 남성에게 의존하게 하는 것은, 여성의 안전만 위협하는 것이 아니라 가족의 해체와 불안정성이 높아진 사회에서 체계적인 가족 의존자를 만든다는 점에서 사회적 위협과 복지비용을 높이는 일이다. 이 점에서 여성과 남성의 역할 공유와 역할 전환이 요청된다.

이에 본문에서 다루었던 아래 사항들을 제안한다. (i) 부부별산제적 요소와 부부공동재산제적 요소를 결합하는 절충적 제도 마련이 필요하다. 현행 제도보다는 부부공동재산제적 요소를 더 많이 도입해야 한다. 예컨대, 가족생활에 필요한 가옥·토지 등의 계약에 관해서는 부부 합의를 요하는 제도 등이다. (ii) 전업주부 아내의 경제적 역할에 대해 임금노동을 하는 경제활동에 대한 기여라는 관점을 벗어나 보살핌노동(가사노동 포함)의 가치로 평가하는 태도가 필요하다. 이를 위해 세제·연금·보험 등 사회보장제도를 통해 보살핌노동에 대한 보상과 지원 정책이 마련되어야 한다. 이러한 제도는 보살핌노동을 여성 전담에서 벗어나 남녀가 공유하는 역할로 확대하는 데도 기여할 것이다. (iii) 기혼여성이 혼인중 자신 명의의 재산과 수입을 가질 수 있는 방안을 강구해서 부부간 경제력의 비대칭성을 최소화해야 한다. (iv) 부부를 계약의 주체로 보지 아니하는 부부계약취소 규정을 검토하여 부부간 계약을 인정하면서 제3자를 보호하는 제도를 정비해야 한다. 부부간 계약의 인정은 개인의 존엄과 양성평등에 입각한 가족의 이상에도 부합한다.

부부재산제도와 이혼시 재산분할 등에 있어 개정안에서는 균등분할비율 방안이 제시되고 있지만, 근본적으로는 양성평등 원리를 기계적으로 적용하는 것이 아니라 실질적 평등을 꾀할 수 있도록 여성들의 경제활동을 바라볼 수 있는 논리를 만드는 일이 필요하다. 신분관계에서 여성들이 가족 내 존재로 묶이고 '빈 기표'인 어머니로 존재했을 동안 그녀들의 가사와 보살핌노동은 제대로 호명되지 못한 채 가난한 상태로 살아왔다. 여성의 노동과 재생산활동이 가지는 차이를 수용하는 여성 옹호적 논리가 필요하다.

셋째, 법과 사회의 역동적 관계에 대한 관심이 요청된다. 제10장에서 본 대로, 부부의 재산제도와 분할비율 등의 문제는 혼인과 가족 개념, 여성의 경제활동가치 평가, 그리고 기존의 시장질서 등 여러 차원에 의해 결정되는 영역이다. 예컨대 부부재산제도를 개혁하기 전에 부부재산제도 전반을 널리 알려야 한다. 부부재산 약정제도 등을 홍보하여 양성평등과 함께 이혼, 배우자의 사망이나 사고 등에 최대한 대비할 수 있음을 알려야 한다. 이런 관점에서 볼 때, 단지 부부재산제도에 대한 법개정안을 의결하는 현재의 입법부의 정책 전달은 너무 형식적이고 일방적이라고 본다. 물론, 사회·문화적 변화가 전적으로 국가의 책임이라 할 수 없고 시민단체나 제도교육 등을 통한 다각도의 접근이 필요할 것이다. 하지만 국가의 가족정책은 단지 법문제에만 한정되지 않는 법과 사회 간의 역동성에 대한 깊은 관심을 가져야 한다.

넷째, 이혼의 수용과 이혼제도의 개혁도 중요하다. 가족 바깥의 사회적 환경

변화와 함께 이혼과 재혼의 증가는 가족안정성을 크게 저하시키고 있다. 이에 가족정책의 측면에서 다음과 같은 변화가 요청된다. (i) 가족의 부양 책임을 개별 가족과 국가가 나누어 가진다는 원칙을 수립할 필요가 있다. 이런 원칙 위에서 구체적 방법론이 발달할 수 있을 것이다. 특히 자녀 양육이나 노인 부양에 대해 가족(부모 혹은 자녀)과 국가가 책임을 분담하는 태도가 필요하다. 2005년 법개정 이후 자녀 문제에 대한 법원의 보다 적극적인 개입을 도입한 협의이혼 규정을 보면, 이혼 후 자녀의 양육문제를 결정하지 못한 경우 이혼을 허가하지 않는 절차를 규정하고 있다. 이에 따라 경제력이 없어서 이혼 후 자녀를 부양할 수 없는 부부의 경우, 이혼의 자유가 훼손되고 자녀의 복지가 더 위협받을 가능성이 상존한다. 사적 가족과 국가의 책무에 있어 균형을 잡을 수 있는 원칙이 필요하다. (ii) 이혼시 공정한 재산분할과 함께 이혼 후 취약해지는 가족원에 대한 부양적, 지원적 재산분할의 가치와 법리가 자리잡아야 한다. 현재처럼 재산분할의 근거를 청산 위주로 하는 것은 너무 냉혹한 것이며, 이혼을 억제하고 의존자를 만든다는 점에서 가족 내 부정의를 고무하는 것이다. (iii) 유책 배우자도 재판상 이혼을 청구할 수 있지만, 이혼에 이른 유책성을 따져서 이를 위자료, 자녀양육권, 가족의 주택에 대한 권리 등에 반영할 수 있는 방법론이 필요하다. 이러한 방법론 없이 파탄주의 이혼원칙만 우리 법원에 도입된다면, 일방 배우자의 혼인관계 파탄행위에 상대 배우자가 무력하게 방치되는 결과를 낳을 것이다. (iv) 재산분할과 위자료, 자녀양육 등 구체적 관계를 다루기 위하여 법원과 실무사들이 이를 조사·평가할 수 있는 인력과 사원을 갖추어야 한다. 가족사항을 판단하자면 구체적 상황에 대한 조사가 필요한데 여기에 인터뷰, 통계 등 사회과학적 사실조사 기법과 이를 활용할 조사원들이 필요하다. (v) 친권자와 양육자 지정에서 부계혈통적 개념을 벗어나야 한다. 이것은 친권자와 양육자 지정에서 혈통적인 가까움만이 아니라 자녀와의 정서적 유대, 실질적 생활관계 등을 중시한다는 것을 의미한다.

이상과 같은 제도 변화는 이혼을 비정상으로 낙인 찍는 데서 벗어나 현대 가족의 불가피한 현상으로 수용하는 시각과 함께해야 할 것이다. 이혼을 무조건 억제할 것이 아니라 이혼에 따른 충격과 피해를 최소화할 수 있도록 취약한 가족과 개인들을 지지해야 한다.

다섯째, 가족 다양성의 인정과 정상가족과의 공존이 중요하다. 이혼·재혼가정과 함께 다양한 가족의 인정이 앞으로 가족법에서 요청된다. 다양한 가족의 인정은 정상가족이 누려온 특권의 해체를 전제로 한다. 일반적으로 정상가족이란 법률혼인 초혼이 지속되고 그 부부의 직계존비속들로 구성되며 국가에 의존하지 않는, 경제적으로 자족적인 가족을 말한다. 그간 국가는 이러한 가족형태를 장려함으로써 자녀 출산과 양육, 부모 부양, 그리고 복지의 책임을 가족에 맡길 수 있었다. 하지만 독신과 노령화에 따른 일인 가구의 증가, 이혼과 재혼 증가, 비혈연 가족, 사실혼 가족, 국제결혼과 다문화 가족, 동성파트너십 가족 등으로 가족관계와 가족생활은 걷잡을 수 없이 다변화되고 있다. 이에 가족법과 가족정책은 더이상 정상가족을 고집할 것이 아니라 다양한 가족들을 법과 정책으로 포섭하여 사회안전망을 구축해야 할 것이다. 그것은 아래와 같은 정책을 필요로 한다.

(i) 현대사회에서 가족의 의미가 개인주의화되고 정서 위주로 변함에 따라 법률혼의 의미도 변해야 한다. 현재 인정하는 것보다 사실혼 관계를 더 폭넓게 인정하고, 그에 준하는 권리와 의무를 부과해야 한다. 법률혼이 부양·재산분할 등에서 보다 강한 권리와 의무를 부과하는 추세라면 동거관계가 점점 더 많아질 것이고, 이에 대한 법적 수용이 필요하다. (ii) 법률혼과 동거관계의 경계가 지금보다 약화되고 '파트너십으로서의 가족'에 대한 법률적 보호가 이루어진다면, 미혼모와 미혼부, 사실혼 관계 등에서 자녀양육에 대한 보편적 국가 책임이 증대될 것이다. 특히 혼외자녀가 혼

인관계의 자녀에 비해 차별받지 않도록 하는 제도 및 국가의 양육비 대책 등 각종 지원대책이 필요하다. (iii) 이와 함께 법률혼에 대한 보호제도도 필요하다. 법률혼은 당분간 다수 인구의 생활모습일 것이고 그 법률과 규범은 다른 가족형태들에도 하나의 전거가 될 것이기 때문이다. 앞에서 말한 부부재산 보호(공유추정, 사해행위 방지 등) 및 이혼제도 개혁, 자녀의 성·본과 양육자 문제 등 법률혼제도의 개혁과 함께 새로운 가족의 상을 만들어가는 노력을 기울여야 한다. 이는 법률혼 가족의 보호라기보다는 법률혼 가족도 새롭게 정의되어야 한다는 의미를 갖는다. (iv) 가족 다양성의 인정은 동성혼, 비혈연 가구 등 혼인과 혈통이 아닌 '관계' 내지 '파트너십'으로서 가족의 인정을 말한다. 이를 위한 신분등록부 마련과 이를 뒷받침할 법률 정비가 필요하다.

여섯째, 정의(正義)라는 가족법의 이념 정립이 필요하다. 앞에서 본 의제들은 가족법과 가족정책의 이상과 관련되어 있다. 그간 한국 가족법은 주로 '자연스런' 가정의 유지와 국가의 최소 개입이라는 이념에 기초해 있었다. 이에 따른 남녀간의 불평등한 성역할, 노인과 아동에 대한 가족 내 보살핌 노동에 의해 국가는 복지의무를 많이 경감할 수 있었고, 특히 '전통'의 강조는 국가경비 절감에 유리하게 작용했을 것이다. 이제 호주제도 폐지를 이끈 헌법재판소의 결정과 함께 가족의 전통도 새로운 관점으로 보아야 한다. 전통이 무력화된 자리에 무엇이 가족법의 이념으로 와야 하는가. 헌법재판소는 해당 결정에서 '양성평등'과 '인간의 존엄성'을 선언하였던 바, 가족에서도 보편적 인권이 보호되어야 한다고 천명한 점은 매우 중요하다.

다른 한편, 가족은 다른 사회제도와는 달리 친밀하고 지속적인 관계의 망이다. 많은 경우 가족 내에서 의식주 및 생명의 재생산이 일어난다. 이에 따라 가족을 지배하는 철학은 단지 공정성의 정의를 넘어서는 '보살핌의 윤리'(ethics of care)가 되어야 한다고 여러 논자들은 주장한다. 도덕적 사유의 관계적 성격에 주목한 길리건이나 여성주의적 견지에서 모성을 이론화한 초도로우, 루딕의 입장에서 볼 때, 보살핌은 가족 영역뿐 아니라 이미 사회에 편만하지만 잘 인정되지 않는 원리이다(Gilligan 1982; Chodorow 1978; Ruddick 1989). 보살핌활동이 여성에 국한되지는 않지만, 주로 여성들이 가족과 같은 집단 안에서 구사해온 사고방식이자 윤리이자 노동에 걸쳐 있는 하나의 존재방식이다. 이렇게 볼 때 보살핌은 크게 두 가지 의미를 가지는데, 하나는 그 가치가 저평가되어온 노동 내지 활동 차원이며, 다른 하나는 윤리 혹은 정의의 논리이다. 가족 내 보살핌노동에 대한 새로운 배분과 평가는 앞서 지적한 부부재산제, 여성의 경제활동에 대한 가치 평가뿐 아니라 상속에서의 기여분 등에서 구체적인 함의를 가진다. 이를 위해서는 여성의 보살핌노동을 적극적으로 지지하고, 동시에 보살핌의 의무를 양성에 공정하게 분배하는 성인지(gender-recognition)적 시각이 필수적이다. 그런가 하면, 보살핌의 윤리는 그동안 우리 사회 민주화에 있어 주목되지 못한 맹점이라고 할 수 있다. 가족의 부양의무, 이혼시 취약가족에 대한 부양의 법리 등을 올바로 세우기 위해선 가족 내 정의 수립을 위한 보살핌의 윤리와 활동에 대한 성찰이 절실히 필요하다. 가족 및 친밀한 관계에서도 정의 원리가 판단기준이 되어야 한다.

일곱째, 가족법의 식민지성(coloniality) 인식과 극복이라는 문제가 놓여 있다. 1950년대 민법의 제정과 개정에서부터 '전통'과 '근대성'은 서로 분리되어 가족법 안에서 이분법적 구도를 이루었다. 전통은 조선시대의 불변하는 무엇이었고, 근대성은 현대사회의 전개에 부응하는 무엇이었다. 이에 따라, 특히 1989년의 가족법 개정은 신분관계와 재산관계를 지배하는 원리를 서로 분리되게 하였다. 신분법이 '전통'원리가 지배하는 영역이라면, 재산법은 개인주의적 남녀평등 원리의 영역이 되었다. 이에 따라 전통이라고 상상되는 가족체계가 근대 자본주의사회 속에 집어넣어졌다. 본 연구에서는 이러한 분리가 무엇보다 '전통'에 대한 동결된 인식에 기초한다고 진단했는데, 그 동결된 전통인식의 연원을 식민주의 법의 지배에서 찾고 있다. 그런 의미에서 전통과 근대의 분리는 식민지시기에 시작되었다고 진단한다. 그러나 전통에 대한 식민지 유산은 탈식민 대한민국에서 극복되지도, 제대로 조명되지도 않았다.

가족법에 남겨진 식민주의 유산을 인식한다는 것은 단지 한국 가족법과 일본 가족법(제도)의 차이를 인식한다든가 하는 문제가 아니다. 그것은 한국 가족법에 남겨진 식민주의의 영향과 화석처럼 굳어진 전통·관습 간의 연결고리를 찾아내는 것이다. 지금 같은 상태에서 한국인들이 그 전통을 현실과 시대에 맞게 되살리고 재창조하기는 어렵다. 전통을 보기 위해서는 식민주의 유산에 대한 뼈아픈 인식과 인정이 요청된다. 2005년의 호주제 위헌법률심판에서는 '전통' 여부가 아니라 그 헌법 합치성이 문제됨에 따라 호주제도가 전통인지 여부와 관련된 문제의 중요성이 약화되었고 이에 따라 그 식민지성이 잘 다루어지지 못했다. 결과적으로 호주제도가 전통인데도 헌법과 불합치한 것인지, 아니면 전통이라 논할 수 없는 식민지적 유산인지가 불분명해졌다. 호주제도가 법제도일 뿐 아니라 광범한 문화적 영향을 미친 제도라고 할 때, 호주제도 폐지는 '식민주의의 목을 베는 과정'이었어야 했고, 식민주의라는 상실된 기억을 복원하는 과정이었어야 한다.

여덟째, 호주제 폐지 페미니즘의 의미를 새겨볼 필요가 있다. 호주제 폐지는 여성의 위치성을 통해 본 식민지 국가유산의 극복과정이었다. 호주제 문제는 서구 페미니즘에서 말하는 공적 영역에서의 남녀평등, 개인주의적 평등론으로는 잘 포착되지 않는, 한국 페미니즘의 고유한 문제영역을 보여주었다고 생각한다. 한국의 제1세대 여성주의를 대변하는 이태영 변호사는 한편으로는 식민지적 질곡과 그에 접목된 가부장제에 대한 감수성을 가지고 있었으며, 다른 한편으로는 근대법학과 인도주의 정신으로 무장했던 것으로 보인다. 2000년대 페미니즘 세대에게는 근대의 이름으로 전통을 부정하는 것과는 다른 새로운 페미니즘의 논리가 요청되고 있다. 그 페미니즘의 논리는 호주제 폐지의 성격을 음미할 때 그려낼 수 있지 않을까 한다.

흥미롭게도, 호주제 폐지에 참여한 한국 페미니즘은 여러 나이테를 가진 무지개 연대와 같다. 호주제 폐지운동에서는 인본주의와 민주주의를 외친 이태영 세대의 '제1세대 페미니즘', 경제적 실익을 중심으로 양성평등을 모색한 1980년대 말 '제2세대 페미니즘', 그리고 역사성과 맥락성에서 호주제도에 도전한 2000년대의 포스트모던 '제3세대 페미니즘'의 연대를 발견할 수 있다. 각 세대에 따라 중심의제가 변천한 서구 페미니즘과 달리, 한국에서는 호주제도 폐지라는 동일 의제를 놓고 시대마다 다양한 페미니즘의 세대와 담론이 구성된 것이다. 그리고 각 세대의 페미니즘은 나름의 논리와 세계관으로 호주제도와 싸웠다. 이것만으로도 호주제 폐지운동이 한국의 페미니즘의 성장과 같이해온 큰 역사적 유산임을 말해준다.

인식했건 아니건 간에 호주제 폐지과정에서 한국 여성주의운동에 의한 포스트식민주의적 역사개입이자 역사구성이 일어났다. 호주제도 폐지는 법률적(민법과 호적법)으로 여성을 더이상 가족 내 존재가 아니라 보편적 시민으로 해방시켰다는 의미를 지닌다. 서구에서도 참정권이 여성의 실질적 평등과 사회참여를 보장해주지 못했고, 공적 영역에서의 여성 참여가 여성에 대한 차별과 사회적 경시를 제거하지 못했다. 한국의 경우, 여성들의 정치참여를 위한 투쟁이 아니라 친/가족 영역에서의 제도적 불평등 해소를 위한 투쟁이 오랜 역사를 가진다는 것이 주목된다. 여성의 정치참여는 탈식민과 함께 주어졌지만, 여성들은 공적 영역에서 자유롭기 이전에 사적 영역에서 자유를 구가하지 못했다. 그만큼 '가족적 존재'로서 한국

여성의 부담, 역할, 질곡은 깊은 것이었다. 그 질곡의 배경에는 조선시대부터의 가부장제 '전통'과 식민지시기 친족상속 영역의 '관습'법과 일본의 가제도, 그리고 탈식민 한국 국가의 전통과 관습 활용이라는 중층적 권력지대가 있었던 것이다.

해방 이후 한국 국가와 사회의 식민지 유산에 대한 무관심과 부정은 식민지성의 지속에 기여하였다. 기존 사학계 및 법사학계에서 통용되던 식민지법에 대한 이분법적 틀, 즉 순수한 전통론 대 전통왜곡론으로는 식민지성의 내밀한 결을 포착하는 데 역부족이었다. 법과 사회의 식민지지배는 순수한 전통의 왜곡을 초래했다기보다 조선인들이 믿는 '전통'에 깊숙이 개입하여 그것을 재생산하는 과정이었고 이는 한국사회에서 근대로의 문화혁명을 차단하는 것이었기 때문이다. 이렇게 볼 때, 호주제도 폐지를 위한 운동과 연구는 식민주의에 대한 새로운 해석을 한국사 연구에 요청하였고, 다른 한편 식민주의가 남긴 가부장제를 포착할 수 있는 포스트/식민주의를 여성주의 연구에 요청하는 것이었다. 그것은 한국의 가부장제도에 대한 비판이지만 동시에 식민지성 청산과 새로운 주체 형성을 위한 여성주의였다. 흥미로운 것은, 가족법과 호주제도에 여성주의자들이 개입하면서 식민지 역사 및 법에 대한 인식이 고양된 것이지 그 역이 아니라는 점이다. 즉, 여성주의 사회비판은 독특한 식민지 비판으로 연결되어 식민주의에 대한 새로운 이해를 불러일으켜서 여성주의적 식민주의 역사와 식민주의 법제 역사를 새로 쓰게 했다.

이렇게 볼 때, 호주제 폐지라는 사건은 아직은 다 씌어지지 않은, 호명되지 않은 한국 여성주의의 '무엇'을 나타낸다. 무엇은 '왔으나' 아직 무엇인지 파악되지 않은 상태인 것이다. 그것은 포스트식민적 역사개입이자 역사구성이라고 부를 수 있지만 그 내용과 함의는 아직 더 채워져야 한다.

아홉째, 모계 복원과 창조를 위한 여성 능력의 함양이 중요하다. 2005년 개정에서 이루어진 가제도의 폐지, 성본제도 개혁, 친양자제도 도입 등은 여성의 지위를 향상시키는 데 크게 기여했다. 그럼에도 재혼가정 자녀의 성과 본을 다시 계부의 성본으로 하기 위해, 그리고 자신의 친자를 현남편의 친자로 맞기 위해 양자를 해야 하는 왜곡도 남아 있다. 가족과 친족 안에서의 양성평등과 여성의 존엄을 위해서는 개인으로서의 여성뿐 아니라 그 구성원으로서의 능력도 갖추어야 할 것이다. 자녀를 생산하고 이름을 부여하며 가족을 구성하고, 부양하고, 계통을 복원하고, 창조할 수 있는 능력 말이다. 이에 다음과 같은 방안들이 필요하다.

 (i) 어머니의 성과 본을 자녀가 계승할 수 있는 가능성이 아버지의 그것과 마찬가지로 보장되어야 한다. 어머니의 성본 부여는 자녀의 성과 본을 어머니의 이혼이나 재혼과 무관하게 만든다는 점에서 모자녀관계를 안정화할 뿐 아니라, 여성의 이혼과 재혼 선택의 자유를 신장시킨다. 특히 혼외자녀, 비혼모 자녀에 대한 차별을 불식함으로써 여성의 섹슈얼리티와 재생산 권리에 크게 기여할 것이다. 보다 근본적으로는 어머니를 통해서도 혈통의 인식과 인정이 가능하다는 점에서 진정한 '모계(母系)'를 창조하고 연속할 수 있게 해준다. 어머니의 성 중에서 어머니의 어머니성과 어머니의 아버지성 중에 어떤 성을 선택할지에 관해서는 개별 가족의 선택에 맡겨야 한다.

 (ii) 모계의 창조와 계승을 위해 제례방식도 새롭게 모색되어야 한다. 제사라는 권리이자 의무를 원하는 여성들은 남성과 마찬가지로 자신의 조상에 대한 제사를 모실 수 있어야 한다. 기혼여성이라도 자신의 친가의 부모와 조상의 제사에 더 우선순위를 둘 수 있도록 해야 한다. 이러한 실천은 모계와 부계의 조상, 처계와 부계의 조상들 양계의 균형을 자연스럽게 찾는 데 있어 도움이 될 것이다.[1] 또한 이러한 제례의 실천이야말로 우리 민

---

1) 여성 종중원의 확인 및 종중재산을 둘러싼 여성 종중원의 제소는 이러한 실천이 있을

법의 친족 규정과도 일치할 것이다. 이때 제사의 형식, 즉 형제자매간에 제사를 분담할지, 아니면 돌아가면서 맡는 윤회방식으로 할지, 누구까지 모실지 등에 대한 현재적 재정의가 필요하다. 이 부분은 역사적 탐구와 토론에 기초하되 전적으로 각 가족에 맡기는 게 좋을 것이다. 이를 통해 이른바 한국의 가족전통이 새롭게 형성될 수 있을 것이기 때문이다.

(iii) 여성의 눈으로 새롭게 보는 '전통'담론을 구성해야 한다. 김희강은 호주제도 폐지의 페미니즘이 한국의 가족제도 자체를 버리지 않았다고 해석하는데(Kim 2007), 모계를 복원하고 기억하는 가족을 구성하고자 했다는 의미라면 이에 동의할 수 있다. 하지만 여성인 자신과 그 어머니, 그리고 그 할머니의 관계를 복원하고 상상하는 페미니즘이란 이미 존재하는 것이 아니라 만들어가야 하는 것이다. 전통과 포스트식민 페미니즘의 문제의식은 전통, 한국, 역사 같은 기표를 새롭게 바라볼 수 있게 할 것이다.

(iv) 가족법 개정 이후의 국면에서 가부장제의 사적(私的) 지배를 극복하기 위한 문화운동이 필요하다. 새로운 전통 창조의 연속선상에서, 가족의 사적 지배를 고발하고 드러내며 대안을 만들 수 있는 다양한 문화운동이 요청된다. 호주제도가 폐지됨에 따라 법률적으로 가부장제는 폐지되었지만, 수세기 동안 지속되어온 남성중심적 가족제도의 문화관은 유지될 가능성이 농후하다. 이에 따라 가부장제와 부계계승제도는 온전히 사적 영역에 남아 국가가 강제하지 않는 사적 자치의 영역으로 치부될 수 있다. 한국의 포스트 호주제도 페미니즘은 이런 사적 지배 문제에 대해 예리한 감각으로, 기존 실정법 중심의 법개정운동을 넘어서서 진정한 의미의 가제도 폐지를 향한 각종 문화적 노력을 전개해야 한다. 제사, 결혼 관행, 종중, 성별분업 등은 단지 그 예에 속한다. 이때에 법은 실정법이 아니라 삶

때 정당성을 가진다. 동시에 여성 종중원의 법적 인정은 여성들의 친가 제의(祭儀)에 대한 의무를 수반한다.

의 질서에 관한 것이 될 것이다.

페미니스트가 전통을 창조한다는 것은 양계제, 제사, 조상의 문제에 페미니즘이 개입하는 것을 넘어서 전반적 삶의 결을 페미니즘적으로 구성하는 것을 의미한다. 이때 페미니즘이란 평등의 문제뿐 아니라 주체성과 경험을 재발견하는 영적 예술이 될 것이다. 혈통 인식의 진정한 목적이 조상과의 교감을 잃지 않는 데 있다면, 그러한 교감은 모계 조상과도 이루어질 수 있고, 이루어져야 한다. 어머니와 어머니들의 계통을 인식할 때 조상간의 평등이 복원되고, 현재를 사는 여성들은 기억되지 않았던 수많은 모계 조상들과 접촉할 수 있을 것이다. 이 새로운 페미니즘은 오래된 어머니들을 불러들일 것이다.

| 참고문헌 |

1. 한국어 자료

강상중 『오리엔탈리즘을 넘어서』, 이경덕·임성모 옮김, 이산 1997.

강현태 「가족법에 있어서 혈연의 신분적 가치」, 한양대학교 법학과 석사학위논문, 1992.

곽재구 『전장포 아리랑』, 민음사 1985.

구상진 「호주제도, 무엇이 문제인가」, 법무부 주최 호주제도 관련 토론회 지정 토론문, 2000.

_____ 「민법중개정법률안 입법예고에 대한 의견―헌법 논의를 중심으로」, 여성부·법무부 공동주최 호주제 폐지 공청회 지정 토론문 2003.

_____ 「법률위헌심판제청 사건에 대한 의견서」, 헌법재판소 제출자료, 2004. 3.

구용창 「친권제도의 재조명」, 『가족법연구』 제4호, 한국가족법학회 1990.

김경동 「유교와 동아시아의 근대화」, 제8회 한국학 국제학술회의 논문집 『유교문화의 보편성과 특수성』, 한국정신문화연구원 1994.

김기중 「국가의 국민관리체계와 인권」, 한국인권재단 엮음 『21세기의 인권』 1, 한길사 2000.

김동춘 「20세기 한국에서의 '국민'」, 『창작과비평』 106호, 창비 1999.

김상용「호주제도에 대한 의견서 — 호주제도가 우리의 전통가족제도인지의 여부와 관련하여」, 헌법재판소 제출자료, 2003. 3.

_____ 「가족법상의 몇가지 헌법적 문제」, 헌법실무연구회 제47회 발표문, 2004. 7. 2.

_____ 「개정민법(친족·상속법) 해설」, 『법조』 제54권 8호, 법조협회 2005.

_____ 『가족법연구II』, 법문사 2006.

김성숙「청산적 재산분할액수의 산정기준」, 『가족법연구』 제8호, 한국가족법학회 1994.

김수정「복지국가 가족지원정책의 젠더적 차원과 유형」, 『한국사회학』 제38집 제5호, 한국사회학회 2004.

김수진『신여성, 근대의 과잉 — 식민지 조선의 신여성 담론과 젠더정치, 1920~1934』, 소명출판 2009.

김숙자「재산분할청구권」, 『가족법연구』 제4호, 한국가족법학회 1990.

_____ 「한·중 이혼법의 비교연구 — 최근 개정된 중국혼인법상의 이혼을 중심으로」, 『사회과학논총』 제17집, 명지대학교 사회과학연구소 2001.

김　연「이혼 후의 자의 양육」, 『가족법연구』 제8호, 한국가족법학회 1994.

_____ 「한국성씨제도의 변천」, 『가족법연구』 제20호, 한국가족법학회 2006.

김영상「재산분할청구의 대상인 재산의 범위」, 『실무연구 IX』 서울가정법원 2003.

김용욱「친생자의 범위」, 『가족법연구』 제2호, 한국가족법학회 1988.

_____ 「가사노동의 법적 평가」, 『법학연구』 제40호, 부산대학교 법학연구소 1990.

_____ 「부부재산제의 검토」, 『가족법연구』 제7호, 한국가족법학회 1993.

김용원「이혼시 부부재산분할제도의 개선방안에 관한 연구」, 숭실대학교 법학과 박사학위논문, 2009.

김용한「가족법의 개정과 그 운동의 제상」, 김주수 교수 화갑기념논문집 『현대 가족법과 가족정책』, 삼영사 1988.

김유미「여성정책과정 연구 — 1989년 가족법개정을 중심으로」, 서울대학교 법학과 석사학위논문, 1994.

김유미「자녀복지의 관점에서 본 한국 친권법—특히 신상에 관한 효력의 검토를 중심으로」, 서울대학교 법학과 박사학위논문, 1995.

김인숙「현행 민법상 부부재산제의 문제점과 개정안의 비판적 검토」, 한국여성의 전화연합 주최 '부부공동재산제로의 민법 개정을 위한 공청회' 발표문 2005.

김일곤「동아시아의 경제/경영에서의 유교문화」, 제8회 한국학 국제학술회의 논문 집『유교문화의 보편성과 특수성』, 한국정신문화연구원 1994.

김주수『친족·상속법』, 법문사 1991.

_____『친족상속법』, 법문사 1994.

_____『민법개론』, 삼영사 1996.

김지수「동성동본불혼례법(同姓同本不婚禮法)의 역사철학적 배경과 현대적 해 석」,『사법행정』42권 6호, 한국사법행정학회 2001.

김혜경『식민지하 근대가족의 형성과 젠더』, 창비 2006.

김혜순「부부재산 소유현황 및 의식에 대한 실태조사 분석」, 한국여성의전화연합 주최 '여성의 정당한 재산권 확보를 위한 토론회' 발표문 2000.

대통령직속 여성특별위원회『현행 가족법의 문제점과 개선방안 연구—호주제도 폐지를 중심으로』, 미간행자료집 1999.

문숙자『조선시대 재산상속과 가족』, 경인문화사 2004.

미즈노 나오키『창씨개명—일본의 조선지배와 이름의 정치학』, 정선택 옮김, 산처 럼 2008.

민유숙「재산분할에 있어서 분할비율산정—비교법적 고찰」,『저스티스』제34권 제2호, 한국법학원 2001.

민주사회를 위한 변호사모임 여성·복지위원회『호주제 폐지를 위한 소송백서』1· 2, 2003.

박경숙『고령화 사회 이미 진행된 미래』, 우암출판 2003.

박미해「17세기 양자의 제사상속과 재산상속」,『한국사회학』제33집, 한국사회학 회 1999.

박민자「한국의 가족정책과 가족, 그리고 여성」,『덕성여대논문집』제24집, 덕성여자대학교 출판부 1995.

박병호「민법상 모계혈족의 개념」,『법률신문』1981. 1. 12.

_____ 「개정친족관계의 제문제」,『가족법연구』제4호, 한국가족법학회 1990.

_____ 『가족법』, 방송통신대학교 출판부 1992a.

_____ 「일제하의 가족정책과 관습형성과정」,『법학』제33권 2호, 서울대학교 법학연구원 1992b.

박복순「민법 개정을 통한 혼인과 이혼에서의 양성평등 구현」,『젠더리뷰』8호, 한국여성정책연구원 2008a.

_____ 「이혼 후 친권자 사망과 자녀의 보호문제를 중심으로」, 국회의원 김상희·한국여성단체연합·한부모 가정 자녀를 걱정하는 진실모임 주최 '현행 친권제도, 무엇이 문제인가' 토론회 발제문, 2008b.

_____ 「조손가족의 법률문제」,『젠더법학』제1권 제2호, 한국젠더법학회 2009.

박소현「한국가정법률상담소의 부부재산제 관련 개정안」, 한국여성의전화연합 주최 '성평등한 부부재산제도 모색을 위한 토론회' 발표문, 2004.

박종용「우리나라의 부부재산제의 문제점과 개선방안」,『인천법학논총』제4집, 인천대학교 법학연구소 2001.

박혜경「신자유주의적 주부 주체화 담론의 계보학」,『한국여성학』제26권 2호, 한국여성학회 2010.

법무부『가족법개정특별분과위원회회의록제1차회의—제9차회의』, 미간행자료집 2003.

법원행정처『친족상속에 관한 구관습』, 1985.

서울대학교 법학연구소『호주제 개선방안에 관한 조사연구』, 여성부 2001.

손진태「한국 혼인의 주요 형태인 솔서혼속고」,『조선 민족문화의 연구』, 일조각 1948.

송준호「한국에 있어서의 가계기록의 역사와 그 해석」,『조선사회사연구』, 일조각 1987a.

_____ 「한국의 씨족제에 있어서의 본관 및 시조의 문제」,『조선사회사연구』, 일조

각 1987b.

송준호 「조선의 양반제를 어떻게 이해할 것인가」, 『조선사회사연구』, 일조각 1987c.

스즈키 게이후 「법을 통한 식민지 지배」, 고려대학교 법학과 박사학위논문, 1988.

신연숙 「재산권 논의에 나타난 젠더 평등의 문제: 한국여성의전화연합의 여성재산 권 확보운동을 중심으로」, 인천발전연구원 여성개발센터 여성정책워크샵 자료 집, 2005.

신영숙 「대한제국 시기 가부장제와 여성생활」, 『여성학논집』 제11집, 이화여자대 학교 한국여성연구원 1994.

신영호 「상속순위와 상속분」, 『가족법연구』 4호, 한국가족법학회 1990.

양수산 『친족상속법—가족법』, 일신사 1993a.

_____ 「친권에 관한 입법론적 고찰」, 『가족법연구』 제7호, 한국가족법학회 1993b.

양승희 「이혼사건에 대한 가사조사관의 조사기법」, 『실무연구 VI』, 서울가정법원 2001.

양용훈 「그 성균관 사람들」, 『샘이깊은물』, 1992. 7.

양창수 「우리나라 최초의 헌법재판논의—처의 행위능력 제한에 관한 1947년 대법 원 판결에 대하여」, 『법학』 제40권 제2호, 서울대학교 법학연구소 1999.

양현아 「한국 가족법에서 읽은 세가지 문제」, 『사회와 역사』 제46권, 한국사회사학 회 1995.

_____ 「한국 가족법을 통해 본 식민지적 근대성과 유교적 전통 담론」, 한국사회학 회 사회학대회 논문집 1998.

_____ 「한국의 호주제도: 식민지 유산 속에 숨쉬는 가족제도」, 『여성과사회』 제10 호, 한국여성연구소 1999.

_____ 「식민지 시기 한국 가족법의 관습 문제 I : 시간의식의 실종을 중심으로」, 『사회와 역사』 제58집, 한국사회사학회 2000a.

_____ 「식민지 시기 가족 '관습'을 통해 본 오리엔탈리즘, 근대성, 식민지성」, 한국 사회사학회 여름 워크샵 발표문, 2000b.

양현아「호주제도 위헌소송에 관한 법사회학적 고찰」,『한국사회학』제36집 5호, 한국사회학회 2002.

_____「1990년대 이후 가족정책」, 권태환·김혜란·양현아·한인섭·황정미『한국 여성정책의 쟁점과 전망―가족, 성폭력, 복지정책』, 함께읽는책 2005.

_____「여성주의정책으로서의 한국 가족정책의 원리 모색」, 심영희 외『한국 젠더 정치와 여성정책』, 나남출판 2006.

_____「한국 친족상속법의 변화에 관한 사회학적 해석」,『가족법연구』제23권 1호, 한국가족법학회 2009.

_____「낙태에 관한 다초점 정책의 요청: 생명권 대 자기결정권의 대립을 넘어」,『한국여성학』제26권 4호, 한국여성학회 2010.

여성개발원『21세기 여성정책에 대한 국민의식조사연구』, 2000.

여성평우회『가족법은 왜 개정되어야 하는가』, 미간행자료집 1984.

오정진「비판 페미니즘 법학」,『법과사회』제16·17호, 법과사회이론연구회 1999.

옥선화「가족/친족 구조의 해체와 재구성 I: 서울시 실태조사를 중심으로」,『대한 가정학회지』제36권 제11호, 대한가정학회 1998.

우병창「현행 민법전에 있어서의 전통 가족법 규범의 수용에 관한 고찰」, 고려대학 교 법학과 석사학위논문, 1988.

윤대성「일제의 한국관습조사사업과 전세관습법」, 박병호 교수 환갑기념논총 발간 위원회『한국법사학논총』, 박영사 1991.

윤진수「헌법, 가족법, 전통」,『헌법논총』제15집, 헌법재판소 2004.

_____「고씨 문중의 송사를 통해 본 전통 상속법의 변천」,『가족법연구』제19권 2호, 한국가족법학회 2005a.

_____「여성차별철폐협약과 한국가족법」,『법학』제47권 제3호, 서울대학교 법학 연구소 2005b.

_____「헌법재판에서의 전통에 대한 심사」,『헌법실무연구』제6권, 헌법실무연구 회 2005c.

_____「민법 개정안 중 부부재산제에 관한 연구」,『가족법연구』제21권 1호, 한국

가족법학회 2007.

윤황지「이혼급부상의 재산분할 청구권의 결정기준」,『가족법연구』제8호, 한국가족법학회 1994.

이경희「개정 민법상 친족에 관한 일고찰」, 배경숙 교수 화갑기념논문집『한국민사법학의 현대적 전개』, 박영사 1991.

_____「호주제도를 폐지할 경우 호적제도의 정비방안」,『가족법연구』제17권 1호, 한국가족법학회 2003.

이광규「조선왕조 시대의 재산상속」,『한국학보』제3집 1976.

_____「친족집단과 조상숭배」,『한국문화인류학』제9집, 한국문화인류학회 1977.

이광신『우리나라 민법상의 성씨제도 연구』, 법문사 1973.

이근정「동아시아 사회주의 가족법의 특성―중국 및 북한을 중심으로」, 고려대학교 법학과 석사학위논문, 1989.

이박혜경「한국 페미니즘의 성과 속에서 뜻밖의 기로를 발견하다」,『한국의 페미니즘을 돌(아)본다―민법 개정안 논의를 통해 생각해 본 여성의 이해와 페미니즘』, 한국의 페미니즘을 돌(아)보고자 하는 사람들 주최 토론회 자료집, 2006.

이병수「조선민사령에 관하여―제11조의 관습을 중심으로」,『법사학연구』제4호, 한국법사학회 1977.

이상백「재가 금지 습속의 유래에 대한 연구」,『한국문화연구논고』, 을유문화사 1947.

_____「〈賤者隨母〉考―良賤交婚 出生者의 身分歸屬問題」,『진단학보』25·26·27 합본호, 진단학회 1964.

이상욱「일제하 호주상속관습법의 정립」,『법사학연구』제9호, 한국법사학회 1988.

_____「친족편 제1장 총칙 제6장 친족회의 개정필요성과 개정방향」,『가족법연구』제16권 2호, 한국가족법학회 2002.

이 성『조선 초기 양반 연구』, 일조각 1980.

이수근「조선 초기의 사회변동과 상속제도」,『역사학보』제129호, 역사학회 1989.

이순구「조선 초기 종법의 수용과 여성 지위의 변화」, 한국정신문화연구원 한국학

박사학위논문, 1994.

이승우 「노친부양소고」,『가족법연구』제4호, 한국가족법학회 2000.

이승일 「일제시대 친족관습의 변화와 조선민사령 개정에 관한 연구―조선민사령 제11조 2차 개정안을 중심으로」,『한국학논집』제33집, 한양대학교 한국학연구 소 1999.

_____ 「식민지 조선의 차양자 연구: 법적 지위의 변화를 중심으로」,『역사와 현실』 제34호, 한국역사연구회 2000.

이영자 「한국 사회의 가족주의와 페미니즘」,『현상과 인식』제23권 3호, 한국인문 사회과학회 1999.

이은영 「법여성학의 위상과 개념」,『법과사회』8호, 법과사회이론연구회 1993.

_____ 『법여성학 강의』, 박영사 1999.

이은정 「가족의 범위」,『가족법연구』제20권 1호, 한국가족법학회 2006.

이재경 「정의의 관점에서 본 가족」,『한국여성학』제11집, 한국여성학회 1995.

_____ 「여성의 경험을 통해 본 한국 가족의 근대적 변형」,『한국여성학』제15권 2 호, 한국여성학회 1999.

이재성 「친족의 범위에 관한 법제의 변천」,『민사재판의 제문제』제8권, 민사실무 연구회 1994.

이준영 「자신의 혈통에 대한 자의 알 권리와 친생자관계」,『가족법연구』제4호, 한 국가족법학회 2000.

이창희 「부부자산소득 합산과세는 위헌인가?」,『헌법실무연구』제4권, 헌법실무연 구회 2003 .

이태영『가족법 개정운동 37년사』, 한국가정법률상담소 1992.

이화숙 「부부재산제와 처의 가사노동에 대한 경제적 평가」, 김주수 교수 화갑기념 논문집『현대 가족법과 가족정책』, 삼영사 1988.

_____ 「부부재산제와 혼인 해소시의 경제적 효과」,『가족법연구』제5호, 한국가족 법학회 1991a.

_____ 「부부간계약취소권」, 배경숙 교수 화갑기념논문집『한국 민사법학의 현대

적 전개』, 박영사 1991b.

이화숙 「동성동본 불혼제에 대한 헌법불합치 결정을 환영하며」, 『법과사회』 제15
호, 법과사회이론연구회 1997.

_____ 『2005년 개정 가족법 해설 및 평가』, 세창출판사 2005.

_____ 「이혼 원인의 변천과 여성(처)의 사회경제적 지위의 상관관계」, 『젠더법학』
제2권 1호, 한국젠더법학회 2010.

이희배 「민법상 호주제도의 위헌성, 비역사성 고찰」, 『현대가족법과 가족정책』, 삼
영사 1988.

_____ 「호주제도 개혁의 이념적 논거와 수정 내용」, 『가족법연구』 제4호, 한국가
족법학회 1990.

이희봉 『친족상속법 연구―신민법 제정에 연관하여』, 일신사 1957.

임지봉 「헌법재판과 사회변동」, 『고시계』 제46권 12호, 국가고시학회 2001.

장경근·장승두 『민법안 심의자료집』, 일한도서출판사 1960.

장영아 『호적제도의 개선 방안에 관한 연구』, 한국여성개발원 연구보고서 2004-4,
1996.

장지연 「복지국가에 대한 페미니스트 관점의 기여와 한계」, 『한국사회학』 제38집 3
호, 한국사회학회 2004.

장현정 「재산분할청구권 다시보기」, 『여성과사회』 제11호, 한국여성연구소 2000.

전경근 「부부재산제 개정안에 관한 연구」, 『가족법연구』 제20권 3호, 한국가족법학
회 2006.

전광석 「동성동본금혼제도의 헌법 문제―헌법재판소의 결정을 중심으로」, 『법학
논총』 제5호, 경원대 사회과학연구소 법학연구부 1998.

전주혜 「재산분할제도의 실증적 고찰」, 건국대학교 법학과 석사학위논문, 2005.

전혜정 「등기례에 나타난 부부재산계약의 내용」, 『가족법연구』 제20권 1호, 한국가
족법학회 2006.

정광현 『한국 친족상속법 강의』, 위성문화사 1955.

_____ 『신 친족상속법 요론』, 법문사 1958.

정광현『한국 친족상속법 연구』, 서울대학교 출판부 1967.

정긍식『國譯 慣習調査報告書』, 한국법제연구원 1992.

_____『國譯 慣習調査報告書』, 개역판, 한국법제연구원 2000.

정기웅「호주제의 역할」,『고시계』제45권 10호, 국가고시학회 2000.

정동호「한국 가족법에 있어서의 외국법의 계수」, 고려대학교 법학과 박사학위논문, 1978.

정범석「삼부팔모론(三父八母論)」,『법조』제21권 8호, 법조협회 1972.

정옥자「조선 후기의 기술직 중인」,『진단학보』제61호, 진단학회 1986.

정종휴『역사 속의 민법』, 역사과학사 1994.

정지영「조선 후기 호주승계방식의 변화와 종법질서의 확산: 17·18세기「단성호적」에 나타난 과부와 그 아들의 지위를 중심으로」,『한국여성학』제18권 2호, 한국여성학회 2002.

정현수「호적제도의 개선안에 관한 고찰」,『가족법연구』제13호, 한국가족법학회 2000.

_____「가족관계등록법의 문제점과 과제」,『가족법연구』제22권 3호, 한국가족법학회 2008.

조대현「호주제도의 폐지와 호적의 편제I」,『법조』제469호, 법조협회 1995.

_____「호주제도의 폐지와 호적의 편제II」,『법조』제470호, 법조협회 1995.

조미경「혼인 중 취득한 재산과 가사노동」,『판례월보』제240호, 판례월보사 1990.

_____「판례에 나타난 이혼시의 재산분할청구권」,『아주사회과학논총』제11호, 아주대학교 사회과학대학 1996.

_____「혈연진실주의―친생부인의 소에 관한 법무부 개정안과 관련하여」,『가족법연구』제12호, 한국가족법학회 1998.

_____「가족법을 통해 본 한국 법여성학의 과제」, 서울대 공익인권법센터 기획, 양현아 엮음『가지 않은 길, 법여성학을 향하여』, 사람생각 2004.

조순경 엮음『노동과 페미니즘』, 이화여자대학교 출판부 2000.

_____「재산균등분할 원칙의 논리적 근거와 현실적 결과」,『한국의 페미니즘을 돌

(아)본다—민법 개정안 논의를 통해 생각해본 여성의 이해와 페미니즘」, 한국의 페미니즘을 돌(아)보고자 하는 사람들 주최 토론회 자료집, 2006.

조 은 「모성, 성, 신분제—조선왕조실록 재가금지 담론의 재조명」, 『사회와 역사』 제51집, 한국사회사학회 1997.

_____ 「모성의 사회적, 역사적 구성: 조선 전기 가부장적 지배구조의 형성과 '아들의 어머니'」, 『사회와 역사』 제55집, 한국사회사학회 1999.

_____ 「총론: 조선 전기 가부장적 질서화와 여성」, 최홍기·김주희·김태현·윤택림·윤형숙·이배용·조은·조희선 『조선 전기 가부장제와 여성』, 아카넷 2004.

조은희 「이혼 후 배우자 부양에 관한 우리나라와 독일의 비교법적인 고찰」, 『법제연구』 제23호, 한국법제연구원 2002.

_____ 「호주제 폐지의 대안으로서 개인별 신분등록제도에 대한 연구」, 한국여성개발원 연구보고서, 2003.

_____ 「이혼시 공정한 재산분할에 관한 소고」, 『법과정책』 제12집 1호, 제주대학교 사회과학연구소 2006.

지승종 「조선 후기 사회와 신분제의 동요」, 『한국의 사회와 문화』 제10집, 한국정신문화연구원 1989.

차선자 「미혼모 가족의 법률 문제와 대안에 관한 검토」, 『젠더법학』 제1집 제2호, 한국젠더법학회 2009.

천관우 「한국 토지제도사—하」, 『한국문화사대계』 2, 고려대학교 민족문화연구소 1965.

최근덕 「민법 제781조 제1항 본문 후단 및 민법 제778조 위헌제청에 대한 성균관장의 의견」, 헌법재판소 제출자료, 2003. 11.

최달곤 「1980의 개정중공혼인법」, 『가족법연구』 제1호, 한국가족법학회 1984.

_____ 「북한 가족법의 이질성과 동질성」, 『가족법연구』 제3호, 한국가족법학회 1989.

_____ 「북한 가족법의 최근의 변화」, 『가족법연구』 제6호, 한국가족법학회 1992.

최대권 「법적 결정과 사회과학: 과외금지 조치 위헌결정을 중심으로」, 『서울대학교 법학』제41권 3호, 서울대학교 법학연구소 2000.

최대권·윤진수·김양희·오정진『호주제 개선방안에 관한 조사연구』, 서울대학교 법학연구소 여성부 지원 2001.

최유리「일제하 통혼정책과 여성의 지위」,『국사관논총』83집, 국사편찬위원회 1999.

최재석『한국 가족제도사 연구』, 일지사 1983.

최진섭「혼외자 법의 제 문제」,『가족법연구』제6호, 한국가족법학회 1992.

_____「헌법의 변화와 연속성에 관한 담론」,『서울대학교 법학』제44권 1호, 서울 대학교 법학연구소 2003.

최행식「자의 양육 및 부양과 과거의 부양료」,『가족법연구』제8호, 한국가족법학 회 1994.

최홍기「친족제도의 유교화 과정」, 최홍기·김주희·김태현·윤택림·윤형숙·이배 용·조은·조희선『조선 전기 가부장제와 여성』, 아카넷 2004.

표계학「이혼으로 인한 배우자와 자의 부양에 관한 비교법적 연구」, 인하대학교 법 학과 박사학위논문, 1995.

한국가족법학회『가족법연구』제4호(1990년 가족법 개정 특집), 1990.

한국역사협회『한국현대사 I』, 풀빛 1991.

한국인권재단 엮음『일상의 억압과 소수자의 인권』, 사람생각 2000.

한복룡『한국 혼인법론: 역사적 배경을 중심으로』, 하락도서 1989.

한봉희「한국 가족법 개정사」, 김철수 교수 화갑기념논총『현대법의 이론과 실제』, 박영사 1993.

_____「전문 자격증과 재산분할청구권」,『가족법연구』제8호, 한국가족법학회 1994.

한희정「1980년대 가족법 개정 논의에 대한 신문담화 분석」, 서울대학교 법학과 석 사학위논문, 1988.

허수연「맞벌이가구 여성과 남성의 가사노동시간에 관한 연구」,『한국여성학』제 24권 3호, 한국여성학회 2008.

허　영「헌법과 가족법」,『법학연구』3집, 연세대학교 법학연구원 1983.

헌법재판소『헌법재판소 판례집』17-1, 헌법재판소 2005.

현소혜「가족관계등록부에 관한 소고」,『동북아법』제1권 1호, 홍익대학교 법학연구소 2007.

호주제위헌법률심판제청 소장「호주제 폐지론」, 2001.

홍양희「식민지시기 호적제도와 가족제도의 변용」,『사학연구』79호, 한국사학회 2005a.

＿＿＿「식민지시기 친족관습의 창출과 일본 민법」,『정신문화연구』통권 100호, 한국학중앙연구원 2005b.

＿＿＿「식민지시기 친족, 상속 관습법 정책―조선민사령 제11조 '관습'의 식민지 정치성을 중심으로」,『정신문화연구』제29권 3호, 한국학중앙연구원 2006.

홍양희·양현아「식민지 사법관료의 가족 '관습' 인식과 젠더질서」,『사회와 역사』제79집, 한국사회사학회 2008.

황승흠「공익소송의 현황과 과제」,『공익소송의 어제와 오늘』, 조영래 변호사 8주기 추모 심포지엄 자료집, 1998. 12. 12.

황정미「민주주의와 페미니스트 정치」,『문화과학』제18호, 1999.

靑木淸「韓國의 戶主制度―그 系譜的 檢討」,『衿山法學』창간호, 1998.

坂元眞一(사까모또 신이찌)「"明治民法"의 姓氏制度와 "創氏改名"(朝鮮)·"改姓名"(臺灣)의 비교분석」,『법사학연구』제22호, 한국법사학회 2000.

Janelli, Roger L. "Anthropology, Folklore, and Korean Ancestor Worship."『문화인류학』6, 1973.

Lee, Chulwoo. "Cultural Missions and Ideological Resources of Japanese Colonialism in Korea."『법사학연구』14, 1993.

2. 외국어 자료

Ackerman, Bruce. *Social Justice in the Liberal State*. New Haven: Yale University Press 1980.

Alexander, Jacqui. "Redrafting Morality: The Postcolonial State and the Sexual Offences Bill of Trinidad and Tobago." *Third World Women and the Politics of Feminism*. Chandra Mohanty, Ann Russo and Loures Torres eds. Indianapolis: Indiana University Press 1991.

Amsden, Alice. *Asia's Next Giant: South Korea and Late Industrialization*. Oxford: Oxford University Press 1989.

Areen, Judith. *Family Law-Cases and Materials*. Mineola, NY: The Foundation Press 1985.

Ashe, Marie. "Mind's Opportunity: Birthing a Poststructuralist Feminist Jurisprudence." *Syracuse Law Review* 38, 1987.

Attridge, Derek, Geoffrey Bennington and Robert Young. *Post-structuralism and the Question of History*. Cambridge: Cambridge University Press 1987 .

Banks, Olive. *Faces of Feminism*. Oxford: Basil Blackwell 1981.

Barlow, Tani. "Introduction." *Positions* 1-1, 1993.

_____. "Theorizing Woman." *Feminism and History*. Joan Scott ed. New York: Oxford University Press 1996.

_____. *Question of Women in Chinese Feminism*. Durham: Duke University Press 2004.

Bartlett, Katharine T. "Feminist Legal Methods." *Feminist Legal Theory-Readings in Law and Gender*. Katharine T. Bartlett and Rosanne Kennedy eds. Boulder: Westview Press 1991.

Bartlett, Katharine T., Angela P. Harries and Deborah L. Rhode. *Gender and Law: Theory, Doctrine, Commentary* (3rd ed). New York: Aspen Publishers 2002.

Beck, Ulrich and Elisabeth Beck-Gernsheim. *Das ganz normale Chaos der Liebe*. Berlin: Suhrkamp 1990. (울리히 벡·엘리자베트 벡-게른샤임『사랑은 지독한, 그러나 너무나 정상적인 혼란』, 강소연·권기돈·배은경 옮김, 새물결 1999).

Becker, Mary. "Prince Charming: Abstract Equality." *Feminist Jurisprudence: The Difference Debate*. Leslie Friedman Goldstein ed. Lanham, MD: Rowman and

Littlefield Publishers 1992.

Becker, Mary, Cynthia Bowman and Morrison Torrey. *Cases and Materials on Feminist Jurisprudence: Taking Women Seriously* (2nd ed). St. Paul, MN: West Publishing 1994.

Bellah, Robert. "Reflections on the Protestant Ethic Analogy in Asia." *The Protestant Ethic and Modernization.* S. N. Eisenstadt ed. New York: Basic Books 1968.

Benhabib, Seyla. *Critique, Norm, and Utopia.* New York: Columbia University Press 1986.

_____. "The Generalized and the Concrete Other: the Kohlberg-Gilligan Controversy and Feminist Theory." *Feminism as Critique: On the Politics of Gender.* Seyla Benhabib and Drucilla Cornell eds. Minneapolis: University of Minnesota Press 1987.

_____. *Situating the Self.* New York: Routledge 1992.

Benjamin, Jessica. *The Bonds of Love: Psychoanalysis, Feminism, and Problem of Domination.* New York: Pantheon Books 1988.

Berger, Peter L. "An East Asian Development Model?" *Search of an East Asian Development Model.* Peter L. Berger and H. H. M. Hsiao eds. New Brunswick and Oxford: Transaction Books 1988.

Berman, Marshall. *All That is Solid Melts into Air: The Experience of Modernity.* New York: Penguin Books 1982.

Bordo, Susan. "Feminism, Postmodernism, and Gender-Scepticism." *Feminism/Postmodernism.* Linda Nicholson ed. New York: Routledge 1990.

Brown, Carolyn T. "Woman as Trope: Gender and Power in Lu Xun's 'Soap'." *Gender Politics in Modern China-Writing and Feminism.* Tani E. Barlow ed. Durham: Duke University Press 1993.

Bubek, Diemut Elisabet. *Care, Gender and Justice.* Oxford: Clarendon Press 1995.

Butler, Judith. *Gender Trouble: Feminism and Subversion of Identity.* New York: Routledge 1990.

Castoriadis, Cornelius. *The Imaginary Institution of Society*. Cambridge: MIT Press 1987.

Chanock, Martin. "Making Customary law: Men, Women, and Courts in Colonial Northern Rhodesia." *African Women and the Law: Historical Perspectives*. Margaret Jean Hay and Marcia Wright eds. Boston: Boston University Press 1982.

Chatterjee, Partha. *Nationalist Thought and the Colonial World: A Derivative Discourse*. Minneapolis: University of Minnesota Press 1986.

_____. "The Nationalist Resolution of the Women Question." *Recasting Women: Essay in Indian Colonial History*. Kumkum Sangari and Sudesh Veid eds. elhi: Kali for Women 1989.

Chen, Edward I-te. "The Attempt to Integrate the Empire: Legal Perspective." *The Japanese Colonial Empire, 1895-1945*. Ramon H. Myers and Mark. R. Peattie eds. Princeton: Princeton University Press 1984.

Chodorow, Nancy. *Reproduction of Mothering: Psychoanalysis and Sociology of Gender*. Berkeley: University of California Press 1978.

Choi, Chungmoo. "The Discourses of Decolonization and Popular Memory: South Korea." *Positions* 1-1, 1993.

Chow, Rey. *Woman and Chinese Modernity: The Politics of Reading Between West and East*. Minneapolis: University of Minnesota Press 1991.

Cohen, Jean. "Redescribing Privacy: Identity, Difference, and the Abortion Controversy." *Columbia Journal of Gender and Law* 3-2, 1992.

_____. "The Public, The Private, and the Representation of Difference." Presented paper at Conferece "Democracy and Difference" (15-18 April). Yale University 1993.

Comaroff, Jean. "Defying Disenchantment: Reflections on Ritual, Power and History." *Asian Visions of Authority*. Charles F. Keyers, Laurel Kendall and Helen Hardacre eds. Honolulu: University of Hawaii Press 1994.

550

Cornell, Drucilla. *Beyond Accommodation: Ethical Feminism, Deconstruction, and the Law*. New York: Routledge 1991.

Cowie, Elizabeth. "Woman as a Sign." *m/f* 1, 1987.

Dalton, Clare. "Where We Stand: Observations on the Situations of Feminist Legal Thought." *Berkeley Women's Law Journal* 3, 1988.

De Becker, J. E. *Annotated Civil Code of Japan*. London and Yokohama: Butter Worth and Co 1910.

Deuchler, Martina. *The Confucian Transformation of Korea: A Study of Society and Ideology*. Cambridge: Harvard University Press 1992.

Dinnerstein, Dorothy. *The Mermaid and Minotaur: Sexual Arrangements and Human Malaise*. New York: Harper Collins 1976.

Dipesh, Chakrabarty. "Postcoloniality and Artifice of History: Who Speaks for 'Indian' Past?" *The New Historicism Reader*. H. Aram Veeser ed. New York: Routledge 1994.

Dirlik, Arif. "Culturalism as Hegemonic Ideology and Liberating Practices." *Cultural Critiques* Spring, 1987.

Dong, Wonmo. "Assimilation and Social Mobilization in Korea: A Study of Japanese Colonial Policy and Political Integration Effects." *Korea Under Japanese Colonial Rule*. Andrew C. Nahm ed. Kalamazoo. Mich: Western Michigan University 1973.

Douzinas, Costas, Ronnie Warrington and Shaun McVeigh. *Postmodern Jurisprudence: The Law of Text in the Texts of Law*. New York: Routledge 1991.

Durkheim, Emile. *The Elementary Forms of Religious Life*. New York: Free Press 1965.

Dworkin, Ronald. *Taking Rights Seriously*. Cambridge: Harvard University Press 1977.

Eekelaar, John. *Family Law and Social Policy*. London: Weidenfeld and Nicolson 1984.

Ehrlich, Eugen. *Fundamental Principles of the Sociology of Law*. New Brunswick: Transaction Publishers 1936, 2002.

Elshtain, Jean Bethke. *Public Man, Private Woman: Women in Social and Political Thought*. Princeton: Princeton University Press 1981.

Fabian, Johannes. *Time and Other: How Anthropology Makes Its Object*. New York: Columbia University Press 1983.

Fanon, Franz. *Peau noire, masques blancs*. Paris: Éditions du Seuil 1952. (프란츠 파농 『검은 피부, 하얀 가면』, 이석호 옮김, 인간사랑 1995).

Fineman, Martha A. "Implementing Equality: Ideology, Contradiction and Social Change." *Wisconsin Law Review* 4, 1983.

_____. *The Illusions of Equality: The Rhetoric and Reality of Divorce Reform*. Chicago: University of Chicago Press 1991a.

_____. "Introduction." *At the Boundaries of Law: Feminism and Legal Theory*. Martha A. Fineman and Nancy Sweet Thomadsen eds. New York: Routledge 1991b.

_____. *The Neutered Mother, The Sexual Family and Other Twentieth Century Tragedies*, New York: Routledge 1995.

Fineman, Martha A. and Roxanne Mykituik. *The Public Nature of Private Violence: Discovery of Domestic Abuse*. New York: Routledge 1994.

Finley, Lucinda. "Transcending Equality Theory: A Way Out of the Maternity and the Work Place Debate." *Columbia Law Review* 86, 1986.

Fitzpatrick, Peter. "Law, Modernization, and Mystification." *Research in Law and Sociology* 3, 1980.

_____. "Traditionalism and Traditional Law." *Journal of African Law* 28, 1984.

Fraser, Nancy. *Unruly Practices: Power, Discourses and Gender in Contemporary Social Theory*. Minneapolis: University of Minnesota Press 1989.

_____. "Rethinking the Public Space: A Contribution to the Critique of Actually Existing Democracy." *Habermas and the Public Sphere*. Craig Calhoun ed. Cambridge, MA: MIT Press 1992.

Freedman, Maurice. *Chinese Lineage and Society*. London: Athlone Press 1966.

Frug, Mary Joe. *Postmodern Legal Feminism*. New York: Routlege 1992.

Galston, William. *Justice and the Human Good*. Chicago: University of Chicago Press

1980.

Garner, Bryan A. *A Dictionary of Modern Legal Usage*. New York: Oxford University Press 1987.

Gerth, Hans H. and C. Wright Mills. *From Max Weber: Essays in Sociology*. New York: Oxford University Press 1946.

Giddens, Anthony. *The Consequences of Modernity*. Stanford: Stanford University Press 1990.

_____. *The Transformation of Intimacy: Sexuality, Love, and Eroticism in Modern Societies*. Stanford: Stanford University Press 1992. (앤서니 기든스『현대 사회의 성, 사랑, 에로티시즘―친밀성의 구조변동』, 배은경·황정미 옮김, 새물결 1996)

Gilligan, Carole. *In a Different Voice*. Cambridge: Harvard University Press 1982.

Ginsburg, Ruth Bader and Barbara Flagg. "Some Reflections on the Feminist Legal Thought of the 1970's." *University of Chicago Legal Forum* vol. 1989. 1989.

Glendon, Mary Ann. *State, Law, and Family: Family Law in Transition in the United States and Western Europe*. Amsterdam: North Holland Publishing Co 1977.

_____. *The New Family and the New Property*. Toronto: Butterworths 1981.

_____. *The Transformation of Family Law*. Chicago: University of Chicago Press 1989.

Goedde, Patricia. "Is There a Public Interest Law Movement in South Korea?: The Role of People's Solidarity for Participatory Democracy and Legal Mobilization." *Korea University Law Review*. vol. 1, 2007.

Gramsci, Antonio. *Selections from the Prison Notebooks*. Quitin Hoare and Geoffrey Nowell Smith trans. and eds. New York: International Publishers 1971.

Guha, Ranajit. *Dominance without Hegemony: History and Power in Colonial India*. Cambridge: Harvard University Press 1997.

Gusfield, Joseph R. "Tradition and Modernity: Misplaced Polarities in the Study of Social Change." *The American Journal of Sociology* 72, 1967.

Hahm, Chaihark. "Law, Culture, and the Politics of Confucianism." *Columbia Journal of Asian Law* 16-2, Spring, 2003.

Hamabata, Mattews Masayuki. "From Household to Economy." Ph.D. Dissertation, Harvard University 1983.

Hall, Stuart. "The West and the Rest: Discourse and Power." *Modernity: An Introduction to Modern Societies*. S. Hall, D. Held, D. Hubert and K. Thompson eds. Malden, MA: Blackwell 1996.

Harding, Lorraine F. *Family, State and Social Policy*. Basingstoke, Hampshire: Macmillan 1996.

Held, Virginia ed. *Feminist Morality: Transforming Culture, Society, and Politics*. Princeton: Princeton University Press 1990.

Hernes, Herga Maria. "Women and the Welfare State: The Transition from Private to Public Dependence." *Patriarchy in Welfare Society*. Harriet Holter ed. Oslo: Universitetsforlaget 1984.

Hiramoto, Joni Takayo. "*Ie*, Individual and Capital: Cultural Interpretation of Stability and Durability." B. A. Dissertation, Harvard University 1983.

Hobbes, Thomas. "Philosophical Rudiments Concerning Government and Society." *The English Works of Thomas Hobbes*, Vol. II. Sir W. Molesworth ed. Darmstadt: Wissenshaftliche Buchgesellshaft 1966.

Hobsbawm, Eric and Terence Ranger. *The Inventions of Tradition*. Cambridge: Cambridge University Press 1983.

Hunt, Alan. "Law Confronts Postmodernism." *McGill Law Journal* 35, 1990.

Hunt, Lynn. *The Family Romance of the French Revolution*. Berkeley: University of California Press 1993. (린 헌트『프랑스 혁명의 가족 로망스』, 조한욱 옮김, 새물결 1999)

Irigaray, Luce. *This Sex Which Is Not One*. Catherine Porter and Carolyn Burke trans. Ithaca: Cornell University Press 1985.

_____. "The Bodily Encounter with the Mother." *The Irigaray Reader*. Margaret

Whitford ed. Oxford: Blackwell 1991.

_____. *Sexes and Genealogies*. Gilligan C. Gill trans. New York: Columbia University Press 1993.

Jameson, Frederic. *The Political Unconscious*. London: Methuen 1981.

Janelli, Roger L. and Dawnhee Yim Janelli. *Ancestor Worship and Korean Society*. Standford: Standford University Press 1982.

Kamerman, S. B. and Kahn, A. J. *Family Policy: Government and Families in Fourteen Countries*. New York: Columbia University Press 1978.

Kang, Wi Jo. "Japanese Rule and Korean Confucianism." *Korea Under Japanese Colonial Rule*. Andrew C. Nahm ed. Kalamazoo, Mich: Western Michigan University 1973.

Kaplan, Caren. "The Politics of Location as Transnational Feminist Practice." *Scattered Hegemony*. Inderpal Grewal and Caren Kaplan eds. Minneapolis: University of Minnesota 1994.

Kay, Herma Hill and C. Littleton. "Feminist Jursiprudence: What Is It? When Did It Start? Who Do It?" *Sex-Based Discrimination: Text, Cases and Materials* (3rd ed). Herma Hill Kay ed. St. Paul, MN: West Publishing 1988.

Kay, Herma Hill and Martha S. West. *Sex-Based Discrimination: Text, Cases and Materials* (5th ed). St. Paul, MN: West Publishing 2002.

Jerry, Leonard. ed. *Legal Studies as Cultural Studies*. Albany, NY: State University of New York Press 1995.

Kenzaburo, Oe. "Japan's Dual Identity: A Writer's Dilemma." *Postmodernism and Japan*. Masao Miyoshi and H. D. Harootunian eds. Durham: Duke University Press 1989.

Kiddner, Robert L. *Connecting Law and Society: An Introduction to Research and Theory*. Englewood Cliffs, New Jersey: Prentice-Hall 1983.

Kim, kyong-dong and On-jook Lee. "Educational Background of the Korean Elite: The Influence of the United States and Japan." *Dependency Issues in Korean*

Development-Comparative Perspectives. Kyong-dong Kim ed. Seoul: Seoul National University Press 1987.

Kim, Hee-kang. "Beyond Gender and Culture: The Location of Korean Feminism." Presented paper at the conference of BK 21 Research Center for Political Science at Seoul National University 2007.

Kondo, Dorinne Kay. "Work, Family and the Self." Ph.D. Dissertation, Harvard University 1982.

Lahey, Kathleen A. "Reasonable Women and the Law." *At the Boundary of the Law: Feminism and Legal Theory.* Martha A. Fineman and Nancy Sweet Thomadsen eds. New York: Routledge 1991.

Lash, Scott and Jonathan Friedman. *Modernity and Identity.* Oxford: Blackwell 1992.

Law, Sylvia. "Rethinking Sex and Constitution." *University of Pennsylvania Law Review* 132-4, 1984.

Leonard, Jerry D. "Introduction: Post-Modern Legal Studies as Critical Cultural Studies." *Legal Studies as Cultural Studies.* Jerry D. Leonard ed. Albany: State University of New York 1995.

Levi-Strauss, Claude. *Elementary Structure of Kinship.* Boston: Beacon Press 1969.

Locke, John. *Two Treatises on Government.* Peter Laslett ed. New York: New American Library 1965.

Luney, Percy R. JR. "Traditions and Foreign Influences: Systems of Law in China and Japan." *Law and Contemporary Problems* 52, 1989.

Lyotard, Jean-François. *The Postmodern Condition: A Report on Knowledge.* Geoff Bennington and Brian Massumi trans. Minneapolis: University of Minnesota Press 1984.

_____. *The Postmodern Explained to Children: Correspondence 1982-1985.* Julian Pefanis trans. and Morgan Thomas eds. London: Turnaround 1992.

MacIntyre, Alasdair. *Whose Justice? Which Rationality?* Notre Dame: Universitiy of

Notre Dame Press 1988.

Mackinnon, Catharine A. "Feminism, Marxism, Method, and the State: Toward Feminist Jurisprudence." *Signs* 8-4, 1983.

_____. *Feminism Unmodified: Discourses on Life and Law*. Cambridge: Harvard University Press 1987.

_____. *Toward a Feminist Theory of the State*. Cambridge: Harvard University Press 1989.

Majury, Diana. "Stratigizing in Equality." *Wisconsin Women's Law Journal* 12, 1987.

Mani, Lata. "Multiple Mediations: Feminist Scholarship in the Age of Multi-National Reception." *Inscriptions* 5, 1989a.

_____. "Contentious Tradition: The Debate on *Sati* in Colonial India." *Recasting Women: Essay in Indian Colonial History*. Kumkum Sangari and Sudesh Veid eds. Delhi: Kali for Women 1989b.

Meehan, Elizabeth and Selma Sevenhuisen eds. *Equality Politics and Gender*. London: Sage Publication 1991.

Memmi, Albert. *The Colonizer and The Colonized*. Boston: Beacon Press 1967.

Menkel-Meadow, Carrie. "Feminist Legal Theory, Critical Legal Studies, and Legal Education or, 'The Feminist Critics Go to Law School'." *Journal of Legal Education* 38, 1988.

Michell, Tony. "Facts and Hypothesis in Yi Dinasty Economic History: The Demographic Dimension." *Korean Studies Forum* 6-80, 1979.

Mies, Maria. T*he Lace Makers of Narsapur, Indian Housewives Produce for World Market*. London: Zed Press 1982.

Minear, Richard H. *Japanese Tradition and Western Law-Emperor, State and Law in the Thought of Hozumi Yatsuka*. Cambridge: Harvard University Press 1970.

Minow, Martha. "The Supreme Court 1986 Term, Forward: Justice Engendered." *Harvard Law Review* 101, 1987.

Mohanty, Chandra Talpade. "Feminist Encounters: Locating the Politics of "Experience"." *Copyright* 1, 1987.

Mohanty, Chandra, Ann Russo and Loures Torres eds. *Third World Women and the Politics of Feminism*. Indianapolis: Indiana University Press 1991.

Moon, SeungSook. "Economic Development and Gender Politics in South Korea (1963-1992)." Ph.D. Dissertation, Brendeis University 1994.

_____. "Modernization on Hierarchy in South Korea: Politics of Family Law Reform." *Journal of Modern Korean Studies* 6, 1996.

_____. *Militarized Modernity and Gendered Citizenship in South Korea*. Durham: Duke University Press 2005.

Moore, Falk. *Social Facts and Fabrications: "Customary" Law on Kilimanjaro, 1880-1980*. New York: Cambridge University Press 1986.

_____. "History and the Redefinition of Custom on Kilimanjaro." *History and Power in the Study of Law New Directions in Legal Anthropology*. June Starr and Jane F. Collier eds. Ithaca: Cornell University Press 1989.

Morishima, Michio. *Why Has Japan 'Succeeded'?: Western Technology and the Japanese Ethos*. Cambridge: Cambridge University Press 1982.

Noddings, Nel. *Caring*. Berkeley: University of California Press 1984.

Noda, Yosiyuki. *Introduction to Japanese Law*. Anthony H. Angelo trans. and ed. Tokyo: University of Tokyo Press 1976.

Nozick, Robert. *Anarchy, State and Utopia*. New York: Basic Books 1974.

Nicholson, Linda. ed. *The Second Wave Feminism: A Reader in Feminist Theory*. New York: Routlege 1997.

Oh, Jiyoung. "A Woman's History." Ph.D. Dissertation, New York University 1993.

Okin, Susan Moller. *Justice, Gender and the Family*. New York: Basic Books 1989.

Orloff, Ann S. "Gender and the Social Rights of Citizenship: The Comparative Analysis of Gender Relations and Welfare State." *American Sociological Review*. vol.

53, 1993. (「젠더와 시민의 사회적 권리: 젠더 관계와 복지국가에 대한 비교 분석」, 테리사 쿨리빅 외 지음, 한국여성정책연구회 옮김 『복지국가와 여성정책』, 새물결 2000)

Palmer, Michael. "Keeping the Family Under Control?: The Re-emergence of Family Law in Post-Mao China." Presented Paper at the Annual Meeting of the Law and Society Association. Phoenix, Arizona 1994.

Pateman, Carole. "Feminist Critiques of Public/Private Dichotomy." *Public and Private in Social Life*. S. I. Benn and G. F. Gaus eds. London: Croom Helm Ltd 1983.

Peattie, Mark R. "Japanese Colonialism: Discarding the Stereotypes." *Japan Examined*. Harry Wray and Hilary Conroy eds. Honolulu: University of Hawaii Press 1983.

Pelzel, John C. "Japanese Kinship: A Comparison." *Family and Kinship in Chinese Society*. Maurice Freedman ed. Stanford: Stanford University Press 1970.

Peterson, Mark A. *Korean Adoption and Inheritance: Case Studies in the Creation of a Classic Confucian Society*. Ithaca: Cornell University Press 1996.

Pospisil, Leopold. *Anthropology of Law: A Comparative Study*. Harper and Row Publisher 1971.

Rajan, Rajeswari Sunder. *Real and Imagined Women-Gender, Culture and Postcolonialism*. London: Routledge 1993.

Ranger, Terence. "The Invention of Tradition in Colonial Africa." *The Invention of Tradition*. Eric Hobsbawm and Terence Ranger eds. Cambridge: Cambridge University Press 1983.

Rawls, John. *Theory of Justice*. Cambridge: Harvard University Press 1971.

Renteln, Dundes and Alan Dundes. eds. *Folk Law-Essays in the Theory and Practice on "Lex Non Scripta."* Madison: University of Wisconsin Press 1995.

Rhode, Deborah L. *Justice and Gender*. Cambridge: Harvard University Press 1989.

Rich, Adrienne. "Notes toward a Politics of Location." *Blood, Bread, and Poetry: Selected Prose, 1979-1985*, New York: W. W. Norton 1986.

Roberts, Simon. "Introduction: Some Notes on African Customary Law." *Journal of African Law* 28, 1984.

Rosaldo, Michelle Zimbalist. "Woman, Culture, and Society: a Theoretical Overview." *Woman, Culture and Society.* Michelle Zimbalist Rosaldo and Louise Lamphere eds. Stanford: Stanford University Press 1974.

Rose, Jacqueline. "Introduction-II." *Feminine Sexuality: Jacques Lacan and the école freudienne.* Juliet Mitchell and Jacqueline Rose eds. London: Norton 1982.

Rousseau, Jean-Jacques. *The Confession.* J. N. Cohon trans. Baltimore: Penguin Books 1954.

_____. *Emile.* B. Boxley trans. London: J. B Dent and Sons 1956.

Roy, Arundhati. *The God of Small Things.* New York: Random House 1997.

Rubin, Gayle. "The Traffic in Women: Notes on the "Political Economy" of Sex." *Toward an Anthropology of Women.* R. Reiter ed. New York: Monthly Review Press 1975.

Ruddick, Sara. *Maternal Thinking.* Boston: Beacon Press 1989.

_____. "Injustice in Families: Assault and Domination." *Justice and Care.* Virginia Held ed. Boulder: Westview Press 1995.

Said, Edward W. *Orientalism.* New York: Vintage Books 1979.

Scales, Ann. "Towards a Feminist Jurisprudence." *Indiana Law Journal* 56-3, 1981/1982.

Schneider, Elizabeth. "The Dialectic of Rights and Politics Perspectives from the Women's Movements." *N.Y.C. Law Review* 61-4, 1986.

Scott, Joan Wallach. *Gender and the Politics of History.* New York: Columbia University Press 1988a.

_____. "Deconstructing Equality-Versus-Differnce, Or, the Uses of Poststructuralist Theory for Feminism." *Feminist Studies* 14-1, 1988b.

_____. *Only Paradoxes to Offer: French Feminists and the Rights of Man.* Cambridge:

Harvard University Press 1996.

_____. *Gender and the Politics of History*. New York: Columbia University Press 1999.

Shanley, Mary Lyndon. *Feminism, Marriage, and the Law in Victorian England*. Princeton: Princeton University Press 1989.

Shaw, William. "Traditional Korean Law and Its Relation to China." *Essays on China's Legal Tradition*. Jerome Alan Cohen, R. Randle Edwards and Fu-mei Chang Chen eds. Princeton: Princeton University Press 1980a.

_____. "Social and Intellectual Aspects of Traditional Korean Law, 1392-1910." *Traditional Legal Attitudes*. Bong Duck Chun, William Shaw and Dai-kwon Choi eds. Berkeley: University of California 1980b.

_____. *Legal Norms in a Confucian State*. Berkeley: University of California 1981.

Shima, Mutsuhiko. "In Quest of Social Recognition: A Retrospective View on the Development of Korean Lineage Organization." *Harvard Journal of Asiatic Studies* 50-1, 1990.

Shin, Ki-Young. "The Politics of Family Law Reform Movement in Contemporary Korea: A Contentious Space for Gender and Nation." *The Journal of Korean Studies* vol.11. no.1, 2006.

_____. "The Personal is Political: Women's Surname Change in Japan." *Journal of Korean Law* vol.8. no.1, 2008.

Smart, Carole. "The Woman of Legal Discourse." *Social and Legal Studies* 1, 1992.

Smith, Munroe. "The Japanese Code and Family." *Law Quarterly Review* 23, 1907.

Smith, Patricia. *Feminist Jurisprudence*. London: Oxford University Press 1993.

Smith, Robert. J. "The Japanese *Confucian Family*." *Confucian Tradition in East Asian Modernity: Moral Education and Economic Culture in Japan and Four Other Mini-Dragons*. Tu Wei-Ming ed. Cambridge: Harvard University Press 1996.

Smith, Warren. *Confucianism in Modern Japan: A Study of Conservatism in Japanese Intellectual History*. Tokyo: Hokuseido Press 1959.

Snyder, Francis G. "Colonialism and Legal Form: The Creation of 'Customary Law' in Senegal." *Crime, Justice and Underdevelopment*. Colin Sumner ed. London: Heinemann 1982.

Spivak, Gayatri Chakravorty. "French Feminism in an International Frame." *In Other Worlds: Essays in Cultural Politics*. New York: Routledge 1988.

Starr, June and Jane E. Collier. "Introduction: Dialogues in Legal Anthropology." *History and Power in the Study of Law*. June Starr and Jane E. Collier eds. Ithaca: Cornell University Press 1989.

Stivens, Maila. "Introduction: Gender Politics and the Reimagining of Human Rights in Asia-Pacific." *Human Rights and Gender Politics in Asia-Pacific*. Anne Marie Hilsdon et. al. eds. New York: Routledge 2000.

Suleri, Sara. "Women Skin Deep: Feminism and Postcolonial Condition." *Critical Inquiry* 18, 1992.

Tanaka, Hideo. *The Japanese Legal System: Introductory Cases and Materials*. Malcom D. H. Smith ed. Tokyo: University of Tokyo Press 1976.

Tanaka, Stefan. *Japan's Orient: Rendering Pasts into History*. Berkeley: University of California Press 1993.

Tilly, Louise A. "The Social Science and the Study of Women: A Review Article." *Comparative Studies in Society and History* 20-1, 1978.

Tilly, Louise A. and Joan W. Scott. *Women, Work, and Family*. New York: Holt, Rinehart and Winston 1978. (루이스 A. 틸리·조앤 W. 스콧 『여성 노동 가족』, 김영·박기남 옮김, 후마니타스 2008).

Tu, Wei-Ming. "Cultural China: The Periphery as the Center." *The Living Tree: The Changing Meaning of Being Chinese Today*. Tu Wei-Ming ed. Stanford: Stanford University Press 1994.

_____. ed. *Confucian Traditions in East Asian Modernity: Moral Education and Economic Culture in Japan and Four Mini-Dragons*. Cambridge: Harvard University Press 1996.

562

Ueno, Chizuko. "Modern Patriarchy and the Formation of the Nation-State." Unpublished manuscript, 1995.

Unger, Roberto Mangaberia. *Knowledge and Politics*. New York: Collier Macmillan 1975.

_____. *The Critical Legal Studies Movement*. Cambridge: Harvard University Press 1986.

Van Dijk, Teun A. 1985 "Semantic Discourse Analysis." *Handbook of Discourse Analysis* vol.2. London: Academic Press 1984.

Wagner, Edward W. "Two Early Genealogies and Women's Status in Early Yi Dynasty Korea." *Korean Women: View from the Inner Room*. Laurel Kendell and Mark Peterson eds. New Haven: East Rock Press 1983.

Walby, Sylvia. *Theorizing Patriarchy*. Oxford: Basil Blackwell 1990.

Watanabe, Yozo. assisted by Max Rheinstein. "The Family and the Law: The Individualistic Premise and Modern Japanese Family Law." *Law in Japan: The Legal Order in a Changing Society*. Arthur Taylor von Mehren ed. Cambridge: Harvard University Press 1963.

Weisberg, D. Kelly ed. *Feminist Legal Theory: Foundations*. Philadelphia: Temple University 1993.

Weitzman, Lenore. *The Divorce Revolution, The Unexpected Social and Economic Consequences for Women, and Children in America*, Free Press 1985.

West, Robin. "The Difference in Women's Hedonic Lives: A Phenomenological Critique of Feminist Legal Theory." *Wisconsin Women's Law Journal* 3, 1987.

_____. "Jurisprudence and Gender." *University of Chicago Law Review* 55-1, 1988.

Whitford, Margaret. "Rereading Irigaray." *Between Feminism and Psychoanalysis*. Teresa Brennan ed. London: Routledge 1989.

_____. ed. "The Bodily Encounter with the Mother." *The Irigaray Reader*. Oxford: Basil Blackwell 1991.

Williams, Patricia. *Alchemy of Gender and Rights*. Cambridge: Harvard University Press 1991.

Williams, Wendy. "Equality's Riddle: Pregnancy and the Equal Treatment/Special Treatment Debate." *Feminist Legal Theory: Foundations*. Weisberg D. Kelly ed. Philadelphia: Temple University Press 1984/1985.

Yamashita, Samuel Hideo. "Confucianism and Japanese State, 1904-1945." *Confucian Traditions in East Asian Modernity: Moral Education and Economic Culture in Japan and Four Mini-Dragons*. Tu wei-Ming ed. Cambridge: Harvard University Press 1997.

Yang, Hyunah. "Gender Equality vs. 'Tradition' in Korean Family Law: Toward a Postcolonial Feminist Jurisprudence." *The Review of Korean Studies* Vol.6. No.2, 2003.

Yoon, Tae-kyu. *Law and Political Authority in South Korea*. Boulder and Seoul: Westview Press and Kyungnam University Press 1990.

Young, Iris Marion. *Justice and the Politics of Difference*. Princeton: Princeton University Press 1990.

Zaretsky, Eli. "The Place of the Family in the Origins of the Welfare State." *Rethinking the Family: Some Feminist Questions*. Barrie Thorne with Marilyn Yalom eds. New York and London: Longman 1982.

3. 국가기록물

조선고등법원판결록, 20권

국회정기회속기록 1957, 26-30

국회정기회속기록 1957, 26-31

국회정기회속기록 1957, 26-33

국회정기회속기록 1957, 26-50

국회정기회속기록 1957, 26-54

국회본회의속기록 1989, 147-18

국회본회의속기록 1989, 147-18

법사위심의록 1977, 98-28

법사위심의록 1989, 145-5

법사위심의록 1989, 147-13

법사위심의록 1989, 147-162

4. 인용판례

조선고등법원 大正 2年 (1913년) 5월 6일 판결 民上 第 20號

조선고등법원 昭和 8年 (1933년) 12월 8일 판결 民抗 第 33號

대법원 1946.10.11 선고 民上 제32,33호

대법원 1947.5.13 선고 民上 제52호

대법원 1947.9.2 선고 民上 제88호

대법원 1979.10.30 선고 79다 1344

대법원 1983.4.26 선고 83누44 판결

대법원 1988.4.25 선고 87므73

대법원 1993.5.25 선고 92므 501

대법원 1994.5.13 선고 93므1020

대법원 1996.2.9 선고 94므 1020

대법원 2005.7.21 선고 2002다 1178

대법원 2008.11.20 선고 2007다27670

헌법재판소 1997.3.27 선고 95헌가 14, 96헌가 7 (병합)

헌법재판소 1997.7.16 선고 95헌가 6 내지 13 (병합)

헌법재판소 1998.10.15 선고 98헌마 168.

헌법재판소 2005.2.3. 선고 2001헌가 9·10, 2001헌가 11·12·13·14·15, 2004헌가 5 (병합)

헌법재판소 2005.12.22 선고 2003헌가 5·6 (병합)

서울고등법원 1992.2.11 선고 90르 1992, 91르 1246

서울고등법원 1993.4.23 선고 92르 2370

서울가정법원 1991.8.8 선고 90드 63248

인천지방법원 가사부 1992.4.20 선고 91드12418

수원지방법원 가사부 1992.7.16. 선고 91드 20386, 91드 20393

Blackmun v. Blackmun, 517 N.Y.S. 2d 167 (1987)

California Federal Savings & Loan v. Guerra, 479 U.S. 272 (1987)

E.E.O.C v. Sears, Roebuck & Co. 839 F. 2d 302(7th Cir. 1988)

Geduldig v. Aiello, 417 U.S. 484 (1974)

General Electric Co. v. Gilbert, 429 U.S. 125 (1976)

Griswold v. Conneticut, 381 U.S. 479 (1965)

Johnson v. Transportation Agency, 480 U.S. 616 (1987)

Nashville Gas Co. v. Satty, 434 U.S. 136 (1977)

Newport News Shipbuilding and Dry Dock Co. v. E.E.O.C., 462 U.S. 669 (1983)

Personnel Administrator of Massachusetts v. Feeney, 442 U.S. 256 (1979)

Poe v. Ullman, 367 U.S. 497 (1961)

Reed v. Reed, 404 U.S. 71 (1971)

Roe v. Wade, 410 U.S. 118 (1973)

Skinner v. Skinner, 661 N.Y.S. 2d 648 (1997)

Stanton v. Stanton, 421 U.S. 7 (1975)

서남동양학술총서

한국 가족법 읽기

전통, 식민지성, 젠더의 교차로에서

초판 1쇄 발행/2011년 12월 31일
초판 4쇄 발행/2021년 11월 18일

지은이/양현아
펴낸이/강일우
책임편집/김정혜 성지희
펴낸곳/(주)창비
등록/1986년 8월 5일 제85호
주소/10881 경기도 파주시 회동길 184
전화/031-955-3333
팩시밀리/영업 031-955-3399 · 편집 031-955-3400
홈페이지/www.changbi.com
전자우편/human@changbi.com

ⓒ 양현아 2011
ISBN 978-89-364-1327-9 93330